Joseph Rouzel

Le travail d'éducateur spécialisé

Éthique et pratique

5e édition

DUNOD

Version préliminaire – May 23, 2024 – 16:13

NOUS NOUS ENGAGEONS EN FAVEUR DE L'ENVIRONNEMENT :

PAPIER CERTIFIÉ

Nos livres sont imprimés sur des papiers certifiés pour réduire notre impact sur l'environnement.

Le format de nos ouvrages est pensé afin d'optimiser l'utilisation du papier.

Depuis plus de 30 ans, nous imprimons 70% de nos livres en France et 25% en Europe et nous mettons tout en œuvre pour augmenter cet engagement auprès des imprimeurs français.

Nous limitons l'utilisation du plastique sur nos ouvrages (film sur les couvertures et les livres).

11 rue Paul Bert, 92240 Malakoff
www.dunod.com
ISBN 978-2-10-086926-8

Remerciements

À ma femme Geneviève qui partage ma vie depuis 45 ans. À nos trois enfants, nos trois petites filles Laïa, Ludmila, Alia et notre petit-fils Aaron. Ce sont eux qui continueront à écrire l'histoire.

À mon fils Tual, trop tôt disparu. À Domi, sa mère.

À mon père, rescapé du stalag, qui consacra sa vie aux pauvres gens, comme membre, puis Président, de la Société de Saint Vincent de Paul de Rennes. À ma mère qui a terminé ses jours en douceur et nous a quittés.

À ma grande cousine Jeanne Couplan, jeune résistante disparue dans le camp de la mort de Ravensbrück.

À ma sœur Fanny, AMP et Yves son mari, aide-soignant en psychiatrie, qui militent activement pour plus de justice et plus de lien social.

À mes collègues et amis formateurs de Psychasoc, sans lesquels ce travail permanent d'élaboration ne serait pas possible. Leur engagement, leur fidélité, leur amitié ont largement contribué à l'ouverture d'une position clinique en travail social, éclairée par la psychanalyse.

À mes collègues et amis, Isabelle Pignolet de Fresnes et Jacques Cabassut, cofondateurs de l'association l'@psychanalyse.

À Jean-Pierre Lebrun, Marie-Jean Sauret, Gérard Pommier, Charlotte Herfray (+), psychanalystes, à Dany-Robert Dufour, philosophe, à Michel Chauvière, sociologue, qui dans leurs avancées rigoureuses et leur sens du partage nourrissent ma réflexion.

À tous les collègues travailleurs sociaux en tous genres qui depuis des années entretiennent avec moi un dialogue sans concession, chacun apportant sa pierre dans une construction qui demeure un *work in progress*.

Aux femmes et aux hommes de bonne volonté, pour que l'histoire continue, pour la défense de cette espèce menacée, l'espèce dite « humaine » ; défense à laquelle sans en avoir l'air, sans le crier sur les toits, à bas bruit, et souffrant cruellement d'un manque de reconnaissance du corps social, mes collègues éducateurs sont attelés au quotidien...

À Guillaume Charron, éditeur, qui par sa rigueur et sa gentillesse, a soutenu activement cette nouvelle édition et, plus largement, mes recherches.

Joseph Rouzel, Montpellier, le 1er avril 2022

Sommaire

Remerciements III

Préambule à la cinquième édition VII

Préambule à la quatrième édition XVII

Préambule à la troisième édition XIX

Préambule à la deuxième édition XXVII

Préambule à la première édition XXXIII

Première partie

Éducation spécialisée : les fondamentaux

1. La relation éducative 3

2. Le projet éducatif 33

3. Les médiations éducatives 57

4. La fonction de l'écoute 91

5. Les garde-fous de la relation éducative 103

6. Prise de risque et responsabilité dans le travail éducatif 135

7. Re-connaissance 145

8. Éducateur aujourd'hui : un métier impossible 153

DEUXIÈME PARTIE

ÉDUCATION SPÉCIALISÉE : CHANGEMENTS ET CONTINUITÉ...

INTRODUCTION. CE QUI DEMEURE ET CE QUI CHANGE DANS LES MÉTIERS DE L'ÉDUCATION SPÉCIALISÉE 171

9. Éthique 177

10. Politique 215

11. Institutionnel 253

12. Clinique 265

13. Envoi 351

CONCLUSION 357

BIBLIOGRAPHIE 365

TABLE DES MATIÈRES 373

Préambule à la cinquième édition

FRANCE (in)compétences a encore frappé.

> « … les progrès de la civilisation universelle vont se traduire, non seulement par un certain malaise comme déjà Monsieur Freud s'en était aperçu, mais par une pratique, dont vous verrez qu'elle va devenir de plus en plus étendue, qui ne fera pas tout de suite voir son vrai visage, mais qui a un nom qui, qu'on le transforme ou pas, voudra toujours dire la même chose, et qui va se passer : la ségrégation. »
> Jacques Lacan le 10 novembre 1967, « Petit discours aux psychiatres de Saint-Anne »

Des nouvelles du front. Nous sommes un petit centre de formation continue en travail social (Institut européen travail social et psychanalyse, Psychasoc, à Montpellier) qui soutient les acteurs du champ social depuis 21 ans. C'est le laboratoire vivant où nous construisons en permanence un espace de formation continue aux métiers de l'éducation, du social et du soin. La rencontre avec les professionnels de terrain nous permet de remanier sans cesse nos présupposés théorico-pratiques et d'articuler un nouage jamais achevé entre savoir et clinique. « Toute formation humaine, affirme Jacques Lacan, a pour fonction, par essence et non par accident, de refréner la jouissance » (Lacan, 2001, p. 364). Malheureusement cette phrase est bien souvent interprétée à mauvais escient comme un impératif répressif. Alors qu'il suffit de lire la phrase qui suit pour l'éclairer : « … le principe de plaisir c'est le frein de la jouissance. » La formation professionnelle continue est un mode d'intervention sociale pour les apprentissages et les remises à jour qu'elle procure. De plus elle favorise un questionnement chez les travailleurs sociaux quant à la place qu'ils occupent auprès des personnes dont la société leur confie l'accompagnement. Dans les formations de Psychasoc où interviennent une vingtaine de formateurs, nous mettons au travail une clinique, une éthique et une politique du sujet dans le champ social. Tout ceci ne va pas sans ce qui, dans l'espace et les processus de formation, vient diminuer les tensions (principe de plaisir), liées à la dialectique savoir/vérité, aux apories de la pratique, aux impasses institutionnelles, à la vie collective, etc.

Or, en novembre 2020, pour que les salariés puissent faire valoir leur CPF (Compte personnel de formation) à nos formations, nous avons déposé deux dossiers (« Supervision d'équipe en travail social » ; « Clinique du travail social ») auprès du RNSPS (Registre national spécifique des certifications professionnelles) à France compétences, organisme « créé le 1er janvier 2019, par la loi pour la liberté de choisir son avenir professionnel du 5 septembre 2018, et qui a pour mission d'assurer le financement, la régulation et l'amélioration du système de la formation professionnelle et de l'apprentissage ». Réponse de l'organisme au bout de 11 mois : Refusé ! Motifs :

- Les besoins du Marché ne correspondent pas. Alors que nous avons formé des milliers de professionnels à l'approche clinique qui ont tous fait valoir cette formation dans leur engagement sur le terrain. Alors que depuis un an, une centaine de professionnels sont en attente du RNCPS pour bénéficier de nos formations.
- Les référentiels ne correspondent pas. Et pour cause, notre approche est une approche clinique référée à la psychanalyse où la relation est centrale. Nous refusons d'entrer dans des pratiques de protocoles et autre ingénierie sociale qui déshumanisent le lien social. Donc nos formations ont aussi vocation à former les professionnels à l'esprit critique.
- Les procédures de contrôle et d'évaluation ne sont pas suffisamment attestées. Ce que nous évaluons en formation, c'est un parcours de formation et les capacités à le transposer sur le terrain. Et non des acquisitions scolaires sanctionnées par des notes. Et nous nous refusons à faire des formations en visio. On nous reproche donc de ne pas participer à l'innovation (qui engraisse évidemment les GAFAM à travers l'invasion du numérique). La formation est pour nous avant tout affaire de rencontre humaine. La spécificité et l'originalité de ce petit institut de formation consiste à mettre au centre du travail d'élaboration la pratique même du clinicien social.

Ainsi la colonne vertébrale de la formation de superviseur, outre les apports théoriques qu'elle mobilise, repose sur une pratique constante : chaque participant présente une situation qui est ensuite analysée par le groupe ; mais chaque participant occupe aussi à tour de rôle la place de superviseur. Si la fonction crée l'organe, on peut penser légitimement que se couler sous le signifiant de la fonction « superviseur d'équipes » opère un déplacement qui permet au professionnel d'éprouver « à même son corps », pour reprendre une belle expression de Freud (Préface à Aichhorn, 2000), ce qu'exige de lui d'incarner cette place singulière. Le dispositif est le même en formation et dans l'exercice sur le terrain, dans les établissements où cette fonction est convoquée. Ce déplacement subjectif est ensuite interrogé et élaboré dans le groupe et articulé aux concepts. Comme l'écrit le poète Antonio Machado : *Caminante no hay camino, se hace camino al andar* (Cheminant, il n'y a pas de chemin, le chemin se fait en marchant).

Évidemment ce type de travail de formation, véritable *work in progress*, référé à la psychanalyse, qui vise un déplacement du sujet en cours de formation, échappe totalement à toutes les procédures d'évaluation telles que conçues par France compétences. Vouloir à tout prix faire passer notre dispositif sous les fourches caudines de la certification aboutirait à une amputation et une dénaturation certaine de notre spécificité. De la même façon on ne saurait corseter les contenus et les apports théoriques enseignés : ils n'apparaissent qu'au fil de l'avancée du travail et n'obéissent à aucun référentiel. De fait la nature propre de nos formations les inscrit d'emblée dans une forme de hors-piste non balisé. C'est le prix à payer pour que chaque professionnel développe dans sa pratique ses capacités d'invention (Rouzel, 2015).

Depuis une vingtaine d'années nous avons formé à l'approche clinique plus de 6 000 professionnels de l'action sociale (éducateurs, moniteurs-éducateurs, éducateurs techniques spécialisés, moniteurs d'atelier, assistants de service social, conseillers en économie sociale et familiale, chefs de service éducatif, psychologues, directeurs, médecins psychiatres...). Mais depuis la réforme de mars 2014, chaque année nous recevons de nombreuses demandes de formation que nous ne pouvons honorer faute de certification. Pourtant nous avons œuvré sans compter : nous avons organisé à Montpellier colloques et journées réunissant jusqu'à 700 praticiens de l'action sociale (2004, 2007, 2013 : Psychanalyse et travail social ; 2009 : La supervision d'équipes en travail d'équipes en question). Un séminaire clinique mensuel fréquenté par des travailleurs sociaux, psychologues et psychanalystes de la région fonctionne chaque année à Montpellier depuis 15 ans. Nous avons été sollicités en 2015 au Cameroun et en 2019 en Algérie pour la formation à cette approche clinique de professionnels : travailleurs sociaux et psychologues. Nos formateurs (éducateurs spécialisés, assistants de service social, infirmiers psychiatriques, psychopédagogues, psychologues, psychiatres, pédopsychiatres, psychanalystes, enseignants-chercheurs...) ont tous exercé, pendant plusieurs années, en établissements sociaux, médico-sociaux, hospitaliers, scolaires. De plus, ils ont tous suivi un cursus universitaire en sciences humaines.

Qu'en conclure ? C'est très simple : le système capitaliste pousse la logique jusqu'au bout. On entrevoit le paradoxe : des milliers de postes ne sont pas pourvus dans les entreprises, y compris dans le secteur social et médico-social. Discours du maître : c'est un problème de formation. Alors on forme un peu dans l'esprit des grands patrons du XIXe siècle : adaptation à la tâche (à l'attache !). On formate ! Autre élément de langage, pardon... d'analyse, qui court les rues : tous ces chômeurs sont des fainéants, ils ne veulent pas bouger de chez eux, alors qu'il suffit, *dixit* un président de la République, de traverser la rue pour trouver un emploi. Enfin, cerise sur le gâteau : de toute façon beaucoup de ces fainéants estiment qu'avec les allocations chômages et quelques petits boulots au noir on s'en sort mieux qu'avec un salaire. Question : prend-on les travailleurs pour des idiots ? Et si ce qui était interrogé face aux bureaucrates à la vue basse, c'était le sens même du travail, le désir de s'y engager, lorsque les travailleurs sont réduits à l'état de prolétaires (qui n'ont nul discours pour faire lien social et seul leur corps pour les représenter, précise Lacan), non seulement en ce qui concerne leur rémunération, mais aussi dans leurs conditions de travail où ils se retrouvent dépossédés de leur force d'initiative et d'inventivité. Là où le patronat ne chante que compétitivité et rentabilité, un nombre croissant de travailleurs objectent : quel sens à tout cela, si ce n'est d'accroître de façon exponentielle la plus-value et le profit des capitalistes sur le dos des travailleurs ? Le vieux Marx doit se retourner dans sa tombe.

> « Après cela, Thésée tua Procruste, qui demeurait à Corydalle, dans l'Attique. Procruste contraignait les voyageurs de se jeter sur un lit ; il leur coupait les membres trop grands et qui dépassaient le lit, et étirait les pieds de ceux qui étaient trop petits. C'est pour cette raison qu'on l'appelait Procruste. »
> Diodore de Sicile, Livre IV b, 59

Le nom de Procruste, qu'emploie Diodore de Sicile, est sans plus près de l'étymologie du verbe προκρούω (« j'étire violemment »), que celui de Procuste, retenu en français.

> « Donc, les mesures, continua-t-il, étaient bonnes dans l'espèce et admirablement exécutées ; elles avaient pour défaut d'être inapplicables au cas et à l'homme en question. Il y a tout un ordre de moyens singulièrement ingénieux qui sont pour le préfet une sorte de lit de Procuste, sur lequel il adapte et garrotte tous ses plans. Mais il erre sans cesse par trop de profondeur ou par trop de superficialité pour le cas en question, et plus d'un écolier raisonnerait mieux que lui. »
> Edgar Allan Poe, *La lettre volée*.

Aldous Huxley, dans la préface du *Meilleur des mondes*, compare le savant moderne à Procuste : « Procuste en tenue moderne, le savant en recherches nucléaires préparera le lit sur lequel devra coucher l'humanité ; et, si l'humanité n'y est pas adaptée, ma foi, ce sera tant pis pour l'humanité. »

C'est toujours la même histoire : on formate, on coupe, on tranche, on ampute, on garrotte... Non seulement les membres, les têtes, des récalcitrants, mais les idées, les principes, les valeurs.

Il est logique alors dans un tel contexte que les petits centres de formation comme le nôtre, à l'instar de centaines d'autres en France, soient déboutés. De plus la référence à la psychanalyse, à la suite des « recommandations » de la HAS, est systématiquement barrée. Seuls les grands lobbies ont voix au chapitre. La formation, à l'instar de l'action sociale est donc devenue un marché comme un autre. Les fonds de pension ont investi dans les EHPAD (on a pu voir récemmnent à quels scandales cela a conduit), et bientôt dans les établissements sociaux et médico-sociaux. On en a les prémisses avec les SIB (*Social Impact Bonds*) puisqu'une grande association comme la Sauvegarde du Nord a signé dès 2016 un tel contrat (de dupes).

> « Les *Social Impact Bonds* sont une forme non traditionnelle d'obligations émises par l'État sans taux d'intérêt fixe mais sur une période prédéterminée pendant laquelle l'État s'engage à payer pour l'amélioration significative des résultats sociaux (comme une réduction du taux de délinquance) pour une population définie. »
> Définition par le Groupe Pilote, étude prospective « Comment encourager la philanthropie privée au service du développement ? », mai 2012, p. 35.

Autrement dit les SIB sont un type de prêts accordés par des organismes privés aux gouvernements, dans le but de financer des projets sociaux. Ils sont entrés sur le marché français sous l'appellation de CIS (Contrat à impact social). BNP Paribas est leader du marché ! Les capitalistes n'hésitent pas à faire de l'argent sur le dos de ceux que le système a réduits à la misère. Demain les formations seront assurées par les GAFAM ! C'est ainsi que Microsoft est un des organismes, tous métiers confondus, qui a déposé et obtenu le plus de certifications auprès de France compétences.

De fait c'est toute la filière du travail social, de la formation auxdits « usagers » en passant par les professionnels de terrain, qui est gangrenée. Le secteur marchand et sa « gouvernance par les nombres » (Supiot, 2015) envahit peu à peu le travail social.

> « La saturation de l'espace public par des discours économiques et identitaires est le symptôme d'une crise dont les causes profondes sont institutionnelles. La Loi, la démocratie, l'État, et tous les cadres juridiques auxquels nous continuons de nous référer, sont bousculés par la résurgence du vieux rêve occidental d'une harmonie fondée sur le calcul… Porté par la révolution numérique, ce nouvel imaginaire institutionnel est celui d'une société où la loi cède la place au programme et la réglementation à la régulation… Radicalisant l'aspiration à un pouvoir impersonnel, qui caractérisait déjà l'affirmation du règne de la loi, la gouvernance par les nombres donne ainsi paradoxalement le jour à un monde dominé par les liens d'allégeance. »
> Extrait de la présentation par l'auteur.

Soumis aux lois du Marché, les établissements comme les centres de formation se transforment en entreprises commerciales. Il s'agit de faire du chiffre. « À l'heure du dépeçage et de l'atomisation des pratiques à des fins de nouvelles modalités de tarification, que ce soit SERAFIN-PH ou les futures T2A qui arrivent avec force dans les champs du soin et de la santé mentale, le médico-social va s'orienter clairement vers un processus entrepreneurial, à savoir un supermarché de la prestation dont on peut redouter la destruction des prises en compte de l'appareil psychique, appareil impalpable, certes, mais aussi réel que l'appareil respiratoire ou digestif », me confie Michèle Kopitsch, directrice d'établissement pendant plus de 20 ans, dans un courrier qu'elle m'adresse.

Dans la conclusion de son ouvrage *Baise ton prochain* (Dufour, 2019, p. 159) qui donne à lire une analyse très fine des coulisses du capitalisme, mon ami le philosophe Dany-Robert Dufour se demande que faire pour résister à cette véritable destruction du monde et des humains. Or il semble bien que seul un sursaut des peuples pour (re)prendre en main leur souveraineté pourrait, tout en s'appuyant sur les avancées des technosciences, changer la donne. « Une partie des techniques acquises lors du développement du capitalisme, au lieu d'asservir un grand nombre d'humains au point de les rendre surnuméraires, pourraient servir une toute autre fin : non plus l'exploitation, mais la libération. » Bref : l'idéal d'émancipation promu par Marx et quelques autres, n'est pas mort. Dany-Robert Dufour prône l'avènement de « l'homme libre » au sens où l'entendaient les anciens Grecs. Un homme nourri des *arts libéraux*[1] qui crée sa vie en permanence comme une véritable œuvre d'art qu'il inscrit dans le collectif. « À l'horizon donc, ce rêve, où la vie libérée du capitalisme, pourrait devenir un art de vivre. » Ce n'est que sous la pression populaire en force que le petit groupe qui dirige le monde et le conduit à sa destruction, comme on a pu le constater récemment avec la guerre des Russes contre le peuple ukrainien, se pliera à des impératifs économiques, sociaux, écologiques, garantissant la vie et la survie humaines. Évidemment le travail d'analyse du philosophe s'arrête à ce seuil. À chacun ensuite d'en tirer les conséquences.

Que faire devant ce constat ? Pour notre petit centre de formation, vu le refus de France (in)compétences de certifier nos formations, il ne nous resterait qu'à mettre la clé sous la porte. Mais nous pourrions aussi prendre l'option de la ruse : passer sous les fourches caudines des critères de France compétences. Nous nous y refusons : la ruse de la *mètis*, comme la célèbrent Marcel Détienne et Jean-Pierre Vernant dans leur ouvrage (Détienne *et al.*, 2019), offre un point de butée : le compromis ne saurait se pervertir en compromission.

> « La mètis des Grecs – ou intelligence de la ruse – s'exerçait sur des plans très divers mais toujours à des fins pratiques : savoir-faire de l'artisan, habileté du sophiste, prudence du politique ou art du pilote dirigeant son navire. La mètis impliquait ainsi une série d'attitudes mentales combinant le flair, la sagacité, la débrouillardise... Multiple et polymorphe, elle s'appliquait à des réalités mouvantes qui ne se prêtent ni à la mesure précise ni au raisonnement rigoureux. Engagée dans le devenir et l'action, cette forme d'intelligence a été, à partir du Ve siècle, refoulée dans l'ombre par les philosophes. Au nom d'une métaphysique de l'être et de l'immuable, le savoir conjectural et la connaissance oblique des habiles et des prudents furent déconsidérés. »
> (Présentation des auteurs)

Le travail dit « social », comme les formations qui y préparent et le nourrissent, se présente bien comme une affaire de *mètis*, relevant plus de l'art du bricolage tel que le célèbre Claude Lévi-Strauss (Lévi-Strauss, 1990) et d'un savoir-y-faire pour naviguer en eaux troubles dans les marécages d'un capitalisme en perdition, que d'une quelconque mise au pas scientiste. Il n'y a pas d'entre-deux possible : soit se faire les garde-chiourmes de nos contemporains frappés de ségrégation, soit opter pour la subversion. Depuis belle lurette nous avons choisi !

La formation entre bien dans cette catégorie « des réalités mouvantes qui ne se prêtent ni à la mesure précise ni au raisonnement rigoureux ». Pourquoi ? Parce que c'est avant tout affaire de transmission. Voire de transmission (d')impossible. D'un impossible réel. Un réel qui se profile sous les aspects des énigmes et des embarras de la pratique. En cela la formation confine à l'artisanat. J'ai toujours pris pour modèle la transmission des métiers manuels. Le tailleur de pierre enseigne à son apprenti bien sûr des savoirs

1. « Les sept arts libéraux désignent une grande part de la matière de l'enseignement concernant les lettres latines et les sciences des écoles de second niveau de l'Antiquité, qui se poursuit sous diverses formes au Moyen Âge » (Wikipédia). Ce que plus tard on désigna comme « les humanités »... À repenser en fonction du savoir actuel.

et des savoir-faire précieux, mais surtout il le soutient dans la construction d'une posture de création et d'invention. Il l'accompagne dans la découverte du style qui lui est propre, qui consiste à savoir y faire avec le réel de la matière, mais aussi avec le réel de l'inconscient qui le fonde dans son acte. Quelque chose, dont il n'a pas la maîtrise, donne sa couleur spécifique à ses créations. Cette marque singulière du savoir-faire, c'est ce que les Grecs anciens désignaient sous le vocable de *teknè*, autrement dit : le tour de main. Ce pourquoi Freud, après avoir d'abord désigné en 1925 comme impossibles les métiers de l'éducation, de la politique et du soin, ajoute en 1937 que si l'on bute sur de l'impossible (*unmöglich*) dans ces métiers de la relation humaine (Aichhorn, 2000), c'est parce que « l'on est sûrs d'un résultat insuffisant » (Freud, 2019). Autrement dit : ça laisse à désirer ! Et c'est bien là que le bât blesse dans les critères développés par France compétences : le désir est étouffé.

C'est ainsi que notre petit centre de formation a été soumis à cette logique procustéenne. Nous nous sommes mis en quatre dans un premier temps pour tenter de rentrer dans le formatage inventé par le gouvernement pour mettre au pas tous les processus de formation. Mal nous en a pris, puisque nous avons été refusés par France compétences. Nous pensions pourtant avoir fait l'effort de répondre au cadre fixé, mais sans vendre notre âme au diable de la normalisation à outrance. C'était une erreur. De bonnes âmes nous suggèrent d'aller plus loin, de rentrer corps et biens entièrement dans la Machine à décerveler que même Kafka, qui fit pourtant très fort dans *La colonie pénitentiaire* (Kafka, 2001), n'aurait pu imaginer. Tel Charlot dans *Les temps modernes,* nous serions ainsi broyés par la Machine infernale. Mais Procuste en l'occurrence franchit ici un pas supplémentaire : il exige des postulants qu'ils s'amputent eux-mêmes. Bref qu'ils sacrifient leur essence, leur raison de vivre, leurs convictions sur l'autel technocratique du discours du maître. D'aucuns nous susurrent : ça n'est pas si grave, il suffit de faire semblant et de se couper les jambes et les bras pour rentrer dans la boîte. Voire d'y perdre la tête ! D'autres nous vantent la pertinence et la précision de la Machine, les arguments pseudo-démocratiques font florès. C'est pour le plus grand bien du peuple que l'on a inventé la Machine. Les rouages sont perfectionnés, huilés, contrôlés. Question : qui évalue les évaluateurs ? Syndrome de la vache-qui-rit !

« On cède d'abord sur les mots et puis peu à peu aussi sur la chose », précise Freud dans *Psychologie des foules et analyse du moi* (Freud, 2012). Les mots qui sont les piliers de nos formations, éclairés de biais par la psychanalyse, font le socle d'une position éthique, politique, institutionnelle et clinique. Par exemple dans la présentation de notre formation de « Superviseur d'équipes en travail social », on trouve une déclinaison de ces mots-phares : « Ce que parler veut dire ; analyse de la demande ; réel, imaginaire, symbolique ; le transfert et son maniement ; l'acte du superviseur ; le groupe et son vécu fantasmatique ; la dynamique des groupes restreints ; l'équipe, le collectif, l'institution... » Faire rentrer ces mots-là dans : « bloc de compétences, référentiel d'activité, préconisations relatives à l'évaluation des compétences, référentiel de certification RNCP du CQP Assistant, référentiel manager de l'innovation technologique... »

ferait qu'on « cède peu à peu sur la chose ». Victor Klemperer, produisant l'analyse de la novlangue comme de la gestuelle nazie, fit en son temps l'analyse subtile des conséquences terribles de ces glissements de la langue (Klemperer, 2002).

Alors quelle est donc la chose sur laquelle il s'agit de ne pas céder ? Lacan nous ouvre la voie : céder sur son désir est une forme de lâcheté. D'où la question qu'il avance en toute fin du séminaire sur *L'Éthique de la psychanalyse* : « As-tu agi en conformité avec ton désir ? » Lacan ne répond pas directement à cette question qu'il pose dans la dernière séance du *Séminaire VII* (Lacan, 1986). On ne peut manquer cependant de remarquer que la formulation appelle à résoudre la question dans... l'après-coup. S'il précise que « L'éthique consiste essentiellement... en un jugement sur notre action... », il n'en dit guère plus. Pour trouver une réponse il faut un peu naviguer. Par exemple dans *Télévision* où, embrayant sur les catégories de Spinoza de la joie et de la tristesse : « La tristesse... on la qualifie de dépression. Mais ce n'est pas un état d'âme, c'est simplement une faute morale, comme s'exprimait Dante, voire Spinoza : un péché, ce qui veut dire une lâcheté morale, qui ne se situe en dernier ressort que de la pensée, soit du devoir de bien dire ou de s'y retrouver dans l'inconscient, dans la structure » (Lacan, 1974). Le 22 octobre 1967 lors de la conclusion du colloque organisé par Maud Mannoni sur *Les psychoses de l'enfant*, il termine en disant : « Quelle joie trouvons-nous dans ce qui fait notre travail ? » (Lacan, 2001). L'éthique du bien-dire qui consiste à dire au plus près du désir, donc de ce qui nous échappe, trouve sa résolution dans l'après-coup de l'affect avec lequel on ne peut tricher : la joie ou la tristesse.

Voilà donc pourquoi depuis quelques mois, en position de responsable de Psychasoc, j'étais profondément affecté de tristesse par cette démarche entreprise auprès de France compétences. Après tout, le désir qui me tient chevillé au corps comme tout un chacun, n'y était pas. Et le bien-dire, qui en est la manifestation, s'est éparpillé, effiloché, dispersé et réifié aux quatre vents d'un discours rigide, mais sans rigueur. Dans l'après-coup je peux dire : t'aurais pas dû y aller ! Au fond je le savais. Ou bien ça le savait en moi. On ne peut pas sauver les meubles en mettant le feu à la maison. Est-ce que cela implique de laisser tomber ? De n'émettre aucune critique sur la Machine infernale qui broie les sujets des sociétés dites modernes ? Au contraire. Simplement je ne saurais m'abriter derrière cette évidence, qui crève les yeux, pour en retirer ma propre responsabilité : « De notre position de sujet nous sommes toujours responsables » (Lacan, 1966). Il y a donc lieu : à la fois de nourrir la critique de la bureaucratisation, technicisation, numérisation... de notre société. Sans tomber toutefois dans l'opposition stérile qui ne fait que renforcer l'oppression. Ceci pose fondamentalement la question de la collectivisation des luttes. Mais aussi d'affirmer, si l'on refuse de s'engager sur ce terrain-là, à savoir de s'allonger sur le lit de Procuste, l'ailleurs où nous nous situons. L'ailleurs est multiple (Rouzel, 2019). Sur le plan de la formation, nous poursuivons notre petit bonhomme de chemin, en nous coupant bien évidemment d'une bonne partie de nos ressources financières, puisque les salariés sont dans l'empêchement de s'inscrire sur nos formations au titre de leur CPF faute de certification délivrée par France compétences. Il y a toujours une perte nécessaire. Mais la nuance est de taille entre lâcher sur son désir et perdre quelques revenus. Plaie d'argent n'est pas mortelle. Et gageons que les professionnels qui depuis plus de 20 ans fréquentent et apprécient nos formations sauront faire la part des choses entre le formatage et la vraie formation, au sens de la *Gestaltung*, qui vise la mise en forme des questions qu'ils se posent dans l'exercice quotidien des métiers du social et du soin. Cela relève bien d'une *praxis* au sens où Lacan définit ce terme comme : « ... le plus large pour désigner une action concertée par l'homme, quelle qu'elle soit, qui le met en mesure de traiter le réel par le symbolique » (Lacan, 1973).

Cependant nous continuerons à nous battre avec les moyens du bord. Plus largement, au-delà de notre cas se pose la question de la résistance à un système déshumanisé, aux mains de bureaucrates ignares et incompétents, prétentieux et arrogants, mais petites mains des vrais maîtres, le 1 % des plus riches du monde dont le patrimoine cumulé dépasse désormais celui des 99 % restants (Rapport de l'Oxam, 2016).

L'ouvrage dont le lecteur ici tient en main la cinquième édition, constitue un témoigne et un aboutissement de mon exigence de transmission. La dimension clinique inhérente au travail éducatif ne saurait être pensée sans ses entours politiques. On trouvera trois nouvelles sous-parties consacrées à l'écriture et à la supervision d'équipes. C'est une des voies pour faire reconnaître la nature subtile du travail éducatif.

Montpellier, le 17 décembre 2021

Bibliographie

AICHHORN A. (2000), *Jeunes en souffrance*, Nîmes, Champ Social. Préface de Sigmund Freud.

DÉTIENNE M. *et al.* (2018), *Les ruses de l'intelligence. La mètis des grecs*, Paris, Champs-Flammarion.

DUFOUR D.-R. (2019), *Baise ton prochain*, Arles, Actes Sud.

FREUD S. (2012), *Psychologie des foules et analyse du moi*, Paris, PBPayot.

KAFKA F. (2001), *La colonie pénitentiaire*, Paris, Gallimard.

KLEMPERER V. (2002), *LTI, la langue du Troisième Reich. Carnets d'un philologue*, Paris, Agora Pocket.

LACAN J. (2001), « Allocution sur les psychoses de l'enfant », *Autres écrits*, Paris, Seuil.

LACAN J. (2001), *Autres écrits*, Paris, Seuil.

LACAN J. (1966), *Écrits*, Paris, Seuil.

LACAN J. (1973), *Séminaire Livre XI. Les quatre concepts de la psychanalyse*, Paris, Seuil.

LACAN J. (1974), *Télévision*, Paris, Seuil.

LACAN J. (1986), *Séminaire Livre VII. L'éthique la psychanalyse*, Paris, Seuil.

LÉVI-STRAUSS C. (1990), *La pensée sauvage*, Paris, Pocket.

ROUZEL J. (2019), *Ailleurs. Pratique de la psychanalyse*, Orange, Éditions Le Retrait.

ROUZEL J. (2015), *La supervision d'équipes en travail social*, Paris, Dunod.

SIGMUND F. (2019), *L'analyse finie et l'analyse infinie*, Paris, PUF.

SUPIOT A. (2015), *La gouvernance par les nombres*, Paris, Fayard.

Préambule à la quatrième édition

Cet ouvrage a fait son chemin. Avec celui de Maurice Capul et Michel Lemay (*De l'éducation spécialisée*, paru aux éditions Érès en 1996), il est devenu, adopté par un ensemble de professionnels de l'intervention sociale et éducative, un des piliers de l'éducation spécialisée, non seulement dans les espaces de formation initiale et continue, mais aussi dans l'exercice quotidien du métier. L'idée de Guillaume Charron, qui m'accompagne depuis plusieurs années dans ce travail éditorial aux éditions Dunod, d'y adjoindre, vingt ans plus tard, dans une deuxième partie, une reprise et une mise en perspective des thèses essentielles qui y sont développées, m'a parue lumineuse. Je me suis donc plié à l'exercice d'après-coup, à la manière, toutes proportions gardées, dont Wilfried Bion fait paraître en 1967 un recueil de ses premiers articles, qu'il qualifie de « pensées secondes » : *Réflexion faite* (PUF, 2001). Il revient aux sources de sa pensée, regroupe les travaux nés de son expérience clinique avec des patients schizophrènes et les fait suivre d'un commentaire destiné à souligner les transformations survenues dans sa conception et sa pratique de l'analyse. Cet effet d'après-coup, Freud sous le terme de *Nachträglichkeit*, en souligne, dans le travail de la cure, les remaniements d'événements passés, ce qui produit un sens nouveau.

Dans une période de délitement et de déliaison de la pensée et des pratiques éducatives et sociales, ce travail de reprise m'a paru finalement relever d'une nécessité logique : que reste-t-il des idéaux qui ont forgé le fer de lance des pratiques sociales, notamment dans le champ de « l'éducation spéciale », pour reprendre un terme *princeps* que l'on doit à Itard ? Confrontés au rouleau compresseur d'un néolibéralisme destructeur du lien social autant que des ressources naturelles, en quoi, comme le disait Michel Chauvière dans les années 1990, le travail social, l'éducation spéciale, constituent-ils un véritable « môle de résistance » ? La clinique, autrement dit le cœur des métiers de relation humaine, au sens où ces métiers ne peuvent s'exercer que dans une rencontre, ne saurait être pensée en dehors de ses englobants institutionnels, politiques et éthiques. Le travail social n'est pas une marchandise !

Joseph Rouzel, Montpellier le 26 avril 2018

Préambule à la troisième édition

DEPUIS la première parution de cet ouvrage en 1997, puis la deuxième en 2000, près de 40 000 exemplaires se sont vendus, ce qui signifie qu'à travers les bibliothèques des centres de formations et les prêts divers, plus de 300 000 lecteurs s'y sont plongés. C'est devenu un outil de référence, au même titre que les ouvrages de quelques collègues : Maurice Capul, Michel Lemay, Jacques Ladsous, Jean Cartry, Paul Fustier, Daniel Roquefort, Philippe Gaberan, Jean-François Gomez et consorts.

J'en suis fier. Fier d'avoir ouvert un chemin de réflexion sur le sens de la profession d'éducateur, et bien au-delà de la spécificité des éducateurs spécialisés au nombre desquels, par affection et par métier, je compte. Cet ouvrage est largement ouvert aux professions connexes : moniteur-éducateur, éducateur de la protection judiciaire de la jeunesse, éducateur technique spécialisé, moniteur d'atelier, éducateur de jeunes enfants, éducateur sportif, mais aussi aide médico-psychologique (aujourd'hui AES, accompagnant éducatif et social), conseiller en économie sociale et familiale, sans compter les rééducateurs, les enseignants spécialisés, etc. Les personnels de direction, les psychologues, les cadres intermédiaires ne perdraient pas leur temps à le lire. Cela leur rappellerait que la fonction d'encadrement consiste avant tout à soutenir les équipes de travailleurs de base, qui à longueur de journée se coltinent « la misère du monde » comme le dit Pierre Bourdieu[1].

1. Pierre Bourdieu, *La misère du monde*, Points-essais, 2007.

UN ORDRE DUR

Mais depuis 1997 la donne a changé sur le terrain. Les lois de 2002, 2005 et quelques autres, qui accompagnent la marche du monde, ont profondément modifié le paysage de l'intervention sociale. L'extension sauvage de la mondialisation à outrance, la surconsommation effrénée, la financiarisation de toutes les activités humaines, bref le déferlement du capitalisme, ont mis aux commandes une société de contrôle (que l'on nomme abusivement évaluation), déjà entrevue de façon visionnaire par Michel Foucault[1] ou par les situationnistes[2]. Tout sur terre est dès lors transformé en marchandise pour le profit de quelques-uns ! Avec une incitation incessante à une jouissance sans limite, par la voix des médias, et principalement la télé, définie à juste titre par Patrick Lelay, un de ses responsables émérites, comme l'outil qui permet de « rendre disponibles des tranches de cerveau pour la publicité ». Face à cette déferlante qui menace non seulement le lien social, mais plus globalement la survie même de l'humanité à travers les atteintes portées de façon radicale contre la planète Terre, un certain nombre de penseurs, économistes, juristes, sociologues, philosophes, psychanalystes, artistes... s'insurgent et nous livrent les analyses de la situation d'une catastrophe annoncée.

Évidemment les éducateurs ne sont pas à l'abri. Ils sont dans le monde et plongés jusqu'au cou dans ce qui se présente aujourd'hui comme l'immonde, l'infra-monde. Ils ne peuvent « se planquer » dans des activités, des ateliers ou des techniques éducatives. Ils ne peuvent se rassurer en insistant uniquement sur ce qui compte avant tout : la relation humaine. La clinique, l'institution et la politique ont partie liée. Depuis 2000, nous avons reçu au centre de formation que j'ai créé à Montpellier plus de 4 000 professionnels ; la trentaine de collègues et moi-même parcourons aussi la France, les DOM-TOM, la Belgique, la Suisse et même le Québec, pour animer des formations sur site[3]. Les constats sont les mêmes partout, affligeants et parfois désespérants. Les professionnels sont livrés pieds et poings liés aux lois iniques du marché[4]. Un ordre de fer, « ordre dur » comme l'énonçait Jacques Lacan, règne en maître dans les institutions sociales et médico-sociales sans que les directions et les conseils d'administration puissent toujours faire tampon. L'Hôpital, l'École, la Justice, etc. pour leur part ont depuis belle lurette été infiltrés. Démarche-qualité, normes ISO, évaluations quantitatives, appels d'offres, procédures multiples et (a)variées, contrats d'objectifs, performance, obligations de résultats, management, *benchmarking*, *mentoring*, *coaching*, *case management*, *supported employment*, *best practices*... Une langue nouvelle, la

1. Olivier Razac et Alain Brossat, *Avec Foucault, après Foucault : disséquer la société de contrôle*, L'Harmattan, 2008.
2. Guy Debord, *La société du spectacle*, Folio-Gallimard, 1996.
3. Institut européen psychanalyse et travail social (Psychasoc), www.psychasoc.com.
4. Dany-Rober Dufour, *Le Divin Marché*, Folio-Gallimard, 2012.

Novlangue de George Orwell inventée dans son roman prophétique *1984*[1] (d'abord intitulé *Le dernier homme en Europe*), a envahi la planète et diffuse à bas bruit dans tous les secteurs d'activité.

> « Toute langue véhicule une culture c'est-à-dire des représentations spécifiques de l'univers. Des modifications dans les manières de parler sont souvent révélatrices de modifications dans les façons de penser. Véhicule de connaissances ayant valeur d'exactitude, toute langue est aussi véhicule d'idéologies (croyances collectives). Dans les discours qui constituent notre environnement, des "novlangues" se font jour et certaines "novlangues" qui gagnent du terrain fonctionnent comme un "cheval de Troie" qui vient coloniser nos esprits. Ce phénomène se manifeste à tous les niveaux de notre société et de façon particulièrement frappante à travers les "dérives" (ou trouvailles ?) langagières de nombreux jeunes adolescents. Appliquant ses recherches de linguiste à la langue du IIIe Reich, Victor Klemperer[2] a démontré avec brio combien l'imprégnation idéologique, envahissant la langue allemande, diffusait à bas bruit une "*Weltanschauung*" (représentation du monde) spécifique du nazisme[3]. »

Plus près de nous les massacres commis au Cambodge[4] ou au Rwanda[5] nous ont montré qu'ils sont accompagnés d'une langue totalitaire où les êtres humains sont considérés comme des choses[6]. Le chiffre y règne en maître. L'usage de plus en plus répandu de termes comme management, procédure, usager, parentalité, référentiel de compétence, etc. et l'invasion scientiste des statistiques dans le champ du travail social devrait nous mettre la puce à l'oreille sur cette dérive inquiétante. La difficulté aujourd'hui réside dans le fait qu'on ne sait plus contre qui se battre. La mondialisation a répandu une barbarie douce à l'échelle de la planète. Les politiques abdiquent devant l'économie financière. Alors qui tient les rênes ?

RÉSISTANCE[7]

Alors se pose la question : que faire ? Le premier mouvement est de l'ordre de la plainte et de la désespérance ; le second de la révolte. Puis vient le temps de la résistance. On s'organise face à ce qui se présente comme une guerre larvée, une guerre où le rouleau compresseur d'une économie financière devenue folle écrase sur son passage toutes les autres économies, celles qu'inventèrent les humains de tout temps pour construire

1. Georges Orwell, *1984*, Folio-Gallimard, 1972.
2. Victor Klemperer, *LTI, La langue du IIIe Reich*, Albin Michel ; *Agora*, Pocket, Paris, 1996.
3. Charlotte Herfray, www.psychasoc.com/Textes/Ces-novlangues-qui-colonisent-nos-esprits. Charlotte Herfray, psychanalyste et enseignante universitaire à Strasbourg, qui m'avait fait l'honneur d'intervenir lors du 2e colloque de Psychasoc à Montpellier, nous a quitté le 28 juillet 2018. Elle laisse un enseignement remarquable sur les liens entre travail social et psychanalyse.
4. Rithy Panh, *L'élimination*, Livre de poche, 2011.
5. Jean Hatzfeld, *Une saison de machettes*, Points-Seuil, 2005.
6. Jean-Claude Milner, *La politique des choses*, Verdier, 2011.
7. Joseph Rouzel et Fanny Rouzel, *Le travail social est un acte de résistance*, Dunod, 2009.

et réguler le lien social : l'économie politique, l'économie symbolique et, la dernière en date, l'économie psychique découverte par Freud, il y a une centaine d'années[1]. L'étymologie du mot économie devrait nous mettre la puce à l'oreille sur le degré de dévastation que nous avons atteint. Issu de deux mots grecs, *oïkos* (maison) et *nomos* (loi), il désigne les lois de la maison. L'économie se présente donc historiquement d'abord comme économie domestique. Puis par extension on peut dire qu'il s'agit des lois qui gouvernent la maison des êtres humains, ces étranges animaux parlants apparus sur terre il y a deux millions d'années. Autrement dit sous le terme d'économie affleurent les lois de composition du lien social.

Du coup le « que faire ? » renvoie non pas à une agitation et encore moins à un passage à l'acte, mais à ce que chacun prenne sur soi la condition humaine, qui n'est pas sans condition, comme le rappelle Jean-Pierre Lebrun[2]. Cela signifie que chacun d'entre nous porte sur ses épaules la responsabilité du monde. Tel Saint Christophe portant l'enfant Jésus dans ses bras. Mais reste une énigme. L'enfant Jésus dans l'iconographie chrétienne porte lui-même dans sa main le globe terrestre. Question : où Saint Christophe peut-il poser ses pieds ? De quoi pouvons-nous nous soutenir en ces temps obscurs ?

Voilà où s'enracine la résistance. Résistance à la jouissance. Résistance au sans limite. Résistance à l'inhumain. Mais il s'agirait d'apprendre à faire avec ce qui cloche. De goûter, comme j'ai pu le dire en d'autres temps, la saveur du réel[3]. Saveur du réel que Pierre Reverdy marque comme l'équilibre du déséquilibre dans ce poème éponyme.

> « Il marchait sur un pied sans savoir où il poserait l'autre. Au tournant de la rue le vent balayait la poussière et sa bouche avide engouffrait tout l'espace. Il se mit à courir espérant s'envoler d'un moment à l'autre, mais au bord du ruisseau les pavés étaient humides et ses bras battant l'air n'ont pu le retenir. Dans sa chute il comprit qu'il était plus lourd que son rêve et il aima, depuis, le poids qui l'avait fait tomber[4]. »

Résistance. Le mot a mauvaise presse. En psychanalyse, notamment. La résistance on l'attribue un peu vite au patient, alors que Lacan, dans la foulée de Ferenczi, nous avertit qu'il n'est de résistance que de l'analyste. Dans les établissements où œuvrent les éducateurs, les managers de tous poils en viennent souvent à parler de résistance au changement, comme si le changement n'était pas d'abord un changement de résistance. Mais on oublie un peu trop vite que « résistance » est polysémique et qu'une bonne partie de ses usages penche plutôt du côté positif. J'en retiendrai deux occurrences et chacun filera la métaphore qui lui convient.

- C'est la propriété d'un matériau à s'opposer au passage d'un courant électrique. Elle est souvent désignée par la lettre **R** et son unité de mesure est l'ohm (symbole : **Ω**).

1. Dany-Robert Dufour, *L'individu qui vient... après le libéralisme*, Denoël, 2011.
2. Jean-Pierre Lebrun, *La condition humaine n'est pas sans conditions*, Denoël, 2010.
3. Joseph Rouzel, « La saveur du réel », *Psychanalyse pour le temps présent*, Érès, 2002.
4. Pierre Reverdy (18889-1960), *Poèmes en prose* (1915).

La résistance est aussi responsable d'une dissipation d'énergie sous forme de chaleur ou de lumière.

- La résistance intérieure française, appelée en France « La Résistance », désigne l'ensemble des mouvements et réseaux clandestins qui durant la seconde guerre combattaient dans l'ombre l'envahisseur nazi.

Voici donc venu le temps de retrouver l'esprit des... Lumières et cet esprit est régi par la loi... d'homme ! En faisant barrage à la jouissance elle produit un arc électrique qui n'est pas sans lien avec la joie de la satisfaction. Satisfaction qui naît du travail bien fait, de vivre parmi les autres dans un certain accord, d'apporter, comme on dit, sa pierre à l'édifice d'une humanité apparue sur terre il y a peu, et dont la spécificité est de s'être constituée de parleurs. La parole dans toutes ses extensions devient ainsi dans ces temps de détresse un mode révolutionnaire. D'où une question cruciale que je ne cesse de poser dans les établissements où l'on m'invite : quels sont les lieux où l'on se parle ?

C'est ce sur quoi débouche l'apologue des trois prisonniers qui sert de guide à Lacan pour penser les trois articulations du temps logique[1]. La solution du problème n'existe, au-delà de toute logique comptable, que parce que chacun a confiance dans le raisonnement et la prise de position des deux autres. Autrement dit le collectif ne vit que de ce point où chacun prenant en compte son symptôme, c'est-à-dire ce qui le sépare et le distingue de l'Autre social, fondant proprement la division du sujet, en réinvestit l'invention dans le lien aux autres. Car le symptôme, comme l'énonce Marie-Jean Sauret « est le moyen inventé par le sujet pour se lier au social sans s'y dissoudre et en le préservant[2] ». Il s'agit alors de développer une véritable politique du symptôme. C'est ce que l'on peut nommer une fraternité. Cette fraternité qui fait des hommes les enfants de la parole et les institue de fait dans une division, en eux et entre eux. Parler tout à la fois nous réunit et nous divise.

PARLER ET SE PARLER

Non seulement parler, mais aussi SE parler. C'est ce petit pronominal qui marque l'indice du lien social. On pourrait ainsi en matière d'évaluation s'inspirer d'un pionnier comme August Aichhorn, qui en 1925, pour rendre compte de la mission d'éducation de jeunes délinquants, que lui avait confiée la municipalité de Vienne en Autriche, prononça dix conférences ouvertes aux citoyens qui l'avaient financé par le biais des impôts. Dans sa préface Sigmund Freud, reconnaissant les limites inhérentes au dispositif de la cure analytique, salue le travail de ses « amis éducateurs » capables de prendre

1. Jacques Lacan, « Le temps logique et l'assertion de certitude anticipée », *Écrits*, Seuil, 1966. Voir également Joseph Rouzel, *La supervision d'équipes en travail social*, Dunod, 2007.
2. Marie-Jean Sauret, *Malaise dans le capitalisme*, PUM, 2009.

le relais auprès d'enfants ou adolescents débordant sans cesse dans les passages à l'acte. Le regain d'intérêt récent pour la modalité du récit, en formation, en équipe, en supervision, dans la rencontre clinique témoigne de ce retour de la parole dans ce qu'elle a de plus vif. Ainsi retrouvons-nous la dignité de penser et d'agir[1].

Pourquoi la psychanalyse ? se sont demandé certains à propos de ma démarche. Tout d'abord notons que la psychanalyse, la psychologie clinique, la psychiatrie humaniste, la psychothérapie et la pédagogie institutionnelles... constituent un axe fort de référence dans le travail éducatif, pour tout ce qui touche à la prise en compte du sujet et du psychisme humain. De même que l'anthropologie, la sociologie, la science politique, le droit, l'économie... déterminent un point d'appui pour comprendre les groupes, les collectifs, les équipes, les sociétés. Comme aimait à le dire François Tosquelles : « il faut marcher sur deux jambes : Freud et Marx ! » Ensuite la psychanalyse questionne de façon incessante l'implication du sujet, donc du professionnel comme du dit « usager » (parfois bien usagé !), dans sa position et sa posture. « Et toi, qu'est-ce que tu fous là ? », aimait à nous lancer joyeusement le même Tosquelles. Autrement dit le travail de psychanalyse conduit à parler en son propre nom et donc à soutenir dans un collectif sa position subjective. C'est la seule voie pour maintenir vivante une institution. Cette tension permanente entre collectif et subjectif, comporte deux risques : la dissolution du sujet dans le collectif et l'éclatement du collectif par le subjectif. Il faut donc instituer pour que cette aporie, cette contradiction irréductible, continue à produire et des collectifs et des sujets vivants, c'est-à-dire créatifs. *Vitam Instituere*, tel est le maître mot que Pierre Legendre reprend du droit romain et qu'il place à l'enseigne de toute institution.

> « Autrement dit, les institutions ont en charge de produire les humains et de les acheminer vers la mort. Cela implique que chacun de nous et toutes les organisations aient affaire à l'assujettissement, tel que le manœuvre et l'obscurcit cet étrange savoir social que nous nommons institutions, vocable innocemment employé, emprunté par la tradition juridique occidentale au droit de l'empire romain. Les institutions désignent un lieu logique, inséparable de la politique, un lieu où se jouent quelques-unes des mises les plus essentielles à la vie, c'est-à-dire à la reproduction de la vie[2]. »

Dans ce contexte difficile, où la survie de l'humain est en jeu, les éducateurs « spéciaux » qui soutiennent leurs contemporains les plus démunis, exclus de l'École, l'Hôpital, la Justice... ce pour quoi le médecin Itard en 1815 inventa le terme d'« éducation spéciale », sont logés aux avant-postes de cette résistance en acte. Mais il leur faut accepter de naviguer en eaux troubles, de donner le change, de devenir rusés[3], de

1. Roland Gori, *La dignité de penser*, LLL Editions, 2011. Voir également Claude Allione, *La haine de la parole*, Les liens qui libèrent, 2013.

2. Pierre Legendre, *Leçons II. L'Empire de la Vérité. Introduction aux espaces dogmatiques industriels*, Paris, Fayard, 1983.

3. Marcel Detienne et Jean-Pierre Vernant, *Les ruses de l'intelligence : la mètis des Grecs*, Champs Flammarion, 2009.

faire mine de parler la langue de l'oppresseur pour mieux la subvertir. En quelque sorte de pratiquer une guérilla non-violente au plus près des sujets qu'ils accompagnent et soutiennent. Et surtout d'organiser la résistance, mais pas dans l'entre soi, ni le corporatisme, ni l'individualisme, ni le « tout à l'ego ». Un peu partout on observe un bouillonnement. Le moment est venu de conjoindre les forces vives qui se mobilisent dans tous les domaines. C'est ainsi que nous avons créé PSF[1] (Psychanalyse sans frontière), ASIES[2] (Association des superviseurs indépendants européens) ou encore REZO[3]. Et récemment l'association l'@psychanalyse[4]. Nous avons dans le même esprit organisé tous les trois ans un congrès où des centaines de travailleurs sociaux se sont retrouvés autour du thème de « travail social et psychanalyse[5] ». Nous soutenons également des collectifs professionnels, telle l'Organisation des éducateurs spécialisés (ONES[6]), créée et présidée par notre ami Jean-Marie Vauchez. C'est aussi dans le même mouvement que nous nous joignons à des regroupements comme L'appel des appels[7] ou le Collectif des 39[8], AvenirEducs[9], Appel du 7[10], etc.

C'est dans ce paysage largement bouleversé depuis sa première parution, que les Éditions Dunod remettent sur le métier cet ouvrage. J'y ai ajouté deux chapitres d'actualité sur « La reconnaissance » et « La prise de risque » dans les métiers éducatifs, ainsi qu'une mise au point sur la dérive qui affecte gravement la notion de projet, centrale dans l'acte éducatif. L'ouvrage ainsi remanié se présente comme un manuel de survie pour des éducateurs préoccupés par le sens de leur action, qui ne lâchent ni sur les principes, ni sur les valeurs, ni sur « l'éthique du bien dire[11] ». Des éducateurs chaque jour à la pointe du combat pour que survive malgré tout cette espèce en voie de disparition, l'espèce humaine.

Il ne faut pas désespérer Billancourt[12] car ce qui ne nous tue pas nous rend plus fort.

---

1. www.psychasoc.com.
2. www.asies.org.
3. Site malheureusement fermé en mai 2018 faute d'engagement financier des participants. Avec mon fils Erwan, nous avons soutenu à bout de bras pendant plusieurs années, financièrement et matériellement, cette alternative aux prétendus réseaux sociaux, « face de bouc » et autres. Le forum de discussion a été relayé sur Psychasoc.com.
4. www.apsychanalyse.org.
5. Les actes des deux premiers congrès sont édités aux éditions du Champ social ; ceux des deux derniers en numérique aux Éditions Psychasoc.
6. www.ones-fr.org.
7. www.appeldesappels.org.
8. www.collectifpsychiatrie.fr.
9. www.avenireducs.com.
10. www.appeldu7.fr.
11. Jacques Lacan, *Télévision*, Seuil, 1974.
12. Expression jaillie lors de la grande grève de 1913 aux usines Renault.

Préambule à la deuxième édition

DANS son introduction à l'œuvre de Marcel Mauss, Claude Lévi-Strauss insiste sur « la nécessité d'appréhender l'objet dans sa totalité... c'est-à-dire du dehors comme une chose, mais comme une chose dont fait cependant partie intégrante l'appréhension subjective (consciente et inconsciente) ». Quant à Freud il précise que son histoire n'a d'intérêt qu'en lien avec la psychanalyse. C'est un peu la voie que je suivrai ici : si j'y parle de moi c'est pour poser les jalons, dans les événements et dans la pensée, qui m'ont permis de construire une position d'éducateur. C'est dans l'aller-retour entre la vie quotidienne et l'espace de la réflexion que se forge une telle position.

Je fais partie de cette génération dite de 68, très travaillée par la question du changement social. Nous visions ce que Deleuze et Guattari ont nommé « *la révolution moléculaire* ». Les changements nous les voulions tout de suite. Nous n'entendions pas attendre le grand soir de la révolution des opprimés promis par les différentes idéologies, où le dernier des capitalistes serait pendu avec les tripes du dernier curé, pour que ça change. C'est dans ce mouvement que s'est opéré ce qu'on peut appeler dans l'après coup : « la révolution du quotidien ». Certains d'entre nous avaient eu pour professeur Henri Lefebvre, un des initiateurs de *La critique de la vie quotidienne*. L'être humain estimions-nous vivait comme un porc. Le slogan qui résumait notre position critique est bien connu : métro-boulot-dodo. Frayant tout jeune avec l'Internationale Situationniste, j'ai assez vite compris que notre monde moderne, celui qui s'est édifié sur les ruines encore fumantes d'Auschwitz et d'Hiroshima, était tout entier dévolu à la marchandise et au spectacle. Les situationnistes menèrent une critique féroce de la modernité quotidienne en soutenant qu'il s'agissait de résister à cette marche en avant du capitalisme triomphant d'après-guerre, où l'homme était exploité par l'homme, comme depuis toujours, mais sous deux aspects très modernes. Tout être humain était « réifié » comme disait Marx et réduit à l'état d'objet du commerce. Il suffisait juste d'entretenir par un salaire minimum la machine pour qu'elle ne claque pas trop tôt. Il n'y avait pas encore de chômage à l'époque. Aujourd'hui cette logique a porté ses fruits, avec la mise en stock des surnuméraires, les exclus de l'appareil de production. D'autre part l'être humain était une machine de spectacle. Les médias réduisent l'homme à une mise en spectacle, une « mise en scène de la vie quotidienne », pour reprendre un titre d'Erving Goffman. Les thèses situationnistes furent illustrées par des penseurs comme Raoul Vaneigem et Guy Debord. La Société du spectacle se porte bien. D'ailleurs on vient de rééditer les ouvrages des situationnistes, signe que la machine capitaliste absorbe tout, y compris ceux qui luttent contre elle.

C'est ce genre d'idée qui nous a poussés quelques-uns à mettre en marche une micro-révolution dont le quotidien était le théâtre des opérations. C'est ainsi que nous nous sommes réunis en Bretagne pour vivre en communauté à la campagne. Ce que nous voulions, c'était avoir une prise sur notre vie quotidienne en maîtrisant nos moyens de production, notre survie et nos modes de vivre-ensemble. Bref, le combat était politique, d'une politique de base. L'un a appris l'apiculture, un autre la menuiserie, d'autres encore, comme moi, l'élevage des moutons... Nous nous sommes retrouvés à une dizaine à la campagne. Nous avons mis en œuvre nos conditions de vie : maraîchage, élevage, fromage, confection d'outils ; mais aussi art et artisanat ; et encore le combat politique : installés un peu plus tard en Espagne, en terre catalane, nous avons participé activement aux dernières luttes contre le Franquisme. C'est d'ailleurs à cette époque que j'ai dû quitter la communauté avant qu'elle se dissolve, suite à l'assassinat en 1973 du Vice-Président du gouvernement de Franco, : la *guardia civil* nous avait menacés de mort. La communauté était tout à la fois un laboratoire d'idées et de pratiques du quotidien. C'est d'ailleurs dans ce cadre que nous nous sommes posé des questions d'éducation. Je venais d'avoir un fils ; j'avais 24 ans. C'était le premier enfant dans la communauté, et nous avons eu des échanges épiques sur les questions d'éducation. Un jour un psy de la banlieue parisienne que j'avais rencontré en 1968 sur les barricades, nous a écrit – nous n'avions évidemment pas le téléphone, ni d'ailleurs l'eau courante ni l'électricité. Il avait retrouvé nos coordonnées par une de ces nombreuses publications de la contre-culture qui circulaient alors par centaines dans les divers pays d'Europe. Dans ce courrier il nous demandait si nous pouvions accueillir deux enfants de 13 et 15 ans, dont la famille était en taule, et qui ne savaient pas où aller en vacances. Nous avons donc accueilli pendant deux mois ces deux jeunes. Ça a été une rude épreuve : les montagnes catalanes à 800 mètres d'altitude, ce n'est pas La Courneuve. Ils nous ont foutu le feu à la grange, ont coursé les chèvres et rendu maboul notre brave mulet *Sambano*.

À ce propos, il faut que je fasse un petit aparté, pour expliquer l'origine du nom de notre mulet. C'est l'histoire d'une révolution dans un pays d'Amérique Latine. Le peuple a renversé le tyran. Tout le monde fait la fête dans les rues. On danse et on boit, on fait pétarader des feux d'artifice jour et nuit. C'est un grand moment de liesse populaire. Et ça n'en finit pas. Au bout d'une semaine de fiesta déchaînée, le meneur de la révolution, le Che du moment, monté à une tribune improvisée, se saisit d'un porte-voix et déclare « camarades nous avons gagné, nous avons fêté l'événement dans la joie et l'allégresse, mais on ne peut pas continuer comme ça, il faut se remettre au boulot. Alors je vous le dis – il s'exprime en castillan – *trabajo, si ; samba, no* » (Le travail, d'accord ; mais la samba c'est fini). Et la foule reprend : « *trabajo, si ; samba, no* ». C'est un slogan mais qui assez rapidement dégénère. Tout le monde se met à le reprendre en chœur, et l'on danse sur les paroles de ce qui devient l'hymne populaire d'une nouvelle samba. Voilà une petite anecdote qui nous permettra le moment venu de cerner le quotidien éducatif ; pas de *trabajo*, sans *samba*.

Le quotidien, s'il est réduit à une répétition industrielle de la production, est invivable et au lieu d'une source d'enrichissement, il devient le lieu même de l'écrasement. Autrement dit, nous étions marxistes jusqu'au bout des ongles. Pas marxistes à la mode PC, ou soviétique, plutôt marxistes tendances Groucho. Et finalement en accord avec les thèses du jeune Marx réfléchissant sur la nature du travail, comme source de joie et d'expression, comme mode de création et de médiation pour être ensemble. Dans *Les cahiers des extraits de 1844*, des écrits de jeunesse, on trouve des phrases comme celle-ci :

> « J'aurais la joie d'avoir été pour toi le médiateur entre toi et l'espèce humaine, donc d'être ressenti et reconnu par toi-même comme un complément de ta propre nature et comme une partie de ton être, donc de me savoir affirmé dans ta pensée comme dans ton amour. Enfin j'aurais la joie d'avoir produit dans la manifestation individuelle de ma vie la manifestation directe de ta vie, donc d'avoir affirmé et réalisé, dans mon activité individuelle, ma vraie nature, ma nature humaine, mon être social. »

C'est comme ça que j'en suis venu à m'intéresser de plus près à l'éducation. En 1970, en revenant des Indes où j'avais passé un an à chercher mon chemin dans la vie, j'avais fait un petit détour comme pion à l'Éducation nationale, au CES de Saint-Pol-de-Léon. J'ai vite compris que l'École, lieu de la reproduction de l'aliénation, comme dit Bourdieu, est inadaptée à un certain nombre de mômes. Comme par hasard, ce sont ces mêmes mômes que l'on retrouve dans l'éducation spéciale. De fil en aiguille, après l'expérience communautaire, j'ai créé avec ma femme Geneviève, dans le Gers, un lieu d'accueil. Nous avions alors deux enfants. C'était en 1975. Je ne savais pas que ça existait ailleurs ce genre d'expérience. J'avais une petite ferme avec 1 hectare de Madiran, un élevage d'oies, de poules, de dindons et de pintades. Des chiens et des chats. J'avais aussi monté une petite maison d'édition et une imprimerie. Dans ce cadre très spécial, où nous nous sentions bien vivre, nous nous sommes mis à accueillir des enfants, des jeunes et même des adultes en souffrance. Dans un tel lieu l'objectif était bien, comme il doit l'être je pense pour toute forme d'éducation, de permettre à chacun de trouver sa place dans l'espace social, mais surtout de découvrir sa raison de vivre. L'outil de travail, le moyen, la médiation pour y parvenir, était le partage du quotidien[1]. Je n'ai jamais pensé qu'il fallait faire des choses spéciales pour accompagner ces jeunes qui allaient si mal. Nous les invitions à partager notre quotidien : la ferme, les travaux de la vigne l'élevage des oies, l'atelier d'imprimerie... mais aussi faire les courses, la popote, nettoyer, balayer, briquer... mais aussi la télé, les balades, les fêtes chez les copains... et ce putain de toit qui fuit la nuit, sur lequel il faut monter au risque de se casser le cou, et les pintades qui ne sont pas rentrées et qui se font courser par les chasseurs, et Yannick qui est parti avec sa mob pourrie chercher du pain et qui traîne à rentrer, et Violette, une jeune schizophrène qui se tape la tête contre le mur de la grange... Bref c'est bien dans notre quotidien que nous les recevions. Et ce quotidien s'en trouvait transformé, pour eux et pour nous. C'est dans ce partage, cette greffe de quotidien, chez des êtres « déquotidiennisés », si l'on peut dire, que quelque chose opérait. C'est en travaillant à l'imprimerie qu'Antoine, illettré, s'est pris de passion pour la lecture. Il a voulu savoir ce qu'il y avait de si intéressant dans les livres pour qu'on passe autant de temps à les écrire, les imprimer et les lire. Je lui ai appris la lecture dans le recueil de poèmes de Boris Vian *Je voudrais pas crever*. Quant à Cyrille, un jeune bourgeois de la haute, drogué depuis l'âge de 12 ans, il a découvert la menuiserie, le jour où, accueillant une personne de plus, il a fallu aménager une chambre dans le grenier et construire un escalier pour y accéder. Juliette qui n'arrêtait pas de fuguer depuis l'âge de 7 ans, s'est initiée aux joies du maternage avec la naissance de notre troisième enfant. C'est sur cette expérience qu'elle s'est appuyée pour devenir une jeune mère en sortant de chez nous[2].

Voilà comment je me suis formé à l'éducation spéciale. Sur le tas ! Après cinq ans d'accueil, je me suis pris de passion pour ce métier : j'ai fait des études d'ES à Toulouse. Pour moi les trois ans d'étude ont été l'occasion de mettre en mots, de théoriser comme on dit, une expérience qui bouillonnait. J'ai alors bossé dans différents établissements, auprès de psychotiques, puis de délinquants et de toxicomanes. Assez rapidement j'ai eu le souci de partager et de transmettre cette expérience : je suis devenu formateur, par petites touches au début, puis à plein-temps plus tard. Je me suis engagé dans des études d'ethnologie à l'EHESS où j'ai passé une maitrise, d'où j'ai tiré un ouvrage sur les guérisons populaires[3] ; puis j'ai poursuivi dans un DEA et un doctorat de philosophie et psychanalyse à l'université Paul Valéry de Montpellier (thèse non soutenue, mais publiée[4]) Tout ce temps-là j'ai aussi poursuivi un travail sur moi-même à travers l'expérience de la cure analytique, et depuis plus de 20 ans je suis installé comme

1. Plus tard d'aucuns engagés dans des expériences semblables témoigneront de cette aventure. Par exemple : Patrick et Marie-France Ardon, *La Chabraque : l'effet cheval pour aider à grandir*, Érès, 2018.

2. Sur les questions du quotidien, voir mon ouvrage *Le quotidien en éducation spécialisée*, Dunod, 2015 (2e édition).

3. Joseph Rouzel, *Ethnologie du feu. Guérisons populaires et mythologie chrétienne*, L'Harmattan, 1996.

4. Joseph Rouzel, *La lettre de l'inconscient. Freud, Lacan et quelques autres au pied de la lettre*, L'Harmattan, 2017.

psychanalyste. Cette démarche qui m'amène aujourd'hui à occuper cette place est l'aboutissement de plusieurs années de travail, où la psychanalyse a été mon bâton de marche. Deux mots d'emblée sur la psychanalyse, puisque ce sera le décor à partir duquel je vais mettre en scène ce qui suit. La psychanalyse est avant tout une pratique. Si Freud se pose toute une série de questions, s'il fait des hypothèses sur le fonctionnement de l'appareil psychique, c'est parce qu'il rencontre dans sa pratique auprès des patients des questions qui n'ont jusque-là jamais été abordées. Freud part d'une évidence : ces petits riens de la vie quotidienne, qui nous font douter de notre maîtrise sur le monde et sur nous-mêmes. L'oubli d'un nom ou d'une chose à faire, le lapsus qui nous fait prononcer un mot à la place d'un autre, les bafouillages, les actes manqués, les jeux de mots, les rêves, mais aussi les symptômes, autant de manifestations qui mettent Freud sur la piste qu'il y a bien, au sein de la réalité quotidienne, quelque chose qui nous échappe, tout en étant présent. Ce quelque chose qui nous échappe, et qui gouverne des pans entiers de notre vie, Freud décide de le nommer l'inconscient. L'idée n'est pas que ce qui est inconscient puisse un jour devenir conscient, donc qu'on puisse un jour en avoir la maîtrise, mais de l'apprivoiser, d'apprendre à faire avec, pour vivre un peu moins mal. L'invention de la cure permet de suspendre la vie quotidienne. Elle propose au patient de rencontrer dans une parole adressée à un autre qui la supporte, ce qui lui échappe. Si Freud conçoit l'inconscient comme ce qui met des grains de sable dans la mécanique du quotidien, ce dont il rendra compte dans son ouvrage *Psychopathologie de la vie quotidienne*, c'est dans la suspension de cette mécanique, qu'il invente le dispositif analytique.

La réflexion que poursuit cet ouvrage est entièrement étayée par cette découverte fondamentale : ça parle dans l'homme. Et que je sache, ce n'est pas une approche réservée aux « psy ». Les éducateurs, comme tout un chacun, ont affaire à l'inconscient en eux-mêmes et chez ceux qu'ils accompagnent.

Préambule à la première édition

La profession d'éducateur est mal connue. Elle est bien souvent confondue avec les professions de l'enseignement, ou alors, on la restreint à un seul type de population : les éducateurs s'occupent des enfants. Dans la crise sociale grave qui atteint les sociétés occidentales, la profession éducative tend à être noyée dans l'ensemble flou des « travailleurs sociaux ». Certes, ce terme recouvre des professions voisines et complémentaires sur le terrain, puisqu'elles prennent toutes en charge des personnes en difficulté, mais distinctes de par leurs modes de formation, leurs références théoriques, leurs objectifs, leurs missions et leurs types d'intervention.

Les éducateurs travaillent auprès de handicapés, malades mentaux, délinquants, asociaux, toxicomanes, immigrés, SDF... Ils interviennent dans des foyers, des institutions, des quartiers, des lieux d'accueil, dans les familles, en milieu ouvert ou en internat... L'éducation spéciale, c'est presque 50 000 professionnels en France prenant en charge des personnes de tous âges : enfants, adolescents, adultes, vieillards, en grande souffrance, avec pour but commun de les accompagner, les aider, les soutenir au mieux dans l'appropriation de leur espace physique, psychique et social. À ces professionnels, il faut ajouter les moniteurs éducateurs, surtout employés en internat et un certain nombre d'éducateurs qui travaillent dans des secteurs plus spécifiques : éducateurs de la Protection Judiciaire de la Jeunesse, éducateurs de justice, éducateurs de jeunes enfants, éducateurs techniques spécialisés...

L'environnement de cette profession est relativement bien connu dans ses aspects sociologiques, comme en témoignent certains ouvrages parus récemment dans la foulée des recherches de Bourdieu et Passeron sur les conditions sociales de transmission de l'éducation, que ce soit en milieu familial ou scolaire (par exemple, Jacques Ion, *Le Travail social à l'épreuve du territoire* [1990]). Mais ce qui constitue le cœur du travail éducatif, la rencontre singulière, un par un, de sujets en souffrance, reste encore à explorer. Les éducateurs s'investissent dans cette relation à travers les petites choses du quotidien ou des activités qui constituent autant de médiations, pour permettre à d'autres de construire au jour le jour leur propre vie en assumant et en dépassant, quand c'est possible, leurs difficultés premières quelles qu'elles soient : handicap physique, moteur ou sensoriel, psychique ou mental, social ou relationnel.

Bien souvent, le travail éducatif ne se voit pas. Pourtant, les éducateurs ne ménagent ni leur peine ni leur réflexion. Il leur manque parfois « les mots pour le dire » ou on leur impose, pour s'exprimer, des moules qui ne sont pas les leurs. Si, comme le dit un poète chinois, « l'expérience est une lanterne que l'on porte dans le dos », lorsqu'elle est forgée au feu du langage et communiquée, elle éclaire aussi devant soi une pratique quotidienne qui sans cela resterait dans l'ombre. D'où l'objectif de transmission de cet ouvrage, rédigé par un professionnel de l'éducation spécialisée, également formateur. Formaliser la pratique pour qu'elle se transforme, telle en est la ligne d'horizon.

Ce parti pris et le degré d'implication qu'il exige, expliquent que dans certaines parties, je sois amené à m'exprimer à la première personne, pratique généralement bannie dans ce type d'ouvrage, où l'auteur s'installe le plus souvent à l'abri d'une extériorité sécurisante. Ce que j'avance ici représente la forme qu'ont prise pour moi des années d'action et de réflexion dans le champ de l'éducation spécialisée. Je l'assume, sans prétendre en faire un discours généraliste.

Si j'ai la prétention de partager ma réflexion, je ne vise certes pas la rédaction du « manuel du parfait éducateur ». Une telle visée serait un leurre grave, puisqu'elle imposerait un modèle unique dans le travail éducatif, alors que je montrerai ici que tout nous ramène à considérer que ce travail est à réinventer sans cesse. Ce qui ne veut pas dire que l'on ne puisse rien en dire, bien au contraire. Un certain nombre de mots commencent à émerger et à baliser le champ de la fonction éducative : la relation, les médiations, le projet, pour ne prendre que ceux-là, sont autant de références dans lesquelles se retrouvent les éducateurs en exercice. Il restait à ouvrir ces mots pour les conceptualiser, pour les faire jouer entre eux, à la lumière d'un autre champ de discours, la psychanalyse. L'entreprise est partielle, voire partiale et critiquable, j'en ai bien conscience. Mais il me paraît impossible, dans ce mouvement de formalisation, de ne pas faire de choix. C'est là que la dimension éthique prend tout son sens. Écrire la pratique éducative, c'est avant tout dire où l'on se situe, à partir de quel choix de position l'on parle.

On a parfois décrit les éducateurs comme étant des « techniciens de la relation ». Mais on a pu constater aussi, à partir de cette affirmation facile, un certain nombre de dérives. Du côté technique, on a vu fleurir des formations de toutes sortes promettant chacune de donner la clé de la relation éducative. En fait, cette dérive a une racine profonde que nous rencontrerons tout au long de cet ouvrage : les éducateurs, à force de « se coltiner » la misère du monde, la déchéance et la folie, sont profondément et personnellement bouleversés. La relation éducative ne laisse pas tranquille. D'où cette vague de formations qui avaient (et ont encore) pour but non avoué de maîtriser la peur et l'inconfort de toute façon incontournables. Il faut apprendre, lorsque l'on est éducateur, à faire avec ce « dérangement » permanent.

Nous avons assisté à un deuxième courant face à cette vague technicienne : celle du spontanéisme naïf. Dans la relation éducative, les choses iraient d'elles-mêmes. Il ne faudrait pas se casser la tête, « être cool », laisser faire, laisser dire. Il s'agit plus là d'une démission, sans doute pour les mêmes raisons, parce que la relation éducative bouscule les points de repère habituels des éducateurs et pousse à l'invention permanente. Comme on le voit entre le Charybde de la technique et le Scylla du spontanéisme, il faut envisager une voie moyenne, si l'on veut que la relation éducative soit un véritable outil pour les professionnels et un facteur de structuration pour les personnes en difficulté qui leur sont confiées.

Depuis quelques années, des éducateurs sur le terrain et des formateurs dans les centres de formation, se sont mis au travail pour construire les coordonnées de l'acte éducatif qui se fonde essentiellement sur une pratique de la relation humaine. Les éducateurs disposent d'outils spécifiques que l'on commence à repérer et qui sont transmissibles en situation d'apprentissage. Ce qui définit l'existence même d'une profession est que l'on puisse en formaliser les actes et transmettre cette formalisation.

Si la relation engagée par un éducateur avec une personne en souffrance obéit aux aléas de toute relation humaine, cette rencontre singulière prend, en revanche, une tout autre dimension qu'une relation d'amitié ou de camaraderie. D'une part, elle prend en compte la demande singulière des personnes. D'autre part, elle s'inscrit dans un projet, obéit à une mission, est garantie et contrôlée par une institution, étant elle-même sous la tutelle d'un organisme d'État ou d'une collectivité locale, lesquels développent les choix d'une politique sociale à l'échelon de la nation ou du département. Du coup, la relation éducative est au service de ces différents niveaux d'objectifs, avec évidemment les contradictions que ne manque pas de produire l'imbrication des différents projets. La relation éducative est le moyen d'agir dans le sens d'un changement des personnes en vue d'une meilleure insertion pour elles dans la communauté des citoyens. Le projet est donc politique : l'aide apportée aux personnes en difficulté est un choix de société. Les éducateurs participent à la mise en œuvre de cette grande option sociale posée dès la Déclaration des droits de l'homme et du citoyen de 1789.

La fonction des éducateurs exige d'eux qu'ils produisent des diagnostics cohérents à partir d'observations cliniques très fines, recueillies justement « dans le vif » de la relation et médiatisées par des activités culturelles, physiques, sportives, voire tout simplement de la vie quotidienne. Ces observations sont confrontées, dans les réunions dites « de synthèse », aux points de vue des autres techniciens de l'institution (médecins, psychiatres, psychologues, assistantes sociales, instituteurs spécialisés, rééducateurs...) et parfois des familles. Ce n'est qu'à partir de cette confrontation que les éducateurs peuvent dégager des hypothèses d'action fiables et engager des projets articulés aux projets des autres techniciens, mais aussi personnalisés et adaptés au plus près aux désirs et à l'évolution des personnes prises en charge. Bien entendu, ces projets de prise en charge ne sauraient être figés : ils sont reformulés en permanence avec les personnes et les autres techniciens. La refonte récente des Annexes XXIV[1] insiste à juste titre sur ce point. Mais l'on oublie trop souvent que dans la mise en place de ces projets, dont la relation éducative est le creuset, l'éducateur doit prendre position, dans ses options de travail, dans ses modes de lecture des réalités rencontrées, dans les présupposés théoriques qui président à ses hypothèses. C'est la raison pour laquelle on ne pourra pas, sauf à gommer la spécificité de la fonction éducative, produire un manuel de la profession. Ce manuel, chacun est tenu de le réécrire sans cesse au fil de sa pratique et de son questionnement.

Tout au long de cet ouvrage, nous cernerons la réalité de la relation éducative à partir de ces prémisses. Dans la relation, l'éducateur n'est pas neutre. Il met en jeu sa personne, sa personnalité, ses sentiments, ses goûts, ses opinions, ses passions, ses représentations de lui-même, des autres, du monde, mais il le fait au service d'une cause qui lui est extérieure et il professionnalise ses actes. Voilà pourquoi nous aborderons successivement les questions suivantes : qu'est-ce qu'une relation éducative ? Comment s'engage-t-elle ? Pour faire quoi ? À partir de quelle visée, quel cadre, quelle mission, quels repères ? Sur quel type de médiations repose cette relation ? À quel projet peut-elle aboutir ? Quels en sont les limites et les obstacles ? Comment rendre compte de ce qui s'y joue ? Comment juger ce qui s'y passe ? À quels principes se référer dans l'action et la réflexion ?

Autant de points de questionnement qui nous permettront de dégager des repères utiles aux professionnels du terrain et aux futurs professionnels que sont les élèves en formation. Si l'on ne peut, comme on a souvent eu tendance à le faire, enfermer la pratique éducative dans un discours de type scientiste et technicien, cela ne signifie pas que les éducateurs fassent n'importe quoi. Même si les professionnels de l'éducation spéciale sont trop souvent muets, les gestes et les actes qu'ils soutiennent obéissent à un sens et une logique qui doivent devenir parlants pour tous. Cet ouvrage n'est donc pas à prendre comme un recueil de recettes, ce serait une catastrophe et enlèverait toute liberté à la relation éducative. D'ailleurs, il n'en a pas la forme. J'ai surtout mis l'accent sur les principes qui gouvernent l'acte éducatif en situation. Des principes énoncés

1. Annexes à un décret réglementant les conditions d'autorisation des établissements privés qui reçoivent des enfants et adolescents dont la prise en charge est financée par la Sécurité sociale. Parues en mars 1956, ces annexes n'avaient été jusqu'alors que peu modifiées. Les décrets du 22 avril 1988, du 27 octobre 1989, du 3 avril 1990 les ont réactualisées. Elles font l'objet d'un remaniement permanent, notamment en 2017. Voir Jacques Trémintin, « À propos des annexes XXIV », *Lien Social* n° 424, du 8/01/1998. Désormais abrogées en tant que telles, elles sont entièrement codifiées dans le CASF aux articles D.312-1 pour les Annexes XXIV, D.312-60 pour les Annexes XXIV bis, D.312-83 pour les Annexes XXIV ter, D.312-98 pour les Annexes quater et D.312-111 pour les Annexes quinquies. On y retrouve les mêmes données techniques que dans les ex Annexes XXIV.

à l'acte lui-même, à chaque lecteur de faire son chemin. Il s'agit d'une tentative de rendre compte d'un domaine, celui de la relation engagée dans un cadre professionnel, où ce qui se passe entre deux personnes est subtil, éphémère, fragile et somme toute, très difficile à saisir.

PARTIE I

Éducation spécialisée : les fondamentaux

- **Chap. 1** La relation éducative 3
- **Chap. 2** Le projet éducatif 33
- **Chap. 3** Les médiations éducatives 57
- **Chap. 4** La fonction de l'écoute 91
- **Chap. 5** Les garde-fous de la relation éducative 103
- **Chap. 6** Prise de risque et responsabilité dans le travail éducatif 135
- **Chap. 7** Re-connaissance 145
- **Chap. 8** Éducateur aujourd'hui : un métier impossible 153

Chapitre 1

La relation éducative

« Le transfert, c'est de l'amour qui s'adresse au savoir. »
Jacques Lacan

L'EXPÉRIENCE EST UNE LANTERNE QUE L'ON PORTE DANS LE DOS

« On pense contre le signifiant », disait Jacques Lacan. Pas de pensée sans cette dimension d'inscription langagière. Pas de pensée sans parole et sans écriture. Si l'homme pense, c'est parce que la pensée l'a fait homme. Lacan emploie le néologisme de « l'appensée » (comme on dit l'appentis, pour la construction qui se tient contre – tout contre ! – une maison). Toute pensée s'inscrit dans le champ de savoirs constitués. Ainsi, on peut inscrire une pensée sur la pluie (c'est le cas aujourd'hui !) dans le champ de la poésie : « il pleure sur mon cœur, comme il pleut sur la ville », écrit Verlaine. On peut aussi lui donner forme dans le langage de la météorologie : dépression à 1 000 millibars, vent de force 6. Il est là question de codes et de discours.

▶ Questions d'épistémologie : l'épistémê

Les discours et les codes, les champs de savoir, se déploient eux-mêmes sur une vaste toile de fond culturelle liée à un moment particulier de l'histoire de l'humanité dans chaque civilisation. Cette toile de fond, source des formes possibles de la pensée, les anciens Grecs l'appelèrent l'« *épistémê* » : champ de savoir constitué. On ne pense pas aujourd'hui comme au Moyen Âge. De la Renaissance à nos jours, on a connu deux grands champs épistémiques. L'un classique et l'autre, depuis la guerre de 1914, moderne. Guy Le Gaufey, dans son essai *L'Éviction de l'origine* [1994], fait l'hypothèse que c'est le statut de la cause qui diffère. L'*épistémê* classique est caractérisée par un univers centré, où l'homme est au cœur de phénomènes orchestrés par une cause unique (Dieu, le Lord de Newton).

L'*épistémê* moderne est caractérisée par un éclatement de la notion de cause, un morcellement, qui fait que les phénomènes peuvent être décrits de points de vue différents et divergents, non exclusifs.

« Tout est relatif » dirait Einstein. Il n'existe pas de discours qui puisse rendre compte de la totalité du réel. Cependant toutes les formes de la pensée, que ce soit dans l'art, la science, les techniques ou le langage courant, sont modelées par ce fond partagé, qui est une certaine façon, commune à une socioculture, de vivre le monde. L'*épistémê* tire sa cohérence du fait que l'homme est assujetti et appareillé au langage. C'est cet assujettissement singulier (et l'on retrouve ici la racine du concept de sujet, de *subjectus* en latin : jeté dessous, sous-mis) que Claude Lévi-Strauss et à sa suite Jacques Lacan, ont nommé le « symbolique », puisqu'il est lié à la capacité de symbolisation de l'homme.

Épistémologie et langage

Chaque champ épistémique est balisé par un ensemble de signifiants particuliers que l'on peut appeler des concepts et qui permettent à chacun d'appréhender le monde d'un point de vue singulier, donc de construire une réalité, en s'inscrivant dans l'*épistémê* de l'époque. La praxis est la mise en œuvre des concepts sur un morceau choisi du réel. Les concepts décrivent la réalité subjective de chaque sujet, tout en la construisant au fur et à mesure à partir des matériaux sémantiques disponibles dans la culture. Il n'y a donc pas La Réalité, terme qui revient bien souvent comme référentiel dans le discours éducatif, mais des réalités subjectives en mouvement, vivantes, découpées pour chacun à la fois à partir de la transmission intrafamiliale et à la fois à partir du champ de savoir dont il emprunte le chemin pour se faire une place dans le monde.

Bien entendu, cette idée met aussi en cause la hiérarchisation des savoirs. De l'inconscient à la culture, il y a un passage où le sujet, d'abord sujet du langage, prend naissance de façon permanente. Il y a autant de pertinence chez un jeune décrivant sa vie quotidienne, que chez un philosophe contemporain. Ils s'inscrivent tous deux dans le cadre de la même *épistémê*, mais la fenêtre par laquelle ils regardent et découvrent le monde est différente. De plus, la valorisation des discours, comme marchandises chargées d'un capital culturel, les distingue selon un ordre de valeurs.

Langage et symbolique

Les grands champs conceptuels qui croisent le travail éducatif tiennent à la façon de vivre ensemble des humains, singulière pour chacun et collective pour tous. Ces grands champs dont la philosophie classique débat sous les concepts d'individu et de société, se déroulent dans deux champs épistémiques distincts :

- le social, balisé par l'ethnologie, la sociologie, le droit, l'économie ;
- le sujet, couvert par la psychologie clinique et la psychanalyse.

Ces deux champs de savoir permettent de construire deux types de réalités bien différentes : la réalité sociale et la réalité psychique. C'est à l'articulation de ces deux champs que travaillent les éducateurs. Il reste à repérer comment sont constitués ces champs de savoir et champs de discours, à quelles conditions l'on peut s'en servir, à quelles lois logiques obéit leur organisation, à partir de quels principes un éducateur peut s'appuyer sur eux pour penser son acte. Notons cependant que pour les éducateurs, ce ne sont pas les seuls champs de référence. Par exemple, on peut se demander ce qu'une science aussi moderne que la topologie pourrait amener dans la formulation des situations éducatives. Ou bien la poésie, le cinéma...

Dans cet essai, je m'attacherai essentiellement à explorer les pistes ouvertes par l'invention freudienne pour décrire le territoire du travail éducatif. Cela nous permettra de déboucher sur une question cruciale et plutôt galvaudée dans le contexte social actuel : l'éthique. Lacan a proposé d'inscrire l'éthique à l'enseigne du « bien dire », non pas de dire le bien, ou pour faire bien, mais de dire au plus juste, au plus vrai, ce que l'on pense, ce que l'on fait, en inscrivant son dire ou son écrit dans les exigences des champs de savoir parcourus.

On pourrait bien entendu envisager un ouvrage similaire du point de vue de la sociologie et de la psychosociologie, visant à prendre en compte, dans le travail éducatif, les phénomènes de groupe, la dynamique des collectifs et les questions posées par l'insertion des sujets dans le tissu de la communauté. Un tel ouvrage n'existe que de façon fragmentaire. Il appartiendra à d'autres chercheurs d'en faire la construction. Le choix que je soutiens ici est de formaliser l'acte éducatif dans la rencontre intersubjective de l'éducateur et des personnes que la société lui a confié la mission d'éduquer.

Penser l'acte éducatif

« L'expérience est une lanterne que l'on porte dans le dos. » Autrement dit, l'expérience n'éclaire en rien la route des professionnels. L'expérience, on l'a dans le dos. L'expérience ne suffit pas. Il ne sert à rien d'avoir de la bouteille, comme on dit, si l'on s'avère incapable de l'ouvrir pour en partager le contenu.

« L'expérience est une lanterne que l'on porte dans le dos. » C'est un poète chinois qui a écrit cela, il y a bien 2 500 ans. Est-ce ce bon Chouang-Tseu, qui ne savait plus, après avoir rêvé qu'il se transformait en papillon, s'il était un papillon qui se rêvait homme ou un homme qui se réveillait papillon ? Ou ce fonceur de Li Po qui aimait tellement la lune, qu'une certaine nuit très arrosée, il voulut l'embrasser en se mirant dans le canal et mourut noyé ? Ou bien Li-Tseu qui fit l'apologie du vide ?

J'ai découvert récemment que cette phrase est de Confucius. C'est une chinoiserie. Plus on a d'expérience, dit-on, plus on accumule de savoir et de savoir-faire. C'est un vieux mythe, peut-être valable pour le vin, qui se bonifie en vieillissant. Pour les humains, en revanche, c'est totalement faux.

L'expérience que l'on viendrait cueillir, tel un fruit mûr, à l'issue d'une vie bien remplie et surtout bien longue, n'existe pas. L'expérience est un champ en friche qui ne se met à produire qu'à la condition qu'on le soumette au dur labour du soc du langage. Autrement dit, l'expérience de chacun, professionnelle et personnelle, les événements heureux ou malheureux, n'adviennent au monde pour constituer un savoir, que forgés et trempés au feu de la parole et du langage[1]. C'est ce que Lacan, sur l'enseignement duquel nous appuierons ici notre démonstration, n'a cessé d'indiquer comme étant la dimension symbolique, qui nous fait, nous humains, fils et filles du langage.

Pourquoi, s'étonnera le lecteur, faire tant cas du langage ? Je ne suis pas linguiste, ronchonne un éducateur. Tout d'abord notons que les éducateurs n'ont pas tiré toutes les conséquences de cette évidence : la relation avec les personnes accompagnées s'engage avant tout dans la parole. L'exercice des droits sociaux, juridiques, politiques et l'aide quotidienne apportée légitimement à des personnes en souffrance, prennent pleinement leur sens dans le cadre de l'entretien qu'il soit formel ou informel, individuel ou en groupe et se fondent avant tout sur des paroles échangées. Ensuite les usagers n'entrent en lien avec les éducateurs qu'au titre d'une classification d'âge, de difficultés sociales, physiques ou psychiques, édictées par l'Administration, la Médecine, la Justice, l'École... Ce qui implique que le premier acte éducatif consiste à se désaliéner de cette nomination issue de ces classifications, pour ouvrir la porte au sujet. Cela donne à peu près ceci : on a dit que vous étiez ceci ou cela et vous qui dites-vous que vous êtes ? Un jour, à Trousseau, Françoise Dolto reçoit un enfant d'une dizaine d'années. Et, on a beau être fin clinicien, que l'on ne trouve pas forcément la porte d'entrée. Dolto propose au gamin d'aller consulter son dossier. Celui-ci commençait à déchiffrer les lettres, il était très en retard sur le plan scolaire.

— C'est marqué que je suis chi-zo-frène. Qu'est-ce que ça veut dire ?

— Mais que tu n'as pas les yeux en face de trous mon bonhomme !

— C'est vrai, commente l'enfant, je suis souvent dans la lune.

Et le sujet ayant répondu à l'appel, la relation pouvait alors s'engager.

A priori, il n'existe pas d'expérience qui produirait spontanément un savoir. Pour passer de l'expérience au savoir, la première condition, le b.a.-ba, c'est d'en passer par l'exigence du symbolique. Nous débouchons ainsi sur ce que dans la lignée de Marx, dans *L'Idéologie allemande*, on peut appeler une « praxis », au sens où cet acte de construction de la pratique modifie la pratique elle-même. « Qu'est-ce qu'une praxis ? »

1. Joseph Rouzel, *La parole éducative*, Dunod, 2016 (2e édition).

questionne Jacques Lacan, en 1964, dès le début de son séminaire consacré aux *Quatre concepts fondamentaux de la psychanalyse*.

> « C'est le terme le plus large pour désigner une action concertée par l'homme, quelle qu'elle soit, qui le met en mesure de traiter le réel par le symbolique. »

Le réel étant ce qui échappe au langage.

Expérience et langage

Donc pas d'expérience qui n'en passe par des mots. Mais quels mots ? Les concepts ne sont pas des mots ordinaires, mais des mots assemblés entre eux selon ce que l'on appelle un « corpus théorique ». Les concepts font corps sous forme de discours. Et donc, le maniement des concepts obéit à certaines règles. De plus, les champs de savoir qui croisent l'acte d'un éducateur sont multiples. Dans cette forêt foisonnante de concepts, comment se frayer un chemin ? Si nous nous penchons sur les savoirs qui constellent la formation des éducateurs et leur pratique sur le terrain, nous constatons un émiettement des discours. On soumet les élèves (on parle aussi selon les endroits d'étudiants, ou plus justement de personnes en formation) à une véritable douche de savoirs en spray : quelques gouttes de sociologie, une pincée de psychologie, un zeste de droit, une cuillerée d'administration du secteur, une bonne louche de techniques éducatives, un soupçon de philosophie, une larme d'éthique, un filet de psychopédagogie...

À partir de ce constat plutôt amer, nous débouchons sur deux questions.

1. Comment, à partir de ces savoirs en miettes, construire ses propres repères sur l'acte éducatif ?
2. Et, question subsidiaire, comment faire reconnaître le travail éducatif et en assurer la transmission, si l'on ne le met pas en forme ? On peut entendre, par cette expression de « mettre en forme », l'acte éducatif dans toutes ses équivoques. C'est sans doute la dimension exacte de la formation : permettre aux éducateurs de donner une forme à leur travail.

L'acte éducatif et le discours

C'est fort de ces questions que je me suis engagé il y a bien des années, après une formation initiale de trois ans, dans la profession d'éducateur, et un peu plus tard, dans celle de formateur. Mais j'avais exercé auparavant pendant plusieurs années, si j'ose dire, en franc-tireur, notamment dans la création et l'animation, avec mon épouse, à la campagne, d'un lieu d'accueil pour des jeunes et des adultes en grande difficulté. Dans la construction et la transmission d'un savoir sur l'acte éducatif, j'ai buté sur deux impasses : soit l'on raconte des anecdotes, des histoires ; soit l'on se bâtit une tour d'ivoire en béton sur la montagne de la théorie. En fait, au lieu de ces deux voies extrêmes et sans issue, je préfère passer par la voie du milieu : la praxis. Comment, à partir de l'acte éducatif, créer un discours qui obéit aux règles épistémologiques, qui soit transmissible et qui puisse dialoguer sur un pied d'égalité avec les autres discours, la médecine, la psychologie, la rééducation... ? Voilà la question qui a guidé, tout au long de ces années, mes pas tâtonnants.

Ce travail d'élaboration, je l'ai mené sur le terrain, mais surtout en marge du terrain, dans différents groupes de réflexion. Depuis plusieurs années, dans le cadre de Psychanalyse sans frontière (PSF), j'anime un séminaire mensuel auquel participent activement des travailleurs sociaux, des enseignants, des formateurs, des psychologues, des psychanalystes. C'est un véritable laboratoire d'exploration de la clinique. Dans cette orientation, j'ai fait des choix et ma démarche est inscrite dans l'éthique de la psychanalyse[1].

Pourquoi la psychanalyse ? D'abord pour des raisons personnelles que je ne puis évoquer ici. La transmission de la psychanalyse offre la particularité de ne s'enseigner ni dans les livres ni à l'université, mais dans la confrontation assez longue et assez pénible à son propre inconscient. Alors, au-delà des contingences personnelles, pourquoi prendre appui sur le discours analytique ?

Pour éclaircir ma démarche, je dirai que dans la somme hétéroclite des savoirs que je citais plus haut comme présents dans les cursus de formation des éducateurs, je rappelle que l'on peut tracer une ligne de démarcation : un certain nombre de savoirs peuvent être regroupés autour des sciences sociales (sociologie, psychosociologie, ethnologie, économie, droit...) ; ils concernent la vie collective des sujets, l'inscription (et les difficultés d'inscription) de chacun dans la communauté. Un autre regroupement traite de ce qui se passe, comme on dit, « dans la tête de chacun ». Là, on trouve les sciences « psy » (principalement la psychanalyse, la psychologie clinique, la psychopédagogie...). Dans la pratique éducative, ces deux dimensions sont croisées, puisque la pratique éclate en deux territoires distincts : les relations sociales qui concernent la connaissance très fine des ressources du social et la capacité d'y mener des projets ; et la clinique, qui prend en compte la rencontre de chaque sujet en souffrance, au cas par cas, un par un.

Dans ce champ de la clinique, la psychanalyse m'apparaît comme le seul discours opérant. D'abord, pour une raison non spécifique. En effet, il faut bien, pour rendre compte d'une expérience, un levier extérieur. « Donnez-moi un levier assez solide et un point d'appui assez résistant, disait Archimède, et je soulèverai le monde. » Pas d'expérience sans ce levier conceptuel. Mais pourquoi la psychanalyse ? Parce que c'est la seule approche épistémologique qui place au centre de la pratique et de la réflexion théorique, le désir du sujet et ses conditions d'émergence dans l'espace social, c'est-à-dire dans la parole et le langage. D'où cette affirmation qui me sert de guide autant dans ma pratique d'éducateur que dans celle de formateur : « Il n'y a de clinique

1. Depuis janvier 2018, l'association l'@psychanalyse a pris le relais du séminaire de PSF à Montpellier. www.apsychanalyse.org.

que du sujet », phrase que Lacan nous a léguée comme un viatique pour la route. Évidemment, ce positionnement est éthique. Prendre toujours et partout la position clinique comme incontournable, éjecte de fait un certain nombre de pratiques et de discours fondés sur la manipulation de l'autre.

La clinique éducative, que je définis comme une clinique du sujet désirant, s'oppose de fait à tout type de prise en charge de masse. Travailler avec le sujet, c'est travailler au cas par cas, en écoutant les dires de chacun, et selon des modalités de rencontre à chaque fois renouvelées, mais dont les principes sont bien repérés. Je m'oppose farouchement à toute tentative de traitement ou de gestion massive des populations. La position clinique débouche sur un positionnement politique. On sait où, en d'autres temps, nous ont conduits les idéologies de traitement et de manipulation de masse. Que l'on pense aux camps de la mort des nazis ou plus près de nous à l'intégrisme musulman, ou à l'épuration ethnique pratiquée par les Serbes. La gestion sociale de masse de ce qui fait l'essence de chaque sujet aboutit toujours, peu ou prou, à ce type de mise au pas, quand ce n'est pas de mise à mort (ce n'est pas la « macdonalisation » galopante de la planète qui le démentira).

La massification des questions a tendance à ne vouloir voir qu'une seule tête et à trancher tout ce qui dépasse, comme Procuste avec son divan. Je mets formellement en garde les éducateurs, dont le penchant les mènerait à manipuler les grands nombres : quartiers en difficultés, tranches de population d'exclus, marginaux, jeunes, etc. Si ce type de découpage apporte des éléments de compréhension des mécanismes sociaux, lorsqu'il s'agit de prendre en compte la difficulté à vivre de chaque sujet, il s'avère néfaste et produit fatalement ce que Marx a stigmatisé sous le terme d'« aliénation ».

Psychanalyse et éducation

Cet ouvrage prend effet dans un contexte particulièrement éprouvant pour le travail éducatif. La profession est mise à mal de l'extérieur par un contexte social où l'on accuse les travailleurs sociaux d'un peu tous les maux. On leur reproche de n'être pas capables de palier les faillites d'une société dont les orientations politiques et économiques acculent de plus en plus de nos contemporains à l'exclusion. On leur reproche de ne pas réussir là où la société a failli. Le nombre de personnes « débranchées » du système de production et des échanges marchands a considérablement crû ces dix dernières années. Rien que pour la France, une enquête récente faisait état de 12 millions de personnes en marge de l'appareil de production. Sur 25 millions d'actifs recensés, c'est la moitié de la population qui est exclue (chômeurs, érémistes (RSA), handicapés, jeunes sur des voies de garage...) (Chiffres de 1997, les choses ne se sont pas améliorées depuis.)

Dans de telles conditions, comment les travailleurs sociaux en général et les éducateurs en particulier, pourraient-ils être tenus pour responsables de cet état de désinsertion (quand ce n'est pas parfois de désertion) de franges entières de populations ? Que peuvent concrètement faire deux ou trois éducateurs dans un quartier difficile face à des milliers de jeunes en mal de vivre ? Ils servent bien souvent de faire-valoir aux responsables politiques, de boucs émissaires, alors que la question porte sur un changement global de société et ne se résoudra que dans une prise de conscience et une volonté affirmée de l'ensemble des citoyens.

▶ Éducateurs ou travailleurs sociaux ?

De l'intérieur, la profession est également attaquée. Devant l'ampleur des dégâts, les explications et les injonctions simplistes fleurissent et il faut bien avouer que, dans un tel contexte de crise, les sciences sociales dominent de leur voix le discours tenu sur le social. À cela deux conséquences. L'aspect social mis en avant tend à niveler les différentes professions sous l'appellation, peut-être pratique, mais inopérante et sans fondement réel, de « travail social », et pour ses agents de « travailleurs sociaux ». Il s'ensuit logiquement une approche à dominante sociale des questions. Si on ne saurait nier sa pertinence dans le champ d'observation qui est le sien, elle demeure inopérante auprès des personnes en souffrance, si elle n'est pas solidement enracinée dans une pratique de la relation, autrement dit, et c'est l'axe de cet ouvrage, au cas par cas. Cette dimension de rencontre subjective, à chaque fois à réinventer dans l'acte éducatif, est évidemment à cent lieues des objets de la sociologie, qui prend justement pour terrain d'étude de grands ensembles de populations. Il faudrait concevoir l'appellation « travail social » comme celle du « bâtiment », qui n'est pas un métier mais un ensemble de métiers (architectes, maîtres d'œuvre, maçons, plombiers, éléctriciens, charpentiers, etc.) Tout le problème résidant dans l'articulation et la coordination de ces métiers entre eux !

Cette approche reste inscrite dans la pratique éducative comme espace de la clinique, ce que certains, surtout habités par la facilité et l'inflation d'une vision réductionniste, voudraient gommer. Une histoire drôle met en scène deux éducateurs :

« Quel beau métier que le nôtre, dit l'un.

— Oui, mais dommage qu'il y ait les usagers », renchérit l'autre.

Seule, l'approche sociologique du travail éducatif tendrait à nier les positions subjectives, au profit d'organisations groupales de masse aliénantes.

▶ La pratique éducative

La clinique est inscrite dans la tradition éducative. Au fil des ans, elle s'est enrichie des apports de la psychanalyse et de la psychologie clinique. La formation actuelle des éducateurs, suite à la réforme de 1990, en porte encore les traces, puisque l'on parle, dans les textes officiels, des programmes d'observation clinique, d'ateliers cliniques, d'intervention clinique...

Pour être tout à fait clair, la pratique éducative s'exerce dans trois directions[1]. D'abord sur un plan social et politique. Les éducateurs sont aux avant-postes pour rendre compte des actions de terrain et proposer aux politiques (élus, responsables associatifs, représentants de l'État...) des projets pertinents. C'est sans doute cette branche d'activité qui s'est la plus développée ces dernières années. L'augmentation, à juste titre, des connaissances en droit, en sociologie, en économie dans les cycles de formation, correspond à cette prise de conscience du rôle social des éducateurs.

Une autre dimension investie par les éducateurs, est l'institution, qu'à la suite des travaux de François Tosquelles et de Jean Oury[2], il convient de distinguer de l'établissement. L'institution, au-delà des murs et des repères administratifs qui la fondent, vit à partir d'un groupe d'adultes, de techniciens, où chacun, du cuisinier au médecin psychiatre, a sa part dans le projet institutionnel qui se décline dans ses volets thérapeutiques, éducatifs et pédagogiques. Le champ ainsi défini, très présent dans la réflexion, il y a une dizaine d'années dans le sillage de la psychothérapie institutionnelle, est malheureusement en forte régression. Penser au jour le jour l'institution, à partir de l'hypothèse qu'il s'agit d'un collectif social en mouvement, d'une communauté humaine en évolution, semble ringard. On constate, dans les institutions du secteur médico-social, un retour à des formes de pratiques anciennes : retour des chefferies et des directions monolithiques, durcissement des hiérarchies, infiltration rampante du management et du marketing social, dépossession des techniciens de leur responsabilité et de leur parole, confiscation des droits des usagers... Cela sous couvert d'impératifs économiques de rentabilité. Cet espace est marqué par la percée des théories de la réification, où la personne en souffrance est prise comme objet de manipulation : behaviorisme, thérapies brèves, comportementalisme, analyse transactionnelle, PNL, etc. On assiste malheureusement, sous les coups de boutoirs d'un discours qui vise la productivité, y compris dans le domaine du malheur et de la souffrance, au revival sous des atours sémantiques modernisés, de ce que, il y a quelques lustres, on pouvait dénoncer comme pratiques tortionnaires de redressement, d'orthopédie sociale ou de normalisation. Le Plan autisme de 2013[3] qui donne la part belle aux méthodes cognitivo-comportementales en tentant de rayer de la carte toute approche inspirée de la psychanalyse, montre de quel côté penche une balance lourdement plombée par l'idéologie scientiste qui se déploie dans la prolifération des lobbys pharmaceutiques et des méthodes de rééducation héritées de Pavlov, dignes des camps chinois ou

---

1. Voir Joseph Rouzel, « De la clinique avant toute chose » in *Pourquoi l'éducation spécialisée ?*, Dunod, 2012.

2. Voir dans la deuxième partie « La psycho, terre-à-pies, institue si on aile... ».

3. Le 5e plan autisme paru en 2018 ne fait qu'accentuer ce déséquilibre entre sciences cognitives et approches cliniques inspirées de la psychanalyse, spoliant les parents de toute possibilité de choix socio-thérapeutique. Cependant un certain nombre de parents s'organisent pour maintenir ouvert et pluraliste l'accès aux soins et à l'éducation de leurs enfants. Par exemple : le RAAHP (Rassemblement pour une Approche des Autismes Humaniste et Plurielle). www.raahp.org.

cambodgiens. Je suis féroce ? Que le lecteur aille voir sur le terrain les ravages produits par ce type d'approches[1].

Enfin, le troisième espace dans lequel s'exerce la profession éducative est celui de la clinique, que nous définirons ici, dans les termes mêmes du discours analytique que nous léguèrent Sigmund Freud et Jacques Lacan, comme clinique du sujet.

Investir ces trois espaces, le social, l'institutionnel et la clinique, sans les confondre, mais sans en lâcher aucun, constitue la condition même du travail éducatif. Si dans le cours de cet ouvrage nous portons surtout l'accent sur l'espace de la clinique, espace de rencontre et de relation, c'est parce que ces dernières années ont enfoui dangereusement cette dimension centrale de la pratique, laissant croire même chez certains auteurs et praticiens, qu'il suffirait... de ne rien faire pour que les choses s'arrangent ou bien qu'il suffirait d'améliorer les conditions d'environnement des personnes prises en charge pour qu'elles s'épanouissent, comme par miracle. Si ce vœu est louable et ne peut qu'être partagé, c'est faire peu de cas des personnes handicapées lourdement sur un plan physique, psychique ou social, qui ne pourront vivre de façon autonome et dont il faut penser l'accompagnement à vie.

Voici deux exemples flagrants de l'impertinence du discours sociologique dans l'espace de la clinique. Dans un centre d'accueil pour toxicomanes, une jeune sociologue, qui depuis a fait son chemin et fait autorité dans le domaine des théories de l'exclusion, accueillait les usagers en leur demandant de répondre à un questionnaire (« Vous habitez chez vos parents ? Vous vous droguez depuis combien de temps ? »). Comme accueil d'une personne en souffrance, on peut faire mieux ! Dans un autre établissement de prévention spécialisée, un directeur, qui se targuait de faire des enquêtes d'ethnologie, passait des heures à observer un groupe de jeunes dealers devant le service qu'il dirigeait. À aucun moment ne l'a effleuré l'idée qu'il était de son devoir d'intervenir.

Cet ouvrage prend donc place dans un contexte de polémique, mais c'est à ce prix, sans s'y dérober, que les pratiques peuvent évoluer. Pour étayer nos propos et rompre un peu l'aspect théorique de l'ensemble, nous nous appuierons sur des exemples cliniques, soit tirés de notre pratique, soit tirés d'analyses de pratiques de personnes en formation.

On peut se demander pourquoi l'auteur prend ici appui sur la psychanalyse pour cerner l'acte éducatif. Les raisons en tiennent à deux réalités. Tout d'abord, il faut noter que les acteurs de l'éducation spéciale (pour reprendre une expression chère au cœur de Maurice Capul) donnent peu à voir ce qu'ils font. On dit que les éducateurs n'écrivent pas, ne formalisent pas, ne conceptualisent pas. Ce qui est en partie faux. Toujours est-il que, praticien de l'éducation, c'est la question qui m'a mis au travail : mettre en mots la pratique éducative. Dans cette recherche, je le répète, j'ai rencontré le discours et la pratique analytiques, pour des raisons personnelles et professionnelles. Parce que c'est le seul discours d'allure rationnelle et scientifique (même si l'on peut

1. Éric Laurent, *La bataille de l'autisme. De la clinique à la politique*, Navarin, 2012.

à juste titre se demander si la psychanalyse est une science) qui prenne la parole des sujets pour point d'appui. Les praticiens de l'éducation n'ont pas tiré toutes les leçons de cette évidence : c'est dans la parole et le langage que se font les rencontres entre humains, et c'est donc dans cet espace particulier qu'exercent en premier titre les éducateurs. « Par-delà ou en deçà des prestations matérielles, en nature ou en argent comptant, de la consistance même de l'aide apportée à la population en perdition pour des raisons diverses, l'action se fonde sur un certain nombre de paroles échangées », affirme Jeanne Granon-Lafont dans son ouvrage intitulé *Les Pratiques sociales... en dette de la psychanalyse*[1].

La seconde évidence est que la fonction éducative exerce, finalement comme toute rencontre entre humains, sous transfert, c'est-à-dire dans une rencontre qui ne laisse pas froid, où la part de l'émotion et de l'affectif, les projections d'amour et de haine, entrent en jeu. Pas de travail éducatif sans cette dimension opérationnelle du transfert. Mais les éducateurs – et nous consacrerons quelques pages à cette délicate question – ne disposent pas, contrairement aux psychanalystes dans le cadre de la cure, d'un dispositif fixe. Il leur faut trouver et souvent réinventer, au fil des situations, des points de repère pour que le transfert puisse se déployer.

▶ La psychanalyse, une référence

Combler un vide conceptuel dans les pratiques éducatives, ouvrir une possibilité d'exporter du champ analytique quelques notions opératoires, et parce que dans ma pratique quotidienne, je participe de l'un et l'autre champ, analytique et éducatif, voilà ce qui a guidé ici mes pas. Cette tentative de lire la réalité éducative à la lumière des concepts analytiques n'est pas entièrement nouvelle. Historiquement issu des travaux d'August Aïchhorn, Fritz Redl, Bruno Bettelheim, et en France, Françoise Dolto, Georges Mauco et Maud Mannoni, le courant éducatif psychanalytique a perdu de son tranchant au cours des années.

Ce n'est que récemment, sans doute face à l'urgence d'y voir clair dans une profession ballottée au fil des idéologies et des décisions politiques, qu'un nouvel intérêt se fait jour. Depuis plusieurs années, certains auteurs ont rendu publique leur réflexion. J'ai cité Jeanne Granon-Lafont, mais il faut ajouter *Les Lieux d'accueil* [1991], de Martine Fourré[2], *Le Rôle de l'éducateur* [1995], de Daniel Roquefort, qui tente une formalisation de l'acte éducatif à partir de l'enseignement de Jacques Lacan. C'est dans la même veine que furent publiés mes ouvrages, *Parole d'éduc* [1995] et *l'Acte éducatif* [1998], reparus récemment en collection de poche.

---

1. Ouvrage épuisé. Reparu aux éditions Érès en 2019 sous le titre de *Traité sur la parole dans les situations d'aide*.

2. Auteur également de *Incasables*, L'Harmattan, 2016, qui relate son expérience de lieu d'accueil d'enfants psychotiques ou délinquants, à Dakar.

On peut noter également, même si ce n'est pas sans mal, un regain d'intérêt pour la psychanalyse dans les centres de formation, et plus globalement dans le champ de l'éducation. La participation d'éducateurs à des cercles de réflexion, des cartels, des journées de travail où la psychanalyse est au cœur des débats, témoigne à la fois de l'intérêt des praticiens sociaux pour cette pensée active, mais aussi de l'ouverture du champ analytique aux questions de société, auxquelles, il faut bien le dire, il a été jusqu'ici singulièrement sourd. Un ouvrage comme celui que Francis Imbert et le Groupe de recherche en pédagogie institutionnelle consacrent à l'*Inconscient dans la classe* [1996], témoigne également de cette résurrection du discours analytique dans les pratiques pédagogiques.

Retour à la clinique

La clinique : voilà un mot qui est apparu dans le champ éducatif il y a une trentaine d'années, *via* le discours médical, surtout dans sa version psychiatrique, très présente à cette époque dans les établissements médico-sociaux. Il semble pour certains n'en demeurer que quelques signes fossiles, voire un vague souvenir puisque petit à petit le mot lui-même a été effacé des textes de formation. Cependant depuis peu, un peu partout en France, on assiste à un réveil, surtout sur le terrain : c'est une nécessité logique. Un livre qui s'offre un franc succès comme celui du regretté Jean Cartry, décédé en 2018, *Petite chronique d'une famille d'accueil* [1996], en témoigne largement. La clinique éducative est à nouveau au cœur des débats, y compris par contrecoup, pour ceux qui affirment que cette dimension clinique est un leurre.

Mais de quoi s'agit-il ? À l'origine du mot, en indo-européen, on trouve la racine *klei*, qui donne en grec *clinein* (coucher), *clinè* (un lit) et *clinikos* (le médecin qui visite les malades alités). Quant à la *clinikè*, origine directe du mot qui nous intéresse, elle désigne la technique ou l'art dudit médecin. Le *Lexis* Larousse, ouvert à l'entrée « clinique », nous apprend qu'il s'agit de « ce qui se fait près du lit du malade ». Dans cet usage, le terme apparaît en 1696. Le substantif la « clinique », (dont la première occurrence est datée de 1600) désigne la méthode de diagnostic par examen direct du malade. À partir de 1842 se répand le terme de « clinicien » avec le sens de « médecin qui étudie les maladies par l'observation directe du malade ». C'est à partir de ce noyau sémantique à coloration fortement médicale, que le mot a essaimé dans le champ de la psychologie (« psychologue clinicien »), de la psychanalyse, et dans les années d'après-guerre, de l'éducation spécialisée.

Pour en cerner le sens dans le champ éducatif qui nous occupe, retenons avant tout cette notion sur laquelle insistent les définitions : le contact direct avec l'autre. Mais retenons aussi que, d'emblée, la place de l'autre, handicapé, jeune délinquant... est problématique. On peut en considérer pour preuve la prolifération des nominations pour le désigner. C'est un point sur lequel nous reviendrons un peu plus tard. L'autre que les éducateurs rencontrent dans l'exercice de leur profession, n'a pas vraiment de nom, ou alors il est noyé sous des appellations multiples et morcelées, dont certaines sont sujettes à caution.

Toute clinique s'instaure à l'enseigne d'une rencontre directe avec l'autre. Qu'il soit « en souffrance » pour des raisons étiologiques liées à des déficiences ou handicaps physiques, sensoriels, mentaux, intellectuels ou sociaux, ce n'est pas une pathologie que l'on rencontre, mais un sujet humain dont la seule particularité est d'être immergé dans le langage (qu'il parle ou non !). Cette rencontre a lieu soit lors d'un face-à-face, en individuel, comme on dit (dans un centre d'accueil, par exemple), soit en collectif (dans un groupe de jeunes, dans un quartier...). Mais de toute façon, l'approche clinique implique une rencontre au cas par cas. Voilà ce qui caractérise la partie centrale de l'acte éducatif. L'autre volet étant occupé, nous l'avons déjà suggéré, par un travail de partenariat intra et interinstitutionnel (réunions d'équipe, coordination avec d'autres travailleurs sociaux, concertation avec les organismes de contrôle, rencontre avec un groupe d'élus...). Pour que la rencontre ait lieu en clinique éducative, il faut qu'elle soit repérée dans un cadre particulier, et qu'elle s'étaye sur les concepts de transfert et d'acte.

▶ Le cadre éducatif

Si une rencontre a lieu entre un éducateur et un... (faut-il l'appeler éduqué ? éduquant ? Nous aborderons un peu plus loin cette question cruciale de la nomination des personnes), c'est parce qu'un certain nombre de points de repères sont clairement posés. La clinique éducative, espace de relation interhumaine s'il en est, ne saurait être soumise ni à l'arbitraire ni au bon vouloir des éducateurs ou des personnes en difficulté. Elle intervient dans un cadre institutionnel, même quand on pense et dit qu'il n'y en a pas, comme dans le travail de rue. L'établissement est agréé pour une certaine mission auprès d'un certain public et financé à ce titre. Il fait appel, pour mener à bien cette mission, à des professionnels, dont les éducateurs, et met en œuvre divers projets, dont des projets éducatifs qui ont pour caractéristique, depuis la refonte des Annexes XXIV, pour les établissements qui en relèvent – mais ce texte a donné le ton –, d'être individualisés en fonction de chaque cas.

La question du cadre, que nous aborderons plus loin, renvoie à une notion de place et à un désir de l'occuper. Un éducateur ne peut manquer de se demander ce qu'il fait dans une situation donnée et de questionner son désir de s'y investir. Sans jamais perdre de vue les deux termes qui bornent sa position : la mission de l'institution et la demande de l'usager.

▶ Le transfert dans la clinique éducative

Comme la clinique psychanalytique, la clinique éducative opère sous transfert. Qu'est-ce à dire ? Tout simplement que, comme le disent clairement les éducateurs, « avec un tel ça accroche bien » (ou parfois mal !). Cet « accrochage » s'inscrit sur un fond d'affectivité. Il y a de l'amour (et parfois de la haine) en jeu dans la rencontre, comme dans toute relation humaine d'ailleurs. Nous allons prendre un exemple.

Dans un institut de rééducation de la région lyonnaise, une éducatrice, qui vient d'arriver, constate qu'une jeune fille de 13 ans est mise à l'écart. « Elle est bête ; elle n'est bonne à rien, on ne peut rien en faire », affirme l'équipe éducative découragée, qui arrive au bout de ses ressources. La jeune éducatrice, pas encore « usée », se prend d'affection pour cette jeune fille. Elle s'intéresse à elle. Cette dernière, touchée par l'intérêt réel et vivifiant de l'éducatrice, commence à changer de comportement. Elle sort de son isolement et de son mutisme, essaie de se mêler aux jeux de ses camarades. Les instituteurs constatent qu'elle est beaucoup plus calme en classe et qu'elle s'est même prise de passion pour la géographie. Elle cherche sur des cartes où est son village natal, puis elle enchaîne sur la région, la France, la planète. Elle commence à se situer, dans son histoire et à trouver sa place « sur terre ». Un problème se pose cependant, lorsque l'enfant rentre au pavillon où travaille l'éducatrice, elle n'a qu'une hâte, retrouver cette dernière pour ne plus s'en séparer. « Elle se colle... », « Elle est toujours fourrée dans ses jupes » plaisantent les autres membres de l'équipe. Comment s'en sortir ? Comment poursuivre l'action sans briser le processus dynamique déclenché par cette relation affective bien enracinée ?

LA THÉORIE DU TRANSFERT[1]

« Le transfert désigne en psychanalyse, le processus par lequel les désirs inconscients s'actualisent sur certains objets dans le cadre d'un certain type de relation établi avec eux et éminemment dans le cadre de la relation analytique. Il s'agit d'une répétition de prototypes infantiles vécue avec un sentiment d'actualité marquée. » Cette célèbre définition tirée du *Vocabulaire de la psychanalyse* [1992] de Laplanche et Pontalis, appelle plusieurs remarques et rectifications pour donner au concept de transfert sa charge opérationnelle dans le champ éducatif.

Le transfert est la grande découverte de Freud. Constitué comme « tiers dispositif », comme l'écrit Daniel Sibony dans son ouvrage *Entre dire et faire* [1989], le transfert entre finalement en jeu dans tout type de relation, dès que deux êtres humains se mettent à parler : « du seul fait que leurs paroles mettent en présence des bribes de

1. Pour de plus amples développements, voir mon ouvrage *Le transfert dans la relation éducative*, Dunod, 2014 (2e édition).

leur mémoire ; cela déclenche des poussées de leur passé vers leur présent ou leur avenir, des coulées fantasmatiques qui les débordent, qui cherchent à se poser, à quels temps se conjuguer pour s'entretenir, se satisfaire ».

C'est sans doute la première chose à retenir de la notion de transfert : ce qui se transfère dans une relation, ce sont avant tout des mots, des signifiants, dira-t-on plus tard. Mais Freud, n'ayant pas connu l'œuvre du linguiste Ferdinand de Saussure, n'avait pas à disposition ce concept de signifiant, surtout employé par Jacques Lacan. Les mots échangés actualisent à l'endroit de celui qui supporte le transfert, un certain nombre d'affects et de représentations refoulées, qui n'ont pas directement à voir avec la relation actuelle, objectivement parlant. Freud en étudiera le mécanisme d'abord dans le rêve, à partir de cette histoire triviale que Francis Imbert nous rappelle dans un ouvrage passionnant, *L'Inconscient dans la classe* [1996]. « Je suis tenté, écrit Freud au chapitre 7 de *L'Interprétation des rêves* [1899], de dire que la représentation refoulée est comme le dentiste américain, qui ne peut exercer son métier dans nos pays que s'il trouve un médecin régulièrement diplômé, qui lui serve d'enseigne et le couvre aux yeux de la loi. Et, de même que ce ne sont pas les médecins les plus occupés qui concluent ces sortes d'alliances, ce ne sont pas, dans la vie psychique, les représentations préconscientes ou conscientes qui ont attiré sur elles le plus d'attention, qui serviront à couvrir les représentations refoulées. »

▶ L'invention du transfert

C'est dans ses *Études sur l'hystérie* [1895], ouvrage écrit en collaboration avec Josef Breuer, que Freud présente la notion de transfert, à la suite d'un fait inattendu : une de ses patientes, à l'issue d'une séance cathartique (il n'avait pas encore inventé le dispositif analytique), se jeta à son cou. Freud, non sans humour, note que ce n'est sans doute pas pour ses beaux yeux et précise que le transfert opère à partir d'une « mésalliance », d'un « faux rapport », d'une « fausse association », bref, qu'il y a erreur sur la personne. Mais Freud, loin de détromper la patiente, va avoir le trait de génie d'utiliser cette force vive, le transfert, qui est de l'ordre d'un transport amoureux, pour faire avancer la cure. « Pour la première fois dans l'histoire de la médecine, écrit Mustapha Safouan dans son ouvrage *Le Transfert et le désir de l'analyste* [1988], un médecin, Sigmund Freud, s'était avisé d'entendre dans une déclaration d'amour qui s'adressait à lui personnellement, non pas l'appel d'une réponse complémentaire, mais l'expression d'une passion apparemment immotivée. »

C'est dans la foulée de cette découverte capitale que Freud abandonna la méthode cathartique et l'hypnose, et inventa la cure analytique. Une patiente de Breuer avait vigoureusement interrogé les convictions de Freud. Soignée depuis plusieurs années par la méthode cathartique, Anna O. avait soudain déclenché « un état d'amour de transfert » sur la personne de Breuer, lui criant qu'elle était enceinte de lui et allait accoucher de ses œuvres. Josef Breuer avait paniqué devant cette scène et passé la main à Freud, qui ne fut pas long à remarquer l'étiologie sexuelle des troubles de la patiente, ce que Breuer refusait catégoriquement. Plusieurs auteurs admiratifs saluèrent le courage dont Freud fit preuve. Il ne se sauva pas en courant devant l'amour de transfert, mais il n'en tira pas non plus un quelconque avantage.

Les années qui suivirent permirent à Freud d'affiner sa réflexion. Dès la découverte de l'Œdipe, il précise que le transfert actualise les imagos parentales. Il repère également en 1912, dans son article intitulé « La dynamique du transfert », que le transfert a deux faces : il favorise l'action du psychanalyste, mais s'oppose aussi comme résistance au traitement. L'amour facilite la relation, mais il est aussi un obstacle. De plus, Freud note assez tôt que le transfert peut s'exprimer selon deux voies : celle de l'amour (transfert positif), mais aussi celle de la haine (transfert négatif).

C'est dans un article de 1914, « Remémoration, répétition et élaboration » que Freud amorce la question du maniement du transfert. « Là, à travers les réactions de répétition du patient, précise Francis Imbert dans l'ouvrage précité auquel le lecteur peut utilement se référer, il s'agit d'atteindre les souvenirs refoulés. » Dans son *Introduction à la psychanalyse,* recueil de conférences prononcées en 1916 en direction de médecins et travailleurs sociaux, Freud apporte une série de précisions sur le « maniement du transfert » : il s'agit, en prenant appui sur le mouvement transférentiel du patient, de « créer de nouvelles éditions des anciens conflits... mais en mettant cette fois en œuvre toutes ses forces psychiques disponibles, pour aboutir à une solution différente ». Autrement dit, il s'agit de rejouer une partie dont la donne est déjà ancienne, prise dans le réseau des constructions infantiles, pour lui donner une issue nouvelle. Une sorte de mise en scène, de théâtralisation, qui du fait d'être rejouée, permet d'échapper à la répétition que met en œuvre le symptôme. La personne de l'analyste concentre alors l'ensemble des mouvements d'amour et de haine. Et la fin de la cure visera à opérer un détachement, au fur et à mesure que les représentations apparaissent et prennent place dans le langage. Voilà les grandes lignes de la pensée de Freud sur le transfert.

C'est dans cette optique que Jacques Lacan, dans les années soixante, poursuivra le travail, en apportant un certain nombre de modifications. En effet, ce qu'avait déjà entrevu Freud, c'est qu'à l'endroit du psychanalyste, du fait de la règle fondamentale de tout dire, c'est dans le langage qu'apparaissait le transfert. « Le transfert, note d'emblée Lacan, est un déplacement de signifiants. » « Mais qu'est-ce qu'un signifiant ? », questionne-t-il dès 1964. « Un signifiant représente un sujet pour un autre signifiant », répond-il. Il n'y a donc pas erreur sur la personne, comme le pensait Freud, mais c'est du fait du déplacement métonymique des signifiants, que la personne de l'analyste est investie par le patient. Ce dernier projette sur l'analyste la possession d'un objet particulier, objet du fantasme, que Lacan cernera un peu plus tard sous la dénomination d'objet petit a (noté *a* dans les schémas et mathèmes lacaniens).

On peut dire que l'analyste, dans le dispositif lacanien, vient en lieu et place de cet objet, qui pourrait compléter le sujet et fantasmatiquement gommer le manque qui le constitue. Cet objet, lors de son séminaire sur le transfert, Lacan ira l'étudier chez

Platon, dans *Le Banquet*. Si Alcibiade aime Socrate, c'est parce qu'il pense que celui-ci possède en soi l'objet merveilleux, l'agalma, dit Platon, qui pourrait le combler. Alcibiade suppose à Socrate cet objet, et c'est ce qui à ses yeux le rend désirable. De cette élaboration de Lacan, on peut tirer deux formules qui nous seront utiles dans le cadre du travail éducatif. « Le transfert est de l'amour qui s'adresse au savoir » et la notion de « sujet supposé savoir ».

▶ Le transfert en pratique

De la même façon pourrait-on dire, mais dans un cadre autre que la cure, un enfant, un adolescent, un adulte, supposent à un éducateur un savoir, sur soi, sur la vie, sur le monde. Ils lui prêtent ce savoir, et c'est pourquoi, comme disent souvent les éducateurs, « ça accroche ». Du fait de ce savoir supposé de l'autre, le sujet va, en paroles et en actes, transférer et adresser à l'éducateur les signifiants, les mots, les expressions, qui recouvrent et désignent cet objet précieux, que toute la théorie et la clinique analytiques désignent comme à jamais perdu. Cet objet est inscrit en creux au cœur du sujet. Il est ce qui lui manquerait pour être tout. C'est cette part manquante que Lacan nomme la « jouissance » et qui fait des ravages, puisqu'elle pousse sans cesse l'être humain à dépasser ses limites, à s'attribuer une toute-puissance fantasmatique. Sa prise dans le langage opère « un ravinement de la jouissance », dit Lacan. Cette indication clinique de Jacques Lacan est très importante : elle montre la voie dans laquelle on peut inviter le sujet, pour transmuter ce qui le fait souffrir, celle de la parole et du langage. Seule cette dimension d'humanisation permet à un sujet de pacifier la jouissance qui l'envahit et le dépasse dans les symptômes ou les passages à l'acte.

La relation éducative va de fait être le lieu où s'élabore pour le sujet une certaine connaissance de soi. Ceci à condition que l'éducateur n'envahisse pas l'espace de la relation de ses propres fantasmes et représentations inconscientes, et ne cède pas aux avances d'amour ou de haine, qu'il sache se déplacer, pour laisser l'espace de rencontre désencombré et ouvert. Ceci ne va pas sans un travail parallèle de l'éducateur sur soi, sur ce que provoque en lui la relation. D'où l'ouverture indispensable, dans les institutions, de lieux d'élaboration clinique pour les éducateurs. Lieux qui peuvent prendre la forme de supervisions d'équipe ou de contrôles individuels. Nous en parlerons plus en détail un peu plus loin.

L'aboutissement de la manœuvre du transfert passe par ce que Daniel Sibony et Jean Laplanche appellent justement « le transfert du transfert ». Il s'agit, dans la cure analytique, comme dans le cadre d'une relation éducative, d'éviter que le transfert ne s'enkyste. « Comment veiller à ce qu'un transfert ne s'enkyste pas ? Exigence éthique que ce transfert du transfert. Exigence clinique aussi : là où se crispe l'analyste (là où il pense avoir fait une bêtise...), c'est quand il oublie tout simplement le transfert du transfert. » Ce que Lacan appellera aussi « la manœuvre du transfert », vise à détacher le transfert de son objet dans la cure, soit la personne de l'analyste, pour le diriger vers d'autres objets. Non pas dans un mouvement de substitution, mais plutôt de destitution. Car au bout du compte, aucun objet ne peut satisfaire un sujet. Freud le notait à sa façon en précisant que « entre satisfaction recherchée et satisfaction obtenue, il y a toujours un écart ».

L'objet que mettent en scène, dans son versant de récupération, différents mythes fondateurs comme celui du jardin d'Éden, est à jamais perdu. L'homme est à tout jamais chassé du paradis, ou des verts pâturages de l'enfance. L'homme est fondamentalement exclu, de la jouissance, du tout, de la complétude, de la perfection... C'est ce manque structural qui le fonde dans son humanité. D'où ce sentiment de profonde déréliction qui saisit le sujet en fin d'analyse lorsqu'il réalise qu'aucun objet ne pourra venir combler le manque qui le fonde.

Ce passage par l'œuvre au noir, cette traversée du « désêtre », ne peuvent bien entendu être travaillés que dans l'espace et avec les outils de la cure analytique. Notons cependant que dans le travail éducatif un mouvement semblable devra apparaître, mais sans toucher à ce degré d'incomplétude du sujet. Même si l'éducateur, sensibilisé au travail analytique et à l'émergence de l'inconscient, n'est pas dupe des déplacements transférentiels, il ne peut, dans l'espace qui est le sien, mettre le sujet face à cette épreuve : il n'a pas le dispositif où cette question peut être vécue et explorée. Cette voie que dans l'analyse on désigne sous le terme de « castration, coupure, rupture », on peut la voir à l'œuvre dans le travail éducatif sous la forme de l'autonomie.

Qu'un jeune (ou moins jeune, car l'inconscient n'a pas d'âge) s'appuie sur son amour pour un éducateur pour investir petit à petit d'autres types de relations et d'autres objets d'amour, lui permet d'opérer un déplacement, de la personne de l'éducateur vers une marge de manœuvre où il s'éprouve comme sujet responsable de sa propre histoire et de ses actes. Alors « de ces désirs inconscients parce que refoulés, refoulés parce qu'interdits (désirs sexuels incestueux, désirs de mort des parents...), l'investissement se fait sur des objets actuels, équivalents symboliques des anciens objets. Ces nouveaux objets ne sont pas nécessairement interdits. Tentative de répétition, certes, mais il ne s'agit pas d'une répétition à la lettre. Il y a aussi changement et possibilité de remaniement : une évolution est possible. De l'intérêt de pouvoir régler, contrôler le transfert source de re-vie », précisent Catherine Pochet, Fernand et Jean Oury, dans leur ouvrage *L'Année dernière, j'étais mort... signé Miloud* [1986]. Et François Tosquelles de conclure : « Je ne voudrais pas affoler les instituteurs (et nous ajouterons les éducateurs), ni peut-être un certain nombre d'analystes, mais cette possibilité de reprise, de résurgence, on l'appelle, depuis Freud, le transfert. » Dans une telle optique, l'ensemble de l'institution devient le théâtre du transfert. Il trouve à s'y déployer comme une constellation.

L'éducation dite « spécialisée » joue sa spécialité en ce qu'elle met en travail des aménagements qui favorisent le transfert tous azimuts. Il conviendra donc, et ce sera l'objet d'un chapitre ultérieur, d'articuler, comme nous y invite Francis Imbert, la question du transfert et celle des médiations. « Le transfert opère sur des objets actuels… et la fonction de la médiation est de réaliser l'intervention d'objets qui soient autant d'éventuels pôles d'investissement, autant d'éventuels pôles de transfert. » Investissement des éducateurs et des divers techniciens, bien sûr, mais aussi de toute personne œuvrant dans le cadre de l'institution. J'ai ainsi vu à l'œuvre des transferts tout à fait opérants sur un cuisinier ou une lingère. Le dispositif de travail du transfert, son espace, comme l'est le dispositif de la cure, est à proprement parler celui des médiations elles-mêmes, donc celui de l'institution, de ce qui s'établit comme tiers dans la relation.

▶ La manœuvre du transfert

Pour résumer ce développement sur le transfert, je propose ce schéma (*figure 1.1*).

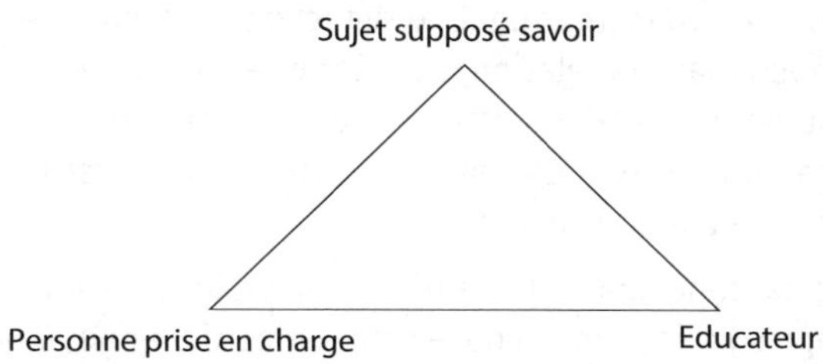

Figure 1.1. Schéma du transfert.

Des théories analytiques du transfert et à partir de l'exemple commenté que le lecteur trouvera dans les pages suivantes, nous pouvons maintenant poser des points de repère.

Dans ce cadre particulier, l'éducateur a pour tâche d'opérer ce que Jacques Lacan appelle « une manœuvre du transfert ». Dans d'autres textes, il emploie l'expression de « maniement du transfert ». Et surtout, comme Freud fit l'expérience d'une patiente qui se jeta à son cou, il n'a pas à s'imaginer que si l'autre « accroche », c'est pour ses beaux yeux. En position clinique, les éducateurs s'appuient sur le transfert, sur ce que d'autres en souffrance « transfèrent » sur leur personne, comme émotions, projets, désirs, images archaïques, signifiants souterrains, pour ouvrir des voies d'investissement nouvelles.

Si dans la clinique psychanalytique le transfert est utilisé pour interpréter et éclairer le sujet sur son fantasme, dans la clinique éducative, il sert de point d'appui pour déboucher sur la transmission d'un certain savoir-faire. Dans la situation transférentielle, parce qu'il s'y prête, l'éducateur est mis en place, pour étendre un concept lacanien, de « sujet supposé savoir-y-faire ». Supposé savoir se débrouiller dans la vie et les relations. Supposé savoir y faire dans le lien social, comme on dit : parler, échanger, trouver une place dans l'espace social, dans les us et coutumes de la collectivité. C'est au titre de ce savoir qu'il suppose à l'éducateur que l'autre (souvent l'innommable !), enfant, adolescent, adulte, « accroche ». Et c'est aussi en prenant appui sur ce que l'autre lui transfère que l'éducateur va tendre à ce que le sujet s'approprie son propre savoir, sur lui-même, le monde et les autres. Notons que dans les psychoses, le transfert subit un renversement : le Sujet n'est plus supposé savoir, mais un sujet sachant absolu (SS), ce qui met le psychotique en position d'objet et de déchet de la jouissance de cet Autre. Toute la manœuvre du transfert consistant alors dans le traitement de cet Autre du psychotique qu'incarne dans la relation, à son corps défendant, l'éducateur[1].

C'est au nom de cette relation, en lien étroit, qu'une personne élabore un savoir qui est le sien, en le prêtant d'abord à l'éducateur. D'où l'importance dans la clinique de repérer comment et pourquoi « ça accroche », et pour le praticien de se demander à quelle place l'autre l'assigne (pour qui me prend-il ? qui voit-il ? que vit-il, à travers moi ?). Ce n'est que par ce questionnement organisé, qui prend souvent dans les institutions la forme d'une régulation ou de supervision d'équipe, voire plus rarement celle de contrôle individuel, que l'éducateur peut se détacher, se déprendre de la part d'amour et de haine qui l'affecte dans la relation, et créer une ouverture dans le scénario d'une histoire marquée au sceau de la répétition et du symptôme. Celui-ci est comme une parole qui se répète en boucle pour n'avoir pas trouvé son destinataire, c'est comme une lettre en souffrance qui continue de circuler.

Chez l'éducateur, à la condition que celui-ci s'emploie à désencombrer l'espace du transfert de ses propres projections, mouvements affectifs, projets, désirs pour l'autre... la personne que l'on dit prise en charge peut trouver quelqu'un à qui parler. Cette rencontre, lorsqu'elle a lieu dans toutes ses conséquences, permet bien souvent chez des sujets en panne, quelles que soient les manifestations de leur malaise ou de leur malheur, de relancer le désir. Bien entendu, la manœuvre du transfert est très délicate. Et on ne redira jamais assez aux professionnels qu'il faut se doter d'outils pertinents pour repérer ce qu'ils mettent en jeu dans chaque relation. Cette dimension est approchée en formation à travers les ateliers cliniques, que l'on appelle selon les lieux, « analyse de la pratique » ou « analyse de situation ».

Je ne vais pas ici reprendre tous les concepts de base de la psychanalyse, ce n'est pas l'objet de cet ouvrage. Je me contenterai de montrer, dans une situation que j'ai vécue, comment à partir de ces prémisses, j'ai développé mon acte. Dans cette vignette clinique, on verra que se laisser guider par les principes du discours analytique produit une certaine efficacité. Pour précision, certains points de cette réflexion ont été collectés dans un ouvrage paru aux éditions Érès intitulé *Parole d'éduc. Éducateur spécialisé au quotidien* (1995). Cet ouvrage inaugure une collection que j'ai créée, consacrée à l'écriture des éducateurs et plus largement des travailleurs sociaux.

1. Voir Joseph Rouzel, *La prise en compte des psychoses dans le travail éducatif*, Érès, 2013.

UN CAS CLINIQUE

« C'est bien ici, parce que c'est gratuit », dit Jean dans les premiers temps où je le reçois au centre d'accueil pour toxicomanes où j'exerçais comme éducateur il y a quelques années.

Comment, dans le travail social, partant de cette illusion de gratuité, accompagner le sujet vers le prix à payer pour l'assomption de son désir ? Tel est le trajet que je veux présenter.

Tout d'abord, je dois une précision sur la spécificité de ce centre. À s'arrimer à l'éthique de la psychanalyse, ce que nous proposions à tout demandeur, quel qu'il fût, c'était de venir parler. Mais qu'est-ce que parler veut dire ? Les sujets qui venaient dans ce centre se présentaient, comme dit Lacan dans son séminaire sur le Sinthome, « appuyés au signifiant », précisant que « l'on s'appuie contre le signifiant pour penser ». C'est un point que j'ai posé d'emblée dès l'ouverture de cet ouvrage. Les personnes qui venaient dans ce centre s'adossaient à un signifiant particulier : « Je suis toxicomane. »

Le problème avec le signifiant, c'est qu'il introduit de fait la division du sujet. Alors que gommer cette division signe la stratégie des toxicomanes. « Il n'existe pas d'autre définition de la drogue, affirme Jacques Lacan dans la conclusion d'une réunion des Cartels, que celle qui permet de rompre avec le petit-pipi. » Le concept de « petit-pipi » se trouve dans le cas clinique relaté par Freud, connu sous le nom de Petit Hans, une des *Cinq psychanalyses* [1954]. C'est le phallus, qui vient, pour l'un et l'autre sexe, marquer la différence sexuelle. Rompre avec le petit-pipi, c'est donc tenter d'échapper à cette différence entre hommes et femmes, autrement dit d'éviter la castration qui veut que pour ce qui est de créer un rapport d'harmonie entre les sexes, ça ne marche pas. Voilà pourquoi l'on peut dire, *a contrario*, que la drogue, c'est le bonheur, au sens où dans *Malaise dans la civilisation* [1930], Freud nous présente l'intoxication chimique, comme une des pratiques les plus efficaces pour fuir les difficultés inhérentes à l'humanité.

Et voilà aussi pourquoi les toxicomanes ne parlent pas et ont peu ou pas de rapports sexuels. Ils cherchent à supprimer la division qu'introduisent la parole et la rencontre de l'autre sexe. D'où la proposition logique faite dans ce service d'accueil pour toxicomanes, de venir parler. Du deal de la poudre au commerce de la parole, tel était le chemin sur lequel nous les invitions à avancer.

▶ L'histoire de Jean

Chez Jean, un signifiant s'est mis à insister d'emblée : « gratuit ». La première rectification que j'ai faite alors qu'il m'énonçait la gratuité de son accompagnement fut de lui signifier qu'il n'y avait rien de gratuit. Il était pris en charge dans un hôpital psychiatrique la nuit, occupé le jour dans un centre pour personnes en difficulté et venait me voir chaque semaine. C'est d'ailleurs dans la mise en place de ce dispositif, de cet étayage éducatif dans la réalité, que je l'avais accompagné dans un premier temps. Le fait qu'il ne paie rien ne signifiait pas que ce fut gratuit. D'autres payaient pour lui, et finalement, à travers les impôts et les charges, un peu tous les citoyens du pays.

Peu de temps après, Jean me présenta une étrange requête. Il me demanda, en entrant dans le bureau, de téléphoner à sa mère « parce que, disait-il, elle sait où j'habite ». Jean devait remplir des papiers pour toucher le RMI et dans la case où il devait inscrire ses coordonnées, il ne savait quelle adresse inscrire, de celle de ses parents ou de la sienne, puisqu'il avait un appartement qu'il n'occupait pas. De toute façon, dans les deux cas, il disait « chez ma mère ». À cette demande, j'opposais un non très ferme. Ce qui eut pour effet de le plonger dans une rage folle. Il donna des coups de pied dans la table et se précipita vers la sortie où je le rattrapai pour lui demander de revenir dans le bureau essayer de parler de ce qui lui arrivait. Il avait le visage en feu et les yeux exorbités.

« C'était comme un mur, dira-t-il quelques minutes plus tard, Je ne vous voyais plus. J'étais un autre. »

Assumer son désir hors de l'aliénation qui le fait coller à sa mère, « voler de ses propres ailes », pour reprendre une expression qu'il emploiera bien plus tard, payer le prix pour que sa parole et ses actes aient du poids, voilà ce qui faisait reculer Jean.

Lorsqu'il toucha le RMI, la somme fut versée sur le compte de sa mère, qui lui remettait généreusement ce que Jean appelait « de l'argent de poche », comme les enfants. Cette façon de parler et d'agir en disait long sur le type de relation infantile que Jean entretenait avec sa mère. Je lui ai alors demandé de consulter le juge des tutelles afin d'obtenir que son argent soit géré par un tiers auquel il puisse se référer. L'effet produit, une fois la mesure de tutelle prononcée, fut que la mère de Jean se manifesta. Elle me téléphona pour se plaindre de son fils, ajoutant que depuis cette histoire, elle avait des crises de tétanie. Que son fils, à l'âge de 26 ans, commence à se séparer d'elle, la pétrifiait. Je lui proposai de venir en parler à un collègue de l'équipe, afin qu'elle puisse aussi prendre toute la mesure de son implication dans l'histoire de Jean. Elle accepta cette proposition qui permit de calmer le jeu : chacun avait ainsi un lieu pour explorer ses propres responsabilités.

C'est environ vers cette époque que Jean m'affirma avoir lu un de mes articles dans une revue où j'expliquais ce qu'était la maladie mentale. Il m'arrive en effet de temps à autre d'écrire des articles dans certaines revues spécialisées ouvertes aux éducateurs (comme *Lien Social*, *Empan* ou *VST*), mais je n'ai jamais écrit un tel article. Toujours est-il que c'est à partir de ce signifiant qu'il me prêtait (la maladie mentale), en s'y adossant, à partir d'un savoir qu'il me supposait sur la folie en général et sur ses difficultés à vivre en particulier, que Jean commença à se définir à l'enseigne d'un certain symptôme : « Je suis trop sensible », dira-t-il. Il commença alors à envisager ses troubles du côté de la maladie psychique. La prise répétitive de drogue étant alors une façon de moins souffrir, de s'anesthésier.

Au fil des rencontres, Jean retissait la trame de son histoire. Il se racontait et sa vie prenait une autre tournure. S'il se reconnaissait de moins en moins sous l'étiquette de toxicomane, cause de sa venue dans ce service, il se posait beaucoup de questions sur ce qu'il appelait « sa sensibilité ». Pendant quelque temps, alors que le signifiant de la gratuité avait chuté, il tourna autour du mot « payer ». Il disait payer pour n'avoir pas écouté sa mère. Et pourtant elle l'avait prévenu, quant à ses fréquentations qu'elle jugeait douteuses, et quant à la drogue... Il lui avait fait du mal. C'est alors qu'il retraça son itinéraire qui le conduisit à s'intoxiquer massivement. À 20 ans, il avait fait la connaissance d'une jolie jeune fille de 17 ans, préparatrice en pharmacie. Mais au fil des rencontres, il trouva que cette liaison tournait mal, car elle se moquait de lui. En fait, comme souvent dans les amours de jeunesse, elle en aimait un autre, tout simplement. Mais pour Jean, le monde s'effondrait. C'est lors d'un concert de rock qu'un de ses amis lui proposa un shoot d'héroïne en lui disant que tout allait s'arranger. En effet, la drogue est peut-être la seule façon de s'arranger avec ce qui n'est pas fait pour s'arranger : la différence sexuelle.

Comme le précise Freud dans *Malaise dans la civilisation* [1930] : « La plus brutale, mais aussi la plus efficace des méthodes destinées à exercer pareille influence corporelle, c'est la méthode chimique, l'intoxication. » La drogue, selon Freud, est « un briseur de soucis ». C'est alors que Jean, si l'on suit son discours, a payé cher. Dans son corps, dans sa chair. Il a offert en sacrifice sur l'autel maternel ses forces vives, pour expier une faute qu'il ne comprenait pas. « Je paie pour une faute que je n'ai pas commise », me dira-t-il un jour. Sa mère était sa seule et véritable... héroïne. Il avait décroché de son travail d'homme d'entretien dans un lycée et s'était retrouvé pour plusieurs années à la rue, en galère, jusqu'à son arrivée au centre d'accueil où je l'ai reçu pendant quatre ans. C'est un médecin psychiatre dépassé par la situation qui l'avait aiguillé sur ce centre. Il attrapa une hépatite, reproduisant étrangement une affection qui frappait depuis trois générations tous les hommes de la famille. Son grand-père en était mort et Jean précisait que, dès lors, tout s'était mis à déraper. Sous cette transmission familiale d'un non-dit qui parasitait les corps, pointait la livre de chair à payer en nature pour ce qui n'arrivait pas à s'inscrire comme dette entre les générations.

On peut évoquer la comédie de Shakespeare écrite en 1596, *Le Marchand de Venise*. Un jeune homme, Antonio, emprunte de l'argent à Shylock, un usurier juif, pour épouser Portia. Shylock lui prête la somme d'argent en lui précisant que s'il ne le remboursait pas, il devrait payer avec un morceau de son propre corps, une livre de chair. Antonio, inconscient, accepte le marché et évidemment, il ne peut rembourser. Au jour dit, Shylock se présente chez Antonio pour récupérer son dû : une livre de chair. C'est une comédie, l'affaire finit bien. Portia déguisée en avocat invoque la loi pour interposer un interdit à l'endroit de cette tractation infâme.

Comment accompagner Jean pour qu'il passe de « payer dans son corps » à l'expression d'une dette symbolique ? Voilà la question qui guidait mes rencontres avec lui. C'est dans ce contexte que je demandai à Jean de réfléchir au fait de payer pour le travail qu'il venait faire avec moi. Cette fois encore, Jean se mit dans tous ses états : « C'est un ultimatum ? Vous êtes pire que Saddam Hussein ! » (On était en pleine guerre du Golfe.) Jean aurait aimé que ce soit un ultimatum. Ainsi, il n'aurait pas eu à en découdre avec son propre désir. Loin d'une injonction, c'était de ma part une proposition, pour que Jean puisse y réfléchir et en parler, afin que la question de « payer » s'inscrive dans le texte symbolique. L'hypothèse qui me servait de guide, prenant appui sur l'éthique de la psychanalyse, était que ce qui s'inscrit dans le symbolique disparaît du réel. C'est l'envers du passage à l'acte. C'est le passage par l'acte de parole. On sait que c'est un des points d'appui fondamentaux de la psychanalyse. Freud et, dans son sillage, Lacan, insistent pour poser que ce qui n'est pas inscrit (ce qui est forclos, dit Lacan) dans le symbolique réapparaît dans le réel. La parole permet le mouvement inverse.

La rencontre qui suivit fut assez houleuse. Jean était en colère : « Pourquoi payer ? Je ne vois pas. Je paie déjà bien assez. Tout me coûte : venir vous voir, dormir à l'hôpital psychiatrique... On me prend pour un moins que rien. Ma parole n'a aucune valeur. Avant aussi, j'ai beaucoup payé... la drogue... la galère... Dans mon boulot (l'emploi d'homme d'entretien qu'il avait quitté), j'étais payé au lance-pierre...

— Justement, est-ce que vous ne pourriez pas envisager de payer autrement ? ai-je questionné.

— Drôle de cadeau de Noël », conclut Jean.

En effet, nous étions en fin d'année, en pleine période de fêtes. Et Noël, c'est l'époque des chocolats. C'est pourquoi, en revenant des fêtes, Jean me dit triomphalement qu'il avait trouvé un truc : « Je vous offre une boîte de chocolats et on n'en parle plus. » Je lui demandai de garder ses chocolats, et de continuer à « en » parler.

La semaine suivante, Jean revint à la charge : « Pourquoi payer ? Je suis embarrassé... C'est pas la somme, 10 000 ou 10 000 francs. C'est que (et alors il fit le geste de donner)... encore à un toubib... mais à un éducateur ! Déjà je paie trop. Alors, ça en plus... »

Cette fois-ci, Jean termina l'entretien par un « ça calcule », qui est une expression du Sud-Ouest, pour dire que ça bouillonnait dans ses pensées.

Dans les entretiens suivants, Jean revient sur sa relation avec sa mère qui venait de tomber malade. Et pour la première fois, et la seule en quatre ans, il évoque son père. Jean a peur pour sa mère, il reprend sa litanie : il lui a fait du mal et il paie... « Ma mère, c'est de l'or, ma mère, c'est moi » dit-il. « Mon père, il n'est pas vraiment inexistant, mais... », et il se met à pleurer.

C'est vers la fin de ce travail d'entretiens éducatifs que Jean s'est mis, si j'ose dire, à tourner autour de son désir. « C'est dur de choisir », dit-il. Il fait des projets : va-t-il reprendre la ferme de ses grands-parents, faire un stage de mécanique moto, rester adulte handicapé ? C'est dur de choisir. En découdre avec son désir, c'est aussi en payer le prix. C'est à ce moment du travail qu'il décide de ne plus venir me voir. « De toute façon, c'est un centre pour toxicos. » Et il dit qu'il ne se reconnaît plus sous cette étiquette. Il me remercie de ne pas l'avoir lâché tout au long de ces années. Je lui précise que le travail engagé avec moi peut se poursuivre ailleurs, indiquant ainsi l'espace de la cure analytique. Mais cela lui appartient. Jean peut désormais, comme on dit souvent dans le jargon éducatif, assumer son autonomie. Voilà pour l'histoire de Jean.

L'implication dans la rencontre

Bien entendu, une telle mise à plat de la clinique ne rend pas compte de la densité de cette rencontre. L'accompagnement de Jean, c'est quatre ans de travail. À peu près une année pour le rencontrer, l'apprivoiser, je devrais dire nous rencontrer, nous apprivoiser l'un l'autre. Une année aussi durant laquelle j'ai mis en place avec Jean un dispositif de soutien et d'étayage dans la réalité : hôpital de nuit, centre de soin de jour, suivi psychiatrique, mesure de tutelle... Les entretiens hebdomadaires avec moi agissaient comme lieu d'élaboration, lieu de ressources pour qu'il puisse dire le sens de ce qui lui arrivait. J'ai proposé de nommer un tel lieu de ressourcement protégé et garanti par l'éducateur, « machine métaphorique » ou dans la foulée du psychanalyste anglais Masud Khan, « jachère ». (Sur ce point, on peut consulter mon ouvrage *Parole d'éduc* [1995], au chapitre intitulé « La jachère ou l'espace du dire ».) Les entretiens se sont déroulés régulièrement tout au long de ces quatre années. Jean, au bout de quelques mois, définit à sa façon cet espace et le travail qui s'y déroule : « Ça fait comme une structure », précise-t-il.

Un tel suivi appelle évidemment quelques questions et commentaires. Pour ma part, je retiendrai trois points importants.

La question de l'argent

Lors d'un exposé du cas de Jean à Paris, des travailleurs sociaux me sont tombés sur le dos en criant au scandale : pourquoi faire payer quelqu'un dans un service public ou du moins financé par de l'argent public ? Ma réponse alors, mais il faudrait prendre plus de temps pour la développer, a été que Jean, à mon avis, devait apprendre à payer pour ce que personne à sa place ne peut payer. Il devait payer pour ce qui est en plus de la maladie ou de la misère sociale, payer pour cette part de jouissance qui lui rongeait la vie, payer pour devenir responsable et comptable de ce qui lui arrivait. Il y a une petite anecdote où Freud, voyant venir une semaine plus tard un homme qui avait manqué sa séance, exige de lui qu'il paie la séance manquée. L'homme s'excuse, puis finit par s'énerver : en effet, la semaine précédente, il n'avait pu se rendre chez Freud, car, disait-il, un tram l'avait renversé et que blessé, il avait dû se rendre à l'hôpital. « Vous me paierez quand même la séance », conclut Freud. Il me semble que l'essentiel du travail éducatif est de déboucher avec les personnes sur la construction d'une dette symbolique investissable dans l'espace social. Comment faire quand tout est dû ? Si ce n'est marquer dans la matérialité du paiement que la dette est du côté du sujet.

La dette, si l'on reprend les catégories de Marcel Mauss dans son célèbre *Essai sur le don* [1980], est ce qui permet, au-delà de donner et recevoir, de faire retour à la communauté, donc de s'insérer au sens propre, de prendre une place qui a de la valeur dans les échanges sociaux. Les personnes prises en charge n'ont pas une dette vis-à-vis des éducateurs qui les accompagnent, car ceux-ci sont payés pour ce qu'ils font ; ils ont une dette vitale envers la société. Ils ont à investir leur vie dans l'espace de la communauté humaine. Autrement dit, une façon de payer cette dette est l'insertion. Prendre la question de l'insertion par ce biais est la seule façon pour la poser comme processus où le sujet est actif. Chez les Maoris, peuple à partir des coutumes desquels Marcel Mauss pense la loi de l'échange, ce qui fait la « copule » entre A et B c'est le *hau* ou *taonga*. Mais le *hau*, ou esprit des choses fait partie du donateur. Donc « accepter quelque chose de quelqu'un, c'est accepter quelque chose de son essence spirituelle, de son âme ». Or l'esprit des choses est féroce et veut revenir à sa source, pour la tuer. Il faut donc le forcer à circuler. À travers les échanges des objets c'est le *hau* qui circule. Pour Lévi-Strauss « le hau n'est pas la raison dernière de l'échange : c'est la forme consciente sous laquelle des hommes d'une société déterminée, où le problème avait une importance particulière, ont appréhendé une nécessité inconsciente dont la raison est ailleurs ».

Donc A donne à B qui donne à C qui donne, etc. La vie sociale, le lien social ne se soutiennent que de cette circulation incessante des objets et des biens. L'individu ne peut se penser en dehors de cette circulation symbolique. Paroles et objets échangés produisent les liens qui tiennent ensemble les membres d'une même communauté. Le donateur se fait aussi récepteur à l'issue d'une chaîne symbolique complexe. Le don ne peut faire retour à l'envoyeur. En effet : « La poursuite brutale des fins de l'individu est nuisible aux fins et à la paix de l'ensemble, au rythme de travail et de ses joies et – par l'effet en retour – à l'individu lui-même. » Chez les Maoris par exemple, trois groupes sociaux prédominent : les pêcheurs, les agriculteurs et les chasseurs. Les agriculteurs envoient aux pêcheurs et aux chasseurs des nattes ; les pêcheurs envoient aux agriculteurs et aux chasseurs des poissons ; et les chasseurs envoient aux pêcheurs et aux agriculteurs des oiseaux confits, etc. Cette triangulation permanente médiatise les échanges, garantit des places distinctes, structure par un tiers symbolique (le *hau*) une communauté autour d'une référence commune.

La question du transfert

À un moment de ce récit, Jean prend appui sur l'éducateur que je suis à partir d'un article qu'il m'attribue, où la question de la maladie mentale est présente. Je ne le contredis pas. Je ne cherche pas à lui prouver qu'il a tort. On voit ici à l'œuvre le transfert dans toute son essence puisque dans ses premiers textes sur la technique analytique, Freud précisait qu'au-delà des sentiments d'amour ou de haine, qui accompagnent tout transfert, ce qui se transfère dans l'espace de la rencontre sont avant tout des mots. Ces mots-là exprimaient pour Jean, et pour la première fois, sa difficulté de vivre, que je repérais du côté de la structure psychotique, la drogue lui servant alors d'automédication contre l'angoisse de morcellement. « Le transfert, nous dit Lacan, c'est de l'amour qui s'adresse au savoir. » Non pas ici au savoir de l'inconscient comme dans la cure analytique, mais au savoir qu'une personne en souffrance suppose à un éducateur, sur la vie, les relations, la réalisation de soi...

▶ La différenciation entre cure analytique et accompagnement éducatif

On l'a vu, je pose comme principe que comme la clinique analytique, la clinique éducative opère sous transfert. En revanche, ce qui démarque clairement ces deux espaces cliniques, articulés à un discours unique, celui de la psychanalyse, c'est leur champ d'application. La cure analytique intervient sur la réalité psychique et le fantasme, avec comme point de visée sa traversée ; la clinique éducative s'applique dans le champ de la réalité sociale, donc des échanges sociaux. La manœuvre du transfert vise dans cet espace à déplacer la charge affective que supporte la personne de l'éducateur (le sujet supposé savoir-faire, pour reprendre une expression de Lacan qui parle à propos du transfert dans la cure de « sujet supposé savoir ») vers d'autres objets d'investissement : expression, création, travail, formation, apprentissage, hébergement, liens sociaux... De fait, il y a lieu de se garder d'interprétations abusives, qui relèveraient d'une psychanalyse sauvage.

Il s'agit au bout du compte, pour un éducateur, de transférer le transfert ! En effet, si le transfert que supporte l'éducateur est un moteur dans la relation éducative au début, avec le temps, il s'avère vite être un frein. Il faut donc assez rapidement proposer des voies de substitution, comme objets d'investissement. Il ne suffit pas, et c'est même une faute grave à mon avis, d'intimer à une personne « je ne suis pas ton père, je ne suis pas ta mère », ce qui produit un rejet et une coupure brusque, il faut accompagner en douceur mais aussi avec fermeté, le passage vers d'autres personnes, d'autres sources de questionnement et d'intérêt. Je dirai que si une personne, prenant appui sur la relation vraie engagée avec un éducateur, commence à éprouver un intérêt pour un métier, des apprentissages, des passions, des rencontres... c'est gagné. La charge désirante qui s'exprimait dans le transfert trouve ainsi son issue.

La place des éducateurs est d'accompagner ce mouvement d'inscription dans la réalité. Cela ne va pas sans mal. En effet, l'être humain est ainsi fait, que soumis à l'ordre du langage, aucun objet au monde ne peut venir combler le manque qui le constitue. Les éducateurs sont trop souvent dans l'illusion de posséder le bon objet qui viendrait gommer la souffrance de l'autre, qui viendrait combler sa demande. Alors que la seule chose que nous puissions faire est de l'aider à faire avec l'incomplétude. Ce n'est qu'en acceptant nous-mêmes d'être manquants que nous pouvons aider les autres à être ce qu'ils ont à être, c'est-à-dire eux aussi manquants. Finalement, le travail éducatif doit laisser... à désirer.

L'ACTE ÉDUCATIF

La question de l'acte en psychanalyse est posée clairement par Lacan qui y consacra toute l'année 1967-1968 de son célèbre séminaire. Nous pouvons en prendre de la graine. Lacan désigne comme acte, « l'intervention qui produit sur le sujet un effet de franchissement ». Il n'y a acte que si quelque chose bouge pour le sujet, dans son rapport à lui-même et aux autres. Et finalement, c'est bien ce que l'on attend d'un éducateur, qu'il puisse faire bouger la réalité quotidienne des personnes gravement affectées par le désordre dans leur corps, leur esprit et dans leur mode de relation.

Posé ainsi, on ne peut reconnaître et mesurer l'impact d'un acte éducatif que dans l'après-coup. Comme dit le proverbe, on reconnaît l'arbre à ses fruits. Finalement, on peut se demander si l'acte éducatif ainsi défini est si fréquent. Même si quotidiennement les éducateurs mettent en œuvre un certain nombre d'actions qui permettent à des sujets en grande difficulté de ne pas sombrer, de survivre, l'action n'est pas l'acte. Les difficultés auxquelles sont confrontées les différentes personnes auxquelles les éducateurs ont affaire, tiennent à ce que l'on appelle des « handicaps divers », mais surtout à la façon dont chaque sujet « s'insère » dans les relations aux autres. C'est avant tout, au-delà de la pathologie qui entraîne son lot de douleur, ce vécu subjectif qui fait souffrir. Trop souvent, le vécu attribué au handicap est un peu l'arbre qui cache la forêt. Pouvoir agir, à travers les gestes de la vie quotidienne, à ce degré d'implication du sujet, justifie le travail éducatif en ce qu'il fonde un espoir de changement. Bien sûr, certaines affections ou inadaptations sont si lourdement invalidantes, que ce n'est pas sur ce plan que le changement peut opérer.

Le niveau où intervient le travail éducatif est sur le vécu intime de la personne. La position que j'énonce ici, bien que peu répandue, mais sans doute parce que peu formalisée, est cependant représentée dans certaines institutions, qui prennent leurs marques dans le discours psychanalytique. Ainsi, le Courtil en Belgique est une institution centrée sur ce type de travail clinique. Accompagnant la réflexion de l'équipe soignante, paraît une revue, *Les Feuillets du Courtil*, qui tente de rendre compte de cette position. Par exemple, dans un numéro récent, Yves Vanderveken, éducateur qui partage le quotidien de jeunes psychotiques et névrosés graves, se demande ce qu'est un acte éducatif. Pour le comprendre, il propose un schéma. « Cet enfant, écrit-il, me disait ceci... il était pris dans telle situation (Y), voilà ce que je lui ai répondu, voilà comment je suis intervenu (X), il en a résulté ceci (Z). »

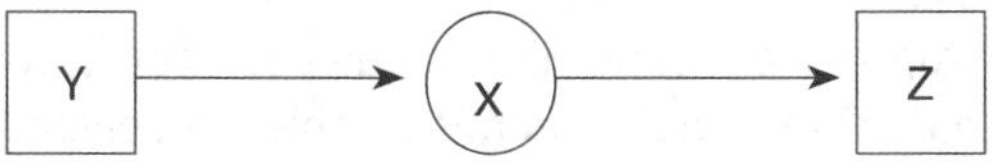

« Que s'est-il passé en X ? En d'autres termes, comment intervenons-nous ? Que faisons-nous quand nous intervenons ? ». Quelles paroles, ajouterai-je, quels gestes, quelles attitudes ont été opérantes ? Quel savoir sur son acte un éducateur peut-il construire ?

Quelle parole, quel acte, quelle décision, peut-il répéter, alors que chaque situation est toujours nouvelle ? Il y a un niveau de généralisation à construire sur l'acte éducatif, faute de quoi, l'éducateur tente de répéter une mise en situation qui par définition ne marche qu'une fois, ou bien il improvise, sans point de repère, au feeling, comme le prétendent certains, sans rien savoir de ce qu'il fait, autrement dit, en faisant n'importe quoi. Notons cependant que, si l'on peut dégager un certain nombre d'invariants de l'acte éducatif, les résultats en tant que tels sont rarement mesurables. Parfois on n'en a connaissance que bien longtemps après, au hasard des rencontres. Ainsi de ce jeune toxicomane que nous avions accueilli durant trois ans en lieu d'accueil. Il est devenu charpentier. Je le rencontre 15 ans plus tard et il me déclare :

> « Tu te souviens, Joseph, de la fois où tu t'es mis en colère ?
> — Pas le moins du monde.
> — Eh bien, c'est là que tout a changé pour moi. »

Cette petite anecdote devrait nous mettre la puce à l'oreille sur l'ineptie d'une évaluation qui prétend mesurer dans l'immédiat les retombées de l'action éducative.

Un certain nombre d'institutions sont partie prenante de cette réflexion et de cette mise en acte de la clinique éducative. Sans alourdir ce texte, je citerai Maud Mannoni, malheureusement disparue, à l'École expérimentale de Bonneuil ; Odile Bernard-Desoria au Point de Capiton de Tours ; le réseau Solstices, fondé par Bernard Durey[1] ; Jean-François Cottes aux Nonettes dans le Puy-de Dôme, qui éditait également la revue de psychanalyse *Barca !* ; le Courtil en Belgique, déjà cité ; Transition à Toulouse... Des associations tiennent des séminaires et animent des groupes de réflexion sur cette approche : l'Efeps (Éthique freudienne et pratiques sociales) animé par Jeanne Granon-Lafont et Martine Fourré à Paris ; Crisis (Collectif de recherche et d'implication sur les structures intermédiaires) à Toulouse ; Psychanalyse sans frontière (PSF) que j'ai créé et que j'anime à Montpellier[2], etc. Au sein de l'École de la Cause Freudienne (ECF), fondée par Lacan, sa fille Judith Miller a impulsé avec une belle énergie un espace de rencontre entre psychanalyse et travail social, sous la forme d'un collectif intitulé : CIEN (Centre Interdisciplinaire sur l'Enfant). S'y rencontrent dans une centaine de laboratoires en France et à l'étranger, différents partenaires ayant affaire aux enfants et aux jeunes : éducateurs, pédagogues, juges, médecins, etc. Cet espace de réflexion vise une ouverture dans le champ social du discours analytique, fondé sur une prise en compte du sujet dans un moment de désagrégation sociale dramatique et de ségrégation de franges entières de la population. Malheureusement on ne peut que constater que ce mouvement est trop souvent soumis au discours du maître émanant de l'ECF, ce qui colore les recherches d'un aspect d'entre-soi quasiment religieux.

1. Voir le magnifique film de Bernard Richard, *Solstices. Les enfants de la parole*, La Mare, 2010.
2. J. Rouzel (dir.), *Psychanalyse sans frontière*, Champ Social, 2010.

Voici donc jetées et ravivées les grandes bases de la clinique éducative. Il convient d'y revenir : c'est la colonne vertébrale du métier d'éducateur. Il semble que nous vivions un temps où les sirènes du social chantent la mort de cette profession, réduite qu'elle serait à un éclatement de microspécialités de pointe (coordinateur, chef de projet, ingénieur social...) qui naîtraient dans le sillage d'un fractionnement toujours plus éclaté de problèmes toujours nouveaux (délinquance, chômage, sida...). Or, ces problèmes ne sont pas nouveaux, même s'ils apparaissent chaque fois sous des aspects imprévisibles, ils sont liés au « malaise dans la civilisation », comme dit Freud ; et en cela nous ne les épuiserons jamais.

En revanche, par leur pratique et le savoir clinique qu'ils ont développé, les éducateurs font preuve en la matière d'un savoir-faire irremplaçable. Encore faut-il essayer de répondre à la question toute simple que pose Yves Vanderveken : « Que faisons-nous quand nous intervenons ? » Chez les éducateurs, il y a bien un savoir-faire très riche, mais il reste à le faire savoir. Apparemment, c'est là que le bât blesse. Je souhaite que cet ouvrage soit reçu comme une invitation à ce « faire savoir » des éducateurs.

Chapitre 2

Le projet éducatif

« L'humain en temps normal n'est ni sujet ni objet,
mais projet possible de venir assumer telles rencontres
– événements ou lieux d'être – de les faire vivre et parler,
ou de les rendre inertes et de faire parler cette inertie. »
Daniel Sibony

APERÇUS ANTHROPOLOGIQUES SUR LA NOTION DE PROJET

Comme nous le précisions dans le précédent chapitre, l'action éducative se fait en relation, mais une relation dont le champ est borné et assuré par un certain nombre de garde-fous. Dans les pages qui suivent, nous allons développer trois repères inséparables de l'acte éducatif et indispensables à un éducateur pour se situer : le projet, de plus en plus conçu comme projet individualisé des usagers ; les médiations ; enfin, les dispositifs, tels que la supervision d'équipe ou individuelle, qui permettent aux éducateurs d'avancer en terrain balisé et que nous aborderons plus spécifiquement dans la dernière partie.

Pour l'instant, nous resituerons tout au long de ce chapitre l'action éducative dans sa dimension de « projet ». Dieu sait s'il s'agit d'un mot à la mode, à telle enseigne qu'il finit par recouvrir un peu n'importe quoi. Projet éducatif, projet pédagogique, projet institutionnel, projet thérapeutique... autant de niveaux de projets (et de projections !) qui demandent à être différenciés. Nous tenterons dans ce chapitre d'en cerner les usages et les conditions d'emploi, tout en dégageant une méthodologie d'approche, utile pour des éducateurs. Mais tout d'abord, nous allons en préciser les contours historiques et anthropologiques.

Le projet est en vogue. On en parle beaucoup. On ne peut plus prendre un journal sans que l'on y débatte projet de société, ce qui est bien normal en période de crise. Chaque individu, du plus jeune au plus âgé, est sans cesse questionné sur son projet d'études, d'emploi, de vacances... voire amoureux. On peut se demander ce qu'une telle insistance recouvre et si l'inflation de projets de tous ordres n'est pas à la mesure de la déflation des idéaux éthiques, philosophiques, religieux, et pour tout dire sociaux, qui transcendent l'individu. L'ouvrage *L'Ère du vide* [1983], du sociologue Gilles Lipovetsky décrit bien cette époque que nous abordons. Le projet serait dans un tel contexte une course en avant.

En effet, qu'en est-il du lien social aujourd'hui dans une société où les grands mouvements collectifs, sociaux dans le syndicalisme, religieux dans les divers cultes réunissant des assemblées de fidèles, se sont les uns après les autres délités ? On peut même voir poindre, sous certains emplois du terme « projet », une injonction paradoxale : que signifie pour des jeunes de monter un projet de formation quand on sait que l'exécution (donc l'emploi) n'aura pas lieu ? On assiste, surtout au niveau des instances dirigeantes, de l'État à la direction des établissements médico-sociaux, à une hypomanie de projet : on en consomme beaucoup. Un projet chasse l'autre, sans que l'on ait tiré les leçons du premier. Et parfois, le projet n'est même pas mené à bout. C'est un projet virtuel ! Il y a à l'œuvre, dans la société actuelle, un terrible dérèglement, annonciateur d'une mutation, et le projet est bien souvent l'expression compulsive d'une volonté de n'en rien savoir. On fait des projets à répétition pour se voiler la face. On exorcise la réalité ambiante.

▶ Historique du projet

On ne peut pas dire que ce comportement consistant à générer une foule de projets existe depuis toujours. Il est historiquement daté. Sans vouloir être exhaustif, nous en présentons ici une approche historique. Mais au préalable, enregistrons cette définition que Jean-Pierre Boutinet propose des « conduites à projet », dans un ouvrage qui nous servira grandement de point d'appui, intitulé *Anthropologie du projet* [1990].

> « Les conduites à projet sont des conduites finalisées cherchant à donner un sens à l'action qu'elles anticipent. Cette action peut être le fait d'individus, de groupes ou encore d'ensembles sociaux plus vastes. »

Il existe des sociétés sans projet, et il a existé en Occident, où le concept de projet explose, des époques sans projet. En effet, pour anticiper dans le temps, il faut qu'une culture ait construit une conception du temps linéaire, permettant la projection en avant. Une conception du temps cyclique, présentant comme espace de représentation de la réalité, un éternel retour des mêmes phénomènes naturels, est beaucoup plus propice à des conduites rituelles qui visent à assurer le retour du même, qu'à des conduites à projet qui parient sur l'imprévu et tentent de l'apprivoiser. Le projet est de plus la matérialisation d'une intention qui s'autodétruit. Cela sera un point d'achoppement dans la méthodologie : le projet n'est pas sa réalisation. Entre projet pensé et projet réalisé, il y a un écart. On verra que c'est dans la mesure de cet écart et dans le sens qui lui est donné, que réside la clé d'un autre mot dont le secteur éducatif fait aussi une grande consommation : l'« évaluation ».

Dans les langues grecques et latines, on ne saurait trouver l'équivalent du projet. Les anciens emploient des périphrases. Ainsi, Aristote dans *L'Éthique à Nicomaque* emploie deux termes : *proairésis*, au sens de choix moral ; et *bulésis*, but déterminé. Si le *propositum* existe en latin, c'est avec le sens de proposition, terme qui est loin de recouvrir la notion de projet. On emploie dans la langue de l'Empire des périphrases comme *quid cogitant* (ce qu'ils pensent) ; *quid mente agitavi* (ce qui me préoccupe) ; *mihi est propositum* (mon dessein est de) ; etc.

Il faut en fait attendre le XVe siècle pour qu'un peu partout en Europe fleurisse la notion de projet. Le mot, en français, est historiquement daté de 1480 selon les philologues. On en connaît deux occurrences, en français, sous forme d'un doublet : « pourjet » et « project ». Le terme désigne d'abord des éléments d'architecture placés en avant d'un bâtiment, tels les balcons. Le verbe « pourjeter » existe avec une double acception militaire : pousser une reconnaissance vers une ville ; faire un plan d'attaque. On connaît au projet un ancêtre indo-européen, puisque la racine *ye* englobe l'idée de lancer, jeter. Le mot transite par le grec (*ienaï :* lancer) et le latin (*jacere*, jeter ; puis *pro-jacere :* jeter en avant ; famille nombreuse sur le plan sémantique, à l'origine d'objet, sujet, rejet, et... bien sûr notre projet).

Il faut cependant saluer le Quattrocento italien pour avoir donné naissance au projet dans son sens le plus moderne. C'est d'abord un terme d'architecture utilisé dans la foulée de Giotto, par Brunelleschi, bientôt suivi dans son œuvre par Alberti et le grand Léonard de Vinci. Brunelleschi invente les lois de la perspective et, en séparant la conception architecturale et ses modes d'exécution, il donne le coup d'envoi à la notion moderne de projet : projection dans l'espace et dans le temps. Le Quattrocento est une rupture importante dans l'histoire puisqu'il met en œuvre dans la pensée le concept de projet, étranger à la pensée du Moyen Âge marquée par la conception d'un temps répétitif, comme l'ont montré les travaux de Philippe Ariès.

La Renaissance, bien nommée, est vraiment baignée par l'ambiance du projet. Entre 1548 et 1642, en à peine un siècle, des savants révolutionnent les représentations de l'univers. Successivement, Giordano Bruno[1], Nicolas Copernic et Galilée mettent à mal la représentation géocentrique de l'univers et débouchent, preuves à l'appui, et

1. Giordano Bruno, honni autant par les catholiques que les calvinistes, qui s'était réfugié à Venise, fut remis aux mains du Saint-Office par son protecteur et brûlé en place publique de Rome en 1600, pour avoir professé que la Terre n'était pas le centre du monde et que Dieu n'avait pas créé le monde en sept jours, mais que chacun des hommes sur Terre poursuit inlassablement cette création. Comme quoi, penser contre

en courant certains risques face à l'autorité, sur une vision du monde où ni la terre ni l'homme ne sont le centre de l'univers.

Dans les siècles qui vont suivre, c'est tout le système centralisé qui est touché : des hommes et des explorateurs aussi différents que Christophe Colomb ou Descartes, dans cet espace de projet libéré par les nouvelles représentations, mettent indirectement en cause ce qui représente hiérarchiquement le centre : Dieu, la Terre, le Roi. Un grand travail de décentrage commence alors à opérer et à refaçonner tout l'espace social et culturel.

On assiste peu à peu, au fil des ans, à la naissance de la raison, du libre arbitre, de l'homme acteur et responsable de son destin. C'est la notion de projet qui vient précipiter cette révolution épistémologique. L'homme se détache des principes transcendants et se met, pour reprendre une expression du poète carcassonnais Joël Bousquet à « épouser son destin ». Cette pensée nouvelle qui envahit l'Occident en modifie profondément les représentations. Elle se veut à la fois projet du monde et projet de la pensée. Les hommes entendent agir sur leur environnement. L'aboutissement de cette perspective trouvera son acmé avec la philosophie des lumières où, accolée à la notion de projet, commence à se détacher celle de progrès, notamment dans le sens du changement social.

La Révolution est alors mûre dans les pensées et la société pour donner naissance à l'État moderne, et à la forme républicaine de gouvernement que nous connaissons aujourd'hui, la démocratie. L'homme s'institue comme agent de sa propre histoire. Le XVIIIe s'achève dans une critique universelle sur tous les fronts, dans la littérature, la morale, la religion, la politique, la philosophie, les sciences. Si l'homme peut influencer l'histoire en faisant des projets, il peut alors penser, comme le fait dire Pierre Corneille à son personnage Britannicus : « Je suis maître de moi comme de l'univers. » Notons que c'est principalement cette dimension de maîtrise, ce nouveau centrage de l'homme sur soi, que l'invention freudienne viendra battre en brèche. Avec la découverte de l'inconscient en 1896, Freud opère une troisième révolution, après celles de Copernic et de Darwin, un troisième décentrage.

L'avant-Révolution voit fleurir une somme impressionnante de publications où la notion de projet est centrale et témoigne d'une activité intense de ce que l'on appellerait aujourd'hui la « prospective ». Que l'on en juge plutôt : 1697, Daniel Defoe (l'auteur de Robinson Crusoé) : *An Assay Upon Projects* ; 1750, Jean-Jacques Rousseau, *Jugement sur le projet de paix universelle* ; 1795, Emmanuel Kant, *Projet de paix universelle* ; etc. Nous en arrivons dans ces années qui bousculent l'histoire à la naissance du projet comme projet de société. Cette notion sera reprise par la philosophie allemande, notamment par Fichte qui développe une véritable philosophie du projet. Partant de la pensée de Kant, il en retient deux idées de base : le refus des dogmatismes et la raison pratique

---

l'idéologie dominante, penser en homme libre, comporte un certain risque. Les éducateurs devraient s'en souvenir et en prendre de la graine.

comme source de liberté. Le projet s'exerce au niveau individuel : c'est l'effort de la lutte de l'homme pour conquérir sa liberté de pensée et d'action, qui pousse chaque membre d'une société à former une communauté d'hommes libres. Notons au passage que la pensée de Marx trouve ici ses premières attaches. Sur le plan collectif, Fichte défend la dimension relationnelle du projet, car il met en interaction le sujet et son environnement.

Le point de vue de Rousseau, en France, est l'envers de celui de Fichte. Il critique le progrès qui a fait chuter l'homme de l'état de nature à une société qui l'a corrompu. « L'homme naît libre, la société le déprave », affirme Rousseau. Seul le contrat social peut corriger les méfaits du progrès. Mais, finalement, Rousseau y croit-il ?

C'est toujours en Allemagne, au XIXe et au début du XXe siècle, que la notion de projet poursuit son chemin à travers le mouvement philosophique que l'on nomme la « phénoménologie » et dont les principaux représentants sont Schelling, Brentano, Husserl, et plus près de nous, Heidegger. Schelling est un des derniers, vers les années 1800, à employer explicitement le terme « projet », notamment dans un ouvrage paru en 1809, *Recherches philosophiques sur l'essence de la liberté humaine et les objets qui s'y rattachent*. Après quoi, le concept de projet se perd pour n'être repris que trois quarts de siècle plus tard, à partir de la notion d'intention (notion déjà présente dans la philosophie de Thomas d'Aquin).

L'intention porte sur un objet de connaissance, un objet que l'homme désire (comprendre, aimer, s'approprier...). Brentano, un des maîtres de Freud en philosophie, et Husserl, insisteront sur le fait qu'il n'est de conscience qu'avec un objet : toute conscience est conscience de... Enfin, Martin Heidegger, dans les années trente, fait revivre en philosophie le projet. « Le sort de l'individu, affirme-t-il, est de prendre conscience de son existence comme une existence en relation. » L'homme, pour Heidegger, a la capacité de devenir en raison de sa liberté. « Comprendre signifie exactement se projeter en visant une possibilité ; à travers le projet, se tenir à chaque fois dans la possibilité. » Mais dans le projet et les projections de l'homme vers son devenir, il y a une limite : « l'être-pour-la mort ». Le projet s'éteint dans son dynamisme avec le vieillissement et la mort. « L'être-au-monde », pour Heidegger, est un être de projet, « un être en avant de soi, tendu vers ses possibilités » ; mais c'est aussi un être toujours déjà déchu par l'angoisse et la perspective de la mort.

▶ La notion de projet au XXe siècle

En France, deux disciples de Heidegger, formés par lui en Allemagne, prennent le relais : Sartre et Merleau-Ponty.

Sartre, dans son petit et non moins célèbre ouvrage *L'Existentialisme est un humanisme* [1946], affirme que « la réalité humaine existe d'abord comme manque ». C'est ce qui provoque une mise en projet permanente. L'homme n'est rien d'autre que ce qu'il se fait. L'homme est d'abord un certain projet qui se vit subjectivement. Rien n'existe préalablement à ce projet : l'homme sera d'abord ce qu'il a projeté d'être. « Peu importe ce que l'on a fait de nous, résumera Jean-Paul Sartre, ce qui compte, c'est ce que nous ferons de ce que l'on a fait de nous. » On conçoit ce qu'une réflexion sur l'acte éducatif, visant l'autonomie et la responsabilisation des sujets, peut tirer d'un tel enseignement. Merleau-Ponty, pour sa part, dans sa *Phénoménologie de la perception*, parue en 1945, confirme que « le monde est inséparable du sujet, mais d'un sujet qui n'est rien que projet du monde, et le sujet est inséparable du monde, mais d'un monde qu'il projette lui-même ».

On pourrait multiplier les cheminements très riches et fluctuants du projet dans les différentes branches des sciences humaines, mais nous nous en tiendrons à cet éventail, pour ne pas alourdir le propos. Le terme « projet », dans ses aspects d'anticipation et de prévision de l'action, nous arrive cependant lourdement chargé de ces diverses occurrences.

Il fleurit aujourd'hui sous des aspects technicistes et pragmatiques, qu'il faut bien questionner à la lumière de l'histoire. Le projet technicien de la modernité (la planification, la programmation, la prospective, la futurologie) est entaché d'un paradoxe. Il est à la fois une aide à la maîtrise rationnelle de l'existence ; mais aussi une tentative de recherche d'un idéal impossible. C'est Freud qui le premier, en formalisant l'hypothèse de l'inconscient, fiché au cœur de l'homme, introduisit cet impossible, véritable coup d'arrêt à la toute-puissance du moi. « Le courant psychanalytique, précise Jean-Pierre Boutinet, fait référence au concept d'Idéal du Moi, pour montrer cette quasi-impossibilité de l'enfant que nous restons toujours, d'accéder un jour au statut d'adulte, et de tendre vers un état de perfection dans lequel enfin nous pourrions nous reconnaître et nous satisfaire. Seule la voie étroite de la sublimation pourrait ouvrir au projet des perspectives de formalisation aujourd'hui peu exploitées. » Jacques Lacan, faisant retour à Freud, insistera, en dégageant la catégorie du réel, pour décrire cette part de l'homme comme impossible, ce sur quoi l'homme n'a pas de prise, tant qu'elle échappe au langage.

Il faudra, dans tout projet éducatif, tenir compte de cette dimension d'impossible. C'est un point de conclusion que nous aborderons un peu plus loin, lorsqu'il s'agira de dégager un positionnement éthique des conduites de projet. Si le concept de projet conserve son poids de signification comme « intention d'une transformation du réel » (Cornelius Castoriadis), il est aussi lourdement désidéalisé par ce qui échappe à la maîtrise de l'homme : dans le projet, il y a toujours quelque chose qui rate. Et pourtant, comment vivre sans projet, puisque le projet est la mise en forme du désir du sujet, c'est aussi ce qui le pousse en avant, même si parfois il le conduit à sa perte. Voici une remarque dont il faudra tenir compte dans ce qui suit, sinon l'exposé d'une méthodologie de projet tournerait vite à la recette de cuisine, et donc à la catastrophe. Le projet n'est pas l'action, car il y a dans tout ce qui arrive dans la vie une part d'imprévu, d'aléatoire et d'indécidable.

Le projet dans l'évolution du secteur médico-social

Dans le secteur sanitaire et social, où opère la fonction éducative, un certain nombre de réflexions et de pratiques sont venues construire le projet. L'institution, dont nous avons dit dans le sillage de François Tosquelles, qu'elle est au-delà des murs où elle fait établissement, n'est pas concevable si on ne la restitue pas dans son contexte social et politique. Comprendre le niveau de projet d'une institution implique de le resituer, un peu à la façon des poupées gigognes, dans un ensemble de desseins, de réflexions et de décisions. Autrement dit, il faut mesurer les projets dans leurs différents emboîtements et articulations.

▶ Les Annexes XXIV et leurs conséquences

Aujourd'hui, le projet institutionnel intervient dans un contexte socio-économique particulier. La réforme de 1989 et de 1990 des Annexes XXIV représente l'aboutissement de quatre décennies de bouleversement dans les pratiques sociales. Les Annexes XXIV peuvent de fait être considérées comme le fond de scène sur lequel évolue l'histoire de l'enfance inadaptée depuis la Seconde Guerre mondiale. Depuis 1946, l'on assiste en effet, à un remaniement permanent des textes réglementaires. La représentation des bénéficiaires s'est peu à peu affinée. Entre Aide sociale et le statut du handicap, les protocoles de soin se sont développés en parallèle à la pédagogie spécialisée dans le cadre de l'éducation spéciale.

Les Annexes XXIV en tant que telles ont été abrogées en 2004 lors de la publication de la partie règlementaire du CASF (décret n° 2004-1136 du 21 octobre 2004) relatif au code de l'action sociale et des familles – partie réglementaire. Quant aux ITEP ils ont fait l'objet d'un décret n° 2005-11 du 6 janvier 2005 codifié aux articles D. 312-59-1 à D. 312-59-17 du CASF. Je conserve cependant la réflexion autour de ces textes, comme emblématique du contexte dans lequel se déploie l'action des éducateurs.

Une série de textes, datés de 1956, présente une première mouture à intégrer dans l'histoire de la Sécurité sociale, des Annexes XXIV, jusqu'à sa modification en 1970. Une étude comparative des textes de 1956 et 1989 fait apparaître les nouvelles missions des établissements, missions de « projet » et de « technicité », en insistant sur la place et le rôle des personnels et de la famille, dans leur mise en œuvre. On passe ainsi progressivement de la notion d'assistance à celle d'autonomie, comme objectif éducatif. Il faut situer l'évolution de ce texte fondamental dans le fil de l'histoire qui l'accompagne. En effet, les Annexes XXIV dépassent le cadre strict des établissements médico-sociaux et doivent être lues à la lumière de plusieurs événements significatifs. Tout d'abord, la loi de 1975 reconnaît le droit des personnes handicapées à bénéficier d'une éducation spéciale. Dans les années quatre-vingts s'amorce un double mouvement : une remise en cause des politiques sectorielles et l'incitation à une planification locale que viennent concrétiser les lois de décentralisation.

À côté de la réforme de l'Aide sociale à l'enfance, de la mise en œuvre du dispositif Schwartz sur la formation des jeunes, de la réforme des collèges, l'Éducation nationale remet au premier plan un dispositif de lutte contre l'échec scolaire et une véritable politique d'intégration scolaire des handicapés. Si l'incidence des contraintes budgétaires a profondément marqué l'évolution des établissements, elle a aussi poussé à l'innovation et au projet. Comme le déclare Jean-Pierre Barokas, directeur du Creai Midi-Pyrénées : « La gestion d'un projet n'est pas forcément celle des murs. » Il s'agit aujourd'hui, dans les établissements, de penser les complémentarités, le partenariat, comme on dit, et d'intégrer à l'action éducative les champs connexes d'intervention : psychiatrie de secteur, politique de la ville, école… « Il ne paraît guère réaliste, poursuit Jean-Pierre Barokas, de soutenir aujourd'hui à la seule dimension de l'établissement une politique de prise en charge. Celle-ci s'inscrit forcément à côté d'autres logiques qui ont développé leurs propres moyens. Aujourd'hui, le chantier ouvert pour demain sera de penser la coordination et la complémentarité des prestations dans l'intérêt même des bénéficiaires. » L'établissement est une courroie de transmission dans un ensemble qui marque les choix politiques d'une société vis-à-vis des plus démunis. Choix exprimés à partir d'un projet social qu'il convient de repérer.

Le problème est qu'aujourd'hui ce projet social est en panne. Les grandes idéologies libératrices de gauche ou de droite sont en veilleuse ou radotent. Quant aux responsables, hors d'une gestion gestionnaire à la petite semaine, on peut s'interroger sur leur projet, qui se résume le plus souvent à des slogans d'une pauvreté affligeante. Dans un tel contexte, il y a deux risques de récession qui guettent les établissements médico-sociaux : celui de « ghettoïsation ». Par exemple les Cat, devenus Esat, bien nommés Centres d'apprentissage par le travail, conçus à l'origine comme passerelles des handicapés vers l'emploi, fonctionnent en circuit fermé : ils ne permettent guère l'insertion en milieu ordinaire que d'à peine 1 % de la population prise en charge. Les cadences imposées aux travailleurs handicapés en milieu protégé font que les meilleurs éléments (ceux qui justement pourraient trouver leur place en milieu ordinaire) sont conservés, alors qu'au nom de la productivité, ceux qui sont le plus en difficulté, sont relégués en Foyer d'accueil spécialisé (FAS, où on les absorbe dans quelques activités dites « occupationnelles »). La voie de l'éducation spéciale s'avère ici une voie de garage. L'autre risque qui pointe participe d'un mouvement inverse, c'est celui de l'éclatement. On peut se demander dans quelle mesure l'AEMO, le retour en famille, l'accueil autonome des adolescents, justifiés dans leur projet, ne risquent pas de vider les établissements.

Lors d'une interview donnée à TSA, sur la mise en réforme des Annexes XXIV, Claude Évin, alors ministre de la Santé et de la Solidarité, insista sur un ensemble de points, où la dimension du projet est incontournable. Précisant d'emblée qu'il s'agit de confirmer la vocation éducative des établissements et services pour enfants, il précise que les projets doivent être « individualisés » et que la prise en charge doit être pensée en termes de « cohérence d'ensemble », où chaque partenaire institutionnel, associé à la famille, joue son rôle, pour le bien de l'enfant et l'aboutissement d'un projet global de prise en charge. Il est fait obligation aux établissements, poursuit le ministre, d'établir un projet thérapeutique, éducatif et pédagogique global, préparé par le directeur avec l'équipe médico-éducative et proposé au Conseil d'administration ; de définir un projet individuel pour (et si possible avec) chaque enfant ; il faut également procéder à l'évaluation pluridisciplinaire, au moins annuelle, de l'application de ce projet et de l'évolution de l'enfant et en communiquer le bilan à la famille.

Le travail autour de cette réforme aboutira au texte suivant : « Après concertation menée avec l'ensemble des personnels placés sous son autorité, le directeur propose au Conseil d'administration un projet d'établissement fixant les objectifs pédagogiques, éducatifs et thérapeutiques du centre, ainsi que les modalités de leur réalisation et de l'évaluation de leurs résultats ; ce projet d'établissement, adapté par le Conseil d'administration est conforme à la réglementation et porté à la connaissance de la tutelle... » (Article 30 des dispositions générales.) La suite du texte insiste sur la participation des enfants à leur propre prise en charge et à l'intégration des familles dans le projet.

La loi de 2002 établit clairement la notion et les conséquences d'une méthodologie de projet dans l'action éducative. En précisant que « l'usager ou son représentant participe à l'élaboration et la mise en œuvre de son projet », le législateur impulse l'orientation de tout projet personnalisé. Ce point d'appui me paraît incontournable pour placer l'usager en situation active et non passive. Le moins que l'on puisse dire c'est qu'il y a encore beaucoup d'efforts à fournir dans pas mal d'établissements pour répondre à l'esprit de la loi. Combien de projets se résument à un catalogue de pieuses intentions, quand ce n'est pas à des énoncés d'une banalité affligeante et passe-partout ? La suppression des réunions de synthèse au profit de réunions de projet explique sans doute ce déficit d'élaboration qui seule permet la prise en compte de la subjectivité de l'usager.

C'est donc dans ce contexte particulier, à la fois historique et sociologique, qu'il faut penser, intégrée dans un ensemble, la place du projet éducatif, pièce d'un dispositif global de prise en charge.

La méthodologie que je propose ici, dans ses grandes lignes, pourra être transférée sur tous les niveaux de projets, à la condition de bien en repérer le champ d'application. Une mission est attribuée à un établissement, qui fait l'objet d'un accord conventionnel avec les représentants de l'État ou des collectivités locales et est consignée dans un projet d'établissement. C'est à partir de cette mission que chaque technicien (personnel médical, rééducateurs, pédagogues, éducateurs) peut repérer à la fois son champ d'intervention et les articulations de son action avec celle des autres techniciens. Les réunions d'équipe, de synthèse, de projet, prennent alors tout leur sens, puisqu'elles favorisent l'intégration de chacun dans l'ensemble du projet.

LA MÉTHODOLOGIE DU PROJET ÉDUCATIF

Nous n'insisterons jamais assez pour dire que chaque projet est nouveau. Il faut donc en réinventer sans cesse la méthodologie et la mise en œuvre. Pas question ici d'exposer une grille type de projet. Ceci dit, dans tout projet éducatif, nous passons par une série de questions qu'il s'agit de repérer. Finalement, faire un projet, c'est d'abord essayer de répondre à des questions simples que nous pouvons synthétiser de la façon suivante. Qui ? Quoi ? Quels constats ? Pour qui ? Pourquoi ? Pour quoi ? Avec qui ? Comment ? Quand ? Où ? Que s'est-il passé ? Que se passera-t-il après ?

Développons ces diverses questions.

▶ Qui ? Le (ou les) porteur(s) du projet

Un projet est d'abord né d'une intention, d'une idée. Le porteur de projet peut être une personne, ou une équipe. Il importe que celui (ou ceux) qui le met en avant s'implique dans cette « projection ». Qu'il puisse rendre compte de ce qui l'a amené à faire cette proposition. Le projet ne fait pas que répondre à ce que l'on appelle un peu vite un « besoin », il naît aussi du désir d'un ou de plusieurs sujets. C'est le moment où l'histoire de l'éducateur peut rejoindre l'histoire de l'institution. Déterminer dans l'histoire de chacun ce qui s'exprime à travers des valeurs affirmées, des convictions, des hypothèses, conduit à faire un projet, permet à chacun de s'y investir.

▶ Quoi ? Titre du projet

Comme un être humain, le projet doit porter un nom, être repéré et faire sens assez rapidement. C'est le « projet d'atelier vidéo » d'Untel ; le « projet de camp en Bretagne » cet été de telle équipe ; « le projet d'apprentissage » proposé à tel jeune...

▶ Quels constats ? Analyse de situation

Au départ de tout projet, il y a la mise en évidence d'une situation sur laquelle on veut agir. Soit un dysfonctionnement, soit une nécessité nouvelle. Tout projet s'élabore dans un contexte donné. La naissance d'un projet est l'occasion de reparcourir le contexte, l'environnement, et d'évaluer les forces en présence. Tout projet découle d'une analyse de situation qui questionne et bouscule les différents niveaux de projet évoqués plus haut (projet associatif, institutionnel, technique, d'équipe, individuel...). Il s'agit d'évaluer les forces positives, forces humaines, financières, matérielles, administratives... et les idées, valeurs et enjeux, donc de faire le tour des ressources. Mais aussi de mettre dans la balance ce qui va faire obstacle au projet, de repérer les forces négatives. Les éléments positifs et négatifs sont à analyser autant dans l'institution que dans son environnement. Il faut donc repérer les points d'articulation du projet à l'existant et en tirer les conséquences.

Certains projets, lorsque l'on fait sérieusement ce travail d'évaluation, tombent à l'eau assez rapidement. Mais *a contrario*, il se peut aussi que l'on découvre des forces vives jusque-là insoupçonnées. Ce temps d'analyse de situation doit impliquer le plus largement possible les différents protagonistes touchés de près ou de loin par le projet. C'est la condition pour que chacun s'en saisisse et se positionne. Le premier effet du projet vise à mobiliser plus ou moins largement, selon la nature du projet, l'ensemble institutionnel, y compris les personnes prises en charge, et l'environnement concerné (par exemple pour de jeunes mineurs, la famille et l'entourage proche).

▶ Pour qui ? Bénéficiaires

À qui s'adresse le projet ? À quelle population ? Un groupe ? Une personne ? Il s'agit de repérer assez finement les bénéficiaires potentiels et les acteurs du projet, de prendre en compte leurs difficultés et ressources réelles. C'est un moment où les personnes prises en charge redéfinissent le handicap, l'inadaptation ou le symptôme. Il s'agit aussi de considérer les conditions objectives du bénéficiaire du projet. Quel est son âge et quelles sont ses limites ? Qu'en dit-il ? Il en est de même pour un groupe. Ici aussi l'identification des bénéficiaires est l'occasion d'impliquer largement, dans la réflexion et l'action, divers partenaires.

▶ Pourquoi ? Finalités

Quel but lointain poursuit le projet ? C'est le moment de réaffirmer les grandes valeurs qui fondent une institution et soudent les personnels. Le plus souvent, malheureusement, on se contente de préciser une fois de plus que ce qui est visé dans le projet de tel jeune, tel adulte, c'est l'autonomie, l'insertion, la responsabilisation. Si l'on s'en tient à cet énoncé vague, l'on ne sort pas d'un certain jargon, ni de la langue de bois. C'est sans doute le moment critique dans l'élaboration d'un projet où il faut faire un travail, sans cesse à renouveler, de définitions, de recherche d'étayage théorique, d'identité réaffirmée dans le positionnement éducatif. Ainsi, se situer dans un courant comportementaliste ou psychanalytique, produira deux positionnements différents et deux modalités de projet différentes.

Le pourquoi (en un seul mot) mobilise les présupposés théoriques, philosophiques, idéologiques, culturels, éthiques, qui sous-tendent la construction du projet. Cette question pousse les acteurs du projet à prendre position, donc à situer leur projet dans une relation à la personne prise en charge. C'est le moment pour l'éducateur de se demander ce qu'il veut à cet autre dont on lui a confié la charge d'éducation.

▶ Pour quoi ? Objectifs

Notons d'abord que si ce second « pour quoi ? » s'orthographie en deux mots, c'est pour insister sur la nature du projet, sur ce qui est visé à court et moyen terme. De quoi s'agit-il dans ce projet ? Pour quoi faire ? Par exemple, si dans les finalités l'on a dégagé qu'avec un jeune c'est bien dans une perspective d'autonomie (à condition de définir ce terme) que l'on entreprend un projet, il s'agira dans cette rubrique de montrer par quelle voie matérielle va se réaliser cette visée. Ce peut être à l'occasion d'une activité, d'un projet de formation, d'un projet thérapeutique, etc. Il s'agit là d'articuler de façon cohérente les raisons de la prise en charge et les moyens mis en œuvre pour y parvenir. Les objectifs deviennent alors les moyens que l'on se donne pour arriver aux finalités.

▶ Avec qui ? Partenariat

Aucun projet ne se fait isolément. Il implique, toujours à différents degrés, divers partenaires. Il faut alors vérifier quelle place ont dans un projet singulier, des partenaires inter- et intra-institutionnels. Il s'agit de considérer qui est, ou peut être impliqué. Quels partenaires extérieurs à l'institution (par exemple, pour le projet d'insertion d'un jeune, la PAIO, Pôle Emploi, la Mission locale, les dispositifs de formation, la mairie, le Conseil général dans le cadre d'un projet plus large incluant un groupe de jeunes dans un quartier, etc.) ? Il faut prendre également en considération les partenaires internes : les administratifs (directeurs, sous-directeurs, comptables, secrétaires...), les techniciens concernés directement ou indirectement (médecins, thérapeutes, enseignants, éducateurs) ou tout autre personnel (par exemple, le personnel de service, le chauffeur du véhicule des institutions, le cuisinier, la lingère...). Il ne s'agit pas de faire un passage d'information sur l'éventualité du projet, mais bien d'inviter chacun à s'impliquer, en fonction de la place qu'il occupe. Et bien entendu, il est nécessaire de mesurer la place laissée dans l'élaboration même du projet à la personne suivie. Ce temps d'élaboration, de mise en perspective, qui fait naître espoir de changement et désirs enfouis, n'a son sens que s'il est l'occasion pour les personnes que suivent les éducateurs, de se mobiliser, de devenir acteurs de leur propre projet de vie. C'est donc un moment d'implication générale des partenaires.

Bien entendu, selon la nature du projet, selon son degré de complexité, ou selon les niveaux hiérarchiques impliqués, il s'agira pour les éducateurs de trouver les alliés pertinents. Faire une démarche auprès d'un maire pour la présentation d'un projet, n'aura que peu de poids s'il n'est pas appuyé par la présence du directeur de la structure ou du président de l'association. Dans ce type de démarche, il importe à la fois d'avoir du poids, d'être crédible, mais aussi de faire en sorte que le projet n'échappe pas à ses acteurs. Trop souvent, les éducateurs formulent des projets qui sont ensuite uniquement défendus par les instances de direction, et qui reviennent des négociations, défigurés, amputés, transformés au point de perdre leur sens. Les éducateurs se retrouvent alors paradoxalement en situation d'avoir à mettre en œuvre un projet qui n'est plus le leur, dont ils deviennent les amers exécutants. Cet écueil, qui tient souvent à l'abus de pouvoir des directions et au manque de pugnacité des éducateurs, produit une désaffection des postes éducatifs. Et les projets et prises de risque s'étiolent.

Un projet ne peut être mené qu'avec ces appuis stratégiques. On peut également inclure dans le partenariat les financeurs et décideurs. Les éducateurs ont tout intérêt à considérer les représentants des tutelles, que ce soit l'État ou les collectivités locales, comme des partenaires à part entière. Il ne s'agit pas, comme on l'entend trop souvent, de « tirer » de l'argent pour un projet qui fasse plaisir, mais d'embarquer dans le projet des personnes dont le rôle sera incontournable.

Je me souviens d'un exemple datant d'il y a quelques années. Un lieu d'accueil s'était installé à la campagne et recevait une dizaine de jeunes, délinquants et cas sociaux mineurs et jeunes majeurs. Ses animateurs firent une démarche pour obtenir un agrément auprès de la DSD (Direction départementale de la solidarité). En la matière, la loi, issue de la circulaire de Georgina Dufoix de 1978, prévoit le choix entre trois types d'agréments. Leur démarche fut contrecarrée vigoureusement. La stratégie mise en place par l'équipe éducative fut d'impliquer le président de l'association, un conseiller du CREAI, connu pour son originalité, mais aussi pour ses prises de position éthiques. Les animateurs décidèrent de l'inviter, par l'intermédiaire du conseiller représentant de l'organisme de contrôle, à passer une journée sur le lieu. L'inspecteur de la DSD revint ravi de sa journée. Il avait pu parler avec les jeunes accueillis, manger avec eux, partager leur quotidien. Et c'est en connaissance de cause qu'il accorda l'agrément au lieu d'accueil, parce que les éducateurs l'avaient pris en compte dans sa dimension d'humanité, parce qu'ils avaient su l'impliquer comme un authentique partenaire. Et non le réduire, comme le font trop souvent certaines institutions, à la dimension du « tiroir-caisse ».

▶ Comment ? Moyens

À cette étape de l'élaboration du projet, il y a obligation de faire une prévision aussi exacte que possible des moyens nécessaires pour atteindre les objectifs annoncés. Il s'agit donc de faire un chiffrage complet des moyens humains, techniques, matériels, financiers... C'est une étape sur laquelle se brisent souvent les volontés de changement. Généralement, les moyens sont insuffisants.

Prenons un exemple. Une équipe éducative fait le projet avec un groupe d'adolescents d'un voyage d'une semaine à Paris. Les objectifs ont été dégagés ; ils sont pertinents. Il est question de mettre ces jeunes en situation réelle de responsabilité, etc. Mais il faut trouver 20 000 francs pour que le voyage ait lieu (voyage, hébergement, sorties...). Une fois présenté le budget à la direction, et renseignements pris auprès de la comptabilité, les caisses de l'institution ne peuvent dégager que 10 000 francs sur le budget des activités. Deux possibilités s'offrent alors à l'équipe éducative qui promeut ce projet.

Soit tout arrêter, et remettre à de meilleurs auspices la réalisation du projet. Soit intégrer dans le projet un second niveau de projet, dont l'objectif financier se double aussi d'une visée éducative. Par exemple, dans ce cas de figure les éducateurs proposent aux jeunes de fabriquer des crêpes pendant trois mois et de les vendre dans divers comités d'entreprise environnants. C'est faire d'une pierre deux coups, si ce n'est plus : car dans la découverte de leur environnement, les jeunes trouveront aussi leur compte !

Cet exemple montre toute la complexité d'un projet, dont l'intérêt sur le plan humain et éducatif n'est pas l'aboutissement mais réside dans la mobilisation des forces vives qu'il permet. Nous reviendrons sur ce point lorsque nous parlerons d'évaluation.

▶ Quand ? Délais et échéances

La question du temps est primordiale dans tout projet. Nous avons vu d'ailleurs dans le repérage anthropologique fait en introduction, que la notion même de projet ne naît en Occident que lorsque les représentations du temps se transforment, pour laisser place, après un temps cyclique, à un temps linéaire, marqué par une dynamique de progrès, de progression et donc de changement. Le temps inscrit dans le projet concerne non seulement la programmation (le planning des différentes étapes, par exemple), mais encore la prise en compte globale du projet dans toutes ses conséquences.

Nous proposerons, par souci mnémotechnique le sigle ERE (Élaboration, Réalisation, Évaluation) pour désigner ce mouvement de progression. Un projet se caractérise par une phase d'élaboration, suivie d'une phase de réalisation, ponctuée et conclue dans une phase d'évaluation. Nous verrons que l'évaluation peut s'intégrer selon les projets, aux différentes étapes de la mise en œuvre. Il s'avère important de fixer le temps nécessaire aux trois phases. Si le projet n'est pas tenu dans ces limites temporelles, il glisse généralement de façon intemporelle sous la forme d'un vague souhait, pour s'éteindre le plus souvent en regret et en déception. Intégrer la notion de temps dès le début du projet, dès sa phase d'élaboration, est un gage de mener quelque chose à bien.

▶ Où ? L'environnement

Nous n'insisterons pas sur ce point. Mais il paraît indispensable de prendre en compte les possibilités de l'environnement spatial où doit se dérouler le projet. Repérer par exemple, dans le projet de mise en apprentissage d'un jeune, qu'il y a une cafétéria à quelques pas de son lieu de travail, lui faire découvrir le quartier, les moyens de transport, etc. Repérer que dans l'accompagnement d'un projet collectif formulé par un groupe de jeunes, on peut prendre appui sur une mesure DSQ (Développement social des quartiers) et en tirer bénéfice à tous les niveaux.

▶ Que s'est-il passé ? L'évaluation

L'évaluation est un point très important du projet. Notons cependant que dans la plupart des projets, c'est une étape qui est vite occultée. On fait un projet, on le réalise tant bien que mal et... on passe à un autre projet. Le terme d'« évaluation » est à distinguer de celui de « contrôle », ou de « bilan ». Le contrôle vérifie la conformité d'un projet par rapport aux missions de l'établissement, aux financements, etc. Le bilan est à prendre en compte, comme en comptabilité, pour mettre en perspective de façon quantitative le réalisé, et le comparer au prévisionnel. Bilan et contrôle ont leur place dans les retours à l'institution et les comptes-rendus aux différents partenaires. Mais seule l'évaluation permet de dégager le sens du projet. Le mot « évaluation » est de la même famille que « valeur ». C'est le moment où l'on dégage la valeur de ce qui a été réalisé. Bien entendu, cette étape n'est pas à bâcler, puisqu'elle permet à chacun de prendre conscience de son inscription dans le projet. Que ce soit en termes d'échec ou de réussite, ce qui dans les projets éducatifs n'est pas le plus important, puisque ce qui est mesuré par l'évaluation, c'est le mode de participation de chacun, son investissement subjectif et ce qu'il en retire dans sa vie.

L'évaluation est le plus souvent repoussée en fin de réalisation du projet. C'est une erreur. Il peut s'avérer indispensable, selon les projets, de prévoir des temps d'évaluation intermédiaire. Plus le projet est complexe et implique de partenaires, plus il faut mettre l'accent sur ce point. En effet, l'évaluation intermédiaire, programmée et réalisée, prend tout son sens lorsqu'elle permet de faire le point sur les finalités et les objectifs poursuivis, de les comparer à l'action réalisée, et de réinterroger l'engagement de chacun dans le projet, que ce soit les éducateurs, les personnes prises en charge ou les différents partenaires. Il s'agit de gérer les écarts et d'intégrer les imprévus, ou, comme le dit Le Boterf, « les impondérables ».

L'évaluation intermédiaire peut déboucher sur une remise en cause du projet, une annulation, une modification, des aménagements, des redéfinitions... C'est aussi le moment de vérifier que les moyens prévus ont bien été réunis. Il s'agit de définir des écarts tolérables pour le groupe ou le sujet en projet. Jusqu'où peuvent-ils supporter la part d'inconnu et de non maîtrisable inhérent à tout projet ? Si les écarts sont vécus et mesurés comme trop importants, il convient soit de réorienter la pratique, soit de changer le projet, et de s'orienter vers un projet plus réaliste, plus adapté aux circonstances, et plus en accord avec les désirs des personnes qui s'y investissent. Vouloir maintenir à tout prix un projet quand l'évaluation intermédiaire fait apparaître des écarts et des distorsions importants entre les objectifs et la réalisation, participe d'un coup de force qui n'est pas digne d'un éducateur, même si certains s'y engagent tête baissée.

En effet, à l'occasion d'un projet, que ce soit dans sa phase d'élaboration, de réalisation ou d'évaluation, il ne faut jamais perdre de vue les objectifs de base du travail éducatif, à savoir que les éducateurs sont avant tout au service des personnes en souffrance. À ce titre, le projet est à considérer comme un outil parmi d'autres, dans un ensemble de médiations très riche, et non comme une fin en soi. Ce qui en cours de projet s'avère le plus important n'est-il pas finalement ce qu'il va permettre à chacun de faire advenir dans sa vie de nouveau, d'imprévu, de possible ?

Le projet a pour vocation d'ouvrir les portes de désirs souvent étouffés. Et parfois, ce qui se réalise est bien éloigné du projet.

Le temps d'évaluation intermédiaire est indispensable pour permettre aux différents acteurs de ne pas perdre le fil du projet. Il permet également de remobiliser les forces. Il arrive souvent que dans un projet au long cours, on en perde le sens. L'évaluation à chaque étape permet alors de renouer le fil. Un journal de projet pourra dans certains cas s'avérer très utile. Lorsqu'il s'agira notamment de garder la mémoire des étapes de l'élaboration, du positionnement et de l'évolution de chacun...

L'évaluation finale permettra de mettre à plat ce qui a été vraiment réalisé, de mesurer les écarts entre le projet de départ sur le papier et sa réalisation sur le terrain. Cette évaluation permettra également à chaque protagoniste du projet de prendre la mesure et de témoigner de son implication. Le projet doit donc, dès le départ, prévoir l'évaluation. Il doit l'inscrire dans le temps et en dégager les critères et les modalités de réalisation. Pas d'évaluation si l'on ne sait pas sur quoi elle doit porter, ni comment la mettre en œuvre. Le projet sera d'autant plus évaluable que critères et modalités auront été prédéterminés. Selon le projet, il pourra s'agir d'une série de réunions ou de confrontations entre les différents acteurs.

Par exemple, à l'issue du stage en entreprise d'un jeune, les éducateurs prennent le temps à diverses reprises de le rencontrer, pour qu'il puisse extraire tout le sens de ce qui s'est passé pour lui, en termes de découverte, d'apprentissage sur le plan technique, mais aussi relationnel et social. Méfions-nous beaucoup des grilles d'évaluation que certains se contentent de cocher à cette étape du projet. Si ce type d'évaluation s'avère pertinent dans la production industrielle, il est hors de propos, à mon avis, dans le travail éducatif. Évaluer n'est pas remplir des cases, c'est avant tout dégager le sens de ce qui s'est passé. Évidemment, ce type d'évaluation passe par une expression langagière. Qu'il s'agisse comme dans l'exemple précité de confrontation ou d'écrit, voire de toute autre production signifiante.

Par exemple, une éducatrice qui avait monté un projet de camp en montagne pendant un week-end, avait inscrit dans son projet que l'évaluation se ferait à partir d'une proposition adressée aux enfants de faire des dessins pour rendre compte à leur manière de ce qu'ils avaient vécu. Ainsi posé, le temps de l'évaluation fait partie prenante du projet. L'évaluation est à part entière à saisir comme moment éducatif. On pourrait dire que l'évaluation prend en compte non seulement la poïesis, ce qui se fait, mais aussi la praxis, le sens de ce qui se construit. Ce n'est que si l'évaluation est travaillée dans ces deux dimensions, que le projet peut produire un changement, ce qui est au bout du compte ce que vise tout éducateur.

Évaluer ce qui se passe et ce qui s'est passé pendant une action, n'a pas de sens en soi, si ce n'est l'occasion de prendre place dans un collectif et dans sa propre existence, et d'élaborer ses propres repères d'action et de pensée. Marx, dans *L'Idéologie allemande* [1846], cerne à sa façon le terme « praxis » : « L'activité matérielle des hommes et les rapports matériels qu'ils établissent les uns avec les autres à l'intérieur d'un groupe social. » La praxis, c'est moins ce que fait l'homme que ce qui fait l'homme se faisant. Dans ce regard en arrière sur ce qu'il fait, l'homme se fait et se transforme en transformant le monde. Francis Imbert, dans son ouvrage intitulé *La Question de l'éthique dans le champ éducatif. Pour une praxis pédagogique* [1993], affirme qu'« à la conception métaphysique d'une nature humaine une fois pour toute déterminée, se substitue la conception d'une humanité qui ne cesse de se transformer, une humanité non achevée et pouvant s'ouvrir sur un projet historique. » Cornélius Castoriadis, pour sa part, en 1975, dans *L'Institution imaginaire de la société*, disait que la praxis ne tourne le dos ni au savoir ni à la théorie, mais qu'elle est le creuset où s'élabore la rencontre féconde entre théorie et pratique. Et il précisait : « la praxis s'appuie sur un savoir, mais celui-ci est fragmentaire et provisoire. Il est fragmentaire, car il ne peut y avoir de théorie exhaustive de l'homme et de l'histoire ; il est provisoire car la praxis elle-même fait surgir constamment un nouveau savoir ». Le savoir dégagé par les différents protagonistes du projet (éducateurs et éduqués !) doit renoncer au mythe absurde et réactionnaire de la possession de la vérité et de sa vérification absolue. Dans une telle praxis d'évaluation, les acteurs acceptent de se confronter au surgissement de formes sans cesse nouvelles. La seule théorie à mettre en œuvre vise la création d'espaces de parole, de lieux d'écriture et d'expression (que ce soit dans les arts plastiques, la vidéo, la danse...), où puissent se déployer ces fameux « moulins à paroles » que nous vantait François Tosquelles, et advenir le désir de chaque sujet, dans un espace collectif. Le projet devient alors le lieu de la rencontre entre l'individuel et le collectif, le lieu donc de l'insertion et de la socialisation, dans leur sens le plus juste.

▶ Que se passera-t-il ensuite ? Suivi du projet

Il semble que la plupart des projets meurent de leur belle mort, sans que l'on en tire toujours tous les fruits sur le plan éducatif. Glissant sur cette pente, les projets prennent un aspect formel et assez rapidement, on n'en formule plus, ou alors seulement forcé, parce que les instances de direction l'exigent et que c'est indiqué dans le projet de l'établissement ou imposé par les textes administratifs. Il me semble, dans le domaine éducatif, qu'un bon projet est un projet qui donne naissance à d'autres projets. En effet, la visée principale du projet éducatif n'est pas à tous crins l'aboutissement du projet tel qu'il a été pensé. Nous avancerons même que les éducateurs ont à faire leur deuil de certaines projections d'affects qu'ils ont mobilisées dans le projet (que tel enfant change de façon tangible, que ce qui a été écrit se réalise à la lettre près...). Et le temps d'évaluation doit être dévolu à ce travail de deuil pour tout un chacun.

Comme l'écrivait Freud, « entre la satisfaction recherchée et celle obtenue, il y a un écart ». L'évaluation doit permettre de rebondir sur de nouveaux projets, si cette part de manque est prise en compte. Il ne s'agit pas de vouloir gommer ce qui a été fait, et qui dérive plus ou moins par rapport à ce qui a été prévu, mais de saisir les points d'insatisfaction pour engager d'autres actions. Jacques Lacan, dans ses travaux sur la psychogénétique, a bien montré que le désir chez l'homme naît sans cesse d'un manque, que ce manque, incomblable, parce que structurel et imposé par le langage à l'homme, est aussi la source de nouveaux projets. Être capable dans la phase finale d'un projet de mobiliser le désir chez chacun et accompagner son expression, est une des clés du projet éducatif.

Par exemple, pour reprendre le projet de cette éducatrice partie en camp à la montagne avec un groupe de psychotiques, une fois réalisé ce qu'elle avait proposé comme modalité d'évaluation, à savoir dessin et peinture, elle a su, par sa présence, ses suggestions, son accompagnement attentif et chaleureux, faire naître dans ce groupe d'enfants un nouveau projet qui s'est déroulé sur une année. C'était le projet d'exposer les dessins et peintures, auquel s'est ajoutée une soirée pour visionner les diapositives du camp. Cette exposition a débouché sur un échange de dessins, puis une rencontre avec les jeunes d'une institution voisine, etc.

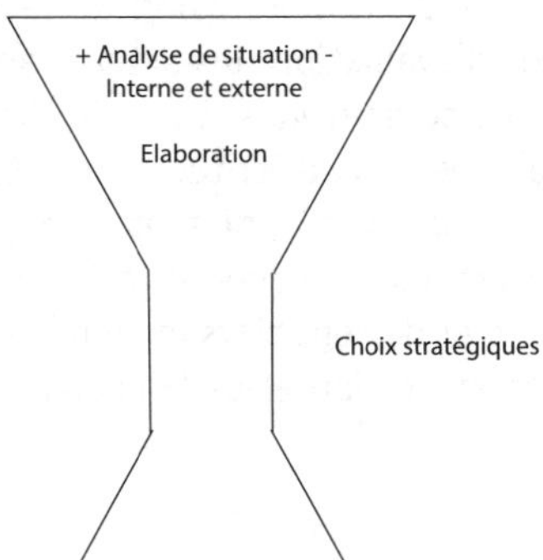

Figure 2.1. Sablier du projet.
On peut le renverser pour faire naître un nouveau projet.

Cette dimension d'articulation et d'enchaînement des projets les uns aux autres est un point fondamental pour un éducateur. En effet, les personnes que prennent en charge les éducateurs sont le plus souvent destructurées dans leur capacité de symbolisation. Il leur est difficile de faire du lien, non seulement sur le plan relationnel, mais aussi sur le plan des associations psychiques à la racine de toute pensée. Le projet, qui naît et renaît sans cesse, représente ainsi un espace de mise en scène et d'apprentissage à partir d'objets de la réalité. Il favorise le développement psychomoteur et relationnel. Les conduites de projet dans le champ éducatif n'ont d'intérêt que parce qu'ils permettent de mobiliser des représentations, des affects, des désirs, de l'imagination, de la création... Le projet offre un contenant et un terrain d'aventure, que ce soit pour des personnes souffrant de troubles mentaux, de handicaps sensoriels ou moteurs, ou d'inadaptation sociale. Il n'est pas d'action éducative qui ne participe peu ou prou d'une telle dimension.

Pour résumer, on pourrait s'inspirer de l'image du sablier (*figure 2.1*).

Le projet : repère ou dérapage ?

Si, comme l'écrivait le philosophe Paul Ricœur, « le symbolique est l'universelle médiation de l'esprit entre nous et le réel » (in *De l'interprétation* [1995]), le projet dans les limites où nous l'avons décrit, se révèle un espace de médiation tout à fait efficace, à la condition que les différentes questions que soulèvent les conduites de projets ne soient pas occultées ou évacuées par les éducateurs. Notamment sous la forme de la maîtrise technique, si ce n'est technologique, du projet. Dans ce cas, le projet se transforme en machine infernale, lieu d'oppression et de tyrannie, où un éducateur tente d'exercer sur la personne en souffrance son pouvoir, au nom d'un prétendu bien-être de la personne. « C'est pour ton bien ce projet », entend-on parfois. Oubliant cette terrible mise en garde d'Emmanuel Kant, qu'« il n'est pire tyrannie que de vouloir le bien de l'autre ». Ou bien le projet est comme on dit « bidon », mais on le fait parce que c'est inscrit dans les textes (voir ce que nous écrivions plus haut sur les Annexes XXIV) ; personne n'y croit et le projet s'évanouit dans la déliquescence, non sans entraîner dans sa perte une vague de déception et d'incompréhension.

▶ Questionner les intentions

Lacan parle quelque part de « la profonde méchanceté qui se cache derrière tout projet éducatif ». Cette petite phrase m'a poursuivi et mis au travail. Dans un premier temps, j'en fus agacé. L'affirmation semble acide. Mais à la seconde lecture, cette phrase s'éclaircit. En effet, à la base de tout projet court quelque chose de la maîtrise et du contrôle exercés sur l'autre. Et voilà bien la méchanceté que dénonçait Kant à sa façon. L'enfer n'est-il pas pavé de bonnes intentions ? Pourquoi serait-ce différent dans le travail éducatif ? Qu'est-ce qu'un projet éducatif ? Quelle est la place qu'y occupe l'éducateur ? Il faut dans tout projet interroger le désir qui le soutient, sonder les cœurs et les reins ! Bref, se soumettre à la question que nous légua jadis François Tosquelles : « Et toi, qu'est-ce que tu fous là ? »

Il est d'autant plus difficile de questionner cette place (forte) que le projet est le plus souvent enveloppé dans un discours humaniste, bien-pensant, bienveillant, esthétique, dynamique, idéal, bref... 100 % éducatif ! Si, par exemple, l'on prend les discours récents qui trament les projets autour de l'insertion, l'on constate qu'ils partent tous de postulats simples, quand ce n'est pas simplistes. En gros, l'analyse qui précède la mise en place des projets d'insertion se réduit à une ritournelle : des personnes, jeunes ou moins jeunes, sont décrites comme débranchées du social, en rupture de lien, et l'on ajoute que c'est ce qui constitue la source de toutes leurs souffrances. Si, grâce à un projet, l'éducateur les remet à flot, les insère, la souffrance se tarira. Tout cela enveloppé dans de jolis mots : intégration, socialisation, autonomie, principe de réalité... Pratiquement tous les projets actuels partent de cette logique interventionniste implacable : un être est considéré comme inadapté ; un éducateur a une idée du droit chemin à suivre ; il forme un projet d'insertion. En fait, rien n'est questionné de la position du sujet dans ce qui lui arrive. Ni du côté éduqué ni du côté... éducateur ! À prendre le projet dans le fil de la clinique, nous ne pouvons omettre une donnée aussi essentielle.

Sur quoi reposent nos critères pour cibler les populations ? Sur quoi repose notre analyse du symptôme ? Sur quoi repose notre relation à l'autre ? Si ce n'est sur la vielle notion de péché. La personne prise en charge, handicapée, marginale, démunie, perdue, dépendante... est frappée du sceau de la faute. La maladie ou le handicap occupent la place dans la science, et l'observation éducative, qu'occupait jadis le péché dans la religion. Il (elle) a fauté ; ou ce sont ses parents. Il faut donc le (la) remettre dans le droit chemin. Un éducateur serait possédé par l'idée de ce que doit être le bon chemin : l'insertion, l'autonomie... Il en connaît un rayon sur le « souverain bien », pour reprendre la terminologie d'Aristote. Il veut le bien de l'autre. Ce souverain bien, dont les contours ont été dégagés par la norme sociale et ceux qui entendent l'appliquer à tous crins.

Dans *L'Éthique à Nicomaque*, Aristote développe la thèse d'un ordre du monde auquel il convient de nous conformer : tel est entre autres, le rôle de l'éducation. *Mundus* en latin, et *cosmos*, en grec, ne signifient-ils pas l'« ordre universel », le « souverain bien » ? Il s'agit pour les individus d'être conformes à un ordre aussi parfait, pour tendre eux-mêmes vers un peu plus de perfection. Voilà ce qui gouverne la pensée éducative depuis vingt-cinq siècles, l'idée de la normalisation. Et il ne semble pas, au contraire, que l'époque moderne change vraiment de voie. C'est ne tenir aucun compte des travaux de Freud et de ses élèves, ni de travaux de pédagogues tels que Freinet ou Deligny.

À partir de la découverte de l'inconscient, Freud explore une autre dimension, subjective celle-là, de la réalité. Son angle d'attaque de la question éducative part de la recherche d'une réalité posée comme intérieure au sujet et en mouvement. Cette conception vient révolutionner notre vision bien huilée d'une réalité objective et normative, à laquelle il faudrait se conformer, balisée par le discours de la science, notamment dans sa version des sciences dites « sociales » ou « de l'éducation ». Freud met à mal nos fantasmes de maîtrise et de normalisation dans le travail éducatif. Ce qui ordonne le monde pour le sujet, ce qui structure sa réalité, est à chercher du côté de l'inconscient, lequel à être « structuré comme un langage » (Lacan), est à entendre chez chacun dans sa singularité, dans l'espace de parole qui le fait advenir.

Freud fait faire à la notion de projet une véritable révolution copernicienne. En effet, si la réalité du monde est construite pour chacun subjectivement, articulée dans le langage commun de l'époque, l'*épistémê,* c'est de ce point de vérité du sujet qu'il faut partir dans tout projet éducatif. Donc partir du désir : désir de l'éduqué *(sic !)* et du désir de l'éducateur. C'est pour ces raisons, si l'on en croit son *Malaise dans la civilisation* [1930] (le titre allemand, plus précis, parle de mal-être dans la culture), que Freud a toujours émis les plus grandes réserves sur les projets éducatifs.

Ayant exercé comme formateur dans diverses écoles d'éducateurs, j'ai pu constater la difficulté rencontrée par les élèves pour exprimer ce qu'ils investissent dans le projet. Il faut du temps, beaucoup de temps, et du travail, pour débusquer ce qui se trame dans l'ombre généreuse de tout projet, et qui masque bien souvent la face féroce d'une volonté de pouvoir sur autrui. Il faut du temps pour déminer un projet de toutes ses petites bombes à retardement que la pulsion de mort, présente chez chacun, a déposées. Il faut du temps pour mettre à jour son désir, et tel le chercheur d'or apprendre à en laver les scories qui l'étouffent. Il faut du temps pour ouvrir un projet à la présence de l'autre, pour qu'il s'y sente accueilli. Il faut du temps à un éducateur pour ouvrir un projet qu'il porte et qui le porte à la surprise, à l'inouï, à l'insu, à la rencontre non programmable avec l'autre. Il faut du temps pour intégrer dans un projet éducatif ce qui forme l'essence du projet de vie de l'autre. Il faut du temps pour déboulonner en soi la statue d'un petit dieu, d'un petit maître, qui préside, telle une entité tutélaire, à la mise en œuvre du projet. Il faut du temps pour ne pas céder sur son désir et entendre que comme le dit Lacan, « le désir de l'homme, c'est le désir de l'autre ». *Le Désir désiré* [1629] est le titre d'un ouvrage étrange de l'alchimiste du Moyen Âge, Nicolas Flamel. Un autre de ses livres est intitulé *Le Livre des laveurs*. Il faut sans doute soumettre à la « laveur » tout projet éducatif et ne pas s'y lancer à corps perdu. Cette « laveur », cette catharsis, comme Freud nomma dans un premier temps la psychanalyse, terme qui signifie la « purification » en grec, n'opère que dans le langage. En parlant avec ses collègues de travail, en confrontant ses idées sur le projet, en les soumettant à la critique et aux commentaires des autres, l'éducateur clarifie ses intentions. C'est un long travail de sublimation et de... renoncement. « Le renoncement ne prend pas, précise Martin Heidegger, il donne. »

Les différentes étapes décrites plus haut comme méthodologie du projet, ont ceci de particulier qu'elles empêchent d'aller trop vite, en prenant en compte l'ensemble des paramètres d'un projet, principalement les paramètres humains. Faute de ce travail d'éclaircissement sur la part de méchanceté présente dès que l'on se met en tête d'agir sur l'autre, l'éducateur est vite acculé au désespoir : ceux qui lui sont confiés ne répondent jamais à ses attentes, ils ne se soumettent pas à sa volonté et ne font jamais ce qu'il veut leur imposer « pour leur bien »... En fait, nul n'est jamais conforme. Les autres ne sont jamais là où nous voudrions les assigner à résidence. C'est notre propre « normose » – une catégorie clinique qu'il faudrait inventer – qui se trouve battue en brèche. Mais c'est peut-être aussi au prix de ce déchirant questionnement que quelque chose du projet peut se poursuivre. Question d'éthique.

▶ Le projet : une réponse globale

En conclusion de ce chapitre consacré au projet éducatif, nous dirons que le projet se caractérise par plusieurs éléments.

Tout d'abord, c'est une recherche de réponse globale. Il ne s'agit pas de poser d'emblée une solution à un problème, mais de créer les conditions objectives où les personnes s'investissent et produisent du changement. De fait, dans le mode de relation qu'il implique, le projet est une réplique de taille à la division du travail. Dans le projet, on sort de la dichotomie séparant ceux qui pensent et ceux qui exécutent, ceux qui éduquent et ceux qui sont éduqués. Par la position d'acteur qu'il exige pour sa mise en œuvre, le projet vise deux buts : réaliser une action et impliquer au titre d'acteur les auteurs, les bénéficiaires et les partenaires du projet. Le projet, n'avons-nous cessé d'affirmer, est un lieu de croisement entre le collectif et l'individuel.

Jean-Pierre Boutinet précise même que « se doter d'un projet, c'est dans le même mouvement chercher à le construire et vouloir le réaliser ». Cette prise de position quant au projet entraîne certaines conséquences logiques et pratiques : nul ne peut réaliser le projet d'un autre ; nul ne peut concevoir un projet pour un autre ; nul ne peut confier à un autre la réalisation ni l'évaluation de son projet. N'en déplaise aux fournisseurs de projets « clés en main », aux promoteurs d'audits et de contrôles hypertechnicistes, aux ingénieurs de la chose humaine, qui tel Procuste n'ont qu'une hantise, faire rentrer dans leur moule la nature humaine, et qui pour ce faire, coupent tout ce qui dépasse...

Le projet signe la singularité d'une situation à un moment donné. Il est unique et non pérenne. En tant que tel, le projet est signé. C'est une invention humaine au même titre que d'autres inventions, en ce qu'il constitue une réponse inédite au réel. Les conséquences de ces affirmations sont qu'il ne saurait exister de projet à répétition. On ne peut ni cloner, ni dupliquer, ni *a fortiori* singer les conduites de projet. Le projet échappe par principe à la répétition. Le projet est un moyen efficace pour gérer la complexité et l'incertitude. Évidemment, il va de soi qu'une situation simple n'appelle pas la mise en route d'un projet. Si je désire boire un café, pas besoin de me lancer dans l'élaboration d'un projet. De plus, le projet, parce qu'il exige la prise en compte de paramètres complexes, ouvre des perspectives insoupçonnées à la réflexion et à l'action.

Le projet, enfin, appelle une certaine conduite d'opportunité. C'est un peu l'occasion qui fait le larron ! Saisir les possibilités inscrites dans un environnement, entendre les désirs exprimés parfois de façon inouïe, faire entrer dans l'analyse de situation la dimension du changement s'opposent à la fatalité et au déterminisme. Le projet ouvre un espace du possible. Les acteurs du projet ont la conviction de pouvoir réaliser autre chose que ce qui est, tout en questionnant leurs propres intentions. Le projet devient alors un outil de transformation et d'évolution.

Comme l'écrivait le philosophe Vladimir Jankélévitch, « l'intention est par rapport à l'acte, le possible ambigu, incomplet et instable, l'impatience d'exister. Mais elle est après-coup déçue de se sentir trahie par l'exécution, défigurée par ses propres œuvres ». Ainsi, le projet se révèle être le lieu où peut se mettre en scène et se travailler pour de vrai la confrontation entre l'imaginaire et le réel, le lieu où l'insatisfaction permanente que creuse le désir humain peut trouver son point d'expression, son lieu de formation.

Si l'on reprend le fil du cas clinique développé dans le premier chapitre, on peut comprendre que Jean n'arrive à formuler un désir, qui peut prendre l'aspect d'un projet de vie, qu'au bout de quatre années d'intense questionnement. Parallèlement, on ne peut pas dire que l'éducateur que j'étais marchait à l'aveuglette. Mais c'est dans une incessante remise en cause, dans les échanges avec les collègues de l'équipe, et en contrôle analytique individuel, que j'ai pu dégager une marche à suivre. La proposition de payer par exemple, n'a pris sa place dans le suivi qu'après une longue élaboration, et une prise en compte de la demande latente de Jean. Ce qui a fait projet éducatif, à travers la conduite des entretiens, c'est ce travail mené en parallèle par l'éducateur et le jeune pris en charge. Cette approche clinique du projet que je propose ici permet, me semble-t-il, de ne pas se précipiter dans des actions (quand ce n'est pas l'activisme) sans discernement, ni de s'abriter derrière une maîtrise illusoire des situations, qui place l'éducateur en position d'extériorité et de désimplication. Pour faire un bon projet, il faut le temps qu'il faut !

Depuis la première édition de cet ouvrage, le concept de projet a peu à peu envahi le champ éducatif, dans les institutions sociales et médico-sociales et en centre de formation. Ce que j'ai énoncé ici comme étant de l'ordre d'une mise en projet, c'est-à-dire d'une mise en mouvement d'un collectif ou d'un sujet, est gravement rabattu sur une conception instrumentale du projet. Le projet ne peut vivre que parce qu'il est un lieu de projection du désir et de sa formulation ; mais aussi parce que fondamentalement, comme tout vrai processus désirant, il rate son objet et dérive de son but. Ce ratage, à intégrer à tout projet, signe que de l'humain l'a habité, est à prendre en compte dans les processus d'évaluation. Or une conception de plus en plus mécaniste et quantitative de l'évaluation, faisant appel soit à des grilles de bilan, soit aux experts extérieurs à l'action, va à l'encontre de ce qui est ici visé. Ce qu'il s'agit de produire, dans un projet, ce n'est pas un objet, si beau soit-il. Ce que doit viser tout projet c'est à produire du sujet et des collectifs de sujets. C'est d'un tout autre ordre. C'est ce que nous ont bien montré les travaux d'Hannah Arendt dans *Condition de l'homme moderne*. J'y reviendrai dans un chapitre ultérieur consacré à l'éducateur aujourd'hui. Un certain nombre d'acteurs du secteur social et médico-social se sont appuyés à tort sur mon travail pourtant très nuancé et très critique sur le projet, pour avancer vers une maîtrise des actions et des populations qui ne peut que conduire au pire. Des échanges sur cette question avec Jean-Pierre Boutinet, qui m'a beaucoup apporté dans ses recherches sur l'*Anthropologie du projet*, ne font que confirmer mes craintes : le projet a peu à peu été remplacé par une pratique managériale produisant un peu plus d'aliénation chez les personnels et les populations prises en charge. Il s'agit de retrouver l'essence du projet comme espace collectif de projection du désir de chacun, espace d'invention, de création, et donc d'imperfection. Espace où est prise en compte la parole de chacun. Espace de confrontation à l'incomplétude, au manque et à ce qui nous échappe[1].

À l'occasion de cette nouvelle édition, je ne puis que m'inquiéter de la dérive subie par la notion de projet, ce que je subsumais déjà en 2000. Brièvement j'indiquerai deux exemples, et on pourrait les multiplier. L'appellation « réunion de synthèse » dans les établissements, qui réunissait l'ensemble des intervenants autour d'un usager, a glissé en maints endroits vers « réunion de projet ». Ce qui a pour effet de court-circuiter le travail d'élaboration pluridisciplinaire qui faisait toute la richesse de ce dispositif, et d'autre part de produire des projets dits « personnalisés » que l'on peut sans crainte taxer de « bidons » : il faut viser l'autonomie (version jeune) ; il faut conserver les acquis (version handicapé adulte). Une anecdote récemment entendue nous en fournira un second exemple. Une stagiaire éducatrice arrive dans un IME, et dès les premiers jours, s'inquiète de monter un projet, quel qu'il soit. Les professionnels qui l'accueillent et l'encadrent lui suggèrent gentiment de commencer par rencontrer les collègues et les enfants, de prendre connaissance de la mission et du projet institutionnel, d'évaluer les potentialités existantes, d'écouter les demandes des enfants, etc. Et éventuellement de monter un projet, mais uniquement s'il s'avère utile pour les accompagnements et les prises en charge. On ne monte pas un projet pour monter un projet ni pour satisfaire à une épreuve d'examen. Ces remarques frappées au sceau du bon sens mettent l'éducatrice en panique : mais il faut absolument que je fasse un projet, c'est pour le diplôme, sinon, je n'aurai pas l'examen, etc. Visiblement l'utilitarisme que je dénonçais il y a quelques années a progressé à pas de géants !

1. On associera à cette critique du projet instrumentalisé, celle des dites « bonnes pratiques » qui vont de pair. Voir Jean-Yves Broudic, *Les « bonnes pratiques » à l'épreuve des faits. Du désir dans le soin et le travail social*, Érès, 2018.

Chapitre 3

Les médiations éducatives

« Je vais faire un poème sur la guerre.
Ce ne sera peut-être pas un vrai poème,
mais ce sera une vraie guerre. »
René Daumal

Repérage théorique

On entend souvent parler, chez les éducateurs, d'activités ou de « supports à la relation ». Les programmes de formation désignent la seconde unité de formation (UF) sous l'expression « techniques éducatives ». Un autre terme moins répandu, mais cependant bien vivant, est celui de « médiation ». C'est celui que nous développerons ici. En effet, il offre des ouvertures en termes de formalisation et de conceptualisation que les autres vocables ne revêtent pas.

▶ Activité et sujet

Parler d'activités (fussent-elles éducatives) réduit le travail éducatif à sa part la plus apparente, sans aucune spécificité quant à l'acte éducatif. Qu'est-ce qui chez l'être humain n'est pas activité ? Il entre bien entendu dans les médiations une bonne part d'activité, mais ce concept ne suffit pas à épouser les contours de l'action éducative. Nous ne pouvons qu'approuver Claparède lorsqu'en 1964, il écrit dans son ouvrage intitulé *L'Éducation fonctionnelle* [1964], que l'activité permet de développer les potentialités biologiques et psychologiques d'un individu, en l'impliquant totalement dans l'action.

L'activité implique bien évidemment l'autonomie. Donner un ordre à un enfant pour qu'il l'exécute ne lui permet pas de réaliser une activité. « Il y a activité si de lui-même l'enfant fait le geste. » L'activité vise donc l'intérêt et le désir du sujet. L'activité est ce qui met en marche un sujet désirant, c'est ce qui le pousse à agir. Le second niveau de problématisation décrit par Claparède est l'opérativité de l'activité. Toute activité vise à agir sur l'environnement. Toute activité, non seulement implique un sujet, mais agit sur des objets, sur la réalité. L'activité vise donc un changement, une transformation du monde. Obéissant à un projet, à une logique signifiante, l'activité permet à un sujet de construire sa réalité à chaque instant. Elle est donc facteur de structuration du sujet et de son rapport au monde et aux autres.

Mais, et c'est là que la réflexion de Claparède doit être poussée plus avant, il n'y a pas d'activité sans relation. C'est dans cet espace relationnel que l'action éducative prend tout son sens, comme nous allons le voir. Il est trop restrictif de dire que l'activité met en présence un sujet et son environnement. L'activité est prise dans un réseau d'interrelations subjectives complexes, où entrent en jeu la présence des autres sujets et le cadre qui institue leur rencontre. Ce cadre, à définir et redéfinir sans cesse, nous verrons que c'est précisément ce qu'il convient de nommer « l'institution », en ce qu'il institue l'espace dans lequel les hommes se rencontrent pour agir ensemble.

L'expression « support de relation », que l'on rencontre souvent, présente le désavantage de minimiser la part d'activité. Si le travail éducatif s'effectue dans une relation, dont j'ai dégagé plus haut les principes, cette relation ne prend racine que dans une activité partagée. Le travail éducatif consiste d'abord à faire quelque chose. Et ce que l'on fait et propose de faire n'est pas indifférent. L'éducateur y engage son savoir et son savoir-faire, ses compétences techniques, mais aussi sa personne, sa passion, son intérêt. En proposant à un enfant, un adolescent, un adulte, de partager une activité, qu'elle soit manuelle comme la poterie ou le travail du bois, ou plus intellectuelle, comme une conversation, l'éducateur induit un espace de rencontre où il est de fait profondément impliqué dans son désir.

L'activité ne saurait donc être réduite à un support relationnel, sous peine de rabattre le travail éducatif du côté de la jouissance de l'éducateur. La relation sans espace matérialisé de médiation, sans tiers inscrit, basculerait dans une sorte de consommation ou de manipulation de l'autre, malsaines. Ce que souvent les éducateurs dénoncent en critiquant à juste titre la relation dite « duelle ». La relation duelle, somme toute plutôt imaginaire, placerait la personne en situation d'assistance, d'infériorité, soumise à l'arbitraire du bon vouloir de l'éducateur. D'où la nécessité de repérer la relation éducative dans ce qui vient la fonder à deux niveaux. Celui de l'exigence liée à une activité particulière : sur ce plan, les éducateurs font preuve d'inventivité et de compétences, bien enracinées dans une tradition où les techniques se transmettent dans des ateliers, en formation, ou bien pour certains, dans le monde du travail, de l'art[1]...

▶ Activité et institution

L'autre élément qui fait tiers, premier celui-là, c'est l'espace institutionnel. À la fois dans ses aspects de mission, de projet, mais aussi dans le cadre et les contrats passés entre professionnels, y compris avec les personnes prises en charge. Ce qui fonde un espace de médiation sont ces deux dimensions incontournables : l'activité et l'institution. Il faudra distinguer l'établissement de l'institution.

L'institution, ce n'est pas des murs, mais ce qu'un groupe humain (ici de professionnels et d'usagers) pose pour tenir ensemble. L'institution établit le cadre des relations. Évidemment, on peut constater que posé ainsi, l'appellation de « techniques éducatives » paraît bien restrictive. Même s'il ne saurait y avoir d'activité sans une maîtrise minimum de la technique (jardinage, atelier de ferronnerie, atelier d'écriture, escalade, partage du quotidien...) de la part de l'éducateur, la technique ne suffit pas. Je dirai même qu'elle est secondaire. Un éducateur ne saurait être un spécialiste d'une activité. Tout simplement parce qu'il a à mettre en œuvre des techniques multiples adaptées aux personnes et aux situations. C'est également parce que l'objectif qu'il poursuit n'est pas *a priori* la transmission pédagogique ou l'apprentissage d'une technique, mais à l'occasion de sa mise en œuvre, d'offrir et de garantir un espace où l'activité va permettre à un sujet en difficulté de se construire et de se structurer. Au-delà de la technique, l'éducateur institue un espace de mise en scène, un « praticable », comme le désignera Jean Oury, un petit théâtre où le sujet « déraillé » puisse retrouver sa voie créatrice.

La technique n'est donc pas indifférente : elle offre les matériaux même de cette mise en scène et met à disposition les objets et les situations qui permettront au sujet en souffrance de disposer d'un espace de projection, d'une machine métaphorique ; comme je l'ai nommé dans *Parole d'éduc*. [1995] d'un lieu de transfert, où dans le rapport au monde et aux autres seront explorés de nouveaux chemins d'action. C'est donc au bout du compte un lieu d'aventure et de découverte. Dans un tel lieu, il vaut mieux qu'un éducateur soit outillé sur le plan technique, mais aussi sur le plan relationnel. Les deux sont indissociables.

---

1. Joseph Rouzel, « Les médiations : ça déménage », *Les Cahiers de l'Actif*, janvier-avril 2013, n° 440-443 ; Tony Lainé, « L'agir », *VST n° 93*, 2007/1, Activités et médiations ; *VST n° 153/1*, Médiations : de l'activité au partage.

▶ L'antithèse hégélienne

C'est dans son séminaire sur l'angoisse donné en 1962-1963, que Jacques Lacan, dans un dialogue avec l'œuvre immense du philosophe allemand Hegel, *La Phénoménologie de l'esprit* [1807], précisera sa conception de la psychogénèse du petit d'homme. Si l'on reprend les bascules dialectiques introduites par Hegel, thèse-antithèse-synthèse, la thèse veut que dans un premier temps, mythique s'il en est, l'enfant se vive comme seul au monde. Il est habité par la jouissance qui tend à le faire tout. Il n'y a pas d'ordre, pas de moi et pas de loi. Tout objet rencontré est à consommer, à dévorer. L'enfant vit dans un état de toute-puissance. Antithèse : il vient à rencontrer un autre. En essayant de le dévorer, de l'annuler, il se rend compte que l'autre résiste. L'autre se pose aussi comme cherchant à dévorer, à posséder entièrement ce qui l'entoure. C'est une situation en miroir qui pousse à l'agressivité. Une situation où se construit ce que Lacan nomme le « moi imaginaire ». Si nous en restions là, s'ouvrirait entre les êtres un combat corps à corps sans merci.

Cette antithèse hégélienne, Lacan la développera par rapport au stade du miroir qui ouvre sur deux conséquences. Le moment où vers 18 mois l'enfant rassemble ses perceptions morcelées dans une image perçue dans le miroir, et s'aliène à cette première image de soi, constitue la matrice de l'identité et des identifications successives. Mais c'est aussi la racine de l'agressivité. Comme le souligne René Girard, l'homme, à ce stade, fonctionne dans la mimésis, par imitation, et débouche sur une lutte à mort. Il y a lutte entre deux désirs et deux moi qui cherchent à envahir le monde, à s'annihiler.

Seule la synthèse que dégage Hegel permet de mettre un terme à cette lutte fratricide. C'est un temps de réconciliation. En lieu et place du désir absolu de reconnaissance, apparaît une reconnaissance du désir, comme limité par la loi, et d'abord par la loi du langage. C'est le moment du pacte, de la médiation. C'est aussi à partir de cette synthèse que Hegel construit sa notion de l'État comme médiateur entre les hommes. Le pacte est là pour annuler l'angoisse dans laquelle est plongé l'être confronté au sans limite. Deux sujets peuvent désormais désirer le même objet, sans se prendre eux-mêmes comme objet, ils sont protégés par la loi qui les distingue et les unit.

Pour Lacan, ce qui fait pacte chez l'homme, c'est le symbolique, le langage dans toutes ses ramifications. L'homme parle parce que la parole l'a fait homme. Et seule cette médiation du langage, qui lui préexiste, lui garantit une relation possible et vivable avec les autres hommes. La médiation, nous explique Hegel, est donc placée au fondement même de la vie en société. Sans la médiation du symbolique, qui pose des limites à la jouissance mortifère de chacun, tout en lui garantissant une sphère d'expression, c'est le retour assuré, comme malheureusement cela se produit à certains moments tragiques de l'histoire de l'humanité, à la barbarie et à la lutte à mort. Et c'est dans ces moments extrêmes que l'homme recourt plus que jamais à la médiation qui l'humanise et l'hominise pour survivre.

▶ L'espace de médiation

Lorsqu'il arriva au camp de Buchenwald, jeune déporté, Armand Gatti ne connaissait rien au théâtre. Pourtant, il décida de monter une pièce avec ses compagnons de misère. Pièce à trois personnages, elle avait pour titre : *Ich bin, ich war, ich werde sein* (Je suis, j'étais, je serai). La démarche d'Armand Gatti, qui l'amena plus tard à faire du travail théâtral un outil de transformation de l'homme, avec des jeunes délinquants ou des malades mentaux, fut une démarche de survie : la médiation, la transmutation de la vie invivable, sur une autre scène, permet d'en apprivoiser les contours et de survivre à l'inhumaine condition[1].

Cette réflexion nous amène à dégager ce concept central du métier d'éducateur : les médiations. Tout d'abord, notons que ces derniers temps, ce terme fait florès et, pris dans des effets de mode, a tendance à infiltrer largement le champ social. Médiation de justice, médiation d'entreprise, médiation parentale, médiation de rue... On y perd son latin. Toute activité humaine mettant des hommes en relation les uns avec les autres étant de fait une médiation, on peut se demander ce qui pourrait y échapper. À se diluer ainsi, le concept perd de son sens.

La tradition éducative, même si elle est récente, nous a transmis le terme « médiation » pour désigner l'espace de rencontre et d'activité dans lequel la relation éducative s'exerce, espace où se transmettent, dans le creuset de la relation éducative, un certain savoir et savoir-faire sur le monde et sur la vie en société. De fait, l'activité est « médiatrice d'un changement », affirment Maurice Capul et Michel Lemay, dans leur ouvrage *De l'éducation spécialisée* [1996]. Cette affirmation pose un but : le changement visé ; un moyen : l'activité ; un cadre : la médiation ; un lieu d'inscription : l'institution articulant les différents niveaux de médiations et instituant en permanence un tiers de référence.

Aux origines de la médiation

« Triangulez, triangulez », ne cessait de dire aux équipes éducatives François Tosquelles, avec la fougue et la gouaille qu'on lui connaissait. Cet effet de tiers, de « triangulation » est un fondement des médiations. Dans le travail éducatif, tout passe par ces effets de médiation dont le mythe d'Œdipe nous donne à lire le paradigme. C'est pour avoir échappé à cet effet de triangulation primordial, introduit par l'interdit de l'inceste, qu'Œdipe plonge Thèbes dans le malheur et voue à la perte sa lignée familiale. Hors des effets de médiation introduits par l'appareil symbolique, hors l'inter-dit (ce qui se dit entre les humains pour qu'ils puissent vivre ensemble), la reproduction du vivant et la production sociale s'arrêtent. Les places dévolues à chacun dans l'espace familial, institutionnel et social sont alors indifférenciées.

1. Armand Gatti, *La parole errante*, Verdier, 1999.

Comme le dit l'adage humoristique : « Tout est dans tout et réciproquement. » Le monde plonge dans le chaos et le non-sens. La médiation est donc au principe de la structuration psychique et de l'organisation sociale. Le terme « médiation » trouve son origine dans une racine indo-européenne *medyo*, qui désigne le fait d'être au milieu. Passant dans la langue latine, il donnera naissance à des mots comme *médium* (*media* au pluriel), milieu ; *mediterraneus*, au milieu des terres ; *meridies*, méridien ; et *midi*, au milieu du jour. Mais aussi « médecin » : professionnel de la santé qui intervient entre le mal et le malade. En français, un mot tombé en désuétude comme « mitan », qui désigne le milieu (le mitan du lit...) témoigne de ce sens. On le trouve aussi sous les adjectifs antonymes « médiat » et « immédiat ».

Le terme « médiation » apparaît en français vers 1300. Il désigne à la fois l'action d'intervenir sur des personnes pour les mettre d'accord et l'action de servir d'intermédiaire entre plusieurs êtres ou choses. Le médiateur – ne dit-on pas aujourd'hui que l'éducateur est un médiateur social ? – est celui qui s'interpose, celui qui se situe dans l'entre-deux. Les notions adjacentes qui viennent dans le fil du mot « médiation », sont « inter-médiaire, inter-vention, inter-dit, entre-mise »... Tous ces termes qui marquent le territoire éducatif sont connotés par la notion de tiers et de triangulation, et donc de liaison sociale.

Dans le travail éducatif, les médiations s'inscrivent au cœur de l'espace institutionnel, dont la mission est la prise en charge de personnes en souffrance sur le plan physique, psychique ou social. L'espace de médiation est donc borné par le projet institutionnel et le projet personnalisé (tel qu'énoncé dans la refonte des Annexes XXIV, pour la prise en charge des enfants). Cet espace, avant tout espace de rencontre et de partage d'une activité, permet à l'éducateur de mettre en œuvre la finalité de l'action éducative qui vise toujours, quelles qu'en soient les modalités, l'appropriation par la personne de son espace corporel, psychique, social et relationnel. Cette appropriation ne se fait pas dans un discours, une leçon, un passage d'information, elle s'établit en relation, dans la rencontre.

Dans l'espace de médiation, la personne prise en charge vient buter sur le cadre, sur les limites, sur les interdits, et ainsi questionner son rapport aux autres à travers la rencontre avec un éducateur. Cette rencontre, structurée, nous l'avons vu lorsque nous avons abordé la question du transfert, comme toute rencontre humaine, donc affectée d'amour ou de haine, constitue l'espace même de la transmission éducative. Les moyens mis en œuvre dans cet espace de médiation sont ceux dont disposent les éducateurs. La boîte à outils des éducateurs est vaste comme le monde et ils savent faire flèche de tout bois : les activités diverses, manuelles ou intellectuelles, physiques et sportives, de loisir... ; les médiations sociales, comme la recherche d'emploi, de logement, l'accompagnement aux soins, le partage de la vie quotidienne...

Mais les médiations ne prennent leur sens que si elles sont enracinées dans la relation éducative. Il s'agit d'un espace singulier où se transfère l'essence même de l'être au monde du sujet. C'est un espace où, dans la rencontre avec un ou des éducateurs, une personne en souffrance peut éprouver ce qui la fait souffrir et faire l'expérience d'autres façons de s'inscrire dans la communauté humaine[1].

L'insertion sociale

Ce point vise la vraie dimension d'un travail d'insertion sociale. L'insertion que certaines dérives actuelles, dans le champ social, surtout cautionnées par le discours de maîtrise de la sociologie, rabattent sur des réponses formelles à des besoins, trouve ici sa dimension réelle dans le travail éducatif, qui prend en compte avant tout le mode d'insertion du sujet dans le tissu social au niveau le plus élémentaire. S'insérer, c'est avant tout vivre avec les autres. Les médiations de fait permettent d'en faire l'épreuve et d'exploiter cette expérience dans des situations de plus en plus complexes : recherche d'emploi, formation... Mais, comme le dit l'adage, « rien ne sert de mettre la charrue avant les bœufs ». Tant que ce travail de structuration du sujet en relation n'aura pas été effectué, rien ne sert de lui proposer de s'investir dans ce que l'on désigne de façon abusive comme « insertion sociale ».

L'insertion sociale concerne tout sujet quel qu'il soit et quelles que soient ses difficultés à vivre. L'accompagner dans ce cheminement, dans cette découverte, dans cette épreuve, voilà le sens et la noblesse des gestes éducatifs. Souvenons-nous que le terme « éducateur » nous vient du latin *e(x)-ducere* (conduire hors de) et *e(x)-ducare* (faire grandir). L'*educator* est à Rome un esclave qui appartient à la *gens* (famille élargie, la famille romaine comprenant jusqu'à une centaine de membres, y compris les familles d'esclaves...) et prend en charge les enfants pour les conduire jusqu'au lieu de socialisation que constitue le *gymnasium*. C'est le lieu d'apprentissage et de socialisation, où les jeunes romains sont initiés aux arts, à la culture, aux exercices physiques, mais aussi à la vie collective. L'enseignement romain comprend aussi bien l'étude de la rhétorique, de la poésie, de la musique, des mathématiques, de l'astronomie, de la littérature, que celle des différents sports où s'exercent la force et l'habileté[2].

Cette figure quasi mythique d'éducateur dégage une représentation princeps dont les caractéristiques demeurent actuelles. L'esclavage est transposable pour indiquer que l'éducateur ne travaille pas à son propre compte : il est soumis à l'autorité institutionnelle et a des comptes à rendre. On sait que dans certaines situations, l'éducateur est mis à une place telle qu'il devient esclave de l'institution.

Cette représentation dégage également la fonction première de l'éducateur : l'accompagnement entre deux espaces, celui du familial et celui du social. L'éducateur ne saurait se substituer ni aux parents ni aux enseignants. Il est celui qui accompagne un être dans le passage et lui propose son appui pour avancer dans la voie de l'autonomie et de la responsabilisation. Le travail éducatif est ce métier de l'entre-deux, du familial au

1. J'ai dirigé le n° 4 de la revue *Empan* sur « Les Médiations », paru en févier 1991.
2. Henri-Irénée Marrou, *Histoire de l'éducation dans l'Antiquité*, Seuil, 1981.

social, de la pulsion au désir. Comme le dit joliment la chanson d'Yves Duteil : « prendre un enfant par la main... »

L'espace de médiation constitue la colonne vertébrale du travail éducatif. Espace privilégié de la clinique, qu'à la suite de Jacques Lacan, j'ai défini comme « clinique du sujet[1] ». L'espace de médiation, qu'il soit vécu en groupe ou en individuel, prend en compte et accueille chaque sujet, dans son histoire singulière et dans son désir de changement ou tout simplement d'être au monde, de création et de présence.

Le terme a pris racine après un long cheminement dans le champ du droit, mais garde sa signification essentielle d'entre-deux. Il faut voir dans le terme « médiation » ce qui articule, reprise, répare, cicatrise, tisse du lien, réunit. Mais aussi ce qui divise, sépare, disjoint, introduit de la distinction. Autrement dit, le terme de « médiation », « lieu, pour reprendre une expression de Daniel Sibony, de la coupure-lien », met en action la dimension du symbolique, dont Paul Ricœur rappelait à juste titre que c'est « l'universelle médiation de l'esprit entre nous et le réel ». Le *symbolon* est chez les Grecs de l'Antiquité, ce morceau de poterie, la tessère, que des familles contractant une alliance brisaient en deux. Chacune en gardait un morceau en signe de reconnaissance de l'engagement. Lorsque les morceaux de cette tessère pouvaient être à nouveau réunis, même par les descendants, plusieurs générations plus tard, les termes de l'alliance étaient à nouveau vivants et engageaient les contractants ou leurs successeurs.

Les médiations sont à la racine du champ symbolique. C'est à travers ces pratiques éducatives de médiation que se scellent alliances, échanges, dons et reconnaissance. C'est aussi à travers les médiations que se dit entre soignants et soignés, éduquants et éduqués, enseignants et enseignés... que s'inter-dit quelque chose de la place de chacun, en référence avec la loi des humains. C'est cette frontière, cette limite, que détermine l'espace de médiation, qui soustrait au bon vouloir et au caprice de chacun la relation éducative et l'activité qui s'y déploie. Chacun y est engagé mais au titre d'un contrat social.

L'espace de médiation, en déterminant les pôles en tension, en introduisant au cœur des relations humaines le principe même de la différenciation, est en soi une structure. Apparemment, le terme « médiation » recouvre dans le champ éducatif une pluralité de pratiques. On peut à juste titre, de l'extérieur, s'interroger sur le rapport entre un atelier de poterie pour un groupe de psychotiques et l'accompagnement d'un érémiste dans le remplissage de papiers administratifs. Seul le concept de médiation permet d'unifier ces activités *a priori* dissemblables. Au-delà de la multiplicité des actions éducatives, pointe l'essentiel des médiations : pas de rapport à l'autre, pas de rencontre, pas de passage à l'autre, hors cet espace intermédiaire. C'est le lieu même, le laboratoire où s'élabore le lien social et le processus de socialisation, en partant du plus proche pour diffuser vers le plus lointain. Pas de communication hors médiation.

1. Voir Sébastien Ponnou, *Lacan et l'éducation. Manifeste pour une clinique lacanienne de l'éducation*, L'Harmattan, 2014.

« On communique, affirme Daniel Sibony, à partir de points communs et à partir de mises à distance. L'acte de communiquer pose que deux êtres apportent chacun sa différence à ce tiers qu'est le langage, plus ou moins stable, qui nommera leur lieu comme un. » Lieu de vie de la parole et du langage. Car là où ça parle en l'homme et de l'homme, là est notre seul lieu de vie, ce lieu du langage, qui fonde toute médiation, est le lieu où, bon gré mal gré, l'être humain, que Lacan désigne sous le terme de « parlêtre », est assigné à résidence. Lieu de la rencontre et lieu de la différence, les médiations tiennent leur essence de la nature langagière des humains. C'est pourquoi il nous faudra nous demander ce que sont la parole et le langage, et quelles incidences a une théorie du langage dans les actes éducatifs.

« On ne peut vraiment modifier quelque chose dans les rails du sujet qui est déraillé, qu'en modifiant les points d'articulation où il peut être représenté », disait Jean Oury dans *Il, donc* (10/18, n° 1222). Les médiations mettent en œuvre cet espace de représentation, « espace de fantaisie » ou « autre scène » chez Freud, « espace potentiel » chez Winnicott, « espace de jachère » chez Masud Khan et Jean Oury, terme que j'ai repris dans *Parole d'éduc* [1995], « entre-deux » chez Daniel Sibony... où le sujet va explorer et éprouver des façons de faire et de vivre avec les autres que jusque-là il n'avait pas intégré. On voit que c'est à partir de cet espace, quelles qu'en soient les mises en œuvre, que modifiant ses représentations du monde et de lui-même, le sujet pourra explorer des sentiers de création renouvelés. C'est à partir de cet espace que découlent des retombées thérapeutiques, éducatives, pédagogiques. Ce n'est pas le soin ou le changement programmés, maîtrisés, qui sont ici visés. L'intention éducative n'est pas thérapeutique en tant que telle. Mais en proposant, en animant, en garantissant des espaces de médiation, l'éducateur accompagne le sujet dans des processus de changement profond, qui se traduisent en termes de mieux être, mieux vivre avec les autres et avec soi-même.

On peut ici entendre la voix forte de Fernand Deligny, affirmant que les enfants psychotiques avec qui il vivait dans les Cévennes n'étaient pas malades, et que ce n'était donc pas la peine de faire des projets thérapeutiques pour eux. Il est inutile de projeter sur eux notre volonté de maîtrise et de redressement. Cette attitude ne produit qu'un peu plus de souffrance. « Le seul projet dont puisse se targuer un éducateur, poursuivait Deligny, c'est celui de créer un espace de vie où des enfants puissent évoluer à leur façon. »

Deligny restitue ici tout son sens à la notion de médiation, comme espace de protection, mais aussi, il en pose les limites éducatives : l'éducateur partage cet espace et vit avec ces enfants, auprès d'eux, sans que vraiment la communication s'installe. La position extrême de Fernand Deligny nous pousse ici à envisager l'acte éducatif dans sa phase de renoncement : renoncement à exercer une quelconque tyrannie sur autrui. Deligny questionne fortement cette tendance chez les éducateurs à vouloir faire le bien des autres. « Vouloir faire le bien, disait le philosophe allemand Emmanuel Kant, voilà la pire des tyrannies. »

▶ La fonction éducative dans une société en crise

Ce n'est qu'en posant la question des intentions de l'éducateur (« qu'est-ce que tu leur veux à ces gens-là ? »), comme nous l'avons amorcé dans le chapitre précédent, qu'un espace de médiation peut être préservé des projections, des fantasmes de maîtrise, des manipulations. L'idéal de « redressement » de ce qui serait tordu chez l'autre, n'a pas complètement quitté le champ éducatif. Il faut donc en permanence se mettre au travail sur ses propres intentions, sur son désir d'éduquer, pour que l'espace de médiation soit relativement désencombré et fasse accueil aux autres dans leur désir et leur altérité.

Les glissements récents de la fonction éducative, dans une période de crise sociale telle que nous la vivons, sont graves. L'aspect de massification des prises en charge, où des groupes humains entiers (les chômeurs, les SDF, les drogués...) sont sous contrôle, « ghettoïsés » matériellement et psychiquement, et livrés aux manipulations de politiques en mal de pouvoir à exercer, frisent la barbarie. Dès l'instant où l'on sort de la prise en compte des sujets un par un, au cas par cas, dès l'instant où la relation éducative vire à la conduite groupale, on sort du travail éducatif pour sombrer dans la manipulation de masse[1]. L'avancée à pas de géant d'un capitalisme débridé mettant en jeu autant l'égoïsme que le communautaire, pèse lourdement sur l'action éducative. De fait, les modes de résistance contre ce qui s'avère une catastrophe humaine annoncée, place les éducateurs aux avant-postes de ce mouvement. Ils ne peuvent venir en aide aux plus démunis de nos concitoyens sans jeter un regard critique sur le contexte socio-économique qui en détruit les conditions d'existence.

La crise de civilisation actuelle se révèle dans de telles dérives. À une époque où la parole des sujets n'est plus prise en compte, où les lieux d'expression sont confisqués, où les centres de décision démocratique échappent aux citoyens, où les pouvoirs de l'argent s'exercent en dehors du contrôle des États, l'espace est ouvert à de telles pratiques. Devant le malaise dans la civilisation, on fait peser lourdement sur les épaules des éducateurs l'illusion qu'ils peuvent apporter des réparations, là où le système social est en faillite. Soyons clair. Il n'entre pas dans les attributions d'un éducateur de remédier à l'effondrement d'une société. Les éducateurs ne sont pas responsables (et encore moins coupables) de cet état de fait, ni du chômage ni de la misère. Ils ont, quel que soit le contexte politique dans lequel ils exercent, à assurer une place d'humanisation auprès des plus démunis, de ceux qui souffrent, quel que soit le mode d'expression (voire de valorisation, il y a des modes !) de cette souffrance.

S'ouvre ici une voie de réflexion sur la position éthique des éducateurs. Si la clinique éducative est fondée sur une clinique du sujet, la position éducative est forcément subversive, puisqu'elle se situe au point de rencontre entre l'individu et la société, et

1. Sur ces questions cruciales qui plombent lourdement l'action éducative présente, voir : Dany-Robert Dufour, *L'individu qui vient après le libéralisme*, Denoël, 2011 ; Jean-Pierre Lebrun, *La condition humaine n'est pas sans conditions*, *op. cit.*

donc au lieu de friction. L'éducateur est pris dans cet entre-deux. Il a à prendre en compte à la fois chaque sujet et, de façon sans cesse critique, la commande qui lui est faite par la société de s'occuper de ces personnes.

L'autre versant de la clinique est de donner à entendre à l'ensemble social, ce que vivent les personnes en souffrance que chaque éducateur rencontre dans sa pratique. Ce versant de l'acte éducatif est donc politique, au sens où l'éducateur a un devoir de parole et de dénonciation des conditions inhumaines dans lesquelles sont acculés les plus démunis, exclus sociaux ou handicapés mentaux et physiques. Être éducateur ne saurait consister, comme semblent s'y résigner certains, à exécuter ce qu'ils appellent « la commande sociale ». En fait, celle-ci n'existe pas. Elle n'est pas énoncée par des textes ou des directives. Elle est la représentation tyrannique que se font beaucoup d'éducateurs de leur propre rapport au pouvoir.

Les éducateurs, de par leur position au plus près de personnes en grande souffrance, ont à médiatiser les relations de ces personnes avec l'ensemble de la société. Cette fonction de traduction est la seconde face de la médaille de la médiation. L'éducateur est à l'interface du social et de l'individuel. Il lui incombe de laisser cet espace ouvert et de lutter pour qu'il ne se referme ni sous le coup du contrôle et de la contention sociale ni sous le coup de manipulations de personnes sans défense.

L'acte éducatif s'enracine dans une position clinique et politique. L'un ne va pas sans l'autre. Il ne s'agit pas pour un éducateur de se poser, comme certains s'y emploient, en réformateur social, c'est le travail dans une démocratie des élus du peuple et plus globalement de chaque citoyen, mais de faire que pour les personnes dont il assume l'accompagnement, la vie soit un peu plus vivable. Ni révolutionnaire ni réformiste, dans un souci de fonder une clinique du sujet, l'éducateur est subversif en ce qu'il rappelle sans cesse qu'une société ne vit que si chaque citoyen qui la compose est pris en compte dans son intégrité et sa singularité.

FONCTION DE LA PAROLE ET DU LANGAGE DANS LE TRAVAIL ÉDUCATIF

Les éducateurs n'ont pas tiré toutes les conséquences d'une évidence qui crève les yeux. L'essentiel de la relation éducative et des médiations passe par le langage. L'être humain est avant tout un être de parole. La parole est le mode de réalisation subjective du langage. La parole, espace du déploiement du symbolique, est donc au fondement de toute médiation éducative. Au-delà des prestations matérielles, au-delà de la nature même de l'aide apportée à des personnes souffrant pour des raisons diverses, l'action éducative se fonde avant tout sur un certain nombre de paroles échangées.

Cette dimension d'évidence de la place centrale de la parole dans les échanges n'a pas été prise en compte. Et donc n'ont pas été vraiment tirées dans le champ social où s'exerce l'action éducative, les leçons des avancées réalisées dans la pensée et la connaissance de l'humain par la psychanalyse et la linguistique. La parole est le plus souvent rabattue sur une maîtrise mécanique et technique de la communication. Quant à la psychanalyse, énonçant la dimension de l'inconscient, elle a le plus souvent été réduite à un système d'explication psychologique qui vise là aussi une certaine maîtrise et fonctionne comme savoir extérieur sur l'autre.

Communication et psychologisation sont les deux détournements de la linguistique et de la psychanalyse, qui sont venus alimenter le champ éducatif dans ce qu'il a de plus aliénant. Certains éducateurs, forts de ces connaissances dévoyées, pensent et affirment avoir un savoir sur l'autre, et donc un savoir sur ce qu'il doit faire, voire ce qu'il faut lui faire faire, pour qu'il s'améliore. Les présupposés d'un tel positionnement sont rarement questionnés, que ce soit sur le terrain ou en formation. Il va de soi, pour un certain nombre d'éducateurs, que la relation est totalement aliénée au fait d'imposer à l'autre leur point de vue, même si l'on essaie de faire passer les choses en douceur. Comme on dit, en caricaturant : « J'ai ce qu'il te faut... C'est pour ton bien... »

▶ Les apports de la linguistique et de la psychanalyse

Je ne dissocierai pas ici ces deux approches complémentaires. En effet, les travaux de Freud, poursuivis par Lacan, ne se comprennent qu'à la lumière des découvertes de la science linguistique.

Je prendrai appui sur les travaux menés au début du XXe siècle par Ferdinand de Saussure, le père de la linguistique moderne, relayé par Julia Kristeva dans les années soixante-dix. Je distinguerai tout d'abord cinq termes : langage, langue, parole, discours et signe.

Le langage

Caractéristique partagée par l'ensemble de l'humanité, le langage est une chaîne de sons articulés, mais aussi un réseau de marques écrites (l'écriture) ou bien un jeu de gestes. Le langage est la seule façon d'être de la pensée, sa mise en forme et son accomplissement. Il permet de produire la pensée et de la communiquer, et ce faisant, il donne une place à celui qui s'y soumet. Le langage produit tout à la fois le sujet parlant et la signification communiquée. C'est un processus de communication d'un message entre au moins deux sujets qui parlent.

La théorie de la communication nomme « destinateur » et « destinataire » ces deux interlocuteurs. Mais il faut ajouter, ce que cette théorie ne fait pas, que chacun est à la fois destinateur et destinataire, puisqu'il peut à la fois émettre un message et s'entendre l'émettre. Le message destiné à l'autre est d'abord destiné par lui-même à celui qui parle. D'où l'on peut déduire que parler, c'est aussi dans le même temps se parler et découvrir au fur et à mesure de l'émission du message, ce que l'on dit. Il n'y a pas comme on le dit naïvement, un message tout près dans la tête du destinateur, mais celui-ci l'invente et le découvre en se soumettant à l'ordre de la parole. De la même façon le destinataire ne déchiffre le message que dans la mesure où il peut formuler ce qu'il entend. Des deux lieux, dont les places alternent successivement, le langage construit au fil des mots un sens. Le sens n'est jamais donné *a priori*, il se découvre au cours de l'émission du message.

C'est ce dont rend compte le schéma suivant que j'emprunte à Julia Kristeva.

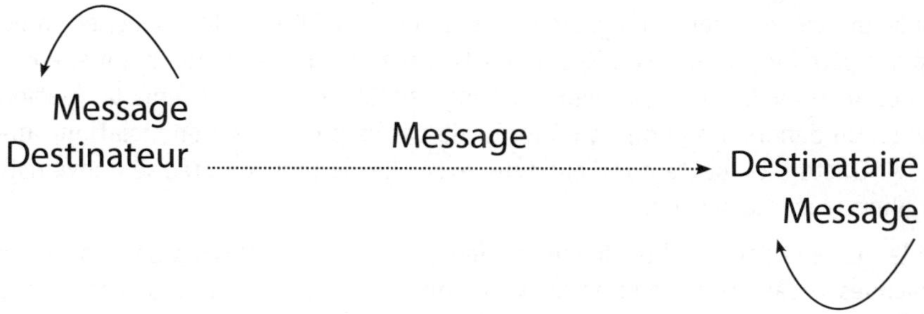

La langue

Selon Saussure, la langue est « la partie sociale du langage ». Elle est extérieure et préexistante au sujet. Elle n'est pas modifiable par le sujet parlant et obéit à une sorte de contrat social tacitement reconnu par les membres d'une communauté linguistique (par exemple, la francophonie, les pays anglo-saxons...). La langue se combine selon des règles d'assemblage spécifiques, la grammaire, la syntaxe, l'orthographe... et constitue un système anonyme, dont on peut prendre la mesure en consultant un dictionnaire, qui est un système clos, chaque mot étant défini par d'autres mots, etc. Il donne une idée assez exacte et matérielle de ce qu'est la langue.

La parole

« La parole est toujours individuelle », précise Saussure. Et l'individu en est toujours, sinon le maître, tout au moins le responsable.

« Responsable » est un terme qui vient du latin *respondere* (répondre de). Chaque sujet est responsable de la parole qu'il profère, même si au bout du compte, comme nous le montre la psychanalyse, il ne sait pas vraiment ce qu'il dit, il n'en mesure pas toutes les conséquences et certaines paroles lui échappent. La parole est donc un acte individuel. Elle est la somme des combinaisons personnelles introduites par chaque sujet parlant et des actes de phonation nécessaires à la mise en œuvre de ces combinaisons.

Pour que la parole puisse advenir, la langue est nécessaire au préalable, mais en même temps, il n'y a pas de langue sans l'exercice de la parole. Du fait de la parole, la langue recueille dans sa forme la marque unique du sujet.

Le discours

Le terme « discours », conceptualisé par Émile Benveniste, désigne la manifestation de la langue dans la communication vivante. Il implique la participation d'un sujet au langage, à travers la parole de l'individu. S'appuyant sur la structure anonyme de la langue, le sujet prend forme et se transforme, dans le discours qu'il communique à l'autre. La langue commune à un ensemble humain devient alors le véhicule d'un message unique, qui signe et signale la position d'un sujet dans le monde, et lui donne une place parmi les autres. Le discours est l'espace de représentation qui met en scène, sans que le sujet en soit conscient, sa singularité. De fait, pris dans la relation, le discours, en dehors des énoncés proférés, de par ce processus d'énonciation, intègre dans sa structure le locuteur et l'auditeur, avec chez le premier, précise Benveniste, le désir d'influencer le second.

Aussi le discours devient-il le champ privilégié de la psychanalyse. « Ses moyens, nous dit Jacques Lacan, sont ceux de la parole en tant qu'elle confère aux fonctions de l'individu un sens ; son domaine est celui du discours concret en tant que réalité transindividuelle du sujet ; ses opérations sont celles de l'histoire en tant qu'elle constitue l'émergence de la vérité dans le réel. » Autrement dit, c'est dans l'exercice de la parole adressée à un autre, qu'un sujet émerge comme lieu de vérité. Non qu'il y ait quelque vérité absolue sur laquelle appuyer les énoncés. Mais du fait du discours, la vérité, toujours subjective, vient au jour. Le sujet parlant dit toujours la vérité, même dans le mensonge. Le sujet parlant se dit.

Le signe

Dans son *Cours de linguistique générale* [1916], Saussure observe ce qu'il en est du « signe ». Le signe n'associe pas, contrairement à ce que l'on serait tenté de croire, un nom et une chose. Le signe établit un lien entre un concept et une image acoustique. Notons que chez des personnes malentendantes ou sourdes, le lien se fait entre un concept et une image visuelle. Pour Saussure, le signe est une réalité psychique à deux facettes. L'une, le concept que Saussure nomme « signifié » ; et l'autre, l'image acoustique (ou visuelle) qu'il nomme « signifiant ». Signifiant et signifié sont les deux faces de la même médaille, comme le montre l'algorithme suivant, que propose Saussure.

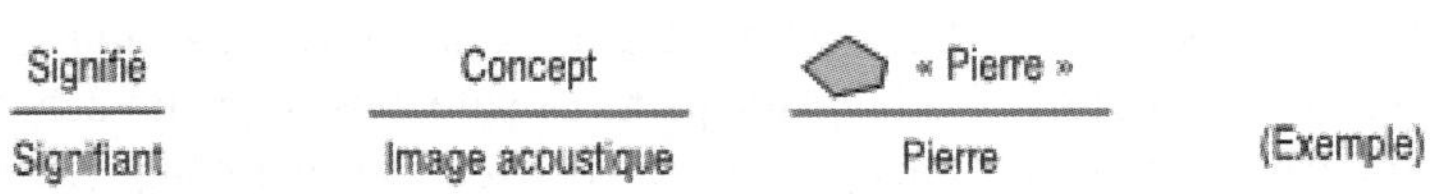

L'objet, que Saussure appelle le « référent », est de fait exclu de l'opération. L'objet demeure, pour l'être humain, pris dans les réseaux de représentations du langage, inatteignable. Il est condamné à en passer par la parole et le langage, pour inscrire son rapport au monde et son action sur celui-ci. La linguistique s'intéresse au signifiant et au signifié, et aux rapports qu'ils entretiennent. Le signifiant est la partie matérielle du langage, nous l'avons vu, qu'il s'exprime sous sa forme sonore, graphique ou gestuelle (dans la langue des signes par exemple). Le signifié lui, renvoie aux systèmes de représentation subjectif de chacun, et est inatteignable, sauf à en passer à nouveau par le signifiant. Ce qui s'échange entre humains, c'est avant tout du signifiant. Le signifiant est l'espace de représentation privilégié. D'où la formule de Lacan, « le signifiant représente un sujet pour un autre signifiant ».

▶ Ce que parler veut dire

Il reste à énoncer deux lois dégagées par Saussure. Tout d'abord, les signifiants sont toujours arbitraires, ce qui ne veut pas dire qu'ils sont soumis au bon vouloir de chacun. Nul n'est libre de nommer « éléphant » ce qui est désigné comme crayon, sauf à basculer dans la non-communication. Arbitraire veut dire que le signifiant s'est fixé historiquement (tel que stocké dans un lexique ou un dictionnaire), sans répondre à aucune nécessité naturelle. Le signifiant n'entretient aucun rapport avec la chose représentée. Sauf pour certaines onomatopées qui semblent mimer des phénomènes naturels (« ouah ouah » pour désigner l'aboiement d'un chien). Lacan ira même jusqu'à affirmer que « le mot c'est le meurtre de la chose ». L'opération introduite par le signifiant fait coupure dans le sujet, quant à ses représentations conscientes et inconscientes.

Au bout du compte, dans la parole, on se retrouve toujours avec des mots. De plus, le signifiant, contrairement au signe qui lui est associé, n'a pas un sens unique, il est marqué du sceau de l'équivoque. C'est d'ailleurs la source de perpétuels jeux de mots, mais aussi de l'incompréhension. Le signifiant, du fait d'être ouvert à une pluralité de découpages possibles que seule l'écriture vient différencier (que l'on pense aux fameux sot, sceau, saut...), renvoie l'homme à une difficulté à communiquer ce qu'il vit. Il n'est pas sûr, contrairement à ce qu'affirme la théorie cybernétique et systémique de la communication, que la parole et le langage soient des véhicules de communication. J'aurais tendance à affirmer, dans le sillage du discours analytique, qu'ils sont le lieu d'apparition du sujet, le lieu où il se fait naître aux yeux (et aux oreilles !) des autres. L'agencement du discours chez un sujet témoigne de la structure, en grande partie inconsciente, qui noue son rapport au monde et aux autres.

Un exemple puisé dans les travaux de Freud nous permettra d'y voir plus clair. Cet exemple est très connu dans la culture éducative sous l'appellation de « fort/da », sans que le plus souvent on en connaisse l'origine. Ce texte se trouve dans les *Essais de psychanalyse* [1927], au chapitre 2 du premier texte « Au-delà du principe de plaisir ». Il a pour titre : « Principe du plaisir et névrose traumatique. Principe du plaisir et jeux d'enfants. » L'histoire est la suivante.

Freud est en vacances dans sa famille, chez sa fille. Il observe son petit-fils âgé de 18 mois qui se livre à un bien étrange jeu, chaque fois que sa mère s'absente. Le petit est muni d'une bobine attachée au bout d'un fil qu'il tient dans la main. Il balance cette bobine à l'intérieur du berceau bordé d'un voilage. L'objet disparaît alors à sa vue et l'enfant profère un « ooo » accompagné d'une mimique de tristesse. Il tire sur la bobine. L'objet réapparaît et la tristesse laisse place à une expression réjouie, accentuée par un « aaa » jubilatoire. Quelque temps plus tard, dans une autre circonstance, Freud s'aperçoit que l'enfant se livre à un manège assez semblable devant un miroir. Il joue à se baisser sur ses pieds jusqu'à ce que son image disparaisse du miroir, et à ce moment-là, il prononce le même « ooo » que dans le jeu de la bobine. Puis, surgissant tel un diable, il voit son image réapparaître et exprime sa joie dans un « aaa ».

Mettons en diagramme cette petite observation freudienne.

<table>
<tr><th></th><th>Bobine</th><th>Image</th><th>Signifiant</th></tr>
<tr><td rowspan="2">Mère absente
–</td><td>–</td><td>–</td><td>000
« fort »</td></tr>
<tr><td>+</td><td>+</td><td>« da »</td></tr>
</table>

On peut constater que nous avons ici un montage symbolique extrêmement rigoureux. L'enfant, dans un processus psychique de symbolisation, met en scène l'absence de sa mère et la joue. Non seulement, il sait représenter l'absence de la mère, mais il en représente aussi la présence. Quand sa mère est absente, l'enfant fait jouer sur le registre symbolique présence et absence. Avec la bobine, puis avec son image dans le miroir. Enfin, ce processus de différenciation, que je note ici par – (absence) et + (présence), est inscrit dans deux signifiants, dont les parents consultés apprendront à Freud qu'il s'agit de deux mots. Lorsque l'objet disparaît, « fort », qui signifie « au loin, parti » ; et « da » qui signifie « le voilà ». « L'enfant se dédommageait pour ainsi dire de ce départ et de cette absence (de la mère), en reproduisant, avec des objets qu'il avait sous la main, la scène de la disparition et de la réapparition », conclut Freud.

Cette expérience est la matrice même de tout processus de symbolisation. On voit qu'en bout de course le signifiant est l'espace de représentation de la coupure d'avec la mère. Le signifiant est donc l'opérateur de ce que la psychanalyse désigne comme « castration », processus qu'un éducateur a à mettre en œuvre en permanence, et qui recouvre exactement ce que l'on appelle l'« autonomie ». L'autonomie ne s'acquiert que dans ce processus de séparation à un niveau et de liaison à un autre niveau. L'opération du langage détache le petit d'homme de ses attaches au monde maternel et le propulse dans l'espace social. La parole est ce qui permet de faire du lien social et de produire une autonomisation du sujet, dans son assujettissement au langage.

Bien entendu, cette opération de coupure de l'univers maternel a un agent, celui que l'on appelle le « père ». La rigueur introduite par la recherche psychanalytique veut que l'on parle plutôt de fonction paternelle. Si, dans notre socioculture, c'est une fonction assumée la plupart du temps par le géniteur, dans certaines circonstances (mort du père par exemple), ou dans d'autres sociétés, cette fonction peut être assumée par diverses personnes. Il s'avère d'ailleurs que chez les Nuers par exemple, cette fonction peut même être occupée par une femme. Le père est l'agent de la culture. En introduisant entre l'enfant et sa mère l'inter-dit (ce qui se dit entre) de l'inceste, il ouvre l'enfant à la dimension de socialisation. C'est par un dire qu'opère cette séparation, ce qui situe d'emblée la parole et le langage comme espace du lien social et de différenciation des sujets.

Je ne voudrais pas quitter ce chapitre sans faire part d'une situation alarmante quant au registre de la parole, qu'on ne saurait cantonner à l'expression verbale. La parole dans toutes ses dimensions tisse le lien social. Les collègues éducateurs qui travaillent avec les psychotiques en savent quelque chose. Comme l'énonce Martin Heidegger, l'homme parle tout le temps.

> « L'être humain parle. Nous parlons éveillés ; nous parlons en rêve. Nous parlons sans cesse, même quand nous ne proférons aucune parole, et que nous ne faisons qu'écouter ou lire ; nous parlons même si n'écoutant plus vraiment, ni ne lisant, nous nous adonnons à un travail, ou bien nous abandonnons à ne rien faire... L'homme est l'homme en tant qu'il est celui qui parle[1]. »

On est en mesure de constater dans nos sociétés néolibérales une véritable haine de la parole. Appareillés aux divers gadgets technologiques, on ne se parle plus, on consomme et croyant consommer, on se consume. La parole réduite à une transmission d'information ; la parole mécanisée, instrumentalisée dans des débriefings et autres artifices ; la parole qui n'instituerait plus une différence des places entre locuteur et écoutant ; la parole trahie, que l'on donne mais qui ne vaut rien, qu'on reprend aussitôt selon son caprice ; la parole sans conséquence ; la parole qui ne ferait plus signe de l'énigme d'un sujet ; la parole devenue bruit dans tous les espaces publics ; la parole saturée par une logique commerciale implacable, réduite à l'état de porte-voix publicitaire de la marchandise... « Si la parole est pervertie, que restera-t-il de l'homme ? » se demande à juste titre Claude Allione[2]. Restaurons le règne de la parole dans nos institutions, et je crois que cela aura un effet révolutionnaire.

▶ L'éducateur et la fonction d'opérateur

Cette brève introduction mériterait à elle seule un ouvrage entier. Elle a toute sa place dans une réflexion sur le travail éducatif. Elle montre à quel niveau de structuration intervient l'éducateur. Elle désigne à la fonction d'éducateur cette place de l'opérateur de la fonction paternelle. L'opération que Lacan nomme « métaphore paternelle », structure le sujet dans trois registres possibles : psychose, névrose et perversion. La

1. Martin Heidegger, *Acheminement vers la parole*, Gallimard, 1976.
2. Claude Allione, *La haine de la parole*, Les Liens qui libèrent, 2013.

psychose étant la structure où cette opération n'a pas eu lieu dans les temps. « Elle est forclose »[1], dit Lacan. La névrose est marquée par un déni de la part du sujet de cette coupure : le névrosé n'en veut rien savoir. Et la perversion est marquée par une dénégation (mouvement de reconnaissance puis d'annulation de cette reconnaissance). La phrase-clé du pervers serait, comme l'a montré Octave Mannoni dans son ouvrage *Clefs pour l'imaginaire ou l'autre scène* [1969], « je sais bien... mais quand même ». Tout être humain est structuré par son inscription dans le langage selon un de ces trois registres. Ce ne sont pas *a priori* des registres de la pathologie, comme le pousse à croire la reprise de ces concepts dans le champ de la médecine psychiatrique ou de la psychologie. Il s'agit de structures.

Dans ce mode de structuration du sujet, selon son développement, selon les failles, les obstacles rencontrés, il peut y avoir plus ou moins de souffrance pour le sujet. C'est à l'endroit de cette souffrance à laquelle est confronté le sujet dans sa rencontre avec les autres, qu'intervient l'éducateur. Il intervient précisément à l'endroit où le sujet, dans son expression, est en difficulté pour trouver sa place dans la communauté humaine. À travers l'espace de médiation, l'éducateur propose, à partir d'activités très diverses, au sujet en souffrance, d'explorer des modes d'être au monde nouveau et sortant de la répétition des mêmes circuits. La répétition des mêmes gestes, des mêmes échecs, des mêmes situations, traduit ce que l'on appelle le « symptôme ». C'est ce qui insiste chez un sujet pour trouver sa place dans le langage.

L'objectif d'un éducateur n'est pas de faire taire le symptôme, fut-il dérangeant, mais de l'entendre, pour accompagner le sujet dans sa prise en compte, dans la découverte de ce qui en lui cherche à se dire. Lorsqu'un sujet se rend compte que c'est à lui que cela arrive, il peut devenir responsable et agir sur son symptôme, autrement dit, apprendre à faire avec. La cure analytique est le lieu privilégié de ce travail de décomplétude du symptôme : le symptôme vient marquer ce qui manque au sujet pour faire un tout.

Mais l'espace de médiation prend aussi en charge l'expression du symptôme : c'est l'espace de mise en scène de la toute-puissance, du fantasme de maîtrise. Et c'est dans les gestes même de la médiation, dans la confrontation à la réalité d'une activité humaine qui ne cesse de buter sur des limites (de personnes, de temps, d'espace, de cadre, de loi...) que l'éducateur accompagne ce travail de décomplétude, ce que Lacan appelle « le ravinement de la jouissance ». Il faut entendre le terme « jouissance » comme « substance négative », précise Lacan. C'est ce qui manquerait à la pulsion, érotique ou de destruction, pour être pleinement comblée, pleinement satisfaite. Freud, à sa façon, affirmait qu'« entre satisfaction recherchée et satisfaction obtenue, il y a un écart ». C'est un point que nous avons illustré autour du projet. La jouissance

1. « La "forclusion" est la sanction civile qui, en raison de l'échéance du délai qui lui était légalement imparti pour faire valoir ses droits en justice, éteint l'action dont disposait une personne pour le faire reconnaître » (Serge Braudo, conseiller honoraire à la Cour d'Appel de Versailles). Jacques Lacan s'inspire de cette définition du droit pour repérer la matrice du processus psychotique : la « forclusion du Nom-du-Père ».

tendrait à combler cet écart, en le niant. La jouissance est le royaume de l'enfant-roi, « *his Majesty, the Baby* », ironisait Freud.

Pour travailler les points de butée, pour viser l'autonomie, qui passe par la castration, dans les médiations, l'éducateur fait appel au dynamisme du sujet pour s'approprier son propre espace, ses propres moyens d'expression. La finalité de l'acte éducatif consiste à conduire le sujet accompagné à se prendre en charge, à faire des choix, à s'assumer. Mais cet objectif lointain n'est envisageable qu'à condition de rejouer dans l'espace médiateur de la relation ce qui n'a pas jusque-là trouvé sa place dans le monde symbolique.

▶ L'éducateur comme médiateur

L'homme parle parce que la parole l'a fait homme. La parole, opération de coupure-lien, introduit le manque au cœur du sujet. Interdit de son seul et unique objet d'amour, que représente la mère, l'enfant est « en manque ». Et plus il parle, plus il s'individualise, et plus il se sépare. Ce manque, introduit de façon structurelle au cœur de l'être humain, est le moteur de son désir. Sans cesse, il recherchera à reformer une totalité qui lui manque, mais, empruntant les voies de la culture, il s'en éloignera toujours plus. Sauf, précise Freud, dans ce petit théâtre nocturne que constituent les rêves, où, hors réalité, le désir trouve à se réaliser. Le désir est le moteur même de l'humanisation. C'est par conséquent le point d'appui principal de la relation éducative.

J'ai déjà traité des conséquences de cette affirmation dans une sous-partie précédente consacrée au transfert. L'espace de médiation est l'espace éducatif du transfert. Comme un psychanalyste opère dans le cadre de la cure, l'éducateur agit dans le cadre des médiations. C'est en ce lieu que se jouera l'expression du désir, adressée dans un premier temps à l'éducateur, mais aussi la recherche d'une place parmi les autres. Les médiations permettent à des sujets souvent en grande difficulté de s'essayer à occuper des places différentes dans leur rapport aux autres, jusqu'à en choisir une qui leur convienne et leur permette de vivre.

La position d'éducateur est délicate à tenir dans un tel espace. Il lui faut tout à la fois construire et préserver le cadre de la médiation et accepter d'y être lui-même pris. L'éducateur ne saurait se retrancher dans une quelconque neutralité. Il est celui qui propose, anime, soutient la médiation, et celui qui fait lui-même partie de ce cadre, en le garantissant. D'où un travail de va-et-vient permanent entre ce qu'il vit dans cet espace de relation, et une exploration de ce qu'il y vit dans d'autres espaces, notamment dans les réunions d'équipe et les écrits qui rendent compte de son travail, qui lui permettent de tenir la bonne distance.

Cette question de la bonne distance dans la relation éducative, dans les médiations, est primordiale. La réflexion a été inaugurée par Winnicott autour d'une recherche de la position de « la bonne mère », ni trop loin ni trop près. « La bonne mère, précise Winnicott, est celle qui intervient à bon escient ». Trop tôt, elle empêche l'enfant de construire ses représentations et son élan vers les autres ; trop tard, elle le laisse succomber au désespoir et à la déréliction. En effet, les représentations (l'hallucination de la présence du sein par exemple) ne tiennent que tant que la pression vitale n'est pas trop forte. Passé un certain seuil, l'enfant n'a plus de ressources de symbolisation pour supporter le manque. Notons que la traduction de l'expression anglaise de Winnicott, « *the mother good enough* » a souvent donné lieu à des erreurs d'interprétation. En fait parler de bonne ou de mauvaise mère, paraît abusif. La traduction la plus juste induirait « une mère... potable ». « Potable » a deux origines latines : *potare*, boire ; et *potere*, pouvoir... En effet, mère ou père, ces fonctions ne sauraient relever d'un quelconque idéalisme. Dans ces fonctions, chacun fait ce qu'il peut ! Comme l'a lancé avec humour Freud à Marie Bonaparte qui lui demandait comment être une bonne mère pour ses enfants : « faites ce que vous voulez, mais ça ne sera jamais bien ! ». Il en va de même sans doute pour ce qu'il en est d'un « bon » éducateur.

Une histoire, racontée par Claude Lévi-Strauss, nous permet de nous faire une idée de cette bonne distance à découvrir et... à réinventer sans cesse. En effet, dans l'espace de médiation, le réglage de la distance relationnelle est permanent. Il dépend de ce qui se présente en situation. « Il arrive, rapporte Lévi-Strauss, que des groupes indiens, poussés par les hasards de la nomadisation ou des catastrophes, se rejoignent sans l'avoir voulu, pour survivre. » C'est ce qui est arrivé aux Mandans. Un groupe d'une culture voisine se joignit à eux et apprit à leur côté la culture du maïs. Mais assez rapidement, les Mandans les pressèrent d'aller s'établir ailleurs. Lévi-Strauss retranscrit, dans son *Anthropologie structurale* [1958], ce que les vieux racontent de ce qui fut dit dans ces temps anciens.

> « Il serait préférable que vous partiez au-delà du fleuve et que vous construisiez votre propre village, car nos coutumes sont par trop différentes des vôtres. Ne se connaissant pas les uns les autres, les jeunes gens pourraient avoir des désaccords et il y aurait des guerres. N'allez pas trop loin, car les peuples qui vivent éloignés sont comme des étrangers et la guerre peut éclater entre eux. Voyagez vers le nord, jusqu'à ce que vous ne puissiez pas voir la fumée de nos maisons, et là, bâtissez votre village. Ainsi nous serons assez près pour être amis et pas assez loin pour être ennemis[1]. »

Les éducateurs feraient bien de s'inspirer de cette sagesse d'un peuple exotique. La bonne distance, ni trop loin ni trop près, ne peut être trouvée que par et dans les effets de médiation. Ces effets tiennent au cadre rigoureux posé par l'éducateur et à l'implication de l'institution dans le projet.

Le cadre posé par l'éducateur fait office de loi dans la médiation. Il en garantit les limites et la protection. Il s'exprime en termes d'espace : tel atelier se tient toujours

1. On trouvera dans l'ouvrage de mon fils Erwan un récit d'initiation au chamanisme. L'initiation visant toujours la recherche d'une bonne distance en soi et avec autrui. Erwan Rouzel, *Chemins d'initiation aux confins de l'Amazonie*, Téraèdre, 2009. On n'a sans doute pas assez réfléchi sur le lien entre initiation traditionnelle et processus éducatifs. Voir Jean-François Gomez et Thierry Goguel d'Allondans, *Le travail social comme initiation : anthropologies buissonnières*, Érès, 2014.

dans le même lieu ; de temps, de telle heure à telle heure ; de consignes opératoires, d'abord on fera ceci, puis cela ; d'indication des objectifs, la médiation est proposée à telle ou telle personne parce qu'un but est poursuivi ; il est à court terme et concerne l'activité et à long terme, puisque toute médiation vise le changement et le déplacement de la personne elle-même. Il y a un projet d'évolution, de progression, de mieux-être... pour une personne et la médiation constitue le moyen de sa mise en œuvre. Le cadre est exprimé et réaffirmé à chaque fois, selon la nature de l'activité.

Ainsi, dans un atelier « contes » que j'ai mené pendant des années, les points suivants du cadre étaient posés. L'atelier se déroulait dans un grenier de l'établissement, que l'on fermait à clé une fois le groupe présent, pour éviter toute intrusion ; le temps de l'atelier était rappelé : nous serions ensemble pour une durée de 1h30. Un rituel d'entrée et de sortie du « monde des contes » permettait à l'enfant de différencier la réalité quotidienne et la réalité fantasmatique mise en scène par le conte. Des règles de conduite étaient énoncées à chaque fois : pas de contact corps à corps ; pas d'utilisation d'objets ; dans le monde des contes, on fait semblant. Ces consignes avaient pour but de favoriser chez les enfants les processus de symbolisation, ce que je leur fis comprendre avec leurs mots. (« C'est pas pareil de dire, si l'on joue le loup dans le conte du *Chaperon Rouge* : je te mange et de manger l'autre pour de vrai. » Le dire et le jouer, c'est au contraire permettre que ça ne se passe pas dans la réalité.)

Dans un autre type de situation, par exemple l'accompagnement d'un jeune SDF dans le remplissage de sa demande de RMI, j'ai procédé à partir des mêmes principes : un temps limité ; un espace de bureau qui m'était attribué ; énonciation d'un objectif, l'aide pour remplir les papiers, et d'une finalité, il s'agissait aussi de l'aider à se rendre compte de ce qui lui arrivait. Dans ce cas précis, le remplissage fastidieux des papiers est devenu un outil de médiation éducative : il a permis à cette personne d'exprimer son malaise, son désespoir, et de commencer à construire le fil d'une histoire qui l'avait conduit à cet état de déchéance.

MÉDIATIONS ET INSTITUTION

La seconde condition pour que tienne un espace de médiation, c'est qu'il soit soutenu par l'institution, qu'il prenne sens dans un dispositif global, où finalement l'ensemble des éléments de l'institution fasse médiation. « La fonction essentielle de l'institution, précise Ginette Michaud qui a travaillé à la clinique de Laborde avec Jean Oury, est de constituer un système de médiations permettant l'échange inter-humain à une pluralité de niveaux » (thèse pour le doctorat de philosophie, consacrée à la notion d'institution, en 1958). Le cadre des médiations éducatives n'a aucun sens s'il n'est pas articulé à cet ensemble institutionnel, où chacun, de sa place, du cuisinier au directeur en passant par le thérapeute et l'éducateur, œuvre pour maintenir un espace de médiation et de circulation.

Il est indispensable, comme nous l'enseigne l'expérience de la psychothérapie institutionnelle, que l'institution soit un lieu ouvert à la circulation des personnes. Que l'on soit en internat ou en milieu ouvert, les personnes prises en charge doivent pouvoir circuler dans un réseau de lieux, de groupements, d'activités, qui les concerne, et entre lesquels elles puissent établir un lien. Par exemple on pourra veiller, comme le suggère Tony Lainé dans un article intitulé « L'agir » [1973], à ce que les activités proposées dans les médiations s'articulent les unes aux autres. L'atelier jardinage sera relié à l'atelier cuisine et articulé aux réunions qui regroupent éducateurs et enfants pour discuter des menus, etc.

▶ Médiations et lien social

L'important est que les activités s'inscrivent dans les enchaînements réellement signifiants qui font lien, et trament comme un texte en continu, dans lequel le sujet prend sa place. Une telle perspective implique également, et Dieu sait si cette exigence est rarement prise en compte dans les institutions médico-sociales, que là où l'on parle d'une personne prise en charge, elle puisse être présente et avoir son mot à dire. Combien de réunions de synthèse se font ainsi sur le dos des plus démunis, sans concertation. Ces réunions se transforment alors en véritables organes d'aliénation.

De la même façon, il importe d'impliquer, autant que faire se peut, les personnes à tous les niveaux de l'organisation institutionnelle, non par démagogie, comme on l'a vu faire parfois, mais pour que chacun puisse, de sa place, s'inscrire dans une dynamique collective. Les réunions d'enfants que j'ai vécues dans un pavillon qui accueillait des jeunes psychotiques, dans la région toulousaine, en est un bon exemple.

Ces réunions d'enfants au pavillon avaient lieu chaque mardi entre 13 heures et 13h25. Le mardi était le jour de réunion des quatre éducateurs qui réfléchissaient ensemble toute la matinée et parlaient entre eux des enfants du pavillon, au nombre de quinze. Donc, un jour hautement dévolu à la parole. Ce jour-là, les éducateurs mangeaient ensemble, à une table ovale, disposée légèrement en retrait des trois tables des enfants. Les enfants choisissaient leur place à table en début de semaine. Et le mardi, une fois achevé le repas, débarrassée la table et passé le balai, tous les enfants s'installaient avec les éducateurs autour des tables rectangulaires, réassemblées de façon à former un carré. Enfants et éducateurs étaient ainsi disséminés autour de cette grande table unique, au gré du désir, autrement dit, pas n'importe comment, car le désir n'est pas l'envie ni le caprice (voir *figure 3.1*).

La notion de place, pour les enfants et les éducateurs, mais aussi pour tout un chacun dans la vie de tous les jours, participe d'une structuration latente qui n'apparaît pas d'emblée. On peut parfois la voir émerger à travers la lutte des places : je veux être auprès de toi, c'est moi le premier (dans la file ou dans le pouvoir, c'est du pareil au même). Se bousculer pour être ou ne pas être à côté, en face, à droite, à gauche, pour ne pas voir, ne pas être vu, d'un tel, d'une telle... Autant de stratégies que nous

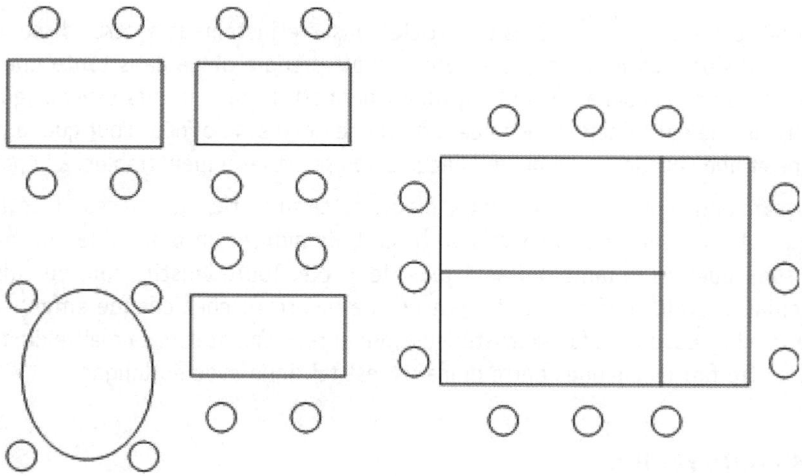

Figure 3.1. Différencier les espaces de médiation.

proposions aux enfants de jouer, afin de s'essayer à trouver leur place, le lieu de vie où ils puissent se poser et prendre place. Donc, un jeu éminemment symbolique que ces réunions d'enfants du mardi.

Il y a une façon propre à chacun d'habiter l'espace (un lapsus d'ordinateur m'a d'abord fait taper « l'espèce » !) qui se révèle et qui préside à toute prise de parole. Pas de parole si l'on n'a pas de place, si l'on n'a pas pris place. Ou alors, c'est une parole hors-jeu, hors je, hors scène, obscène, un cri, un non-sens, un effroi... Cette approche permet au sujet de se situer dans un espace symbolique certes, mais aussi géographique, topographique, spatial, d'où la parole peut prendre son envol, dans toute sa matérialité.

Voilà pourquoi ces réunions étaient obligatoires. Il ne me souvient pas que les enfants aient jamais apporté de grande résistance pour participer à ce temps de réunion. C'était pour eux un moment de jeu étonnant. Bien entendu, il n'y avait aucune obligation de parler. Il était simplement énoncé par les éducateurs présents qu'il s'agissait d'un temps et d'un lieu dévolus à l'échange. Les enfants étaient invités à parler. Cordialement invités. Quel que soit leur âge, leur difficulté à vivre, leur niveau scolaire ou social. On aurait pu appeler cela, comme dans les villages d'Afrique : « l'arbre aux palabres », « l'arbre aux paroles ».

Dans ce passage structurant entre le manger et le parler, on peut voir à l'œuvre un travail très subtil de structuration proposé aux enfants. S'il y a passage entre manger et parler, il y a aussi différenciation, rupture. Cette rupture est marquée par la réorganisation de l'espace et le cadre posé : on est là pour parler. Un auteur comme Denis Vasse a approfondi cette distinction dans un article consacré justement à cette dissociation entre les pulsions. La réunion des enfants venait prendre place dans toute une série de séquences dont l'enchaînement signifiant permettait aux enfants psychotiques de s'abriter, comme dans une seconde peau, dans une peau symbolique. Pour que la parole advienne et que chacun advienne, et chacun selon ses voies impénétrables, à la parole...

Il s'agissait pour nous, dans ce déploiement, cette invention d'espaces et de temps organisés et en même temps soumis au hasard, de monter un praticable, un fond de scène, sur lequel les enfants puissent jouer leur rôle. Toute l'institution, du cuisinier au psychiatre, était ainsi soignante, puisqu'elle favorisait chez chaque enfant, à son rythme et bien souvent de façon mystérieuse, un enracinement dans la réalité du monde, lequel, à être fait d'échanges entre humains, est fabriqué avec du langage.

▶ Notion de réalité

Le terme « réalité » est lui aussi sujet à caution. On veut adapter ces enfants-là à la réalité. Mais qu'est-ce que cette sacro-sainte réalité ? Un fait donné une fois pour toutes ? La réalité est comme ces lignes droites qui tombent de l'espace au commencement du monde de Lucrèce. Un ordre immuable, implacable, tyrannique... Et puis ça se trouble, des lignes obliques interviennent, c'est alors que l'univers (uni vers quoi ? on se le demande) commence à vivre.

La réalité est tramée pour chacun par les mailles d'un filet langagier. Notre univers d'humains est fait de signifiants qui nous représentent. Le sujet est en représentation. Pas d'autre passage possible pour exister, venir au monde à chaque instant, que de se mettre en scène dans les mots. La réalité est une création permanente. Et subjective. Elle se trame avec, pour reprendre l'expression de Mallarmé, « les mots de la tribu », mais à chacun, et chacun à sa mesure, de faire aller la navette, qui croise les fils. Voilà le genre d'idée qui m'a amené dans ma pratique d'éducateur, puis ensuite de formateur et aujourd'hui de psychanalyste, à toujours prendre appui sur ce que trame le sujet de sa réalité, à faire confiance aux mots que chacun prononce. Car l'énonciation des paroles, j'insiste, n'est pas, contrairement à ce que soutiennent les sciences de la communication, une transmission de message, mais un mode de création et d'apparition du sujet, le principe incessant de sa venue au monde. Que je comprenne tout de suite ou non cette réalité n'a pas d'importance. Je dirais même au contraire. On s'imagine trop souvent comprendre les autres trop rapidement. Ils ont à peine ouvert la bouche que nous nous sommes déjà fait notre cinéma.

En fait, pour découvrir la réalité intime d'un autre, et y compris de l'autre en soi-même, il faut du temps, et il faut des conditions, un cadre, une relation, des médiations. Et au bout du compte, il y aura toujours quelque chose qui nous échappe. « Ce qui nous échappe », c'est ainsi que parfois Freud désignait l'inconscient. Ce n'est que dans l'écoute des signifiants qui tracent la réalité de chacun que nous pouvons, dans un effet de représentation, arriver à percevoir ce qu'il vit. Le paysage ne se dégage que très lentement des brumes. Et je dois dire que des pans entiers de ladite réalité que vivent les autres, et que je vis, me restent obscurs. Vous, non ?

Méfions-nous de la prétendue transparence des institutions. Méfions-nous de notre désir de placer ces enfants, ces adolescents, ces adultes, dont la réalité étrange et étrangère nous trouble, sous surveillance permanente. Méfions-nous de notre regard porté sur eux qui ne traduit que notre profond embarras. Méfions-nous de les réduire à ce que nous imaginons qu'ils sont ou devraient être. Écoutons-les. Pour cela, créons des espaces où la parole, dans tous ses atours et ses entours, puisse les faire naître. Ne cédons pas trop vite au trouble, à ce qui nous gêne, nous dérange. N'arrangeons pas trop vite leur monde à notre guise.

Réseaux

Nous avons vu que ce qui fait institution, ce sont les différents dispositifs réglés par un cadre (temps, espace, règles...), qui permettent à un collectif humain de tenir ensemble ses différentes composantes : équipe pluridisciplinaire, personnels divers et personnes prises en charge. Ces espaces ne s'humanisent qu'à deux conditions : celle de la création d'un réseau et celle de la libre circulation des personnes entre les divers espaces institués et instituants. Comme le disait François Tosquelles : on a oublié dans les Droits de l'homme un droit fondamental : le droit de vagabonder !

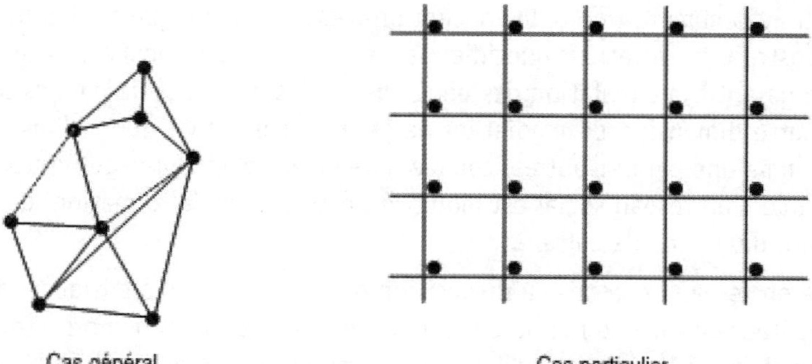

Figure 3.2. Le réseau.

C'est dans un livre désormais célèbre, *Hermès I. La Communication*, que Michel Serres, en 1969, formalise la notion de réseau. « Imaginons, écrit-il d'emblée dans l'introduction, dessiné dans un espace de représentation, un diagramme en réseau. Il est formé pour un instant donné (car nous verrons amplement qu'il représente un état quelconque d'une situation mobile), d'une pluralité de points (sommets), reliés entre eux par une pluralité de ramifications (chemins). Chaque point représente soit une thèse, soit un élément effectivement définissable d'un ensemble empirique déterminé. Chaque chemin est représentatif d'une liaison ou rapport entre deux ou plusieurs thèses, ou d'un flux de détermination entre deux ou plusieurs éléments de cette situation empirique » (*figure 3. 2*).

Michel Serres applique ce modèle structural à différents domaines, scientifiques, artistiques, ludiques. Ce qui nous intéresse ici, c'est qu'il nous donne un référent théorique de l'inscription des médiations dans un espace, à la fois à l'intérieur de l'institution et à l'extérieur. Le domaine éducatif, à partir de cette formalisation, produit une dynamique certaine. Il s'agit, pour les éducateurs, d'inventer et de garantir de tels espaces. Il n'est pas question qu'ils en aient la maîtrise totale, mais une connaissance suffisante pour accompagner et soutenir les personnes qu'on leur confie dans leur circulation entre ces espaces. On retrouve ici la définition que j'avais avancée de l'éducateur à partir de l'étymologie latine : il est celui qui accompagne entre deux espaces une personne, celui qui fait route avec quelqu'un d'autre pour qu'il « circule entre divers sommets », pour reprendre l'expression de Michel Serres.

Il me souvient ainsi d'avoir accompagné, en les prenant par la main, des enfants d'un centre psychothérapique où je travaillais, du pavillon d'internat à l'école intégrée, ou encore de la classe à la salle de psychomotricité. Mais aussi de l'institution au club de foot ; de chez le dentiste à l'école du village... Ce travail de liaison, de médiation au sens propre, constitue l'essence même du travail éducatif. Il ne faut pas que l'éducateur soit partout, qu'il ait un regard totalitaire sur tout ce que vit un enfant ou un adulte, mais qu'il accompagne et assiste ce travail de liaison, qui permet à un sujet de tisser du lien social. Évidemment, une telle conception n'est réalisable que si l'institution tout entière construit et entretient quotidiennement à la fois les sommets et les chemins, que si elle garantit la circulation des personnes et les échanges de paroles, d'objets... De plus, cette dimension de médiation ne peut se constituer que si l'institution se compte comme une parmi d'autres, comme un élément d'un chaînage interpartenarial, où l'ensemble d'un réseau social est mobilisé : école, lieux de formation, de soins, de rééducation, de loisirs, de culture...

Cette mise en réseau et sa mise à disposition des personnes en souffrance impliquent qu'un éducateur en ait une bonne connaissance, qu'il sache, dans un secteur géographique donné, qui fait quoi, et qu'il soit lui-même en liaison avec différents points du réseau, et ait tissé des liens de parole et d'échange, de confiance vivante et structurante avec un ensemble de personnes. Le modèle que j'ai en tête est celui de la Résistance et de ses réseaux à la fois conviviaux et efficaces dans la lutte. Si ce travail est fait, il n'est pas nécessaire à un éducateur de chercher à contrôler ce qui se passe dans les différents espaces. Il suffit qu'il interroge l'enfant ou l'adulte qui y circule pour lui permettre de construire une cohérence.

Il semblerait que les réseaux dits « sociaux » ne soient qu'une déclinaison de cette matrice. Mais le passage d'un principe organisateur pyramidal au réseau n'est pas sans conséquences sur l'exercice du travail éducatif, la fonction d'autorité, la défense des valeurs et des principes. Le modèle de réseau que constitue Internet, produit direct d'un capitalisme qui promeut la libre circulation des biens comme des pulsions, induit un rapport virtuel au monde et aux autres qu'il s'agit de repenser entièrement pour résister à ses effets délétères. Sans parler de l'addiction de certains jeunes à « la toile », il serait bon que les éducateurs entrent de plain-pied dans ces effets de réseau, pour y accompagner les plus jeunes, afin qu'ils ne se noient pas.

Bien entendu, cette idée, mise en pratique depuis des années par la psychothérapie institutionnelle, est valable pour tous les types de réunions, notamment les réunions de synthèse. Mais cette fluidité dans l'espace institutionnel ne s'acquiert que si les adultes qui la portent et la garantissent sont eux-mêmes au travail dans les échanges entre collègues et en eux-mêmes. Cette ouverture aux médiations entraîne la nécessité d'un réel travail de formalisation des éducateurs. Dans l'écriture, dans la parole, dans les différentes réunions où est analysée la pratique de chacun...

Le quotidien dans les pratiques éducatives

« Là où le balai ne passe pas, la poussière reste. »
Mao-Tsé-Toung, Le Petit livre rouge

On peut concevoir le quotidien comme structuré par deux éléments. L'une, la routine, qui se reproduit et se répète ; l'autre, l'imprévu, siège de ce que l'ethnologue Pierre Sansot nomme « les passions ordinaires ». Comme le dit l'écrivain Georges Perec, pour comprendre le quotidien, « il faut savoir questionner les petites cuillers ».

Nous allons maintenant nous questionner sur « les petites cuillers » des éducateurs. Les éducateurs sont vraiment des aventuriers du quotidien. Dans la rencontre et l'aide qu'ils apportent à des personnes en souffrance, ils travaillent non seulement dans le quotidien, mais surtout avec le quotidien[1].

On dit qu'il s'agit dans le travail éducatif, d'assurer le quotidien et ses bases : les levers, les toilettes, les accompagnements dans divers lieux, école, lieux de soin, de loisirs..., les repas, les soirées, le coucher, et veiller sur le sommeil... Les éducateurs sont vraiment des gardiens du quotidien. Mais aussi n'oublions pas la seconde dimension, il s'agit de laisser une porte ouverte à l'imprévu, à l'insu, à l'inouï et de les accueillir, parce qu'ils viennent mettre du sel dans l'organisation quotidienne. Le problème c'est que trop souvent nous considérons l'imprévu uniquement sur le mode de quelque chose qui nous dérange. Mais c'est bien la fonction de l'imprévu, que de déranger ce qui est trop bien rangé et huilé. Par exemple, c'est un enfant qui fait une fugue dans l'institution. Mon ami Jean-François Gomez a mis en scène cette situation dans un petit roman *D'ailleurs.*

1. Pour d'autres développements sur la notion de quotidien dans les pratiques éducatives, je renvoie à mon ouvrage *Le quotidien dans les pratiques sociales,* Théétète, 1998 ; et *Le quotidien en éducation spécialisée, op. cit.*

L'institution dans tous ses états. Il s'agit de l'histoire d'un jeune autiste qui s'échappe de l'institution et vient chambouler la vie des éducateurs. Chacun alors s'interroge, revit des souvenirs d'enfance, laisse venir au jour des souffrances anciennes, remet en cause sa vie d'aujourd'hui. Gomez montre bien que l'imprévu de la fugue de ce jeune autiste, vient remodeler le quotidien éducatif. C'est parce que chacun se laisse toucher par cet imprévu douloureux, que la vie de tous les jours se trouve transformée.

Donc retenons ces deux dimensions : la routine et l'imprévu. Le quotidien est bien ce lieu et cet espace que nous vivons, où nos projets, que nous ne pouvons nous empêcher de faire, sont soumis à du ratage. Parce que quand ça tourne trop bien, le quotidien, ça tourne à l'enfer. Finalement s'ouvre ici une question que nous allons laisser cheminer, et que nous rencontrerons un peu plus avant : quelle marge de tolérance à l'imprévu entretient l'institution ? C'est à partir de cela qu'on pourrait dire qu'une institution est ouverte ou fermée. Ouverte ou fermée aux provocations quotidiennes de la vie. Le mot provocation n'est pas de trop. Étymologiquement il signifie : appel à la voix. Autrement dit comment répondons-nous dans nos institutions à l'appel que la vie nous adresse en permanence dans le quotidien ?

L'éducateur à l'origine, je l'ai déjà souligné, est un esclave. À Rome ce personnage que l'on nomme *educator*, appartient à une grande famille, la *gens*. Il est chargé d'accompagner les enfants chaque matin, de la maison familiale au lieu de socialisation, le *gymnasium*. C'est le lieu où les enfants apprennent à devenir des citoyens. Des maîtres leur enseignent le sport, la musique, la rhétorique, la philosophie, les lois... À l'origine, l'esclave *educator* ou *païdagogos*, est bien celui qui assure le passage entre le quotidien familial et le quotidien social. Quelle leçon pouvons-nous tirer de cette petite escapade étymologique ? L'éducateur est celui qui assure un minimum de stabilité dans le quotidien. S'il accompagne les enfants de la *gens* au *gymnasium*, c'est pour qu'ils soient en sécurité. Il les préserve des mauvaises rencontres sur le chemin de la socialisation. Mais c'est aussi un accompagnateur d'une transformation : de l'état d'enfant à l'état de citoyen. L'éducateur relie les deux rives de l'humain : l'enfant et l'adulte. Il en assure le passage.

Sur quoi prend appui un éducateur pour assurer le quotidien ? Sur trois dimensions principalement, nous l'avons déjà entrevu. L'espace, le temps et le groupe.

L'espace. Lorsqu'on parle d'institution, ce qui nous vient souvent à l'esprit c'est des murs, un bâti. C'est quelque chose d'établi, un établissement. Les murs ont leur histoire. Ils sont faits non seulement de pierres et de ciment mais aussi de légendes qu'on se raconte. Je pense ainsi souvent à une des premières institutions dans laquelle j'ai exercé comme éducateur, le centre psychothérapique de Saint Simon. Cette institution toulousaine est installée dans l'ancienne résidence d'été des évêques de Toulouse. On raconte que lors de la Révolution, l'évêque fut guillotiné et que quelques jours plus tard on le vit dans les souterrains du château déambuler avec sa tête sous le bras. Les enfants aimaient beaucoup cette histoire. Ils aimaient qu'on la raconte le soir. Et même ils jouaient certaines nuits à se faire peur et allaient errer dans les souterrains à la rencontre de l'évêque décapité. À ma connaissance nul ne l'a rencontré ; mais la trouille bleue, ça oui.

Les murs obéissent aussi à une intention. L'architecture est une projection dans l'espace d'un désir : désir d'enfermer, de redresser, de protéger, d'éduquer, etc. Toujours à Saint Simon, on peut encore voir des pavillons qui ont été construits dans les années de guerre selon le modèle du *panopticon* de Jeremy Bentham, modèle sur lequel ont été construites plusieurs prisons ou centres sociaux en Angleterre, et ensuite en France. Lorsqu'on y entre on se trouve dans une pièce ronde entièrement vitrée, que la tradition, reprise par les éducateurs et les enfants, nomme « l'aquarium ». Tout autour sont distribués des boxes : les chambres des enfants. À l'origine ces boxes étaient grand ouverts et soumis en permanence au regard des éducateurs. La hantise à l'époque était la masturbation.

Troisième point sur les murs. L'institution organise la circulation entre des espaces. C'est très important. J'ai déjà noté que l'espace quotidien était le lieu où chaque sujet trouvait des points d'appui pour nouer son rapport au monde et aux autres. L'espace est avant tout un espace de projection. Chacun y joue son manque et ses représentants symboliques pour dire son manque. L'organisation des espaces, la différenciation entre les bâtiments, l'administration, la direction, les lieux thérapeutiques, scolaires, éducatifs, la cuisine, les lieux des repas, du sommeil... sont autant d'éléments qui permettent à un enfant d'organiser son monde. Encore faut-il qu'on le laisse un minimum circuler et investir ces différents lieux, en investir justement la différence. C'est aussi ce qu'on peut voir s'organiser autour des lieux de passage, entre le dedans et le dehors. Dans l'institution, mais aussi vers l'extérieur. Ces points de passages sont le théâtre de scènes souvent poignantes. Je me souviens d'un jeune psychotique, installé sur le seuil de la porte d'entrée du pavillon qui se balançait en avant et en arrière, un coup son corps basculait dedans, le coup d'après il était dehors. Il n'osait plus ni entrer, ni sortir. C'est là qu'un éducateur est précieux pour assurer le passage. Ça se fait en douceur, avec beaucoup de délicatesse et de rassurance. Le psychotique a du mal à franchir le seuil, parce qu'il a peur de tout perdre. S'il rentre, le dehors risque de disparaître. S'il sort, que va devenir le dedans ? Il ne peut pas faire la séparation. Il a du mal à symboliser l'absence, et cette difficulté, il la met en scène dans l'espace quotidien, autour des portes et des passages. Si l'on favorise un peu la liberté de circulation de ceux qui y vivent (autant les personnels encadrants que les personnes prises en charge) alors chacun peut à sa guise se déplacer dans l'espace et y inscrire comme le texte d'une écriture dont les mots sont remplacés par les différents espaces et les modes de liaison que l'on crée entre eux. Autrement dit le quotidien est cette création permanente d'un sujet dans un collectif humain. Une écriture et une parole singulières à partir d'un langage commun. La question a d'autant plus d'importance que l'on a affaire dans les institutions à des personnes en souffrance du fait que la circulation du désir dans leur corps et leur psychisme est bien souvent figée : ça tourne en rond, ça répète. L'institution soignante et éducative doit donc permettre à de tels sujets d'explorer de nouveaux modes de circulation en eux-mêmes et dans leurs relations au monde et aux autres.

L'espace institutionnel est à considérer comme outil de base de l'éducateur, c'est là que s'organisent les articulations et les différenciations symboliques. On pourrait dire pour reprendre une formule de Jacques Lacan que l'institution est structurée comme un langage. C'est ainsi que Lacan définit l'inconscient. Mais dans les années 1970 il dira aussi que l'espace est inconscient.

Le temps maintenant. Nous l'avons vu, le temps est un organisateur de la présence au monde du sujet. C'est ce qui sépare ce qui a eu lieu, que l'on ne peut changer, mais dont on peut dans l'après-coup modifier le sens, et ce qui n'a pas eu lieu, ce qui est à venir. Le présent est ce temps où ce qui est passé et ce qui va se passer, sont mêlés à ce qui se passe. D'où parfois un certain méli-mélo : on se met à vivre le présent avec les lunettes du passé ou les projections du futur. Le présent demande une certaine présence à ce qui se passe. Et quand on y réfléchit un peu, ce qui se passe est toujours inconnu, toujours nouveau.

Dans les institutions, les temps sont très rythmés, et c'est une bonne chose. La plupart des enfants, adolescents ou adultes qu'on y accueille sont en effet très déstructurés dans leur organisation temporelle et ont besoin qu'on leur prête des repères fixes et rigoureux, ce qui ne veut pas dire rigides. Deux temps sont particulièrement fondamentaux dans toutes les institutions : l'entrée et la sortie.

Qu'elle se reproduise chaque jour, chaque semaine ou autrement, l'entrée pose le temps de l'accueil. C'est un temps de la rencontre et en même temps, comme tout point de passage, un temps de la séparation. Je me souviens du travail très fin que nous faisions, les éducateurs, toujours à Saint-Simon, pour accueillir les enfants le matin. Ils étaient amenés soit par des chauffeurs, soit par les parents. Il fallait un temps pour que se fasse la séparation. Un temps pour lâcher papa et maman et se jeter dans le collectif. Les sorties posent les mêmes questions, à l'envers. Comment accompagner un enfant dans la séparation ? C'est une question très concrète. Je l'ai dit, seuls la parole et le langage permettent de représenter l'absence. C'est donc à un travail très subtil d'élaboration langagière qu'un éducateur doit pouvoir convier ceux dont il a la charge. Donner des mots pour la route ; donner des mots lourds d'émotions et de sentiments, pour que la figure de l'absent puisse être évoquée. Selon l'âge, il faut trouver des jeux, des mises en scène, des médiations pour que ça puisse se transmettre.

Autre élément du quotidien temporel : les alternances. Comme les lieux sont différenciés, les temps doivent l'être. Comme le dit ce grand texte que l'on trouve dans *La Bible*, l'Ecclésiaste, « *Il y a un temps pour chaque chose* ». C'est un des travaux de base d'un éducateur que d'introduire un autre humain à ces différences dans le temps. Il y a un temps pour dormir et un temps pour jouer ; un temps pour manger et un temps pour aller à l'école. Le temps est soumis à une rythmique qui permet d'organiser le quotidien avec un minimum de régularité.

Je ne vais pas développer ces points, je ne fais qu'esquisser les questions. Mais on voit bien que l'espace et le temps sont éminemment socialisés. Ce sont des découpages symboliques partagés par un groupe social et qui constituent les lieux d'insertion d'un sujet dans le collectif. L'insertion dont on nous rebat les oreilles commence par ce processus de base : l'intégration dans un groupe à partir d'un partage des mêmes repères d'espace et de temps, et des règles fondées sur le langage et les échanges de paroles, qui l'organisent.

Ainsi s'élabore dans des rites et des rythmes fixes ce qu'on peut appeler un établissement. Par contre ça ne suffit pas à faire une institution. Qu'il y ait des règles et des règlements, permet de poser la partie *automaton* du quotidien ; pour mettre en route la partie *tuchè*, il faut autre chose. Ces termes viennent d'Aristote qui dans son traité sur la *Physique* se demande comment est constitué le monde. Il en vient à dégager deux processus : *l'automaton*, qui fait que les choses se répètent ; et la *tuchè*, ou effets du hasard et d'imprévu. Disons, à la suite de François Tosquelles que *l'automaton* produit de l'établissement ; et que la *tuchè* vise l'accueil de l'imprévu et son institution. C'est là que le groupe et le collectif rentrent en jeu. Je vais reprendre l'exemple de Saint-Simon. Dans ce centre, comme je l'ai déjà montré dans cet ouvrage, nous avions instauré une réunion des enfants avec les éducateurs, par pavillon, tous les mardis. D'abord nous mangions ensemble, puis poussant les tables, nous discutions. C'était un moment de socialisation tout à fait étonnant. Que les enfants parlent ou se taisent, chacun avait conscience de participer à un « ensemble ».

Le collectif est le moteur qui fait vivre l'institution, au sens où il permet sans cesse de relancer le désir de chacun. Maintenant je ne suis pas si naïf. Je sais bien qu'il y a peu d'institutions où l'on tient compte de cette dimension humanisante du collectif. Il y a beaucoup trop d'institutions qui se réduisent à des établissements où le seul objectif est de ne pas faire de vagues. Au lieu d'être des espaces thérapeutiques et éducatifs, de tels lieux se réduisent à des centres de contention et de redressement. C'est là sans doute qu'il faut aux éducateurs un minimum de conscience politique, pour réintroduire dans le quotidien un peu de désordre. Évidemment c'est plutôt mal vu par certaines directions qui ne rêvent que de gérer des groupes humains comme on gère un compte en banque, ou un troupeau de moutons, mais c'est la condition pour que le quotidien s'ouvre à l'inconnu du vivant. Il y a dans beaucoup d'établissements une bagarre à mener. Une bagarre difficile, qui exige, face à la force d'inertie de l'établi, d'instituer des espaces de création, c'est-à-dire des espaces où l'on se parle. Il s'agit de se saisir des organes de contre-pouvoir, tels les syndicats, le CE, les représentants du personnel, les diverses réunions, etc., pour faire du poids. Le problème c'est que le plus souvent, ces organes sont eux-mêmes affectés d'inertie et se contentent d'assurer la défense des avantages acquis ou de faire ronronner la routine quotidienne. Il ne s'agit pas dans le travail éducatif d'acquérir des avantages, ni de perpétuer une mécanique imperturbable, mais d'investir tous les rouages institutionnels pour qu'il y ait de la vie, c'est-à-dire de l'inconfort, ce que le poète portugais Fernando Pessoa, nomme dans un poème, de « l'intranquillité ».

Enfin j'aimerais soulever un dernier point – je ne pourrais pas épuiser le sujet. Le quotidien est un lieu de transfert. Nous l'avons vu, sur l'espace et le temps, sur les objets, qui sont autant de métaphores de l'objet perdu. Mais le lieu où s'exerce le transfert, c'est principalement dans la rencontre entre les sujets. Les éducateurs qui accompagnent dans le quotidien des sujets en grande souffrance sont en permanence pris dans des transferts multiples, où leur propre histoire, leurs émotions, leurs sensations, se trouvent mêlés à ceux des autres. C'est pourquoi ce travail est si épuisant ; c'est aussi pourquoi, il faut régulièrement démêler ce qui est mêlé.

Qu'est-ce que le transfert ? Pour faciliter la tâche à propos de ce concept que j'ai tiré de la psychanalyse pour le faire jouer dans le champ éducatif, je passerai par un schéma qui va nous permettre d'en illustrer les différentes dimensions. Il s'agit de la deuxième étape du schéma du transfert déjà présenté (*cf.* p. 21). Cette étape permet de situer le maniement du transfert dans l'espace institutionnel (*figure 3.3*).

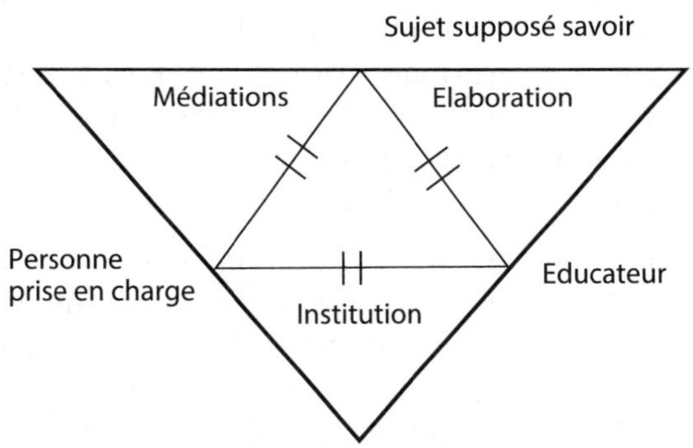

Figure 3.3. Schéma du transfert (2).

Commentons ce schéma. Un enfant, un adolescent, un adulte s'accrochent à un éducateur, parce qu'ils lui prêtent la possession de l'objet qui leur manque. Je rappelle que dans la théorie analytique, cet objet, la Mère toute-puissante, ou le Père de la horde tout jouissant, est à jamais perdu. Le Père est mort ; la Mère est barrée par l'interdit. On retrouve là les deux dimensions du totem et du tabou freudiens. Mais les gens auxquels nous avons à faire dans les institutions ont du mal à accepter et encore plus de mal à intégrer cette perte. Ils pensent donc qu'un éducateur a la clé du savoir-vivre avec les autres, du savoir se débrouiller dans la vie, la clé magique du bonheur, etc. Le transfert, nous dit Lacan, projette sur l'autre qui le supporte, un sujet supposé savoir. Ici la manœuvre est délicate. L'éducateur en question sait bien qu'il n'a pas ce qui manque à l'autre. S'il croit l'avoir, c'est plutôt grave, il vaut mieux qu'il retourne en formation, ou qu'il change de boulot. En effet, ce n'est que dans la mesure où il se vit comme lui aussi manquant de cet objet, donc castré, qu'il peut avancer dans la relation. D'où ces points de rupture dans le schéma. C'est la ligne où l'éducateur évite de s'y croire. Mais ça ne relève pas d'une opération intellectuelle. Il faut des dispositifs institutionnels pour cela, pour voir dans quoi on est pris. Ces dispositifs, supervisions, ou contrôle en équipe, sont trop souvent considérés comme partie négligeable du travail par les directions. Alors qu'à mon avis, il s'agit d'un outil de base. Sans un espace institué pour travailler ce qu'il engage dans la relation, un éducateur ne peut pas tenir sa place, parce qu'il ne dispose pas de l'outil pour faire ce que Freud appelait « le maniement du transfert ». Manier le transfert n'est pas une manipulation de la relation, ce n'est pas une prise de pouvoir, où l'on chercherait à faire faire aux autres ce que l'on voudrait qu'ils fassent, ça consiste à se donner des espaces et des temps où dans la parole, on désencombre la relation de nos propres affects. Non en s'en débarrassant, parce qu'il faudrait faire preuve de je ne sais quelle neutralité, mais en les reconnaissant, en leur donnant forme dans les mots. Donc première coupure, pour que le quotidien éducatif reste vivable et relativement dépoussiéré de la volonté de jouissance et de pouvoir sur l'autre des éducateurs.

Deuxième niveau où s'élabore le transfert dans le quotidien, c'est le lieu des médiations. Le quotidien, nous l'avons bien vu, est parsemé de choses que l'on fait ensemble. En soi, la vie quotidienne partagée est déjà une médiation éducative à part entière. Le travail éducatif va consister à accompagner la personne dont l'éducateur a la charge, d'un investissement sur sa personne, vers un investissement sur des médiations. Il ne faut pas rompre la relation mais laisser la force désirante qui la soutient se déplacer vers des objets de remplacement, des « *ersatz* » précise Freud, tout en précisant avec beaucoup d'humour que « *les ersatz valent bien l'original... qui n'existe pas* ». Les médiations éducatives sont donc bien ce qui vient médiatiser la relation. C'est dans ces espaces où les éducateurs font preuve de beaucoup d'invention, que va se travailler alors le rapport au monde du sujet. C'est dans ce cadre que vont se structurer pour un sujet son rapport au monde, aux autres et à lui-même. C'est dans ce cadre que vont petit à petit s'intégrer les notions de temps, de lieu, de règles, de loi, de limites. Et sûrement pas en tenant des discours.

Je pense à un élève éducateur qui me racontait comment dans un atelier poterie, un jeune avait à sa façon donné consistance au manque. La poterie, comme toute activité humaine, s'y prête. D'abord ce jeune avait demandé à participer à l'atelier poterie au nom de l'amour de l'éducateur que provoquait le transfert. Par amour il s'était mis à aimer ce que faisait l'éducateur. Évidemment au début, il est tombé sur un os, on ne s'improvise pas potier, c'est un long apprentissage : la matière résiste, les gestes ne suivent pas la volonté... Autrement dit il a fait un assez long apprentissage de la castration. Pendant ces différentes épreuves l'éducateur lui transmettait, pas tant son savoir ou son savoir-faire, que sa propre humilité face à la poterie qui reste un art où la part d'imprévu et de non-maîtrisable est importante. Un jour enfin, le jeune a réussi à faire un pot. Il a réussi ce pot, me disait cet éducateur, quand il a compris dans son corps, dans son esprit et dans tout son être, que le manque, le vide, le trou était à la racine de la création. Il ne l'a pas compris intellectuellement, mais il l'a réalisé et il a donné une forme à cette connaissance. En effet une poterie c'est de la terre autour du vide. C'est la mise en scène du vide qui permet non seulement de fabriquer le pot, mais aussi de s'en servir, donc de lui donner une fonction sociale. Martin Heidegger dans une conférence où il se demande « Qu'est-ce qu'une chose[1] ? », en vient à prendre l'exemple du pot, pour dire qu'il réunit dans sa matière, le ciel, la terre et les hommes. Ce jeune a donc transféré sur l'éducateur, puis sur la poterie, son propre désir, qui confronté aux lois de l'atelier a pris une forme.

Voilà à quel niveau du quotidien intervient un éducateur dans l'espace transférentiel. Il s'agit pour un éducateur de se saisir de tout ce qui se présente et constitue le quotidien qu'il partage avec quelques autres pour que cette épreuve de dépossession, de désillusion de la toute-puissance, ce qu'en psychanalyse on nomme la castration, puisse opérer. Évidemment si le lecteur accepte ce point de vue, il comprendra qu'un éducateur doit pouvoir faire flèche de tout bois. Tous les éléments du quotidien doivent pouvoir être investis au nom du maniement du transfert. Et qu'on ne vienne pas me parler de nouveaux métiers, ou de nouvelles fonctions, ni de nouveaux besoins des populations. L'être humain n'est pas un être de besoin, mais un être de désir. Ce qui implique que, quelle que soit la médiation, l'aide aux devoirs, ou l'accompagnement dans la rédaction de papiers pour le RMI, la recherche d'un stage ou d'une piaule avec un jeune, c'est cette force désirante qu'il faut viser, à partir de sa mise en scène dans une activité partagée.

Freud dans ses conférences d'*Introduction à la psychanalyse*, dit que l'éducation exige le sacrifice de la pulsion, c'est à la mise en jeu de ce sacrifice que sont conviés les éducateurs. Évidemment, il est difficile pour eux d'assumer cette place s'ils ne s'y sont pas eux-mêmes confrontés. « *Que veut l'homme ?* », se demande Freud dans un autre texte, *Malaise dans la civilisation*. Il veut le bonheur, et le bonheur à tout prix. Bref l'homme est habité par la jouissance. Le problème c'est qu'assez rapidement le petit d'homme tombe sur trois os qui font obstacle à sa volonté de bonheur total : le monde, son corps et les autres. Il lui faut composer avec et apprendre les limites. Le quotidien est justement pour les éducateurs l'outil de base qui leur permet de transmettre ces limites, non dans le sens où on pourrait les enseigner comme un cours d'algèbre, mais au sens où les éducateurs favorisent dans le quotidien la confrontation des sujets à la castration sous toutes ses formes. Alors le quotidien est le lieu qui permet à chaque sujet, c'est-à-dire à chacun d'entre nous, de confronter son désir à la loi. La loi du vivre-ensemble, qui nous institue comme êtres parlants, sur laquelle vient buter notre désir, est aussi le fondement de notre humanité. C'est à mon avis cela que les éducateurs ont à transmettre au quotidien.

1. Martin Heidegger, *Qu'est-ce qu'une chose ?* Tel Gallimard, 1998.

Chapitre 4

La fonction de l'écoute

« La foi vient de l'écoute. » Cette citation extraite de l'Épître aux Romains, 10,17 est en fait un jeu de mots. Le texte joue sur deux mots grecs ; *akoè*, ce que l'on entend et *hupakoè,* l'obéissance. Ce jeu de mot nous servira de socle pour poser l'hypothèse au fondement de ce chapitre : l'écoute est bien une pratique qui obéit à ce qu'on entend. Elle obéit à des règles que lui impose la parole. Pas d'écoute sans parole. Comme l'énonce Lacan de façon très fine, en jouant sur les nuances : « Qu'on dise reste oublié derrière ce qui se dit dans ce qui s'entend » (*L'Étourdit*).

L'écoute dans le secteur social est vraiment devenue une tarte à la crème : il faut pratiquer l'écoute. Voilà une ritournelle que l'on entend sur tous les tons. Force est de constater que l'on a beau poser cette injonction, on ne s'entend pas. Ce n'est donc pas si simple.

Si l'être humain est capable d'écouter ses semblables, c'est parce qu'il parle. Cette affirmation me servira de guide ici. Pas d'écoute sans parole, pas d'écoute sans l'inscription d'un sujet dans le fil de la parole. Ce qui fait que la question de l'écoute nous renvoie à une deuxième question. C'est souvent ainsi, comme les trains, il faut faire attention, une question peut en cacher une autre. Cette seconde question qui surgit au détour de l'écoute est celle-ci : qu'est-ce que parler veut dire ?

Je prendrai appui sur deux textes pour explorer la question. Le premier est le célèbre prologue de l'Évangile de Saint Jean. Le second est extrait d'une série de conférences du philosophe allemand Martin Heidegger intitulées *Acheminement vers la parole*.

AU DÉBUT IL Y A LA PAROLE

Dans le prologue de son « bon message » (je rappelle que c'est le sens exact d'évangile, du grec *eu-angellos*), Saint Jean qui s'exprime en grec, commence ainsi – je donne ici une traduction à ma façon, une traduction au pied de la lettre, pour faire sentir ce dont il s'agit : « Au commencement il y a la parole [...]. Et la parole a pris corps ». Au commencement, *en archè*, en grec est un drôle de mot. C'est d'ailleurs le sens du mot qui en hébreu commence le texte de l'ancien testament « *bereschit* ». En effet qu'est-ce qu'un commencement du monde ? Peut-on l'imaginer ? Il semble bien, à suivre les tentatives des astrophysiciens autour du *Big Bang*, que plus l'on s'approche du point de l'origine et plus elle nous échappe. Le terme *archè* désigne deux choses : le commencement et le commandement. Autrement dit ce qu'il y a au commencement de l'être humain, c'est un principe, c'est la base de l'humanité, ce qui en définit la structure. Ce principe Jean le nomme, dans la foulée des philosophes de l'Antiquité grecque : *logos*. Chez Héraclite par exemple le *logos* est cette force, présente dans le langage et la parole, qui préside tout à la fois à l'union et au conflit des contraires. Saint Jean s'inscrit ici sur un fond de discussion fort ancien, qui traverse toute la Bible. En effet, une des questions centrales est de savoir comment ou plutôt avec quoi, avec quels outils Dieu a créé le monde. Les réponses sont multiples mais nous ramènent toutes à l'essence de l'humanité : le langage et son incarnation dans la parole de chacun. Certains comme les cabalistes penchent pour la création avec les lettres-nombres. Il existe un fort joli petit texte, *Le Sepher Yetsira*, qui commente la première phrase de la Bible en ce sens : au début, les *Elohim* sculptent le monde avec les 22 lettres de l'alphabet hébreu. Cette opération de sculpture est inaugurée par une première division en deux éléments que le texte nomme *éretz* et *shamaïm :* le très bas et le très haut, que l'on traduit par la terre et le ciel. D'autres commentateurs pensent que Dieu créa le monde en parlant, ce que le verbe *vayomer* que l'on trouve dans les versets qui suivent viennent confirmer. Dieu dit (*vayomer*) « que la lumière soit ». Et la lumière fut. Le monde, selon les versions, naît soit d'une parole, soit d'une écriture, et de toute façon d'une mise en acte de la puissance du langage.

Cette approche de l'origine n'est pas unique, on la retrouve chez beaucoup de peuples orientaux comme dans l'Inde védique, mais aussi chez les Géorgiens du Caucase, Le Bugis des Célèbes ou les Indiens Cunas du Panama, par exemple. Je cite ces peuples en particulier parce qu'une étude comparative a été menée au CNRS et à l'École pratique des hautes études, entre 1988 et 1990, autour de ces quatre peuples. En Inde, en Afrique et finalement chez beaucoup de peuples de la terre, il est dit qu'il y a des dieux dans le langage. Et la parole est elle-même une déesse qui détient le pouvoir de création par la fabrication des noms et la profération des souffles. D'où le titre de cette enquête qui déboucha sur un colloque : *La Déesse parole*.[1] Retenons de ce petit détour l'essentiel : la parole est ce qui donne naissance au monde de l'homme. Elle opère à partir d'une division qui ordonne le monde. D'ailleurs le mot monde, le *mundus* latin, comme le cosmos grec, désigne avant tout un ordre. La parole donne naissance à l'être humain en l'inscrivant dans un ordre des choses, des êtres, du monde. Là évidemment je ne développe pas un commentaire religieux. Je sais bien que pour Saint Jean le logos, c'est avant tout le verbe divin. Mais je ne suis pas théologien. Mon propos et de cerner ce qu'il en est de la parole et de l'écoute dans les relations humaines.

PAROLE ET ÉCOUTE

Un second texte va nous permettre d'approcher d'un peu plus près ce qui constitue le cœur de la parole. Martin Heidegger nous montre à quel point l'être humain est pétri de parole, il est parole. Et l'écoute c'est ce qui vient permettre l'avènement de cette parole. La parole est le lieu où le sujet se fait naître. Voilà un autre concept qu'il nous faudra éclairer, le sujet. Pour le moment je le laisse en suspens.

Voici le texte d'Heidegger déjà cité :

> « L'être humain parle. Nous parlons éveillés. Nous parlons sans cesse, même quand nous ne proférons aucune parole, et que nous ne faisons qu'écouter ou lire ; nous parlons même si, n'écoutant plus vraiment, ni ne lisant, nous nous adonnons à un travail, ou bien nous abandonnons à ne rien faire. Constamment nous parlons, d'une manière ou d'une autre. Nous parlons parce que parler nous est naturel. Cela ne provient pas d'une volonté de parler qui serait antérieure à la parole. On dit que l'homme possède la parole par nature. L'enseignement traditionnel veut que l'homme soit, à la différence de la plante ou de la bête, le vivant capable de parole. Cette affirmation ne signifie pas seulement qu'à côté d'autres facultés, l'homme possède aussi celle de parler. Elle veut dire que c'est bien la parole qui rend l'homme capable d'être le vivant qu'il est en tant qu'homme. L'homme est homme en tant qu'il est celui qui parle. »

Et un peu plus loin, vers la fin de sa première conférence, Heidegger précise que l'homme ne parle que s'il écoute.

> «Les mortels parlent pour autant qu'ils écoutent. [...] L'homme parle pour autant qu'il répond à la parole. Répondre, c'est être à l'écoute. Il y a écoute dans la mesure où il y a appartenance à l'injonction du silence. [...] L'homme ne parle que dans la mesure où il correspond à la parole. La parole est parlante. »

Les deux textes de Saint Jean et de Martin Heidegger sont très proches, quoique situés dans deux champs différents : la théologie et la philosophie.

Retenons cette idée centrale avancée par Heidegger : la parole ne se soutient que d'une écoute. À la fois écoute de celui qui parle, mais aussi écoute par celui qui parle. En

1. Marcel Détienne et Gilbert Hamonic (dir.), *La déesse parole : quatre figures de la langue des dieux*, Flammarion, 1993.

effet l'homme est ainsi fait qu'il peut à la fois écouter ce que dit l'autre et écouter ce qu'il dit en le disant, écouter ce que ça dit, l'Autre, en lui.

NAISSANCE DU SUJET À LA PAROLE

Pour ma part je prendrai appui sur la psychanalyse pour avancer ce qui va suivre. Ce que je vais poser demanderait beaucoup de développements pour être clarifié. Je vais donc m'en tenir à quelques énoncés que je pose d'emblée comme des axiomes. L'homme parle parce que la parole l'a fait homme. Le sujet est une création de la parole. Dès avant sa naissance le petit d'homme est parlé. Il est plongé, comme aimait à le dire Françoise Dolto, dans un bain de langage. L'enfant qui naît vient donc occuper une place dans un monde déjà-là, construit par la parole de ceux qui l'ont engendré. Toute sa vie le sujet sera confronté à cette aporie : dire ce qu'il est avec les mots des autres, avec les mots qui lui ont donné naissance. Le sujet est ainsi condamné à se faire naître sans cesse dans une parole aliénée. La parole divise le sujet. Elle divise le sujet en l'exilant du seul objet de son désir. La parole, dans sa puissance en acte de symbolisation, déchire le sujet. En effet l'homme ne naît qu'au prix d'assumer cette déchirure. À l'origine mythique de tout sujet il y a une certaine image de plénitude, l'image de ce qui manquerait au sujet pour être comblé. C'est cela précisément que Jacques Lacan désigne sous le nom de jouissance, substance négative, en creux. La jouissance est bien ce qui nous manque, de structure, pour être tout. C'est donc un trop dans la plénitude du sujet. Cette image de plénitude, c'est en partie la mère qui la supporte. Mais c'est aussi le mythe du paradis terrestre, ou toutes ces fictions de l'enfance heureuse qui nous emplissent de nostalgie. L'homme parce qu'il parle est coupé de cet objet qui le ferait tout. Au lieu de le faire tout, la parole le fait trou. La parole écarte l'homme de l'objet de son désir et lui donne en échange un symbole. Du coup la parole, contrairement à ce que peuvent affirmer les théoriciens de la cybernétique, n'est pas un outil de communication, elle est fondamentalement le symbole de cette perte originelle. C'est d'ailleurs cette perte qu'imaginarise la Bible en plaçant la faute et l'exil d'Adam et Ève à l'origine de l'humanité. L'homme naît ainsi dans le mythe comme un exilé frappé par la souffrance et la mort. Voilà le savoir qu'il a acquis de la transgression : il est un être pour la mort. Le jardin d'Éden lui est à jamais inter-dit, comme la jouissance de l'arbre de vie. Chassé de la jouissance de la nature, l'homme est à tout jamais un exclu. Cette exclusion est la conséquence du langage. L'homme appareillé au langage et à la parole qu'il profère est séparé de l'objet qui cause son désir. Il est en manque, sans qu'aucun objet du monde puisse le satisfaire.

Mais pour que la parole trouve à se déployer encore faut-il qu'elle rencontre une adresse. Cette adresse c'est l'Autre que constitue le langage lui-même. L'Autre qui nous a été présentifié par les petits autres, les parents, les professeurs, etc. Pour chaque sujet les autres sont non seulement l'incarnation de ce qu'il n'est pas, le signe de la différence, mais aussi le lieu où se soutient la parole comme incarnée. C'est ici qu'intervient l'écoute. Martin Heidegger nous a indiqué au passage que parole et écoute sont liées. L'écoute c'est le lieu où vient se déposer la parole. C'est un lieu, j'insiste. Et non une attitude ou une disposition singulière, encore moins une technique professionnelle. L'écoute est le lieu que chacun d'entre nous soutient dans son rapport aux autres pour que la parole puisse avoir lieu. C'est un lieu vide, un lieu silencieux. Souvenons-nous de ce que nous rappelle Heidegger dans ce passage que j'ai cité plus haut : « Il y a écoute dans la mesure où il y a appartenance à l'injonction du silence. »

C'est le lieu de la perte et du silence ; le lieu de l'étrange et de l'étranger, le lieu de l'absence et du vide. C'est pourquoi les lieux d'écoute dans les religions sont toujours pensés comme lieux silencieux et vides. Le Saint des Saints dans la synagogue, chez les Hébreux, est vide ; la présence de Dieu dans les églises où l'on fait silence, n'est signalée que par une petite lumière rouge, etc. Ce lieu de l'écoute affecte non seulement celui qui supporte la parole mais aussi celui qui la profère. L'étymologie du mot parole nous indique bien son essence. C'est d'ailleurs le même mot qui a donné parabole. La parole suit une trajectoire qui contourne l'objet perdu et à jamais perdu. On peut même dire que les paroles qu'un sujet prononce sont les déchets, les ruines, les miettes de cette perte fondamentale. Voilà donc avant tout ce qui s'échange dans la parole. Un sujet annonce qu'il est manquant et que c'est ce manque qui le fait parler. L'écoute doit s'enraciner à ce niveau pour soutenir l'envol de la parole.

Si un sujet s'avance comme manquant face à un autre, c'est qu'il espère que cet autre aura ce qui lui manque. C'est la base de ce qu'on appelle le transfert. Le transfert n'est pas spécifique à la cure analytique, il intervient dans toute relation. J'aime chez l'autre ce que je pense qu'il a et que je n'ai pas. Bref l'amour est un leurre. C'est pourquoi j'élis parfois mon semblable comme grand Autre, Autre tout-puissant, sorte d'Autre ressuscité des origines et qui pourrait enfin apaiser mon manque à être. Or d'Autre qui puisse répondre et me satisfaire, il n'y en a pas. C'est précisément ce que la cure analytique va permettre pour tout sujet qui s'y engage, d'éprouver. L'être humain est manquant et n'a que la voie de s'assumer comme tel. Du point de vue de la psychanalyse, il n'y a ni Dieu ni Maître qui puisse répondre de son être de sujet. Cette question demeure une énigme vivante. C'est de cette énigme qui ne le laisse pas tranquille que le désir prend son essor chez le sujet.

Une pratique de l'écoute

La question qui se pose maintenant est de savoir à quoi sert ce type de réflexion dans la pratique. Comment se repérer concrètement dans l'écoute et la parole dans les divers métiers qui la placent au cœur de leur exercice, comme le travail éducatif ?

L'écoute intervient dans une relation où celui qui nous demande de l'aide nous met à une certaine place, la place du grand Autre du transfert justement, la place où il nous suppose un savoir sur ce qui lui arrive. Savoir que bien évidemment nous n'avons pas, ce que nous ne sommes pas sans savoir. D'où un premier travail pour celui qui est en situation d'écoute, travail de castration là aussi, travail de déplacement : il n'a pas ce qui va combler celui qui s'adresse à lui, il n'est pas non plus celui qui détient la clé de son bien-être. Une des « clés pour le devenir » c'est justement de reconnaître que nous n'en possédons pas. Le devenir de tout être humain est une énigme, un mystère, il nous échappe. Il a fallu l'avènement et la prolifération du discours de la science pour voir monter la prétention de gommer cette énigme et de se poser en maître arrogant du temps et du destin. Pourtant le devenir, c'est-à-dire ce qu'il va advenir d'un être humain, échappe à toute maîtrise. Nous pouvons lui appliquer cette parole forte que Jésus nous transmet pour l'accueil de notre finitude, à propos de la mort : « Tenez-vous prêts car vous ne connaissez ni le jour ni l'heure ». Parole proverbiale que je mettrai en tension avec celle d'un autre poète, Samuel Beckett, qui disait, à l'orée d'un livre titré *L'Innommable :* « J'ai peur de ce que les mots vont faire de moi ». En effet la parole, parce qu'elle nous échappe, comme Freud est venu le montrer, est dans l'homme le signe du savoir ravi au jardin d'Éden. Parce qu'il parle, l'homme parle comme mortel. La parole est dans l'homme le signe gravé dans sa chair de sa finitude. Et c'est avant tout cette incomplétude et le mode de relation que le sujet entretient avec elle, qu'il s'agit de placer au cœur de l'écoute.

Si ce travail n'est pas fait, de décrassage, de nettoyage par le praticien de l'écoute, la rencontre vire rapidement à la manipulation. Autrement dit dans l'écoute celui qui se met à cette place, celui qui soutient ce lieu à partir duquel la parole peut s'ouvrir, a intérêt à ne pas s'y croire. S'il se prend pour celui qui peut répondre, il se place en position de maître et empêche celui qui s'adresse à lui de réaliser son être de sujet, comme essentiellement manquant. C'est dans ce sens que le poète Maurice Blanchot affirmait que « la réponse à la question fait le malheur de la question ». Mais il ne peut pas non plus dire à l'autre : il y a méprise, je ne suis pas celui que vous croyez, je n'ai pas ce que vous cherchez. L'écoutant doit fondamentalement faire silence en soi et laisser la parole déployer la perte de l'objet et lui faire un bord de langage. Il doit répondre de sa position dans ce lieu du silence dont l'écoute exige qu'il soit tenu et entretenu. Non pas répondre à la parole mais répondre de la parole.

Ce travail est à repérer pour chacun dans le champ d'intervention qui est le sien. La question du champ est primordiale. L'écoute ne se pratique pas de la même façon selon que l'on est travailleur social, psychanalyste ou religieux. Il faut tenir compte non seulement de la place à laquelle nous met l'autre dans le transfert, transfert au sens où il transfère sur celui qui l'écoute l'objet perdu, l'objet éperdu d'un amour total, qui le pousse à parler, soit pour s'en plaindre, soit pour le réclamer. Deuxième point, et c'est un garde-fou, il s'agit de repérer de quelle place sociale, à partir de quelle fonction, je suis situé. Je pense ici au procès de Jeanne d'Arc. Les juges qui occupent une place perverse puisqu'ils ont condamné d'avance Jeanne, procèdent à une série d'interrogatoires pour la faire chuter. Ce sont ses juges et ils savent qu'au bout du compte ils obtiendront sa condamnation. Ils lui tendent des pièges en permanence.

Par exemple ils la questionnent pour savoir de quel côté de son corps ont lieu les apparitions de l'Archange Gabriel ou Saint Michel. Jeanne n'est pas bête, elle connaît le code en vigueur, et surtout elle a bien perçu à quelle place se mettaient ses juges, celle de la toute-puissance : c'est de ce lieu de pouvoir qu'ils l'attendent au tournant et à quelle place ils l'assignent : celle d'une sorcière. Elle sait que si elle répond à gauche, côté sinistre, ce sera pris comme fait diabolique. Donc elle répond à droite. Les juges la questionnent aussi sur les cérémonies païennes que font au printemps les jeunes filles dans son village où elles dansent autour d'un if. Jeanne réplique que ce sont là des jeux communs à tous les enfants et non pratiques de sorcellerie. Elle y a participé comme un jeu. Dans sa stratégie d'écoute et de réponse, Jeanne se déplace sans cesse de la place à laquelle les juges veulent la réduire. Elle esquive la place à laquelle les juges veulent la confondre pour occuper celle que son désir lui dicte.

J'ai pris cet exemple particulier et extrême, pour montrer qu'on ne peut manquer de questionner la place d'où l'on soutient l'écoute. Après tout beaucoup de corps de métiers pratiquent l'écoute. Ainsi les policiers ne sont pas les derniers à écouter, parfois dans le dos de ceux qui parlent, à l'aide des instruments modernes que leur confie le développement des communications. Les écoutes téléphoniques, c'est aussi de l'écoute, mais d'une certaine place et dans un certain but.

POSER LE CADRE

Il y a pour soutenir l'écoute comme lieu de ressourcement de la parole, la nécessité de poser un cadre. Autrement dit avant d'écouter qui que ce soit je me dois de résoudre une série de questions : qu'est-ce que je fais là ? Quelle est ma place ? Qu'est-ce que j'attends d'occuper cette place d'écoutant ? Mais aussi : qu'est-ce qu'on attend de moi ? Quel est l'objectif ? Pourquoi j'écoute ? Qu'est-ce que je vise ? Pour quoi faire ? Qu'est-ce que je lui veux à l'autre que j'écoute ?... Évidemment cette cascade de questions, qui bien entendu peuvent prendre d'autres formes, aboutit à des problèmes concrets à savoir, quel est le cadre que je dois mettre en place pour faire ce que j'ai à faire, ce qu'on me commande de faire, ce que j'ai décidé de faire pour remplir ma mission ? La réponse n'est pas simple. En tout cas elle n'est pas technique, même si certaines formations laissent croire qu'avec deux ou trois gadgets on pourrait exercer une écoute efficace. Je l'ai dit il n'est pas question de trucs pour écouter, il est question de lieu, d'un lieu vide où la parole du sujet trouve son lieu d'accueil. Chacun selon les circonstances est appelé à soutenir ce lieu.

C'est le cadre qui fait étayage à ce lieu. Le cadre se décline en questions de temps, d'espace et de règles du jeu. Il doit être énoncé d'entrée de jeu.

Le temps : quand écouter ? Pendant combien de temps ? Sur quelle durée ? Selon quel rythme ? Quand arrêter ?

L'espace : dans quel endroit ? L'écoute dans un bureau n'est pas la même que dans un bistrot, ou au bout d'une ligne téléphonique.

Les règles du jeu concernent : la place que j'occupe et que j'attribue à celui que je me propose d'écouter ; elles situent d'emblée le cadre dans lequel l'écoute va opérer. L'écoute comme professionnel ou comme bénévole, n'est pas la même. En tant que professionnel je dois me demander qui me paie et pour faire quoi ? En tant que bénévole, je dois éclaircir ce qu'on me demande, pourquoi je souhaite me mettre à cette place, et puisque je ne suis pas rémunéré, comment je me fais payer, qu'est-ce que j'y gagne ?

Les questions de règles du jeu sont à poser d'emblée en fonction du cadre imposé. Il s'agit d'annoncer la couleur tout de suite et de mettre celui qui demande à être écouté dans le coup. Il faut qu'il sache clairement à partir de quelle place il sera écouté, en fonction de quel protocole et de quel but. Il peut ainsi accepter ou refuser ce cadre. Les flous en la matière sont souvent dramatiques.

Je pense à une histoire qui a défrayé la chronique il y a une trentaine d'années. Un jeune délinquant rencontre un homme dans un bistrot de New York. Il est au bout du rouleau, il n'en peut plus et il confie son malheur à cet homme pendant deux heures. À la fin de l'entretien cet homme lui déclare qu'il compatit parce qu'il est prêtre. Le jeune s'est alors senti trahi, exploité, il est entré en furie et l'a tué. Je crois que c'est un meurtre qui aurait pu être évité si ce prêtre avait annoncé que c'était du lieu de son sacerdoce qu'il allait l'écouter. D'une certaine façon ce prêtre a trahi la confiance de celui qui justement lui confiait sa parole. De la prêtrise il est passé à la traîtrise. C'est-à-dire qu'il a voulu se servir de la parole de l'autre. C'est justement ce que l'écoute doit viser à mettre en échec ; toute tentative d'asservissement, d'instrumentalisation, de réification. L'écoute si elle n'est pas purifiée de ces scories moïques peut alors faire des ravages. Si ce prêtre lui avait annoncé la couleur, s'il avait désigné la place qu'il souhaitait occuper, le jeune aurait eu alors le choix de refuser. Il faut que celui qui s'offre à l'écoute soit au clair sur son désir, qu'il n'encombre pas l'espace de la rencontre de ses propres fantasmes, de sa volonté de puissance, de son aide, de sa pitié, de sa charité, de son humanisme… L'écoute demande de la part de celui qui s'y offre un travail permanent de dépossession. Dans l'écoute il s'agit de maintenir une place vide, la place d'où jaillit le questionnement d'un sujet sur son être. Mettre au service d'un autre ce vide en soi, ce silence, pour qu'il rencontre ses propres questions, c'est tout l'art de l'écoutant. Un art qui demande une ascèse jamais achevée. Je rappellerai ici le second sens du mot « écoute ». C'est un terme de marine qui désigne un cordage attaché aux coins inférieurs d'une voile pour la fixer et régler son orientation. L'écoute c'est bien ce point d'attache qui dans la rencontre permet d'orienter la place des interlocuteurs. En cas de coup de vent, mieux vaut s'y tenir solidement arrimé ! Notons cependant que trop souvent dans l'exercice de parler/écouter les éducateurs tentent de singer, de façon maladroite, les professions dont c'est le ressort principal (les psys, pour le dire vite). J'insisterai pour dire que parler/écouter ne se déploie pour les éducateurs que sur la scène des médiations, à l'occasion d'un faire-ensemble, voire d'un vivre-ensemble, quel qu'il soit : atelier de peinture, escalade, match de foot, soirée télé, soutien scolaire... L'éducateur fait feu de tout bois pour trouver les chemins de la parole. De fait, les médiations éducatives constituent bien la spécificité de l'action éducative. Il n'y a pas lieu de souffrir d'un complexe d'infériorité par rapport aux psys.

DEUX EXEMPLES

Pour illustrer ce que je viens de poser un peu brutalement, je vais prendre deux exemples tirés de ma pratique. Pour le premier de ma pratique d'éducateur et de ma pratique d'analyste pour le second.

Lorsque j'étais éducateur il y a quelques années, il se trouve que j'ai travaillé dans un centre d'accueil pour toxicomanes[1]. La principale activité de ce centre consistait à proposer aux personnes demandeuses, les toxicomanes et leur entourage, de venir parler de ce qui leur arrivait. Donc la place des intervenants réclamait une pratique de l'écoute. Au début de mon exercice je me posais beaucoup de questions sur cette place d'écoutant. Et je dois dire que c'est un peu les clients qui m'ont guidé dans ce travail. Je me souviens d'un jeune vietnamien venu me trouver, je ne sais pas trop pourquoi. Il vivait dans une voiture cassée, avait des vêtements en loques, se shootait à l'héroïne, et avait beaucoup de mal à s'exprimer en français. J'ai été touché par ce jeune homme, et j'ai voulu faire quelque chose pour lui. Je lui ai proposé de rencontrer une association de Vietnamiens pour l'aider à se repérer, et je lui ai donné l'adresse d'un foyer d'hébergement. Je lui ai noté tout cela sur un carton à en-tête du centre. Le soir lorsque j'ai quitté le travail, j'ai trouvé dans l'escalier ce carton déchiré en petits morceaux et je ne l'ai jamais revu. Du coup ça m'a fait sérieusement réfléchir. Où était l'erreur ? Elle est visible ; elle et double. D'abord je n'avais pas pris le temps d'écouter la demande de ce jeune. Après tout plus que des histoires d'hébergement ou de communication, il cherchait peut-être simplement quelqu'un à qui parler. J'avais obstrué le lieu vide de l'écoute avec des objets, en oubliant que toute demande est demande de quelque chose certes, mais adressée à quelqu'un. Je n'avais d'ailleurs même pas laissé monter le « quelque chose », qui comme la bobine ou l'image du miroir chez le petit-fils de Freud, serait venu présentifier la perte de l'objet. Quant à l'autre axe de la demande à savoir qu'elle s'adresse à quelqu'un, lieu du transfert, je ne l'entendais pas non plus. D'autre part je m'étais mis hors cadre, à partir de mes bons sentiments, de ma pitié, de ce qui était touché en moi par la rencontre de ce jeune, j'avais débordé mon rôle et ma place. Cette rencontre ratée m'a beaucoup fait réfléchir. Je pense aujourd'hui que dans l'écoute, un éducateur doit prendre le temps d'entendre les mots qui disent le manque chez un sujet et lui permettre de les faire circuler dans l'espace social. Ainsi en est-il d'une demande quel qu'en soit l'objet : un hébergement, un stage, un lieu de

1. Voir en deuxième partie : « Une jouissance immédiate... Clinique éducative et addictions ».

soin ou de formation... L'objet énoncé de la demande est à prendre au pied de la lettre, non pour s'y précipiter, mais pour permettre au sujet de tourner autour, de l'incarner dans une parole. Finalement il n'est pas difficile de fournir, à quelqu'un qui demande un travail, l'adresse de l'Agence pour l'Emploi ; ce qui est plus difficile c'est d'accompagner un sujet pour qu'il trouve en soi-même les raisons de s'y rendre : les raisons qui fondent son action, qui lui donnent du sens. C'est à mon avis toute la finalité de l'action sociale et la seule forme acceptable d'aide sociale. Accompagner quelqu'un dans la mise en jeu dans l'espace social de ce qui lui manque et donc de ce qui mobilise son désir.

L'autre exemple je l'extrais de ma pratique d'analyste. Un jeune homme est venu me voir récemment pour me faire une demande d'analyse. Évidemment je ne me suis pas précipité sur l'objet de sa demande, je l'ai mise au travail. Avant d'entreprendre une analyse se posent un certain nombre de préliminaires qui ont pour but de poser le cadre et de laisser se constituer le symptôme de ce qui cloche pour le sujet. Je lui ai demandé ce qui le poussait à faire cette demande. Cet homme, négociant en vins, m'a dit alors qu'il n'arrivait pas à s'engager, ni dans son travail, ni avec les femmes : il changeait d'employeur tous les six mois et, lorsqu'il s'agissait de dépasser l'étape du flirt ou de la drague, il se défilait. Cette incapacité à s'engager qui échappait à sa volonté, l'embêtait et l'agaçait. J'énonçais alors les bases de la cure analytique, en précisant que ça coûtait, en temps, en argent, en investissement, en paroles... Je lui ai alors demandé ce qu'il était prêt à miser dans l'affaire, ça m'est sorti comme ça. Il a repris le mot de « miser » en soulignant qu'il avait pour lui deux sens, l'argent et justement l'engagement, le risque. Et il a conclu, « c'est justement ce que je n'arrive pas à tenir. Dans l'engagement il y a trop à perdre ». Et là encore je n'ai pas revu cet homme. Il a choisi de ne pas revenir. Mais il me semble que contrairement au premier exemple, j'ai été un peu plus présent un peu plus à l'écoute de ce qu'énonçait ce jeune homme. Ce qu'il disait et qu'il a pu alors entendre de sa propre bouche, c'est qu'il ne voulait rien perdre, rien lâcher, rien mettre en gage de soi. Il s'est retrouvé du coup devant la nécessité de prendre un engagement, c'est-à-dire que l'écoute a fait venir au jour l'impossibilité de ne pas choisir. À ce moment il ne pouvait plus se défiler. Il a été mis au pied du mur de son désir. Il aurait pu choisir de s'engager dans le travail analytique ; il a choisi pour l'instant de ne pas y entrer. Mais le travail d'écoute a amené au grand jour le point de butée subjectif sur lequel il avait construit sa relation aux autres. Là, pour une fois – et il précisera que c'est la première fois que ça lui arrive – il a été mis en demeure d'assumer un choix comme sujet. Ce qui est douloureux dans le choix, c'est surtout d'accepter de perdre. D'ailleurs je ne serai pas surpris de le revoir un de ces jours faire une demande d'analyse, chez moi ou chez un confrère. Il ne peut plus faire aujourd'hui comme s'il n'avait pas entendu ce qu'il a dit ce jour-là et que ma parole est venue souligner comme d'un trait rouge. Voilà pourquoi je dis que l'écoute dans ce travail particulier qu'est la cure de paroles, est à la fois du côté de l'analyste et du côté de l'analysant. C'est un lieu entre-deux. Il arrive d'ailleurs fréquemment à un analyste de pointer au patient ce qu'il vient de dire, de souligner, de ponctuer. « Vous entendez ce que vous dites ? » En cela l'analyste a juste un petit temps d'avance sur le sujet. Il voit venir, ou plutôt il laisse venir dans son silence, la construction qu'opère la parole à l'endroit du sujet.

L'OUVERT, LA PRÉSENCE

Mais évidemment, le cadre, l'objectif et la place ne sont pas les mêmes dans le travail éducatif et le travail analytique. Même si je pense comme je l'ai souligné, que l'essence de l'écoute est toujours la même, à savoir offrir un creux où la parole d'un sujet puisse se loger. L'écoute vise avant tout à permettre à un sujet de s'approprier sa propre parole.

Dans le travail éducatif, c'est sur le versant de l'inscription sociale avec les outils de l'insertion sociale, de l'apprentissage de la vie en société, et au nom de cette même société, mandaté et rémunéré par elle, qu'un praticien situe son acte. Par contre dans la psychanalyse, c'est sur le versant du fantasme, donc des déterminations inconscientes, dans un pacte passé entre deux êtres humains, avec la visée d'accompagner le sujet jusqu'à ce lieu vide de la perte et de la castration, jusqu'à cette « traversée du désêtre », comme le dit justement Lacan, jusqu'à ce lieu non-lieu, qu'un praticien accompagne un sujet demandeur. Ses outils sont uniquement la parole. Le cadre, ce qu'on appelle le dispositif, est réduit au plus simple : l'argent, le temps avec des rendez-vous précis, l'espace où la plupart du temps l'analysant est allongé, tandis que l'analyste se tient derrière lui, hors regard. Ce dispositif réduit au minimum, mais sur lequel les analystes sont pointilleux, c'est ce qui permet de tenir le cadre solidement. C'est dans ce cadre qu'un sujet va affronter sa propre incomplétude.

Le travail éducatif ne peut porter l'écoute à ce degré. Sans en être dupes, les praticiens sociaux ont pour fonction de permettre à un sujet de s'éprouver comme manquant, mais d'investir ce manque dans la création, l'invention, l'expression, le travail, les études... Ce qu'en psychanalyse on nomme la sublimation ou dans le travail éducatif, l'autonomie. Ce que D.W. Winnicott développe dans son ouvrage *La capacité d'être seul*. Si les éducateurs accompagnent un sujet à être un parmi d'autres, l'analyste le soutient dans la réalisation de ce qu'en matière d'être il est en manque.

Dans les deux cas, le travail éducatif et la pratique analytique, je crois que l'on peut dire qu'il s'agit de tenir une position clinique au sens où, comme l'affirme Jacques Lacan, « il n'y a de clinique que du sujet ». Autrement dit toute rencontre est toujours nouvelle, nous ne pouvons nous abriter derrière des recettes, ou cloner des situations qui se sont révélées efficaces. Toute rencontre remet en jeu nos capacités d'être parlant, autrement dit notre capacité à supporter le manque qui nous constitue. L'écoute dans sa position, son cadre, ses visées est à requestionner en permanence. L'écoute telle que je la conçois ne peut se refermer sur une maîtrise ou un pouvoir, qui viserait à faire faire aux autres ce qu'on veut qu'ils fassent, ce qui est une sacrée illusion quand on y pense. L'écoute débouche sur ce que dans un autre texte Martin Heidegger nomme « l'ouvert ». L'ouvert c'est le lieu du possible le lieu de ce qui n'a pas eu lieu, le lieu de ce qui nous échappe, de l'inconnu de l'insu, de l'inouï, le lieu du devenir. Comment l'ouvert peut-il advenir ? À partir d'une présence dit Heidegger, une autre façon de dire l'écoute. Cette présence à laquelle un éducateur ou un analyste est convoqué n'est tenable qu'au prix d'un renoncement à exercer un quelconque pouvoir sur autrui. On sait bien que très souvent nous pensons faire les choses pour le bien de l'autre. Mais Emmanuel Kant nous rappelle que vouloir le bien de l'autre est la racine de la tyrannie. Alors renoncement, et je terminerai sur cette parole puissante d'Heidegger « le renoncement ne prend pas mais il donne. Il donne la force inépuisable du simple. Par l'appel en une lointaine origine, une terre natale nous est donnée. »

Chapitre 5

Les garde-fous de la relation éducative

« Si l'homme parfois ne fermait souverainement ses yeux,
il finirait par ne plus voir ce qui vaut d'être regardé. »
René Char

PARLER ET ÉCRIRE LA PRATIQUE

On ne peut qu'être étonné, lorsque l'on entre en contact avec les éducateurs, par un fait troublant. Ils ont beaucoup de mal à parler et à écrire sur leur pratique. Non pas que les éducateurs ne sachent pas parler ou écrire, mais on est en face d'une réelle difficulté dans la prise de distance et dans la théorisation. Généralement, les éducateurs tentent de fuir cette impasse de deux façons. Certains s'enfoncent dans un activisme débordant, une suractivité. D'autres passent beaucoup de temps en parlotes, développant une langue de bois qui les étourdit plus qu'elle ne traduit les raisons de ce qu'ils font.

Il est vrai que les formations des éducateurs telles qu'elles sont conçues actuellement participent à cette confusion. La formation est constituée d'un éclatement de savoirs hétéroclites empruntés peu ou prou à l'ensemble des sciences humaines. Les questions d'épistémologie et de cohérence des discours que nous abordions au début de cet ouvrage, ne sont pas sérieusement posées. Ceci incite plus au jonglage avec les concepts, à travers une sorte de salade russe des signifiants, qui ne cesse d'étonner les personnes étrangères à ce secteur. Je ne pense d'ailleurs pas dans cet ouvrage, malgré tous mes efforts de clarification, avoir toujours échappé à ce brouillage.

Les éducateurs, de par leur place singulière d'accompagnants de personnes en souffrance dans différents lieux et situations, sont plongés au carrefour de questions complexes et souvent contradictoires. Ils ont à tenir compte d'une part, des personnes et de la relation singulière qu'ils engagent avec chacune d'entre elles et d'autre part, du tissu social et collectif dans lequel s'inscrit cette relation. L'espace de médiation fait donc appel à des savoirs différents : la sociologie et l'ethnologie en ce qui concerne la compréhension du social ; la psychologie clinique et la psychanalyse en ce qui concerne le sujet. Pour tenir leur place, les éducateurs ne peuvent sacrifier ni l'un ni l'autre. Mais ils ne peuvent non plus mélanger ces discours, pour aboutir à un mixte, qui ne serait qu'une bouillie conceptuelle. Les éducateurs n'ont pas pu, pas su, jusqu'à aujourd'hui dégager un corps de concepts spécifiques permettant de rendre compte de leurs actes, d'en exposer les hypothèses opérationnelles, et d'en expliquer les aboutissants et la logique interne.

En effet, ce que fait un éducateur ne se voit pas. L'un accompagne un enfant à son match de foot ; l'autre passe une heure à faire des exercices de maths ; un troisième a des entretiens réguliers avec un toxicomane. Phénoménologiquement parlant, rien n'apparaît de façon évidente du sens de ces actes. Le seul mot qui vienne en souligner un tant soit peu la signification est celui d'« aide ». L'éducateur aide des personnes en difficulté. Évidemment, un mot aussi flou, aussi usé, ne saurait justifier de l'acte. D'autant plus que ce terme lui-même, lourdement chargé par l'histoire de l'aide sociale ou de la charité chrétienne, déclenche son expression de pathos : « quel courage vous avez... »

Bref, l'éducateur empêché (et surtout par lui-même) d'exposer (et de s'exposer) dans le langage, ce qui soutient ses actes, tombe sous les coups de l'incompréhension qu'il a provoquée. Signalons également un point qui revient souvent dans les différentes études sur les éducateurs (par exemple, Ion et Tricart, *Les Travailleurs sociaux* [1992] ou Jean-Marie Geng, *Mauvaises pensées d'un travailleur social* [1980]), même si ce constat est en partie battu en brèche par les nouveaux postulants à la fonction éducative : il semble que les éducateurs aient eu maille à partir avec l'appareil d'apprentissage scolaire. Non pas que les éducateurs soient des cancres, mais un peu comme leurs clients, ils n'ont pas trouvé dans les conditions d'enseignement dispensant une éducation dite « nationale », leurs moyens d'expression. D'où souvent une dévalorisation de leur capacité à formaliser leur pratique. Ceux qui savent sont ceux qui tiennent un discours scientifiquement correct : psychiatres, psychologues, rééducateurs, sociologues.

On a ainsi vu pendant des années les éducateurs aliénés à des discours dominants qu'ils tentaient de singer. Dans l'immédiate après-guerre, c'est surtout le discours médical, dans ses composantes psychiatriques, qui a prédominé. Ensuite, il y eut la vague des « psys ». Et aujourd'hui, on voit à l'œuvre le même laminage idéologique à travers les discours économiques, gestionnaires (voire « managériaux ») et sociologiques. Les éducateurs, trop souvent, pour ne pas risquer une parole qui dérange forcément, puisqu'elle donne à entendre dans l'espace social la place des sujets qu'ils accompagnent dans le champ de l'exclusion, de la relégation, de l'infamie, se sont laissé lier, pieds et poings, à des discours qui dénaturent leur acte et ne permettent pas d'en répondre.

Comment mettre en œuvre les différentes composantes de l'acte éducatif ? Comment rendre compte de ce travail subtil, invisible, intangible ? Comment trouver les mots pour dire ce que chacun fait ? Comment constituer un corps de langage, un discours dans lequel les éducateurs puissent puiser pour donner à entendre et à voir ce qu'ils font dans le vif du quotidien ?

▶ Éducateurs et écriture

Le tableau serait bien sombre si l'on s'en tenait à ces constats négatifs et à ces questions lancinantes, ritournelles sans réponse. Force est de constater que depuis quelques années, un mouvement dynamique est apparu chez les éducateurs de terrain, qui entraîne une prise de conscience de ces difficultés. Les centres de formation, le plus souvent animés par des professionnels dont la connaissance pratique est enfouie sous des dizaines d'années, ou encore, comme cela se dessine récemment dans certains IRTS, par des universitaires, n'ont pas réussi pour le moment à ouvrir des espaces où professionnels, formateurs, personnes en formation et chercheurs, travaillant de concert, puissent faire prendre corps à ces avancées pourtant bien visibles sur le terrain. Malheureusement, ces tentatives de formalisation s'essoufflent à n'être pas dialectisées et soumises au feu de l'exigence rigoureuse de la recherche[1].

Des expériences, telles que la revue *Lien social*, à l'origine créée par un collectif d'éducateurs, ont mis en avant la nécessité pour les professionnels de l'éducation spéciale de donner forme dans des écrits à leur pratique. Mais cette revue, sans doute parce que les professionnels du terrain ne s'en sont pas saisis, semble tourner en rond, d'autant plus qu'elle s'est diluée dans un discours à la recherche d'une figure globale du travail social bien hypothétique. Les trois colloques organisés par cet hebdomadaire n'ont conduit, au-delà des rassemblements spectaculaires qui en disent long sur les attentes des professionnels de faire corps et sur leur désir de reconnaissance, qu'à un peu plus de confusion, et un peu plus de dévalorisation. On y a vu défiler sur les estrades les principaux penseurs à la mode, en grande partie des universitaires inscrits dans la recherche sociologique.

1. Sur les écrits professionnels voir : Joseph Rouzel, *La pratique des écrits professionnels en éducation spécialisée : méthode et cas concrets*, Dunod, 2018 (2e édition revue et augmentée) ; Christian Gauffer, *Approche psychanalytique du travail d'écriture. Enjeux, sens et techniques des écrits professionnels dans le champ social et éducatif*, L'Harmattan 2017.

On est donc arrivé à cette aporie que pour rendre compte du travail social en général et du travail éducatif en particulier, on met en scène des spécialistes de sciences qui *a priori* n'ont pas directement à voir avec les actes des professionnels, et qui sont venus faire la leçon, devant un parterre ébahi, sur ce que les professionnels devraient faire. Nous avons assisté à trois reprises, devant plusieurs milliers de personnes, à la théâtralisation d'un discours savant dominant, tentant d'infléchir des pratiques. Les éducateurs ne parlent pas de ce qu'ils font, n'écrivent rien de ce qu'ils soutiennent, on cause pour eux !

Une autre expérience qui a lieu depuis quelques années à Saint-Étienne, nous paraît un peu plus prometteuse. On y voit se réunir trois à quatre cents travailleurs sociaux, principalement assistants de service social et éducateurs, qui tentent de rendre compte, dans des exposés, de leur pratique. N'est invité aucun spécialiste de quelque discipline que ce soit. Chacun s'y essaie patiemment à formaliser sa pratique.

▶ Reconnaissance par l'écrit

Deux exemples antagonistes, donc, mais qui témoignent cependant que les éducateurs sont en recherche d'une reconnaissance qui ne peut passer que par le fait de donner à voir, à l'ensemble du corps social, ce qui constitue leur acte. C'est une première voie qui s'ouvre. La formalisation de la pratique ne peut opérer que dans la prise de parole de chacun, poursuivie par le travail d'écriture et de publication. Seule cette dimension de mise à jour sur la place publique peut assurer aux éducateurs une reconnaissance sociale tant réclamée. D'autre part, ce n'est que par ce biais que les éducateurs, dans la confrontation, sur un pied d'égalité, avec d'autres praticiens, d'autres penseurs inscrits dans d'autres champs de savoir, forgeront un langage commun. Mais prendre la parole et écrire ne suffit pas en soi. Il faut, dans un tel mouvement, prendre appui sur des concepts. Qu'est-ce qu'un concept ? C'est un mot qui appartient à un ensemble de mots, délimitant, nous l'avons vu, un champ de savoir, et qui permet de construire une réalité. La réalité est produite par cette opération conceptuelle. Faute de cette mise en forme des pratiques, faute de cette formation, au sens où l'on parle de la formation d'un glacier, la pratique en reste au niveau du fantasme et de l'imaginaire.

Chacun peut en penser ce qu'il veut. D'où une deuxième voie qui s'ouvre ici au travail éducatif, celle de l'apprentissage de la conceptualisation. Évidemment, nous l'avons montré à maintes reprises, cet apprentissage ne part pas de rien. Il prend appui sur des champs de savoirs préexistants, principalement les sciences sociales et les sciences de la subjectivité, toutes deux réunies dans l'ensemble disparate des sciences dites « humaines ». Une approche des concepts à partir du champ éducatif est visible, bien que récente. Mais elle concerne essentiellement la mise au travail des concepts de la psychanalyse dans le champ social, l'objectif étant de produire un discours qui rende compte de la pratique. Des ouvrages comme *Le Rôle de l'éducateur* [1995] de Daniel Roquefort, ou de Jeanne Granon-Lafont, *Les Pratiques sociales en dette de la psychanalyse* [1994] ; le travail de réflexion de Martine Fourré, *Les Lieux d'accueil* [1991] ; mon livre *Parole d'éduc.* [1995], sont autant d'événements qui témoignent de cette pensée en marche. Il semblerait que certaines explorations nous parviennent également à partir du champ de l'ethnologie et de la linguistique.

Prise en compte de la parole de chacun, élaboration d'un discours collectif en prenant appui sur des discours voisins... Voilà les deux points de fondation d'un discours éducatif en cours de constitution. Notons également un souci, chez les praticiens de l'éducation spécialisée, de ne pas s'enfermer dans un discours unique. En effet, l'acte éducatif se révèle, lorsqu'on essaie d'en rendre compte, tellement complexe, que seul un jeu entre des discours multiples, mais bien repérés, permettrait de l'approcher. Certains vont même chercher dans la poésie, la littérature (pensons au magnifique *Texaco* [1994] de Patrick Chamoiseau), la vidéo, le théâtre, les outils de formalisation de leur pratique. Je connais une éducatrice qui tente de rendre compte de ses actes dans une écriture poétique très fine. Quant à Jean-François Gomez, bien connu dans le secteur pour ses ouvrages de réflexion sur le fait éducatif, il vient de publier un roman, *D'ailleurs. L'Institution dans tous ses états* [1996] qui lui permet d'aborder les questions d'une façon nouvelle : un enfant fugue d'une institution, qu'est-ce qui se passe dans la tête des éducateurs ? Pour ma part, j'ai écrit un certain nombre de nouvelles dont plusieurs sont parues dans la revue *Empan*, dans le même souci de donner à lire l'essence même du travail éducatif.

Une étude récente que j'ai faite à partir d'une vingtaine de manuscrits reçus chez un éditeur laisse apparaître le fait suivant : presque tous ces écrits sont constitués de fragments. En quoi l'art du fragment, que célébrèrent entre autres des auteurs tels que Roland Barthes et Michel Leiris, permet-il de cerner la pratique éducative ? Pourquoi ce type d'écriture fleurit-il aux alentours de ce métier singulier ?

Sans vouloir faire une grande digression, on peut se demander si les éducateurs qui côtoient et défendent au jour le jour des populations rejetées aux marges de l'espace social, marges jadis occupées par les lépreux, les pestiférés, les exclus et les internés de tous genres, ne sont pas confrontés à des lieux où il n'y a pas de pensée. Alors, pour survivre avec ceux qu'ils accompagnent, ils inventent ce style de pensée éclatée, morcelée, représentant le minimum de la pensée et de l'écriture. « Depuis la fin du XVIIIe siècle, la vie de la déraison ne se manifeste plus que dans la fulguration d'œuvres comme celles de Hölderlin, de Nerval, de Nietzsche, ou d'Artaud – indéfiniment irréductible à ces aliénations qui guérissent, résistant par leur force propre à ce gigantesque emprisonnement moral, qu'on a l'habitude d'appeler, par antiphrase sans doute, la libération des aliénés par Pinel et par Tuke. » Voilà ce qu'affirmait Michel Foucault à la fin de sa thèse sur l'histoire de la folie. Les éducateurs, pris eux-mêmes dans cet espace d'aliénation, donneraient à entendre ce qu'ils « bricolent » pour survivre avec d'autres, dans ces « éclats ». Hommes de ruse, hommes du fragment et de l'ellipse, comme ces poètes que cite Michel Foucault, les éducateurs s'engagent sur une voie d'écriture qui ouvre des fenêtres dans un espace d'étouffement. Il s'agit pour eux de mettre en mots leur pratique, tout en préservant leur espace d'engagement auprès des personnes qu'ils accompagnent et soutiennent au quotidien.

C'est sans doute la raison pour laquelle on ne saurait faire une science de l'éducation spécialisée. Cette profession est engagée, auprès des plus démunis, dans des actions de résistance, où l'art du scripteur participe du chiffre et de la contrefaçon, où ce qui est donné à lire dans des rapports dits « officiels » couvre savamment et distrait ce qui se fait. Cette écriture, située du côté de la marge, inscrite dans le champ de l'exclusion sociale, se fait dans son mode d'expression même, résistante. Elle résiste à la récupération, l'aliénation, par les savoirs et les pouvoirs dominants. Elle donne de l'air et du champ à ceux qui s'en chargent. Elle fait éclater les cadres linguistiques de la réification. L'écriture des éducateurs témoigne que malgré tout, malgré le mal et le malheur qui frappent ceux qu'ils assistent, il y a de la vie possible, mais qu'elle est à préserver. « La théorie est grise, mais l'arbre de la vie reverdit sans cesse », disait Sigmund Freud.

Les éducateurs auraient donc deux écritures. L'une se fait au grand jour des rapports, des synthèses, des projets, des lettres à diverses instances judiciaires, médicales, administratives. La seconde est une écriture de l'ombre, une écriture de la ruse, elle dit à demi-mot, elle mi-dit, ce qu'il en est de côtoyer à longueur de journées des incasables, irrécupérables...

DES LIEUX D'EXPRESSION

La formalisation de la pratique exige que chaque éducateur s'y engage. En effet, le cœur de la pratique, ce que j'ai nommé la « clinique », met en situation un éducateur dans son être de relation et fait résonner des dimensions affectives, émotionnelles et subjectives. Dans la relation, l'éducateur y est pris. D'où pour lui une nécessité répondant à un triple objectif. D'abord, prendre de la distance, puis construire des repères de ce qu'il fait, et enfin, les confronter avec ses collègues professionnels, éducateurs et autres techniciens. Ce travail de formalisation exige des espaces et des dispositifs adaptés. Inscrite dans les deux conventions collectives de 1951 et de 1966, qui cadrent le secteur éducatif, il faut avouer que la bonne intention qui visait à ouvrir des espaces d'expression, sous forme de 4h dégagées pour la réflexion, se traduit rarement dans les faits[1]. Les réunions sont la plupart du temps envahies par les questions de fonctionnement et de gestion. Comme on l'entend dire parfois : « on gère l'agenda ».

Un certain nombre d'institutions ont cependant dégagé pour les éducateurs de tels espaces. Il faut distinguer ces espaces dévolus à la clinique, des réunions de fonctionnement, des réunions d'équipe élargie et des diverses confrontations institutionnelles. Pour accepter de s'exposer dans une parole sur son métier il faut un minimum de

1. Réduits à peau de chagrin au fil des années.

conditions. Il faut la garantie que la parole de chacun ne sera pas dévoyée et utilisée contre celui qui s'est avancé.

Dans les institutions où ce travail s'est mis en place, le plus souvent, il faut le dire, sous la pression des éducateurs eux-mêmes, on peut distinguer deux types d'espaces de formalisation de la pratique, que nous allons développer : la supervision en équipe éducative et la régulation d'équipe. Nous y ajouterons deux autres modalités pratiquées en externe : la supervision collective hors institution, qui peut prendre diverses formes, et le contrôle individuel. Nous nous pencherons également sur un type de formalisation qui est apparue il y a peu et qui voit se réunir hors institution des groupes d'éducateurs qui essaient d'analyser leur pratique entre eux. Nous aborderons ensuite la question délicate de l'écriture des éducateurs que nous venons à peine d'esquisser. Ce tour d'horizon, de ce qui se fait, ou de ce qui dans certains endroits en reste à l'état de projet, ou relève de l'idéal, nous permettra de déboucher sur la dimension incontournable qui est au fondement du travail éducatif, l'éthique, que nous différencierons au passage de la responsabilité éducative et de la déontologie.

RÉGULATION, SUPERVISION, CONTRÔLE

Les différentes formes d'analyse des pratiques éducatives sont nées de deux psychanalystes anglais : Michael Balint, initiateur des fameux groupes de parole du même nom ; et Wilfried Bion, qui a orienté une bonne partie de sa recherche vers les petits groupes, principalement pour en faire un espace thérapeutique en direction des psychotiques ou des soldats en état de stress. Notons que ces deux auteurs sont nés à l'étranger, Balint en Hongrie et Bion en Inde, et que leur recherche d'intégration par la parole dans un groupe n'est pas sans lien avec ce qu'ils ont dû éprouver dans leur propre histoire pour prendre une place dans une socioculture qui à l'origine n'était pas la leur. Cette remarque, en passant, signale tout l'intérêt d'une telle pratique dans l'insertion et l'intégration des personnes en rupture de lien social, pour des questions de maladie mentale ou de transplantation culturelle.

Pour les éducateurs, la pratique des groupes de parole qui vise une formalisation de leurs actes et de ce qui les sous-tend, peut aussi déboucher sur une meilleure reconnaissance sociale de leur travail. Dans les limites cependant que nous avons entrevues ci-dessus. À se coltiner la misère du monde, il serait étonnant que les éducateurs s'en trouvent vraiment reconnus dans leur fonction, sauf à en passer par des modes de représentations dénégateurs, où l'on encense la générosité, l'abnégation, la grandeur d'âme des professionnels pour mieux les faire taire. C'est d'ailleurs un des rares métiers où l'on insiste, dans le discours courant, à partir d'un vocabulaire qui sent son poids religieux, sur la vocation des candidats, plus que sur la professionnalisation. Des groupes de parole et d'élaboration de l'expérience permettent alors aux éducateurs de résister à ces deux modes de laminages entre lesquels ils sont pris en tenaille : la rencontre quotidienne, déboussolante, avec des sujets en grande souffrance et le mouvement de relégation sociale par lequel on les maintient en marge auprès de ceux qu'ils accompagnent.

Le groupe Balint inauguré à Londres, notamment à la Tavistock Clinic, qui allait quelques années plus tard, sur l'impulsion de Laing et Cooper, devenir un haut lieu de l'anti-psychiatrie, s'est d'abord adressé à des médecins. Sous la conduite d'un psychanalyste, les praticiens médicaux prenaient conscience, en parlant, des processus psychiques intervenant dans leur relation aux patients. Petit à petit, cette pratique d'expression en groupe s'est développée et étendue à d'autres corporations, notamment les travailleurs sociaux. Si le débat autour de ces pratiques a été houleux dans les années soixante, signalons que depuis, elles sont passées dans les mœurs, même si l'on peut regretter que la supervision d'équipe ne soit pas plus répandue[1].

▶ La supervision en équipe d'éducateurs

La supervision, même si le mot est loin d'être heureux, est un dispositif de parole animé par un tiers, généralement extérieur à l'institution qui réunit un groupe d'éducateurs et a pour objet de permettre à chacun d'exprimer ce qu'il met en jeu dans sa relation clinique aux enfants ou adultes pris en charge. La direction, dans ses instances hiérarchiques (chef de service ou directeur) est absente de cet espace. Il s'agit d'un espace et d'un temps où le fonctionnement institutionnel est suspendu. Mais il s'agit aussi d'un temps de travail, et il importe qu'il soit repéré comme tel, et donc inscrit dans l'emploi du temps et rémunéré normalement, et non sur des lignes budgétaires annexes (la formation continue par exemple, ou comme je l'ai vu faire, les missions et réceptions !).

Nous avons vu dans notre approche de la notion de transfert que la relation éducative engage un éducateur à tous les niveaux. Certaines situations ne peuvent manquer de faire écho à l'histoire de chacun. Et ce qui est éprouvé d'émotions, de sentiments, d'affects, n'est pas sans lien avec l'intensité de la relation engagée. Encore faut-il en extraire la « substantifique moelle » pour la mettre à disposition de l'éducateur lui-même et de l'équipe éducative. Le travail sur le transfert se résoud ainsi dans un transfert de travail, où dans les mots, l'éducateur, à partir de son vécu intime, construit une distance et un repérage par rapport à ses positions cliniques. Ni étude de cas ni psychodrame, et encore moins analyse sauvage, la supervision est le lieu d'exploration des questions posées dans sa pratique singulière à chaque éducateur. J'ai personnellement animé, en institution ou en formation, de tels groupes et je m'appuierai sur cette expérience pour formaliser ce qui suit.

1. La question de la supervision ou de la régulation d'équipe est traitée dans : Joseph Rouzel, *La supervision d'équipes en travail social*, *op. cit.* Voir également Claude Allione, *La part du rêve dans les institutions : régulation, supervision, analyse des pratiques*, Encre marine, 2011 ; Jeannine Duval-Héraudet, *L'analyse de la pratique : à quoi ça sert ?*, Érès, 2015 ; Joseph Rouzel (dir.), *La posture du superviseur*, Érès, 2017. Voir aussi le site : www.asies.org.

Le dispositif est le suivant. La durée varie de 1h30 à 2h. Au-delà, la parole se délaie ; en deçà, elle n'a pas le temps de prendre son envol. Une personne expose une situation, soit parce qu'elle en est préoccupée, soit qu'elle en soit embarrassée, soit qu'elle souhaite tout simplement en parler. Il est impératif que pendant ce temps le reste du groupe se tienne en position d'écoute active. Vient un deuxième temps, fait d'abord de questionnement, pour apporter certaines précisions. Puis les membres du groupe éducatif essaient de comprendre ce qui se passe dans la situation précise. L'échange ne vise pas à dégager une solution aux questions exposées, mais à permettre à chacun d'élaborer une compréhension logique et subjective. Les différentes explications ne sont pas exclusives.

Un troisième temps permet à l'exposant de reprendre les choses, de témoigner de son déplacement dans la parole, de restituer au groupe ce que l'échange a pu lui apporter et lui faire entrevoir. Le rôle de l'animateur, généralement tenu par un analyste, est triple. C'est un rôle d'organisateur de la parole, de façon à ce que chacun puisse s'exprimer. Personnellement, j'y adjoins souvent un rôle que je nomme « greffeur ». Devant certains modes d'expression où l'exposant cherche à tâtons son chemin, mais a tendance à tourner en rond faute de trouver les mots pour dire ce qu'il vit, je pense qu'il peut être utile, pour reprendre un mot de Jean Oury, de proposer une « greffe de signifiant ».

Par exemple, dans une situation un peu inextricable où un éducateur avait beaucoup de difficultés à démêler ce qu'il vivait dans une relation éducative avec un enfant, très gêné, et quasiment coupable de ce qu'il ressentait, je me suis permis d'énoncer qu'il s'agissait là de transfert. Quelques mots issus de la théorie freudienne, telle que je l'ai exposée au début de cet ouvrage, ont permis à cet éducateur de relancer son expression, de reprendre confiance et de mobiliser autour du concept des pans entiers de non-dit. Le troisième rôle du superviseur, lié à sa place singulière, est celui de dépositaire et de témoin du travail d'élaboration. Il incarne cet autre auquel est finalement destinée toute expression, il incarne le principe et la possibilité du langage.

On sait que cet autre, Jacques Lacan, dans son enseignement le nommait, « le trésor des signifiants » (il l'écrit alors Autre, avec une majuscule). Il soutient dans le groupe, en prêtant au jeu son écoute et sa personne, la possibilité même d'une parole. Il met en jeu par sa présence, le plus souvent silencieuse, le transfert dans cet espace de paroles et d'attitudes, qui permettent à chacun d'avancer dans ses propres questions. La supervision est ainsi le lieu de l'élaboration d'un savoir au cas par cas, en fonction de chaque situation évoquée. Ce savoir qui est produit par l'engagement de chacun, n'est pas directement modélisable ni transmissible. C'est pourquoi il ne peut être exigé dans un tel groupe de produire des écrits ou des comptes-rendus.

Le travail de la parole vise avant tout le désencombrement psychique de chacun. Il s'agit de faire le ménage en soi et donc de se rendre plus disponible à la relation éducative. Les retombées indirectes en termes de formalisation se font au fil du temps. Avec le temps, de tels groupes, lorsqu'ils sont soutenus au long cours par l'institution, permettent à une équipe de se construire à travers la reconnaissance et le cheminement singulier de chaque éducateur qui la compose. Petit à petit, l'expérience montre également que ce travail produit une langue commune au groupe éducatif qui lui permet, à travers les trouvailles spontanées de chacun, de s'affirmer, au moins au niveau institutionnel, comme lieu d'appartenance et de référence. Lorsque ce genre de groupe arrive à fonctionner sur plusieurs années dans la même institution, on constate des prises de position beaucoup plus cohérentes de la part de l'équipe éducative.

Il faut avouer cependant, que trop souvent, le groupe de supervision est piraté par les instances hiérarchiques. En effet, le principe de base d'un tel travail échappe à l'institution. Les membres de la direction ne sauraient y participer, sous peine de modifier le dispositif. Et bien souvent, les directions font tout pour que ce travail s'arrête, généralement lorsqu'il commence à produire des fruits, c'est-à-dire quand les éducateurs se font plus actifs, plus incisifs et donc subversifs dans l'institution, quand ils commencent vraiment à faire leur travail dans toutes ses dimensions. Dans nombre d'institutions, on a congédié sans discussion le superviseur ; ou bien on pratique l'intrusion systématique, on dénigre ce qui se passe dans le groupe, on stigmatise de toute façon cette pratique d'ouverture, protégée par le secret. C'est pourquoi j'énonçais dès le début qu'un tel dispositif n'est soutenable que si l'ensemble de l'institution le prend en compte.

Évidemment, cette pratique renvoie chacun dans l'institution à s'exposer dans ce type de réflexion sur sa pratique. Cette remarque est valable pour l'ensemble du personnel. On peut très bien imaginer que chaque groupe professionnel, du personnel de service à la direction, puisse disposer de tels espaces, qui produisent à la fois un décentrage de la machinerie institutionnelle, mais aussi un investissement plus sérieux dans les enjeux véritables qui sont la prise en charge globale de personnes souvent en grande souffrance. Ce travail déconstruit l'imaginaire institutionnel qui fige chacun dans une place assignée, et le revivifie dans son rôle et ses capacités créatrices. La prise de parole produit ainsi chez celui qui s'y engage vraiment, une place sans cesse ouverte au renouvellement mouvant des situations quotidiennes.

▶ La régulation d'équipe

La régulation, le plus souvent pratiquée en équipe restreinte, implique à la fois les éducateurs et le chef de service, voire le directeur. Parfois, elle est étendue à l'équipe élargie et accueille l'ensemble des techniciens, médecins, psychologues, rééducateurs (orthophonistes, psychomotriciens, ergothérapeutes...), instituteurs spécialisés... Ce type de travail en équipe élargie est plutôt rare à ma connaissance. Ce que l'on rencontre un peu plus souvent, c'est la régulation de l'équipe éducative. L'objectif est très différent de la supervision qui offre une visée clinique.

La régulation d'équipe cherche à produire une meilleure articulation entre les membres d'une même équipe. On constate trop souvent que les éducateurs sont pris dans les différentes réunions par la gestion du quotidien et par le fonctionnement. La réunion de régulation permet à chacun de dire ce qu'il engage dans le fonctionnement du groupe. La régulation permet de faire tomber les masques et de déloger chacun des dysfonctionnements et des routines dans lesquels il se complaît. Généralement, un objet institutionnel est choisi, comme la redéfinition du projet de l'équipe, la préparation de diverses actions, l'embauche de personnes nouvelles... Mais au bout du compte, il s'agit toujours que chacun puisse exprimer ce qu'il vit personnellement dans le groupe professionnel.

Se dire ce que l'on pense les uns des autres, dans le respect, mais aussi sans concession, dans cet espace protégé, permet de développer une dynamique de groupe efficace face aux différentes éventualités de prise en charge. Les fonctions, y compris hiérarchiques – je rappelle que dans ce type de groupe de parole, il est impératif qu'une personne de la direction, engagée au quotidien auprès des éducateurs, soit présente –, sont questionnées et donc redéfinies. La parole circulant dans le groupe est une source de renouvellement permanent des rôles de chacun. Chacun est rassuré, revalorisé et repositionné dans la fonction qu'il occupe, et peut intégrer une place vivante dans l'ensemble institutionnel.

La régulation d'équipe est généralement aussi animée par un psychanalyste, parfois un psychosociologue. L'important est que l'animateur ait une grande disponibilité d'écoute et de relance des questions. Il veille aussi, quelles que soient les questions débattues, ou la place qu'il occupe, à ce que la parole de chacun puisse être entendue. C'est la prise en compte de la parole de chacun, quelles que soient ses fonctions, qui devient analyseur. Comme dans la supervision, ce travail ne produit pas un savoir tel quel. Il en produit les conditions d'émergence, en délogeant chacun de son positionnement figé.

▶ Le contrôle individuel

Espaces de parole des éducateurs pour éclaircir leur engagement auprès des personnes prises en charge et dans le collectif professionnel, la supervision et la régulation, sont pour certains renforcées ou remplacées par une demande de « contrôle individuel ». Plus traditionnellement pratiqué par les assistants de service social, le contrôle à l'extérieur chez un psychanalyste est de plus en plus monnaie courante chez les éducateurs.

La difficulté de l'engagement éducatif, la confrontation douloureuse à la souffrance, l'écho qui apparaît en miroir de sa propre histoire, sans nécessiter forcément une cure au long terme, qui de toute façon appartient entièrement à la décision du sujet, peuvent trouver, dans l'espace d'écoute analytique, leur lieu d'exploration. Souvent, les éducateurs sont si lourdement affectés par ce qu'ils vivent, si profondément touchés par leur rencontre avec la misère sociale et psychique, si impliqués dans la relation, qu'ils ne savent plus à qui en parler. Ils craignent, et souvent à juste titre lorsqu'aucun travail de supervision ou de régulation ne vient médiatiser les échanges entre collègues, d'être jugés, incompris, rabroués, rejetés, ou tout simplement pas écoutés. Il peut être important alors qu'ils trouvent à qui parler, afin d'éclaircir des situations d'autant plus embrouillées qu'ils ne peuvent les partager.

Évidemment, dans ce cas, se posent les conditions de paiement des séances de contrôle. En ce qui concerne la régulation d'équipe et la supervision, il est clair qu'elles sont prises en charge par l'institution, car c'est un temps de travail. Pour le contrôle individuel, il peut être légitime à un salarié d'en demander le remboursement à l'institution. Notons cependant que l'argumentation n'est pas toujours facile à soutenir, puisque les questions à travailler s'entrecroisent à l'articulation de la sphère personnelle et professionnelle. Il me semble cependant défendable que dans certaines situations, la prise en charge des séances de contrôle individuel se fasse sous couvert de l'institution.

Finalement, est-ce bien différent d'une formation de perfectionnement, ou d'acquisition de nouvelles compétences ? À l'éducateur engagé dans une telle pratique de déterminer si le contrôle lui permet de régler des questions professionnelles ou uniquement personnelles. L'espace du contrôle lui-même devrait lui permettre d'éclaircir honnêtement son mode d'engagement et de justifier ou non le remboursement des frais par l'institution[1].

Le contrôle porte le plus souvent sur ce qui préoccupe l'éducateur, sur ce qui « le travaille ». Et force est de constater que ce qui le met à mal, et souvent lui ôte sa force de travail, c'est la rencontre douloureuse avec les personnes qu'il accompagne quotidiennement. Soit qu'il y ait trop d'affect et de souffrance à supporter, soit que l'éducateur soit pris, ce qui se produit souvent avec les adolescents, dans un type de désir où il risque le passage à l'acte, sur le versant de l'amour ou celui de la haine. En effet, l'éducateur, s'il est au travail, ne peut rester indifférent, puisque c'est de son engagement même dans la relation que dépend la qualité de son propre travail. Le désir en tant que tel n'est pas manipulable. C'est proprement, d'après Freud, ce qui nous échappe. Il est donc indispensable, dans des moments où les situations l'affectent particulièrement, qu'un éducateur puisse disposer d'un lieu pour éclaircir sa position et faire la part des choses.

▶ Le désir de l'éducateur

Évidemment, ce travail a pour objet le transfert que supporte l'éducateur. Les éducateurs sont l'objet de projections et de transferts multiples, dont ils sont souvent affectés dans leur psychisme et dans leur corps. Mais c'est en même temps leur principal outil de travail et leur point d'appui dans la relation. La manœuvre qu'ils ont à opérer, et que nous avons décrite dans notre sous-partie sur le transfert, consiste à prendre appui sur cette force désirante, qui s'exprime dans l'amour mais aussi parfois dans la haine, projetée sur leur personne, et à l'accompagner jusqu'à ce qu'elle trouve à investir d'autres objets. Cette manœuvre, qui n'est pas en soi maîtrisable, n'est pas

1. Pratique qui existe en Suisse dans les formations en travail social, au titre de supervision pédagogique individuelle.

une manipulation. Elle ne peut opérer que si l'éducateur a une certaine distance par rapport à ce qu'il vit, que s'il peut l'exprimer. Non pas qu'il s'agisse de contrôler ni de maîtriser tout ce qui lui arrive, ce qui le conduirait vite à l'inertie et l'impuissance, mais ce qui est en jeu est de mettre son vécu, sa personne, son histoire, au service d'un autre, sans s'y noyer. En venant occuper cette place que dans la cure analytique Jacques Lacan attribue à l'analyste, celle d'objet « *a* ».

Autrement dit, ce qui est profondément en jeu dans la relation éducative, c'est qu'un éducateur occupe la place de ce qu'un sujet pense lui manquer pour être comblé, pour vivre sans faille, sans souffrance. Bien entendu, c'est une illusion, et il vaut mieux que l'éducateur s'en rende compte. Nul n'a le pouvoir de répondre absolument aux manques d'un autre, puisque c'est le manque lui-même qui est constitutif de l'humanité en tant que source du désir. D'où l'importance qu'un éducateur ne soit pas dupe de la place qu'il occupe comme objet de complétude. Objet illusoire, puisqu'impossible. Cet objet, dont Freud nous précise qu'il est manifesté en premier lieu dans la relation à la mère, est à jamais perdu. Il n'a même jamais existé, même si les différentes mythologies dans leurs versions antiques comme le paradis terrestre, ou modernes, tels qu'ils s'expriment dans divers feuilletons télévisés à succès, ne cessent de le mettre en scène. L'homme est à jamais chassé des verts paradis de l'enfance, et même s'il ne cesse de vouloir y accéder, dans sa quête infinie, il ne cesse de s'en éloigner. Le fait d'être soumis à la parole et au langage, fait que l'homme cherchant à atteindre l'objet, le rate constamment.

L'étymologie même du mot « parole » décrit ce processus. Du grec *para-ballein*, il signifie proprement « lancer à côté ». Cet objet qui est visé et à chaque fois manqué, qui relance donc sans cesse le désir, il arrive que pour un autre, un éducateur en occupe la place. Il est donc indispensable qu'il s'en détache, s'en différencie et, comme on dit, qu'il ne s'y croit pas trop. Sans ce travail incessant de remise en cause de la place qu'il occupe pour un autre, un éducateur glisse facilement dans une position de toute-puissance imaginaire. S'il pense être ou avoir pour l'autre ce qui lui manque, il s'installe dans un rôle de petit tyran, qui sait à la place de l'autre ce qu'il lui faut et manipule la relation pour arriver à ses fins. Le lecteur pensera peut-être que j'expose les choses de façon outrancière, et pourtant, c'est ce qui ne cesse de revenir, dans les diverses confrontations que j'ai avec les éducateurs, soit en formation, soit sur le terrain. C'est pour avoir aussi souvent éprouvé (et mis à l'épreuve) en moi-même cette position de toute-puissance que je me permets d'en dire quelque chose.

Souvent, les éducateurs basculent entre deux extrêmes : l'impuissance et la toute-puissance. Ces deux positions sont soutenues par une construction imaginaire commune, que l'on peut résumer en « tout ou rien ». Ce qu'il s'agit de repérer est la place que l'on occupe pour un autre, la place qu'il nous fait prendre et celle à laquelle on l'assigne dans la relation. Ce repérage qui permet d'occuper la position éducative avec suffisamment de souplesse, de distance, et parfois d'humour, ne s'acquiert que dans le travail de parole et d'écriture. Voilà pourquoi parler et écrire font partie des outils de base indispensables des éducateurs.

▶ Les groupes de réflexion

Je voudrais parler ici d'un travail de groupe que j'ai inauguré à Toulouse dans les années 1980 et qui a fonctionné pendant presque quatre ans. J'avais nommé ce groupe PEAN (Psychanalyse et éducation). Une quinzaine de travailleurs sociaux, éducateurs, assistants de service social ou psychologues, ont suivi ce groupe. Le séminaire Psychanalyse sans frontière[1] (PSF) que j'anime est largement ouvert aux éducateurs et fonctionne depuis plusieurs années sur Montpellier. Je ne puis qu'encourager mes collègues à inventer de tels espaces d'élaboration conçus comme de véritables laboratoires de la clinique éducative.

L'objectif est d'essayer de lire la clinique sociale à partir des concepts de la psychanalyse. Le dispositif de PEAN était le suivant : nous nous réunissions une fois par mois hors institution, autour d'un exposé fait par l'un d'entre nous à partir de sa pratique ; suivait une discussion. En début d'année, chaque participant s'était engagé à exposer à une date fixée sa réflexion et à remettre par écrit son travail. Les écrits ont été collectés et diffusés localement pendant deux ans.

PASSAGE À L'ÉCRITURE

Nous l'avons dit, le travail en groupe de parole ou le contrôle individuel ne produisent pas directement la formalisation d'un savoir sur l'acte éducatif. Ils permettent à chaque éducateur qui s'y engage avec assez de détermination d'acquérir une connaissance de soi en situation professionnelle. Seul le passage par l'écriture ouvre à une dimension de formalisation repérable, transmissible et donc confrontable à d'autres professionnels.

Écrire, pour un éducateur, est la condition pour rendre visible, aux yeux d'un plus grand nombre, sa pratique. Chaque éducateur est ainsi engagé dans un processus de formation permanente. Formation au sens de mise en forme, de formalisation, ce que les Allemands appellent *Gestaltung*. Donner forme à une pratique, dans le langage écrit, fait apparaître la forme même de cette pratique. Écrire sert à penser, à produire des idées. C'est d'ailleurs le seul mouvement praticable pour une réelle théorisation.

Dans le travail éducatif il ne s'agit pas, comme le voudraient certains, d'appliquer sur le terrain des théories importées, mais de produire le sens du travail engagé à partir d'un mode d'expression privilégié : l'écriture. C'est le lieu d'une praxis, au sens où l'a définie Jacques Lacan : tout mode de traitement du réel par le symbolique. C'est donc un mouvement permanent de mise en forme.

1. Remplacé en 2018 par le séminaire de l'association l'@psychanalyse.

▶ S'investir dans l'écriture

L'écriture est un point crucial dans l'histoire de l'éducation spécialisée. On entend souvent dire que les éducateurs n'écrivent pas. Évidemment, c'est faux. Les éducateurs sont obligés de par leur fonction même de rendre des comptes, dans des observations cliniques, des cahiers de liaison d'équipe, des synthèses, des projets, des rapports d'activité... De fait, les éducateurs écrivent, mais ils ne reconnaissent pas (et on ne reconnaît pas) leur écriture comme espace de formalisation de leur pratique. L'écriture est tout simplement niée en tant que telle chez les éducateurs. Et ce qui sort de l'institution comme écrits est le plus souvent revisité et signé de la direction, ou des techniciens « patentés » (psys, chefs de service...).

Si l'on condescend à reconnaître que les éducateurs écrivent, on leur dénie le droit d'exporter leurs productions et de les confronter à l'extérieur de l'institution. Les écrits des éducateurs fonctionnent comme les écrits dans l'Église. Ils ne sortent que lorsque l'autorité y a apposé son imprimatur ou son droit de veto. Parfois, on dit que les éducateurs écrivent trop mal, et l'on soumet leurs productions à une réécriture. C'est le psychiatre, le psychologue ou le chef de service qui s'en chargent. Ainsi, une enquête menée dans le Nord de la France sur une institution fait apparaître que tous les écrits présentant des comptes-rendus de suivis éducatifs, furent réélaborés par un médecin psychiatre et signés de son nom.

Force est de constater que les éducateurs, empruntant le pas à leurs détracteurs, ont donné prise à cet état de fait. Ils ont facilité, en n'élevant aucune protestation, leur propre aliénation. Certains se sont même persuadés qu'ils n'étaient bons qu'à faire de la garderie d'enfants ou d'adultes en attendant que des techniciens plus compétents (psychiatres, psychologues, rééducateurs, instituteurs...) les prennent en charge pour de bon. S'il en était ainsi, à quoi rimeraient les trois années de formation intensive en alternance ? À quoi rimeraient les nombreux écrits, souvent complexes dans leur mode d'élaboration, que l'on exige des éducateurs en formation (dissertations de psychopédagogie, mémoires, enquêtes, rapports de stage...) ? À quoi rimerait de soumettre les éducateurs à ce difficile travail d'écriture, si dans la pratique, il n'en reste rien ?

L'écriture des pionniers de l'action éducative, les Joubrel[1] et consorts, ont surtout produit des catalogues de bonnes intentions. Ils ont énoncé des principes, constitué des chartes ou des « bibles » censées faire référence. Ils ont apposé leur signature sur les tables de la loi, dans une position surtout moraliste et surmoïque. A suivi toute une période d'absence d'écriture. L'explication qui veut que dans l'après-guerre les éducateurs étaient trop occupés par la prise en charge de milliers de jeunes en errance ne tient qu'à demi. Dans le même temps, d'autres professions, comme les psychologues, ont produit des écrits substantiels, renforcé leur position et provoqué une reconnaissance du corps social. Les éducateurs se sont tus. Les écrits « sacrés »

1. Collectif, *Henri Joubrel, 1914-1983, témoin et acteur de l'évolution éducative et sociale*, AIEJI, 1985.

de leurs aînés, farcis d'idéalisme, ne les ont guère encouragés à rendre compte de leur pratique complexe et bien loin de l'idéal que prône tout discours normatif sur l'éducation.

▶ Écrire pour penser l'acte éducatif

Depuis quelques années, on assiste à un renouveau de l'écriture des éducateurs. J'ai déjà nommé l'ouverture réalisée dans ce domaine par la revue *Lien social*. Quelques éditeurs ouvrent leur maison à des éducateurs. Deux livres récents en témoignent. Jacques Lin a produit chez Théétète (maison d'édition nîmoise montée par des éducateurs) un ouvrage sur l'accompagnement de jeunes autistes aux côtés de Fernand Deligny, *La Vie de radeau* [1996]. Jean Cartry, déjà bien avancé dans sa carrière d'éducateur, et connu comme écrivain et penseur du travail éducatif, a publié chez Dunod une chronique de la vie quotidienne qu'il partage avec sa femme et ses enfants en famille d'accueil, *Petite chronique d'une famille d'accueil* [1996]. Pour ma part, j'ai créé chez l'éditeur Érès à Toulouse une collection qui accueille et fait la promotion de l'écriture des éducateurs. Quatre ouvrages sont déjà parus, dont un roman, qui permettent d'ouvrir un espace d'expression original[1].

Ce mouvement est nouveau. On ne peut pas dire qu'il n'y a rien eu d'écrit sur le travail éducatif. Au contraire, de nombreux et volumineux ouvrages existent. Mais leur caractéristique a toujours été d'être produits par d'autres auteurs que les acteurs de l'éducation spécialisée eux-mêmes. Ce qui est nouveau est la prise en compte de l'écriture par les éducateurs. On peut constater que l'on trouve des éducateurs faisant l'apprentissage de ce mode d'expression dans des ateliers d'écriture. D'autres s'essaient à soutenir une position d'écriture en participant, aux côtés d'autres professionnels, à diverses publications et manifestations. Ce mouvement d'écriture produira dans quelques années un discours organisé et structuré pour rendre compte de la spécificité du travail éducatif.

Il est à regretter cependant que les centres de formation n'accompagnent pas vraiment ce mouvement. La plupart des centres fonctionnent, quant à l'écriture, sur des représentations scolaires et normalisatrices, ce qui ne fait que renforcer le sentiment d'échec de certains. Là où il faudrait développer la création et l'expression sous toutes ses formes, on s'enferme trop souvent dans une rigidité stérile. Il se trouve toujours des petits maîtres pour prétendre imposer ce qui doit être écrit et la manière de l'écrire. Un éducateur comme Fernand Deligny n'a cessé de se battre contre cette vision réductrice de l'écriture. Dans ses cartes, ses « lignes d'erre », ou dans ses divers ouvrages, il a ouvert des espaces de résonance. Il a su convoquer une culture riche et sans cesse en

1. Depuis sa création, dans cette collection « L'éducation spécialisée au quotidien », ce sont une cinquantaine d'ouvrages qui sont parus.

éveil, pour cerner au plus près la subtilité des actes éducatifs. Il a montré la voie d'une authentique prise d'écriture.

L'écriture des éducateurs n'a pas à singer les écritures savantes issues de la littérature ou de la science. Son objet est de mettre en scène de façon vivante une pratique qui sans cela reste énigmatique et incompréhensible. Il suffit de demander dans la rue au premier venu ce que fait un éducateur pour rencontrer étonnement et déconcertation. Les éducateurs en sont aujourd'hui à chercher à construire un langage commun. Cet ouvrage y participe. Depuis plus de vingt ans que je pratique le travail éducatif, je vois bien qu'un certain nombre de mots insistent pour faire repère : autonomie, responsabilité, cadre, dispositif, médiations... J'ai essayé d'en rendre compte ici. Mais je ne crois pas que l'on puisse jamais écrire le manuel du parfait éducateur. En effet, le travail éducatif réclame de trouver les concepts pour déterminer son territoire d'intervention, mais comme le terrain privilégié de l'exercice du métier est la relation humaine, sans cesse mouvante et émouvante, il faut, pour en rendre compte, réinventer en permanence les modes d'expression. La mise en écriture de la clinique réclame un travail épistémologique dans lequel nul ne saurait en même temps s'enfermer, sous peine de sortir du champ éducatif pour basculer dans celui des sciences de l'éducation, ce qui n'a rien à voir.

Si l'écriture est le lieu de mise en scène d'une pratique vivante, le discours scientifique ne saurait en être le seul matériau de construction. Il faut, pour faire advenir au grand jour la complexité du métier d'éducateur, mobiliser l'ensemble des modes d'expression : littérature, poésie, histoire, roman, fiction, récit de pratique, témoignage, histoire de vie, films... Il s'agit, comme je le dis depuis plusieurs années, de faire flèche de tout bois. Les ressources à mettre en œuvre nous viennent autant de l'art que de la science. C'est une position que la formation des éducateurs est bien loin d'avoir entériné ou même approché. Les mémoires produits chaque année (plus de 2 000) par les éducateurs restent lettre morte. C'est un exercice de style ; le tribut à payer pour entrer dans la corporation, un rite initiatique pour lequel on fait sacrifice d'écriture... Aucune valorisation de ces écrits n'a lieu. Comme toute littérature grise, elle encombre les archives des centres de formation, sans que l'on en fasse fructifier la richesse[1]. Il en va de même de la plus grande partie de la production écrite universitaire ! Sur les questions d'écriture professionnelle on pourra consulter mon ouvrage *La pratique des écrits professionnels en éducation spécialisée* dans cette même collection chez Dunod. J'y aborde deux grands volets : la pratique d'écriture et l'écriture de la pratique. Au-delà du jeu de mot, il s'est agi dans cet ouvrage de dégager une véritable assise pour l'écriture des éducateurs, faisant appel à toutes les ressources de la langue écrite, afin de faire entendre ce qu'il en est de la spécificité de cette pratique. J'y montre que

1. Il faut cependant saluer la naissance, en 1999, d'une revue de l'IRTS de Montpellier, étendue à un réseau d'IRTS, *Le Sociographe*, visant la mise en valeur des productions écrites des personnes en formation. Idem à l'IRTS de Paris avec *Le Fil du récit*. Soulignons la naissance en 2017 de la revue en ligne *Initia'TIV*, redaction@initiativ.fr. Citons également la revue *Empan* de Toulouse et *VST*, revue du champ social et de la psychiatrie des CEMEA...

les éducateurs n'ont rien à gagner à se cantonner dans une langue de bois insipide, ou dans des écrits imposés, sans consistance. Il s'agit de faire preuve de ruse et de faire passer à partir d'une bonne connaissance du contexte, des destinataires et des contraintes de l'écrit, la subtilité de l'engagement éducatif auprès des plus démunis. La position dans l'écriture est alors clinique et politique.

Les synthèses

Fort de ce que nous venons d'avancer sur les processus de métabolisation collectifs et individuels du travail quotidien, la notion sacro-sainte de synthèse peut prendre un tout autre sens que cette cérémonie rituelle ennuyeuse à laquelle elle se réduit dans la plupart des établissements. On ne parle jamais que de soi et de ce que l'on vit. Si l'on part de ce postulat, la synthèse, par les voies de la parole et de l'écriture, peut devenir le lieu où s'effectue la mise en scène des transferts multiples qu'engagent une personne prise en charge avec les différents intervenants qu'elle côtoie chaque jour (éducateurs, médecins, rééducateurs, assistants de service social, mais aussi administratifs, et personnel de service...). D'entretenir des relations avec un ensemble de personnes, si chacun accepte de jouer le jeu d'en dire quelque chose, d'exposer ce qui est en jeu pour lui dans cette relation, permet, comme dans un puzzle, de construire une représentation assez juste de la réalité. Non qu'il s'agisse de s'opposer pour construire l'image idéale, ce qui se passe trop souvent, mais à travers la diversité des regards et des points de vue, une certaine réalité vivante se dégage. Il s'agit de mettre en scène une sorte d'orchestration, où chacun joue l'harmonique (ou la desharmonique) qui résonne en lui du fait d'être engagé dans une relation assez intime avec une personne. Évidemment, le glissement des réunions de synthèse vers des réunions de projet, risque fort de passer à la trappe cette dimension d'élaboration pluridisciplinaire, à partir des observations et des liens engagés par chaque professionnel, d'où seul peut résulter la prise en compte des sujets, un par un.

Une petite histoire indienne va nous permettre de préciser notre propos. Trois aveugles sont dans le désert. Ils tombent sur un éléphant. « C'est un arbre », dit le premier en saisissant une patte. « Pas du tout, fait le second, il s'agit d'un serpent. » Il tâte la trompe. Quant au troisième, il affirme, ayant buté sur le ventre de l'animal, qu'il s'agit d'une montagne. Ce que nous enseigne ce petit apologue, c'est d'abord que la réalité est construite par chacun en fonction de son angle d'attaque, donc, si le lecteur nous a suivi, de son désir qui s'inscrit dans le langage. Et d'autre part que ce n'est que dans l'échange collectif que l'on a quelque chance de construire une réalité un peu plus proche du réel, un peu moins fantasmatique. Une position de sujet dans un collectif. Voilà ce que devrait tenter de mettre en jeu la synthèse. Faute de quoi ce type d'exercice institutionnel débouche fatalement sur un dépeçage mortifère de la réalité vivante de la personne prise en charge. Dans une pseudo-objectivité, on réduit le sujet à l'état d'objet. En se mettant de côté comme impliqué en relation, comme sujet désirant, donc en refusant que la réalité soit toujours affaire de subjectivité, on s'installe dans l'illusion d'une toute-puissance imaginaire. L'autre devient l'objet d'un savoir que je pourrais construire sur son dos de l'extérieur, sans que j'en sois touché. La réalité de la relation éducative est évidemment tout autre. Elle implique au même titre, celui du transfert, quoiqu'à partir de places différentes, l'éducateur et l'éduqué (faudrait-il dire « l'éduquant » ?).

L'ÉTHIQUE DU TRAVAIL ÉDUCATIF

L'argumentation que nous venons de développer conduit tout droit à se poser la question de l'éthique du travail éducatif. J'ai soutenu tout au long de ces années passées comme éducateur sur le terrain, puis comme formateur, ce qui est un prolongement du travail éducatif, que l'éthique, inspirée par les travaux de Jacques Lacan est à définir comme « art du bien dire ».

Le terme d'éthique revient souvent dans le discours éducatif. On sent confusément, parce que ce terme est rarement défini, qu'il y a là un enjeu de taille, un mode de ressourcement du sens des pratiques. Ce qui introduit la confusion, c'est que dans nos sociétés modernes, l'éthique, pour décider de ce qui est bien ou mal, pour décider de ce que l'on peut faire ou non, a été confiée à de prétendus sages ou experts : comité d'éthique, de bioéthique, etc. Plusieurs notions sont à différencier.

La morale

C'est le code des bonnes mœurs, explicites ou tacites, qui permettent à chacun de se repérer dans les us et coutumes de la communauté humaine à laquelle il appartient. Le code moral est relayé par les interdits des Codes pénal et civil. C'est là que le terrain professionnel est balisé.

La responsabilité

Elle renvoie à deux éléments. L'un qui relève d'un repérage professionnel en fonction d'un code de déontologie. La responsabilité est articulée également à un cadre juridictionnel inscrit dans le Code pénal. L'autre renvoie à un niveau personnel et à la nécessité de répondre de ses actes. C'est là qu'il faut introduire le terme d'« éthique ».

La déontologie

Elle désigne une charte qui régule les droits et devoirs liés à l'exercice d'une profession. On parle ainsi de déontologie médicale, et de l'Ordre des médecins qui garantit ce code. Le code de déontologie des médecins date de l'immédiat après-guerre, il est né de la prise de conscience de l'implication du monde médical dans les expériences de tortures biologiques menées par les nazis. Ce code a été approuvé par le Conseil d'État dès 1947 et est révisé périodiquement. Les différents éléments d'un code de déontologie concernent : les règles envers les usagers (respect des personnes) ; les textes de droit faisant référence dans la profession ; les obligations des membres envers la profession ; la loi institutionnelle ; et l'autorité de compétence. Il peut exister une juridiction indépendante chargée de faire appliquer le code. C'est le cas lorsqu'il existe un ordre de la profession, comme chez les médecins.

Dans le secteur social, il y a eu des avancées significatives chez les assistants de service social, qui dès la guerre finie ont entrepris un travail de clarification, notamment sur la question du secret professionnel. Le texte a été adopté par les pouvoirs publics et intégré dans la loi du 8 mars 1946. Ce mouvement aboutit pour le service social à un véritable code de déontologie adopté en 1949, réactualisé en 1981 et 1994. Au-delà de la spécificité du métier, rappelé en préambule, ce texte propose des axes de référence à partir de différents textes, notamment les Droits de l'homme. Les points principaux de ce code sont les suivants :

- les principes généraux et devoirs, dignité des personnes, non-discrimination, confidentialité, secret professionnel, protection et non-communication des données nominatives, indépendance et liberté, compétence ;
- les devoirs envers les usagers, adhésion au projet ou à la mesure, non-imposition, engagement de suivi, limites d'intervention, conséquences et recours possibles ;
- les devoirs envers le partenariat ;
- les obligations envers les organismes employeurs ;
- les obligations envers la profession ;
- les sanctions pour manquement au code.

Notons cependant que ce code n'a pas force de loi. Il ne s'applique qu'aux adhérents de l'Anas (Association des assistants de service social) qui n'est pas une instance ordinale. Cependant, cette position déontologique est renforcée par le texte adopté par la Fédération internationale des services sociaux adopté en 1976, et qui rappelle que « le service social, né d'idéaux religieux et philosophiques, s'inspire de la philosophie démocratique. Il s'applique universellement à travailler au bien-être des êtres humains, à mettre en valeur les ressources qui dans chaque société sont susceptibles de répondre aux aspirations et aux besoins nationaux et internationaux de l'individu ou du groupe, à promouvoir la justice sociale ».

Travail éducatif et déontologie

Dans le travail éducatif, rien de semblable. Force est de constater cependant que depuis quelques années, un certain courant de réflexion, impulsé notamment par l'ANCE (Association nationale des communautés éducatives), sous la houlette de son président Jean-Pierre Rosenczweig, conduit à poser la question.[1] D'ailleurs, ce dernier avait

1. Depuis, entre 2008 et 2015, l'ONES (Organisation Nationale des Éducateurs Spécialisés) a travaillé et publié une « charte éthique de l'éducation spécialisée » : www.ones-fr.org/?page_id=120.

présenté au ministre de la Santé, dès 1992, un rapport intitulé : « La déontologie au carrefour des libertés, des usagers et des professionnels du travail social ». Une première tentative de formalisation a eu lieu à Carcassonne au printemps 1996, mais n'a débouché que sur des grands principes humanistes que nul ne saurait contester. Les travaux des congressistes sur les « références déontologiques pour l'action sociale », ont dégagé cinq grands types d'engagements, qui reprennent en gros les principes énoncés par les assistants de service social d'après-guerre, mais en les étendant notamment aux éducateurs :

- engagement de l'action sociale au service d'une solidarité, donc d'une mission de service public ;
- engagement à placer l'usager au cœur de l'action sociale, comme sujet et citoyen ;
- engagement de compétence, d'autonomie technique, d'obligation de discrétion ;
- engagement vis-à-vis des autres acteurs sociaux à coopérer en complémentarité et cohérence ;
- prise en compte des obligations vis-à-vis des employeurs.

En fait, cette question de déontologie ne manque pas de soulever des débats houleux. Deux courants se dessinent, à partir de ce catalogue de bonnes intentions qui vise plus largement l'ensemble des travailleurs sociaux. Les uns pensent que la profession d'éducateur ne peut pas continuer à être exercée dans le flou. Les autres craignent qu'un code de déontologie trop rigide vienne empêcher leur marge de manœuvre dans l'exercice du métier. Exercice, précisent-ils, qui ne va pas sans prise de risque. De toute façon, il resterait à régler la question d'une instance arbitrale et juridictionnelle chargée de faire appliquer ce code.

La responsabilité pénale des éducateurs est réglée, comme pour l'ensemble des travailleurs sociaux, par le Code pénal. Elle porte principalement sur la question du secret professionnel. Le principe en est fixé par l'article 226-13 du Code pénal : « La révélation d'une information à caractère secret par une personne qui en est le dépositaire, soit par état, soit par profession, soit en raison d'une fonction, ou d'une mission importante, est punie d'un an d'emprisonnement et de 100 000 francs d'amende. » La loi et la jurisprudence désignent les personnes soumises au secret professionnel : par état (ministre du culte), par profession (médecins, personnel paramédical, avocats).

Des textes particuliers précisent les conditions d'application aux assistants de service social (article 225 du Code de la famille) et à toute personne engagée dans un service d'aide sociale à l'enfance (article 81, CFAS), ou en PMI (article 1.118 du Code de la santé publique), aux agents de probation (article D. 594 du Code de procédure pénale), aux travailleurs sociaux dans le cadre des établissements pénitenciers (article D. 462 du Code de procédure pénale), à toute personne intervenant dans le cadre du RMI (article 22 de la loi du 1er décembre 1988, complétée par la loi du 22 juillet 1992), aux agents du service national d'accueil téléphonique pour l'enfance maltraitée (article 71 du CFAS)...

Dans un certain nombre de ces services exercent des éducateurs et ils sont donc soumis à ce cadre de loi en vigueur. Depuis la refonte du Code pénal de 1994, le secret professionnel est étendu à la fonction et à la mission, notions vagues qui restent à préciser, ce dont la jurisprudence et les affaires qui ne manqueront pas d'être jugées se chargeront. Le secret professionnel impose de ne pas divulguer une information vue, lue ou entendue dans le cadre d'une fonction d'intervention sociale. « Dépositaire obligé » et « confident nécessaire », précise le texte, le professionnel, du fait d'avoir accès à des informations intimes sur les personnes, est tenu au secret. Le secret peut et doit être levé dans les cas de connaissance de mauvais traitements, sévices ou privations infligées à un mineur de moins de 15 ans ou à une personne qui n'est pas en mesure de se protéger en raison de son âge ou de son état physique ou psychique. Dans ce cas, les autorités judiciaires, médicales et administratives concernées doivent être informées.

▶ Les éducateurs face à la justice

Force est cependant de constater qu'en matière de jugement des éducateurs en exercice (et des travailleurs sociaux en général), les conceptions des tribunaux varient sur l'espace de responsabilité de l'acteur social, par exemple pour celui qui préfère accompagner un processus d'aveu et de réparation plutôt que de dénoncer unilatéralement un jeune délinquant, ou une famille maltraitante, ou pour celui qui accueille et soigne un immigré en situation irrégulière. Quelques affaires récentes, comme celles jugées à Auch, au Mans, à Nantes ou à Angers, ont mis le doigt sur cette question difficile. Il reste, à partir des textes existants, à faire preuve d'invention, et non à se conformer à une normalisation, afin de prendre en compte la multiplicité des situations rencontrées. Et au bout du compte, c'est en son âme et conscience qu'un éducateur aura à fonder ses actes. Il peut arriver, compte tenu des références juridiques en vigueur, qu'il frôle parfois la limite avec la loi.

Un certain nombre d'autres points du nouveau Code pénal permettent de baliser la responsabilité éducative. Ils concernent une fois de plus la pierre d'achoppement des rapports entre la justice et le travail social : le secret professionnel et les règles destinées à protéger « l'action de la justice ». De la combinaison de ces textes, il apparaît clairement que les éducateurs astreints au secret professionnel ne pourront pas être pénalement poursuivis pour non-dénonciation (ou non-témoignage en faveur d'un innocent). Deux remarques : tous les éducateurs ne sont pas astreints de la même façon au secret. Et d'autre part, si, à partir de la jurisprudence des affaires récentes, ils « gagnent le droit » de ne pas dénoncer, gardent-ils la liberté de le faire ?

Au cœur de la responsabilité pénale des éducateurs se trouve ce qui fait l'essence même du travail social : la mission de prendre en charge des personnes socialement en difficulté, en souffrance, donc particulièrement vulnérables. Tant que la loi et les juges peuvent présumer que les éducateurs ont au plus haut point le souci de leur mission, donc le souci de l'intérêt général et de l'intérêt des usagers, ils leur accorderont du crédit. Mais dès lors que ce crédit tomberait, c'est au nom de ces mêmes intérêts que la loi et les juges réprimeront. D'où un renvoi nécessaire à la responsabilité des éducateurs de faire savoir ce qu'ils font, de donner à voir dans l'espace public ce qui constitue l'éthique de leur savoir et de leur savoir-faire.

La reconnaissance aux yeux du corps social, tant appelée de leurs vœux par les éducateurs, est aussi entre leurs mains[1]. Comment la confiance naîtrait-elle si rien n'est exposé de ce qui fonde le travail éducatif ? C'est dans cette zone de flou et de non-dit que les affaires récentes, malheureuses pour ceux qui y ont été confrontés, ont pris naissance. À ne rien dire de ce qu'ils font, à ne pas écrire et « publier », donc rendre public, ce qui fonde leurs actes, les éducateurs s'exposent au soupçon et à la perte de confiance de la société, et plus précisément de la loi et de la justice qui en garantissent les intérêts.

▶ Questions d'éthique

L'éthique pose un certain nombre d'autres questions. En effet, le terrain éducatif est balisé, nous venons de le voir, par la morale sociale, certains éléments de déontologie, même s'ils ne sont pas réunis en un code, et les responsabilités pénales. Mais une fois posée cette toile de fond à l'action éducative, rien n'est dit de la façon dont chaque éducateur fait des choix dans ce contexte. L'éthique pose la question du choix du côté du sujet. Nul ne peut choisir à la place d'un autre. L'éthique renvoie à ce deuxième volet de la responsabilité qui insiste sur la nécessité pour un éducateur de répondre de ses actes, de donner à entendre et à lire les raisons de ce qu'il engage dans la relation éducative. Cette approche met en avant le désir de l'éducateur et ce qu'il peut en énoncer. Source de renouvellement permanent dans l'action, l'éthique vient répondre à cette question provocatrice que François Tosquelles ne manquait pas d'adresser à chaque éducateur, en réunion : « Et toi, qu'est-ce que tu fous là ? »

Que chacun soit renvoyé à répondre de sa présence et de son engagement désigne le champ de l'éthique. « L'éthique, affirme Daniel Sibony dans son ouvrage *La Jouissance du dire* [1985], est recherche d'un lieu où la parole met en acte ses points de renouvellement alors que tout est supposé acquis, déjà là, à commencer par la langue où l'on baigne, héritage qu'il n'y aurait plus qu'à faire tourner... en rond. » Un peu plus loin, Daniel Sibony précise que « la morale est, faute d'éthique, ce que l'on s'impose lorsqu'on pense n'avoir pas les moyens d'une éthique, et que les interdits en place, les limites font l'affaire ».

Deux ouvrages posent, dans cette veine où nous avançons, la question de l'éthique. Dans son séminaire tenu en 1959-1960, consacré à l'éthique de la psychanalyse, Lacan insiste sur deux points. L'éthique est l'art du bien dire. Pas de dire le bien, mais de dire au plus près de ce qui nous habite comme sujet. L'éthique passe donc par un processus

---

1. Voir un peu plus loin le chapitre 7 « Re-connaissance ».

d'inscription du désir dans la parole ou dans l'écriture. Le second point posé par Lacan vient logiquement comme corrélat de cette première assertion. Une fois énoncée la vérité du sujet, se pose une autre question : « Ai-je agi conformément à mon désir ? » La seule faute morale, celle qui se traduit par la tristesse qui affecte le sujet, est de céder sur son désir. Mais le désir n'est pas envie, passade ou fantasme. Le désir relève d'un engagement subjectif dans la parole. Les paroles énoncées engagent le sujet à soutenir ses actes.

Dans un autre texte, Lacan précise que ne pas céder sur son désir consiste à faire son devoir. Dire ce que l'on fait et faire ce que l'on dit seraient un bon résumé d'une position éthique éducative. Évidemment, l'éthique peut parfois entrer en conflit avec la morale, les lois, voire la déontologie. Ainsi, les lois de Vichy impliquaient de dénoncer les juifs, une position éthique ne pouvait les accepter, ni même s'y soumettre.

> « L'éthique consiste essentiellement [conclut Lacan], en un jugement sur notre action, à ceci près qu'elle n'a de portée que pour autant que l'action impliquée en elle comporte aussi ou est censée comporter un jugement même implicite. C'est la mesure de notre action. »

Dans un petit texte philosophique intitulé *L'Éthique. Essai sur la conscience du mal* [1993], le philosophe Alain Badiou fait une vive critique du ravalement de la notion d'éthique en une sorte de morale d'ambiance : droits de l'homme, bioéthique, respect de l'autre. Pour lui, l'éthique est aujourd'hui à la mode, mais ses valeurs, l'Autre, la Vie, l'Homme, sont trop générales pour que chacun s'y appuie et s'y réfère pour guider sa conduite. En fait, l'éthique renvoie à des situations singulières. Contre cette éthique des grands principes que nul ne conteste, Alain Badiou prône une « éthique des vérités concrètes », vérités incarnées dans la politique, la science, l'art ou l'amour. Il s'agit d'identifier autrement le mal pour pouvoir y parer. « On appellera éthique d'une vérité, poursuit Alain Badiou, de façon générale, le principe de continuation d'un processus de vérité – ou, de façon plus précise et complexe, ce qui donne consistance à la présence de quelqu'un dans la composition du sujet qu'induit le processus de cette vérité. »

Mais qu'est-ce que la vérité, objectera-t-on ? Il n'est pas de vérité absolue. La vérité renvoie au sujet. « On appelle vérité, le processus réel d'une fidélité à un événement... On appelle sujet le support d'une fidélité. » Qu'est-ce qu'être fidèle à un événement si ce n'est être en accord avec ce qu'il fait résonner (voire raisonner) en nous ? Il s'agit alors de penser l'événement, ce qui se passe, comme entièrement nouveau. Par conséquent, comme Lacan, Badiou renvoie chacun à soi-même et à ce qu'il soutient dans son rapport au monde et aux autres. « Il n'y a pas d'éthique en général, conclut-il. Il n'y a éventuellement qu'éthique de processus par lesquels on traite les possibles d'une situation. » Au lieu que soit en jeu une bonne conscience conservatrice face aux malheurs et à la misère du monde, il y va d'une mise en acte de la vérité qui constitue chaque sujet. Chacun, comme le dit l'adage, ne peut juger qu'en son âme et conscience.

Le positionnement éthique ne remet pas en cause les éléments de responsabilité juridique, de déontologie, ou de morale, il les relativise, en réintroduisant, par la fenêtre, ce que notre société scientiste ne cesse de refouler par la porte : le sujet.

Si la dimension clinique que nous n'avons cessé de mettre en avant dans cet ouvrage, est cernée comme clinique du sujet, l'éducateur, dans son être même, y est engagé, j'allais dire, jusqu'au cou ! Il n'y a pas, comme on l'entend parfois, les sujets (en souffrance, démunis, handicapés...) et les éducateurs. Chaque être humain, quelle que soit sa place sociale, est situé comme sujet, par son inscription dans l'ordre du langage et de la parole. C'est donc à ce titre, dans cet état peut-on dire, qu'un éducateur placé en situation professionnelle rencontre les autres.

La clinique du sujet est aussi clinique de la rencontre des sujets. Cette rencontre, à chaque fois nouvelle et inédite, prend forme dans les médiations que l'éducateur propose, garantit et protège comme espace de rencontre. C'est dans cette rencontre humaine, où chacun, éducateur et éduqué, est appelé à soutenir sa vérité, que réside le cœur du travail éducatif. La place que l'on occupe comme éducateur dans cette rencontre, et par conséquent la place à laquelle on met l'autre, est à questionner en permanence. Soit elle est issue d'une position de supériorité, de pouvoir exercé sur l'autre, soit elle s'inscrit dans la dimension d'une rencontre subjective. Dans ce questionnement que l'on ne peut refermer, qui se repose à chaque nouvelle rencontre éducative, l'éthique fait repère en inscrivant dans la parole et l'écriture ce qu'il en est du rapport à l'autre. Les modes de désignations des autres pris en charge sont à ce titre révélateurs du type de relation engagée. C'est ce que j'aimerais développer à la fin de ce chapitre.

LES INNOMMABLES

« J'ai peur de ce que les mots vont faire de moi », écrivait Samuel Beckett dans un étonnant roman justement intitulé *L'Innommable* [1953].

Je me suis souvent étonné des termes utilisés dans le travail social pour désigner les personnes prises en charge parce qu'elles souffrent dans leur corps, dans leur psychisme ou dans leur relation aux autres. Il y a sous le foisonnement et l'imprécision du vocabulaire quelque chose d'innommable, comme si ces personnes occupaient dans le social un espace troué, un espace semblable à ces trous noirs que nous décrivent les astrophysiciens et où disparaît toute lumière.

Quelques dénominations

En médecine, on désigne celui qui fait une demande de soins sous les termes de « patient » ou de « malade ». Dans le commerce, on parle de « client » et les choses sont claires. Les termes du contrat social qui situe les places des interlocuteurs sont définis.

En revanche, dans les pratiques sociales, on constate un flottement et un éparpillement des dénominations qui laissent présager le flou dans lequel s'établissent les relations.

Sans vouloir être exhaustif, passons en revue les plus courantes de ces appellations. Dans ce travail, je m'appuierai sur deux ouvrages parus chez Bayard, *Le Lexicode de l'Aide sociale à l'enfance* [1995], de Pierre Verdier, et *Le Dictionnaire de l'Action sociale* [1995], par un collectif d'auteurs, auquel j'ai participé. Bien entendu, la partie critique de cet exposé n'est imputable qu'à moi seul.

Client

En latin, le mot *cliens* a deux sens. D'abord, il désigne un plébéien qui se met sous la protection d'un patricien (position de soumission et d'infériorité). Ensuite, une personne qui reçoit contre monnaie sonnante et trébuchante un service ou une marchandise.

Dans le travail social, il semble que ce soit M. Richmond, un des pionniers du *case work*, qui l'introduisit aux États-Unis. Carl Rogers a repris ce terme par la suite pour lui donner ses lettres de noblesse dans le cadre de la relation d'aide. Au fil des ans, ce terme sera détrôné en France par celui d'« usager ». Mais force est de constater que depuis quelques années, il fait un retour triomphant, dans un contexte d'économie de marché où, comme toute autre activité, le travail social est soumis au rouleau compresseur du capital et de la rentabilité. On peut s'étonner de ce terme de « client », surtout utilisé chez les assistants de service social. Il désigne dans son acception la plus courante une relation marchande. Mais dans le travail social, si l'on prend en compte le payeur et le donneur d'ordre, ce n'est pas la personne en difficulté qui est en fait désignée, mais l'État ou les collectivités locales.

Usager

Le mot « usager » se prête, on le sait, à un terrible jeu de mot, ce qui compromet sérieusement son... usage (usagé !) Le Code civil de 1805 précisait déjà que « l'usager est le titulaire d'un droit réel d'usage sur une chose ou un bien appartenant à autrui, qu'il ne peut céder, ni louer à un autre », par exemple, le droit de pâture, ou celui de ramasser du bois. Bref, l'usager bénéficie des miettes. Aujourd'hui, le terme désigne l'utilisateur d'un service public : usager des postes, de la route, de la SNCF...

Entré dans le vocabulaire du travail social il y a une quinzaine d'années, ce terme insiste sur le droit des personnes et le respect qui leur est dû, quelles que soient leurs difficultés à vivre, leur handicap ou leur pathologie.

Bénéficiaire

Ce terme concerne uniquement les personnes recevant des prestations sociales, telles que les Allocations familiales, le RMI (aujourd'hui RSA) ou l'ASE. Mais il est parfois étendu au fait que les populations en question sont aussi suivies dans le cadre des services sociaux.

Ces trois termes : client, usager et bénéficiaire, marquent surtout le territoire des assistants de service social.

Appellations et stigmatisation

Dans le secteur socio-éducatif, on assiste à un véritable déferlement sémantique, comme si à l'endroit des personnes prises en charge se déchaînait un impossible à dire. Je fais ici un essai de classement qui vaut ce que vaut tout classement.

- Selon l'âge : les enfants, les jeunes, les ados, les jeunes majeurs. Termes parfois utilisés au-delà de leur sens propre. Ainsi, j'ai entendu désigner des travailleurs handicapés dans un CAT, sous le terme d'« enfants ». Bonjour les enfants !
- Selon le statut : stagiaire (certains sont ainsi en stage depuis vingt ans !), résident ou résidant (entre les deux appellations la bataille fait rage), surtout pour les personnes qui sont accueillies dans des foyers spécialisés.
- Parfois l'accent, généralement péjoratif, est mis sur la pathologie ou la difficulté, voire l'origine ethnique ou géographique :
  - la maladie mentale, pimpin, zinzin, mongol (pour mongolien), carac (pour caractériel), fou, ou plus simplement, malade mental ;
  - le handicap physique, IMOC, tétra, légume, grabataire... et parfois même, l'appareil qui sert à pallier ce handicap, un fauteuil... ou la loi qui a permis son placement, un creton... ;
  - le handicap social, cassos (pour cas social), toxico, SDF, érémiste, sans logis, précaire...
  - les jeunes maghrébins ; les jeunes des quartiers ; les « migrants » ; les MNA (mineurs non-accompagnés)...
- Dans certaines institutions particulières comme les lieux d'accueil ou les lieux de vie, on parle également d'« accueillis ».

Un certain nombre d'autres termes visent une généralité : on parle alors de personnes en difficulté, voire en très grande difficulté, en souffrance, voire en très grande souffrance, d'exclus, des plus démunis. Toute une série de termes désignent les personnes à partir de ce que l'on dit leur manquer, c'est le monde des « sans » : sans abri, sans emploi, sans domicile, sans famille... Parfois, la généralité même se dilue, et l'on entend des termes comme « les gens », « les personnes »...

On peut se demander à quoi servent tous ces mots. Il semble qu'ils désignent dans l'ordre social la place de ceux qui portent les « stigmates » du désordre. Stigmatiser une partie du corps social sert avant tout au reste de la communauté à se rassurer quant à son appartenance à une certaine normalité. Et plus la norme vacille et plus il faut passer à la trappe des mots et des actes des parties plus larges de populations. C'est sans doute une des raisons profondes qui fait que dans un pays riche comme la France, alors que depuis longtemps on sait ce qu'il faudrait faire pour que les choses changent, pour que l'exclusion soit en grande partie résorbée, rien n'est fait. Rien n'est fait parce que cette distribution des cartes joue son rôle : celui de maintenir un semblant de consistance dans une société en pleine déconstruction.

Erving Goffman, dans deux ouvrages célèbres parus aux éditions de Minuit, *Asiles* en 1968 et *Stigmates* en 1976, propose une théorie de la stigmatisation sociale des handicapés, dont la dénomination n'est qu'une des manifestations. Il définit les stigmates comme des attributs qui jettent le discrédit sur certaines personnes et les font montrer du doigt. Il distingue trois types de stigmates :

- les anomalies du corps (divers handicaps physiques, sensoriels ou moteurs) ;
- « les tares de caractère » (délinquance, toxicomanie, homosexualité...) ;
- les stigmates tribaux ou attributs collectifs (race, religion, nationalité, couleur de peau...).

Le stigmatisé, dans la dénomination qui le représente aux yeux des autres, est de fait marqué au fer rouge de l'infamie ou de l'exclusion. Il semblerait que le Commissariat au Plan ait tenté, au vu des aspects péjoratifs et dégradants liés à la stigmatisation, un virage à 180 degrés, puisque l'on trouve dans un rapport récent le terme paradoxal de « stigmatisation positive », qui met l'accent sur les ressources des érémistes ou des chômeurs de longue durée. Autant dire que c'est une reconversion linguistique qui n'abuse personne.

Devant cette inflation langagière, on peut se demander quel type de relation on entretient avec « ces gens-là », comme le chante Brel, dans le travail éducatif.

Les stigmatisés auxquels ont affaire les travailleurs du social que sont les éducateurs, exclus, rejetés, démunis, etc., sont désignés comme « populations à risque », pour eux-mêmes, mais avant tout pour le corps social. De plus, les vocables recouvrent une massification des individus et un étiquetage qui favorise d'avantage l'administration et la gestion des prises en charge, la manipulation de grands groupes, qu'une réelle prise en compte de la souffrance. On peut se demander si, face à cette partie du corps social, jetée au grand jour comme « porteuse » du mal et du malheur sous toutes ses formes, on ne reproduit pas une pratique fort ancienne, celle du « bouc émissaire ». René Girard a produit une formalisation tout à fait pertinente de ce phénomène dans un ouvrage paru chez Grasset, *Le Bouc émissaire* [1982]. Il faut se souvenir qu'en Israël, chaque année, dans un rituel assez complexe, un bouc était chargé des péchés de la communauté et chassé dans le désert. Il emportait sur son dos toute la misère du monde.

Les mots utilisés par les éducateurs révèlent cette place d'assignation à résidence. Les personnes prises en charge, en plus de leurs difficultés bien réelles, ont à supporter ce marquage social et prennent la suite dans une lignée transhistorique qui réunit pêle-mêle les exclus de tous les temps : hérétiques, pestiférés, sorcières, marginaux ou « classes dangereuses »... Souvenons-nous cependant, comme l'a montré Michel Serres dans une démonstration lumineuse, que ce sont aussi les citoyens frappés d'exclusion qui ont changé le monde (colloque de l'Unesco, du 9 décembre 1989). « La Rome antique, Venise, Mexico, l'Australie et les États-Unis, nous dit Serres, ont été créés par des exclus. »

Pour être tout à fait complet, il faudrait peut-être créer un nouveau terme, pour désigner la catégorie des gens normaux, puisque cette dénomination renvoie à une vraie « fracture sociale ». Je propose, comme le suggéra François Tosquelles, celui de « normopathe » ou « normosé », pour désigner le non-dit de l'injustice et de l'oppression qui sous-tend la lutte des places (la lutte des classes étant depuis longtemps enterrée !).

Dans la société à je ne sais plus combien de vitesses les éducateurs sont chargés de veiller à ce que les paquets classés ne se mélangent pas. Ils surveillent les limites, les marges, ils surveillent les lieux du bannissement (sens exact du mot « ban-lieue », je le rappelle).

▶ Retour à la clinique, encore...

On peut se demander si les éducateurs vont encore longtemps assumer ce rôle de gardes-frontières chargés de refouler et canaliser aux marges du monde l'image du mal et de ceux qui la portent.

Un retour à la clinique dans les pratiques sociales, un mouvement de résistance à la réification, permettraient de sortir de cette massification de la souffrance humaine. En prenant en compte, au cas par cas, chaque personne, nous pourrions alors, dans la rencontre au quotidien avec des personnes en souffrance, remettre au goût du jour des appellations tombées en désuétude. La vieille notion philosophique de « sujet », que je n'ai cessé d'avancer dans cet ouvrage, du latin *subjectus*, jeté dessous, sou-mis, inscrit la personne humaine à l'enseigne de la parole et du langage, l'y aliène, mais aussi lui donne une place au sein de la communauté des « êtres parlants ».

C'est aussi le terme qu'a repris le discours psychanalytique pour désigner l'essence de l'homme. Le sujet, défini comme sujet de l'inconscient. Le sujet s'oppose en psychanalyse au moi, instance imaginaire. Le sujet n'est ni exclu ni normalisé, il est, c'est tout. Le sujet soumis à la division, au manque, à l'incomplétude, de par sa structure langagière, est le seul point d'appui dans la rencontre éducative. Le sujet apparaît, il fait demande d'aide, à la fois en ce qui concerne les biens matériels et sur ce point l'intervention éducative doit être efficace, mais aussi le sujet ne peut s'empêcher, dans le recours à l'autre, de faire une demande de complétude plus fondamentale, sur laquelle l'éducateur ne peut intervenir, sauf à s'y tromper et à tromper les autres, mais qu'il peut accompagner jusqu'au point où cette incomplétude s'avère assumable, ce que l'on appelle dans la langue des éducateurs l'« autonomie ».

Ce n'est pas tant qu'il y aurait dans toute demande d'aide je ne sais quelle demande cachée, comme cela s'énonce parfois naïvement. Toute demande remet en jeu le manque fondamental qui constitue tout être humain. Toute demande est une demande de quelque chose faite à quelqu'un dans un contexte donné. Trop souvent, nous n'entendons que la demande de quelque chose, et nous pensons répondre en donnant l'objet demandé. Mais à ne pas entendre qu'une demande s'énonce en relation, nous ratons l'essentiel du travail éducatif. Dans cette rencontre singulière, nul objet ne peut venir combler le manque qui s'énonce au grand jour. C'est pour cela que les éducateurs savent bien au fond que toute demande est demande d'amour. Mais demande d'amour à un niveau structurel, qui renvoie là où le sujet a justement été castré de cet objet total d'amour. Au fond, tout être humain recherche inlassablement cet objet perdu, il en espère secrètement les retrouvailles, et il ne cesse de le manquer.

L'aide éducative porte avant tout sur le soutien dans cette épreuve de la castration. Non, je n'ai pas ce qui vous manque, doit pouvoir dire en fin de compte l'éducateur, et personne au monde ne le possède. Rassurer chacun dans sa fonction désirante, passe par cet effet de désillusion. Une autre façon de faire vivre ce mot à la mode dans le travail éducatif, c'est, je l'ai déjà dit : l'autonomie. Fondamentalement, les éducateurs n'ont pas l'objet magique, l'agalma pour reprendre le mot de Socrate, qui viendrait combler une fois pour toutes le sujet manquant. Il est de leur devoir non seulement de transmettre les objets, nourriture, toit, réseaux sociaux, indispensables à la vie du sujet, mais encore et surtout de l'accompagner à faire avec cette dimension manquante, qui seule restitue à chacun sa part d'humanité. Comment accompagner les autres dans cette découverte, dans cette difficile acceptation de l'incomplétude de l'être, et que l'on ne peut combler sur le mode de l'avoir, si l'on ne s'est soi-même, en tant qu'éducateur, coltiné à cette part manquante en soi ?

Voilà pourquoi tout au long de cet ouvrage j'ai insisté sur le travail sur soi comme condition incontournable du travail éducatif. Travailler comme éducateur ne laisse pas tranquille ni indifférent, puisqu'il faut en permanence trouver en soi une position d'ouverture aux autres. Et que cette rencontre avec des personnes en grande souffrance ne peut que nous affecter.

Mais passer par un tel remaniement, c'est reconnaître qu'éducateur ou client, usager, jeune... sont logés à la même enseigne, celle d'appartenir à l'ordre des êtres parlants. Ce qui introduit une idée très claire de ce qui nous tient ensemble, c'est-à-dire la solidarité.

Force est de constater que les éducateurs s'enfoncent de plus en plus dans des pratiques de réification (qui font des êtres, des choses). Paradoxalement, plus on prend les groupes sociaux de haut (aujourd'hui on ne désigne même plus des humains, on les réduit à leur habitat : la politique de la ville, les quartiers, les zones rurales...), plus on exclut les sujets du corps social et d'eux-mêmes. Autrement dit, j'ai bien peur qu'en tant qu'éducateurs, nous fassions parfois exactement ce que nous prétendons dénoncer. Pour changer les choses, il faudrait un bouleversement conceptuel et social (c'est pareil, le social : c'est le langage et les représentations qu'il met en œuvre) qui n'aura sans doute jamais lieu. Où irait-on si l'on mettait en avant l'idée que nous partageons tous la même liberté, la même égalité, la même fraternité ? Et si l'on se mettait à parler des gens que nous côtoyons comme de « citoyens, libres et égaux en droit » ? Ce serait la révolution... Mais il paraît qu'elle a déjà eu lieu, il y a plus de 200 ans...

Chapitre 6

Prise de risque et responsabilité dans le travail éducatif[1]

« La responsabilité est placée désormais non pas dans l'essence, accessible au regard humain, du Bien et de l'Un, mais dans le rapport à un étant suprême, absolu, inaccessible, qui nous tient en main et non pas extérieurement mais intérieurement. »
Jan Patocka, Essais hérétiques

Une anecdote

Il y a quelque temps, j'animais dans une grosse institution une sorte de grand-messe rituelle qui réunit une fois l'an l'ensemble du personnel. Toute l'équipe élargie était présente : directeur, médecin psychiatre, psychologues, équipes socio-éducatives, services généraux, etc.

Une éducatrice prend la parole : « j'ai été chercher avec la voiture de service une gamine à son club de danse, elle m'incendie, m'agonit d'injures. Je lui dis d'arrêter, elle continue. Je pile et lui dis de sortir de la voiture et de rentrer à pied. » La gamine

1. Reprise d'un texte paru dans le n° 45 du *Sociographe*, « Oser le risque. Anticipation et responsabilité », janvier 2014.

fait du stop et rentre pratiquement en même temps que l'éducatrice à l'institution. Le directeur intervient, à l'issue du récit et du tac au tac déclare : « ça je couvre ! »

La prise de risque : s'il était arrivé quelque chose à la gamine, l'éducatrice en était responsable. Cela pouvait même relever d'une faute grave. Mais comment transmettre la limite, la castration, sans cette prise de risque ? L'acte éducatif ne se transmet pas dans le baratin, mais par... un acte, acte qui est aussi issu d'une parole qui porte et modifie la trajectoire d'un sujet.

La position du directeur implique une prise de risque partagée et un véritable engagement au sein d'un collectif de travail. Le « ça » qui est couvert et assumé en termes de responsabilité ne signifie pas que le directeur couvrirait n'importe quel acte. Il couvre un acte éducatif qui a du sens et qui, pour porter ses fruits, se situe aux limites, aux franges de la loi.

Cette anecdote ouvre la prise de risque et l'étend à l'ensemble de l'institution. Elle repose sur un niveau de solidarité et de confiance réciproque, mais il s'agit d'une prise de risque mesurée qui obéit à un impératif éducatif : transmettre la limite.

Il s'agira donc de serrer de plus près les questions suivantes : qu'est-ce que le risque ? de quoi parle-t-on ? qu'est-ce que prendre des risques ? à quelles conditions est-ce acceptable ? Quels sont les bornes et les repères qui en balisent l'usage ? en quoi la prise de risque rejaillit-elle sur une responsabilité collective partagée ? quelles en sont les implications et les exigences en matière de responsabilité : en rendre compte, en répondre, en assumer les conséquences ?

Un petit détour par l'étymologie

Risque : (1578) vient de l'italien *risco*, attesté du XIVe au XVIIe siècle, devenu *riscio* en italien moderne. Il est issu du latin *resecum* (« ce qui coupe », puis « rocher escarpé, écueil » ensuite « risque encouru par une marchandise transportée par bateau »), dont l'origine semble être le verbe *resecare* qui signifie couper.

Responsabilité : du verbe latin *respondere* qui signifie : se porter garant, répondre de, apparenté à *sponsio* (« promesse », terme qui n'est pas sans lien avec *sponsus*, *sponsa*, fiancé(e), époux, épouse). Cela confère au mot *responsabilité* une idée de devoir « assumer ses promesses ». Et une obligation (morale, pénale, civique...) de répondre de ses actes ou de celles d'autrui à qui de droit, selon le niveau de responsabilité engagée, d'être garant d'un engagement.

De quoi s'agit-il de répondre dans l'action éducative ? À qui ? Aux collègues de l'équipe, la direction, les financeurs, les contrôleurs ? Il y a visiblement plusieurs niveaux de prise de risque et de responsabilité. Cela pose fondamentalement des questions d'évaluation à chacun de ces niveaux.

Dans un contexte sécuritaire tel que nous le vivons aujourd'hui, dans nos sociétés dites modernes, et plus particulièrement dans le champ social et médico-social, qui consiste à ne plus courir aucun risque, à ouvrir, comme on dit, les parapluies tous azimuts, comment continuer à travailler dans un champ d'intervention où la prise de risque, mesurée, réfléchie, partagée constitue le fer de lance de l'action ? D'autant plus que, – l'expérience se charge de nous l'apprendre – le risque chassé par la porte revient par la fenêtre, souvent sous des formes extrêmement pénibles et violentes : absentéisme, maladies, passages à l'acte, désinvestissement du métier... Sans prise de risque, vivre et travailler perdent de leur saveur.

Il faudrait penser la prise de risque dans une dialectique où ordre et désordre, utile et inutile, sécurité et imprévu, bref des contraires, s'affrontent et s'entrechoquent. Les philosophes présocratiques avaient largement déployé cette dialectique qui met en tension des contraires. Jusqu'à ce qu'Aristote énonce son principe de non contradiction : A ne saurait égaler non A. Nous héritons ainsi de 2 500 ans de refoulement qui constitue l'impensé radical de l'Occident. C'est ainsi que le désigne le philosophe François Julien, qui partant des présocratiques, fait le détour par la philosophie chinoise pour remettre en selle cette pensée dialectique[1]. Faute de cela notre vécu organisé selon un mode binaire (bien/mal) d'événements quotidiens comme la prise de risque se réduit à une pauvreté d'élaboration et d'action. Or on ne peut penser la prise de risque de façon vivante qu'à partir de cette dialectique : sécurité/incertitude. Pas l'un sans l'autre. Tout dans l'action éducative n'est pas maîtrisable. Le risque, comme l'indique l'étymologie, c'est un accroc, une coupure dans le filet de sécurité. Il s'agit de ne pas laisser le filet se démailler, mais aussi de ne pas trop le serrer pour que rien n'y passe ou se passe.

Cerner la notion de risque

Le risque est une notion difficile à cerner mais de façon générale, on peut dire que c'est une façon de projeter sur un événement à venir une probabilité relativement faible qu'il produise de grands bouleversements. Dans la majorité des cas le risque est connu, évalué, anticipé. L'exposition au risque résulte donc le plus souvent d'une démarche consciente, appelée *prise de risque*. Elle se distingue de fait de l'accident, qui provient de façon imprévue. Elle s'éloigne également du danger qui suppose une possibilité extrême, voire mortelle. Par temps humide, sortir sans son parapluie (sic !) c'est courir le risque de se faire mouiller ; traverser la rue sans vérifier que l'on a le passage revient à courir un danger qui peut s'avérer fatal. Le risque est possible, mais faiblement probable. D'ailleurs notons, lorsque la probabilité se rapproche de l'agréable, et que l'événement la confirme, qu'on ne parle plus de risque, mais de chance. Jouer au loto entraîne un risque de perdre son gain, mais peut aussi déboucher sur la chance (bien

1. François Jullien, *Traité de l'efficacité*, Le livre de poche, 2002.

faible il faut l'avouer) de gagner gros. Très souvent dans des conversations courantes, on note que l'un est pris pour l'autre. Ce qui indique un certain flottement dans cette notion de risque. Le risque à la différence du danger peut faire l'objet dans certains cas d'une mesure préventive. On dira alors que le risque est faible ou grand. L'échelle de Turin utilisée en astronomie pour mesurer les risques qu'un astéroïde percute la terre se déplie d'un niveau de risque dit « normal » dès le niveau 1, au risque d'objet dit « dangereux » à partir du niveau 5. L'échelle est graduée avec des couleurs qui permettent une lecture très rapide du niveau de risque. Dans certains domaines le risque s'avère mesurable. Par contre dans le champ du travail éducatif, la mesure du risque relève d'une bonne dose d'inconnu.

▶ Définition scientifique

C'est le mathématicien Daniel Bernoulli qui pour la première fois en 1738 dans *Specimen theoriae novae de mensura sortis* donna une définition scientifique du risque : « le risque est l'espérance mathématique d'une fonction de probabilité d'événements ». Il s'agit donc d'évaluer une valeur moyenne des conséquences liées à un ou des événements dont la probabilité est plus ou moins forte. Ainsi, un événement e_1 a une probabilité d'occurrence p_1 avec une conséquence probable C_1 ; de même un événement e_n aura une probabilité p_n et une conséquence C_n, alors le risque r vaudra :

$$r = p_1 \cdot C_1 + p_2 \cdot C_2 + \ldots + p_n \cdot C_n = \sum p_i \cdot C_i.$$

Le produit $p_i \cdot C_i$ est appelé valeur de l'aléa i.

Cette définition implique, pour le calcul du risque, d'avoir repéré une série statistique d'événements et imaginé certaines des conséquences possibles. Évidemment, la difficulté est souvent de chiffrer les probabilités p_i et les conséquences C_i. Si cela s'avère relativement simple dans certains cas, comme les jeux de hasard, évidemment ce n'est pas le cas dans la plupart des conduites humaines. Vu la complexité qui marque la dimension des relations humaines, le champ du travail éducatif ne saurait, de fait, obéir à un impératif de type scientifique, qui en l'occurrence relèverait d'une forme de scientisme de mauvais aloi. La prétention actuelle de mesurer à l'aune de calculs, avant qu'ils ne se produisent, tous les risques probables des actions, entraîne plus de paralysie qu'une réelle rigueur dans l'action. Il faut bien, dans le champ de l'éducation, de l'accompagnement spécialisé, de la prévention... accepter une certaine marge d'improbable, d'inconnu, d'imprévu pour mener à bien les missions confiées aux établissements et déléguées aux professionnels. Notons alors que l'appréciation des différents critères d'évaluation des risques dans ce domaine est hautement subjective. Même si elle est partagée par un collectif, qui fait garde-fou de certains passages à l'acte intempestifs de la part des éducateurs comme des usagers, on ne saurait prôner une évaluation des risques telle qu'elle paralyse toute forme d'action. Comment évalue-t-on le risque subjectivement et collectivement dans une institution ?

▶ Prise de risque et travail éducatif

Dans le travail éducatif, le risque qui fournit un curseur pour savoir si on le prend ou non, est intimement déterminé par la relation engagée avec un usager. C'est le transfert qui sert de « compteur Geiger » comme dit Jean Oury[1]. Le point de repère n'est pas de l'ordre de la statistique, mais s'élabore au cas par cas. Si le but de toute action psycho-sociale est de soutenir un sujet (désigné par le législateur dans un choix malheureux de vocabulaire, comme « usager », et parfois bien usagé !) dans ses choix subjectifs lui permettant de trouver place parmi les autres, alors les prises de risque sont hautement déterminées par cette orientation. L'éducateur ne prendra pas les mêmes risques avec chacun, tout en inscrivant son action sous les fourches caudines que lui imposent la mission confiée à l'établissement et la fonction qu'il y occupe.

Du coup, on observe dans un contexte de judiciarisation et de médiatisation généralisée des événements un risque majeur de ne pas courir... de risque, sous la pression d'une inquiétude accrue. Notre société hypermoderne est marquée par une forme de rationalisation à outrance, dont la rationalisation des coûts n'est que la face émergée d'un iceberg, qui envahit peu à peu l'ensemble de l'action sociale et la gélifie. Les interventions des professionnels, les choix des directions sont directement soumis à l'expertise de quelques-uns : évaluateurs, financeurs, tutelles, dont les ARS constituent le bras armé et les procédures diverses et (a)variées la mise en acte. « Fabrique des imposteurs » prévient Roland Gori[2].

> « L'imposteur est aujourd'hui dans nos sociétés comme un poisson dans l'eau : faire prévaloir la forme sur le fond, valoriser les moyens plutôt que les fins, se fier à l'apparence et à la réputation plutôt qu'au travail et à la probité, préférer l'audience au mérite, opter pour le pragmatisme avantageux plutôt que pour le courage de la vérité, choisir l'opportunisme de l'opinion plutôt que tenir bon sur les valeurs, pratiquer l'art de l'illusion plutôt que s'émanciper par la pensée critique, s'abandonner aux fausses sécurités des procédures plutôt que se risquer à l'amour et à la création. Voilà le milieu où prospère l'imposture ! »

La menace financière en cas de prise de risque sous-évaluée est patente. D'où l'ambivalence vécue par les éducateurs, écartelés entre des sujets qui ne peuvent avancer dans leurs projets et dans leur vie qu'en prenant un minimum de risque et une autorité surplombante d'experts qui exigeraient un risque zéro. On a pu vérifier dans le domaine économique lors de la crise récente des *subprimes* ce que lesdits experts présentaient comme degré de fiabilité.

---

1. Joseph Rouzel, *Le transfert dans la relation éducative, op. cit.*
2. Roland Gori, *La fabrique des imposteurs*, Les Liens qui libèrent, 2013, 4e de couverture.

REPRÉSENTATIONS DU RISQUE

La prise de risque est inhérente à tout métier, cependant certains invariants peuvent faire pencher la balance. Le manque de formation ne permet pas toujours d'évaluer les risques au plus juste. Parfois on prend des risques par ignorance de ceux-ci. Un manque d'information et de coordination entre collègues peut aussi conduire à courir des risques inconsidérés. Le fossé que l'on voit se creuser dangereusement entre gestionnaires et techniciens dans certains établissements engendre une tension qui ne permet pas toujours une évaluation sereine des risques. La pression de l'environnement ou des instances de directions, l'idéologie dominante sécuritaire, peuvent aussi malheureusement amener à des prises de risques contradictoires. On cite souvent le cas des livreurs qui, face aux engorgements du trafic, passent outre les règles élémentaires de sécurité routière. L'accoutumance au danger, notent certains psychosociologues, peut aussi devenir un facteur aggravant : le risque n'est plus visible, il ne pèse plus en termes de probabilité. Le rapport au groupe entre en ligne de compte parfois dans la prise de risque. Ainsi la mise en compétition peut pousser certains professionnels à dépasser une prise de risque raisonnable et raisonnée. Le groupe, l'équipe, le collectif endort parfois la vigilance ; mais il peut aussi *a contrario* jouer son rôle de garde-fou, à condition que chacun de ses membres soit investi d'une responsabilité que je désignerai comme « solidaire » et non pas « solitaire ». Dans le travail éducatif la prise de risque n'est pensable que bordée et balisée par la réflexion en équipe.

▶ Une prise de risque délibérée

Christophe Dejours fondateur de la discipline dite de « psychodynamique du travail » décrit depuis longtemps les comportements de prise de risque délibérée[1]. Les travailleurs, précise-t-il, mesurant les risques probables d'une action, il arrive qu'ils en éprouvent une certaine angoisse, mais dans une épreuve proche de l'ordalie[2], pour se prouver à eux-mêmes et à leur entourage leur valeur, ils peuvent être amenés à outrepasser les règles élémentaires de sécurité. Christophe Dejours, en faisant l'analyse des divers accidents de travail, dégage l'écart entre le travail prescrit et le travail réel, ce qui mesure la position d'un professionnel qui se présente et se vit d'abord comme acteur et non comme simple exécutant. Pour « reprendre la main » le travailleur se lance dans des risques qui parfois tournent au danger. On peut en déduire que la prévention du risque ne suffit pas. Les Comités d'hygiène, de sécurité et des conditions de travail (CHSCT) mis en place dans les établissements par la loi 2010-751 du 5 juillet

1. Christophe Dejours, *Psychopathologie du travail*, Elsevier Masson, 2012.

2. L'ordalie est un ancien mode de preuve en justice, de nature religieuse, aussi appelé jugement de Dieu. Il consiste à soumettre les plaidants à une épreuve dont l'issue, déterminée par Dieu, désigne la personne bien-fondée.

2010, ont certes leur utilité et remplissent leur fonction en la matière, mais ont aussi leur limite. Si la prévention opère au nom d'une norme d'autant plus abstraite qu'elle a été produite par des experts en position de surplomb des travailleurs de base, elle peut paradoxalement conduire au pire, en poussant lesdits travailleurs à s'extraire de l'aliénation de cette domination, pour affirmer leur existence en risquant leur va-tout. Telle l'histoire d'un scorpion qui voulait traverser une rivière. Sur la berge, il croise une grenouille et lui demande de le faire traverser sur son dos. La grenouille pas sotte refuse : je te connais, quand on sera au milieu de la rivière, tu me piqueras avec ton dard et on se noiera tous les deux. Le scorpion jure ses grands dieux qu'il tient à la vie et que jamais il ne ferait une chose pareille. Il monte donc sur le dos de la grenouille. Arrivé au milieu de la rivière, il pique furieusement la grenouille, qui a juste le temps de s'étonner avant de sombrer. « Mais pourquoi enfin, tu m'avais juré tenir à la vie, je t'ai cru et maintenant... plouf, plouf... » Et le scorpion de rétorquer avant de couler lui aussi : « je sais bien, mais c'est plus fort que moi. »

Il y a donc une dimension inconsciente à la prise de risque qui n'est nullement à négliger. Elle peut dans certains cas s'alimenter de la pulsion de mort. D'où l'importance dans le travail éducatif de disposer d'espaces d'élaboration, supervision, analyse de la pratique, etc. qui permettent d'éclairer les éléments inconscients poussant à la prise de risque.

▶ Dans le secteur éducatif

Jean-Marc Lhuillier, docteur en droit, dans un article de *Lien Social,* met l'accent sur ce qu'il en est aujourd'hui de la prise de risque dans le secteur social[1]. Il estime d'abord qu'il s'agit de ne pas soutenir, dans un mouvement corporatiste déplacé, n'importe quelle prise de risque. Des affaires récentes ont vu se solidariser des professionnels face à des actes qui ne sont pas défendables. Ce juriste insiste pour distinguer « entre les fautes volontaires et involontaires. Cela n'empêche pas la mise en œuvre d'une solidarité nécessaire au niveau des travailleurs sociaux. » Et lorsque le journaliste lui demande si « la responsabilité pénale et civile des professionnels ne risque pas d'être paralysante pour le travail social ? », Jean-Marc Lhuillier analyse finement que la responsabilité pénale n'est pas sans conséquences sur la prise en charge des usagers :

> « On s'aperçoit que la prise de risque, qui est nécessaire, va être évaluée d'une certaine manière à la baisse. Le grand danger par exemple est qu'on renferme les personnes alors que tous les efforts des dernières années étaient de les sortir des établissements. La prise de risque est diminuée dans les projets pédagogiques. Pour les professionnels, l'ambiance dans le travail et même le plaisir de travailler est nettement diminué. Les conséquences les plus néfastes sont pour les usagers qui restent sous la pression des décisions des magistrats. Ils le sont aussi en matière civile avec les assureurs. Ces dimensions peuvent

1. *Lien social,* n° 535, 15 juin 2000, http://archive.lien-social.com/dossiers2000/531a540/535-2.htm.

fortement influer sur les projets pédagogiques et les rendre moins innovants qu'ils n'étaient ces dernières années. »

Mais nuançons le propos du juriste : soit les éducateurs se laissent aliéner par un contexte socio-économique, relativement oppressant, j'en conviens ; soit ils choisissent de courir des risques et d'en assumer les conséquences, risques dans tous les cas mesurés, partagés en équipe, soutenus – on peut l'espérer ! – par les directions d'établissements. On voit bien ici que dans un tel contexte, la responsabilité forme l'envers de la médaille de la prise de risque. Souvenons-nous ici de cette assertion que Jacques Lacan adressa à des étudiants en philosophie à Normale Supérieure dans les années 1960 : « De notre position de sujet nous sommes toujours responsables[1]. » Ce n'est pas un hasard si le terme de « responsabilité » apparaît tardivement dans le Code pénal, en 1815. Il découle directement de la notion de liberté, mise en avant au seuil de la Révolution. Pas de liberté si un citoyen ne peut assumer la responsabilité de ses actes. Ce qui implique face à toute prise de risque, comme espace d'invention et de liberté, un point d'appui éthique à partir duquel un éducateur peut juger de l'action à venir ou de l'action échue. Max Weber dans un texte célèbre ne manque pas de donner les coordonnées de ces deux mouvements en distinguant une éthique de conviction (*verantwortungsethisch*) et une éthique de la responsabilité (*gesinnungsethisch*).

> « Il y a une opposition abyssale entre l'attitude de celui qui agit selon les maximes de l'éthique de conviction – dans un langage religieux nous dirions : "Le chrétien fait son devoir et en ce qui concerne le résultat de l'action il s'en remet à Dieu" –, et l'attitude de celui qui agit selon l'éthique de responsabilité qui dit : "Nous devons répondre des conséquences prévisibles de nos actes. [...] Le partisan de l'éthique de conviction ne se sentira responsable que de la nécessité de veiller sur la flamme de la pure doctrine afin qu'elle ne s'éteigne pas, par exemple sur la flamme qui anime la protestation contre l'injustice sociale." Ses actes qui ne peuvent et ne doivent avoir qu'une valeur exemplaire mais qui, considérés du point de vue du but éventuel, sont totalement irrationnels, ne peuvent avoir que cette seule fin : ranimer perpétuellement la flamme de sa conviction. Mais cette analyse n'épuise pas encore le sujet. Il n'existe aucune éthique au monde qui puisse négliger ceci : pour atteindre des fins "bonnes", nous sommes la plupart du temps obligés de compter avec, d'une part des moyens moralement malhonnêtes ou pour le moins dangereux, et d'autre part la possibilité ou encore l'éventualité de conséquences fâcheuses. Aucune éthique au monde ne peut nous dire non plus à quel moment et dans quelle mesure une fin moralement bonne justifie les moyens et les conséquences moralement dangereuses[2]. »

▶ Deux éthiques

Il s'agit donc d'insister dans le travail éducatif sur les deux aspects d'avant-risque et d'après-coup, en associant de façon étroite l'évaluation du risque et la responsabilité. Il me semble que seule cette position, relativement inconfortable, donne la mesure de

---

1. Jacques Lacan, « La science et la vérité », *Écrits*, Seuil, 1966, p. 858.
2. Max Weber, *Le savant et le politique*, Plon, 1995, p. 206-207.

ce qui ne manque pas de se présenter comme un paradoxe. Il faut bien prendre appui, pour mesurer les risques inhérents à toute action éducative, sur une référence qui peu ou prou relève de l'éthique. Pourquoi, au nom de quoi peut-on courir un risque ? Max Weber ouvre une voie que l'étymologie du mot éthique déjà charriait dans l'ombre. En effet deux mots de la langue grecque (*éthos/èthos*) ont été mixés en français pour n'en plus former qu'un. Le premier s'écrit en grec avec un *epsilon*, le second avec un *êta*. L'*éthos*, comme on peut le constater dans l'*Éthique à Nicomaque* d'Aristote, relève de la morale sociale, des contraintes qui régissent une communauté humaine, un regroupement professionnel (code de déontologie), une institution, un règlement intérieur, etc. Fondée sur l'affirmation de valeurs et de principes transcendants, cette éthique permet à chacun de pondérer ses choix face à l'action et la prise de risque envisagées. Il s'agit d'une éthique de conviction, collective, usant de la raison où chaque éducateur peut prendre ses marques. Mais ce volet de l'éthique n'épuise pas la question. La deuxième éthique, des conséquences, même si Max Weber ne la pousse pas jusque-là, relève d'une position subjective où domine le désir, qui comme chacun le sait à la suite de Pascal dans ses *Pensées*[1], « a ses raisons que la raison ne connaît point ». À la différence de l'éthique des convictions qui agit en prévision, voire prévoyance, avant l'acte, celle-ci ne prend son sens que dans l'après-coup et obéit à une question que Lacan à la fin de son séminaire consacré à l'*Éthique de la psychanalyse*[2] énonce ainsi : « ai-je agi conformément à mon désir ? » Il s'agit donc devant une prise de risque de ne reculer ni sur l'une, ni sur l'autre dimension de l'éthique, de supporter la tension entre collectif et subjectif, raison et désir, prévision et réalisation. Là encore paradoxe et aporie sont de la partie et sont facteurs de tension.

La troisième partie de la trilogie d'Œdipe, que l'on doit à Sophocle, *Antigone*, met en scène une tension sans doute inconciliable. Les deux frères d'Antigone, Étéocle et Polynice, viennent de s'entretuer, l'un prenant le parti de Thèbes, l'autre s'y opposant et la trahissant. Elle va trouver le roi Créon, maître de la cité et garant de ses lois, garant de la morale sociale. Il a ordonné que le traître soit jeté aux bêtes fauves sans sépulture, et que celui qui a vaillamment combattu pour sa cité soit inhumé avec les honneurs. Antigone se dresse face à Créon en arguant que certes elle respecte les lois qui régissent la cité et qu'elle ne soutient nullement l'infamie de son frère qui s'est dressé contre elle. Mais, ajoute-t-elle, il existe aussi des lois non écrites qui nous viennent des dieux, notamment celle qui exige d'une sœur qu'elle ne saurait laisser sans sépulture digne la dépouille de son frère, quels que soient ses agissements répréhensibles. Créon a beau jeu de lui rappeler le risque qu'elle court en se dressant contre lui et ce qu'il représente, à savoir la morale sociale. Antigone, la nuit venue, va se couler par une poterne hors les remparts de Thèbes, elle gratte à mains nues le sol, pour ensevelir, tant bien que mal, son frère défunt et maudit. Un soldat la surprend et la signale à Créon. Elle meurt

1. Blaise Pascal, *Pensées*, Folio-Gallimard, 2004.
2. Jacques Lacan, *L'éthique de la psychanalyse*, 1959-1960, Seuil, 1986, p. 359.

emmurée vivante. Et le chœur chante sa joie de mourir ayant fait ce qu'elle avait à faire.

Toutes proportions gardées, et sans doute avec un sens moindre du tragique, toute prise de risque met en jeu les deux éthiques, comme Créon et Antigone, avec une position subjective, mais qui n'est soutenable qu'articulée à la dimension du collectif, même pour s'y opposer. À condition d'accepter d'en payer le prix, à condition d'en répondre.

> « Le Mollah Nasr Eddin Hodja, un jour, sort du marché où il a acheté un kilo de piments très forts. Un ami le voit en train de manger les piments à pleine bouche, alors que les larmes lui coulent sur le visage :
>
> — Eh ! Que fais-tu, Mollah, tu vas te rendre malade.
>
> — Je sais bien, mais quand on a acheté des piments, il faut les manger jusqu'au bout[1]. »

1. Nasr-Eddin Hodja et Jean-Louis Maunoury, *La soupe au piment et autres sublimes idioties*, Librio, 2009.

Chapitre 7

Re-connaissance[1]

« C'est l'intime qui veut parler en moi, faire entendre son cri, face à la généralité, à la science. »
Roland Barthes

Je vois passer régulièrement sur Internet, émanant d'un groupe de travailleurs sociaux, une demande appuyée de reconnaissance du diplôme à bac +3, donc équivalent licence. En voici le contenu :

> « COMMUNIQUÉ : Reconnaissance Grade Licence des diplômes du travail social, les professionnels en ont assez. Depuis la réforme de leurs diplômes (entre 2004 et 2007), les travailleurs sociaux ont fait la démonstration que leur diplôme correspond à 180 ECTS, c'est-à-dire au grade licence. Avec les syndicats du secteur, les associations professionnelles ont cherché à porter cette revendication devant les pouvoirs publics et se sont heurtées à une attitude particulièrement fermée du gouvernement précédent. En effet, l'arrêté du 25 août 2011 constitue une réponse très insatisfaisante puisqu'il ne se situe que dans le cadre de la mobilité des professionnels sur le plan européen. » (Texte extrait du site de l'ones-fr.org).

J'ai l'impression parfois d'enfants abandonnés exigeant à cor et à cri de papas enfuis après leur naissance, une re-con-naissance d'identité, comme on dit une reconnaissance à l'état civil.

La difficulté c'est qu'aucune reconnaissance ne vient faute de se faire connaître. C'est sans doute là que le bât blesse dans les professions sociales et notamment éducatives. Comment faire connaître ce qu'on fait pour en obtenir une reconnaissance du corps social ? Pas de reconnaissance sans des signes de reconnaissance.

1. Reprise d'un texte paru en mai 2013 dans le n° 30 de *L'Erre, la Revue de la fédération nationale des associations de rééducateurs de l'Éducation nationale*, consacré à « La reconnaissance ».

Lorsqu'Ulysse, après son Odyssée de plus de 20 années, revient à Ithaque, seul son chien Argos le reconnaît à son odeur, dans un premier temps, puis sa nourrice, qui se fie aux cicatrices qui marquent sa peau, comme des signes d'identité. Bien après, son fils Télémaque et enfin sa femme Pénélope l'accueillent. La reconnaissance n'est pas donnée. Il faut à chaque fois en fournir les preuves et en faire l'épreuve. J'avais peur, confiera Pénélope, d'être abusée par un de ces prétendants qui rôdent autour de moi et du palais. Mais Ulysse ne force pas les choses : il se dévoile petit à petit et laisse face à lui les autres, ceux qui l'ont aimé, mais aussi un peu oublié, se réveiller doucement. Autrement dit la reconnaissance se fait de part et d'autre. Il s'agit d'un mouvement commun qui vise à ce que l'absent, l'oublié, le méconnu prenne ou reprenne toute sa place. La reconnaissance provient non seulement des preuves que l'absent produit (son odeur pour Argos, ses cicatrices pour la nourrice, la place du lit pour sa femme, etc.) mais aussi du chemin que parcourent vers lui ses accueillants pour l'admettre à nouveau parmi eux[1].

C'est peut-être cela qui manque aux travailleurs sociaux : à la fois de fournir des preuves de leur savoir, de leur savoir-faire, de leur savoir-être et en même temps de considérer ceux à qui ils demandent de la reconnaissance. Question de stratégie et de logique.

RE-CONNAISSANCE PAR L'ÉVALUATION

Comment produire de la connaissance en vue d'une reconnaissance du métier d'éducateur, à l'heure où la profession a tendance à se diluer dans des fonctions (coordinateur, référent, médiateur...) qui en obscurcissent le sens ? L'évaluation à ce sujet me paraît un bon cheval de Troie, malgré les malentendus et les embrouilles dont elle s'avère porteuse aujourd'hui. Évaluer vient de *e(x)- valuere*. En latin, c'est bien extraire la valeur de ce que l'on fait. Encore faut-il se référer à d'autres valeurs que la valeur marchande aujourd'hui dominante et qui conditionne toutes les méthodologies d'évaluation par le chiffre, accompagné du cortège des normes ISO, démarche-qualité, évaluations quantitatives etc. Ceci dit quelles sont les valeurs qui constituent le socle du travail éducatif ? Comment ensuite en tirer des méthodes d'évaluation pertinentes en lien avec ces valeurs ? Il existe une tradition de ce rendre-compte. Je prêche (dans le désert) depuis des années pour inviter mes collègues éducateurs, entre autres, à faire savoir ce qu'ils font, dans des publications, des colloques, mais aussi dans ces écrits institutionnels que sont les évaluations... On peut se battre la coulpe. Nous sommes responsables de cet état de non-reconnaissance, etc. Mais ça n'avance guère. Que fait-on une fois ce constat posé ? Il me semble que nous pourrions commencer à réviser les processus (et non procédures) d'évaluation. Bien sûr qu'il y a des comptes à rendre, mais il y a surtout à rendre compte de ce que font les professionnels payés sur des

1. Homère, *L'Odyssée*, Folio Gallimard, 1995.

financements publics. Rien n'oblige les établissements à se mouler dans la normalisation évaluative folle actuelle, ce que Gori nomme « La fabrique des imposteurs », laissée aux mains des experts. Il y a dans le travail éducatif une grande tradition du « rendre compte » qu'il s'agit de retrouver. Par exemple : les dix conférences que fait Aïchhorn en 1925 en direction des citoyens de Vienne qui ont mis la main au porte-monnaie à travers leurs impôts pour financer les prises en charge d'un millier de jeunes que l'on dirait aujourd'hui cas sociaux ou délinquants. Bref cessons les plaintes et inventons...

▶ L'art de conter

1981 : Georges Perec se rend à Grenoble, et expose en public « ce qui stimule sa racontouze », ce qui nourrit son écriture (propos recueillis par Claudette Oriol-Boyer, 1981[1]).

Que fait Aïchhorn ? Il raconte. Cette tradition de la « racontouze », du récit, pour donner à entendre et lire ce que fait un professionnel de l'intervention sociale existe bel et bien depuis belle lurette. Aurions-nous perdu le sens commun, le *common decency* dont nous parle George Orwell, au point de ne plus y croire ? Les procédures mises en œuvre par les experts de tous poils nous auraient-elles plongés dans la débilité ? Nous auraient-elles coupé les ailes de l'invention et du désir ? Raconter ne serait-il que du temps perdu ? Nous n'aurions plus le temps ? Viser une reconnaissance sociale en produisant le récit de ce que nous faisons au quotidien serait du temps perdu ? Un temps qui ne rentre pas dans les cases ni les grilles.

> « Le capitalisme, écrivent Gilles Dostaler et Bernard Maris, est le moment de la civilisation humaine où le temps est systématiquement consacré à l'accroissement de la productivité et à l'accumulation... Le souci de la perspective, du futur, de la dilatation du temps, sont le contraire du *carpe diem*, du temps que l'on prend. Prendre son temps c'est ne pas l'accumuler[2]. »

Nous ne savons plus raconter ce que nous faisons au quotidien.

> « L'art de conter est en train de se perdre. Il est de plus en plus rare de rencontrer des gens qui sachent raconter une histoire. Et s'il advient qu'en société quelqu'un réclame une histoire, une gêne de plus en plus manifeste se fait sentir dans l'assistance. C'est comme si nous avions été privés d'une faculté qui nous semblait inaliénable, la plus assurée entre toutes : la faculté d'échanger des expériences. L'une des raisons de ce phénomène saute aux yeux : le cours de l'expérience a chuté. Et il semble bien qu'il continue à sombrer indéfiniment[3]. »

Le cours de l'expérience, donc de la capacité humaine de rendre compte, plus que de rendre des comptes, a donc chuté inexorablement et poursuit sa dégringolade. Mais l'expérience fut-elle jamais cotée à la bourse des valeurs humaines qui n'enregistre

1. Georges Perec, *Entretiens et conférences*, Joseph K., 2003.
2. Gilles Dostaler et Bernard Maris, *Capitalisme et pulsion de mort*, Albin Michel, 2009.
3. Walter Benjamin, *Œuvres III*, Gallimard, 2000.

plus que les valeurs marchandes ? L'expérience et les récits qui la portent seraient donc hors-jeu de l'évaluation, hors valeur ? Ou valeur négligeable, variable d'ajustement ? Le divin marché et le règne des experts auraient-ils tué notre dignité de penser[1] ?

▶ Une histoire

Se faire reconnaître exige parfois une certaine ruse, au sens de la *mètis* des Grecs que Détienne et Vernant nous ont appris à prendre en compte[2]. La ruse n'est pas mensonge, mais savoir-faire subtil tel celui du pêcheur ou du pilote dans un port. C'est ainsi que travaillant dans un centre d'accueil pour toxicomanes il y a quelques années nous avions reçu à remplir les feuilles de l'Inserm en guise d'évaluation. Feuille striée de colonnes : où habite l'usager, avec quels produits se drogue-t-il, quel est son niveau scolaire ? etc. Vous faisiez ensuite des totaux qui débouchaient sur de beaux histogrammes et camemberts en couleur, présentant des pourcentages de la file active de la population. La première année nous étions pris par le temps. La deuxième année, estimant que ce type d'évaluation ne représentait en rien notre travail, nous avons adjoint à cette feuille de l'Inserm, la présentation de dix cas cliniques déroulés sur une année de suivi. Travail conséquent, argumenté, avec nos observations, hypothèses et les projets d'accompagnement éducatif et thérapeutique. Cela faisait une bonne centaine de pages. L'inspectrice DRASS téléphone : « j'ai reçu votre rapport et c'est la première fois que je comprends... ce que je fais ». Évidemment cette femme, fonctionnaire représentante de l'État dans la région que l'on prenait peu ou prou pour un tiroir-caisse ou une exécutrice des textes, à partir des éléments que nous lui avions transmis mettait en lien son travail et le fait que ce travail servait aussi aux soins de jeunes en souffrance : il participait à la clinique. Les conséquences de cette ruse nous valurent une reconnaissance de cette fonctionnaire. À telle enseigne que chargée de par sa fonction de contrôler la mission confiée à notre institution, elle s'invitait à certaines réunions d'équipe et nous soutenait d'un : « mais ce que vous dites, écrivez-le, sinon personne ne le saura ». Voilà une histoire de reconnaissance où l'on voit bien que l'effort porte de part et d'autre. Il y a toujours à gagner de faire le pari de l'intelligence d'autrui.

FAUSSE RECONNAISSANCE

Freud dans un article de 1913, repris dans *La technique psychanalytique*, fait état d'une « fausse reconnaissance ». Il s'agit de ces souvenirs dont le patient affirme qu'il les a déjà racontés. Cette forme de paramnésie, de déjà-vu, déjà raconté, pourrait nous inspirer pour soutenir que la reconnaissance (vraie celle-là) ne va jamais de soi.

1. Voir Roland Gori, *La dignité de penser*, Les Liens qui libèrent, 2011.
2. Marcel Detienne et Jean-Pierre Vernant, *Les ruses de l'intelligence : la mètis des Grecs*, *op. cit.*

L'expression « c'est évident » proférée face au questionneur qui demande ce que fait un éducateur marque cette fausse reconnaissance. Ça va de soi ! Or cela ne va jamais de soi de faire reconnaître le sens du travail effectué. Pourquoi ? Parce qu'il ne se voit pas. Je ne conseille à personne de filmer la journée d'un éducateur où on le verrait s'occuper du lever, de la toilette et du petit-déjeuner des enfants, en accompagner certains à l'école, lancer une partie de foot en fin d'après-midi, etc. ou un autre accompagner un groupe au ciné, etc. Vous voyez d'ici la réaction des non-avertis : mais tout le monde peut le faire. Et en plus vous êtes payés pour ça ? Bref à penser que la reconnaissance va de soi, on court à la méprise, quand ce n'est pas au mépris.

▶ Re-co-naissance

Entrons dans la polysémie du mot. Il est possible de s'adresser à n'importe quelle mairie pour reconnaître un enfant avant sa naissance. Il suffit de présenter une pièce d'identité et de faire une déclaration à l'état civil. L'acte de reconnaissance est rédigé immédiatement par l'officier d'état civil et signé par le parent concerné ou par les deux en cas de reconnaissance conjointe. L'officier d'état civil lui (ou leur) remet une copie de l'acte que celui-ci présentera lors de la déclaration de naissance. La reconnaissance peut être faite par le père à l'occasion de la déclaration de naissance, c'est-à-dire dans les trois jours qui suivent la naissance. Elle est alors contenue dans l'acte de naissance de l'enfant.

À l'occasion de la naissance du premier enfant, un livret est délivré. Il faut s'adresser à la mairie du lieu de naissance.

Après la naissance, si la mère est indiquée sur l'acte de naissance, le père peut reconnaître l'enfant en s'adressant à n'importe quelle mairie. Il suffit de présenter une pièce d'identité et de faire une déclaration à l'état civil. Il est conseillé, si on le possède, de se munir d'un acte de naissance de l'enfant ou du livret de famille. La mairie de naissance indiquera cette reconnaissance en mention de l'acte de naissance de l'enfant ainsi que dans le livret de famille.

Autre occurrence. Un éclaireur est une personne qui a pour mission de partir en reconnaissance pour observer le terrain et recueillir des informations qui seront utiles au reste du groupe. Dans l'armée, l'éclaireur est choisi parmi les soldats, généralement parmi les plus mobiles, parmi ceux qui témoignent d'un bon sens de l'observation ou parmi ceux qui connaissent le mieux les lieux. Le terme s'utilise aussi de nos jours pour désigner des avions ou des navires chargés de missions de reconnaissance. Le rôle d'éclaireur est attesté depuis l'Antiquité dans les batailles menées par les Grecs ou par les Romains. Lors des croisades au Moyen Âge, l'éclaireur est souvent recruté parmi les habitants des territoires disputés. Cette pratique est reprise lors de la Guerre d'indépendance aux États-Unis et au XIXe siècle par les troupes américaines lors des guerres indiennes.

Autre ouverture. Une reconnaissance de dette est un écrit par lequel une personne, le débiteur, s'engage à payer une somme d'argent à une autre, le créancier. La reconnaissance de dette peut être établie sous forme d'acte sous-seing privé ou d'acte authentique par un notaire. Elle doit respecter les conditions suivantes :

- être écrite, datée et signée par le débiteur ;
- comporter l'identité des personnes (débiteur et créancier) : nom, prénom et date de naissance ;
- indiquer la somme en chiffres et en lettres (en cas de différence entre la somme en lettres et celle en chiffres, c'est le montant en lettres qui sera retenu).

La reconnaissance de dette peut préciser les éléments suivants :

- indication du terme, c'est-à-dire une date à laquelle le paiement de la dette sera exigible (si aucune date d'exigibilité n'est précisée, on considère que la somme est immédiatement exigible) ;
- indication du taux d'intérêt (qui ne doit pas dépasser le taux de l'usure).

Le contenu de l'acte vaut jusqu'à ce que la partie adverse prouve le contraire.

▶ Re-naissance

Reconnaissance de paternité, reconnaissance de dette, éclaireur envoyé en reconnaissance... N'est-ce pas une question de filiation et de représentation qui se fraie son chemin au fil des mots ? La reconnaissance commence par l'assomption d'une histoire : les colonies pénitentiaires de 1850 pour les éducateurs de la PJJ, Itard et Victor de l'Aveyron en 1815 pour les éducateurs spécialisés, Tosquelles et le mouvement de psychothérapie institutionnelle en 1940 pour les infirmiers psychiatriques, les classes de perfectionnement de 1909 pour les instituteurs spécialisés, les dames patronnesses des années 1900 et leurs obsessions de l'hygiène pour les assistants de service social, Loczy pour les éducateurs de jeunes enfants, etc. Cette dette dans ces métiers de la relation humaine, nous l'avons en héritage. Comme l'énonçait Goethe : ce que tu as hérité de tes pères, acquiers-le. Donc première voie : se reconnaître comme faisant partie d'une histoire, alors que bien souvent, dans mes déplacements dans les établissements de France et de Navarre, j'ai la fâcheuse impression d'équipes sans histoire. Mais quand on n'assume pas son histoire ça fait... des histoires.

Deuxième voie sur le chemin de la reconnaissance : qu'en est-il des collectifs ? Pierre Bourdieu assurait à juste titre que le néolibéralisme est une machine à casser les collectifs. Paroles visionnaires. Nous assistons à l'éclatement généralisé des métiers du social et des professionnels dans chaque métier. Bientôt nous aurons des *start-up* de professionnels exerçant en *freelance*. Le travail social, c'est comme le bâtiment, quand le bâtiment va... Le travail social est constitué d'un ensemble de corps de métiers (j'en ai cité certains plus haut, la liste est beaucoup plus longue). Mais comme dans le bâtiment, ces métiers concourent aux mêmes objectifs, par des voies différentes, à savoir l'insertion des sujets en difficultés, en souffrance, exclus... au sein du corps social. Mais les métiers du social n'emportent une certaine efficacité que s'ils sont adossés et coordonnés les uns aux autres, dans le même établissement, mais aussi les métiers entre eux. Qu'en est-il aujourd'hui des notions d'équipe, d'institution, de collectif, de représentation sociale ? Qu'en est-il des cohésions, des cohérences et des solidarités institutionnelles ? Les syndicats : combien de divisions ? Comment se faire reconnaître dans une telle débandade ? Deuxième voie, donc : retisser un collectif démaillé par la machine néolibérale.

Enfin j'évoquerai une troisième voie : celle d'une re(con)naissance, d'une Renaissance. Renaissance du sentiment de la belle ouvrage qui consiste avant tout à ce que le professionnel se reconnaisse et soit valorisé dans son action. Ce sentiment qui, caractérisant il n'y a pas si longtemps le travail de l'artisan, a volé en éclats sous les rouleaux-compresseurs des démarches-qualités, normes ISO, évaluations quantitatives et autres fadaises qui mènent à une perte de sens du travail. Enfin les travailleurs sociaux sont de fait des éclaireurs envoyés en reconnaissance des malaises dans la civilisation, comme disait Freud. Il leur incombe le devoir, pour se faire reconnaître, de faire reconnaître les souffrances, les injustices dans lesquelles sont plongés les sujets dont on leur confie la prise en charge.

Bref le chemin de la reconnaissance passe par les retrouvailles avec l'histoire, le sens du collectif et le sentiment de la belle ouvrage, augmenté du sens critique des conditions socio-économiques actuelles, autrement dit une véritable révolution. Dans un tel contexte, les éducateurs ont du pain sur la planche !

Chapitre 8

Éducateur aujourd'hui : un métier impossible

« Là où les humains ne supportent plus la parole,
réapparaît le massacre. »
Pierre Legendre, La Fabrique de l'homme occidental

L'ÉDUCATEUR est un esclave. C'est un esclave chargé, dans les grandes familles romaines de l'antiquité, d'accompagner les enfants de la *gens* (cette famille élargie pouvant aller jusqu'à 300 personnes, ascendants, descendants et collatéraux du *pater familias* étant réunis ainsi que les familles d'esclaves), jusqu'au *gymnasium*, le lieu de socialisation. Là les enfants y apprennent aussi bien le lancer du javelot que la rhétorique, les mathématiques, l'observation des corps célestes ou la philosophie. L'éducateur dès l'origine, nous rappelle Michel Serres dans son *Tiers-instruit* est ce passeur de l'entre-deux, ce médiateur social entre la famille et les lieux où les enfants s'initient à la citoyenneté. L'éducateur ne saurait prendre la place ni des éducateurs naturels que sont les parents et la famille, ni des éducateurs culturels que sont les enseignants et les pédagogues, qui initient le jeune romain aux savoirs indispensables pour être membre de la cité. L'éducateur dès cette époque lointaine accompagne le passage. C'est un passeur. Au sens propre un intermédiaire, un entre-deux. Passeur des deux rives, de l'enfant à l'homme. Notons que cette position implique une bonne connaissance des deux rives : le milieu familial et l'environnement social.

L'éducateur d'aujourd'hui est un descendant lointain de cet éponyme antique. L'esclavage en moins. Encore que l'éducateur ne travaille pas en libéral. Il est assujetti à une institution qui lui détermine un mandat en fonction d'une mission pour laquelle elle a conclu une convention avec les autorités de tutelle concernées (État ou collectivités locales). De plus le travail éducatif aujourd'hui ne concerne plus uniquement les enfants mais toutes les tranches de la population souffrant d'une mise à l'écart, quand ce n'est pas d'une exclusion, du fait de divers handicaps, inadaptation sociale, mais aussi de l'injustice qui règne dans nos sociétés modernes.

TRANSMETTRE L'IMPOSSIBLE

Comment travaille l'éducateur dans cet espace intermédiaire, dans cet entre-deux où se joue l'accompagnement de personnes en souffrance ? L'éducateur est un transmetteur des limites qui, pour chaque être humain, lui permettent de se construire et de vivre parmi les autres. Les éducateurs transmettent l'impossible parce qu'à l'impossible chacun y est tenu. Freud écrit à juste titre, dans sa préface de 1925 à l'ouvrage d'August Aïchhorn traduit en français sous le titre de *Jeunesse à l'abandon*[1], qu'éduquer, comme gouverner et soigner (plus tard il dira psychanalyser) est impossible. Il ajoutera en reprenant cette expression au soir de sa vie en 1937, que dans ces trois métiers impossibles, on « peut être d'emblée sûr d'un succès insuffisant ». S'agit-il de pessimisme de la part du père de la psychanalyse ? Non, il s'agit de penser l'impossible – l'impossible n'est pas l'impuissance – comme un concept freudien : ce sur quoi vient buter l'idéal d'éducation. Disons d'emblée que l'idéal éducatif de Pygmalion qui vise à reproduire l'autre à sa propre image se casse le nez contre cet impossible. Impossible parce qu'il y a dans la pulsion qui gouverne l'être humain quelque chose qui demeure foncièrement inéducable. C'est cette part d'ombre de la pulsion que Freud révèle comme l'essence de la pulsion de mort et que Lacan reprendra comme étant du registre du réel. Les éducateurs dans la rencontre au quotidien avec des êtres en grande souffrance ont à faire avec cette part d'inéducable, cette part de jouissance qui se soustrait à la « d'hommestication » et aux contraintes de la civilisation. L'impossible naît de ce qu'un être humain est castré par les impératifs du vivre-ensemble que lui impose la société. Il est castré, mais la jouissance inconsciente poursuit son œuvre, increvable. Elle pointe son nez dans les formations que l'inconscient met en scène, y compris dans les passages à l'acte. Pour prendre une métaphore, si la conscience est le cavalier et l'inconscient le cheval, il arrive assez souvent que le cheval mène le cavalier à sa guise.

C'est pourquoi Freud décrira le processus éducatif dans ses conférences d'*Introduction à la psychanalyse* comme « un sacrifice de la pulsion », un détournement par la culture

1. L'ouvrage d'August Aïchhorn est paru dans une nouvelle traduction, sous le titre *Jeunes en souffrance*, aux Éditions du Champ Social, en janvier 2000. La préface de Freud dans cet ouvrage fera l'objet en 2022 d'une nouvelle traduction due à Fred Fliège, accompagnée de trois commentaires : Joseph Rouzel, « Éducation impossible » ; Marie-Jean Sauret, « L'impossible du politique » ; Jacques Cabassut, « L'impossible dans le soin et la psychanalyse ». Publication à paraître aux éditions L'Harmattan : Sigmund Freud, *Trois métiers impossibles*.

des forces pulsionnelles pour les mettre au service de la communauté. Mais malgré cela, demeure dans l'inconscient cette part d'ombre qui lui échappe et le gouverne. La conscience est une île encerclée par l'océan de l'inconscient, précise Freud. La rencontre éducative s'inscrit sous le signe de cet impossible : comment vivre castré par les contraintes sociales et en même temps assumer des exigences pulsionnelles que l'on ne maîtrise pas. C'est là tout l'enjeu de l'éducation (spéciale ou pas) que d'introduire un autre humain à cette tension entre jouissance et plaisir, fantasme et réalité, pulsion et désir. L'impossible vient faire signe chez l'être humain d'un point de butée. La mort en représente un des emblèmes comme échec de la toute-puissance de l'enfant-roi. La loi qui unit et sépare les hommes en constitue une seconde borne. La vie n'est alors possible qu'au prix d'y intégrer ce qui relève de l'impossible. La vie n'est vivable, nous confie en substance Serge Leclaire dans son ouvrage *On tue un enfant*, qu'au prix du meurtre permanent de l'enfant merveilleux que chacun porte en soi. Évidemment cette assertion s'adresse aussi bien à l'éducateur qu'à la personne prise en charge. Telle est la portée et l'enjeu de l'acte éducatif ; tel est l'espace vif de la transmission : apprendre à un autre à faire avec ce qui le dépasse, dans l'espace social et dans l'espace psychique. Ce qui soutient cet acte de transmission, chez les parents, les enseignants ou les éducateurs, ce qui le légitime, c'est la fonction paternelle. Le problème est que cette fonction a sérieusement été mise à mal par notre société post-moderne. Nous allons en mesurer un peu plus loin les conséquences.

La tâche pour les éducateurs est d'autant plus difficile que le contexte social, tel que nous le voyons se déployer sous nos yeux à l'aube du troisième millénaire, nous donne à vivre des sociétés gouvernées en sous-mains par une idéologie scientiste. L'impossible que vient marquer la mort et l'interdit que pointe la loi y sont battus en brèche. Le discours de la science, qui a peu à peu gagné depuis le XVIIe siècle nos modes de penser le monde et les relations humaines, est fondé sur cette illusion qu'a la science il n'y aurait rien d'impossible. Le Sida, le cancer, la mort même, qui continuent à résister à l'avance de la médecine de pointe, ce n'est qu'une question de temps et de moyens pour les vaincre. Dans les décennies qui suivent on devrait venir à bout de ces fléaux. La sexualité au-delà des limites c'est chose faite avec le Viagra. Le recul des limites de la connaissance en ce qui concerne le Sida ou le cancer après tout ne peut être qu'une bonne chose, mais il participe d'une illusion devant la mort. Ce n'est pas pour rien que Martin Heidegger voyait en l'être humain un « être-pour-la-mort », ce qui marque une limite absolue chez chacun aux prétentions d'immortalité et de bonheur total. La science tendrait à ériger comme immortel le corps de l'homme. L'idéologie qui domine notre modernité, c'est bien celle du bonheur à tout prix. Et la science, relayée par les prouesses technologiques et le libre commerce des biens de consommation, met sur le marché les objets mêmes qui viendraient à chaque instant, immédiatement réaliser ce fantasme. Enfin on ne manquerait plus de rien. Nous serions comblés. Malheureusement à cette course effrénée au bonheur qui signe l'essence de la société capitaliste, il y a un reste. Il suffit de considérer le nombre de laissés pour compte, de chômeurs, de ceux qu'on dit exclus ; et les cohortes sans cesse croissantes d'êtres humains en déshérence, démunis, sans foi ni loi, perdus. Le discours scientiste a des retombées catastrophiques dans notre monde quotidien actuel ; notamment chez les jeunes qui, bombardés par les slogans publicitaires et les incitations à consommer sans entrave, ne voient plus de quel lieu ni de quel droit on pourrait faire limite à leurs pulsions. Ils ne font que mettre en œuvre l'impératif sous-jacent à notre société dite de consommation : « Tout, tout de suite ». Bien entendu un certain nombre de parents, dont on dit un peu facilement qu'ils sont démissionnaires, ne font qu'entériner dans le mode d'éducation de leurs enfants ce sans limite d'une jouissance sociale érigée en idéal par un capitalisme marchand triomphant. Ce sont bien leurs enfants, issus de tous les milieux sociaux, des familles les plus riches aux plus démunies, que les éducateurs rencontrent de plein fouet. Dans les institutions où ils trouvent refuge. Quand il ne faut pas les y réfugier de force !

Sur cette question du bonheur avec un grand B, autrement dit de la jouissance et de ses ravages, Freud a publié en 1929 une grande méditation, intitulée *Malaise dans la civilisation*. Dans toute culture il y a un malaise, nous dit-il, et ce n'est pas fait pour s'arranger. Les lendemains qui chantent, il vaut mieux faire une croix dessus. Le fond de l'argumentation de Freud et simple : il y a chez l'être humain, du fait d'être appareillé au langage, une impossibilité structurale au bonheur. Ce qui n'empêche pas tout un chacun de courir après. Mais l'être humain se caractérise de se construire autour d'un objet perdu, à jamais perdu, parce qu'il n'a même jamais été possédé. Une des représentations en est la mère. Une mère mythique s'il en est : verts paradis de l'enfance, Éden adamique des origines. Que veut l'homme questionne Freud ? Il veut être heureux et le rester. Mais assez rapidement le petit d'homme se rend compte que trois obstacles font barrage à sa prétention au bonheur. Il y a le monde, les autres et son corps. D'où la mise en place d'une série de stratégies pour dépasser l'obstacle. Pour dépasser les limites corporelles, pour faire rendre raison au corps qui nous obéit si mal, certains se lancent dans des régimes, des manipulations, le yoga, les exercices sportifs, les drogues. Pour dominer le monde on peut faire confiance à la science et à la technologie. Internet ou le nucléaire ont sérieusement agrandi notre champ d'intervention. En ce qui concerne les autres c'est plus difficile, on ne peut pas s'en passer. Même au fin fond du désert on emmène avec soi un monde fou. La conclusion de Freud est celle-ci : devant l'impossible qui fait limite aux prétentions au bonheur de l'homme, il vaut mieux se faire une raison et se contenter des petits bonheurs que nous offre la vie de tous les jours. Autrement dit, comme le confie Freud à une de ses patientes : « il s'agit de transformer notre prétention névrotique en malheur banal ». C'est ainsi qu'il en vient à désigner, à l'horizon de la cure de parole, le travail et l'amour, comme plus sûrs moyens de vivre ce malheur banal.

La fonction paternelle

L'agent qui entraîne le petit d'homme à en rabattre sur sa jouissance à assumer son « malheur banal », c'est le père. Le père est le fondement de la loi qui, de l'interdit de l'inceste aux lois sociales, régule la jouissance des humains soumis à la vie collective. Le père est d'abord une fonction symbolique mais comme toute fonction il faut qu'elle soit incarnée pour opérer. Le père c'est cette fonction que chacun d'entre nous assume et transmet dans le rappel permanent des limites. Le père introduit le sujet à en passer par les autres hommes et, pour survivre, à se soumettre à la loi de la parole et au langage. Le père en opposant l'interdit et la loi à la jouissance du sujet le fait advenir à l'ordre du désir. C'est cette opération que la psychanalyse repère sous le terme de castration. C'est la base de toute fonction éducative. Or cette fonction ne peut être assumée dans l'espace familial d'abord et social ensuite, que si la société la soutient dans ses idéaux. Nous allons voir que le discours de la science qui a peu à peu envahi notre monde a eu pour effet de briser le tranchant de la fonction paternelle[1].

Juste un exemple. Récemment en 1998 on en est venu à exhumer le cadavre de ce pauvre Yves Montand pour faire une investigation bio-génétique en recherche de paternité. Cette enquête génétique était exigée, comme le lui permet la loi, par une jeune fille dont la mère lui disait qu'elle était née de cet homme-là. Retenons qu'en son temps Yves Montand confronté à cette affirmation avait dit qu'il n'était pas le père. La parole du sujet ici on s'en bat l'œil, la science vient trancher à sa place. Or j'affirme avec force qu'on aura beau déterrer tous les cadavres qu'on voudra on n'y trouvera jamais de père. Ce qu'on peut y découvrir éventuellement c'est un géniteur, c'est-à-dire l'agent biologique de la reproduction. Un père n'est pas matériel, c'est une fonction, même s'il en faut un ou une pour la porter, cette fonction. Je dis un ou une parce que chez certains peuples ce peut être une femme qui fasse le père. Les êtres humains ne se reproduisent pas comme les animaux. Ils sont produits par et dans la parole. Jusque-là dans nos sociétés occidentales, une femme disait à l'homme qu'elle aime « tu es le père de l'enfant que je porte ». Encore fallait-il que cet homme assume cette parole. Donc un père est produit par la parole d'une femme à qui il fait confiance en tant qu'homme. Il ne va pas demander une preuve génétique de sa paternité. La vérité c'est que cette femme le lui dit. Elle se montre ainsi elle aussi comme soumise à la fonction paternelle. Elle transmet ce que son propre père lui a transmis. Jusqu'à ces temps derniers le père était donc fondé sur cet acte de parole. Le droit romain l'avait d'ailleurs bien compris qui indique que « *mater certissima ; pater semper incertus est* ». En termes de preuve, la mère on en est toujours sûr ; pour le père on ne l'est pas : il faut s'en remettre à la parole d'une femme. On peut dire que cette parole singulière fait advenir une mère et

1. Voir Joseph Rouzel, « Qu'est-ce qu'un père ? », *L'Acte éducatif*, Érès, 1998, p. 181-196 ; également Christian Gauffer, *Dire non par amour. Travail de parents. Approche psychanalytique de l'Éducation à la portée de tous*, Chronique Sociale, 2019.

un père. Voilà comment fonctionne depuis bien longtemps l'institution de la paternité. Jusqu'à ce que récemment, le droit de la filiation soit modifié. Dans un article paru dans la revue *Esprit* en 1996, Irène Thery, en vient à conclure que « Croire que l'on peut refonder la sécurité de la filiation sur le fait biologique est l'une des illusions majeures de notre temps ». En effet, et je reprends ici les paroles fortes de l'anthropologue Pierre Legendre, « produire de la chair humaine ne saurait être confondu avec instituer de la filiation ».

Je prends ici à témoin la question de la filiation à titre d'analyseur. On pourrait agrandir le champ d'investigation pour montrer comment le discours de la science a infiltré nos moindres gestes et provoqué une mutation dans nos sociétés qui, si elle n'est pas contrecarrée les conduira à la barbarie d'abord et à la destruction ensuite. Qu'est-ce qui est touché à ce point ? C'est le père, pas le papa, ou le père fouettard, le macho de service ou le petit chef, c'est la fonction paternelle comme fonction civilisatrice à travers l'instauration des limites et de la loi. Le père en séparant mère et enfant, institue l'altérité et introduit le sujet dans le champ de la parole et du langage, il l'introduit à la dimension de l'impossible. Autrement dit le père est au principe de l'insertion sociale de tout sujet. Ce qui est gravement touché à travers cette mise à mal de la fonction paternelle c'est principalement les trois fonctions que transmet le père, et qui constituent le socle de tout être humain : l'énonciation, la limite et le jugement.

LE DÉCLIN DU PÈRE : SES CONSÉQUENCES

• *L'énonciation* à laquelle tout sujet est confronté dans le fait de soutenir sa parole propre est invalidée. Si la science dit le vrai, à quoi bon parler. On ne s'intéresse plus à la parole de chaque sujet, il peut mentir ou se tromper, mieux vaut faire confiance aux détecteurs de mensonge et à ceux qui savent le pourquoi du comment. Dans nos institutions regardez les ravages effectués par la convocation d'experts[1]. On ne demande rien ni aux personnels, ni aux usagers, l'expert dira le vrai sur ce qui se passe. Celui qui dit la vérité c'est celui qui sait, voire celui qui a le pouvoir. On n'écoute plus personne dans notre secteur social et médico-social, on fait de l'audit. La parole, seule modalité d'institution du lien social entre les humains, s'en trouve largement dévalorisée.

• *La limite* maintenant. Elle est introduite sous la forme de l'impossible par le père pour faire butée au fantasme de toute-puissance du petit d'homme. Le père a pour fonction d'introduire les fils de l'un et l'autre sexe, comme disent les textes du Moyen Âge, à la finitude de la dimension humaine, aux limites, à ce qu'en psychanalyse on nomme la castration. Or le discours de la science vient mettre à mal le principe même de cette

1. Voir dans mon ouvrage *L'acte éducatif*, Érès, 1998, le chapitre « Une clinique du sujet », et plus spécialement la partie intitulée : « De l'ex-père à l'expert, et retour », p. 101-107 ; voir également Jean-Pierre Lebrun, *Fonction maternelle, fonction paternelle*, Fabert, 2011.

transmission. Elle développe un savoir de toute-puissance, où tendrait à disparaître l'impossible. C'est ainsi que j'ai pu lire récemment dans *Le Monde* que l'abolition de la mort n'est pour la science qu'une question de temps et de moyens techniques. Bientôt nous serons immortels ! Donc la transmission de la loi qui fait limite à chaque sujet pour vivre parmi les autres en prend un coup. Du père nous sommes passés au règne de l'expert. Pas la peine de se casser la tête avec des problèmes épineux comme le clonage des gènes ou la colonisation de la lune. On pense pour nous. On va nommer un comité d'éthique, il nous dira que faire. De comité d'éthique en étiquettes on en arrive à produire une morale de Prisunic. Vous la trouverez entre les nouilles et la lessive qui lave plus blanc que blanc.

• Enfin c'est *la faculté de jugement* qui est gravement atteinte. Si la parole d'un sujet ne vaut rien, si les limites de l'impossible sont abolies, alors comment faire des choix ? Et on le voit bien chez certains jeunes à qui l'on demande ce qu'ils veulent faire plus tard. Non seulement ils ne savent pas, mais ils ne peuvent pas savoir. Car savoir ce qu'on veut faire c'est choisir, donc engager son désir. Pour cela il faut avoir buté sur la fonction paternelle pour repérer un peu ce qu'on désire. Qu'ils ne s'inquiètent pas : les tests d'orientation, les bilans de compétences et autres gadgets orthopédo-pédagogiques, choisiront pour eux. Comme me disait un jeune récemment :

— Je voulais devenir sculpteur et on m'a mis en math.

— Pourquoi tu leur as rien dit ?

— Mais je leur ai dit, ils s'en foutent. De toute façon c'est eux ils savent. Moi à l'école je suis nul.

Je me réfère ici aux travaux d'un psychanalyste belge, Jean-Pierre Lebrun. Il exerce à Namur. Dans un ouvrage intitulé *Un monde sans limite* il a essayé de tirer les conséquences de ce déclin du père. Je l'ai déjà dit, pour tenir, cette fonction doit obéir à deux exigences : être incarnée dans l'espace familial et être soutenue dans les valeurs de la socio-culture. Remettre en phase un jeune avec l'impossible qui le castre d'une toute-puissance fantasmatique et le fait advenir comme un parmi d'autres, voilà l'essentiel du travail éducatif. Autrement dit transmettre la castration, faire coupure, limite, séparation. Transmettre justement ce qui est mis à mal dans le lien social d'aujourd'hui : l'énonciation qui consiste à s'assumer comme sujet d'une parole singulière ; les limites pour vivre ensemble ? présentifiées par la mort et la loi ; la nécessité de choisir, et donc de juger, nécessité éthique s'il en est.

Le sujet humanisé mais aussi divisé par la parole et le langage c'est ce qui en l'homme vient faire obstacle à la pente naturelle du marché. Les civilisations, nous rappelle à juste titre Pierre Legendre, sont des fabriques de mots[1]. Les mots font limite à la

---

1. « Les civilisations sont la fabrique des mots et se fabriquent avec des mots. Elles enseignent à l'homme le vide et la séparation qui rendent possible la parole. » Pierre Legendre, *La Fabrique de l'homme occidental*, Mille et une nuits, 1996, p. 15.

jouissance en tant qu'ils séparent la chose et le symbole qui la représente. Les mots nous séparent des objets. Le langage nous sépare des choses comme il nous sépare aussi des autres. Du coup ce n'est que dans l'accès au langage et à la parole que nous prenons une place de sujet.

Cette fonction éducative, reprise de la fonction paternelle, opère dans les gestes du quotidien, l'accompagnement à un métier, une place vivable dans la société et l'initiation à un certain savoir-vivre. Si cet apprentissage à la vie collective bute sur l'impossible, c'est que l'éducateur ne peut faire faire à un autre de force ce qu'il ne veut pas faire. L'impossible est non seulement présent chez chaque sujet, mais également dans les relations intersubjectives. Dans ce mouvement d'humanisation que vise le travail éducatif, l'éducateur est de fait confronté à ses propres limites. En tant qu'agent de la castration, il est bien « éducastreur », en tant qu'il y est soumis. Autrement dit, contrairement à ce que pensent certains, l'éducateur ne fait pas la loi, il en est un des représentants. Il est bien obligé d'interroger son désir d'aider les autres, ses intentions réparatrices, voire salvatrices, sa pente à vouloir faire le bien des autres, pour se rendre à l'évidence que dans tout sujet qu'il rencontre il y a un point de résistance à ses prétentions éducatives. Cette propension à vouloir aider les autres est bien la maladie infantile du travail social. Il est donc indispensable de la mettre à la question en formation et sur le terrain. Apprendre à faire avec ce point d'impossible fonde pour un éducateur une éthique de l'acte éducatif. L'éducateur tombe sur un os, l'autre à éduquer n'est jamais conforme, jamais à la place qu'il voudrait lui assigner. Son bien n'est jamais ce que l'éducateur imagine pour lui. Tout projet éducatif doit intégrer cette donnée sous peine de se transformer en entreprise de redressement tyrannique. Quelque chose chez tout sujet se révèle indomptable. C'est du lieu de ce dérangement, de cette désillusion, qu'un éducateur peut aller vers celui qui est en souffrance, avec ce que j'appellerai une certaine humilité. Autrement dit c'est en se confrontant à l'impossible en lui-même qu'il peut en accompagner la découverte chez l'autre. Ce qui résiste ainsi chez tout sujet, c'est cette capacité à faire des choix, y compris inconscients. S'assumer comme responsable de ces choix quels qu'ils soient voilà ce que Freud décrivait au début du siècle comme une position « d'honnête homme ». Devenir responsable de ce qui nous arrive et en grande partie nous échappe, telle est l'énigme que met à jour tout processus éducatif. Cette part d'impossible nous pourrions aussi bien la nommer de son nom si galvaudé : liberté, cette « atroce liberté » précisait le poète surréaliste René Crevel. Liberté qui met en demeure tout être humain d'être responsable, c'est-à-dire d'avoir à répondre en parole, face à ses frères et sœurs en humanité, de ce qui lui arrive. Comme le précise Jacques Lacan dans un article de 1965 intitulé à juste titre « La science et la vérité ». « De notre position de sujet, nous sommes toujours responsables ». C'est justement cette responsabilité que la science tend à gommer en faisant sauter la dimension subjective de tout acte humain. À ce titre une certaine sociologie tendant à expliquer les comportements humains par la loi des statistiques et des grands nombres en est une dérive des plus marquantes dans notre domaine.

Les éducateurs sont à une place que la société exige de tenir : transmettre les limites. Mais par ailleurs, ces limites, elle s'empresse de les détruire. C'est pourquoi tous les agents de la fonction paternelle, comme les enseignants, les gouvernants et les éducateurs sont en grande difficulté. Ce n'est pas par hasard que Freud désignait ces métiers comme impossibles. Impossibles parce qu'ils sont le lieu d'avènement de la subjectivité, le lieu d'invention de la liberté et de la démocratie. Le lieu où le pouvoir doit se mettre au service de la communauté humaine. Ce qui représente une tâche jamais achevée. Cependant cette question de la fonction paternelle serait à nuancer, comme le fait Lacan à la fin de sa vie : du père on peut s'en passer à condition de... s'en servir. Ce qu'il désigne comme « pluralité des noms-du-Père », dans un moment de chute des idéaux, conduit à considérer la question à nouveaux frais. Comment les plus jeunes pour se brancher sur le vivre-ensemble trouvent-ils dans l'espace social tel qu'il est ce qui va leur permettre de traiter leur jouissance, de faire limite, pour vivre parmi les autres. Les courroies de transmission de la fonction paternelle peuvent prendre alors des chemins inédits : les voies du Seigneur sont impénétrables !

QUE FAIRE ?

Les trois points d'appui d'un éducateur sont ceux-là mêmes qui sont touchés par le déclin de l'autorité : l'énonciation, la limite, le jugement. Nous allons parcourir successivement ces trois points.

Le premier angle d'attaque pour un éducateur d'aujourd'hui est celui-ci : comment rendre à chacun la parole qu'il a à assumer ? Je me suis fâché récemment à Lausanne avec une pédagogue canadienne. Les Canadiens sont complètement obnubilés par la mode du pragmatisme américain. Elle posait comme équivalents, lors d'une discussion en classe, deux opinions émises par deux élèves, sous prétexte qu'ils employaient les mêmes mots. Elle faisait fi de toute l'énonciation du sujet. En oubliant que l'un s'exprimait sur le ton de la colère ; et l'autre pour plaire au prof. Bref elle tentait de rayer de la carte le sujet comme effet de la parole. Dans la parole, celui qui parle ne le fait pas que pour transmettre un message, l'énoncé, mais aussi et surtout pour affirmer devant autrui sa propre existence, à travers l'énonciation. Donc première piste : restaurer l'énonciation.

Deuxième angle d'attaque : la transmission des limites. Et Dieu sait si c'est difficile aujourd'hui. En effet sur quoi fonder son action ? Prenons un exemple. Récemment j'ai rencontré un groupe d'éducateurs qui m'ont confié l'histoire suivante. Un jeune vole des cassettes dans un supermarché. Il se fait prendre par le vigile et est conduit chez le directeur. Celui-ci est bien ennuyé : l'institution d'où vient ce jeune est un gros client. Il lui passe juste un savon, sans porter plainte et le laisse repartir. L'éducateur fait de même et le directeur de l'établissement également : juste une petite admonestation. Le problème c'est que le soir même ce jeune fugue de l'institution. L'interprétation que je leur ai proposée est la suivante : ce jeune fuit parce qu'il ne trouve personne à qui parler. Il se fatigue à transgresser, sans doute parce que c'est, comme pour tout adolescent, la seule façon de repérer son désir à travers une confrontation à la loi, et rien ne répond. Rien ne répond de son acte et donc rien ne lui permet d'en répondre à son tour. Il est dépossédé du sens de son acte. C'est un jeune sans limite. Les adultes qu'il rencontre, directeur du magasin, éducateurs et directeur de l'institution se défilent et démissionnent de leur place d'adultes. Ils lui font faire l'économie de buter contre la loi qui interdit le vol et le punit. La question que je leur ai laissée en partant est celle-ci : qu'est-ce que devra faire la prochaine fois ce jeune pour se faire entendre : tuer, mettre le feu, se mettre en danger ? Ce n'est que dans la rencontre de l'autre qu'un être humain trouve à se construire, encore faut-il qu'il trouve à qui parler, quelqu'un en face de lui qui ait comme on dit, du répondant.

Troisième angle d'attaque : accompagner un sujet à faire des choix. Faire des choix relève d'une position subjective affirmée. C'est en dehors de toute morale ou idéologie. Mais comment choisir quand tout se vaut ? Quand les idées perdent leur tranchant, que les valeurs s'émoussent, que les théories se consomment et se consument à vitesse grand V ? Le règne des sophistes n'est pas loin. Les sophistes sont ces éducateurs grecs de l'antiquité qui se faisaient fort d'enseigner la relativité des arguments discursifs. Un jour ils vous démontraient l'existence des dieux et le lendemain le contraire. Protagoras, une des figures du maître sophiste chez Platon, proclame que ce qui l'intéresse c'est de former les maîtres de demain, ceux qu'il appelle « les bons citoyens ». Gorgias un autre sophiste que met en scène Platon affirme que :

« La rhétorique [c'est-à-dire l'art de parler] n'a aucun besoin de savoir ce que sont les choses dont elle parle ; simplement elle a découvert un procédé qui sert à convaincre, et le résultat est que devant un public d'ignorants, elle a l'air d'en savoir plus que n'en savent les connaisseurs[1]. »

On croirait entendre une description de nos hommes politiques. Si tout est dans tout et réciproquement, si rien ne vaut rien, si la seule raison qui prévaut c'est celle du plus fort et du plus riche, alors comment choisir et surtout comment permettre à un jeune de choisir ? Le seul choix qui s'impose à lui c'est de jouir par tous les moyens, de jouir sans limite. C'est le sens de tous les slogans publicitaires : jouissez, c'est un ordre, telle est la parole des maîtres d'aujourd'hui. Jouissez et nous deviendrons encore plus riches et plus forts. Pourquoi alors respecter un chauffeur de bus, ou le bien d'autrui ? Pourquoi pas parce que ça vous prend, cracher à la gueule du premier et mettre le feu au second ?

Platon en opposition au maître sophiste, met en scène la haute figure de Socrate. Celui-ci déclare qu'il ne sait rien. Il veut dire qu'il ne peut rien savoir à la place des autres et il donne comme conseil « connais-toi toi-même » et en position éducative,

1. Platon, *Protagoras* et *Gorgias*, Garnier-Flammarion, 1969.

se définit comme « accoucheur d'âme ». Penser, pour Socrate, n'a rien à voir, comme le prônent les sophistes, avec l'adoption du savoir de l'expert, que l'on accumule comme un capital monnayable dans les relations aux autres pour mieux les dominer, non, penser, pour Socrate c'est découvrir sans cesse ce que l'on est en le disant. On peut ici voir poindre deux figures antagonistes d'éducateur. Disons que les Protagoras et les Gorgias occupent aujourd'hui le haut du pavé et pavoisent sous le couvert des sciences cognitives et des procédés de l'endoctrinement éducatif[1].

Le contexte est difficile pour que les éducateurs amènent un sujet à faire des choix qui l'engagent. Tout va contre. On dirait que certains jeunes pensent que tout est joué. Certains croient, et on les laisse croire, qu'ils seront le rebut de l'humanité toute leur vie tandis que d'autres s'engraissent dans les paradis fiscaux. Comment dépasser ces lieux communs, alimentés à longueur de temps par le discours des médias, comme celui d'une certaine sociologie de bazar. Faire des choix c'est s'assumer en tant que sujet responsable. Il s'agit de retrouver le chemin de l'éthique. L'éthique n'est pas la morale, mais ce qui sert de socle au sujet pour affirmer et assumer son désir.

Restaurer la parole de chaque sujet, transmettre les limites et accompagner à faire des choix : ces trois objectifs dessinent la ligne d'horizon de tout éducateur. Or ils sont en voie de destruction dans la société capitaliste et marchande. Du coup, on mesure la difficulté de tenir une position éducative aujourd'hui. Ça va dans le sens contraire de l'évolution de ce qu'on appelle la post-modernité. C'est une position subversive. Subversive parce que cette position, que j'appelle une clinique du sujet, force l'éducateur à tenir lui-même une place de sujet, soumis à la limite et qui ne peut se dérober à faire des choix. Ce n'est pas ce qu'on demande aux éducateurs aujourd'hui. Ce qu'on leur demande c'est de faire que les personnes qui leur sont confiées se tiennent tranquilles. En les amusant avec quelques gadgets qu'on appelle mesures d'insertion. Or je l'ai dit l'insertion ne s'opère que dans une position de sujet, limité dans sa jouissance et assumant des choix qui sont les siens, dans un environnement social dont il connaît et accepte les règles. Donc il s'agit pour un éducateur de subvertir la commande sociale, et pour cela de devenir un homme rusé. Il s'agit au lieu même de l'aliénation de poser des actes créateurs. Des actes qui visent l'avènement du sujet chez chaque personne qu'il rencontre. Il s'agit de retrouver la *mètis* des Grecs, cette qualité qui conduit aux ruses de l'intelligence, dont parlent Marcel Détienne et Jean-Pierre Vernant[2]. L'éducation exige de la ruse parce qu'elle est située dans l'entre-deux, dans l'intermédiaire. Entre le politique et les sujets. Quand le politique s'aliène au discours du marché, il s'agit de le subvertir pour faire apparaître au grand jour que le monde des humains ne se construit pas sans croyances, sans fondements, sans valeurs. Si la fonction paternelle

---

1. Sur ces deux figures d'éducateurs, on pourra consulter le très beau travail de Jean-Bernard Paturet, *De magistro. Le discours du maître en question*, Érès, 1997.

2. Voir Marcel Détienne et Jean-Pierre Vernant, *Les ruses de l'intelligence. La mètis des Grecs*, *op. cit.* Et également, Michel de Certeau, *L'invention du quotidien*, Gallimard, 1990.

est aujourd'hui en déclin, quels sont les semblants, quels sont les discours qui peuvent assurer un minimum de « ravinement de la jouissance » pour reprendre ce beau terme qu'emploie Lacan dans *Lituraterre ?*

UNE CLINIQUE DE L'ÉDUCATION SPÉCIALE

« L'analyste ne s'autorise que de lui-même » affirmait Jacques Lacan, mais il ajoutait, ce que certains se sont empressés d'oublier « et de quelques autres ». Il en va de même pour un éducateur. Il est seul devant ses choix subjectifs, seul face à sa position éthique ; mais il ne peut tenir sa place qu'en prenant appui sur un trépied : l'institution, les médiations, le transfert. Je défends ici ce que j'appelle une clinique de l'éducation. Clinique au sens où le cœur du travail éducatif, c'est la rencontre avec un autre humain en souffrance.

Le transfert est le moteur de cette rencontre humaine. Mais l'éducateur n'entre pas dans la relation pour se satisfaire ou se faire plaisir. Il a une mission : aider la personne à s'approprier le plus possible son espace psychique, physique et social. Pour cela l'éducateur dispose de lieux de mise en scène de la relation, ce que j'appelle des médiations. Avec les uns il fait de la poterie, il en accompagne d'autres dans la recherche d'un emploi, d'une formation, d'un hébergement ; ou bien avec des personnes très atteintes, comme certains grabataires, il construit une ambiance quotidienne vivante et source d'échanges. C'est dans l'espace des médiations que l'éducateur va travailler la dimension transférentielle. En effet le transfert, je l'ai dit, c'est de l'amour, et parfois de la haine. Ce sont les deux faces de la même médaille. Cette charge d'amour emporte son poids d'illusion puisqu'on aime toujours chez l'autre ce dont on manque c'est-à-dire précisément ce dont on a été castré, l'objet perdu. Il ne faut pas que l'éducateur casse trop vite ce pouvoir que lui prête la personne avec qui il noue une relation. Ce pouvoir, bien illusoire au fond, que Lacan nomme « le sujet supposé savoir », il lui faut plutôt le mettre au travail. D'abord pour lui : toute institution doit se doter d'outils d'élaboration comme les réunions de synthèse, les séances de supervision et de régulation clinique, où l'éducateur, dans l'écriture et la parole, va donner forme à ce qui se joue pour lui dans la relation éducative. Le but est qu'il conserve dans la relation une certaine humilité, qu'il ne s'y croit pas trop, comme on dit, qu'il ne se prenne surtout pas pour celui qui aurait ce qui manque à l'autre. De plus il faut que la relation soit désencombrée de toute velléité de maîtrise, de tout fantasme, de tout affect de pitié ou de charité, de tout penchant à vouloir faire le bien de l'autre, pour que la fonction éducative puisse opérer. Il faut donc que l'éducateur fasse régulièrement le ménage en lui-même et dans sa relation aux autres. L'amour qu'il reçoit, il ne peut en profiter. Il doit répondre au travail de l'amour par l'amour du travail. Et dieu sait si ça nous travaille d'être aimé, et parfois haï !

D'autre part c'est dans les médiations éducatives qu'il va accompagner la personne. C'est dans cet espace partagé à plusieurs qu'elle va apprendre à réaliser sa propre castration, sa propre incomplétude. Alors qu'elle imaginait que l'éducateur allait la combler, il va lui falloir apprendre à vivre avec son « malheur banal ». Les médiations ont ceci de particulier qu'elles sont une source de repères et de cadres humanisants : le respect des personnes, le respect des règles collectives, le respect de lieux et des horaires, le respect des consignes, le respect du matériel, sont autant d'occasions d'intégrer les contraintes de la vie en société. Les médiations sont le lieu où un sujet peut mettre en scène ses difficultés à vivre avec les autres : je l'ai dit avec Freud, le monde le corps et les autres résistent en permanence à notre volonté de puissance. Les médiations permettent ainsi au sujet de se délester de la part débordante de jouissance qui l'habite. Mais les médiations sont aussi la source de la création d'objets ou de situations partagées. Espace de création et de socialisation, les médiations sont l'outil de base de l'éducateur.

Reste l'institution, le troisième pied. L'institution est à distinguer de l'établissement. L'établissement désigne tout ce qui est établi : les textes de loi, l'organisation et l'organigramme, l'architecture des bâtiments, les plannings, les budgets... Quant à l'institution il faut y voir ce qu'un groupe humain qui vit au sein de cet établissement construit à partir de l'intervention de tous ses membres. J'insiste sur tous ses membres. Autrement dit l'institution est à fabriquer en permanence et elle est le fruit de chacun, quelle que soit sa place : directeur, éducateur, ou femme de ménage, et il faut aussi compter dans ce collectif les usagers. C'est une des grandes difficultés actuelles des institutions sociales et médico-sociales que cette confusion entre l'établissement et l'institution. Les lieux où se fabrique l'institution, ce sont tous ces lieux de parole et d'échange, formels ou informels, qui permettent à un groupe humain de rester vivant, et à ses membres de se supporter les uns les autres. On boucle ici sur la dimension fondatrice du lien social : la parole dans toute son amplitude.

INSTITUER LA VIE

« Pourquoi des poètes en ces temps de détresse ? » demande le poète allemand Hölderlin. On pourrait poursuivre : pourquoi des éducateurs en ces temps de détresse ? Pourquoi des psychologues des rééducateurs, des instituteurs, des formateurs, des psychanalystes... ? Oui, pourquoi ? Et si leur fonction première était de rappeler dans l'espace social, mais aussi pour chaque sujet, qu'à l'impossible chacun est tenu. L'impossible c'est ce qui tient chaque sujet dans son rapport aux autres, au monde, à lui-même. C'est aussi ce qui tient chaque groupe humain, chaque communauté, chaque équipe, chaque collectif, chaque société, chaque civilisation. Notre époque, en voulant faire disparaître les frontières de l'impossible, ne risque-t-elle pas du même coup de détruire ce qui fonde le lien social ?

Pour conclure ce chapitre, je livre à la méditation du lecteur un passage d'un texte de Pierre Legendre qui m'a beaucoup touché, et dont j'ai cité plusieurs fois des extraits : *La Fabrique de l'homme occidental.*

> « Nous partons de cette fatalité que les chemins de la pensée débouchent inévitablement sur l'interrogation immémoriale : au nom de quoi peut-on vivre ? C'est-à-dire pourquoi vivre ? Oui, pourquoi ?
>
> Il n'est au pouvoir d'aucune société de congédier le "pourquoi ?", d'abolir cette marque de l'humain. Et pourtant... L'effondrement du questionnement, en cet Occident trop sûr de lui-même, est aussi impressionnant que ses victoires scientifiques et techniques. La peur de penser en dehors des consignes a fait de la liberté, si chèrement conquise, une prison, du discours sur l'homme et la société un langage de plomb.
>
> Que se passe-t-il ? Devenu la chose des sciences, l'animal parlant a quitté, croit-on, le monde ténébreux des généalogies, le mystère a été détruit. À ce jeu-là, le château de cartes s'est écroulé, les échafaudages traditionnels achèvent de s'effondrer sous nos yeux. État, Religion, Révolution, Progrès, ces artifices sont emportés par le déchaînement du Management scientifique promis à la terre entière. Qu'allons-nous faire de la désillusion ?
>
> Comme les autres civilisations, la Fabrique de l'homme occidental est aux prises avec la certitude de tous les temps : que tout converge, dans l'expérience de l'humanité, vers le point précaire, "la grande douleur confuse" dont parlait le romantique allemand Kerner, la douleur d'être né et de devoir mourir. Nous avons le devoir d'interroger à nouveau cette matière première des pouvoirs, ce point faible en chaque homme, son statut d'individu périssable ; mais aussi d'admettre que notre mort a un sens, car elle fait vivre la construction humaine dont nous sommes l'expression passagère, comme dit le poète Virgile, "les pierres vivantes".
>
> Les habitants institutionnels sont construits sur un vide – un vide à partir duquel se déploie la parole et qui porte la pensée. À la croisée des chemins historiques, une tâche s'impose : restaurer le doute, analyser l'agencement des ignorances qui font cortège à la Science contemporaine, surmonter la croyance obscurantiste d'aujourd'hui. Instituer la vie : tel est le maître mot qui résume cette tâche. La Fabrique de l'homme n'est pas une usine à reproduire des souches génétiques. On ne verra jamais gouverner une société sans les chants et la musique, sans les chorégraphies et les rites, sans les grands monuments religieux ou poétiques de la Solitude humaine. »

On trouve ce texte de Pierre Legendre dans les premières pages de son magnifique petit livre.

En effet, instituer la vie, tel est bien le maître mot. Telle doit être aussi la visée de toute institution. Dans cette institution de la vie, les éducateurs et les travailleurs sociaux sont aux avant-postes. Le combat fait rage. Il y a beaucoup de monde sur le carreau. Parfois nous ne savons plus quoi faire, ni même si ça vaut le coup de se battre. Il règne une telle obscurité dans notre monde que nous ne nous reconnaissons même plus entre nous. La seule chose à quoi se raccrocher c'est cette énigme qui fait l'humain, ce vide au cœur de l'homme, comme dit Legendre. Rallumer chez chacun, pour chacun, la petite lampe qui indique cette énigme, voilà la tâche passée, présente et à venir de ceux qui travaillent le social, comme le social les travaille. L'animal bipède et parlant qu'a engendré l'univers sans qu'on en sache jamais la raison, ne devra son salut qu'à retrouver en chaque sujet et dans ses relations aux autres, la brûlure de cette énigme. Tel est ce point où tout le savoir du monde ne peut épuiser la vérité de l'être.

L'être humain parce qu'il est être de parole, « parlêtre » comme dit Lacan, est soumis de structure à cet impossible à tout dire, tout faire, tout être, tout avoir, tout savoir. C'est ce manque fondateur qui le fait humain, et parfois trop humain. La parole crée le manque dans l'homme et c'est de ce lieu qui le fait manquant qu'il peut rencontrer les autres. Ce lieu, celui de l'impossible à combler, l'impossible à satisfaire, est en même temps la source d'où jaillit le lien social. Que l'on soit éducateur et analyste, parent ou enfant c'est ce manque fondamental qui nous humanise et fait de nous des animaux sociaux. La conséquence en matière d'éducation coule de source : éduquer, ça doit laisser à désirer...

PARTIE II

Éducation spécialisée : changements et continuité...

Introduction. Ce qui demeure et ce qui change dans les métiers de l'éducation spécialisée 171

- **Chap. 9** Éthique 177
- **Chap. 10** Politique 215
- **Chap. 11** Institutionnel 253
- **Chap. 12** Clinique 265
- **Chap. 13** Envoi 351

À mes prédécesseurs, les Herfray, Fustier, Capul, Lemay, Deligny, Tosquelles, Oury, Ladsous... qui m'ont tant enseigné et à mes jeunes successeurs, éducateurs et formateurs.

Cet ouvrage est sans doute pour moi le chant du cygne (du signe !). Arrivé à 73 ans, j'ai donné ce que je pouvais. Il vient un temps où il est urgent de se mettre en retrait et de soutenir du geste, du regard et du désir, ceux qui s'avancent. La relève ! Passeur, je leur tends le témoin afin qu'ils assurent à leur tour la course d'endurance qui les attend.

> « Ce que tu as reçu de tes pères, encore te faut-il l'acquérir. »
> Goethe, *Faust*.

Introduction

Ce qui demeure et ce qui change dans les métiers de l'éducation spécialisée

« Ce qui vient au monde pour ne rien troubler
ne mérite ni égards ni patience. »
René Char

CHANGEMENTS et continuité... Depuis la première parution de cet ouvrage dont le lecteur vient de parcourir la première partie, une vingtaine d'années se sont écoulées... Que reste-il des fondamentaux qui forment le socle de l'éducation spéciale ; comment le vent de l'histoire qui souffle fort depuis trois décennies a-t-il bouleversé profondément le contexte socio-économique et politique des interventions éducatives ? Devant une telle question nous guette toujours le risque de tomber dans la nostalgie. La nostalgie témoigne d'une douleur sourde, une algie, la douleur du « c'était mieux avant ». Je vais essayer de m'en préserver, même si je viens d'un temps de l'Éducation spécialisée que les moins de 20 ans ne peuvent pas connaître.

Alors qu'est ce qui a changé et qu'est ce qui ne change pas ? Qu'est ce qui, du fait du contexte social, de l'histoire et des temps troublés que nous vivons a changé dans la pratique éducative et quels en sont malgré tout les invariants qui perdurent et continuent à irradier une pratique bien vivante ?

À Toulouse, en novembre 2016, un colloque tenu sous la houlette des éditions Érès, réunissait plus de 300 éducateurs sous le titre de « L'Éducation spécialisée pour quoi faire ? » Autrement dit au service de quelles missions confiées par le corps social peuvent agir les éducateurs spécialisés ? Qu'est-ce qu'on leur demande aujourd'hui qu'on ne leur demandait pas hier ?

Je vais prendre mon élan du plus lointain de l'histoire du mot. D'abord dans l'Antiquité latine, ça ne nous rajeunit pas. Souvenons-nous que l'étymologie témoigne d'un métier très ancien – même si ça n'est pas le plus ancien ! J'y ai souvent pris appui pour signifier la permanence des métiers éducatifs dans la spécificité d'intermédiaire, d'entre-deux, d'agent de liaison. L'*e(x)- duc-ator* à Rome, désigné aussi parfois du mot emprunté aux Grecs, *paid-agogos*, signifie proprement celui dont la fonction est d'accompagner à l'extérieur les enfants de la famille, que l'on disait à l'époque, la *gens*. Famille élargie s'il en est puisque les romains étaient polygames et leur descendance, nombreuse. Un esclave choisi pour ses capacités d'entrer en lien avec les enfants les prenait en charge le matin et les conduisait hors de la famille vers le lieu de socialisation, le *gymnasium*, où des enseignants transmettaient aux enfants tout ce qu'il fallait pour tenir sa place plus tard comme citoyen. Éducateur à Rome fut donc, dès son origine, un métier de l'entre-deux, un métier d'intermédiaire. Là il me semble qu'on a bien à faire à un invariant spécifique des métiers éducatifs. Accompagner un jeune adolescent dans ce passage entre l'enfance et l'état d'adulte, entre l'espace familial et l'inscription sociale ; un handicapé entre son isolement où le contraint la maladie et les espaces socio-culturels des rencontres humaines ; mais aussi un adulte dans ce no man's land du chômage ; ou encore un vieillard entre la vie et la fin de ses jours. Ces passages, ces entre-deux, et l'accompagnement, voir le compagnonnage d'éducateurs qui le permet, voilà bien un repère fixe. Travail de passeurs...

Autres éléments de l'histoire plus récente. On doit l'invention du terme éducation « spéciale » qui a abouti à « spécialisée » – ce qui fait qu'on se demande toujours spécialisé en quoi ? –, au médecin Jean Itard, à propos de celui qu'il appela Victor, cet enfant idiot, autiste on dirait aujourd'hui, découvert par des chasseurs dans une forêt de l'Aveyron. Maurice Capul et Michel Lemay rappellent d'entrée de jeu dans leur maître ouvrage *De l'éducation spécialisée*[1], cette donnée historique. Jean Itard écrit au ministre de la Santé de l'époque et lui demande de bénéficier d'une subvention afin qu'il puisse prendre en charge Victor chez lui, avec l'aide de sa gouvernante, pour qu'il puisse bénéficier d'« une éducation spéciale ». Car il estime que cet enfant est capable d'éducation alors que Philippe Pinel, lui, le pense idiot (on dirait aujourd'hui autiste) et suggère de l'accueillir à l'hôpital Bicêtre qu'il dirige.

Il faut donc entendre – autre invariant – que le métier s'est construit dans les marges. De l'institution hospitalière ; mais aussi dans les années 1850 dans les marges de la

1. Maurice Capul et Michel Lemay, *De l'éducation spécialisée*, Érès, 1996 ; nouvelle édition revue et corrigée en 2017.

justice des mineurs, avec les lois sur les Colonies Pénitentiaires, ces bagnes d'enfants qui ont sévi jusqu'au premier tiers du XXᵉ siècle[1] ; puis en 1909, lors de l'invention des classes de perfectionnement, en marge de l'éducation dit « nationale ». Bref, spécialisé en quoi ? Je peux répondre : spécialisé dans les populations exclues, de l'Hôpital, de la Justice, de l'École.

Voilà un socle invariant qui me paraît solide. L'éducation spécialisée, disons plus largement les métiers d'éducation[2], sont des métiers d'intermédiaire et qui accompagnent au plus près nos concitoyens les plus démunis, les plus exclus, les plus laissés pour compte, que ce soit pour des difficultés physiques, psychiques ou sociales.

Évidemment depuis les Grecs, Itard et depuis que nos aînés, Maurice Capul et Michel Lemay ont publié en 1996 leur maître-ouvrage précité, depuis que la première parution de mon ouvrage, il y a eu des bouleversements. Sans entrer dans les détails, notons : la chute des idéaux laïques ou religieux, l'avènement d'un scientisme envahissant, notamment issu des neurosciences, la montée en charge d'un libéralisme débridé, l'éclatement des collectifs, les bouleversements de la structure familiale, l'explosion des populismes, la mise en place d'un management féroce dans beaucoup d'institutions, une exigence de rentabilité doublée d'évaluation quantitative, un déferlement de protocoles et d'injonction de bonnes pratiques... Le monde capitaliste, gangrené par la marchandisation de tout ce qu'il y a sur terre, a gagné petit à petit le champ du travail éducatif. Les conséquences bien évidemment induisent des bouleversements, non dans les invariants, qui demeurent, mais dans les pratiques quotidiennes, où pas mal de collègues se disent déboussolés.

Les populations prises en charge sont de plus en plus affectées par le délitement du lien social, dont l'ambiance n'est guère à la solidarité. L'explosion des inégalités plonge les éducateurs dans une course sans fin pour faire respecter les droits élémentaires des citoyens ; les dérèglements géopolitiques qui multiplient les conflits armés sur la planète amènent les éducateurs à accueillir des milliers d'êtres humains jetés sur les routes, notamment des très jeunes ; la montée des intégrismes les pousse à se pencher sur des jeunes dits « radicalisés », soit dans la délinquance, les addictions, les conduites à risque ou le passage à l'acte djihadiste ; la désaffection de l'État pour les soins psychiques conduit les éducateurs à côtoyer des sujets psychotiques alors qu'ils n'y sont pas vraiment préparés[3], etc.

1. Marie Rouanet, *Les enfants du bagne*, Payot, 1992.

2. Il faut inclure dans ces métiers de l'éducation spéciale : les moniteurs-éducateurs, les éducateurs techniques et moniteurs d'atelier, les aides-médico-psychologiques (aujourd'hui AES), les conseillers en économie sociale et familiale, les techniciens de l'intervention sociale et familiale, les auxiliaires de vie à domicile, les assistants familiaux, les médiateurs familiaux, les éducateurs de jeunes enfants, les instituteurs spécialisés...

3. Joseph Rouzel, *La prise en compte des psychoses dans le travail éducatif*, Érès, 2015 ; *La folie créatrice. Alexandre Grothendieck et quelques autres*, Érès, 2016 ; *La folie douce. Psychose et création*, Érès, 2018 ; *La folie littéraire. Psychose et écriture*, Le Retrait, 2022.

Les établissements comme les centres de formations, initiales ou continues, sont de plus en plus gagnés par un impératif de rentabilité financière. Les formations croulent bien souvent sous l'accumulation des savoirs, au détriment des savoir-faire et des savoir-être. On voit fleurir les méthodes les plus rétrogrades, telles les méthodes de rééducation comportementale, dans la prise en charge des usagers, sous couvert du discours de la science, notamment des neurosciences[1]. Bref la période n'est pas rose.

Et pourtant nombreux sont les jeunes gens qui continuent à s'embarquer dans la galère de ces métiers, à souquer ferme, contre vents et marées. Nombreux sont les collègues qui transmettent, avec un sens clinique aigu, la flamme de ces métiers de la relation humaine. Nombreux sont les professionnels qui continuent à s'engager dans une relation profonde, de fraternité et de solidarité avec les plus démunis de nos contemporains, qui inventent au jour le jour des espaces de médiation et de traitement de la souffrance, qui bagarrent pour que la parole circule et soit le ferment de toute vie institutionnelle, etc. Si le contexte socio-économique a changé, cependant les principes qui structurent la relation éducative, demeurent bien vivants. Tout ceci inscrit le travail éducatif à la triple enseigne de la clinique, du politique, de l'institutionnel et de l'éthique[2].

Alors, pour reprendre une parole du poète Hölderlin déjà citée en amont, pourquoi des éducateurs spécialisés en ces temps de détresse ? Je le dirai au plus court : pour qu'il continue à y avoir de l'humain, dans un monde de plus en plus déshumanisé, désubjectivé, déresponsabilisé. Ceci dit pour reprendre ma remarque du début, ne tombons pas dans une facile nostalgie – et Simone Signoret avait bien raison de dire que même la nostalgie n'est plus ce qu'elle était[3] ! Soyons de notre temps, il n'y a pas de retour vers le futur. Soyons rusés, de cette ruse qui n'est pas tromperie, comme l'ont montré Marcel Détienne et Jean-Pierre Vernant à propos de la *mètis* des anciens Grecs[4], mais un savoir nager en eaux troubles. Prenons à la modernité ce qu'elle a de bon, sans perdre notre cap.

Fernand Deligny, encore un de nos aînés, 15 jours avant de mourir, a reçu un journaliste de *L'Humanité*. Celui-ci a passé quelques jours auprès des jeunes autistes de Monoblet et est allé trouver Fernand complètement paumé. Il ne comprenait rien : des enfants se balançaient pendant des heures, d'autres jouaient à l'eau, d'autres encore suivaient les

1. Je n'ai rien contre les neurosciences en tant que telles à condition que cette branche de la recherche n'écrase pas les autres domaines, notamment celui des sciences humaines. Un dialogue s'impose entre ces disciplines, par exemple : Jean-Pierre Lebrun et Marc Crommelink, l'un psychanalyste et l'autre neuropsychologue, dans *Un cerveau pensant : entre plasticité et stabilité. Psychanalyse et neurosciences*, Érès, 2017. Voir également François Ansermet et Pierre Magistretti, *Les énigmes du plaisir*, Odile Jacob, 2010 ; et Gérard Pommier, *Comment les neurosciences démontrent la psychanalyse*, Champs-Flammarion, 2007.

2. Pour preuve cet ouvrage de collègues et amis qui paraît au moment où j'achève celui-ci : *Debout pour nos métiers du travail social !* Jean-Sébastien Alix, Didier Bertrand, Jean-Marc Brun, Michel Chauvière, Gabrielle Garrigue, avec la participation de l'association AvenirEducs, postface de Roland Gori, Érès, 2018.

3. Simone Signoret, *La nostalgie n'est plus ce qu'elle était*, Seuil, 1978.

4. Jean-Pierre Vernant et Marcel Détienne, *Les ruses de l'intelligence : la mètis des Grecs*, *op. cit.*

chèvres ou couraient derrière les papillons. « Mais qu'est-ce que vous fabriquez ici ? », s'étonne le journaliste. « Mais ici [rétorque Deligny], on fabrique de l'humain. Et vous savez, ajoute-t-il, c'est beaucoup plus compliqué que d'organiser un voyage au pôle Nord en chiens de traîneaux[1]. »

Ici on fabrique de l'humain. Tel pourrait être le mot d'ordre de l'éducation spéciale au-delà de toute institution où œuvrent des professionnels dans l'ombre, car le travail éducatif offre peu de visibilité. Il faut en parler pour... le voir. Le lecteur trouve dans cet ouvrage un point de vue, le mien. Ça n'est pas le seul possible. Il ne saurait y avoir en la matière de pensée unique. Souvenons-nous qu'en grec ancien cela se dit *théoria*, qui a abouti à notre vocable de théorie. La théorie, pour reprendre un titre de Maud Mannoni, se profile comme fiction nécessaire[2] pour broder et border les entours d'une pratique trop souvent invisible, qu'aucune rationalisation, qu'aucun chiffrage ne saurait faire venir au jour. Il s'agirait alors de retrouver ce que Georges Perec se plaisait à nommer « la racontouse ». Le travail social est tissé d'histoires de vie d'usagers qui croisent des histoires de vie de professionnels[3]. Dans ces métiers, comme le titrait un des premiers numéros de la revue *Empan :* nous vieillirons ensemble ! C'est avant tout cette rencontre humaine qu'il s'agit de donner à lire.

Je n'ai pas repris ici point par point tous les éléments qui balisent le travail éducatif, exposés dans la première partie, pour montrer là où opère le changement. Cela aurait été fastidieux. Je me suis plus attaché à dégager le sens profond des bouleversements qui affectent l'exercice des métiers éducatifs ; afin également d'ouvrir des perspectives de résistance active. Il ne s'agit pas tant dans un moment socio-historique de déflation des idéaux et des valeurs, de pleurer sur un monde disparu, mais dans le monde tel qu'il est de rester lucides et de poursuivre la tâche de transmission de l'humaine condition. Il s'agit donc non de résister contre, ce qui s'avère vite épuisant, mais de résister pour, pour qu'il continue à y avoir sur terre de l'humain, là où la machine infernale capitaliste tente de tout réduire à l'état de marchandise. En cela la position des professions éducatives en particulier et des professions sociales en général, relève de la politique et d'un certain militantisme.

Selon ma bonne habitude héritée de l'association libre en psychanalyse, j'ai composé cette deuxième partie, vingt ans plus tard, comme un patchwork, un puzzle, un vitrail, un camaïeu, versicolore, mouvementé, cousu et décousu... tel qu'en lui-même le travail dit « éducatif » se présente, dans les méandres du quotidien, avec ses effets de répétition, ses ellipses, ses énigmes, ses envolées, ses chausse-trappes. Il témoigne de mon cheminement des dernières années, d'une maturation latente, d'une alchimie subtile et vient mettre un point d'orgue à des années d'enseignement et de pratique de formation

1. Voir aussi le bel entretien de Fernand Deligny avec Jean-Paul Monferran paru dans *L'Humanité* le 12 juillet 1996 : « Fernand Deligny : l'humain, ça ne tombe pas du ciel... », www.humanite.fr/node/135364.

2. Maud Mannoni, *La théorie comme fiction*, Points-Seuil, 1999.

3. Voir Jean-François Gomez, *Le temps des rites*, Téraèdre, 2011.

auprès de collègues éducateurs, travailleurs sociaux, psychologues, directeurs... qui m'ont permis de ne pas perdre le fil des réalités de terrain, mais aussi d'en mesurer les dérives actuelles.

Chapitre 9

Éthique

« L'un des traits les plus amusants de l'histoire des sciences est la propagande que savants et alchimistes ont faite auprès des pouvoirs, au temps où ils commençaient à battre un peu de l'aile, leur disant – Donnez-nous de l'argent, vous ne vous rendez pas compte, si vous nous donniez un peu d'argent, qu'est-ce qu'on mettrait comme machines, comme trucs et machins à votre service. Comment les pouvoirs ont-ils pu se laisser faire ? »
Jacques Lacan, L'éthique de la psychanalyse, *Seuil, 1986*

De quoi l'éducation spéciale est-elle le nom[1] ?

« L'éducation ne se borne pas à l'enfance et à l'adolescence. L'enseignement ne se borne pas à l'école. Toute la vie, notre milieu est notre éducation, et un éducateur à la fois sévère et dangereux. »
Paul Valéry, Variétés II

▶ Quels sont les enjeux de l'éducation spécialisée aujourd'hui ?

Joseph Rouzel. Dans ma conception, telle que j'en ai hérité de mes maîtres, le métier d'éducateur spécialisé prend place dans la lignée des éducateurs naturels que sont les parents et des éducateurs culturels que sont les enseignants. Je dirai entre ces deux grandes institutions que sont la Famille et l'École. Position d'intermédiaire, de passeur, s'il en est. Il se situe bien souvent dans les ratages de ces autres fonctions éducatives,

1. Propos recueillis par Brigitte Cicchini pour les Éditions Dunod. Remaniés pour la présente publication.

mais n'intervient que comme adjuvant, pas à la place ni des parents, ni des enseignants. C'est un travail difficile en ce qu'il implique de se référer à une conception éthique de l'humain et aux principes des processus d'humanisation. Car comme le dit mon ami le psychanalyste belge Jean-Pierre Lebrun, « la condition humaine n'est pas sans condition[1] ». En gros la nature de l'être humain qui produit en fait une seconde nature, que Lévi-Strauss nomme culture, exige du petit d'homme une perte de jouissance pour vivre parmi les autres. Cette incomplétude structurale, marquée dès la naissance, par une forme de prématuration qui fait que l'humain naît/n'est pas fini, en constitue le seul mode de fabrication. Chaque sujet paie le prix de son insertion sociale en acceptant, de plus ou moins bon gré, de perdre, et pas sans mal, de sa toute-puissance, d'en rabattre sur sa jouissance, pour employer un terme introduit par Jacques Lacan. Les éducateurs interviennent dans les ratages de cette transmission, qu'ils soient le fait du sujet lui-même ou de son environnement. Mais cela ne signifie pas qu'ils puissent eux-mêmes réussir là où les autres ont « raté ». Freud en parlant de l'impossible qui marque profondément les métiers de diriger, éduquer et soigner, précise que cet impossible implique qu'« on peut y être sûrs d'un résultat insuffisant. » Peut-être s'agirait-il, plutôt que de se poser en parangon de vertu ou de réussite sociale, d'accompagner un sujet pour qu'il apprenne à faire avec cet impossible exhaussé au rang de concept éducatif de base. Ce qui devrait sérieusement calmer les ardeurs idéalistes et des éducateurs et des dits « usagers ».

Ils sont donc logés à l'interface du sujet et de la société. Et la place est difficile à tenir aujourd'hui, dans une société livrée aux impératifs de la marchandisation à outrance, où le mot d'ordre se résume – pub et moyens médiatiques à l'appui – en un : jouis, c'est un ordre ! La consommation outrancière, qui en fait consume l'être humain, s'est substituée au lien social, avant tout fondé sur la parole et le langage. La fièvre acheteuse qui a atteint les sociétés dites modernes se produit de plus en plus sans rencontre humaine, sur Internet. Et de fait le seul principe qui domine c'est celui du « Divin Marché[2] », comme le nomme le philosophe Dany-Robert Dufour et la libre circulation des biens et des capitaux, fer de lance du capitalisme qui réduit tout ce qu'il y a sur terre à l'état de marchandise, y compris l'être dit humain, que Lacan se plaisait à désigner comme parlêtre, qui est humain parce qu'il parle. À telle enseigne que l'éducation spéciale serait elle-même devenue un des produits du Marché. Évidemment dans un tel contexte la tâche des éducateurs est, comme Freud l'avait déjà pressenti, impossible. Mais à l'impossible chacun y est tenu ! L'impossible, n'est pas l'impuissance. Ce n'est donc pas une raison pour baisser les bras. Plus que jamais les éducateurs participent à un enjeu majeur, qui engage ni plus ni moins que la survie de l'humanité.

1. Jean-Pierre Lebrun, *La condition humaine n'est pas sans conditions*, *op. cit.*
2. Dany-Robert Dufour, *Le Divin Marché*, *op. cit.*

▶ Comment y répond-on ?

J.R. L'éducation spécialisée est un défi aujourd'hui face à cette catastrophe humaine et planétaire. Évidemment les éducateurs spécialisés ne sont pas les seuls à lutter. Ils s'inscrivent dans un vaste ensemble de résistants qui dans tous les domaines (éducation, santé, justice, etc.) n'acceptent pas que l'on réduise l'humain à un animal consommateur[1]. Ils luttent pour ce que Emmanuel Kant estimait devoir échapper à toute forme de marchandisation : la dignité humaine[2]. Les éducateurs, coincés entre le marteau des politiques sociales et l'enclume des exigences des sujets, ont engrangé un savoir-faire et un savoir très particulier sur les processus d'humanisation. Ils sont devenus rusés. Ils savent naviguer en eaux troubles dans des textes et directives administratives qui se présentent comme une véritable jungle, paradoxalement inspirée des méthodes de management les plus régressives ; mais sans jamais perdre de vue qu'ils sont au service de sujets en souffrance, que ce soit pour des raisons de maladie, de handicap ou du fait de l'injustice sociale. Ils prennent parti pour les plus démunis et tiennent l'objectif de les soutenir, les accompagner, afin que chacun puisse s'approprier son espace social, psychique et physique. Concrètement l'acte éducatif commence par une rencontre humaine et c'est du lieu de cette rencontre engagée, où la confiance réciproque est de mise, que s'élabore avec le sujet – terme que je préfère largement à celui équivoque d'usager que nous impose la législation – une stratégie, un projet pour ce travail d'appropriation et de liberté. C'est ce que dans la tradition éducative, issue elle-même de la tradition médicale, l'on désigne sous le terme de « clinique ». Terme malheureusement presque effacé des pratiques et des formations aujourd'hui. Ce travail au plus près de sujets en souffrance ne va pas sans mal, il met à l'épreuve l'éducateur dans ses représentations, son corps, son histoire, sa vie. L'éducateur prend de plein fouet les effets de transfert dans la relation[3]. À charge aux institutions et à ceux qui les dirigent de lui fournir les moyens de les traiter pour trouver la distance nécessaire et mener à bien la mission qu'on lui confie. Les espaces de supervision d'équipe notamment recouvrent cette fonction[4].

▶ Que devrait-on améliorer ?

J.R. Si amélioration il y a à apporter, c'est d'abord du côté des politiques qu'elle devrait opérer. Depuis des décennies les politiques sociales sont élaborées en dehors de toute concertation avec les acteurs sociaux. D'où des orientations sujettes à caution, plus téléguidées par le souci de plaire, de flatter l'opinion publique que par un réel engagement citoyen. Quand ça n'est pas par pur souci économique que se prennent

1. Roland Gori et coll., *L'Appel des appels. Pour une insurrection des consciences*, Mille et une nuits, 2009.
2. Voir Roland Gori, *La dignité de penser*, Babel, 2013.
3. Joseph Rouzel, *Le transfert dans la relation éducative*, *op. cit.*
4. Joseph Rouzel, *La supervision d'équipes en travail social*, *op. cit.*

les orientations des politiques sociales. Cette pente savonneuse a amené doucement à la stigmatisation de certaines populations. Quand ça va mal, on cherche des boucs émissaires : Roms fantasmés comme voleurs de poules ; malades mentaux désignés à la vindicte populaire comme criminels en puissance ; jeunes des quartiers populaires issus de l'immigration comme forcément drogués et délinquants ; chômeurs et bénéficiaires du RSA, fainéants et tire-au-flanc, migrants envahisseurs, etc. Les dispositifs de répression ont suivi : dans la protection de la jeunesse, le traitement des malades mentaux, etc., ce sont d'abord les pratiques régressives d'enfermement et de contention qui priment. On rassure le bourgeois pour se faire réélire ! Bref, c'est devenu un leitmotiv, les élus – qui oublient bien souvent qu'ils le sont – sont vécus comme coupés de leurs concitoyens. Seule l'invention d'espaces communs entre politiques, institutions et cliniciens permettrait de changer de cap. Là encore, il s'agit d'inventer de la médiation, pratique dans laquelle les éducateurs possèdent un certain savoir-faire. C'est pas demain la veille !

▶ Faut-il modifier la formation des éducateurs spécialisés ?

J.R. Les formations après-guerre sont d'abord construites à partir de la clinique, donc de l'expérience vécue sur le terrain. C'est en partant du vécu et de l'éprouvé des futurs professionnels dans les stages pratiques, que l'on dégage des questionnements et que l'on greffe des outils de réflexion issus des divers champs théoriques, en fonction des objets à éclairer[1]. Ces champs discursifs tirés des connaissances enseignées à l'Université, couvrent les deux grands volets du travail social, la société et le sujet. Sont convoqués pour répondre aux énigmes de la pratique : sociologie, anthropologie, linguistique, droit, économie, médecine, philosophie, psychologie clinique, psychanalyse, etc. Évidemment il ne s'agit en rien d'un saupoudrage théorique qui ferait de l'éducateur un touche-à-tout, mais d'une véritable démarche épistémologique, où est mis au service de la réflexion et de l'action, ce que les hommes inventent pour se comprendre et se... supporter. C'est la raison pour laquelle les enseignants dans ce domaine sont désignés comme formateurs et non professeurs. Il s'agit bien en formation de « donner » forme – *gestaltung* disent les Allemands –, d'orienter professionnellement ce qui se présente chez ceux qui s'engagent sur cette voie, d'abord comme désir d'aider, voire de sauver les autres[2]. C'est pourquoi une formation digne de ce nom marche sur deux pieds : la formalisation de savoirs permettant d'appréhender les énigmes de la pratique, mais aussi un travail sur soi que l'on trouve en formation sous la forme d'analyse de la

---

1. Bernard Montaclair et Pierre Ricco, *Former des éducateurs. Une pédagogie citoyenne : l'école de la Haute-Folie*, Érès, 2013. Sur l'expérience pionnière de l'école d'éducateurs d'Hérouville-Saint Clair. Voir également sur l'expérience de l'école d'éducateurs des CEMEA, Monique Besse et Annick Prigent, *Prévention spécialisée et formation*, Érès, 1997.
2. Voir plus loin « La relation d'aide en travail social ».

pratique, supervision, etc. et que d'aucuns prolongent, comme j'ai pu le faire, par un véritable travail en psychanalyse.

Les formateurs ne s'opposent pas à l'Université, et ne cherchent pas non plus à en singer les méthodes. L'Université a pour but la transmission des savoirs et des méthodologies de recherche ; et l'École d'éducateurs, la transmission d'un métier. L'éducateur dans ces années-là fait flèche de tout bois pour penser sa pratique, les savoirs savants précités, mais aussi il puise dans l'art, la littérature, la musique, le cinéma... Tout est bon pour penser la pratique éducative dont le cœur est constitué par la rencontre étrange, dérangeante, étonnante avec un autre humain. L'éducateur se fait, pour un temps donné, compagnon de route à travers des projets, des médiations et des activités partagés. L'acte éducatif consiste avant tout à faire des choses ensemble : c'est de ce partage d'activité que l'éducateur peut tirer des observations fines débouchant sur des hypothèses opératoires susceptibles d'apporter un changement dans la trajectoire d'un sujet. Cette formation, marquée au sceau de l'éducation populaire, du marxisme, de la psychothérapie institutionnelle et de la psychanalyse telle que j'ai eu la joie de la connaître sous la houlette de maîtres comme Maurice Capul, François Tosquelles et bien d'autres, fait de l'éducateur un artiste, un poète de la relation humaine, mais aussi un militant. Ce qui ne lui enlève nullement son efficacité, mais évite de le réduire à un pur et simple exécutant des politiques sociales. Cette formation ne va pas sans développer le tranchant de la critique chez les éducateurs. Empêcheurs de penser et d'agir en rond, ils se font un devoir de faire remonter aux instances dirigeantes et politiques les conditions de vie intolérables de certains de nos contemporains. Ils sont témoins de leur temps.

Mais depuis une trentaine d'années, la formation des éducateurs a suivi la dérive managériale et gestionnaire à l'œuvre dans l'ensemble de la société et sur toute la planète, où la tyrannie de l'économique est érigée en force de loi. À partir des années 1990, on assiste à un véritable renversement. La formation bascule cul par-dessus tête ! Les savoirs théoriques, issus de l'Université sont mis en avant et la clinique disparaît petit à petit, étouffée sous des tonnes de savoir à ne plus savoir qu'en faire. On découpe les champs de savoir et de savoir-faire en UF (Unités de Formation) qui singent les UV (Unités de Valeur) de l'Université. Jusqu'à arriver aujourd'hui à ce paradoxe de découper en rondelles de saucisson et les savoir-faire et les savoirs. Ça se dit « Domaines de compétente » : DC (décès !) du métier d'éducateur[1] ! Il est évident que cette dérive correspond à une instrumentalisation des éducateurs, afin de les transformer, dès la formation, réduite à un formatage, en gardes-chiourmes des populations les plus démunies, et de fait stigmatisées comme les plus dangereuses. Nous assistons donc à une véritable régression de cette profession qui, auprès des abîmés de la vie, a longtemps mis en œuvre les valeurs de solidarité, d'assistance (et pas d'assistanat) et

1. Pierre Eyguésier, « DC de la formation », *Psychanalyse négative*, La Lenteur, 2015.

de fraternité. Le contrôle social revient en force. Il s'agit, comme l'énonçait Michel Foucault, dans un ouvrage célèbre de « surveiller et punir[1] ».

Verrons-nous dans les années qui suivent un retour du balancier vers un peu plus de bon sens ? L'avenir nous le dira. Mais faute d'un redressement et de la formation et de la pratique, on peut penser qu'à terme on assiste à une disparition de la profession, au profit de professionnels non formés. S'il s'agit de produire des matons chargés de surveiller le grand « parc humain[2] » à quoi bon en effet une formation ? Devant cette sombre perspective cependant les éducateurs dits « spécialisés » – spécialisés en fait dans les populations exclues et laissées pour compte –, ont leur partie à jouer. Ils ont le devoir de faire savoir, d'expliquer, d'écrire, de participer à des colloques, de s'inscrire dans des instances de réflexion, de dire, de dire encore et encore, que l'humain n'est pas une machine bio-neuro-socio-psycho... logique dont on peut rectifier les dysfonctionnements à coups de molécules chimiques ou de dressage rééducatif, mais une énigme vivante, apparue sur terre il y a deux millions d'années, sans qu'on en puisse jamais percer le mystère. Une espèce en voie de disparition à préserver ! Ne pourrait-on pas dire que les professionnels de l'éducation, comme tant d'autres dont le métier se construit avant tout sur la relation humaine (enseignants, soignants...), luttent aux avant-postes de cette préservation. Dans un souci constant et une attention soutenue pour accueillir les souffrances et les difficultés à vivre d'un autre humain, dont ils se font compagnon de route pour un temps plus ou moins long, et leur permettre d'élaborer des solutions dans leur rapport au monde, aux autres, à soi-même, qui leur soient propres. Cela range les éducateurs au nombre de ce que je peux désigner comme : « trouvailleurs soucieux », car ces métiers ne sauraient s'exercer sans invention, sans création, ni sans le souci d'autrui.

LES TROUVAILLEURS SOUCIEUX[3]...

« La culture nouvelle commence là où le travailleur et le travail sont traités avec respect. »
Maxime Gorki

Avant tout, une histoire issue d'une formation auprès d'une équipe de travailleurs sociaux. Une quinzaine de participants : éducateur spécialisé, moniteur éducateur, aide médico-psychologique, assistante de service social, psychologue, chef de service, infirmière. Je sens plomber une certaine lourdeur : peu de prise de parole, des regards en coin, gênés...

1. Michel Foucault, *Surveiller et punir*, Gallimard, 1993.
2. Peter Sloterdijk, *Règles pour le parc humain*, Fayard/Mille et une nuits, 2010.
3. Texte remanié paru dans *Empan* n° 109 : « Travail social et professionnalisation ». L'éducation spécialisée fait partie de cet ensemble dit « travail social » qui, à l'instar du « bâtiment », comporte différents corps de métier déjà cités, articulés entre eux et référés à un projet commun.

Le deuxième jour de formation j'émets la proposition de composer trois groupes et de s'atteler dans chaque groupe à l'exploration d'une situation clinique avec pour mission d'en rendre-compte en collectif en fin de matinée. Lors de la reprise, stupéfaction heureuse : les langues se délient. L'atelier de la clinique carbure. Ça fuse. Il y a de l'invention dans l'air. Et lorsque je m'étonne, on me répond : mais on n'a jamais la possibilité de se rencontrer et de travailler ensemble sur des situations. Le peu de réunions programmées sont consacrées à l'organisation. On ne parle pas. On ne SE parle pas. L'assistante sociale pleure : comment on en est arrivés là ?

Autre indice. Dans beaucoup d'établissements j'ai vu se produire un glissement sémantique : on ne parle plus de réunion de synthèse, mais de réunion de projet. La synthèse constitue le lieu d'élaboration interdisciplinaire où chaque professionnel, de sa place, représente une des grandes instances qui charpentent l'institution : pédagogique, éducatif, thérapeutique et direction. Une petite histoire d'origine indienne, que je cite souvent, situe l'enjeu de ce travail collectif. Trois aveugles marchent à tâtons dans le désert. Ils butent sur quelque chose. Le premier dit, en tâtant avec ses mains, qu'il s'agit d'un serpent qu'il sent gigoter. Le second prétend que le premier se trompe, c'est un tronc d'arbre, il palpe l'écorce en promenant ses doigts. Le troisième objecte : vous faites erreur, partout où j'appose mes mains je sens la texture d'un énorme rocher. Quelle est donc cette chose mystérieuse sur laquelle sont venus buter ces trois aveugles ? Elle est vivante, elle bouge. Il s'agit d'un... éléphant. Le premier en a touché la trompe, le second la patte et le troisième le ventre. Quelle est la condition pour construire la représentation de l'éléphant ? On ne peut pas mettre bout à bout les trois perceptions morcelées. Un serpent à côté d'un tronc d'arbre et d'un rocher n'a jamais constitué un éléphant ! La condition pour franchir le pas d'une représentation, qui associe et transcende chaque partie, est double. Qu'aucun des trois ne lâche sur l'expression de sa propre perception. Mais aussi qu'aucun ne lâche sur l'écoute de l'expression des deux autres. C'est cette mise en tension qui permet l'avènement de l'éléphant. Ainsi en est-il des réunions de synthèse. Chaque professionnel y dépose ses observations. Évidemment l'éducateur d'internat n'a pas observé, dans la relation engagée avec un jeune, les mêmes éléments que le psychologue qui, lui, se distingue aussi de l'instituteur et du chef de service, etc. Malheureusement, trop souvent, cette dynamique collective est enrayée par des prises de pouvoir et des « servitudes volontaires » qui n'ont pas lieu d'être. L'éducateur pensant que le psychologue en sait plus que lui, lâche sur son point de vue (ça se dit en grec ancien *theoria*, qui a donné notre... théorie !). Le psychiatre décide sans concertation, etc. Donc plus besoin de SE parler. Faire advenir l'énigme du sujet dont on parle devient un enjeu secondaire. Parcourir le cheminement qui va des observations de chacun à la construction d'un projet spécifique en passant par un véritable travail d'analyse, d'élaboration théorico-pratique, ne se justifie plus. C'est trop long, trop complexe, ça mobilise trop de partenaires, etc. On en passe tout de suite au projet, puisque c'est une obligation et qu'on ne peut y échapper. Et l'on peut lire de tels projets, produits dans la hâte, sans le substrat d'une construction collective, qui s'énonce dans le pur style du novlangue[1]. Pour ce jeune il faut viser l'autonomie ! Pour cet adulte handicapé il s'agit de conserver les acquis ! Je caricature ? Pas tant que ça. J'ai lu cela de mes propres yeux. Un véritable massacre de la pensée clinique complexe au profit d'une illusion managériale : faut que ça tourne ! Ça tourne tellement bien que ça finit par tourner... vinaigre !

Nous en sommes là dans beaucoup d'institutions. Une dérive gestionnaire, un management débridé, une organisation du travail taylorienne... auraient-ils eu la peau de ce qui fonde le cœur de la pratique en travail social : à savoir une clinique de la rencontre humaine, hors de laquelle tout acte technique s'avère porter à faux ? Mais la clinique elle-même ne se soutient que de son appui institutionnel, politique, éthique.

Tels les cercles englobants de Dante, qui lui, dans l'Enfer en prévoit neuf...

Je vais essayer de parcourir trois cercles qui structurent l'épopée[2] (EPIC) du travail dit « social » (*figure 9.1*).

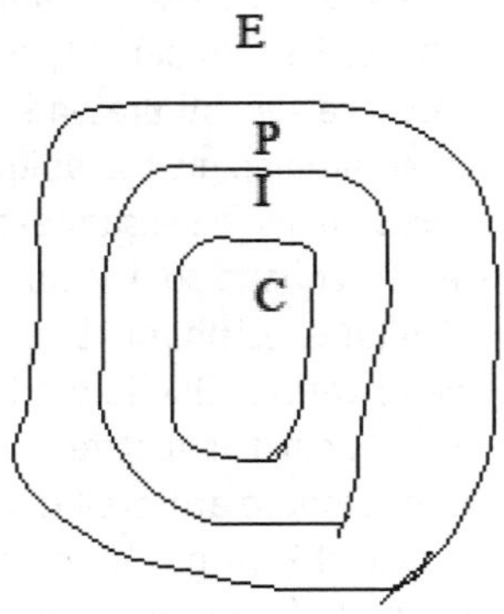

Figure 9.1. Les trois cercles de l'EPIC.

Il y a d'abord un extérieur, une enveloppe qui fait référence : *L'Éthique* (E). L'Éthique, dont le vocable plonge ses racines dans deux mots différents de la langue grecque, que

1. « L'idée fondamentale du novlangue est de supprimer toutes les nuances d'une langue afin de ne conserver que des dichotomies qui renforcent l'influence de l'État, car le discours manichéen permet d'éliminer toute réflexion sur la complexité d'un problème : si tu n'es pas pour, tu es contre, il n'y a pas de milieu. Ce type de raisonnement binaire permet de favoriser les raisonnements à l'affect, et ainsi d'éliminer tout débat, toute discussion, et donc toute potentielle critique de l'État. L'idée sous-jacente au novlangue est que si une chose ne peut pas être dite, cette chose ne peut pas être pensée durablement faute de renforcement par l'échange du dialogue » (Wikipédia). Il se trouve que dans les traductions françaises on a féminisé le terme, on rencontre surtout dans les textes : la novlangue. Voir le texte de Charlotte Herfray paru sur www.psychasoc.com/Textes/Ces-novlangues-qui-colonisent-nos-esprits.

2. La racine indo-européenne d'épique, **wek*, disigne l'émission de la voix, donc ce qu'on dit. Issu de cette origine l'*epokos* grec est un chant où le poète, le chroniqueur donne de la voix pour raconter des hauts faits d'un prince, d'une communauté, etc. L'épique consiste d'abord et avant tout à raconter...

l'on a malheureusement écrasés en un seul en français, se décline en morale sociale (*éthos*) et éthique du sujet (*èthos*), qui bien souvent entrent en tension[1]. Dans la trilogie de Sophocle consacrée à Œdipe, le troisième volet intitulé *Antigone* met en scène cette tension. Antigone, après avoir enterré son père à Colone tombe, de retour à Thèbes, sur un champ de bataille. Ses frères Étéocle et Polynice s'entretuent. La dépouille du frère qui s'est dressé contre sa cité est jetée aux bêtes sauvages. Antigone va voir Créon, le maître politique garant de la morale sociale (*éthos*). Elle lui explique qu'au-delà des lois qu'elle respecte, il existe des lois non écrites qui viennent des dieux (*èthos)* et exigent qu'une sœur enterre dignement son frère, quelle que soit l'infamie qu'il ait commise. Elle connaît le prix à payer pour cet acte. À la nuit tombée, elle se coule hors des murailles et en grattant la terre avec ses ongles, recouvre le cadavre de son frère. Elle meurt emmurée vivante. Le chœur chante sa joie d'avoir fait ce qu'elle avait à faire. Cette mise en tension des deux éthiques, l'une collective, l'autre subjective, détermine l'action sociale, que ce soit dans le travail institutionnel, comme dans la relation aux usagers. N'en tenir aucun compte conduit à des prises de décisions arbitraires et aliénantes, auxquelles, professionnels comme usagers, niés dans leur subjectivité, ne peuvent que résister.

Il s'agit ensuite de considérer les lignes de force qui traversent ces trois cercles, de haut en bas et de bas en haut, de l'éthique à la clinique et de la clinique à l'éthique. L'éthique est intimement déterminée par une représentation de ce qu'est l'humain. Comme le rappelait mon ami Jean-Pierre Lebrun dans le titre d'un de ses ouvrages : la condition humaine n'est pas sans conditions[2]. De tout temps deux visions se sont affrontées : celle d'un homme-machine[3] que la technologie issue du savoir scientifique allait petit à petit greffer sur les impératifs de l'appareil de production du libéralisme. La vision scientiste d'un humain neuro-bio-socio-psycho-éco... logique produit sur le terrain du travail social l'idée simpliste d'une machinerie sociale, physique et psychique à laquelle, lorsqu'elle déraille, on se doit d'imposer des remédiations soit sous forme de molécules soit sous forme de rééducation. Biopouvoir, soulignait Michel Foucault[4]. On ne s'embarrasse pas avec le sujet ! Cette pente glissante d'un homme-machine,

1. Je ne développe pas plus. Je renvoie à mon texte paru sur le site de Psychasoc : www.psychasoc.com/Textes/L-ethique-dans-les-pratiques-sociales ; voir également ci-dessus : « L'éthique du travail éducatif ».

2. Jean-Pierre Lebrun, *La condition humaine n'est pas sans conditions*, *op. cit.*

3. « [...] le nom d'Hommes, quelque envie qu'ils aient de s'élever, ne sont au fond que des Animaux, et des Machines perpendiculairement rampantes [...] Le corps humain est une horloge [...] Concluons donc hardiment que l'Homme est une Machine » énonce fièrement Julien Offray de La Mettrie en 1747, dans son ouvrage *L'homme-machine*, condamné à l'autodafé, surtout parce qu'il heurtait la morale religieuse.

4. Michel Foucault appelle « bio-pouvoir » les techniques spécifiques du pouvoir s'exerçant sur les corps individuels et les populations, hétérogènes aux mécanismes juridico-politiques du pouvoir souverain. L'hypothèse du bio-pouvoir est formulée par Foucault à un tournant de ses recherches, notamment dans *La volonté de savoir*, Gallimard, 1976, qui constitue le tome I de *L'Histoire de la sexualité* et dans *Il faut défendre la société*, Cours au Collège de France, 1975-76, Hautes études, Gallimard/Seuil, 1997.

qui trouve ses fondements au XVIIe siècle en Angleterre chez les penseurs du libéralisme, repris récemment par Michel Onfray à nouveaux frais d'un libéralisme-libertaire, accompagne et justifie une représentation du politique (y compris de santé publique) entièrement soumis à la libre circulation des biens et des pulsions[1]. Avec comme corollaire l'avènement d'un humain déshumanisé, tel que Charlie Chaplin a pu le mettre en scène dans *Les temps modernes*.

Le projet aberrant il y a quelques années de « prédire » la montée en charge d'un futur délinquant de moins de trois ans à partir d'évaluations scolaires très formatées, en participe. Pourquoi pas remonter cette prétendue prévention (en fait une prédiction digne de Mme Irma) au fœtus ? Le projet était évidemment accompagné de prescriptions médicamenteuses et rééducatrices[2]. L'approche socio-éducative référée à cette représentation machinique glisse assez rapidement du côté du dressage comportemental. Combien d'enfants je croise ainsi complètement assommés par des « doses de cheval », errant comme des âmes en peine dans les couloirs d'établissements qui n'ont plus d'institution que le nom !

Une autre vision – et le lecteur comprendra aisément que c'est celle que je soutiens – relève d'une grande tradition issue de la Révolution et des Lumières, celle d'un animal jailli de terre (humus humain) il y a deux millions d'années, cousin des grands singes, dont l'appareillage du vivant biologique à l'ordre de la parole et du langage, l'« apparolage », le *spracheapparat*, précise Freud, a produit une énigme vivante. Ce que dans le sillage du père de la psychanalyse on peut désigner comme sujet. Cela emporte quelques conséquences dans la clinique du travail social : la prise en compte du symptôme, non comme indice d'un dysfonctionnement (les dys- sont aujourd'hui pléthore[3]), mais comme faisant signe d'un sujet, donc fondamentalement énigmatique et non réductible à un savoir, quel qu'il soit[4]. L'approche socio-éducative vise alors l'avènement de ce sujet et soutient ses modes d'inscription dans le tissu social, en prenant appui, au cas par cas, sur ses capacités de création et d'invention[5]. Là encore

1. Voir la fable politique (« La fable des abeilles ») de Bernard Mandeville parue pour la première fois à Londres, en 1714, *The Fable of the Bees or, Private Vices, Publick Benefits*, où il énonce que « les vices privés font le bien publique ».

2. Voir le collectif « PasdeOdeconduite » créé en 2006. Il rassemble des professionnels, des associations, des universitaires, de simples citoyens. Il poursuit ses activités de veille documentaire et de réflexion sur les questions de politique et de recherche en prévention psychologique, soin et éducation. Il organise régulièrement des débats citoyens dans le but de démonter les fondements prétendument scientifiques des approches déterministes de la prévention. Et l'ouvrage : *Pas de zéro de conduite pour les enfants de 3 ans*, Érès, 2012.

3. Sur cette question des dys-, voir les travaux remarquables de Roland Gori. Par exemple : *La dignité de penser*, Les liens qui libèrent, 2011. Ou encore « La novlangue de la psychopathologie aujourd'hui », *Figures de la psychanalyse*, n° 15, 2007.

4. Voir plus loin la sous-partie intitulée : « Le symptôme fait signe d'un sujet ».

5. Joseph Rouzel, *La folie créatrice. Alexandre Grothendieck et quelques autres*, Érès, 2016 ; *La folie douce. Psychose et création*, Érès, 2018.

je surligne à gros traits pour indiquer des différences d'approche. C'est sûrement à affiner et nuancer.

Ces visions de l'humain et des processus d'humanisation diffusent dans le *Politique* (P), pas au sens politicien, mais au sens où ce qui se passe dans la cité (la *polis* des anciens grecs) ça regarde tous les citoyens, travailleurs sociaux compris. Chacun le sait : aujourd'hui le politique est subverti par l'économique. *Homo economicus*[1]. Autrement dit, nous marchons sur la tête ! Au lieu d'être au service du politique et du mieux-être des citoyens, l'économie, en rayant de la carte les valeurs transcendantes, qui fondent l'origine de la sphère politique, telles qu'elles apparaissent dans les principes de la République (liberté, égalité, fraternité, laïcité), a laissé libre cours à une seule valeur dominante : la valeur marchande. Elle ouvre sans frein au déferlement de ce que Dany-Robert Dufour a pu épingler comme *Le Divin Marché*[2] et que Marx en son temps cerna comme « fétichisme de la marchandise[3] ». Le passage d'une économie industrielle, il y a une trentaine d'années, à une économie financière où les échanges s'opèrent par des machines dont nul n'a plus le contrôle, aboutit aujourd'hui à ce renversement tragique[4]. On a occulté un peu vite ce qu'emporte le terme d'économie. L'*oïkos*, c'est la maison, chez les anciens grecs. Le *nomos*, renvoie à la loi. Quelles sont les lois de la maison des hommes ? Voilà ce que nous susurre en sourdine l'origine du mot. Ladite économie actuelle, d'essence capitaliste, a scotomisé les autres économies : l'économie politique, symbolique, psychique. Tout serait donc réduit sur terre à l'état de marchandise ? Or, là où nous croyons consommer nous sommes... consumés et réduits à l'état d'objets du marché. Heureusement un certain nombre de réseaux s'organisent et se politisent pour résister à un tel état de fait qui ouvre à une prolétarisation et un esclavagisme généralisés.

Sur le cercle *institutionnel* (I) cela induit une mise en concurrence féroce des associations privées comme du secteur public. Chacun veut sa part du gâteau et que le plus fort gagne. On a jeté par-dessus les moulins, il y a belle lurette, les valeurs qui transcendaient ce type d'association. L'introduction dans le secteur des *Social Impact Bonds* (Contrat à impact social), très courants dans les pays anglo-saxons, en Belgique ou au Portugal, a percé il y a peu en France. Il s'agit de faire financer un projet d'innovation sociale par des investisseurs privés en attente de retombées financières

---

1. Daniel Cohen, *Homo economicus : prophète (égaré) des temps nouveaux*, Albin Michel, 2012.
2. Dany-Robert Dufour, *Le Divin Marché : la révolution culturelle libérale*, *op. cit.*
3. Le fétichisme de la marchandise est le phénomène social par lequel, dans la production capitaliste, la marchandise sert de support aux relations entre les êtres de sorte que cette marchandise façonne leur production et les facteurs de distribution, donnant ainsi l'apparence que ces rapports sociaux de production et de distribution des biens finalisent des rapports entre les choses. Karl Marx, *Le Capital*, Livre premier, « Le caractère fétiche de la marchandise et son secret », http://archive.wikiwix.com/cache/?url=http%3A%2F%2Fwww.marxists.org%2Ffrancais%2Fmarx%2Fworks%2F1867%2FCapital-I%2FkmcapI-I-4.htm.
4. Sur ce passage d'une économie industrielle à une économie financière, voir l'ouvrage de Michel Feher, *Le Temps des investis. Essai sur la nouvelle question sociale*, La Découverte, 2017. Pensons aussi à l'explosion des cryptomonnaies.

palpables. L'État et les collectivités locales payent au résultat. Un certain nombre de ces contrats ont été signés, notamment dans la Sauvegarde du Nord en 2015. On voit la dérive à laquelle on soumet les établissements : le désengagement de la puissance publique ouvre la boîte de Pandore du CAC 40... du social. La misère devient enfin rentable !

Ceci évidemment n'est pas sans conséquences sur la sphère *clinique* (C) petit à petit dépouillée de ses spécificités : l'accueil de sujets en souffrance pour les accompagner dans leurs choix de vie. Il s'agit alors de faire du chiffre, d'occuper des lits, d'évaluer la file active, de produire grilles et statistiques, etc. Peu importent les contenus de l'action. Ce qui compte c'est que ça fonctionne, selon un modèle industriel, à flux tendus. L'humain n'est plus qu'une valeur d'ajustement que l'on enrobe dans de belles paroles sur le respect des usagers, leur place au centre des dispositifs... Le terme de clinique qui a constitué pendant des lustres l'axe fort de l'intervention sociale, qui renvoie à l'accueil au cas par cas de chaque usager (le *case work* des assistants de service social aujourd'hui disparu des formations comme de la pratique) a petit à petit été effacé des textes. Freud nous en avait avertis : lorsqu'on lâche sur les mots, on finit par lâcher sur les choses !

Tout ceci serait désespérant si l'on ne voyait poindre un peu partout un sursaut. Et c'est paradoxalement par ce biais que j'essaie de penser la professionnalisation, notamment dans les formations que j'anime en résidentiel ou dans les établissements sociaux, médico-sociaux, scolaires, hospitaliers où j'interviens.

QUELQUES PISTES POUR RÉPONDRE À L'ANGOISSE DU *QUE FAIRE* ?

Restaurer le collectif. Pierre Bourdieu affirmait à juste titre dans les années 1990 que la machine capitaliste constitue avant tout : « Un programme de destruction des structures collectives capables de faire obstacle à la logique du marché pur[1]. » Nous y sommes. Où entend-on encore résonner/raisonner la prise en compte de ces mots forts du maillage social : groupe, équipe, collectif, institution... ? C'est le règne de la petite entreprise. Y compris dans les établissements du secteur social. Chacun pour soi. En revenir à la dimension collective en passe par l'ouverture ou la réouverture d'espaces de parole, entre professionnels et avec les usagers. Souvent quand j'arrive dans une institution je pose la question : où est-ce qu'on se parle ? En effet, de la réponse à cette question dépend la nature de l'institutionnalisation en œuvre. J'ai même émis, il y a quelques années, à la manière dont Marx lança le mot d'ordre repris par Trotski de « révolution permanente », l'idée d'une institutionnalisation permanente par la parole. Donc non seulement parler, mais SE parler. Accepter de ne pas réduire l'échange langagier à une

1. Pierre Bourdieu, « L'essence du néolibéralisme », *Le Monde Diplomatique*, mars, 1998.

dimension pragmatique et technique (faire circuler les infos, organiser le planning). Le travail social, j'ai souvent utilisé cette métaphore, c'est comme le bâtiment. Ça n'est pas un métier, mais un ensemble de corps de métiers différenciés, qui ne peuvent s'envisager que cordonnés, articulés, orientés par un projet commun, qui naît de paroles échangées...

J'en arrive ainsi à une deuxième proposition : retrouver le sens de ce que Georges Perec désignait comme « la racontouze[1] ». Raconter et se raconter, entre professionnels mais aussi avec les usagers. Les histoires qui ne cessent d'émailler ces métiers de la relation humaine, non seulement tissent un réseau institutionnel vivant, mais encore participent du repositionnement permanent de chaque professionnel qui, pris dans les rets transférentiels, ne trouve la juste distance que dans le commerce de la parole. Trouvailles et inventions des usagers se nourrissent des trouvailles et inventions des professionnels. Et vice versa. Évidemment cela repose sur un postulat : que la différence des places garantisse la prise en compte de la parole de chacun. Sur ce point la fonction de direction (celle que l'on se donne dans l'institution) s'avère cruciale.

Enfin, dans la foulée il y aurait lieu sans doute de *restaurer la dimension mythique* qui constitue l'humus du travail social. Le mythe vient faire bord à l'énigme de l'humain. Cette question se trouve forclose par les appareillages discursifs d'un scientisme qui fonctionne comme référence religieuse. À la question sans fond et sans fin de l'origine de l'humanité comme celle de chacun d'entre nous, qui se profile comme un pur réel, sans mots et sans image, il n'est de réponse que dans cette bordure du mythe. « Nous sommes venus d'une scène où nous n'étions pas. L'homme est celui à qui une image manque », nous avertit Pascal Quignard[2]. Quand Jacques Lacan introduit la catégorie du réel, il indique qu'il n'est réductible ni à un nom, ni à une image. Le réel ne se réfère ni ne renvoie à rien. On ne peut rien en savoir ni rien en imaginer : il est frappé d'impossible. Ce même impossible dont Freud en 1925 bornait les métiers de diriger, éduquer et soigner, ajoutant en 1937, que dans ces métiers « on peut être sûrs d'un résultat insuffisant[3] ». Le mythe est donc un outil de lecture du réel, il est le support

---

1. « Le récit que Georges Perec désignait comme *racontouze* (Georges Perec, *« Ce qui stimule ma racontouze... »*, Le Gua : Le Fond du tiroir ; Grenoble : Pré carré, 2011) est une méthodologie d'approche des faits quotidiens qui croise subjectivité et objectivité. Elle produit une forme précieuse de vérité : celle qui sort de chacun de nous. La *racontouze* permet essentiellement de rendre compte de son quotidien. L'exercice que constitue le fait de se raconter dans les détails de ses journées, avec tout ce que cela implique comme répétition, comme banalité, est un élément crucial de la construction identitaire. Cette *racontouze*, chère à Georges Perec, fait écho à la notion d'*identité narrative* développée par Paul Ricœur notamment dans un ouvrage intitulé *Soi-même comme un autre* (1990). » Elisabeth Rossé, « La racontouze des avatars », *Psychotropes. Revue internationale des toxicomanies et des addictions*, De Boeck, 2012/2.

2. Pascal Quignard, *Le sexe et l'effroi*, Gallimard, 1994.

3. Sigmund Freud, « Préface », in August Aichhorn, *Jeunes en souffrance*, Champ Social, 2000. « L'analyse finie et l'analyse infinie », *Œuvres complètes*, vol. XX, PUF, 2010.

narratif du « ça crée[1] ». Une institution repose sur une forme de narrativité mythique permanente qui tente de prendre en compte les origines et les fins (de l'institution, du placement, du sujet...) mais aussi tous les points de butée que le quotidien ne cesse de mettre en travers des projets, des programmes, des procédures, des protocoles et qui font entame à ce « vouloir le bien », au mépris de la liberté des citoyens, que déjà Emmanuel Kant dénonçait comme « la pire des tyrannies[2] ».

Cette translation à ouvrir du collectif au mythe en passant par *le déploiement de « SE parler »* me paraît une bonne assise pour repenser les processus de professionnalisation de ces « trouvailleurs soucieux » qui se font, parfois pendant de longues années, compagnons de route de certains de leurs concitoyens, empêchés de marcher par eux-mêmes et qui s'appuient sur eux pour frayer leur chemin. Ces « trouvailleurs », si l'on se penche attentivement sur le quotidien de ces professionnels, on peut les voir à l'œuvre à condition de mettre à ciel ouvert des pratiques éminemment subtiles, qui ne relèvent pas du visible, mais du lisible. Encore faut-il que ça s'écrive ! Et là la responsabilité desdits travailleurs est entièrement engagée : comment donner à lire une clinique du quotidien, écrite à l'encre sympathique, donc qui ne se voit pas ? Il faut la réchauffer dans une écriture seconde. Comme les devins chinois inventèrent une écriture seconde à partir de la lecture des marques laissées sur des carapaces de tortues chauffées sur des braises. Je pense qu'il s'agit de donner à lire les « impressions » que produisent les embrouilles de la pratique. Un peu à la façon dont Maria Montessori invita un groupe de jeunes instituteurs qui lui demandait ce qu'il fallait lire pour bien comprendre les enfants : apprenez à lire les enfants. Ce qui implique qu'ils sont... écrits. De la même façon les « trouvailleurs » sont marqués par les « impressions » (au sens typographique) que les rencontres quotidiennes avec des sujets en souffrance gravent dans leur corps. La clinique quotidienne en travail social est parsemée ainsi de ces trouvailles inédites, insues, inouïes, inattendues où les professionnels soucieux, qui se font du souci[3] pour ceux qu'ils accompagnent, ne cessent de renouveler la pratique. Une pratique inventive, créatrice, ouverte aux quatre vents de la culture, trop souvent enfouie sous les tonnes de béton d'angoisse liée à des protocoles et autres procédures, dont seule une écriture du « ça crée[4] » peut donner à lire les linéaments. Il s'agit bien alors de remonter le fil de mon EPIC, de la clinique à l'éthique, en traversant l'institutionnel et le politique, de bas en haut, de percer le plafond de verre, de faire savoir, haut et fort, ce qu'il en est

1. L'origine du mot *hiérarchie* renvoie à *hieros* et *arkè* : la mise aux commandes du sacré, que j'orthographie « ça crée », pour l'extraire de sa gangue religieuse.

2. Déclaration des droits de l'homme et du citoyen du 26 août 1789, Article IV : « La liberté consiste à pouvoir faire tout ce qui ne nuit pas à autrui : ainsi l'exercice des droits naturels de chaque homme n'a de bornes que celles qui assurent aux autres membres de la Société, la jouissance de ces mêmes droits. Ces bornes ne peuvent être déterminées que par la Loi. »

3. Le souci, *Die Sorge*, est un maître mot de la philosophie de Martin Heidegger. C'est l'élan qui donne au monde son sens. J'y ajoute une notion d'élan vers autrui, dans la foulée de Levinas. *Cf.* Marie-Anne Lescourret, *Emmanuel Levinas*, Flammarion, 1994.

4. Régis Debray, *Jeunesse du sacré*, Gallimard, 2012.

d'une pratique singulière, où des professionnels œuvrent pour la plus grande dignité de sujets empêchés de vivre par la maladie, l'injustice, les « vacheries » de la vie.

Comment penser le retissage du lien social là où une société devenue folle en produit sans cesse la déchirure, chez les sujets comme dans les collectifs, sans l'envisager d'abord chez ces gardiens du lien dont l'appellation de travailleurs du social justifie la profession. Cette « fraternité discrète » face à « la plus formidable galère sociale[1] » à laquelle nous invite Jacques Lacan, accompagne alors ce que Pierre Legendre met en exergue, comme socle de la civilisation :

> « La Fabrique de l'homme n'est pas une usine à reproduire des souches génétiques. Nous ne verrons jamais une société sans les chants et la musique, sans les chorégraphies et les rites, sans les grands monuments religieux ou poétique de la Solitude humaine[2]. »

DEMANDEZ LE PROGRAMME...

« Mais vous ne suivez pas le programme... »
Un chef de service en formation continue[3]
« La réponse à la question est le malheur de la question. »
Maurice Blanchot, L'entretien infini

Cette question de la transmission de ce qui tisse le lien social, à des plus jeunes, des plus démunis, se pose évidemment de façon cruciale au cœur des processus de formation professionnelle, conservatoire et laboratoire vivant des savoirs, des savoir-faire et des savoir-être.

Par exemple : une formation comme tant d'autres. La thématique et les orientations ont été discutées ailleurs, dans les arcanes entre direction d'un centre de formation et direction d'institution, dans le dos des salariés, comme bien souvent. Pour obtenir l'aval de l'OPCA qui finance, on ficelle un beau programme. Si on en voulait parcourir tous les méandres, creuser tous les prolongements, peaufiner tous les concepts, il faudrait des... mois. C'est utopique, irréaliste, gargantuesque. Nul n'est dupe, mais ça passe. Et on embauche pour mener à bon port cette barque chargée jusqu'à la lisse, un petit formateur comme moi. Exécutant des basses œuvres. Chacun sait, depuis que j'exerce dans le métier, ne serait-ce qu'en prenant connaissance de mes ouvrages,

1. Jacques Lacan, « L'agressivité en psychanalyse », *Écrits*, Seuil, 1966.
2. Pierre Legendre, *La Fabrique de l'homme occidental*, Mille et une nuits, 1996.
3. La formation continue « tout au long de la vie » qui permet aux professionnels soit de changer d'orientation, soit de perfectionner, soit encore de se maintenir à flot, depuis les lois de mars 2014, a été complétement laminée. Le CPF, véritable usine à gaz, dans laquelle bien peu de salariés arrivent à s'y retrouver, est accompagné de deux exigences : fournir des formations certifiantes, qualifiantes ou diplômantes ; être adossé à une VAE. Il est évident que les petits centres de formation comme celui que je dirige à Montpellier, Psychasoc, sont mis hors-jeu. Et d'autre part je ne crois pas que mes collègues du secteur social ou médico-social courent après un diplôme de plus. Ils souhaitent surtout interroger et revivifier le sens de leur pratique. Voir plus loin la sous-partie : « Le rapt de la formation continue ».

que je mets en œuvre une méthode pédagogique qui justement, s'inspirant autant de la psychanalyse que des mouvements de pédagogie nouvelle tels les CEMEA, ou la pédagogie institutionnelle de Fernand Oury, ne répond jamais à un programme. Je ne suis pas de feuille de route.

▶ La mise en forme d'une pratique

En formation continue, en ce qui me concerne, mes interventions prenant appui sur la clinique quotidienne des travailleurs du social, ceux dont j'ai longtemps fait partie et que je désigne ci-dessus comme « travailleurs soucieux », viennent dans le fil des questions, des énigmes, des embarras que la fréquentation, à longueur de journée, de fous, délinquants, asociaux, handicapés, cabossés de la vie..., transfèrent au cœur même d'une clinique de la rencontre humaine. Je ne transige pas sur cette entrée en formation. Souvenons-nous ici que le terme de formation a un équivalent dans la langue allemande, beaucoup plus parlant : *gestaltung*, processus de création de forme. Autrement dit mise en forme, formalisation d'une pratique. Je ne saurai me plier au renversement que ne manque pas d'illustrer l'histoire juive de ce rabbin parcourant les rues du *shtetl* en criant à tue-tête : j'ai des réponses, qui aurait des questions ? Au contraire, la démarche d'une pédagogie active part du questionnement des professionnels. Évidemment ça embarrasse les financeurs, puisque le programme, comme l'énonçait le magnifique Antonio Machado, venant s'échouer de fatigue et de douleur sur la plage de Collioure, « se fait en marchant[1] ». Cela n'empêche nullement d'aborder des ouvertures sur la théorie, n'oubliant jamais que la *théoria* dont on hérite des Grecs anciens, j'insiste lourdement, renvoie avant tout à un... point de vue. Pour ma part la fenêtre à laquelle je me penche pour produire une lecture d'une situation, s'ancre dans le champ de la psychanalyse. Tous mes travaux depuis des années visent à éclairer les actes quotidiens en travail social à partir des concepts issus de ce champ disciplinaire, sans jamais oublier que les concepts de la psychanalyse, jamais figés, jamais définitifs, toujours en mouvement, trouvent leur ressort avant tout dans une pratique singulière, celle de la cure.

▶ Ce qui se transfère...

En formation, et plus spécifiquement, en formation de travailleurs sociaux, la psychanalyse opère en extension. C'est ainsi que j'ai extrait de ma pratique de la cure un concept tel que le transfert, pour mettre à jour ce qui se joue et se noue entre un usager et un professionnel, voire entre professionnels au sein d'une équipe[2]. Le concept de transfert

1. *Caminante no hay camino* (« Toi qui marches, il n'existe pas de chemin »), *se hace camino al andar...* (« le chemin se fait en marchant... »).
2. Sur ce point, voir mon ouvrage *Le transfert dans la relation éducative*, Dunod, *op. cit.*

d'abord élaboré par Freud, puis par un certain nombre de ses successeurs, tel Jacques Lacan, ouvre une perspective de mise en question de ce qu'on désigne comme « la relation » dans le champ d'intervention du travail social. Ce concept que Freud structure en deux temps, nouage du transfert et maniement (manœuvre chez Lacan) me paraît autrement pertinent que des injonctions telles qu'on les entend encore proférer dans les formations de travailleurs sociaux : en relation il faut rester neutre, trouver la bonne distance et : « soyez professionnel ! » Bref un professionnel de l'éducation ou du soin se vivrait comme un morceau de bois, sans sensation, sans émotion, sans affect. Or comme cela s'avère impossible ledit professionnel passe son temps à lutter contre ce qui se passe en lui, à faire obstacle à ce qui le travaille. Et comme il n'y parvient pas il est rongé par la culpabilité. Conflit intérieur qui fait « péter les plombs » à beaucoup de praticiens du social. Au lieu de mettre au travail (maniement, manœuvre) ce qui le... travaille au corps et de tirer de ce travail, dans des espaces qui y sont dévolus (supervision, groupes cliniques...) un enseignement précieux sur ce savoir subtil qu'un usager lui a transmis « à même son corps », comme le précise Freud[1] et d'en produire un savoir, issu du transfert, utile à la communauté, à l'équipe qui accompagne l'usager en question. De fait le transfert et son maniement constituent le fond de scène et le fer de lance des formations que j'anime. C'est pourquoi on ne peut prendre l'envol que des questionnements et embarras des praticiens, faute de quoi le savoir savant, les outils conceptuels, la théorie viendraient boucher cette source vive, parfois inquiétante et dérangeante, qui irrigue le quotidien des travailleurs du lien social. Que dirait-on d'un plombier en formation qui s'encombrerait de la théorie sur la résistance des matériaux, la mécanique des fluides et autres abstractions, alors que son problème est d'apprendre... la soudure ? Remarquons que l'enseignement, que ce soit à l'Éducation nationale ou en formation professionnelle, est lourdement grevé par cette idéologie de l'abstraction. Nous fonctionnons encore sur une méthodologie d'apprentissage du XIXe siècle, au moment où l'industrialisation gagnait les pays occidentaux !

▸ Une méthode active...

Pourquoi alors cette position systématique de ma part ? Généralement le savoir exigé du programme vient colmater les embarras de la clinique et sert d'empêchement au questionnement en le déportant sur le plan d'un savoir savant et non d'un savoir clinique. Si l'on se penche un peu sérieusement sur les programmes élaborés, force est de constater qu'en deux ou trois jours de formation, le parcours de tous les items engrammés s'avère totalement irréaliste. Cela saute aux yeux. D'autre part ces programmes présentent une sorte de salade russe ou de filet garni, où des resucées de concepts issus de champs aussi différents que la psychologie, la sociologie, le droit, l'économie... viennent border un espace d'où est exclue toute espèce de réflexion et de... formation. Pourvu qu'on

1. Préface de Sigmund Freud à l'ouvrage d'August Aichhorn, *Jeunes en souffrance*, *op. cit.*

engrange ! C'est le syndrome du gavage. Généralement une thématique générique fait planche d'appel, marquée par les modes du moment : la relation éducative ; les écrits professionnels ; le handicap et son environnement... On voit même des établissements, pressés par les instances de contrôle et de financement, faire appel à la formation pour épuiser le budget restant en fin d'année. Ce qui peut ouvrir à des demandes cocasses comme celle qui suit.

— Pouvez-vous monter une formation de X jours ; il nous reste un budget de X € ?

— Sur quel thème ? Quelles sont les questions que vous rencontrez, vous et vos collègues sur le terrain ?

— Peu importe, vous pouvez proposer n'importe quoi, pourvu que ça rentre dans l'enveloppe.

▶ On ne forme plus, on formate

Le champ du travail social est miné par une telle incurie. Les formations de directeur sont de plus en plus ravagées par une infiltration managériale débridée, issue de l'industrie, rétrograde, démobilisante, débilisée par une courte vue de la gestion, oubliant que la finance devrait avant tout être mise au service de populations en grande difficulté, et donc venir en soutien aux professionnels qui sont aux avants postes de cette mission. Sans compter que petit à petit la marchandisation du social gagne l'espace de la pratique. Les fonds de pension, notamment sous l'aspect de SIB (*Social Impact Bonds*) déjà cités, sont en train d'infiltrer ce secteur longtemps à l'abri des exigences de rentabilité, productivité, compétitivité. Évidemment autant les pratiques que les formations s'en ressentent. On ne forme plus, on formate ; on n'ouvre pas les élèves (dits aujourd'hui « étudiants », le vocabulaire s'alignant sur la matrice universitaire[1]) à la réalité complexe de la relation humaine et des montages institutionnels ; on fait fi de l'englobement éthique et politique qui sous-tend ces pratiques singulières. Il s'agit de mettre au pas les élèves en formation pour produire des professionnels qui mettront au pas des populations qui dérangent. D'où un certain nombre d'expressions qui font flores : gestion de la crise, de la violence, des débordements... Le terme de gestion issu des pratiques banquières en vient à recouvrir et réifier toute forme d'acte en travail social. La novlangue qui envahit le champ social serait à étudier en détail pour en percevoir les ramifications insidieuses[2].

---

1. Unis vers Cythère, l'île de toutes les tentations ! Notamment celle de s'en remettre à l'accumulation de savoir pour résoudre les énigmes de la vie sur tous les plans.

2. « En fait, nos choix ne sont pas "libres". Les paroles de nos répondants ont une fonction importante, mais les discours et la langue de notre culture d'appartenance aussi. Tout langue véhicule une culture c'est-à-dire des représentations spécifiques de l'univers. Des modifications dans les manières de parler sont souvent révélatrices de modifications dans les façons de penser. Véhicule de connaissances ayant valeur d'exactitude, toute langue est aussi véhicule d'idéologies (croyances collectives). Dans les discours qui

Je me refuse pour ma part à entrer dans une complicité de cette mise au pas des travailleurs sociaux et des personnes dont ils ont la charge. Ma position est subversive, puisqu'elle prend en compte cette version du dessous (sub-version) qu'étouffent des tonnes de discours sans conséquence aucune que de faire du bruit. Je m'attache avant tout à cette « petite musique[1] » étrange, bizarre, inouïe, que produit le vivant de la clinique prenant son sens et sa force du lieu d'une rencontre entre un dit usager (usagé ?) et un professionnel. Cette rencontre s'avère forcément dérangeante, mais aussi fragile. L'écraser sous le poids des savoirs savants ou des logiques managériales, risque de la réduire à néant.

Si je fais appel à des ouvertures théoriques, principalement dans le champ de la psychanalyse[2], c'est parce que ces ouvertures, qui peuvent certes s'avérer complexes, viennent dans le fil des questions soulevées. Elles viennent faire bord à l'énigme de la rencontre humaine. Mais avant tout le travail opère à partir d'un récit.

Un chef de service éducatif en ITEP, après avoir d'abord râlé parce qu'on ne suivait pas le programme, raconte en formation qu'un jeune de 12 ans a tout cassé dans son bureau.

Qu'avez-vous fait ?

Je lui ai dit que s'il recommençait, je ne l'accueillerai plus dans mon bureau.

Or ce jeune a lui-même subi des maltraitances dans sa famille. L'affaire portée à la connaissance de l'ASE n'a pas abouti. Il est resté dans la famille. On peut penser à juste titre que les deux types d'événements sont corrélés : tout casser dans le bureau du chef de service, comme *acting out*, comme adresse, de ce qui n'a pas été entendu à l'ASE[3].

Il ne s'agit donc pas, comme l'annonce savamment le chef de service, d'un « passage à l'acte », mais je le préciserai dans mon intervention, d'un « passage par l'acte », un acte qui vaut parole qui trouve son destinataire et interroge profondément la position du professionnel et de l'équipe. Celui-ci n'entend rien, minimise la mise en scène du jeune et n'en considère

constituent notre environnement, des "novlangues" se font jour et certaines "novlangues" qui gagnent du terrain fonctionnent comme un "cheval de Troie" qui vient coloniser nos esprits. » Charlotte Herfray, texte sur www.psychasoc.com/Textes/Ces-novlangues-qui-colonisent-nos-esprits. C'est Georges Orwell dans son livre intitulé *1984* (écrit en 1948) qui attire l'attention sur cette dérive langagière qui conduit à vider les mots de leur sens. La novlangue dont on constate l'apparition déporte leur sens. Ainsi, écrit-il, quand on aura la liberté on n'aura plus besoin de se battre pour elle. On trouvera ce vocable juste sur les toilettes pour nous informer si elles sont libres ou pas !

1. Belle expression que je prélève chez Louis-Ferdinand Céline, pour désigner le style d'un auteur.

2. Tout en me refusant à entrer dans les guerres picrocholines qui laminent le champ de la psychanalyse éclatée en écoles, associations diverses et (a)variées, qui offrent plus l'aspect de sectes religieuses que de lieux de transmission. La psychanalyse constitue un vaste pays avec des coutumes, des parlers, des manières très diverses. Je garde ce que chacun a pu apporter, de trouvaille et d'invention, pour l'édification incessante de cette pratique, relayée par une théorie inachevable.

3. Je distinguerai le passage à l'acte du passage par l'acte (que l'on désigne généralement sous le terme anglais d'*acting out*) en précisant que le passage à l'acte présente une décharge brutale de la pulsion, alors que dans le passage par l'acte le sujet met en scène un message destiné à une adresse, qu'il reste à décoder. Autrement dit : à bon entendeur, salut !

que l'apparence (appât rance !) : il est en colère ! Dans le souci, légitime, mais mal placé, de ne pas briser la relation de confiance qu'il entretient avec ce jeune, il ne fait rien de son acte qui devient lettre morte, de la même façon que dans une mise en série l'ASE ne fait rien de la maltraitance avérée et dénoncée par le jeune. Là nous avons pu faire appel à un minimum de cohérence, notamment en prenant appui sur le droit. L'enfant au titre du droit est responsable pénalement à partir de 7 ans ; ses parents le sont civilement. En faisant l'économie de porter le passage par l'acte de l'enfant devant la juridiction qui s'impose, à savoir de porte plainte pour que sanction soit prise, le chef de service cadenasse toute possibilité d'élaboration de l'enfant. Il le réduit à un passage à l'acte...

▶ Sanction/scansion

Face à un acte produit dans un espace professionnel éducatif ou thérapeutique, il paraît indispensable que la limite s'impose sur deux fronts. D'abord sur le plan légitime du droit. Un tel acte relève d'un traitement par la Justice. Ne le faisant pas, le chef de service laisse croire qu'il fait la loi. Pensant, à tort, privilégier la relation avec le jeune au détriment de l'inscription sociale de son acte, il en dénature profondément le tranchant, sur un mode que la psychopathologie repère comme trait de perversion « Je sais bien, mais quand même ». Je sais bien qu'il y a la loi, et qu'un acte de cette nature – tout casser dans le bureau – n'offre rien de banal, mais je fais comme si ça n'avait ni sens ni conséquence. Je garde pour moi cet acte qui à travers moi est adressé à l'instance de la loi. Je m'accapare cet enfant[1]. Position de jouissance s'il en est[2].

Le repérage du niveau d'interpellation de la loi est fondamental. Il ne s'agit pas de porter l'affaire devant la justice pour un vol de bonbon ou une bousculade. Cela, qui est tout de même un acte de transgression, peut être sanctionné très simplement au niveau institutionnel. Tout saccager dans un bureau exige que le chef de service et l'institution se dépossèdent de la sanction. Elle ne relève pas de leur juridiction. La loi renvoie à la responsabilité civile des parents pour le matériel endommagé et à la responsabilité pénale de l'enfant, puisqu'il a plus de 7 ans. Le chantage : si tu recommences, je ne t'accueillerai plus, me paraît particulièrement inadapté et inefficace, voire tordu. Que va devoir faire cet enfant pour se faire entendre ? Mettre le feu, se mutiler[3] ?

Donc premier « acte » : qu'un non, une limite, une sanction soient proférés à l'endroit où légitiment elles doivent l'être. Ceci dit, une fois dépassée la crainte d'extérioriser l'acte, beaucoup de professionnels s'en tiennent là. Ils pensent avoir fait leur travail.

1. Octave Mannoni, « Je sais bien, mais quand même », *Clés pour l'Imaginaire ou l'Autre Scène*, Seuil, 1969.

2. Lacan distingue plaisir et jouissance : la jouissance outrepasse le principe de plaisir. Ce pour quoi Freud la désigne comme pulsion de mort. Elle implique une transgression de l'interdit et s'inscrit dans une logique de perversion.

3. On estime généralement que l'enfant acquiert le discernement vers 7 ou 8 ans. Un enfant peut engager très tôt sa responsabilité pénale même si ce n'est qu'à 13 ans qu'il encourt une peine. L'Article 122-8 du Code pénal explique que « les mineurs capables de discernement sont pénalement responsables des crimes, délits ou contraventions dont ils ont été reconnus coupables ».

On a porté plainte, le juge s'en est saisi... Or passé le temps logique de la sanction qui est premier, vient le temps de la... scansion. Dans ce déplacement entre sanction et sanction, il s'agit d'ouvrir la voie du sujet devant répondre de ses actes, ce qui nécessite dans le même temps d'extraire de ces actes le sens[1]. C'est précisément à partir de là, véritable soutien et accompagnement devant l'instance de la loi, que le travail éducatif et thérapeutique peut commencer. Il s'agit d'ouvrir à l'enfant des espaces d'élaboration pour qu'il puisse mette en mots ce qui l'a poussé à l'acte. Le passage à l'acte, relève d'un défaut de symbolisation ; le passage par l'acte révèle un processus de symbolisation inconscient, qui cherche... à qui parler Deux types d'espaces, très bien balisés par Freud dans sa préface à l'ouvrage d'August Aichhorn, s'ouvrent au travail des professionnels. Les psys prennent en charge la réalité psychique et les travailleurs sociaux la réalité sociale. Et il y a du travail pour tout le monde, sans se mélanger les pinceaux, mais sans oublier, comme le précise Freud que ces deux types distincts d'intervention « convergent vers la même intention » (*absicht*, but, visée) : le traitement de la jouissance et de ses débordements.

▶ Réfréner la jouissance

Voilà donc comment a été menée cette séquence de formation. Nous n'avons pas abordé sans précautions et préalables bordant l'expérience clinique, les différents concepts du programme : loi symbolique/ loi pénale ; le transfert ; l'institution garante du projet ; l'équipe pluridisciplinaire, etc. Évidemment les concepts ne sont pas uniquement prélevés, de façon artificielle, dans la théorie analytique, mais arrivent dans le déroulé de la réflexion, de diverses origines épistémologiques. Tout au long de cette formation une théorie exposée, au fur et à mesure, de la psychogenèse d'un enfant, va servir de soubassement à d'autres explorations en matière de droit, de projet éducatif, etc. À partir d'une situation, où le chef de service, dont l'énonciation laissait filtrer l'embarras, un certain nombre de concepts ont été mobilisés pour prendre en compte toute la complexité, mais aussi conduire à un mode de résolution possible. La possibilité de prise en compte du passage par l'acte du jeune dans le bureau d'un représentant de la direction de l'établissement, pouvait alors ouvrir à une chaine de réactions plus large : la prise en compte de la maltraitance subie par l'enfant et le manque de positionnement de l'instance supposée le protéger, l'ASE. La distinction que j'ai depuis longtemps opérée entre le lieu de la sanction, au niveau pénal et civil, et l'espace de la scansion au niveau clinique peut seul permettre à un jeune de cheminer dans la responsabilité de ses actes. Il est mis en demeure d'en répondre à qui de droit, au regard de la loi (Code pénal, Code civil...), comme au regard de la Loi symbolique (assumer ses actes en parole, parler en son nom propre). Beaucoup malheureusement pensent qu'il faut

1. Joseph Rouzel, « Sanction/scansion », *Les Cahiers de l'ACTIF*, n° 468-469, mai-juin 2015 ; « La sanction : un dispositif de parole » dans mon ouvrage *La parole éducative*, *op. cit.*

d'abord privilégier la loi symbolique, versant dans des formes de compassion qui n'ont pas leur place, voire de débilité grave entraînant des effets de démission éducative : avec des parents comme les siens, le pauvre, on l'excuse, etc. Si l'on veut se montrer efficace sur le plan clinique il y a lieu d'être... sans pitié, mais aussi sans jugement. Rendre à un enfant la responsabilisé de son acte me paraît la seule voie pour qu'il grandisse, autant sur le plan social que psychique.

Voilà donc une petite séquence de formation qui illustre assez bien la méthodologie active, solidement enracinée dans les embrouilles de la clinique. Évidemment cela n'a pas été sans mal. Dès le début lorsque j'ai annoncé la couleur, j'ai vu les visages se fermer. Et c'est le chef de service en question qui m'a lancé vivement : mais vous ne suivez pas le programme ! Nous devions parler de l'articulation entre pédagogique, éducatif et thérapeutique dans l'institution. C'était le programme, avec des énoncés ronflants de contenus. Le pas de côté proposé par le formateur a produit déception, déstabilisation, insatisfaction, mais aussi interrogation. Je me suis expliqué de ma position : il ne s'agit pas de forclore les questions, ni les embarras que la pratique fait émerger. Dans un premier temps le chef de service, soutenu par deux de ses collègues, a fait la moue. Il a fait la grève de la parole : puisque c'est ainsi je ne dirai rien... Je refuse de me plier à votre proposition de présenter une situation. Je ne suis pas là pour ça. Je veux que vous développiez le programme... Je l'ai laissé mariner et ronchonner pendant une demi-journée. Et l'après-midi c'est une éducatrice, une de ses collègues qui a ouvert le bal en s'adressant au chef de service : et si on parlait de Z ? Il a quand même tout cassé dans ton bureau... Il ne s'est pas fait prier. Je crois qu'une matinée de mutisme avait fait monter en lui le plus vif de ce qui le questionnait. De beaux exposés théoriques, bien lissés, auraient occulté et enfoui profondément ce questionnement. Le travail de théorisation cheminant au fil de la pensée produit un véritable travail de métabolisation de la jouissance engagée par le professionnel dans la relation transférentielle. Faire faire l'économie à l'enfant de répondre de ses actes, sous le prétexte de maintenir la relation, relevait, ni plus ni moins, d'une forme de jouissance du chef de service. « Toute formation humaine [affirme Jacques Lacan], a pour fonction, par essence et non par accident, de refréner la jouissance[1]. »

QUI C'EST/SAIT L'CHEF[2] ?

« Ainsi la fonction sociale de l'autorité a-t-elle pour visée un désenlacement, d'infliger au sujet qu'il renonce au totalitarisme, à sa représentation d'être tout, c'est-à-dire en définitive de le limiter. »
Pierre Legendre, Leçons VI, *Fayard*

1. Jacques Lacan, « Allocution sur les psychoses de l'enfant », *Autres écrits*, Seuil, 2001.
2. Texte qui m'a servi d'appui lors d'une journée consacrée à « Autorité et subjectivité ». Journée d'étude du CREAI de Bretagne, le 24 mars 2016 à Saint-Jacut-de-la-Mer.

Je me souviens de Jeanne. On l'appelait Jeannette. Membre du réseau Turquoise, zone de Saint Michel à Saint Malo. Jeannette, modeste employée de Chemins de Fer, était agent de renseignement sous la responsabilité d'Yvon Jezéquiel. Elle fournissait des cartes d'identité aux patriotes et aux réfractaires. Elle hébergeait le radio Marcel Ardon, Yvon Jezéquiel et Robert Vanier, un officier canadien, tous traqués par la Gestapo. Elle est arrêtée à Rennes le 13 avril 1944, sur dénonciation. On raconte qu'elle a été vendue pour 80 000 francs. Elle monte à Belfort dans le convoi 456 et est déportée le 2 août 1944 vers Ravensbrück. Matricule 62816. Brûlée le 26 mars 1945 à l'âge de 29 ans. Jeanne Couplan était ma grande cousine. Une rue de Rennes porte son nom. L'engagement de cette femme dans un moment si difficile de notre histoire collective m'a toujours servi d'inspiration et de viatique. Un sujet qui sait, au risque de sa vie, se dresser contre une autorité illégitime lorsque l'éthique, le respect des valeurs et de la vie humaine sont aux commandes. Les valeurs font... autorité.

Pour rédiger cette intervention, que je reprends ici pour les besoins de cette deuxième partie, j'avais préparé sur mon bureau un certain nombre d'ouvrages pour labourer le terrain. Puis j'ai déménagé et le centre de formation de Psychasoc et mon cabinet de psychanalyse. Ce qui signifie, outre des tables et des chaises et autres mobiliers, des milliers de bouquins, en gros plus de 5 000 volumes qui se sont mélangés au gré des déplacements. Bref les livres que j'avais préparés ont été noyés dans la mêlée. J'ai prévu de refaire un classement – penser/classer, titrait Perec dans un de ses ouvrages[1] – mais ça va bien prendre une semaine. Finalement je me suis dit : c'est pas plus mal ! Cela m'évite de m'adosser aux auteurs qui font autorité, pour me lancer dans le vide, pour penser et m'exprimer en mon nom propre. On sait la faiblesse de l'argument d'autorité, puisqu'il pousse à se planquer derrière l'argument d'un auteur reconnu. Je vais donc partir dans la réflexion, sans battle-dress, « sans armes et sans armure », tel le Don Quichotte que chantait Jacques Brel. Fort de cette méthodologie issue de la pratique analytique : l'association libre.

Lorsqu'on laisse faire l'association libre, que ce soit des pensées ou des humains, se produisent, nous dit Freud, des *Einfall*, des incidences, des chutes. Puis une série de branchements opèrent sous des formes et motifs divers : *Linie* (ligne) ; *Faden* (fil) ; *Verkettung* (enchaînements) ; *Zug* (trait). Ces motifs comme dans la composition d'un tissu s'enchevêtrent en réseaux qui convergent vers un point de nouage (*Knotenpunkte*). Je suis donc un farouche défenseur de la libre association dans tous les domaines ! Toute rencontre humaine ne participe-t-elle pas de cette... association libre ? Là où le nous se... noue. Procédant ainsi je verrai bien où ça converge et insiste...

1. Georges Perec, *Penser/Classer*, Points Seuil, 2015.

▶ Autorité et subjectivité

La mise en tension de ces deux signifiants, deux piliers de l'action éducative, n'offre rien d'évident à la pensée. Heureusement j'ai pu mettre la main sur mon Picoche, dictionnaire étymologique qui ne me quitte pas[1] ! Autorité est un vieux terme issu du droit canon : *auctoritas* relevant de la domination spirituelle ; quant à la *potestas,* le pouvoir, il relève de la domination temporelle. Le pape d'un côté ; l'empereur de l'autre. Cette double « tête » est souvent représentée dans certaines armoiries et emblèmes par un aigle à deux têtes. Autorité spirituelle et pouvoir temporel. L'autorité, c'est la première idée qui me tombe dans l'esprit – *Einfall !* – vient donc de « là-haut », je veux dire du ciel, non pas du ciel qui s'étend au-dessus de nos têtes, mais de ce ciel symbolique que nous peuplons de divinités, de principes, de valeurs, ce que les anciens philosophes désignaient comme « transcendances ». Ce que Platon nous invite, en sortant de la caverne où nous nous berçons d'illusions et de fantasmagories, à contempler : le monde des Idées. Contempler se dit en grec ancien *theorein*, d'où s'origine notre... théorie. *Theoria* ou la contemplation ! Sachant comme nous l'enseigna subtilement le poète Jacques Prévert qu'il y a des transes sans danse ; mais aussi des danses sans transe ! Ce « ciel » se présente donc comme une nécessité logique pour organiser les collectifs humains et permettre la structuration subjective. Je garderai cette idée première : l'autorité est conférée par des représentants de ces entités supérieures que s'inventent les humains. Il faut donc imaginer un système pyramidal au sommet duquel une civilisation élit un principe supérieur au nom duquel s'impose une organisation, des dispositifs, des places différenciées, des lois, des règles, des coutumes, des façons de faire lien social et de se parler, etc. Si l'on place tout en haut *Chaos* qui va créer *Gaïa* et *Ouranos*, de la séparation desquels naitra le monde, ça donne la théogonie réunie par Hésiode il y a 2 600 ans[2], mais aussi une certaine forme d'organisation sociale et politique, que nous avons héritée des Grecs, la pensée scientifique et la démocratie. Par contre si, à l'aube des temps de la modernité qui marquent notre organisation du temps de la naissance du Christ, on loge tout en haut, Dieu, on voit se décliner une organisation où Dieu le Père trône au sommet, le Pape étant son représentant spirituel sur terre – c'est donc à lui qu'est confiée l'autorité suprême. Et en déclinant ce principe, le roi est représentant de Dieu sur terre, il lui est donc confié le pouvoir temporel. Lorsqu'on descend un peu plus on tombe sur le *pater familias*, qui jusqu'à la Révolution a tout pouvoir au sein de sa famille. Notons que cette invention qui fait autorité pendant près de 2 000 ans a un précédent : l'invention du monothéisme par un pharaon, Aménothep IV, qui changea son nom en Akhenaton, serviteur du dieu unique Aton. Elle a aussi une fin lorsqu'à la Révolution, en décapitant le Roi Louis XVI, on décapite en même temps cette organisation qui jusque-là faisait le socle de l'autorité. Le nouveau système, ce nouvel ordre symbolique dans lequel nous baignons, s'inscrit

1. Jacqueline Picoche, *Nouveau dictionnaire étymologique du français*, Hachette/Tchou, 1971.
2. Hésiode, *Théogonie*, Les Belles Lettres, 2008.

dans le cercle de sang de la décapitation du roi, qui ouvre un espace vide, à partir duquel on décide de présider aux destinées de la République. La démocratie est donc un montage symbolique qui repose sur ce point de vacuité. Je n'invente rien. On trouvera ça très bien exposé dans les travaux du politologue Claude Lefort[1]. Relevons au passage que l'autorité moderne, et donc ses agents, ses figures comme dit Charlotte Herfray, reposent sur ce vide[2]. Ce qui était déjà inclus dans les autres systèmes. Par exemple lorsqu'on découvre que jusqu'au XVIIe siècle, Dieu s'écrit Diev, anagramme de Vide. On sait depuis Ferdinand de Saussure qu'il faut chercher le sens des mots dans les anagrammes. Il y a un petit livre qui vient de paraître qui donne les anagrammes pour un certain nombre de noms de gens célèbres[3]. Retenons ce point, mais je parcours l'idée à grandes enjambées : toute organisation qui fait autorité repose sur le vide. En Occident nous avons oublié cette dimension créatrice de la vacuité. Mais si l'on fait un tour du côté de la philosophie classique chinoise, comme le philosophe sinologue, François Jullien a pu le faire, on pourra constater que les Chinois n'en ont rien perdu[4]. Le bien connu *yin/yang* qui émaille quelques tee-shirts ne tient que par la vertu du souffle, « le vide médian », comme le désigne François Cheng[5]. Pour paraphraser Lao Tseu : le vide dont je parle n'est pas le vide[6]. Il ne s'oppose pas au plein. Il n'entre pas dans la combinatoire binaire liée à la structure du signifiant qui distribue les opposés : vide/plein. Pierre Legendre, anthropologue du droit de la filiation le souligne à sa façon, en habillant ce vide structural du terme d'abîme : « Nous donnons figure à l'abîme en l'appelant naître et mourir ». En fait la question a été forclose par Aristote lorsque, sans doute énervé des subtilités des présocratiques qui l'avaient précédé deux siècles plus tôt, il décida de rayer de la carte la dialectique engagée par ceux-ci. Les philosophes présocratiques, Héraclite, Empédocle, Parménide et quelques autres en effet avaient construit une pensée dialectique où les contraires étaient pensés dans leur articulation simultanée et non dans une opposition binaire, ce qui signifie qu'ils s'organisaient autour du vide. Aristote en énonçant son principe de non-contradiction ferme pour des siècles la possibilité de penser le vide comme organisateur de la pensée et de l'action. Et c'est comme ça que l'on se retrouve depuis plus de 2 000 ans avec des systèmes d'opposition difficile à dialectiser : corps et esprit, sujet et collectif, individu et société, peuple et pouvoir, etc. Et aujourd'hui pour ce qui nous préoccupe : autorité et subjectivité, couple de concepts qui n'en est qu'un dérivé !

En suivant le fil de mes associations cela m'amène à penser ce qui permettrait de mettre en mouvement, de faire dialoguer ces deux signifiants. Le vide, disais-je !

---

1. Claude Lefort, *L'invention démocratique*, Fayard, 1981.
2. Charlotte Herfray, *Les figures d'autorité*, Érès, 2012.
3. Étienne Klein et Jacques Perry-Salkow, *Anagrammes renversantes : ou le sens caché du monde*, Flammarion, 2011.
4. François Jullien, *Traité de l'efficacité*, Livre de poche, 2002.
5. François Cheng, *Le livre du vide médian*, Albin Michel, 2009.
6. Voir la nouvelle traduction du *Dao Dé Jing*, de mon ami Guy Massat et Arthur Rivas, L'Harmattan, 2016.

Un système, une construction symbolique, tout ce que se sont inventé les hommes pour se soumettre à une autorité, repose sur le vide. Ainsi en va-t-il de toute institution : fondée sur la vacuité. Le chef par exemple, mot dont l'origine remonte au *caput* latin, c'est la tête. Quant à la *testa*, origine de notre tête, il désigne une... coquille vide. On a donc à faire à un ensemble contenant, tel la coquille d'œuf renfermant le pousse-Un, où la tête, le Un, le sommet de la construction, englobe des places différenciées. Chaque chef est constitué pour sa partie, pour le champ d'intervention qui l'institue, en référence à ce qui fait la tête d'une pyramide dont les emboîtements déterminent des différences de places au nom d'un principe unique. C'est le lieu, comme le souligne Hannah Arendt « où ça commence et où ça commande ». Le chef, détenteur de l'autorité qui lui est conférée, ne tient sa légitimité qu'en exerçant comme représentant de cette « tête de pont » symbolique. Autrement dit, comme le souligne Jean-Pierre Lebrun, au titre d'une fonction d'exception, fonction tierce par excellence mais qui en dernière instance repose sur le vide. Souvenons-nous ici que, comme le veut l'adage, l'exception confirme la règle. Pourquoi cela ?

▶ La fabrique du sujet

Essayons de répondre en dialoguant avec l'autre terme : la subjectivité. La « fabrique » du sujet obéit à une loi fondamentale. Il s'agit de fabriquer un être qui naît/n'est pas fini. L'humain se détermine de l'incomplétude, du manque, du vide, là aussi. Les psychanalystes ont un gros mot pour le dire : tout sujet est assujetti à la castration. Je laisse de côté la question de la psychose qui se présente comme une construction hors castration. D'où vient cette nécessité si ce n'est de l'appareillage à la structure du langage, laquelle se détermine de cette capacité unique de représenter l'absence. Ça se traduit d'emblée, dès la naissance du petit d'homme, par des limites, des interdits, des cadres. « Pas tout, pas tout de suite, etc. ». Autant d'injonctions venues d'autrui, plus ou moins féroces, plus ou moins aimantes, qui viennent ponctuer le fil de la vie quotidienne, ce qui est loin d'en faire un fleuve tranquille. Il s'agit là d'un traumatisme premier et nécessaire. Le sujet naît traumatisé du langage qui lui parvient de l'Autre. Manque, absence, vide, perte, castration... s'inscrivent ainsi dans une série de nécessités logiques liées à l'appareil symbolique.

Sujet, si j'en crois mes souvenirs de latin, est issu de *sub-jectus*[1], jeté dessous. (Mais où ai-je fourré mon Gaffiot ?) Du coup la traduction la plus juste de sujet serait : mis dessous, sous-mis ! Sauf pour certains, dits « psychotiques », qui ont à se bricoler

1. L'adjectif latin *subjectus*, tiré du verbe *subjicio*, « jeter dessous », « soumettre », a pour sens : voisin, proche, soumis, assujetti, exposé.

eux-mêmes leur habitacle hors castration, nul n'y coupe à cet effet traumatisant d'hominisation et d'humanisation[1]. Cet impératif guide tous les actes éducatifs, ceux des éducateurs naturels parentaux comme ceux des éducateurs culturels des enseignants, en passant pour certains par ceux des éducateurs spéciaux, quand ça foire du côté parental, scolaire, social. Éduquer un petit d'homme c'est donc en passer par des processus de castration, dont Françoise Dolto aimait à dire qu'ils sont symboligènes, c'est-à-dire que ce sont ces mêmes processus qui ouvrent les portes de ce que parler veut dire, et donc inaugurent les prémisses du lien social et l'inscription du subjectif dans le collectif. On doit à Jacques Lacan cette définition remarquable de ce processus humanisant : « Le symbole c'est le meurtre de la Chose et cette mort constitue pour le sujet l'éternisation de son désir[2]. » Autrement dit le désir qui signe la présence au monde de chaque sujet naît de l'entame imposée à la jouissance du vivant par la loi. Loi symbolique dont le parangon est représenté de façon princeps par les lois de la parole et du langage.

Prenons un petit exemple pour voir comment cela se transmet[3]. L'histoire se passe dans un couple de jeunes parents. Le père est au travail dans la journée et la mère s'occupe de sa petite de 4 ans. Elle s'en occupe bien. Va la chercher à l'école, organise le goûter et passe beaucoup de temps à l'endormir en lui lisant des contes. Mais ce moment de l'endormissement n'en finit pas. Et même lorsque la petite finit par s'endormir sur le tard, fréquemment elle se réveille au beau milieu de la nuit en hurlant « maman, maman ! ». Cette fois-là, ça ne manque pas, la petite hurle. Mais le mari pour une fois se lève et prend le relais. Il était temps ! Il va voir sa fille et lui explique : tu vois, ta mère s'est beaucoup occupée de toi aujourd'hui, alors maintenant tu laisses ma femme tranquille. Transmission directe de la castration : la mère n'est pas toute ; elle est aussi femme, mais cette part du sexuel ne regarde pas sa fille. C'est le père qui transmet cette évidence, simplement, du lieu de son désir d'homme. Et la petite est apaisée. Car rien n'est plus angoissant pour un enfant que d'être l'objet de la jouissance maternelle. Elle peut alors construire sa propre position subjective, certes arrimée aux parents, mais aussi tendue vers son devenir de jeune fille, puis de femme.

De cette anecdote remarquable de simplicité on peut tirer tous les ingrédients qui permettent d'articuler autorité et subjectivité. La parole du père impose une perte de jouissance à la fille et à la mère, elle produit un trou, un manque, une vacuité – « le meurtre de la Chose » – à partir de laquelle la petite peut se construire, notamment dans ce que Freud désigne comme *spacheapparat*, l'appareil-à-parler. L'interdit d'« incestuer »

1. Sur la question de la structure dans les psychoses, voir Joseph Rouzel, *La prise en compte des psychoses dans le travail éducatif*, Érès, 2015 ; *La folie créatrice. Alexandre Grothendieck et quelques autres*, Érès, 2016 ; *La folie douce. Psychose et création*, Érès, 2018. Voir plus loin la sous-partie : « La folie douce ».

2. Jacques Lacan, *Écrits*, Seuil, 1966.

3. Cette anecdote nous a été transmise par Jean-Pierre Thomasset lors d'un colloque que j'avais organisé à Montpellier en 2016. Elle est reprise dans Joseph Rouzel (dir.), *De la clinique avant toute chose... Des pratiques sociales et de soin éclairées par la psychanalyse*, L'Harmattan, 2016.

celle qui l'a mis au monde ouvre un chemin de subjectivation où la perte devient le moteur de la construction. Si elle perd la toute jouissance de la mère, et entendons-le dans tous les sens, elle gagne tous les mots du monde pour la célébrer. L'origine du mot symbole emporte ces deux sens. À l'origine chez les Grecs anciens morceau de poterie nommé *tesserra*, sur laquelle était représentée une scène mythologique ou inscrite une sentence, il scellait l'alliance entre deux citoyens ou deux familles. Brisée en deux, chaque partie en emportait un morceau. À tout moment la poterie entière pouvait être reconstituée, les deux morceaux rassemblés, lancés ensemble (*sun-balein*) rappelant ainsi l'alliance contractée. Le *sun-bolos*, origine de notre actuel symbole, désigne ainsi ce qui nous sépare et ce qui nous unit. Nous avons en commun les mots d'une langue mais en les énonçant chaque sujet donne à entendre ce qui le différencie.

> « Entre toi
> Et moi
> Il y a
> Tous les mots
> du monde »,
> écrit le poète Guillevic[1].

Voilà une transmission qui se fait à ras des pâquerettes, dans la simplicité de la vie quotidienne, dans l'affection aussi d'un père pour son enfant et d'un mari pour son épouse. Sans en avoir l'air, à bas bruit, cette parole d'un passeur d'humanité, ouvre à la croisée des chemins, à la fois du principe qui fonde l'autorité (l'interdit de l'inceste) et à la fois à l'ouverture au désir d'un sujet qui s'y soumet en y trouvant un refuge face à la jouissance. La voie est libre pour « tous les mots du monde » ! Le sujet soumis aux lois du langage et du vivre-ensemble (qui en découlent) est ouvert à l'expression d'un désir énigmatique, dont la parole fait le tour, sans jamais en rejoindre l'objet. Le *para-bolos* d'origine, qui parvient après bien des détours à notre « parole » en traversant la « parabole », dit bien ce ratage de structure. Peut-être s'agit-il alors, comme nous le suggère Samuel Beckett dans *Cap au pire*, d'apprendre à... rater mieux[2] !

▶ Les deux pôles de l'autorité

L'autorité n'a rien de naturel, elle est essentiellement culturelle. Elle s'organise autour de deux pôles. D'abord des représentations sociales, des valeurs fortes, des principes, des grands organisateurs sociaux (religions, philosophie, art, politique...), des mots-phares (liberté, égalité, fraternité, laïcité...), une Référence affirmée à ce que le philosophe Dany-Robert Dufour nomme « des grands sujets », « un Grand Tiers » comme le souligne le psychanalyste Jean-Pierre Lebrun, autant de reprises de la notion de transcendance. Bref une société ne s'organise qu'autour de ce qui fait autorité et permet de réguler la

1. Eugène Guillevic, poète français, est né à Carnac le 5 août 1907 et mort à Paris 19 mars 1997. Il ne signa jamais ses nombreux recueils que de son seul nom, Guillevic.
2. Samuel Beckett, *Cap au pire*, Minuit, 2012.

jouissance de chacun de ses membres. La subjectivité ne tient que du lieu où un sujet s'autorise et donc assume son assujettissement. D'où la difficulté actuelle liée, non à la perte d'autorité, comme on le ressasse, mais à la perte de la référence d'où découle l'autorité.

Ensuite, un deuxième pôle découle logiquement du premier. L'autorité ne se décrète pas, elle est conférée. Elle ne se déploie qu'à travers des agents, des représentants, des passeurs qui s'autorisent de cette source forte transcendante et que l'organisation sociale qui découle de l'ordre symbolique autorise. Ils s'en autorisent en s'y soumettant, non sans que chacun y mette du sien. Parents, enseignants, travailleurs sociaux, magistrats, policiers, politiques... participent ainsi dans notre espace social, de cette mise en œuvre de l'autorité, notamment en direction des plus jeunes. La « fabrique de l'homme occidental », pour reprendre l'expression de Pierre Legendre, se fonde de ce qui fait autorité, de ses passeurs et des mises en scène institutionnelles qui en permettent la mise en œuvre : famille, école, quartier, espaces publiques, institutions spécialisées... Les rituels de socialisation constituent autant de mises en acte de l'autorité. Notons cependant que là aussi des limites s'imposent à l'exercice de l'autorité. Le représentant de l'autorité ne peut intervenir que dans le cadre qui lui a été dévolu. Ainsi en va-t-il d'une femme de ménage d'un établissement qui a autorité dans sa sphère d'intervention pour rappeler légitimement par exemple à ses collègues, y compris de la direction, qu'il convient de respecter son travail, alors qu'elle vient de laver le sol. Ainsi en va-t-il d'un éducateur dans une équipe d'internat qui a autorité dans le groupe d'enfants qu'il accompagne au quotidien. Il s'agit donc de penser dans le travail éducatif une dialectique entre autorité et subjectivité. Dans ce domaine, l'exercice de l'autorité ne se légitime que de cette recherche d'assomption du sujet dans sa singularité. Elle ne relève pas du caprice, mais d'une référence au sens de l'insertion d'un sujet dans le collectif. Elle vise la capacité à être seul... parmi les autres, comme le précise Winnicott[1].

Voici un petit tableau pour passer des exigences du collectif à l'assomption du sujet, du noyau anthropologique de l'humanisation à la construction subjective. Il faut penser ce tableau dans une dynamique autant descendante (pôle d'autorité) que montante (pôle de subjectivité). Ce va-et-vient entre autorité et subjectivité me paraît fondamental pour prendre la mesure du mouvement dialectique qui l'anime. Faute de cette dynamique on en arrive à penser l'autorité uniquement comme contrainte, ou bien la subjectivité uniquement comme transgression. La résistance des sujets à ce qui s'impose comme autorité et qui s'exprime dans des formes symptomatiques, est alors à considérer comme apport à cette dynamique permanente qui nourrit les relations entre collectif et subjectif. Il y a lieu, comme le suggère Marie-Jean Sauret de prendre en compte *L'effet révolutionnaire du symptôme*[2]. Ceci afin que le sujet ne soit pas dissous

1. Donald Wood Winnicott, *La capacité d'être seul*, Payot, 2015.
2. Marie-Jean Sauret, *L'effet révolutionnaire du symptôme*, Érès, 2008.

dans le collectif ; mais aussi que le collectif n'éclate pas sous les coups d'un sujet désarrimé, réduit à l'individuel.

Passages d'humanisation	**Opérateurs**	**Structures linguistiques**	**Économies**
Humain	Non à la jouissance	Langage	Sémiotique
Social	Loi(s), règles, coutumes...	Langue	Politique/ financière
Familial	Interdit de l'inceste	Lalangue	Symbolique
Subjectif ($)	Castration	Parole	Psychique

Ces différents passages qui structurent l'histoire de l'hominisation et de l'humanisation articulent la nécessité d'un repérage de ce qui fait autorité, mais aussi à chaque étape, de ses représentants légitimes. Le traitement de la jouissance à travers des formes langagières et économiques constitue l'enjeu collectif et subjectif de cet appareillage. Souvenons-nous ici que le terme d'économie qui nous vient en droite ligne des anciens grecs, et que l'on rabat aujourd'hui sur la seule économie financière, se découpe en *oikos* et *nomos* : la loi de la maison. L'économie ce sont les lois qui gouvernent la maison des hommes et fondent l'autorité. Il faut donc penser l'économie dans toutes ses composantes : sémiotiques, politiques, symboliques et psychiques. L'écrasement actuel de l'économie sur son seul aspect financier, lequel devrait être sous contrôle de l'économie politique, donne la mesure des dérives dans lesquelles notre société néolibérale s'enfonce peu à peu.

Évidemment tout dépend de la construction de l'ordre symbolique et des principes élus pour en assurer les fondements. Reste toujours la question du « au nom de quoi ? » s'imposer et imposer l'autorité. Au nom de quel principe supérieur ? Au nom de quoi imposer un traitement permanent de la jouissance, autant sur le plan collectif que subjectif ? Cette question est aujourd'hui profondément affectée, au point que d'aucuns, parents, éducateurs et autres figures d'autorité, se demandent à quels saints se vouer, à quels principes et quelles valeurs se référer. Il plane désormais un doute sur l'ordre symbolique inventé au moment de la Révolution en 1789, ordre qui repose sur un point de vacuité[1] bordé par des principes incarnés à l'instar de déesses modernes. Le tripode de la République : Liberté, Égalité, Fraternité, auquel il faut ajouter ce qu'il a fait advenir en 1905 : la Laïcité, constitue de fait la matrice à partir de laquelle se déploient des places légitimes et différenciées dans l'ordre social et des valeurs qui nourrissent les actions collectives d'éducation, de justice, de sécurité, de santé... bref de régulation des échanges entre citoyens. Or point n'est besoin d'être grand clerc pour constater que ce système (terme souvent utilisé à titre péjoratif pour le dénoncer) a du plomb dans l'aile. Une autre organisation se répand sur toute la planète. La prolifération du

1. Comme Claude Lefort en fait la démonstration. « En démocratie le lieu du pouvoir est vide... Le processus de la désincorporation et de la désintrication du pouvoir, du savoir, et de la loi, constituent la principale mutation symbolique des temps modernes », « La dissolution des repères et l'enjeu démocratique », *Le temps présent. Écrits 1945-2005*, Belin, 2007.

néolibéralisme, pointe avancée du capitalisme, ramassée sur une économie uniquement financière qui subvertit peu à peu les autres économies, tend à transformer tout ce qu'il y a sur terre en marchandise en promouvant un seul impératif, féroce et implacable : la libre circulation des biens et des pulsions. Il est évident qu'une telle dérive gangrène autant les organisations collectives que les modes de subjectivation. Il est grand temps de prendre toute la mesure et d'envisager toutes les conséquences d'un tel changement de paradigme, y compris dans ses retombées patentes dans le champ du politique, des économies, du travail social, de la santé, de l'éducation, etc. L'invention récente des SIB (*Social Impact Bonds*) visant la financiarisation du social est là pour nous montrer clairement que ce secteur longtemps à l'abri des requins de la finance se trouve complètement infiltré[1].

Ne subsiste alors qu'une seule valeur dominante : la valeur marchande.

Ce montage symbolique, car, même tronqué, c'en est un, semble abolir de fait toute élection de transcendance à laquelle chacun devrait se soumettre. On passe d'une organisation pyramidale à un foisonnement en réseau. Il n'est pas étonnant que les échanges se fassent aujourd'hui à partir de « la toile ». Internet, les réseaux sociaux, sont le fer de lance de cette idéologie néolibérale entraînant l'illusion d'un monde branché, dans lequel le sujet pourrait se passer de la confrontation, corps présent, à ses semblables. Je ne m'étendrai pas plus sur ce point qui serait à envisager au plus près de la vie quotidienne afin d'inventer des modes de résistance concrets. Je renvoie à quelques auteurs qui ont labouré le champ et en ont tiré les enseignements y compris en matière d'action. Des psychanalystes comme Jean-Pierre Lebrun ou Marie-Jean Sauret, des philosophes comme Dany-Robert Dufour, Alain Badiou ou Marcel Gauchet, des économistes comme Christian Laval et Pierre Dardot, des artistes, qui bien souvent ont un temps d'avance sur les représentations en jeu, des poètes, des musiciens, des architectes, etc. se sont mis au travail pour tenter de comprendre ce qui nous arrive et comment survivre, comment faire pour que l'humain poursuive son chemin, contre vents

1. Les SIB traduits en Contrats à Impact Social ont fait l'objet d'un appel d'offres interministériel le 15 mars 2016. Les contrats à impact social sont des outils de financement innovants réunissant entrepreneurs sociaux, acteurs publics et investisseurs privés au service de l'expérimentation de solutions innovantes et efficaces, à fort impact social. Également connus sous le nom de « *Social Impact Bonds* », les contrats à impact social ont été développés pour la première fois en 2010 au Royaume-Uni dans le cadre du financement de programmes d'accompagnement visant à réduire la récidive des prisonniers. Ils ont pu, depuis, être développés sur d'autres problématiques comme la réduction de la grande exclusion, l'insertion des jeunes dans l'emploi, la lutte contre le décrochage scolaire, etc. Aujourd'hui 26 contrats à impact social ont été déployés dans le monde (en Angleterre, aux États-Unis, en Australie, en Belgique, aux Pays Bas, etc.), soit un investissement de plus de 90 millions d'euros. Par ailleurs, 40 projets sont actuellement en cours de construction dans une dizaine de pays. Le principe : un investisseur privé finance une entreprise sociale pour lui permettre de mettre en œuvre un projet dont l'efficacité doit pouvoir se mesurer par le montant des coûts évités par la collectivité publique. Si l'entreprise sociale remplit son objectif, la collectivité pourra rembourser l'investisseur privé avec l'économie réalisée en lui reversant un petit intérêt. Cependant, si l'entreprise sociale n'atteint pas son objectif, la collectivité ne remboursera rien, c'est donc l'investisseur qui assume le risque financier.

et marées. Ceci dit il ne faut pas désespérer Billancourt et surtout ne pas s'égarer dans deux impasses, soit celle d'un déclinisme dépressif, soit celle d'une nostalgie maladive. Le « c'était mieux avant » et le « on va droit dans le mur » présentent les deux côtés de la même médaille. Je montrerai un peu plus avant qu'il s'agit, dans ce contexte socio-historique qui est le nôtre, de prendre en compte les capacités d'invention des collectifs et des sujets qui les composent, pour continuer à survivre et vivre. Bref il y a lieu de résister pour et non de s'épuiser contre ! Il n'est pas sûr que se plaindre d'une chute actuelle de l'autorité, pas plus que de se laisser aller à la pente nostalgique du « c'était mieux avant », permette vraiment d'aborder cette question. La tendance décliniste fait plutôt obstacle à penser. Attachons-nous, en fouillant les méandres de la société post-moderne qui est la nôtre, à considérer ce qui encore et toujours fait figure d'autorité et point d'appui de la condition humaine.

▶ Une histoire

Un groupe de jeunes slameurs, ayant eu connaissance de mon intérêt pour la poésie, sont venus me trouver pour que je leur explique la structure du vers classique. Ils ont bien perçu que pour produire un slam intéressant il faut se soumettre à une rythmique stricte. Je leur ai simplement récité les premiers vers d'*Athalie* de Racine[1] :

> Oui, je viens dans son temple adorer l'Éternel.
> Je viens, selon l'usage antique et solennel,
> Célébrer avec vous la fameuse journée.
> Où sur le mont Sina la Loi nous fut donnée.

Les types me regardent, tendent le pouce et disent : « Racine : super ». Certes ils n'ont pas pris la mesure de toutes les subtilités du vers racinien, par contre ce qu'ils ont capté, et qui va faire autorité pour eux, c'est la rigueur de la métrique, un vrai mouvement d'horlogerie. Césure au sixième pied, hémistiche, respiration ; on poursuit jusqu'à l'alexandrin, rime masculine, redoublée au vers suivant, qui va croiser ensuite une rime féminine, etc. C'est en partant de l'acceptation de cette matrice qui du coup s'impose à eux, qu'ils vont pouvoir, chacun et collectivement, s'exprimer, donner à entendre ce qu'il en est de leur subjectivité. La création est à ce prix : l'apprentissage des lois et règles constitue la condition de l'expression du sujet. Plus on maîtrise les règles, mieux on joue !

Je crois que nous aurions tous des exemples semblables pour repérer ce qui de nos jours fait autorité et transmission, et parfois de façon bien surprenante.

Si l'on reprend mon tableau on peut penser que les mouvements d'autorité ont été le plus souvent dans l'histoire considérés comme descendants : la loi s'impose en venant d'en haut. C'est oublier un peu vite que c'est en projetant au ciel des entités transcendantes à l'autorité desquels ensuite les hommes se soumettent que ce processus trouve sa source. « Preuve athée de l'existence de dieu », souligne avec humour Dany-Rober

1. Jean Racine, *Athalie*, Folio-Gallimard, 2001.

Dufour. Il est permis de penser qu'aujourd'hui, plutôt que de pleurer que tout s'écroule, on assiste à un nouveau mouvement ascendant visant à fonder des nouvelles figures d'autorité. Dans ces processus les plus jeunes sont aux avant-postes. Il s'agira dans les années qui suivent de tenir compte d'inventions souvent subtiles, mais qui, si l'on n'y regarde pas de près, peuvent passer pour des formes décadentes et transgressives, ces manifestations vivantes et créatrices de la subjectivité qui ouvrent des voies nouvelles. Une fois que toutes les grandes transcendances se sont effondrées, de fait qu'est-ce qu'il reste ? Il reste que l'humain est avant tout un animal parlant, un parlêtre comme le désigne Lacan, et que l'appareillage à la parole et au langage, l'« apparolage », fait autorité. C'est du lieu de l'assujettissement à cette autorité la plus humaine que le sujet trouve à s'assumer. Peut-être faudrait-il restituer tout son tranchant à ce que des peuples anciens célébrèrent comme « La déesse parole[1] » et restaurer son culte le plus naturel, à savoir qu'en parlant les humains produisent du lien social. « On lie les bœufs par les cornes et les hommes par la parole », énonçait dès le XVIe siècle le juriste Antoine Loysel[2].

Charlotte Herfray, qui nous a quitté en juillet 2018, elle, part du discours courant : il faut restaurer l'autorité, etc. Et elle a une réponse tranchante : « Ils parlent de restaurer l'autorité comme si ça dépendait d'eux... De l'autorité nul n'est maître, elle résulte d'une reconnaissance qu'autrui nous adresse. » Voilà sans doute la clé. Tant qu'il y aura des hommes et des femmes capables d'assumer cette reconnaissance qui produit l'autorité, de se faire les passeurs de l'humaine condition, les courants impénétrables de la subjectivité continueront de se frayer un chemin.

Pleurer sur un monde perdu qui ne serait plus n'apporte guère de réconfort. Ouvrons nos yeux et nos oreilles. Allons à l'école de nos enfants, qui nous enseignent ce qui aujourd'hui, encore, comme de tout temps, fait autorité et comment cette énigme d'un sujet surgi il y a deux millions d'années dans le branchement d'un corps biologiquement animal à l'appareil-à-parler, reste bien vivante et ne cesse de nous émerveiller.

La folie douce

Le sort qui est fait aujourd'hui aux personnes souffrant de troubles psychiques, qu'on les dise fous, psychotiques, autistes, etc. est tout à fait emblématique de l'état de déliquescence de nos sociétés modernes. Toutes proportions gardées cela nous fait venir en mémoire d'autres périodes sombres de l'histoire. Dans cette histoire, qui par

1. Marcel Détienne, Gilbert Hamonic (dir.), *La déesse parole : quatre figures de la langue des dieux*, Flammarion, 1993.

2. Antoine Loysel, *Institutes Coutumières ou Manuel De Plusieurs Et Diverses Règles : Sentences Et Proverbes*, Ulan Press, 2012. Antoine Loysel, né le 16 février 1536 à Beauvais et mort le 28 avril 1617, est un jurisconsulte resté célèbre parmi les juristes pour avoir collecté les principes généraux de l'ancien droit coutumier français.

moments bégaie, les éducateurs, avec les professionnels de la psychiatrie, ont un combat à mener, pour le respect de la dignité humaine.

Raoul Vaneigem, en marge de l'œuvre d'Yvonne Guegan (1905-2005) qui rendait visite régulièrement à une amie à l'HP du Bon Sauveur à Caen et en rapportait des dessins saisissants, écrit :

> « Le monde contre lequel le fou s'insurge est un monde mené par la folie. Le fou est celui qui ne supporte plus l'insupportable folie dominante… Le fou ôte imprudemment le masque sous lequel nous dissimulons nos émotions. Or l'émotion brûle à l'air libre. Le fou est celui que sa vérité consume. »

Rudolf Hess, premier délégué du parti nazi, déclarait en 1934 : « Le national-socialisme n'est rien d'autre que l'application de la biologie… » Phrase à laquelle Goebbels fait écho : « Notre tâche est chirurgicale… »

Hitler est élu premier chancelier du Reich en janvier 1933. Les premières lois qu'il promulgue dès juillet 1933, le 14 précisément, concernent la stérilisation chirurgicale des malades atteints de maladies héréditaires (handicap mental, épilepsie, schizophrénie, malformations, alcoolisme chronique…). On estime en 1933 à 400 000 personnes le nombre des personnes à traiter au nom d'une « *lebensunwertes leben* » (vie indigne d'être vécue). Alfred Hoche théoricien qui inspira largement ces pratiques meurtrières intitulait un de ses ouvrages paru en 1920 : *Le droit de supprimer la vie indigne.* Il y décrit les malades en termes de « … d'enveloppes vides à visage humain ».

Cette loi du 14 juillet 1933 préfigure « la solution finale » : il s'agit d'extraire du sang pur aryen le sang impur qui le pollue : les malades mentaux et les handicapés dans un premier temps, puis les juifs, les Tziganes, les opposants politiques…

En 1939 on passe alors à la vitesse supérieure, on glisse de la stérilisation à l'euthanasie des enfants handicaps et des malades mentaux. C'est la fameuse opération AktionT4, menée par des médecins. Très rapidement on débouche sur la sélection qui conduit aux camps de concentration et au gazage. La logique de l'eugénisme est menée jusqu'au bout : la solution est vraiment finale et définitive. Les médecins du Reich, très nombreux parmi les SS, bons latinistes, désignent l'opération d'élimination des impuretés qui gangrènent le sang aryen sous le terme de : *Therapia Magna*, la grande thérapie.

Pourquoi faire ce flash-back sur ce moment terrible de l'histoire que l'on n'a toujours pas assimilée ? Le traitement du fou opère toujours au nom d'un idéal de pureté. La pensée hygiéniste prônant une santé abstraite, la fureur de guérir, la dictature du normal – cette norme mâle, comme la désignait Lacan à Louvain en 1972 – conduit fatalement à l'idéalisation féroce d'une guérison radicale et définitive.

Aujourd'hui, 200 ans après la libération des fous enchaînés, par Pinel et Esquirol, 200 ans après l'ouverture de l'asile sur l'espace social, 50 ans après l'invention de la psychanalyse et de la Psychothérapie Institutionnelle, où en sommes-nous ? Quelles représentations président à l'approche de la folie ? Quelle idéologie guide le diagnostic et le traitement du fou ? Folie, fou... termes que je préfère largement au scientiste « psychotique ».

Dans *Le Monde* du 1er mars 2018, j'apprends que Adeline Hazan, contrôleur général des lieux de privation de liberté, saisit en urgence le gouvernement pour mettre fin à la violation de la dignité et des droits des patients au CHU de Saint-Étienne.

Comment peut-on « stocker » des malades aux urgences psychiatriques sans soins, parfois pendant plus d'une semaine ? Certains malades sont attachés sur des brancards dans les couloirs de l'hôpital. Ils ne peuvent ni se laver, ni se changer. Ils ne disposent pas d'accès au téléphone pour joindre leurs proches. Comment peut-on mettre en œuvre une pratique généralisée de contention et d'enfermement comme seule réponse à la souffrance et à la détresse des malades ?

Il faut bien, pour aboutir à une telle barbarie, que ces pratiques soient infiltrées par une vision particulière de la folie et du fou. Il s'agirait alors de citoyens de deuxième zone, pas tout à fait dignes de vivre, des sous-hommes. L'idéal d'un citoyen normosé, qui prévaut dans nos sociétés dites modernes, où il s'agit de faire tourner la machine capitaliste, renvoi à l'état larvaire, de surnuméraires précisent les sociologues, une partie de la société. Il s'agit alors, pour assurer l'intégrité du citoyen normal menacé par le fou ou l'étranger, de procéder à l'élimination et au sacrifice des a-normaux[1]. C'est donc un discours de domination qui se met en place et produit autant d'effets de ségrégation. Si, comme l'affirme Raoul Vaneigem, « Le fou est celui qui ne supporte plus l'insupportable folie dominante... », alors il s'agit de faire taire ce contestataire, de le museler, de l'enfermer. Michel Foucault dans son Cours au Collège de France en 1974-1975[2], a fait la démonstration brillante de la fabrique des monstres et des anormaux, dont il s'agit ensuite d'éradiquer ou tout au moins de reléguer l'étrangeté, pour assurer la bonne santé du corps social. Nous n'en sommes pas arrivés aux extrémités des nazis qui l'érigèrent en principe politique, mais c'est bien la même idéologie qui subrepticement nourrit des pratiques de déshumanisation. On les prend pour qui, voire pour quoi, les fous ? Qu'est-ce qu'on leur veut ?

Comment s'élever contre une telle... folie ? Dénoncer et analyser pour déjouer les représentations qui bien souvent nous animent, ne suffisent pas. Poser à la façon de Lacan que « tout le monde est fou », restitue peut-être une certaine vérité sur l'essence de l'humain. Relativisant nos catégories nosographiques, Lacan, il me semble, nous invite alors à considérer avant tout ce grain de folie douce qui nous habite chacun. Il nous invite à sortir de la ségrégation.

La folie est une fabrication occidentale où les signes du désordre sont interprétés dans un corpus théorique de classification de ces signes, classification qui conduit à

---

1. Je m'inspire largement dans cette réflexion de l'ouvrage, qui m'a coupé le souffle, de Serge André, *Le sens de l'holocauste : jouissance et sacrifice*, Le Bord de l'eau, 2015.

2. Michel Foucault, *Les anormaux*, Gallimard/Seuil, 1999.

des traitements. Lu à rebours il s'agit bien d'analyser ce qui sous-tend ces classifications[1]. La parution récente du DSM-V, nous montre bien à quel point aberrant nous en arrivons. Si vous perdez un proche et êtes affligé par le chagrin, 15 jours de deuil paraissent normaux, au-delà c'est une attitude pathologique qui relève de soins, à base d'antidépresseurs. L'industrie pharmaceutique se frotte les mains[2].

Ce que j'ai tenté de faire dans mon ouvrage *La folie douce*[3] auquel je renvoie le lecteur, à travers trois grandes figures de fous (Jeannot et son plancher ; Glenn Gould, musicien et autiste de génie ; Marcel Bascoulard, clochard céleste) c'est de mettre en exergue la logique qui structure ce qu'on désigne comme folie, mot que je préfère largement à celui de psychotique. Le recours à la création, là où le sujet donne à voir, à entendre et à lire ce qui l'anime, constitue un espace commun, où fou ou pas, nous pouvons nous rencontrer. C'est ce mouvement d'attention à ce qui chez tout sujet surgit comme solution singulière qui amène à une folie douce. La reconnaissance d'un sujet qui ne cesse pas de se faire naître – et en soi il n'est rien de spécifique à la folie – produit des effets de pacification et d'apaisement des tensions. Le sujet, dont il est fondamental de poser comme paradigme qu'il n'est pas fou, (re)trouve ainsi sa place parmi les autres, à part entière et non entièrement à part. Évidemment je ne nie pas que certains sujets, affectés par la jouissance d'un Autre qui les menace ou les laisses tomber, comme dans la paranoïa ou la schizophrénie, aient besoin de soins psychiques par moments, y compris médicamenteux, mais le but me paraît avant tout de les réassurer dans leurs capacités créatrices, de leur permettre de recouvrer visage humain au-delà du masque d'anormalité dont on les affuble. Rencontrer un sujet quel qu'il soit à l'enseigne de la création, que celle-ci tombe dans le domaine de l'art, de la science, de la littérature ou dans aucun domaine, l'inscrit d'emblée dans la communauté des humains. L'enjeu d'une institution accueillant des dits « psychotiques » est de s'ouvrir aux capacités de création des sujets qu'elle admet.

Cette position exige des professionnels, notamment les éducateurs, qui œuvrent auprès desdits psychotiques – je préfère largement, je le redis, le terme de fou – un travail permanent de désintoxication de ce qui les affecte dans la rencontre de ces sujets. Le travail dit « social » – celui de trouvailleurs soucieux ! – comme le travail de soin, ça calamine. Il y a donc lieu, comme l'énonçait vigoureusement François Tosquelles, de soigner les soignants ! Si la pratique sociale ou de soin « calamine » c'est du fait de la rencontre intime, directe, profonde, engagée par tout professionnel avec les usagers (parfois bien usagés !). Combien d'éducateurs rentrent chez eux éreintés. Dans ces

---

1. *Cf.* Catherine Clément et Sudhir Kakar, *La folle et le saint*, Seuil, 1993.

2. *Cf.* Marco Decorpeliada qui mène une critique radicale et ludique du DSM. *Schizomètre. Petit Manuel de survie en milieu psychiatrique*, EPEL, 2010. Il semblerait que, à l'instar de Bourbaki chez les mathématiciens, la figure de Decorpeliada, soit une fiction que l'on doit à un groupe de psychanalystes réunis sous le sigle de l'OUPSYPO (clin d'œil à l'OULIPO de Queneau). Le nom de Decorpeliada est composé de la première syllabe du nom de chacun des inventeurs ! Posé comme ça je trouve l'histoire encore plus époustouflante...

3. Joseph Rouzel, *La folie douce. Psychose et création*, Érès, 2018.

métiers de transmission de l'humaine condition on ne peut faire l'économie d'analyser cette pratique singulière d'accompagnement, de soutien, d'aide apportés aux plus démunis de nos contemporains, par des professionnels de l'ombre dont l'action est si peu reconnue par le corps social. Il faut ana-lyser, c'est-à-dire dissoudre, délier les affres du transfert, les affects qui ne manquent pas de plonger les professionnels dans la plus grande perplexité. Il faut que les professionnels du soin et de l'éducation soient eux-mêmes dans une position de création pour affronter ce qui les bouleverse. Cela implique des changements radicaux sur le plan éthique, politique, institutionnel et clinique.

« Ce qui vient au monde pour ne rien troubler ne mérite ni égards ni patience », écrit René Char.

Chapitre 10

Politique

« Qu'êtes-vous politiquement ? » À cette question, Freud, selon une anecdote célèbre, répondait : « Politiquement, je ne suis rien. » Et si son interlocuteur insistait, au-delà de ce nada ! formel, à signifier que, « politiquement », il faut arborer sa couleur (ce qui est d'une évidence diaphane), Freud ne se démontait pas : alors, s'il lui fallait nommer « sa » couleur, ce ne serait, ni « blanc », ni « rouge », mais... « couleur chair ».
Question intéressante : s'il y a une couleur de la peau, de quelle couleur est la « chair » ? »
Wilhelm Reich, Reich parle de Freud, *Payot, 2012*

Les évolutions législatives et leurs impacts sur les pratiques au quotidien

La société spectaculaire et marchande, comme le soulignait Guy Debord, a produit un mode de vivre-ensemble qui a pour caractéristique d'abord une aliénation à la consommation à outrance. Dans quel monde vivons-nous ? Tout sur terre est aujourd'hui transformé en marchandise. Rien n'y échappe. Même pas le travail éducatif longtemps habité par l'humanisme et le respect des personnes. Aujourd'hui d'aucuns vous diront qu'il s'agit de prestations de service comme les autres !

Un exemple. Je suis allé sur Internet pour répondre à un appel d'offres de formation. Je ne trouvais pas l'offre émanant du Conseil Général. En fait il fallait lire une liste d'une centaine d'appels parmi lesquels : un lot de 300 brouettes, la rectification d'un carrefour, etc. et noyé au milieu, l'appel pour la supervision de 6 équipes de travailleurs sociaux. Voilà où on en est : la marchandisation généralisée !

Si j'ai désigné également notre société hyper-moderne comme « spectaculaire » ce n'est pas uniquement en référence à mes amis de jeunesse situationnistes, les Guy Debord[1], Raoul Vaneigem, etc., mais pour reprendre à nouveaux frais cette expression visionnaire qui date des années 1960. En effet le bras armé du capitalisme, certains disent néolibéralisme, est bien constitué par la mise en scène de la publicité. Ce qu'on sait peu c'est que c'est un neveu de Freud, Edward Bernays, qui fourbit les premières armes de ce qui allait devenir le marketing[2]. Spécialiste de la manipulation de l'opinion publique et de la propagande, il applique son talent à la diffusion de marques comme Luky Strike. Il a appris dans les travaux de son oncle maternel que l'homme est habité par une fonction vitale, la pulsion, « limite entre le somatique et le psychique ». La pulsion qui se présente dans le corps humain comme un jaillissement permanent cherche sa satisfaction dans des objets. N'importe quel objet fait l'affaire, nous dit Freud. L'accrochage de la pulsion aux objets qui en permet la décharge, est en partie gouvernée par le fantasme. Ce n'est pas tombé dans l'oreille d'un aveugle ! Bernays bricole les premiers éléments de pub à base de fantasme. Ceci n'a qu'un but : faire acheter. On voit ce qu'il en est de la pub aujourd'hui véhiculée par la puissance de la télé. La télé dont un des anciens directeurs de TF1 Patrick Lelay a donné une très juste définition : elle sert à rendre disponibles des tranches de cerveau pour la pub. On nous abreuve d'images, dont certaines subliminales, et vous vous retrouvez à acheter un objet dont vous n'avez peut-être pas vraiment besoin, ou si le besoin existe, vous achetez une marque particulière qui vous a... marqué, comme on le dit d'un veau que l'on marque au fer rouge.

On peut comprendre que dans un tel contexte tout concourt à produire des consommateurs béats qui ne posent pas de questions. On peut à la lumière de ce que j'avance réfléchir sur ce qu'il en est de l'École, la Formation, l'Éducation, la Justice, la Médecine, etc. Ce sont des espaces publics de plus en plus envahis par la marchandisation de l'éducation, des soins, des savoirs, etc. Tout se monnaye. Emmanuel Kant dans un petit texte constate que la marchandisation constitue un élément fort des échanges entre humains depuis tout temps, mais il insiste pour dire qu'une chose doit échapper à

1. Guy Debord, *La société du spectacle*, Folio-Gallimard, 1996 ; Raoul Vaneigeim, *Traité de savoir-vivre à l'usage des jeunes générations*, Gallimard, 1974.

2. Edward Louis James Bernays, neveu de Freud (né à Vienne, en Autriche, le 22 novembre 1891 et mort à Cambridge, Massachusetts, le 9 mars 1995), est un publicitaire austro-américain. Il est considéré comme le père de la propagande politique institutionnelle et de l'industrie des relations publiques, ainsi que par certains comme un des pères du consumérisme américain. Le magazine *Life* en 1990 le classe parmi les 100 Américains les plus influents du XXe siècle. Plus près de nous en digne successeur de Bernays, Richard Thaler, prix Nobel d'Économie en 2017, a permis de mettre en lumière l'économie comportementale et les *nudges* à l'honneur. Les *nudges*, véritables techniques de manipulation, sont l'étude des sciences du comportement... afin d'amener les gens à consentir à ce que les dirigeants veulent leur faire faire... Les *nudges* mettent en acte la technique bien connue « de la carotte et du bâton ». « Le plus grand secret consiste à tromper les hommes afin qu'ils combattent pour leur servitude comme si c'était pour leur salut. » Baruch Spinoza, *Traité théologico-politique*, 1670.

tout échange marchand : la dignité humaine. Qu'en est-il aujourd'hui de la dignité humaine[1] ?

C'est dans un tel contexte qu'il faut penser l'évolution de la législation qui encadre le travail éducatif. L'« usager au cœur du dispositif », comme le préconise la loi 2002.2 a pour conséquence de transformer le travail éducatif en service des biens, avec des usagers, comme pour les services publics des transports ou de l'électricité, qui sont en droit d'attendre une prestation de qualité. Quoi de plus normal ? m'objectera-t-on. On n'a pas mesuré un glissement épistémologique de taille : il n'y a pas si longtemps que ce soit à l'École ou dans le travail social, ce n'est pas l'usager qui était au cœur, mais la transmission, l'acte pédagogique ou éducatif. Ce déplacement témoigne d'une impulsion donnée par ce que Dany-Robert Dufour nomme *Le Divin marché :* le client est roi ! J'ai entendu récemment un jeune hurler à ses éducateurs que c'était grâce à lui qu'ils avaient un boulot, et que par conséquent il fallait tout faire pour le satisfaire. Les éducateurs dans un tel contexte se transforment en chefs de rayon d'un supermarché des biens. Chacun vante et vend sa camelote en tête de gondole : il est pas beau mon RSA, voyez comme mes mesures d'insertion sont fraîches, j'ai un accompagnement au quotidien dernier cri, de l'inclusion bien fraîche à ne plus savoir qu'en faire[2]... En effet il s'agit d'attirer le chaland et de développer des parts de marché. Des outils performants issus de l'industrie, sont alors développés pour s'assurer du service rendu : normes ISO, démarche-qualité, évaluation chiffrée, questionnaires de satisfaction, etc. Des modes d'organisation s'en suivent : pratique de management, ressources humaines[3], etc. Tous les travailleurs du social disent que cela gangrène petit à petit le travail.

▶ Quelles conséquences dans l'exercice quotidien ?

- *La négation de la subjectivité* que ce soit chez les usagers ou les professionnels. Le professionnel doit sans broncher exécuter des politiques sociales de plus en plus débranchées du terrain, qui se perdent dans des protocoles, des grilles d'évaluation, des écrits et comptes rendus à n'en plus finir, etc. Ce type d'évaluation ampute plus de 10 % du temps, temps qui serait plus utile auprès des usagers. Ce qui implique une désertion de la relation éducative.
- *La discontinuité des prises en charge et des actions*. Ce qui compte c'est d'assurer une présence au guichet. Peu importe le lien éducatif, peu importe le transfert engagé.

1. Roland Gori, *La dignité de penser*, Babel-Actes Sud, 2013.
2. Ce vocable d'inclusion a fait une apparition récente à l'Éducation nationale, à propos de la prise en compte en milieu scolaire ordinaire des enfants handicapés. Il prend la place du terme d'intégration. L'origine du mot me paraît assez problématique, puisqu'elle véhicule l'idée d'enfermement, de claustration. On viserait donc à enfermer dedans les enfants qu'en 1909 on décida d'enfermer... dehors ?
3. À côté des ressources naturelles, tel le pétrole ou le charbon, nous avons aujourd'hui dans les entreprises les « ressources humaines », ce qui en dit long sur le degré d'aliénation et d'exploitation qui gangrène le monde du travail.

Le morcellent est tel que dans certains établissements les usagers ne savent même plus à quels professionnels ils vont avoir à faire, et parfois les collègues entre eux ne savent pas non plus qui assure la permanence. C'est géré par des chefs de service de plus en plus absents des équipes, dans des bureaux, sur des ordinateurs, noyés dans des plannings... On les affuble aujourd'hui, à travers le CAFERUIS, du titre ronflant de « cadre intermédiaire », oubliant qu'il n'y a pas si longtemps celui de « chef de service éducatif », voire familièrement « éduc. chef », marquait clairement une place d'animateur d'équipe éducative. Plus récemment le dégagement de la fonction de « coordinateur » tend à faire d'un éducateur un chef de service au rabais.

- *La négation de la relation humaine au cœur de la clinique et du travail d'équipe.* Ce qui constitue à mon avis le cœur de la pratique, ce qu'on nomme clinique, se trouve petit à petit désaffecté et dévalorisé. Ce qui compte c'est de répondre aux commandes, de bien remplir les prestations, de suivre à la lettre les protocoles et de fournir un bilan chiffré de l'opération. Faire du chiffre, le maître mot.
- *La perte du plaisir du travail bien fait, du bel ouvrage*[1]. Combien de travailleurs sociaux me disent avoir perdu le sens de ce qui au début se présentait pour eux comme un engagement. À telle enseigne que l'on voit fleurir des colloques prenant pour thème : sens et contresens du travail éducatif. Il s'agit bien, au sens de Marx, d'une forme de prolétarisation des éducateurs, renvoyés à l'exécution pure et simple de tâches dont ils sont dépossédés de pouvoir en élaborer en amont les coordonnées politiques, institutionnelles, cliniques et par conséquent éthiques.
- *L'écrasement des responsabilités des professionnels.* Un système hiérarchique de type animal, conçu uniquement comme pouvoir descendant a mis à mal les professionnels dans leurs capacités à oser, innover, prendre des risques et assumer des choix et des responsabilités. Cela pose radicalement une question sur l'organisation des institutions[2]. Or il s'agit non seulement de penser l'organisation en termes de différences des places (hiérarchie de subordination), mais aussi de l'envisager au sein d'un collectif humain où la parole de chacun est prise en compte (hiérarchie de coordination). Se souvenir de l'étymologie : *hieros*, sacré et *arkè*, commandement. La hiérarchie c'est la mise aux commandes du sacré, pour que dans une institution... ça crée.
- *La peur engendrée par des contrôles incessants et des contrats d'objectif inatteignables.* Alors qu'il y a encore peu on insistait dans le travail social sur l'obligation de moyens, pas de résultats. Je rappelle que Freud écrit en 1925 dans la préface à l'ouvrage d'August Aïchhorn, un éducateur viennois des années 1920, qu'il y a trois métiers impossibles : diriger, éduquer et soigner[3]. Pourquoi impossibles ? Il répondra

1. Yves Clot, *Le travail à cœur*, La Découverte, 2015 ; Roland Gori, Bernard Lubat, Charles Silvestre, *Manifeste des œuvriers*, Actes Sud/LLL, 2017.
2. Voir Gilles Arnaud, Pascal Fugier, Bénédicte Vidaillet, *Psychanalyse des institutions*, Érès, 2018.
3. August Aichhorn, *Jeunes en souffrance*, Champ Social, 2000.

à cette question des années plus tard en 1937 : on peut être sûrs dans ces métiers d'un résultat... insuffisant[1]. On devrait en tirer une certaine lucidité sur les limites, les imperfections, les incomplétudes de ces métiers de la relation humaine. Cette position va à l'encontre du discours dominant qui prône, un perfectionnisme, un zéro défaut, une prise de risque réduite à néant, le tout assaisonné d'une idéologie sécuritaire où finalement rien ne devrait plus se passer. Le modèle qui a gagné le travail éducatif est bien celui de l'industrie. On gère les établissements comme on gère une usine de boîtes de conserve ou de fabrication automobile. Alors que dans les établissements sociaux et médico-sociaux, il s'agit de tout autre chose : de fabriquer de l'humain. C'est une expression forte, déjà citée, qu'emploie Fernand Deligny dans une interview à *L'Humanité* quelques jours avant de mourir. Le journaliste s'étonnait de voir les enfants autistes s'égailler librement dans la nature et il lui demande ce qu'il fabrique ici. Deligny, saisit au bond le signifiant pour affirmer : ici on fabrique de l'humain, et c'est autrement plus difficile que d'organiser une expédition en chiens de traîneaux au pôle Nord !

- *Les modalités de contrôle induisent le flicage et le soupçon entre professionnels.* « Ambiance de merde », s'écrie un jour un éducateur qui n'en peut plus. La solidarité professionnelle qui soude une équipe et assure à chacun une sécurité et une référence partagées, a du plomb dans l'aile.
- *La tricherie :* devant les soupçons qui pèsent sur leurs actions les professionnels se pourvoient en écrits professionnels, rapports d'activité, synthèses... inconsistants. Faut pas faire de vagues... Faut paraître clean... Les chiffres suffiront.
- *La négation du travail d'équipe et de la dimension collective au profit de l'individualisme ;* d'où une division et un cloisonnement du travail. Le collectif et l'équipe sont brisés par une telle ambiance. Comme le disait Pierre Bourdieu : le néolibéralisme est une machine à casser les collectifs. Dans le travail social c'est plutôt réussi : qu'en est-il des contre-pouvoirs, des fédérations syndicales, des luttes collectivement assurées par les professionnels. Ça va mal, mais chacun tente de sauver sa peau dans son coin.
- *Une logique d'appels d'offres et de prestation de service calqués sur le commerce et l'industrie* qui conduit à un éclatement des actes au quotidien, une comptabilisation par grille d'évaluation, une mise en place d'un management industriel débridé, comme le dénonce Pierre Legendre[2], etc.
- *Le tout est enrobé en sous-main par un référentiel idéologique issu du libéralisme économique,* du pragmatisme et de l'utilitarisme qui infiltre petit à petit toutes les actions des professionnels. Ce libéralisme dont on enregistre les prémisses au XVIIIe en Angleterre avec les Jeremy Bentham, Adam Smith, Bernard de Mandeville et consorts. Cette idéologie féroce tient en un aphorisme, que l'on doit à Mandeville :

1. Sigmund Freud, « L'analyse finie et l'analyse infinie », *Œuvres complètes*, vol. XX, PUF, 2010.
2. Pierre Legendre, *Dominium mundi : l'empire du management*, Mille et une nuits, 2007.

les vices privés font la vertu publique[1]. C'est de là que l'on tire l'idée aberrante qu'il faut laisser faire le marché, que tout va se réguler tout seul. On voit ce que ça donne aujourd'hui. Quant à Adam Smith, il est on ne peut plus clair : chaque homme, écrit-il dans *La Richesse des Nations*, est devenu un commerçant.

Évidemment, ainsi posé, le monde paraît désespérant. Pourtant je suis persuadé qu'il y a dans un certain nombre de métiers que Freud désignait comme impossibles, notamment celui d'éducateur, mais aussi chez pas mal de nos contemporains, des ressources inépuisables pour faire front et résister à ce qui se présente comme un véritable rouleau compresseur, broyant tout sur la planète Terre, les hommes et les ressources naturelles.

> « Créer, c'est résister. Résister, c'est créer » : ainsi parle Stéphane Hessel dans *Indignez-vous*[2].

J'ai une grande confiance dans les capacités de résistance et de création de mes collègues éducateurs[3]. L'acte éducatif, tel que du moins je l'entends, parce qu'il exige une prise en compte (terme plus juste que prise en charge) du sujet et de son histoire, se présente au quotidien comme un mode de résistance à ce rouleau compresseur. On me dira peut-être : mais on ne pèse pas lourd ! C'est oublier un peu vite la force de la faiblesse ou la violence du calme[4]. Il y a dans chaque acte éducatif bien mené une puissance de résistance extraordinaire, d'autant plus extraordinaire, qu'elle passe le plus souvent inaperçue. Une force qui passe du professionnel à l'usager selon les voies subtiles de la clinique du quotidien.

MÉNAGEMENT CONTRE MANAGEMENT...

« En grande partie ce que nous appelons "management" consiste à compliquer le travail des gens. »
Louis Amstrong

Le 10 mars 2017 à Toulouse, le journal *Lien Social* organisait sa 4e table ronde autour de la question : « Le management peut-il sauver le travail social ? » En voilà une question. Comme si l'on savait ce que recouvrait ce terme... Souvenons-nous d'abord que l'origine est franco-française : ménagement. Puis le mot a transité par les rouages sémantiques de la perfide Albion et nous est revenu en boomerang sous sa forme actuelle, lourdement chargé d'une idéologie libérale qui a vu le jour dès le XVIIe siècle en Angleterre. Or (re)trouver dans les fonctions de direction, au sein des établissements

1. Bernard de Mandeville, *La fable des abeilles*, Pocket, 2017. Introduction et commentaires de Dany-Robert Dufour.
2. Stéphane Hessel, *Indignez-vous*, Indigènes Éditions, 2010.
3. Voir « Être éducateur aujourd'hui », n° 138 de la revue des CEMEA, *VST*. Hommage en acte à Jacques Ladsous décédé le 16 avril 2017.
4. Viviane Forrester, *La violence du calme*, Seuil, 1980.

sociaux et médico sociaux, un certain... ménagement, ne ferait pas de mal. Retour aux sources, pas par nostalgie ; mais comme je vais essayer de le démontrer par souci d'efficacité, la mise en abîme d'une question bien actuelle, sur les modes de direction des établissements.

Interrogeons la thématique qui a présidé à cette journée qui regroupait une centaine de participants. Le travail dit « social » est un type d'activité salariée particulier : une société telle que la nôtre, guidée par les valeurs républicaines et laïques de solidarité et d'égalité mobilise des professionnels aux compétences multiples et complémentaires, mais qui toutes convergent vers un point commun : la clinique. C'est-à-dire la prise en compte (plutôt que prise en charge, comme on dit, qui porte son poids d'imaginaire et d'aliénation) du sujet à part entière, cas par cas, dans toute la singularité de son histoire. Cette *teknè clinikè* qu'Hippocrate fait advenir à l'orée de l'acte médical, consiste à s'in-clin-er (même radical) du haut de son savoir pour rencontrer le malade là où la maladie l'a allongé sur un lit (*klinè*). Cette « inclinaison » va irradier toutes les pratiques de la relation humaine, thérapeutique, socio-éducatives, pédagogiques. Fors cette rencontre pas d'acte professionnel possible. Le travail social, c'est un peu comme le bâtiment, ça n'est pas un métier, mais un ensemble de corps de métiers qui doivent s'articuler, en vue d'un projet commun. Ou bien comme un orchestre : un ensemble de musiciens jouant d'instruments différents qu'il s'agit d'harmoniser. Articuler, harmoniser, coordonner... autrement dit : diriger.

Le travail social en général, et éducatif en particulier, serait-il en danger ? Oui et non. Non parce que les valeurs qui en fondent le socle, le respect des usagers, le sens de la clinique au cas par cas, la valorisation du collectif et de l'insertion sociale, le travail en réseau, la responsabilisation des sujets, etc. constituent toujours le fer de lance de l'action sociale. Oui parce que le système socio-économique qui a peu à peu envahi la planète – appelons-le par son nom : le capitalisme qui réduit tout ce qu'il y a sur terre à l'état de marchandise –, a gagné les sphères longtemps protégées du travail social. D'où des modes de direction qui changent. L'introduction dans les métiers de direction de termes tels que management ou gouvernance obéit à cette logique capitaliste envahissante.

Le secteur du travail social, en grande partie géré par des associations privées, s'est développé en marge de politiques d'État. Divers rapports signalent d'ailleurs par le passé qu'il s'agit là d'organisations « pléthoriques et coûteuses ». La politique de l'État à partir des années 1975 consiste à se décharger de la gestion. L'État ne gère plus, il délègue à des organisations privées. Ainsi le secteur du travail social est-il transformé en autant de prestataires de services selon un schéma directement issu de l'industrie ou des grandes entreprises, comme le BTP : appel d'offres, contractualisation sur des moyens (jamais sur des fins, quoi qu'on en dise), évaluation des coûts et des quantités de populations ou d'usagers « traités »... Ceci implique une concurrence féroce entre associations sur la maîtrise des moyens.

Entre 1980 et 1990 l'État renforce ces modes de contractualisation pour aboutir en 2001 à la mise en place de la LOLF (Loi d'orientation sur les lois de finances) qui soutient des financements uniquement par la programmation d'objectifs. L'État se contente d'encadrer les moyens. La finalité de ces réformes est d'appliquer la logique industrielle aux services publics *via* les notions de résultats et d'efficacité, et une comptabilité calquée sur celle des entreprises. L'Administration se multiplie en Agences (ARH, ARS...) qui agissent comme autant d'agents d'expertise. La formation comme les prises en charge entre donc dans ce circuit marchand. Disposer de professionnels qui obéissent au doigt et à l'œil à des consignes, aussi aberrantes soient-elles ; les adapter à la tâche ; mettre en œuvre des procédures sans fin ; transformer les évaluations légitimes sur l'action menée, en contrôles soupçonneux et tatillons ; passer l'action à la moulinette du chiffre et de la statistique, etc. Autant de signes qui ne trompent pas sur le modèle impulsé. « État, Religion, Révolution, Progrès, ces artifices sont emportés dans le déchaînement du Management scientifique promis à la terre entière », nous avertit Pierre Legendre[1].

C'est dans cette foulée qu'apparaissent les nouveaux modes de direction, terme tombé en désuétude au profit de management, issu de l'industrialisation des rapports de production. On gère une institution sociale ou médico-sociale comme une usine de boîtes de petits pois !

Alors comme disait Lénine : que faire ? Pleurer en se noyant dans la nostalgie du : c'était mieux avant ? Rêver à des lendemains qui chantent, alors que chacun sait que : demain on rase gratis ? Peut-être s'agit-il de revenir aux fondamentaux : qu'est-ce qu'une institution ? Mise au service de qui ? Quels types de professionnels sont nécessaires ? Quelles différences des places ? Quels modes de direction envisager ? Quels contre-pouvoirs exercer[2] ?

S'il y a lieu de sauver le travail social, alors, sur le plan institutionnel, il s'agit sans doute de créer des alliances favorables au rapport de force, et si possible d'embarquer les personnels de direction, les services généraux, les secrétariats, les administratifs... mais aussi les dits « usagers » dans une aventure créatrice et stimulante. Cela revient à inventer sans cesse des occasions de se parler, pas forcément avec un impératif de production, mais avec l'espoir de faire lien social. Se parler produit du collectif et cette production échappe au laminage néolibéral. Contrairement à ce que d'aucuns pensent, cette position entraîne des positions politiques : se parler permet d'inventer ensemble du nouveau ! Car là où le lien social renaît, là où des réseaux de résistance s'organisent dans l'échange, là il est fait échec à l'impératif catégorique du capitalisme avancé : marchander et compter. Tisser et retisser sans fin, tel des Pénélope des temps modernes, ce tissu que le néolibéralisme ne cesse de déchirer, tel est l'enjeu et du travail social et du social en général. Un enjeu qui se nomme : résistance.

1. Pierre Legendre, *Dominium Mundi : l'Empire du Management*, Mille et une nuits, 2007.
2. Voir Guy-Félix Duportail, *Les institutions du monde de la vie*, Million, 2008.

La journée organisée par *Lien Social* tombait en plein dans le mille. Depuis des lustres je me déplace dans des établissements pour animer diverses formations dans le cadre de Psychasoc et j'ai pu assister à quelques glissements sémantiques de taille. Ainsi est-on passé en peu de temps de la fonction de direction au management, terme habillé d'une novlangue féroce et pimenté d'une véritable fétichisation du chiffre. Lorsqu'on lâche sur les mots, aimait à dire papy Freud, on lâche aussi sur les choses. La direction relève d'une affaire collective dans un établissement, au sens premier où il s'agit de s'accorder de façon solidaire sur « la direction » que l'on prend ensemble, chacun de sa place, en fonction des missions confiées à l'établissement. C'est cette « direction » élaborée collectivement qui fait institution, alors que le terme de management met l'accent sur un exercice relativement solitaire et uniquement organisationnel. J'ai pu voir les ravages que produisait sur le terrain une telle dérive de la direction : désaffection des équipes, perte de sens, hiatus entre les personnels de direction et les praticiens de base, soupçon généralisé sur le savoir-faire des professionnels... De plus le management a entraîné toute une série de retombées qui invalident le travail : évaluations quantitatives tatillonnes, normes Iso, démarche-qualité... Voilà pourquoi j'ai tenu à en être de cette journée. Je n'ai pas été déçu. La mise en tension des différentes représentations de la fonction de direction, ses modes d'approche par la voie du management par Jean-René Loubat, dont je salue le courage d'avoir accepté la *disputatio*, les apports cliniques de Marie Mormesse, la controverse habile menée par Michel Chauvière et le point de vue éthique de Philippe Gaberan, ainsi que toutes les interventions, vives et animées, et généreusement ponctuées par les interventions du Bataclown[1], nous ont donné du grain à moudre. Pour ma part je relèverai qu'on ne peut penser l'usage sémantique sans se référer au fond idéologique dont il est le fer de lance. Le management, ça a été dit et je l'ai soutenu, constitue dans nos établissements le cheval de Troie du capitalisme : il s'agit que tout le monde marche au pas pour que les investisseurs, qui pénètrent peu à peu le champ du travail social (pensons aux Social Impact Bonds[2]), fassent des bénéfices. Évidemment l'ami Loubat a eu beau jeu d'objecter, devant certaines descriptions critiques, qu'il ne s'agissait pas là du vrai management. Argument fallacieux : l'appel à toujours plus de management risque de nous faire perdre... la direction. On sait un temps pas si lointain où les

1. Le Bataclown est une compagnie de clown-théâtre fondée en 1980 et implantée en Gascogne, près de Toulouse. Actif et reconnu dans les trois domaines de la Formation, de la Clownanalyse et du Spectacle, le Bataclown est aujourd'hui à la tête d'un réseau solide, compétent et diversifié au service de l'art du clown. Il intervient très souvent lors de colloques, produisant une forme de généreuse caricature qui met en relief les points saillants et les contradictions des intervenants.

2. J'insiste lourdement tout au long de cet ouvrage sur le danger que représente ce type d'investissement dans le champ du travail social. Les obligations à impact social (OIS), appelées *social impact bonds* (SIB) en Grande-Bretagne ou *pay-for-success* (PFS) aux États-Unis, incarnent la manière dont le marché financier, et la notion de profit, gagnent progressivement la sphère de l'action sociale. Elles offrent aux investisseurs privés la possibilité de miser sur la réussite des activités sociales et sont présentées comme une solution aux difficultés des États endettés à assumer le financement de certains programmes sociaux. À quand des institutions gérées par Vivendi ou Google ?

velléités managériales tenaient le haut du pavé : ils nous ont conduits au pire. Le souci d'Eichmann, qu'il rappelle au Président de la cour de Jérusalem, est simple, technique, organisationnel et gestionnaire : le recyclage chaque jour de 10 000 cadavres (les nazis disaient les marionnettes[1] !) Je sais j'y vais du ressort tragique, je grossis le trait. Mais que je sache les mêmes prémisses conduisent toujours aux mêmes effets. Mieux vaut en prendre la mesure. On se met alors à manager les humains, réduits à l'état de « ressources », comme le pétrole ou le charbon. Et le management s'applique, de la même façon et selon les mêmes présupposés, à une usine de boîtes de petits pois et à une institution sociale ou médico-sociale. La tendance managériale se débarrasse à bas bruit, sous des discours très séduisants de maîtrise totale, voire totalitaire, de ce qui constitue ce que Michel Chauvière avait désigné dans les colonnes de Lien Social, il y a quelques années, comme « le môle de résistance de la clinique ». Essayons alors, comme a pu le lancer un jeune participant lors de cette journée mémorable, de voir comment la clinique – clinique avant tout de la rencontre humaine – peut sauver, non pas le management (fut-il new !), terme à mon avis qu'on ferait bien de jeter aux oubliettes, mais la fonction de direction. J'ai pu évoquer, sans le développer, qu'en la matière la question de l'évaluation s'avère cruciale. Faire-savoir ce qui relève du savoir-faire, et non l'étouffer sous du chiffrage, dont on ne peut que noter la débilité, me paraît une des voies par laquelle, direction et cliniciens peuvent... faire équipe. L'approche clinique qui préside à la protection des enfants et des adolescents est à ce titre tout à fait paradigmatique et questionnante[2].

PROTECTION DE L'ENFANCE ET DE L'ADOLESCENCE : PRENDRE SOIN[3]

« Les enfants sont les personnes les moins bien comprises de la terre, et c'est parce que la terre est gouvernée par des grandes personnes qui ont oublié qu'elles furent aussi des enfants. »
Julien Green

Protection de l'enfance ? Mais il s'agit de protéger non pas l'enfance, ça c'est une abstraction, mais les... enfants. Les protéger de quoi ? Des abus des adultes, mais aussi d'eux-mêmes. Et pour cela il faut se lever et s'élever contre le sort fait aujourd'hui aux enfants. Les enfants de la post-modernité étant avant tout considérés comme de la chair à consommation, comme on dit de la chair à canon. Quand on invente des chaînes de télé destinées à des bébés, c'est bien pour les plonger tout de suite dans la machine infernale du Marché. Alors il y a un risque à prendre, pour protéger les enfants, de dénoncer cet état du monde où tout sur terre est transformé en marchandise et en

1. Hannah Arendt, *Eichmann à Jérusalem*, Folio-Gallimard, 1997.
2. Voir Roland Gori, Bernard Lubat, Charles Silvestre, *Manifeste des œuvriers*, Actes Sud/LLL, 2017.
3. Ce texte a servi d'appui à plusieurs conférences, d'où le ton parlé et assez familier.

spectacle, pour reprendre une expression très juste des situationnistes. Il y a un risque à prendre et une responsabilité à assumer pour résister au laminage du secteur social et médico-social par l'idéologie de la marchandisation généralisée. Les normes ISO, les évaluations quantitatives, les contrôles et pinaillages à outrance, les démarches-qualité, la mise en chiffre des actions, etc. constituent les infiltrations directes et visibles dans notre secteur de ce nouveau Dieu : le Divin Marché[1].

Je ne m'étends pas plus mais, il y a une nécessité logique de prendre des risques au niveau éthique et politique, comme au niveau institutionnel et clinique. Prendre le risque pour protéger non seulement les enfants mais les espaces de vie, d'invention et de création, de convivialité, bref le lien social. Prendre le risque de ne pas croupir comme les assis dont nous parle Rimbaud dans un de ses poèmes. Le risque de se dresser contre les avatars de l'actuelle barbarie. Une barbarie soft mais qui peut se révéler monstrueuse, comme en janvier et novembre 2015 à Paris ; comme en juillet 2016 à Nice, etc. Ces jeunes gens qui ont assassiné nos concitoyens et nous ont terrorisés, ce sont aussi nos enfants[2]. Quels risques allons-nous prendre pour les protéger, y compris les protéger d'eux-mêmes ? Comment prendre soin des enfants pour prévenir le pire ?

Prendre le risque de protéger les enfants, c'est prendre alors le risque de l'enfance. C'est-à-dire ne jamais oublier qu'on a été enfant, chacun d'entre nous. Voilà ce qu'écrit la philosophe et psychanalyste Anne Duformentelle dans son *Éloge du risque*[3]. L'auteur ajoute que « Risquer l'enfance, ça n'existe pas, je veux dire c'est elle qui se risque en nous ». Comment alors, dans un moment de l'histoire où le principe de précaution est devenu la norme, où le discours sécuritaire envahit notre espace et nos relations, comment risquer sa vie ? *La vie dangereuse*, est le titre d'un ouvrage du poète Blaise Cendrars[4]. Sans cette mise en danger, la vie n'aurait aucune saveur. Or ce qui se joue dans la vie personnelle a ses prolongements dans la vie professionnelle. Les actes qui émaillent notre vie professionnelle sont en grande partie issus d'un lieu inconnu.

Prendre soin, c'est donc prendre un risque.

▶ Une politique du symptôme

Maria Montessori répond à un groupe de jeunes instituteurs qui lui demandent ce qu'il faut lire pour comprendre les enfants : apprenez à lire les enfants ! Donc ils sont écrits. Cette écriture se dit en psychanalyse : symptôme. Encore faut-il savoir... lire !

Si l'on a affaire à des comportements observés que l'on va déplacer ensuite, qu'en est-il du sujet qui produit ces comportements ? Voilà où j'aimerais pointer la difficulté, alors

1. Dany-Robert Dufour, *Le Divin Marché : la révolution culturelle libérale*, *op. cit.*
2. Voir plus loin la sous-partie : « Ados terroristes, (h)éros tristes ».
3. Anne Dufourmetelle, *Éloge du risque*, Payot, 2011. Cette philosophe et psychanalyste est décédée tragiquement dans l'été 2017 en allant porter secours à un enfant qui se noyait.
4. Blaise Cendrars, *La vie dangereuse*, Grasset, 2010.

que la question du symptôme a longtemps circulé, il a heureusement encore quelques beaux jours devant lui. Le signifiant « symptôme » apporte autre chose, à savoir qu'un symptôme n'agit pas sur le versant du comportement, il se déploie sur le versant de ce qui fait signe d'un sujet. On pourrait pour aller vite, dire que c'est une signature. La signature du sujet. Je pense à cette très belle phrase d'Héraclite, philosophe grec présocratique : « Le maître de l'oracle de Delphes ne dit pas, ne cache pas, il indique ». Il ne dit pas, il ne cache pas, il indique. Les termes grecs utilisés sont : « *Oudé légei, oudé kruptei, alla sémaïnei* ». On retrouve « *sémaïnei* » dans « Sémantique » et « Sémaphore » : cela fait signe. Le symptôme ne fait pas signe d'un dysfonctionnement, mais d'un sujet qui donne à voir et à lire ce qu'il en est... ce n'est pas du tout la même perspective que prendre les choses par le biais du comportement. Je dirai même que le symptôme fait sortir le registre du sujet de l'ordre des signes, cela « dé-signe ». Le symptôme ne signifie pas « quelque chose », que cela ne marche pas au niveau biologique ou psychique... cela signifie la présence d'un sujet qui donne à lire ce qu'il en est, de façon irréductible, de sa singularité.

Comme ce sont souvent des adolescents et des jeunes gens que l'on rencontre dans les établissements, je voudrais voir ce qu'il en est de cette modalité de symptôme. Que fabriquent les adolescents avec les comportements que l'on peut juger, *a priori*, dérangeants, instables, non conformes aux normes sociales, etc. ?

Il faut comprendre que la question de l'adolescence n'est pas un terme très juste. Elle est une espèce d'élastique, on ne sait pas très bien quand cela commence et on ne sait pas bien quand cela finit. Dans le film *Tanguy*, l'adolescence va jusqu'à 30-35 ans. Je pense que le point de repère le plus sûr est celui qu'utilisait Freud, c'est la question de la puberté. Au moment de la puberté, il y a un passage radical, notamment dans le réel du corps. Il y a une transformation du réel du corps et je pense que l'on peut pointer la question de l'adolescence à partir de la puberté.

Je vais donner une image pour essayer de me faire comprendre : dans un premier temps, pendant le temps de l'enfance, il y a une distribution des cartes relationnelles. Comment faire avec les autres ? Comment trouver ma place dans l'espace familial ? Papa, maman, la bonne et moi.

Après, quel que soit le jeu dont on a hérité, il n'y aura pas de deuxième distribution de cartes et il faudra se débrouiller avec le jeu que l'on a en main. Certains n'ont que des as et d'autres que des 7, mais quand on est bon à la belote, on peut sérieusement bloquer le jeu avec des 7 aussi. On peut dire que la puberté va être non pas une nouvelle donne, mais une nouvelle remise en jeu des mêmes cartes dans un espace qui n'est plus l'espace familial, mais dans un passage à l'espace social (c'est pour cela que les adolescents se posent une série de questions).

Le réel de la puberté, à savoir la transformation du corps, produit en même temps une confrontation à la question clef des humains : comment faire avec le sexe de l'autre ? Si l'on oublie que cette question est cruciale pour les adolescents, je pense que l'on est complètement à côté de la plaque. La question sexuelle et sur la découverte sexuelle, la question du rapport au sexe d'autrui est absolument prégnante. C'est pour cela que l'on voit les jeunes gens, les jeunes filles, pris dans des constructions fantasmatiques pour essayer de « s'y faire ».

Lacan, dans un très beau texte d'introduction à une pièce de théâtre de Wedekind[1] « L'éveil du printemps », l'éveil du printemps dans l'adolescence, l'éveil de la sexualité, nous dit : « Les garçons ne pourraient pas faire grand-chose avec les filles s'ils ne rêvaient pas finalement. » Il y a tout un travail de préparation chez les garçons et les filles, de façon différente d'ailleurs, à cette confrontation radicale à la différence, aux signes les plus prégnants de la différence. L'épreuve à laquelle sont confrontés les jeunes gens, les adolescents, est présente dans le mot lui-même de sexualité qui a la même origine que « section » et qui signifie : coupure. L'épreuve de la sexualité, c'est l'épreuve de la coupure, c'est-à-dire que nos histoires ne marchent pas. On a beau s'emmancher les uns dans les autres, cela ne fait pas rapport. Je renvoie le lecteur aux travaux pratiques s'il ne me croit pas !

Lacan a prononcé une phrase extraordinaire et très simple en 1970 à la RTB : « Il n'y a pas de rapport sexuel[2]... » On s'est dit : « Pauvre vieux, il a pété les plombs, il ne baise plus, c'est bien triste pour lui ». Il dit que le rapport dit « sexuel » ne fait pas rapport, presque au sens mathématique : $a/b = 1$. D'où l'on déduit que $a = b$. Vous pouvez mettre « homme sur femme » ou « femme sur homme » (toutes les positions sont possibles), cela ne fait pas du 1, c'est tout simplement ce qu'il dit.

Dans la structure de l'être humain, du fait de l'appareillage au langage, il y a quelque chose qui fait échec à l'unité. Les gamins avec lesquels on a affaire, dans les familles et les quartiers, se prennent ces questions en pleine figure, à savoir que cette histoire ne marche pas. Ils tombent sur l'impossible, comme dit Freud, à faire rapport sexuel. Les premières aventures du côté de la sexualité sont quand même assez traumatisantes pour ceux qui s'y livrent. D'où une série de réponses que produisent les sujets adolescents pour encaisser cet échec. Généralement, on ne leur donne pas le mode d'emploi et cela ne leur sert à rien, car cette épreuve de réalité se fait pour chaque sujet différemment. L'expérience d'autrui ne sert à rien en la matière.

D'où une série de stratégies adolescentes qui sont à lire en termes de symptômes, c'est-à-dire des façons de faire avec ce qui dans le rapport sexuel justement ne fait pas rapport, avec cet impossible du rapport sexuel. C'est en cela d'ailleurs que j'attirerais l'attention, sur le fait qu'il ne faut pas pathologiser (c'est un gros mot) trop vite les comportements adolescents, il ne faut pas les basculer tout de suite du côté du dysfonctionnement. C'est peut-être à entendre avant tout comme une façon de faire avec cette difficulté majeure.

1. Franck Wedekind, *L'éveil du printemps*, L'avant-scène théâtre, 2011.
2. Repris dans « Radiophonie », *Autres écrits*, Seuil, 2001.

Quelques stratégies adolescentes que l'on peut noter : certains vont intervenir sur leur corps par des pratiques, des manipulations qui vont des scarifications aux piercings ou tatouages. J'ai vu un jour une jeune fille arriver chez ses parents avec quelque chose d'assez bizarre crocheté dans le nombril : un piercing. C'est délicat quand on est parent, on est tout de suite un peu effrayé. C'est vrai que c'est une façon d'intervenir sur un corps qui fait souffrance à ce moment-là. On trouve des pratiques d'intervention sur le corps : scarifications, piercings et tatouages, ce que l'on voit beaucoup dans les établissements. L'usage de drogues n'arrive pas quand on a 75 ans, comme par hasard, cela arrive à ce moment-là, à la puberté. Si l'on réfléchit, cela doit sans doute servir à quelque chose. La clinique nous l'apprend et les gamins nous l'enseignent, cela sert à atténuer le choc de la Chose, si je peux dire. On peut s'interroger sur un certain nombre de pratiques d'automutilations dont on voit récemment une espèce de prolifération.

J'ai trouvé un bel article de Maurice Corcos paru dans *Libération*. Maurice Corcos est pédopsychiatre à l'Institut Montsouris à Paris, il travaille sur la question des automutilations des adolescents[1]. Il nous dit que deux approches sont possibles : soit on a affaire à des types d'automutilations qui correspondent plus ou moins à des rites de passage pour entrer dans des bandes (ce que l'on connaît) et sur lesquelles il ne faut pas trop se faire de souci, même si les mômes se font un peu mal à ce moment-là. Soit on a affaire à d'autres formes d'automutilations où les sujets sont laissés à eux-mêmes : ils produisent ces interventions sur leur corps et les donnent à voir. Ils les donnent à lire aux adultes. C'est une approche précieuse quand on travaille dans les établissements accueillant des adolescents.

> Je pense à un groupe d'éducateurs avec lequel je travaillais il n'y a pas longtemps et qui me parlaient d'une gamine qui avait voulu se suicider. Ils disaient : faire une TS ! J'ai demandé aux éducateurs de m'expliquer parce que, concrètement, je ne sais pas ce que cela signifie « Vouloir se suicider » ; et encore moins ce que recouvre le signe TS. Ça ne va pas de soi. Ils me répondent qu'elle s'est légèrement entaillé les poignets et qu'elle est venue à la chambre de garde. Elle est venue montrer à l'éducateur les gouttes de sang qui perlaient de ses avant-bras. J'ai répliqué que pour quelqu'un qui veut se suicider, ce n'est pas tout à fait cela. On voit bien comment il y a une espèce d'appel à l'autre : « Que faire de ce corps qui me fait souffrir ou que je ne comprends pas ». Dans la discussion qui suivit, une éducatrice éclaira la situation : cette jeune fille venait d'avoir ses premières règles !

La difficulté que note Maurice Corcos, est que ces mutilations sur le corps prennent la place de la parole que les enfants, les jeunes, n'arrivent pas à trouver. Cela pose la question du rapport à l'autre, de cet autre, auquel on pourrait s'adresser. Voici ce qu'il précise : « *Au lieu d'exprimer verbalement une anxiété, un désarroi, maintenant, les ados utilisent leur corps. Il n'est jamais bon que des passages à l'acte exercés contre*

1. Maurice Corcos, *La terreur d'exister. Fonctionnements limites à l'adolescence*, Dunod, 2013.

soi remplacent une expression verbale ». C'est un peu comme les paroles muettes, des paroles gelées, comme le dit Rabelais dans le Quart-Livre.

D'autres modalités d'intervention, relativement efficaces chez les jeunes gens, consistent à confier leur désarroi et ce qui arrive dans leur corps, ces événements de corps, à des idéologies que je dirais féroces. Les extrémistes, religieux ou politiques, recrutent comme par hasard du côté de la jeunesse. Le fait de confier son corps à une idéologie qui va répondre à toutes les questions a quelque chose d'apaisant, paradoxalement. C'est quelque chose d'important pour comprendre comment certains jeunes s'embarquent dans des comportements extrêmes qui nous paraissent complètement irrationnels. Je pense à un taliban de 22 ou 23 ans que l'on interviewait à la télévision et qui expliquait pourquoi il était devenu taliban. Il avait fait des études à Londres, c'était un type intelligent, un penseur. Il disait : « Ce n'est pas compliqué, je suis devenu taliban pour tuer le maximum de mécréants ». Il a du travail, beaucoup de personnes ne sont pas comme lui et je ne sais pas s'il va rester grand monde à la fin de l'histoire. Il veut tuer un maximum de mécréants parce qu'il sait bien qu'un jour ou l'autre, il se fera tuer dans une bataille et alors il aura l'ascenseur direct pour le paradis. Il a ajouté qu'il y avait des sirènes au paradis. Je n'avais jamais entendu cela. En général c'est d'un harem de 70 vierges qu'il est fait promesse dans l'au-delà. Mais les sirènes sont des femmes auxquelles on a enlevé le bas, qui peut valoir un certain nombre d'ennuis aux hommes : crainte ou plaisir extrême Voilà ce qu'il nous dit et c'est terrible parce que, pour une question qu'il pense pouvoir régler au paradis un jour, il nous dit qu'il n'aura plus de soucis avec les femmes au paradis.

Protéger, assister, surveiller, éduquer des mineurs : de quel droit[1] ?

« Article premier. Les mineurs de dix-huit ans auxquels est imputée une infraction qualifiée crime ou délit ne seront pas déférés aux juridictions pénales de droit commun, et ne seront justiciables que des tribunaux pour enfants. » Ordonnance du 2 février 1945 relative à l'enfance délinquante

Il y a 70 ans le 27 janvier 1945, l'Armée Rouge découvrait le camp de concentration et d'extermination d'Auschwitz en Pologne, qui allait devenir le symbole de la barbarie nazie. Le 2 février de cette même année, le gouvernement provisoire la République française ordonne que « Les mineurs auxquels est imputée une infraction qualifiée crime ou délit ne seront pas déférés aux juridictions pénales de droit commun, et ne seront justiciables que des tribunaux pour enfants, des tribunaux correctionnels pour mineurs ou des cours d'assises des mineurs » (Art. 1) et que par conséquent : « Le tribunal pour enfants, le tribunal correctionnel pour mineurs et la Cour d'assises

1. Reprise d'une intervention pour les 70 ans de la loi de 1945, à l'invitation de la Direction régionale de la PJJ Languedoc-Roussillon.

des mineurs prononceront, suivant les cas, les mesures de protection, d'assistance, de surveillance et d'éducation qui sembleront appropriées » (Art. 2). Notons cependant que la Loi ratifie l'ordonnance du 11 septembre 2019 portant partie législative du code de la justice pénale des mineurs. Ce code a remplacé le 30 septembre 2021 l'ordonnance du 2 février 1945 relative à l'enfance délinquante. Elle simplifie et accélère le jugement des mineurs délinquants et limite leur détention provisoire. Elle introduit également une présomption de non-discernement pour les mineurs de moins de 13 ans. L'intention semble louable, mais sur le terrain les professionnels de la PJJ, comme les magistrats, ne s'y retrouvent pas. L'idée de désaccoupler culpabilité et sanction, renvoyant le jeune à faire la preuve dans un temps record de sa volonté de s'amender, conduit fatalement à une justice expéditive et au rabais. Alors que la confrontation à la loi pour un jeune exige du temps, social et psychique[1].

La coïncidence, à une semaine près de ces deux évènements m'a mis la puce à l'oreille. J'y vois un lien entre la lutte contre la barbarie et l'éducation des plus jeunes de nos concitoyens. Et j'ai une pensée émue pour ma grande cousine, évoquée en début de cet ouvrage, Jeanne Couplan, du réseau de Résistance Turquoise en Bretagne, partie en fumée au camp de Ravensbrück à 29 ans, quelques jours avant la libération du camp.

Ce fond tragique nous poursuit. Les massacres récents à Charlie Hebdo et dans un supermarché kasher, puis à Nice, en Angleterre, aux États-Unis... sont venus nous le rappeler. Qu'avons-nous loupé en matière d'éducation pour que des jeunes gens deviennent ainsi des assassins ? Non seulement des assassins de personnes, mais aussi de valeurs, de principes, d'idées. Assassinat de la liberté de penser et de s'exprimer, assassinat au titre d'une appartenance à une communauté... Dany Cohn Bendit avait beau jeu alors de proposer dès le lendemain de ces tueries que l'on en revienne à des principes clairs et affirmés d'éducation des plus jeunes. Ceci en mobilisant une petite entame financière sur le marché du sport footballistique. L'idée est généreuse, mais elle ne suffit pas.

Pour ouvrir ces questions, et peut-être questionner ces bonnes intentions, qui coulent aussi à fleur de l'Ordonnance de 1945, je vais m'en remettre à ma mémoire de grand-père. Et extraire quelques événements qui dans ma vie m'ont rapproché de cette tradition éducative portée et supportée par ce qu'on désigne de nos jours comme « protection judiciaire de la jeunesse » (PJJ). J'en tirerai au passage quelques leçons.

De mon temps, c'est-à-dire il y a presque 70 ans, on disait « Éducation surveillée » après être passé par divers avatars comme les Colonies pénitentiaires, qui n'ont connu leur fermeture que dans les années 1930. Après la guerre, Marcel Carné devait tourner un film sur ce type d'établissement. Un tiers fut réalisé, puis les crédits manquèrent et l'on ne retrouva jamais les bouts d'essai. La chanson du film disait :

1. Voir Joseph Rouzel, « Sanction/Scansion », *Les Cahiers de l'ACTIF*, n° 468/469, mai-juin 2015.

« Dans les ménageries, il y a des animaux
Qui passent toute leur vie derrière des barreaux
Et nous, on est les frères de ces pauvres bestiaux
On n'est pas à plaindre, on est à blâmer
On s'est laissé prendre, qu'est-ce qu'on avait fait
Enfants des courants d'air
Enfants des corridors
Le monde nous a fichus dehors
La vie nous a foutus en l'air. »

Je suis né dans un camp de nomades tout ce qu'il y a de plus normal, à Rennes. Mon père, après 4 ans dans un stalag en Pologne, était employé à la Préfecture comme standardiste et responsable du camp. Il y avait là pas mal de rescapés des autres camps, d'extermination ceux-là, notamment des Tziganes, et je crois que pour beaucoup ils n'en étaient pas vraiment sortis. Toujours est-il qu'une menace planait sur nos têtes d'enfants qui faisions les 400 coups, menace qui pouvait être proférée par n'importe quel adulte que l'on croisait : si tu continues tes conneries tu iras à La Prévalaye ! C'était un centre où se faisait, comme on disait alors, l'accueil des mineurs de Justice, autrement dit une maison de correction. Voilà mon premier contact avec la Justice des Mineurs, un nom qui fait peur. Mais j'insisterai ici sur le fait que cette menace pouvait être proférée par n'importe quel adulte qui jugeait inqualifiable le comportement des enfants du camp. Autrement dit l'éducation des plus jeunes était l'affaire de tous.

Nous sommes sortis du camp. Mes parents ont fait construire une petite villa dans les années 1950 grâce au système des Castors, coopérative d'entraide à la construction. Puis je suis rentré au monastère où j'ai vécu entre 9 et 15 ans. Un jour le supérieur m'a fait appeler et m'a confié après avoir consulté la communauté, qu'à son avis je n'étais pas fait pour ça. J'aurai fait un mauvais prêtre ou un piètre moine. En fait ce qu'on pourrait prendre naïvement pour une exclusion, je l'ai accueilli comme un cadeau royal : si je n'étais pas fait pour ça, alors j'étais fait pour quoi ? C'est le plus beau cadeau que l'on puisse faire à un jeune, au sens où cela lui permet d'ancrer sa ligne de vie sur son propre désir. En tout cas c'est cette parole qui m'a donné l'impulsion. J'ajouterai que cette parole ne venait pas de n'importe où. J'accordais la plus grande confiance à cet homme, qui m'avait accueilli dans la communauté monastique à l'âge de 9 ans. J'avais été ébloui lors d'une rencontre dans ma paroisse par cet homme qui avait vécu 25 ans en Chine comme missionnaire. Et à l'issue de son prêche j'étais allé le trouver pour lui dire que je souhaitais faire comme lui. Il m'avait trouvé un peu jeune, mais devant mon insistance, s'en était suivi une rencontre avec mes parents et l'accueil au monastère. Si j'insiste sur ce point c'est pour souligner à quel point la transmission éducative opère avant tout dans une rencontre humaine, une rencontre qui, dans le champ de l'éducation spéciale, constitue le socle de la clinique, une rencontre habitée par ce qu'en tant que psychanalyste je désigne sous le nom de transfert. La relation éducative est le théâtre des affects, de l'amour et de la haine, affects qui exigent de l'éducateur un traitement pour se tenir à la bonne distance. C'est un élément crucial du travail éducatif, la base incontournable, sans laquelle aucune mission ne peut aboutir. Si je reprends les intitulés de l'ordonnance de 1945 « *Protéger, assister, surveiller, éduquer des mineurs* », on voit à quel point ces objectifs, nobles dans leur essence, sont déterminés par la qualité de la relation engagée entre un jeune et un éducateur. Je reviendrai sur ce point un peu plus avant.

Évidemment en sortant du monastère, j'étais un peu paumé. J'avais été plongé dans un bain d'apprentissages extraordinaires. J'ai encore le souvenir de cours de grec sous un cèdre du parc. Nous étions 3 ou 4 par classe, puisque, outre les activités liées à la vie monastique, nous poursuivions un cursus scolaire. Ces cours m'ont laissé un souvenir vivace puisqu'il m'arrive encore aujourd'hui de plonger dans certains textes de Platon ou d'Hérodote. Le moine qui faisait cours de latin et grec, et accessoirement de chant grégorien, nous parlait d'Héraclite, d'Empédocle ou de Socrate, comme s'il s'agissait de copains de bistrot. J'en tirerai au passage une petite leçon éducative supplémentaire : apprendre à des plus jeunes ne saurait se faire sans la passion de la connaissance, sans s'appuyer solidement non seulement sur des savoirs constitués, mais de plus sur un savoir-faire, ce que les artisans désignent comme « tour de main ». Il y a bien un tour de main de l'éducateur, et pour chacun selon son style et sa façon. Ce tour de main est présent dès Hippocrate dans ce qu'il nomme la *teknè clinikè*, la technique clinique. L'étymologie du mot clinique, en un temps où l'on perd le sens des mots, nous est source précieuse. Nous héritons du terme de clinique des médecins de l'Antiquité grecque, notamment Hippocrate. Celui-ci s'appuie sur le sens premier pour définir ce qu'il nomme la « *teknè clinikè* », la technique clinique, qui consiste à s'incliner (vraisemblablement de même origine) sur le lit (*klinè*) où la maladie, le handicap, les souffrances de la vie ont allongé celui qui souffre. Dans l'acte clinique il s'agit de s'incliner du haut de son savoir et de son pouvoir, au chevet du souffrant, pour d'abord le rencontrer. Fors cette rencontre inaugurale, pas de clinique qui vaille. Souvenons-nous ici que la *teknè* d'où s'origine notre technique, si j'en crois mon Bailly, c'est d'abord et avant tout l'art manuel de l'artisan, le tour de main, le truc de métier. Cela exige une position d'humilité du praticien, et sans cesse à renouveler, jamais acquise. On ne saurait dans la clinique se reposer sur ses lauriers.

En sortant du monastère, je l'ai dit, j'étais un peu paumé. Pas tant dans ma vie qui s'orientait de cette parole forte reçue du supérieur et dont j'avais déduit la question : je suis fait pour quoi ? Mais me retrouver dans une classe de Lycée au milieu d'une trentaine d'élèves face à un prof qui faisait le clown sur une estrade, interdisant tout questionnement et tout échange... je dois dire qu'au bout d'une quinzaine de jours j'ai calé. Et je me suis dit : je vais continuer à apprendre par moi-même. Apprendre dans un premier temps a pris la forme de voyager. C'est ainsi qu'à 15 ans, au grand dam de mes parents, je suis parti sac au dos pour découvrir le monde. J'avais acquis chez les moines un grand sens de l'autonomie et de la débrouille. Je survivais en faisant des petits boulots. Mal m'en a pris. Un jour je suis arrêté par des policiers du côté du Vert Galant à Paris, où j'avais pour habitude de dormir sur un banc. C'était le début de l'automne. Arguant d'une loi depuis longtemps tombée en désuétude, le délit de vagabondage, ils m'ont enfermé. En France, selon le Code pénal de 1810 (art. 269 à 273), le vagabondage était un délit réprimé de trois à six mois d'emprisonnement. L'art. 270 donnait la définition juridique suivante : « Les vagabonds ou gens sans aveu sont ceux qui n'ont ni domicile certain, ni moyens de subsistance, et qui n'exercent habituellement ni métier, ni profession. » Ces trois conditions devaient être réunies pour qualifier le délit de vagabondage, excluant dès lors les nomades, qui ont fait l'objet d'une loi spécifique en 1912. Voilà que je renouais avec mon origine au camp des nomades. Mais les policiers ne l'ont pas entendu de cette oreille, ils ont estimé qu'un gamin de 15 ans n'avait rien à faire à traîner dans la Capitale et je me suis retrouvé enfermé à la prison pour mineurs. Je ne voyais pas ce que j'avais fait de mal. En tout cas il n'y a qu'une chose à faire lorsqu'on est ainsi privé de ses droits d'aller et venir : s'évader. C'est ce que j'ai fait avec un compagnon belge incarcéré pour les mêmes raisons. Nous avons profité que le groupe montait au dortoir, pour nous planquer sous un escalier. Puis lorsqu'un homme est entré par la grande porte, nous l'avons bousculé et pris la poudre d'escampette. Les matons couraient derrière nous en sifflant à pleins poumons, mais nos jeunes jambes ont eu raison de leur course-poursuite. On tape le pouce à l'entrée de l'autoroute et un camion nous emmène en Belgique où le collègue disait avoir des connaissances. Malheureusement arrivé là-bas les connaissances s'étaient évanouies. Nous avions faim et froid. Nous avons donc fait un casse pour nous procurer vêtements et nourriture. Mais nous étions vraiment novices comme monte-en-l'air. Nous n'avons rien trouvé de mieux que de cambrioler l'appartement... d'un commissaire police ! Et les vêtements dérobés permettaient de nous repérer comme le nez au milieu de la figure. C'est fort de ce signalement que la police belge nous intercepta dès le lendemain à la frontière allemande. Nous fûmes séparés et je me retrouvai dans une tôle à Huy. Je m'en souviens encore, sur le portail d'entrée était affiché un écriteau : fermez la porte SVP. De l'humour belge ! Comme j'étais le seul mineur dans la prison le Procureur du Roi passait chaque semaine pour vérifier mes conditions de détention. Et il s'est passé quelque chose qui me restera gravé en mémoire pour toute ma vie. J'avais l'allure plutôt sauvage, les cheveux longs, la barbe naissante, accoutré d'une parka à la Che Guevara. La seule passion qui m'animait se dédoublait à la mesure des deux ouvrages écornés que je trimbalais dans mon sac : *Les Illuminations* de Rimbaud et *Le Discours la méthode* de Descartes. Philosophie et poésie me paraissaient un bon viatique et je passais des heures à réfléchir et à écrire des poèmes. Le Procureur m'approcha, non par le biais d'une leçon de morale que j'aurai aussitôt esquivée, mais par là où une voie s'ouvrait. Passionné de poésie lui aussi, il fit l'ouverture assez subtilement. Chaque semaine il passait une heure avec moi et nous bavardions poésie et littérature, comme de vieux amis. Je rends hommage à cet homme, je crois que c'est lui qui m'a transmis la fibre éducative qui repose avant tout sur le partage d'une activité et d'une passion communes. Sans en avoir l'air, en naviguant à vue dans le dédale de poèmes et poètes en grand partie inconnus de moi. C'est lui qui m'a ouvert aux vers flamboyants de

Verhaeren. Nous avons passé plusieurs après-midi à commenter « Ma bohème », un très beau petit texte que Rimbaud écrivit à l'âge de 16 ans[1]. Mon âge à l'époque, donc.

> « Je m'en allais, les poings dans mes poches crevées ;
> Mon paletot aussi devenait idéal ;
> J'allais sous le ciel, Muse ! et j'étais ton féal ;
> Oh ! là là ! que d'amours splendides j'ai rêvées ! » etc.

C'est en tournant autour de ce texte en ouvrant un espace à ma capacité d'invention que tout doucement il me réconcilia avec le monde des adultes. J'ai pu dire alors ma passion des voyages, autant dans l'espace géographique que dans les livres et les rencontres humaines. Lorsque bien plus tard j'ai exercé comme éducateur, j'ai toujours pensé à lui lorsque je montais ce qu'on désigne du joli mot de médiations. Je le répète, un éducateur c'est quelqu'un qui partage une activité pour laquelle il a non seulement un savoir et un savoir-faire, mais de plus une passion. Car c'est à travers une activité médiatrice que se déploie le théâtre éducatif. Voilà ce que m'a transmis cet homme. J'ai su en faire quelque chose à ma mesure, mais le ton était donné. On l'aura compris je nourris la passion la plus vive pour les mots. J'aime les mots. Lire et écrire. Cet homme m'a laissé entendre que j'avais le droit de le faire. Dans mon travail éducatif en termes d'activité j'ai toujours privilégié cette passion des mots : ateliers d'écriture avec des ados, atelier contes avec des petits, groupes de parole et de « racontouze » comme disait Georges Perec, etc.

Je n'en dirai pas plus sur le plan de mon histoire, point trop n'en faut, et si je suis passé par ce détour très personnel et toujours aussi émouvant pour moi, c'est pour en arriver à l'essentiel du questionnement. De quel droit protéger, assister, surveiller, éduquer des mineurs ?

De quel droit, c'est-à-dire au nom de quoi ?

> « Nous partons de cette fatalité que les chemins de la pensée débouchent inévitablement sur l'interrogation immémoriale : au nom de quoi peut-on vivre ? questionne Pierre Legendre. C'est-à-dire, pourquoi vivre ? Oui, pourquoi ? Il n'est au pouvoir d'aucune société de congédier le "pourquoi ?", d'abolir cette marque de l'humain[2]. »

Et il ajoute qu'il s'agit d'« instituer la vie » reprenant un adage du droit du Moyen Âge : *instituere vitam*. Tel est le maître-mot qui résume la tâche de toute éducation et au-delà des processus de civilisation. Instituer la vie là où la sauvagerie des passions humaines, ce que Freud cerne sous le terme de pulsion, se présente comme débordante, envahissante, explosive. Et au premier chef chez nos concitoyens les plus jeunes, ceux qui sont dans ce passage de l'adolescence, soumis aux affres de la puberté, de la transformation du corps et de la subjectivité. « L'éducation [explique Freud dans ses conférences de 1917], c'est le sacrifice de la pulsion[3]. » Mais pour que le sacrifice opère,

1. Texte que j'ai présenté lorsque j'ai passé le Bac en candidat libre.
2. Pierre Legendre, *La fabrique de l'homme occidental*, Mille et une nuits, 2000.
3. Sigmund Freud, *Conférences d'introduction à la psychanalyse*, Folio Gallimard, 2010.

il y faut des sacrificateurs, des passeurs d'éducation, des passeurs d'humanité, des éducateurs. Notons que nous avons un peu perdu le sens du mot sacrifice, *sacer facere* en latin, qui signifie : faire sacré, faire pour que « ça crée ». L'éducation se présente donc comme une voie de détournement de la pulsion première, la pulsion de mort.

> « L'homme n'est point cet être débonnaire, au cœur assoiffé d'amour, dont on dit qu'il se défend quand on l'attaque, mais un être au contraire qui doit porter au compte de ses données instinctives une bonne somme d'agressivité. Pour lui, par conséquent, le prochain n'est pas seulement un auxiliaire et un objet sexuel possibles, mais aussi un objet de tentation. L'homme est en effet tenté de satisfaire son besoin d'agression aux dépens de son prochain, d'exploiter son travail sans dédommagements, de l'utiliser sexuellement sans son consentement, de s'approprier ses biens, de l'humilier, de lui infliger des souffrances, de le martyriser et de le tuer. *Homo homini lupus* : qui aurait le courage, en face de tous les enseignements de la vie et de l'histoire, de s'inscrire en faux contre cet adage[1] ? »

Si l'homme est un loup pour l'homme, une conclusion s'impose : il faut lui limer les crocs ! Toute société a inventé pour contrer et traiter cette violence fondamentale une forme légitime de violence[2]. C'est le fondement de la loi. Violence contre violence. Violence de la loi contre violence pulsionnelle. « La nature humaine par ci, la nature humaine par-là, la nature humaine demande avant tout qu'on lui fasse violence », fait dire Paul Claudel à un personnage dans sa pièce tombée en oubli, *Tête d'or*[3].

Les processus d'humanisation exigent cette violence. Pourquoi ? Parce c'est la condition pour entrer dans l'institution qui fait loi chez les humains et dont toutes les autres lois découlent : à savoir que nous sommes êtres parlants. Et pour entrer dans ce que Freud nomme l'appareil-à-parler (*spacheapparat*), on n'y coupe pas, il faut accepter de perdre de la jouissance. Au passage on peut entrevoir à quel point la loi dans ses ramifications juridiques décline cette perte de jouissance nécessaire à la cohésion du vivre-ensemble. Ainsi, jusqu'en 1982 la loi sur les droits et les devoirs des bailleurs et des locataires précisait qu'il s'agissait de jouir du bien d'autrui « en bon père famille ». L'expression a disparu avec la loi du 4 août 2004 sur l'égalité réelle entre les femmes et les hommes. En 1982, la loi sur les droits et les devoirs des bailleurs et locataires avait déjà substitué à l'obligation « de jouir des locaux en bon père de famille » celle d'en jouir « paisiblement ». Le locataire était ainsi tenu « d'user paisiblement de la chose louée » suivant la destination donnée par le contrat de location. Paisiblement. La loi vise en son essence des effets de pacification des passions. Même si parfois il ne faut... pas s'y fier. Le 21 janvier 2014, l'Assemblée nationale a adopté un amendement supprimant cette expression du droit français et la remplaçant par le terme « raisonnable » ou « raisonnablement ». On trouverait bien d'autres exemples en droit pour préciser ce point : la loi a pour fonction de traiter la jouissance de chacun, d'imposer à chaque sujet une perte de jouissance, pour faire collectif. Un collectif humain, un groupe, une

1. Sigmund Freud, *Malaise dans la culture*, Garnier-Flammarion, 2010.
2. Jean Bergeret, *La violence fondamentale. L'inépuisable Œdipe*, Dunod, 2014.
3. Paul Claudel, *Tête d'or*, Folio-Gallimard, 2005.

communauté, une société, une nation ne tiennent que sur le renoncement de chacun à une jouissance toute et totalitaire.

Mais évidemment ça ne tombe pas du ciel. Ça se transmet et dès le plus jeune âge. Un bébé repère rapidement – et ça vaut mieux – qu'il ne peut survivre qu'en s'accrochant à sa mère. Il repère également que cet accrochage affectif est médiatisé par l'appareil-à-parler. Il émet des cris qui sont autant d'appels que la mère interprète. Il en passe donc par ce tiers langagier dans lequel se structure la satisfaction recherchée qui ne rencontre jamais adéquatement la satisfaction obtenue. Bébé pleure, la mère interprète : tu as faim, tu en as marre d'être seul... Oui, j'entends, mais tu attendras que j'aie fini mes affaires. Dès la naissance le petit d'homme se trouve confronté à un écart, un manque, une insatisfaction et il doit bien s'en débrouiller. L'être humain naît/n'est pas fini. Et cette incomplétude structurale est sa marque de fabrique.

Mais au nom de quoi impose-t-on au petit d'homme cette perte de jouissance ? Le « au nom de quoi ? » est une nécessité logique. L'humain se constitue à partir de transcendances, de « Grands d'hommesticateurs », comme les nomme le philosophe Dany-Robert Dufour, autant d'inventions géniales des sociétés humaines[1]. Et c'est au nom de ces entités supérieures qui planent au-dessus de nos têtes que nous nous autorisons à transmettre l'humaine condition qui n'est pas... sans condition, comme le dit Jean-Pierre Lebrun[2]. Au cours de l'histoire ces êtres transcendants ont revêtu diverses figures : ont été mobilisés les éléments naturels (l'eau, le feu, l'air, la terre), des entités qui les habitent (les dieux de la nature). Puis certaines sociétés se sont inventé des panthéons tout à fait prolifiques : divinités égyptiennes, indiennes, incas, etc. Un certain pharaon a sensiblement bouleversé le cours de ces constructions symboliques au nom desquelles se construisaient des valeurs éthiques, une organisation sociale, des systèmes hiérarchiques imposant des différences de places, des principes d'éducation, etc. Il s'agit d'Aménothep IV qui succède à son père Aménothep III. Lorsqu'il monte sur le trône d'Égypte, il décide de faire marteler sur toutes les stèles du royaume le nom de tous les anciens dieux, sauf un, Aton et de supprimer également les écritures où apparaissait le nom de son père. Et il prend un nouveau nom marquant la rupture avec l'ordre ancien : Akhenaton, serviteur du dieu Aton. C'est l'inventeur du monothéisme. Les Hébreux en captivité chez les Égyptiens en ont saisi quelque chose, puis les chrétiens, puis les musulmans. Voilà comment pendant plus de 2 000 ans régna un ordre symbolique, législatif, social, éducatif, etc. reposant sur une transcendance unique. Un dieu unique, avec évidemment des variantes, parfois tragiques dans leurs différences, selon l'une ou l'autre religion, qui repose, en tout cas pour l'Occident chrétien, sur un montage symbolique où Dieu est le centre invisible de l'univers, Jérusalem le centre géographique, le Roi le centre de l'espace social et le père le centre de l'espace familial. Divinité, royauté et patriarcat sont là pour entretenir un ordre de fer. À un prix quand

1. Dany-Robert Dufour, *Il était une fois le dernier homme,* Denoël, 2012.
2. Jean-Pierre Lebrun, *La condition humaine n'est pas sans conditions, op. cit.*

même cher payé que l'on peut évaluer à l'aune de la répression de la sexualité dans son expression et de la répression de la parole des femmes. Le Roi, on lui a coupé la tête le 21 janvier 1793 à 8h du soir ; Dieu est mort, c'est Nietzsche qui l'écrit ; quant au patriarche, au *pater familias*, il a du plomb dans l'aile. Le Roi a laissé place à la République bordée par trois grandes déesses laïques : Liberté, Égalité, Fraternité qui organisent depuis plus de 200 ans notre vie commune. C'est à partir de cette place laissée vacante par la décapitation du Roi que le Peuple préside aux destinées de la République et pour cela est élu un fonctionnaire de la fonction, un Président. Avec une difficulté de taille : parfois celui qui occupe la fonction se prend pour la fonction, l'accapare, oubliant qu'il n'en est que le représentant.

Voilà où nous en sommes. Ou plutôt, on va le voir, où nous en étions il n'y a pas si longtemps encore. C'est sur ce socle que les éducateurs en tous genres, naturels pour les parents, pédagogiques pour les enseignants, éducatifs pour les éducateurs spéciaux, prennent ou plutôt prenaient appui pour imposer à la génération montante la loi, ce que les psychanalystes oblitèrent d'un gros mot : la castration.

> Mais toute cette construction, avouons-le, a du plomb dans l'aile. C'est ce que j'ai pu repérer il n'y a pas si longtemps dans l'accompagnement du mémoire d'une jeune éducatrice de la PJJ. Constatant le déficit de transmission des interdits en matière de sexualité – la plupart des mineurs du centre où elle effectuait son stage étaient placés pour ce type de passages à l'acte –, elle a eu comme idée de prendre appui sur les limites et règles du quotidien pour approcher cette défaillance et en favoriser la reconstruction. Passage des règles à la loi. Ça ne va pas de soi quand toute une société érige en absolu une jouissance de consommation sans entrave, où le corps d'autrui est considéré comme objet consommable, comme une chose, comme une marchandise.

Du coup il en est certains parmi nos contemporains pour pleurer sur un ordre ancien, un âge d'or, à leur dire, où tout tournait rond. C'était mieux avant, crient-ils à tous les carrefours. Bref la nostalgie a le vent en poupe. Mais il en est d'autres, dont je suis, qui prônent d'abord d'évaluer la nature du changement et de le confronter aux invariants de l'humain : il faut à l'homme une raison de vivre. Si le ciel est vide, cependant il est toujours au-dessus de nos têtes. Mais il s'est produit au cours des 30 dernières années un phénomène qui a complément déstructuré notre monde : nous sommes passés d'une organisation pyramidale à une organisation en réseau ; de la verticale à l'horizontale. Et un nouveau dieu est apparu, plus terrible que les autres, ce dieu qui organise ce que Dany-Robert Dufour désigne comme *Le Divin Marché*[1] et qui fait de nous des esclaves. Ce monde spectaculaire et marchand organise l'espace social avant tout sur le mode de la consommation : tout sur terre est réduit l'état de marchandise, donc de chose,

1. Dany-Robert Dufour, *Le Divin Marché : la révolution culturelle libérale, op. cit. ; Le docteur Mabuse et ses doubles ou l'art d'abuser autrui,* Actes Sud, 2022.

y compris les êtres humains. Or, croyant consommer, devenus les choses du Marché, nous sommes... consumés. Aux valeurs transcendantes dont les derniers en date, à savoir les valeurs laïques républicaines, ont encore cependant une certaine assise, s'oppose aujourd'hui, dans un véritable tsunami, symbolique, politique, économique, social, psychique... la valeur marchande. Dans un tel monde les figures d'autorité, qu'elles s'incarnent du côté parental, scolaire, judiciaire, etc. sont battues en brèche. La pulsion de mort, autrement dit un mode jouissance sans entrave, vient désarticuler les courroies de transmission de l'humanisation. Il suffit de lire le livre du regretté Bernard Maris, mort dans la tuerie de Charlie Hebdo, *Capitalisme et pulsion de mort*, pour s'en convaincre[1]. « Ce désir morbide de liquidité » comme le dénonçait déjà Keynes en son temps, qui agite en permanence la planète, aboutit à rien moins que sa liquidation.

Or c'est dans ce monde-là que naissent nos enfants. C'est dans ce monde-là que naissent les enfants que l'on confie aux services de la PJJ pour les protéger, les assister, les surveiller, les éduquer. Comment les éducateurs de la PJJ peuvent-ils s'y retrouver dans un monde pareil ? À quels saints se vouer ? Quels sont les principes dont on peut s'autoriser dans l'action quotidienne ?

Les bouleversements récents de notre monde nous poussent à penser autrement. On dit souvent que les adolescents mettent à mal les dispositifs éducatifs qu'on leur propose. L'institution qui les accueille constitue de fait un théâtre sur la scène duquel les adolescents en difficulté donnent à voir et à lire ce que les psychanalystes désignent comme symptôme. Ils mettent à mal l'institution et ses personnels éducatifs, dans des effets de transfert. Ils transfèrent, déplacent dans l'institution ce qui eux-mêmes les met à mal, dans leur environnement familial et social, mais aussi du fait des excès de pulsions que ces jeunes ont bien du mal à d'« hommestiquer ». Mais la grande question à l'adolescence, c'est la rencontre de l'autre dans son propre corps. Le terme plus précis de puberté met l'accent sur un corps qui se transforme et avec lequel le désir est réalisable. L'adolescent est habité par deux questions : qui suis-je ? Que puis-je faire dans ce corps-là pour m'exprimer ? Ici s'ouvrent les embrouilles, avec autrui et avec soi-même. L'avènement de la sexualité c'est embrouilles à tous les étages, accompagnées bien souvent de manifestations qui dérangent. Ici se situe aussi le point de butée sur la loi. L'exercice la sexualité est organisé autour d'interdits majeurs, de l'inceste, de la violence, etc. L'adolescent, garçon ou fille, confronté à une redistribution des cartes pulsionnelles, puisqu'il s'agit de sortir du cercle familial pour assumer ses propres désirs, une fois s'être bien « monté le bourrichon », passe à l'acte. Et là il prend en pleine poire cette évidence, comme disent les jeunes que « ça ne le fait pas ». La sexualité humaine c'est l'épreuve de la différence, d'une impossible complémentarité.

1. Gilles Dostaler et Bernard Maris, *Capitalisme et pulsion de mort*, Albin Michel, 2009. Bernard Maris, membre du comité de rédaction de Charlie Hebdo a été assassiné par des terroristes, comme onze de ses collègues le 7 janvier 2015. On peut lire le poignant et magnifique ouvrage d'un rescapé de cette tuerie, Philippe Lançon, *Le Lambeau*, Gallimard, 2018.

Voici ce qu'en dit un poète d'aujourd'hui, le slameur Grand Corps Malade :

> « Le corps humain est un royaume où chaque organe veut être roi.
> Il y a chez l'homme trois leaders qui essaient d'imposer leur loi.
> Cette lutte interne permanente est la plus grosse source d'embrouille.
> Elle oppose depuis toujours la tête, le cœur et les couilles...
> C'est à cause de ce combat qui s'agite dans notre corps.
> La tête, le cœur et les couilles discutent mais ils sont jamais d'accord. »

Lacan, en 1972 à Milan nous en a fourni la formulation : il n'y a pas de rapport sexuel. Nous avons beau – je suis trivial – nous « emmancher » les uns dans les autres, ça ne fait pas rapport. Au sens mathématique du terme. Par exemple a/b = 1 est un rapport dont on peut déduire que a = b. Mais si l'on pose homme/femme, etc. ça ne fait jamais du 1.

Alors ils réagissent. Ils s'expriment sur ce choc du réel, ils font sortir la pression, ils produisent de l'ex-pression :

- en intervenant directement sur leur corps qui les déboussole et les fait souffrir : tatouage, piercing, scarifications ; mais aussi vagabondage, errance.
- en jetant leur corps dans des conduites à risque. Alcool, drogues, rapports sexuels non protégés, etc. Pratique d'ordalie où, tels les chevaliers du Moyen Âge, si l'on en réchappe c'est qu'on est élu de Dieu, de l'Autre, de la vie...
- en se coulant dans une bande ou dans le même registre, en confiant leur corps et leurs questions aux réponses extrémistes religieuses ou politiques. La dérive djihadiste prend racine chez les jeunes gens dans ce « traitement » particulier. Paradoxalement il est apaisant de confier sa vie à des idéologies totalitaires qui fournissent clé en main toutes les réponses au « pourquoi vivre ? ».
- mais aussi, et heureusement, en se lançant à corps perdu dans l'art et la création : rythmes primaires du rap et du spam ; journal intime ; écriture poétique...
- plus généralement, les adolescents tentent d'apprivoiser cet impossible du rapport sexuel en l'appareillant aux ressources de la langue. Ils jubilent de la langue : verlan, inventions poétiques, parlers de quartier, etc.

L'exercice de la sexualité exige un « pas-sage » entre la loi du désir et la loi sociale. L'acte éducatif participe de ce passage : il l'accompagne. Dans les prises en charge il revient aux éducateurs d'accueillir ces manifestations, tout en en favorisant des modes d'expression socialement acceptables. C'est ce double mouvement, à la fois d'accueil et d'orientation, qu'il revient légitimement aux éducateurs de soutenir. À stigmatiser les adolescents dans leurs productions dites « violentes », contre autrui ou contre eux-mêmes, on oublie un peu vite qu'il s'agit là avant tout de tentatives, dramatiques, tragiques, inquiétantes, hors norme, agressives, hors sens... de s'exprimer. Nous avons à tenir compte de cette tentative singulière. Une telle hypothèse ouvre la clinique éducative avec les adolescents vers l'accueil de ces « mots gelés » comme le dit si bien François Rabelais dans le *Quart Livre*[1]. Paroles sans mots, paroles d'avant les mots, histoires sans paroles... Paroles écrites à l'encre sympathique (pas toujours) qu'il s'agit de réchauffer, pour les rendre lisibles, à la chaleur de la relation humaine. Le passage à l'acte a toujours pour origine, peu ou prou, un défaut de symbolisation. Dans ces mises en acte les adolescents cherchent leur voie. Aux interlocuteurs que sont les éducateurs de tous poils de se proposer comme lieux d'adresse de cette tentative, pour qu'ils puissent explorer des chemins fréquentables pour eux-mêmes et la société. Bref comme tout un chacun, les adolescents cherchent à qui parler, encore faut-il leur prêter l'oreille ! Cet impératif – je reviens au camp de mon enfance où tous les adultes « protégeaient, assistaient, surveillaient et éduquaient » les enfants et les jeunes, cet impératif est l'affaire de tous. Voilà du coup ce qu'il s'agit dans le travail éducatif de prendre en compte : apprivoiser le déferlement pulsionnel des adolescents, leur ouvrir des voies d'expression socialement acceptables. C'est pourquoi l'éducatif doit primer à cet âge sur le répressif. Et c'est bien l'esprit de l'Ordonnance de 1945, que d'aucuns voudraient remettre en cause au profit d'un tout répressif. Alors « protéger, assister, surveiller, éduquer des mineurs » prend tout son sens.

DE LA CONTRAINTE DE LA LOI À LA LOI DE LA CONTRAINTE[2]

« ... nous ne sommes pas de ces récents philosophes pour qui la contrainte de quatre murs n'est qu'une faveur de plus pour le fin du fin de la liberté humaine. »
Jacques Lacan, « Le temps logique et l'assertion de certitude anticipée »,
Écrits, *Seuil, 1966*

▶ Deux histoires

Dans un foyer éducatif où j'ai animé il y a plusieurs années une supervision d'équipe, un jeune éducateur en apprentissage voit un jeune accueilli lui foncer dessus, rouge de colère. On peut penser au pire. Mais l'éducateur reste de marbre. Il ne bouge pas. Cette attitude stoppe net le jeune dans son mouvement d'agression. Il passe aux insultes. Toujours pas de réaction de la part de l'éducateur. Le jeune s'arrête, estomaqué, va faire un tour dans le jardin. Il revient une demi-heure plus tard et s'excuse. La posture, ferme et rigoureuse et non rigide, de l'éducateur a permis le déplacement de la brutalité de la pulsion (la violence d'un passage à l'acte, les coups) vers une expression (l'insulte), qui même inacceptable, n'en est pas moins une tentative de parole mettant la pulsion à fleur de lèvres, pour aboutir à ce qui est socialement soutenable (l'excuse). Freud dans ses premières conférences de 1917 précise que « l'éducation, c'est le sacrifice de la pulsion ». Le jeune homme en parcourant ces chicanes, ces passages obligés, subjective son acte. Il accepte de sacrifier la décharge pulsionnelle immédiate, cette

1. François Rabelais, *Quart Livre*, Folio-Gallimard, 1998.

2. Reprise d'un exposé lors du colloque de Rodez organisé par le CEF de l'Aveyron sur « Contraintes et pratiques éducatives auprès d'adolescents dits délinquants », les 9 et 10 juin 2016.

« jouissance immédiate », que Freud attribue aussi par ailleurs à l'usage des toxiques, pour ouvrir le chemin de la médiation du langage, démarche qui résume assez bien ce que les éducateurs désignent du terme d'« insertion sociale ». Il illustre ainsi ce que Jacques Lacan énonça dans les années 1960 en direction d'étudiants en philosophie de Normale Supérieure : « *De notre position de sujet nous sommes toujours responsables.* » Souvenons-nous ici que le terme d'« agression » le plus souvent connoté péjorativement, emporte dans son origine l'idée de « marcher vers un autre ». Alors il convient, comme nous le montre ce petit apologue, de faire bon usage de l'agression.

La scène se passe dans une institution très reculée du sud de la France. On y reçoit en pleine campagne des jeunes délinquants, toxicomanes, asociaux, désinsérés. Des jeunes laissés en plan, qui partent à vau l'eau[1]. Ces jeunes viennent du Nord. L'idée qui court alors c'est que l'éloignement géographique, le bon air de la campagne, l'isolement, etc. devraient participer à résoudre leurs difficultés. Idée naïve s'il en est. Comme si la rupture d'un milieu de vie déstructuré pouvait produire par magie une quelconque séparation. J'y assurais, auprès de l'équipe éducative, un travail de supervision depuis plusieurs mois, lorsque lors d'une séance une éducatrice présenta un évènement singulier : un jeune venait de planter un couteau dans le ventre d'un éducateur. L'éducateur avec qui il s'entendait le mieux, et qui « l'avait à la bonne », précisa-t-elle. La blessure est légère, mais l'acte est grave.

— Et alors, questionnais-je, qu'est-ce que vous avez fait ?

— On l'a envoyé chez le directeur qui lui a passé un bon savon.

Ma réaction ne s'est pas fait attendre. J'ai exigé de l'équipe que cet acte soit reconnu pour ce qu'il était, la transgression d'un interdit fondamental, traité au bon endroit et j'ai insisté pour que l'éducateur, soutenu par la direction, porte plainte et que le jeune se confronte au lieu d'inscription de la transgression et de l'interdit, autrement dit : la Justice, seule instance légitimée pour poser une sanction à ce type de passage à l'acte. Et j'ajoutai que, s'ils n'entamaient pas cette démarche, je refusais de poursuivre le travail avec eux. Et surtout, dans ce moment difficile, il s'agissait de poursuivre l'accompagnement du jeune, de ne pas le laisser tomber. Ce à quoi ils ont acquiescé. L'éducateur a porté plainte. Le jeune a été accompagné par une éducatrice tout au long de la procédure. Il y a eu instruction et jugement. Lors d'une séance ultérieure cette éducatrice, la même qui avait fait le récit de l'acte de violence, et qui avait accompagné le jeune tout au long de sa confrontation à l'appareil judicaire, a pu noter l'effet d'apaisement ressenti par le jeune. Répondre de ses actes et supporter la sanction qui en marque la limite, ça apaise. Cette sanction n'obéit pas à une vengeance, ni un caprice, ni à un rejet. Elle est l'émanation de l'Autre du social qui agit en tiers dans toute relation humaine. Elle marque le niveau de contrainte qui exige de tout sujet de s'accepter comme soumis, comme l'étymologie du mot nous y invite : *sub-jectus*, jeté dessous, sous-mis.

---

1. Dans son ouvrage paru en français sous le titre de *Jeunes en souffrance* (Champ Social, 2000), l'éducateur viennois August Aichhorn, conceptualise la position de tels jeunes à l'aide de l'adjectif allemand de *verwahrloste*. C'est un mot qui désigne un terrain laissé en friche et qui, à propos de ces jeunes, emporte un double sens. On les a laissés en plan, laissé tomber, notamment les parents ; mais aussi ils se sont laissé tomber. Véritable invention de cet éducateur-pionnier des années 1920 éclairé par la psychanalyse, la *verwahrlosung* permet de s'ouvrir à une clinique éducative d'où la position subjective n'est jamais évacuée.

▶ Passage à l'acte ; acte de passage

Un passage à l'acte, quel que soit son mode d'expression, témoigne d'abord d'un défaut de symbolisation, d'un excès de la pulsion, ce que les Grecs désignaient comme *ubris*, démesure. Il interroge le point de butée de l'interdit et exige une réponse adéquate. Il s'agit dans un premier temps de repérer la nature de l'acte et la « juridiction », si je puis dire, qui peut en assurer le traitement. Évidemment il ne s'agit pas d'envoyer devant le juge un jeune qui en a bousculé un autre dans la cour. Cela relève d'un mode de traitement intra-institutionnel, inscrit dans la gestion éducative du quotidien, où l'on peut faire jouer, s'il y a lieu, ça va de soi, les instances représentatives de l'autorité, personnel de direction, cadres intermédiaires, référents, etc. Par contre planter un couteau dans le ventre d'un éducateur ne relève en rien d'une instance institutionnelle. La seule instance habilitée à traiter cet acte c'est la Justice. Trop souvent les institutions dans lesquelles j'interviens se laissent aller à cette confusion. Elles sont engluées par la peur que transparaisse à l'extérieur ce qui peut apparaître comme un défaut de sécurité, de surveillance, d'éducation. Quand il ne s'y rajoute pas une touche de complaisance dans l'excuse de mauvais aloi : le pauvre petit avec les parents qu'il a eus, qui le battaient, et puis c'est la faute à la société permissive, où encore c'est la pathologie qui l'entraîne... Ces glissements vers une déresponsabilisation du sujet me paraissent non seulement dommageables, mais vont à l'encontre de tout objectif éducatif, qui vise avant tout la responsabilisation du sujet dans ses actes. Responsabilité a pour origine, ça ne fait pas de mal de le rappeler ici, le verbe latin *respondere*, répondre. La responsabilité consiste bien à répondre de ses actes à qui de droit. Arracher à un sujet sa responsabilité, sous le prétexte de la maladie, d'un défaut d'éducation, voire des dérives sociétales, conduit ni plus ni moins à désubjectiver le sujet accompagné.

Il y a donc face à tout passage à l'acte à se coltiner la contrainte de la loi. Mais tout sujet se trouve aussi dans le même temps confronté à ce qui en lui-même fait loi de la contrainte : la pulsion.

Freud dans ses *Trois essais sur la théorie de la sexualité*[1], pour la première fois en 1905, emprunte à la langue allemande le terme de *Trieb* pour désigner cette énergie qui anime le corps humain, du fait de son appareillage à la parole et au langage. Limite entre le somatique et le psychique imposé, écrit Freud, par le travail de civilisation. L'humain, dont le substrat biologique est d'origine animale, ne se conçoit pas sans cet « apparolage ». Le corps du petit d'homme est soumis dès sa naissance à ce travail de civilisation, qui se transmet avant tout à travers les limites, les interdits, les empêchements. Les « pas tout » et « pas tout de suite » qui ne manquent pas de ponctuer la prime enfance, constituent le socle des interdits sociaux qui se déploient à la base sous les aspects de l'interdit de l'inceste et du meurtre, fondement symbolique

1. Sigmund Freud, *Trois essais sur la théorie de la sexualité*, Folio-Gallimard, 2001.

de la loi. La prime éducation est le théâtre de ces privations, frustrations, castrations. Si ce que transmettent les adultes aux plus jeunes relève bien de l'interdire, c'est pour qu'à plus ou moins long terme, ces jeunes sujets, en intégrant la dimension de la castration, d'abord imposée dans la contrainte, puissent eux-mêmes s'interdire. Comme l'écrit Albert Camus dans son roman laissé inachevé *Le premier homme :* « Un homme, ça s'empêche[1]. » Encore faut-il que les linéaments de cet empêchement aient été un minimum transmis. Cependant nul n'y coupe. Les processus d'hominisation et d'humanisation sont déterminés par un « non à la jouissance » radical et structural. Il s'agit du noyau anthropologique en deçà duquel rien d'humain n'est pensable. Fabriquer de l'humain, selon la belle expression que nous légua Fernand Deligny, relève avant tout de cette transmission humanisante des limites. Qui aime bien, châtie bien, nous dit l'adage bien connu. « L'éducation [souligne Freud dans sa première conférence de 1916 et j'insiste], c'est le sacrifice de la pulsion », mais il ajoute un peu plus loin, que « tout de la pulsion n'est pas éducable[2] ». Évidemment ce serait idéal que la pulsion, qui se présente de façon primaire sous ses aspects brutaux et irrépressibles de la pulsion de mort, selon Freud et de la jouissance, comme la désigne Lacan, soit transformable, sous les auspices des processus de civilisation, au premier chef desquels l'éducation, et qu'elle puisse se déployer dans des modalités socialement acceptables et adaptées aux lois du vivre-ensemble. Créer, travailler et aimer, formes majeures de la sublimation, en résumeraient assez bien la visée. Or les comportements humains nous révèlent tout autre chose : il y a chez tout un chacun une pente glissante à outrepasser les limites, une pente à l'*ubris*, comme la nommaient les anciens grecs pour désigner le débordement des passions. La sanction, selon, je le rappelle, le niveau interpellé par l'acte, fait alors point de butée. Il s'agit bien d'un mode de traitement des débordements pulsionnels. Encore faut-il la penser de façon intelligente et éducative[3]. Encore aussi faut-il prendre appui sur les tentatives et inventions du sujet pour traiter par lui-même la jouissance débordante. L'acte éducatif se produit alors d'une rencontre entre ces tentatives du sujet et les propositions d'appareillage social des éducateurs, notamment à travers des dispositifs de médiation où le savoir-faire du sujet trouve à se déployer selon des modalités d'inscription dans le collectif acceptables.

▶ Violence contre violence

En fait la nature humaine est frappée d'une violence fondamentale, nous dit Jean Bergeret[4]. La violence pulsionnelle qui déborde et qui exige sans cesse son content, son « toujours plus », son « plus-de-jouir », comme l'énonce Lacan en profilant le concept

1. Albert Camus, *Le premier homme*, Folio-Gallimard, 2016.
2. Sigmund Freud, *Conférences d'introduction à la psychanalyse*, Folio-Gallimard, 2010.
3. Joseph Rouzel, « Sanction/Scansion », *Les Cahiers de l'ACTIF*, n° 468/469, mai-juin 2015.
4. Jean Bergeret, *La violence fondamentale*, Dunod, 2014.

de « plus-value » (*Mehrwert*) développé par Marx, cherche ses voies d'ex-pulsion. Elle rencontre sur sa route un barrage, la violence qu'imposent à tout humain les limites et les interdits. Autrement dit, comme le souligne Max Weber, la socialisation, qui consiste à trouver place parmi les autres – et c'est le fer de lance de l'action éducative –, se présente comme violence contre violence[1]. Violence illégitime du sujet qui se laisse déborder par l'excès de la passion à laquelle s'oppose la violence légitime des appareils de civilisation.

« La nature humaine par-ci, la nature humaine par-là, la nature humaine demande avant tout qu'on lui fasse violence », met dans la bouche d'un de ses personnages, Paul Claudel dans sa pièce Tête d'or, déjà citée[2].

Je rappelle que la sanction doublée de son volet de scansion permet à un sujet, quelles que soient ses difficultés à vivre parmi les autres, de prendre place dans la communauté humaine à laquelle il appartient, une communauté de parlants. La sanction qui relève du traitement de l'acte au bon endroit (Justice ou instance disciplinaire institutionnelle), se double d'une scansion qui vise l'appropriation du sens de son acte par un sujet. Répression dans un premier temps ; éducation et travail thérapeutique dans un second. On ne gagne rien à confondre ces deux temps logiques. La sanction est première : elle ne fait point d'arrêt, elle dit qu'une limite a été franchie, elle impose, au nom d'une communauté d'appartenance, une perte de jouissance. La scansion qui relève de l'éducatif et, sur un autre volet, du thérapeutique, prend ensuite le relais pour permettre à un sujet de (re)construire la logique, même inconsciente, de son acte. Ce temps de l'éducatif et du thérapeutique prend effet à partir du savoir-faire développé par un sujet, le plus souvent inadapté aux règles sociales, mais dont qu'il s'agit de prendre en compte dans le plus grand respect de la subjectivité. Prise en compte de la culpabilité d'un côté ; responsabilisation de l'autre. Ce travail de symbolisation sans fin se présente comme seule issue, en amont et en aval, à ce qui précipite un sujet dans un acte inacceptable. Du passage à l'acte à l'acte de passage... De la contrainte pulsionnelle qui impose sa loi à l'acceptation de la contrainte de la loi qui régit le vivre-ensemble : tel est le cheminement, jamais totalement acquis. On n'en aura jamais fini dans le travail éducatif, qui est un des maillons de la transmission interhumaine, de produire les modalités de ce déplacement.

Dans les deux histoires qui ont inauguré mon propos, on peut aisément se rendre compte que l'on a affaire à deux attitudes très différentes. Dans la seconde les éducateurs me semblent singulièrement à côté de leur fonction, en tentant de faire faire à ce jeune l'économie de la confrontation à l'instance de la loi. Alors que dans la première l'éducateur traite la question de la contrainte pulsionnelle dans un dispositif très subtil de rapport au corps. Tenant la position de façon ferme, mais suffisamment désaffectée, il soutient le jeune dans les passages successifs où l'énergie débordante

1. Max Weber, *Le savant et le politique*, 10/18, 2002.
2. Paul Claudel, *Tête d'or*, Folio, 2005.

du pulsionnel est « shuntée » pour aboutir à une modalité d'expression socialement acceptable. Il y aurait beaucoup à dire sur ces formes de médiations (dites parfois activités éducatives) que les éducateurs savent inventer au quotidien et qui ont pour but, non d'occuper les jeunes, comme on l'entend trop souvent, mais d'offrir un espace d'élaboration symbolique, où les gestes, les actes, les paroles, conduisent à des formes d'expression acceptables pour le sujet et son environnement, au regard des contraintes du vivre-ensemble[1]. Ce déplacement de la contrainte interne et subjective vers une contrainte externe et collective, ne tombe pas du ciel. Il s'étaye sur des rencontres humaines, rencontres que la déesse *Tuchè* des Grecs anciens, adoptée sous le nom de *Fortuna* par les romains, se charge de semer sous les pas des humains livrant leur destin à la fortune, bonne ou mauvaise. On peut espérer que les éducateurs, dans cette clinique très subtile du quotidien partagé tel qu'on la voit à l'œuvre par exemple en CEF[2], sachent se rendre disponibles à la bonne fortune. Cela fait des éducateurs des passeurs d'humanité[3].

Je ne conclurai pas sans évoquer les difficultés du contexte actuel dans lequel exercent les intervenants sociaux. Faute de quoi on pourrait me taxer d'idéalisme naïf. Force est de constater que le démaillage dans la transmission des interdits, la disqualification des figures d'autorité[4], parentales, culturelles et sociales, la promotion permanente d'une consommation à outrance d'objets, l'objection aux contraintes de la vie collective, la « haine de la parole[5] »... bref le développement tous azimuts d'un capitalisme débridé prônant la libre circulation des biens et des pulsions, faisant flamber une jouissance sans entrave et désarrimée du langage, constituent autant de facteurs à prendre en compte. Non pour baisser les bras, mais pour inventer des modalités éducatives à la hauteur des enjeux de transmission de l'humaine condition, dont le psychanalyste Jean-Pierre Lebrun a raison de rappeler qu'elle n'est pas sans conditions[6].

---

1. Joseph Rouzel, *Le quotidien en éducation spécialisée*, *op. cit.* ; Joseph Rouzel, « Les médiations éducatives : ça déménage », *Les Cahiers de l'ACTIF*, n° 440/441/442/443, avril 2013.
2. Centre Éducatif Fermé. Structure alternative à l'incarcération, créée en 2002 par la loi Perben I du 9 septembre 2002. 8 à 12 mineurs multirécidivistes ou multiréitérants peuvent y être placés par un magistrat compétent, à la suite d'actes délictueux ou criminels.
3. Loïc Andrien (dir.), *Passeurs d'humanité*, Érès, 2008.
4. Charlotte Herfray, *Les figures d'autorité*, Érès, 2005.
5. Claude Allione, *La haine de la parole*, Les Liens qui libèrent, 2013.
6. Jean-Pierre Lebrun, *La condition humaine n'est pas sans conditions*, *op. cit.*

▶ Ados terroristes, (h)éros tristes[1]

« Nous l'imaginons comme le règne de ceux qui répandent la terreur ; mais tout au contraire, c'est le règne de ceux qui sont eux-mêmes terrorisés. »
Lettre de Engels à Marx du 4 septembre 1870

Commençons par l'*Émile* de Rousseau[2]. La pédagogie négative que prône l'auteur est prévue jusqu'à l'âge de 12 ans. Ensuite avec la puberté, il y a des bouleversements. La rencontre sexuelle et la confrontation au social produisent un choc. Il faudra bien alors révéler au jeune Émile ce que Rousseau désigne comme « les dangereux mystères ». Émile, considéré jusque-là comme asexué, sera alors confronté à la rencontre de l'autre sexe, et devra apprendre que dans cette rencontre, les relations sexuelles sont régies par des lois et des règles qui servent de garde-fou aux « passions naissantes ». L'adolescence est décrite par Rousseau comme un moment critique où le jeune débordé par les pulsions doit être surveillé comme le lait sur le feu. *Émile* met en avant deux points de butée à la pédagogie négative. Jusque-là Émile a été tenu à l'écart des autres et notamment des autres de l'autre sexe, les femmes. Mais avec la puberté, c'est une autre histoire qui se déroule. En effet l'adolescent est confronté à un impossible, l'impossible du rapport sexuel, comme l'énonce Lacan, à savoir que dans la relation sexuelle, quelles qu'en soient les modalités, il n'y a pas de rapport possible. Pour le comprendre il faut peut-être en passer par la métaphore mathématique : soit le rapport a/b = 1, d'où l'on déduit que a = b. Ce rapport dans la sexualité, du fait de la différence radicale introduite dans le corps humain par son appareillage au langage, est impossible : quel que soit le « montage », ça ne fait pas du 1. C'est d'ailleurs ce que nous rappelle en sourdine l'étymologie du mot sexe qui est cousin de section, sécante, sécateur. Le sexe, ça produit une coupure. Non seulement entre les sexes, mais entre tous les êtres humains, et au cœur même de chacun. Voilà donc à quoi Émile est confronté. Émile en l'occurrence étant le porte-parole, l'ombre projetée de Rousseau lui-même, qui se débat avec ces mêmes questions : comment vivre avec les autres, comment faire avec les femmes ? On sait la difficulté de Jean-Jacques dans sa relation aux femmes. Lorsque Mme de Warens s'offre à lui, il en est effrayé, ce qu'il éprouve c'est une forme d'effraction :

> « Je ne sais comment décrire l'état où je me trouvais, plein d'un certain effroi mêlé d'impatience... Comment pus-je en voir approcher l'heure avec plus de peine que de plaisir ? Comment au lieu des délices qui devaient m'enivrer sentais-je presque de la répugnance et des craintes ? Il n'y a point à douter que si j'avais pu me dérober à mon bonheur avec bienséance, je ne l'eusse fait de tout cœur[3]. »

1. Texte paru dans le n° 474/475 des *Cahiers de l'ACTIF*, novembre/décembre 2015. Ce texte a aussi servi d'appui lors d'un exposé à Namur le 19 septembre 2017, dans le cadre de la Ligue wallonne pour la santé mentale.

2. Le début de ce texte, remanié, est intégré dans un chapitre de mon ouvrage *La prise en compte des psychoses dans le travail éducatif* (Érès, 2013) dans un chapitre consacré à Jean-Jacques Rousseau.

3. Jean-Jacques Rousseau, *Les Confessions*, Œuvres complètes, Gallimard, Pléiade, 1959, t. I.

Là encore Rousseau est terrorisé par la jouissance de l'Autre.

Fort de cette expérience difficile, Rousseau repère bien que l'adolescence est le moment de la confrontation non seulement à l'autre, mais à l'autre sexué. C'est un « moment critique », dit-il. Souvenons-nous du fameux passage du livre IV de l'*Émile* : « Comme le mugissement de la mer précède de loin la tempête, cette orageuse évolution s'annonce par le murmure des passions naissantes : une fermentation sourde avertit de l'approche du danger. » Il ouvre ainsi, malheureusement, la voie à une psychologisation outrancière de l'adolescence qui court tout au long du XIXe et du XXe siècle et aboutit à des représentations encore bien actuelles de l'adolescence comme « classe dangereuse ».

Or, si j'en crois l'étymologie, la crise, du grec, *crisis*, c'est le moment d'un choix, où il faut passer au « crible » (même origine) ses pensées, ses sentiments, ses représentations. Je ne ferai pas miennes les conséquences qu'en tire Rousseau, à savoir qu'il convient de surveiller les adolescents comme le lait sur le feu, mais soyons lui reconnaissants de mettre l'accent sur cette expérience de crise liée au passage de l'état d'enfant à l'état d'adulte. La crise adolescente est principalement marquée par l'expérience de la sexualité et de l'incomplétude qui en scelle le vécu. Devant ce choc du réel, chaque adolescent réagit comme il peut pour vivre cette coupure avec les autres, mais aussi en lui-même. Je renvoie au poème de Grand Corps Malade cité précédemment.

Devant cette pression du sexuel les adolescents cherchent des voies d'ex-pression. Les adolescents vont tenter de traiter ce choc du réel accompagné de déception, voire même pour certains d'une certaine terreur. Malheureusement les impasses actuelles de l'inscription sociale liée de tout temps aux deux points de sortie de l'adolescence, les renvoient dans les cordes. Deux portes de sortie en effet se présentent traditionnellement :

- *la reproduction*, voie d'expression de la sexualité, liée à ce que l'on désigne comme nubilité, autrement dit l'âge auquel le corps social accepte le mariage et l'enfantement, soit 15 ans pour les filles, et 18 ans pour les garçons, en France ;
- *la production,* âge de l'entrée dans l'appareil de production, l'emploi, l'investissement social et professionnel.

Il est clair que dans nos sociétés dites hyper ou post-modernes, ces deux voies classiques d'entrée dans l'âge d'homme, sont renvoyées aux calendes grecques et prolongent d'autant ce « moment critique » que cerne Rousseau. Les jeunes ont aujourd'hui des enfants de plus en plus tard ; et d'autre part ils réalisent leur autonomie sociale et financière très tardivement. Combien de « Tanguy » habitent encore chez leurs parents la trentaine passée ! Ce que l'étymologie de ce signifiant élastique, nous rappelle. *Adulescens* signifie en latin : en train de grandir. Mais, ça peut durer[1]...

Face à ces impasses, les adolescents vieillissants se retournent vers des modes d'expression plus spécifiques, mais aussi parfois bien régressives, comme je l'ai déjà développé

1. Joseph Rouzel, « L'adolescence », *Lien Social* n° 122, mai 1991 ; n° 136, septembre 1991.

ci-dessus. Mais j'insiste, car la non prise en compte de ce qui se présente chez les adolescents comme une réponse face au choc du réel sexuel, conduit à des méthodologies éducatives peu ou prou répressives. Devant ces tentatives de dressage et de mise au pas les adolescents se font fort alors de résister, parfois avec une violence extrême. On entre alors dans un cycle infernal. Les adolescents confrontés à l'impossible du rapport sexuel, réagissent :

- En intervenant directement sur leur corps, qui les fait souffrir : tatouage, piercing, scarifications ; mais aussi vagabondage, errance[1].
- En jetant leur corps dans des conduites à risque[2]. Alcool, drogues, rapports sexuels non protégés, défi de la loi, etc. Pratique d'ordalie où, tels les chevaliers du Moyen Âge, si l'on en réchappe c'est qu'on est élu de Dieu, de l'Autre, de la vie... Je pense à ce jeune en scooter que j'ai croisé récemment. J'étais derrière lui en voiture. Le feu passe au rouge. J'ai pensé qu'il allait freiner. Mais non, il a accéléré. La prise de risque est importante : si une voiture démarre un peu vite au feu vert sur le côté, c'est l'accident assuré. Mais il s'agit bien là d'une forme moderne d'ordalie : ça passe ou ça casse. Si ça passe, le sujet est élu... de Dieu, de la vie, de la chance, etc.
- En se livrant à la consommation effrénée des objets du marché pour tenter de colmater le vide, le trou ouvert dans le corps par le non-rapport sexuel, l'impossible complétude de l'être. La difficulté réside dans le fait que la pulsion s'en trouve en permanence excitée et accélère la pression. Le Marché soumet des produits sans cesse nouveaux qui alimentent cette excitation. En fait, croyant consommer, ils en sont... consumés.
- Mais aussi, et heureusement, en se lançant à corps perdu dans l'art et la création : rythmes primaires du rap, slam, journal intime, graphes, BD... Plus généralement, les adolescents tentent d'apprivoiser cet impossible du rapport sexuel en l'appareillant aux ressources de la langue. Ils jubilent de la langue : verlan, parlers de quartier, etc. Ces trouvailles et inventions singulières constituent le plus souvent, pourvu qu'on les reconnaisse comme telles, le point d'appui des projets éducatifs.
- En se coulant dans une bande ou dans le même registre, en confiant leur corps et leurs questions aux réponses extrémistes, religieuses ou politiques. Action directe il y a quelques années et aujourd'hui le Djihad.

Voilà d'où l'expression des adolescents prend sa source : apprendre à faire avec l'inconnu, l'irreprésentable. Se pose la question éducative de les accueillir et de les accompagner, en tant qu'adultes, dans ce cheminement. Remercions donc Rousseau de nous avoir mis la puce à l'oreille sur la vigilance et la bienveillance à apporter face aux dérangements que produisent nos adolescents.

---

1. David Le Breton, *Signes d'identité. Tatouages, piercings et autres marques corporelles*, Métailié, 2002.
2. David Le Breton, *Conduites à risque*, PUF, 2002.

Je reprendrai plus spécifiquement le dernier point de ces stratégies adolescentes. Un certain nombre de jeunes confient leur angoisse, leurs questionnements sur le sens de la vie à des idéologies extrêmes. Religieuses ou politiques. Le Jihad détourne ainsi leur appétence pour le spirituel ou la révolte, vers des formes socialement inacceptables. À ce propos ce serait une erreur d'attribuer, comme le fait Alain Badiou, cette dérive tragique, à une condition de lumpenprolétaire de quartier à la dérive. La plupart des auteurs d'attentat en France avaient une famille, un travail, un salaire...

Comme Freud nous le montre magnifiquement, le groupe de « frères » – c'est ainsi que s'apostrophent les jeunes djihadistes –, est soudé autour d'un chef, qui fait régner une discipline de fer au nom d'une idéologie absolue qui règle tous les détails de la vie quotidienne. Plus besoin de se poser de questions, toutes les réponses sont là, à portée de main. Mais la belle union du groupe a son envers. Elle repose sur la haine de l'autre, du différent, du mécréant qu'il s'agit alors d'éliminer. Paradoxalement : « aimez-vous les uns les autres », a donné son origine à l'Inquisition et nourri la haine de ceux qui ne partageaient pas la même croyance. L'actualité récente, les tueries de Charlie Hebdo et de l'hypermarché cacher en janvier 2015, les massacres du Bataclan et des cafés de Paris en novembre de la même année, les attentats de Nice, Londres... nous poussent à essayer de penser et d'expliquer à nouveaux frais de tels gestes extrêmes. Sachant qu'expliquer ça n'est ni pardonner, ni excuser. Le Djihad qui est d'abord dans la tradition islamique une lutte intérieure contre ses mauvais penchants[1], se trouve détourné vers une tentative de colonisation géographique, physique et psychique. Le Djihad fait ainsi miroir aux alouettes pour des adolescents ou jeunes adultes, pas toujours, contrairement à la rumeur, issus des quartiers dits difficiles, qui trouvent ainsi accueil à leurs questions sur le sens de leur vie. Paradoxalement, s'enfermer dans une idéologie qui cadre les moindres gestes du quotidien, apaise ! Le corps comme l'esprit sont mobilisés et dressés dans des centres d'entraînement. Ainsi le Djihad détourné concentre une série de stratégies qui résonnent avec les problématiques adolescentes : intervention sur le corps, prise de risque, voire la mort et le martyr... Le *marturos* en grec ancien, c'est le témoin qui va jusqu'à risquer sa vie pour sa foi. Mais souvenons-nous ici d'une réflexion terrible de Jacques Lacan : « ... il n'y a que les martyrs pour être sans pitié, ni crainte. Croyez-moi le jour du triomphe des martyrs, c'est l'incendie universel[2]. »

Alors comment lutter ? Si l'on accepte mon hypothèse, évidemment l'entrée dans l'appareil de production (le travail) et de la reproduction (fonder une famille), paraît déterminante. La question est éminemment politique. Le contexte actuel qui voit se déployer le rouleau compresseur d'un capitalisme débridé n'offre guère de possibilités de rêver pour des jeunes gens. La critique de ces jeunes Djihadistes porte sur un

1. On raconte qu'à l'issue d'une bataille un combattant demanda au Prophète : « Quel est le grand Djihad ? » Celui-ci répondit : « C'est la lutte contre soi-même. »

2. Jacques Lacan, *Séminaire VII. L'Éthique de la psychanalyse*, Seuil, 1986.

fond de vérité : si tout ce qu'ont à nous proposer les adultes c'est la consommation incessante d'objets, la vie n'a pas de sens. C'est sur ce fond de critique que jouent les recruteurs pour appâter les jeunes gens, mettant en opposition une vie saine, pure, sans péché, débarrassée de la destruction qu'opère le capitalisme galopant. Évidemment les conclusions qu'ils tirent de cette analyse sommaire sont plus que contestables. Mais cela soulève quand même la question du monde que l'on a à offrir aux plus jeunes. Autrement dit cela engage la responsabilité de l'ensemble du corps social.

D'autre part une réflexion de fond sur les rituels de passages modernes de l'adolescence, comme « fabrique » des hommes et des femmes d'une génération, permettrait d'en renouveler le sens, appuyé par des valeurs transmissibles[1]. Il n'est pas sûr que crier sur tous les tons : liberté, égalité, fraternité, laïcité... soit vraiment entendable pour les plus jeunes. Faute de traduire ces signifiants-phares de la démocratie dans des gestes quotidiens, la confiance en ces piliers de la République s'effrite.

Dans le travail socio-éducaif tout un pan visant le soutien des parents est également à construire. Non à coups de stages de parentalité, comme d'aucuns s'y sont risqués, tenant un discours souvent surplombant et dévalorisant, mais en envisageant un accompagnement au plus près des capacités et des richesses des parents. Il s'agit là aussi d'aller à... l'école des parents et de se laisser enseigner par la réalité vécue de chaque parent[2].

Du côté des jeunes on est en droit d'attendre des professionnels la création de lieux d'adresse où les jeunes gens puissent être accueillis, guidés et reconnus dans leurs capacités d'expression, d'invention, de création, même les plus dérangeantes, selon des modes socialement acceptables. Les adolescents cherchent à qui parler. Il s'agit de ne pas se dérober à cette pro-vocation[3]. Comment permettre les déplacements des mouvements pulsionnels primaires vers des formes socialement inscriptibles ? Ce que Freud désigne sous le terme de sublimation. Tout l'enjeu du travail éducatif réside dans cette visée[4].

---

1. Voir par exemple l'ouvrage tiré d'une enquête de terrain d'Yvonne Verdier, sur « la fabrique » des femmes : *Façons de dire, façons de faire*, Gallimard, 1979.
2. Joseph Rouzel, « Du bon usage des parents », *La lettre du Grape*, n° 46, février 2002, Érès.
3. *Pro-vocare*, signifie en latin, lancer sa voix en avant, donner de la voix. Il s'agit donc d'une forme adressée.
4. Joseph Rouzel, « Les médiations : ça déménage », *Les Cahiers de l'ACTIF*, janvier-avril 2013.

Je reprends l'anecdote citée précédemment. Dans un CER[1] un jeune éducateur en apprentissage voit un jeune accueilli lui foncer dessus, rouge de colère. On peut penser au pire. Mais l'éducateur reste de marbre. Il ne bouge pas. Cette attitude stoppe net le jeune dans son mouvement d'agression. Il passe aux insultes. Toujours pas de réaction de la part de l'éducateur. Le jeune s'arrête, va faire un tour dans le jardin. Il revient une demi-heure plus tard et s'excuse. La posture ferme et rigoureuse de l'éducateur a permis le déplacement de la brutalité de la pulsion (la violence d'un passage à l'acte, les coups) vers une expression (l'insulte), qui même inacceptable, n'en est pas moins une tentative de parole, pour aboutir à ce qui est socialement soutenable (l'excuse). Mais il faut accepter et soutenir ce cheminement qui peut s'avérer plus ou moins rapide. « Le remède à l'adolescence est le temps », nous confie Winnicott. L'entrée et la sortie de ce qu'il désigne comme « pot-au-noir », passage obligé où l'évolution physiologique irrémédiable se conjugue avec des fluctuations psychoaffectives chaotiques et imprévisibles, exigent le temps... qu'il faut. Le temps et la rencontre d'adultes qui ont, comme on dit, du répondant.

« L'effort de l'adolescent, tel qu'il se perçoit à travers le monde entier d'aujourd'hui doit être rencontré : il a besoin qu'une réalité lui soit donnée par un acte de confrontation. Pour que les adolescents puissent vivre et témoigner de vitalité, les adultes sont indispensables[2]. »

« Laissons les jeunes changer la société et enseigner aux adultes comment voir le monde d'un œil nouveau », D.W. Winnicott, le 18 juillet 1968[3].

1. Centre Éducatif Renforcé. Les centres éducatifs renforcés sont des structures éducatives destinées à la prise en charge des mineurs délinquants ou en situation de grande marginalisation. Ils répondent au risque de récidive et d'incarcération. Pour la petite histoire, qui en dit long sur les dérives qui affectent le travail éducatif, ces centres sont d'abord définis comme Centres d'Éducation... Renforcée. C'est bien l'éducation qui demande des renforts et non... les murs !

2. Alain Braconnier et Bernard Golse (dir.), *Winnicott et la création humaine*, Érès, 2012.

3. Donald Woods Winnicott, « L'adolescence », *De la pédiatrie à la psychanalyse*, Payot, 1989.

Chapitre 11

Institutionnel

« En définitive, le réel institutionnel n'est ni dehors, ni dedans, mais il s'infiltre dans une parole qui se diffuse, une parole chargée de réel pulsionnel qui révèle ce certain rapport au jouir qui offrira son style à chaque établissement. »
Jacques Cabassut, Petite grammaire lacanienne du collectif institutionnel, *Champ Social, 2009*

Le rapt de la formation continue

« Nous comprenons votre douleur,
C'est une triste disparition.
Mais dans votre malheur,
N'oubliez pas de régler
Vos droits de succession... »
Les Inconnus, « Rap Tout », 1991

Je prends ici l'expérience d'un centre de formation continue à titre d'analyseur institutionnel. Démantelé sous les coups d'une loi de 2014, comme beaucoup de petits centres de formation, celui-ci fait série avec ce qui se passe en formation initiale (formations utilitaires, d'adaptation à la tâche, aux dépens de la construction d'une culture professionnelle ; éclatement des savoirs dans des domaines de compétence ; perte du sens critique et de l'engagement éthique et politique ; disparition du travail clinique ; instrumentalisation du concept de projet ; effacement du travail d'équipe et du collectif...), mais aussi dans les établissements (disqualification des professionnels avec l'embauche de salariés au rabais ; efficacité, rentabilité ; usagers traités comme des clients ; irruption du Marché ; effraction des méthodes de chiffrage, de comptage ; modes d'évaluation quantitatifs ; perte de la référence à l'équipe ; institution réduite à sa portion congrue d'établissement...) L'histoire du centre de formation que j'ai créé avec l'aide de quelques collègues il y a 18 ans, donne la trame exacte de ce démantèlement de la transmission des métiers. Mais elle projette aussi la mobilisation de ressources possibles et fait la part belle à l'invention et la résistance active...

J'ai créé Psychasoc[1] (Institut européen psychanalyse et travail social, Montpellier) en 2000. Le projet était de mettre à disposition des salariés des établissements sociaux et médico-sociaux un lieu de ressourcement et de questionnement des pratiques, éclairé par l'enseignement de la psychanalyse. La psychanalyse constitue (comme d'autres disciplines) un des socles de discours qui traverse le champ du travail social et permet de rendre compte en raison du bien-fondé des actions. Mais nous avons tenu à ce que l'orientation psychanalytique ne soit pas obérée par des querelles de chapelles ou d'écoles. La trentaine de formateurs, qui tous ont une longue expérience du terrain comme travailleur social ou psychologue, voire médecin, mais aussi un engagement de longue date dans la psychanalyse, ainsi qu'une formation universitaire de haut niveau, s'inspirent d'une démarche pédagogique clinique : il s'agit d'accompagner chaque stagiaire à construire son propre savoir. Certes nous prenons appui sur les concepts issus de la psychanalyse (inconscient, transfert, jouissance, désir...) mais sans jamais perdre la main courante de la pratique des stagiaires. Des formations courtes, entre une et quatre semaines, permettent aux professionnels, comme plusieurs nous l'ont confié, de raviver certaines connaissances théoriques et législatives, de remettre le pied à l'étrier, de souffler, d'assainir leur relation aux usagers et aux collègues, de questionner l'institution et surtout de retrouver le sens de leur engagement auprès de leurs concitoyens les plus démunis. Bref, de penser...

La loi de mars 2014 a complètement ravagé ce dispositif que nous partageons avec plusieurs centres de formation. Ne sont plus agréées depuis, que les formations menant à une certification, une qualification, un diplôme. Ce qui peut s'avérer valable dans certains secteurs, ne l'est guère en travail social où la plupart des salariés ne courent pas après un diplôme supplémentaire. Les formations doivent de plus être adossées à une VAE. Les établissements de plus de 300 salariés ne sont plus tenus de cotiser ; ils ont juste obligation de former leurs personnels. On assiste à une diminution drastique des financements prélevés sur la masse salariale : chute de 2,31 % à 1 %[2], etc. Alerté par une pétition que nous lui avons fait parvenir avec des centaines de signatures, le ministre du Travail, François Rebsamen m'a répondu une longue lettre précisant les points ci-dessus, et ajoutant que la logique qui avait présidé à la loi visait à mettre à disposition des chômeurs des possibilités de se former, oubliant sans doute que lesdites possibilités existaient déjà. Et en conclusion le brave ministre m'assurait qu'il nous restait... les formations en intra.

---

1. www.psychasoc.com. Aujourd'hui plus que de rapt, il s'agit carrément de suppression. Voir le préambule à la cinquième édition en début d'ouvrage.

2. Les discussions sont vives dans les accords de branche pour augmenter légèrement ce pourcentage.

Résultat des courses trois ans plus tard : tous les petits centres de formation tels que le nôtre sont saignés à blanc et mettent la clé sous la porte. Ils licencient pour... lutter contre le chômage[1] ! Quelques centres résistent. Tel Psychasoc, grâce à la reconnaissance des salariés du secteur qui en plus de 18 ans ont pu apporter leur soutien indéfectible. Mais ils sont bombardés d'exigences tatillonnes, bureaucratiques et inadéquates à l'action menée. L'inscription au RNCP (Répertoire national des certifications professionnelles) n'aboutit à rien. Nous l'avons demandée pour la formation de superviseur d'équipes. Réponse négative : ça ne conduit pas à un emploi à plein temps. L'OGDPC nous a été refusée parce qu'il n'y avait pas de médecin parmi nos formateurs, alors qu'il y en a deux. La Certification Régionale également sous prétexte que nous ne faisions par remplir de fiche de bilan par les formateurs et il nous était préconisé d'envoyer en formation nos formateurs sur le handicap, alors que la plupart ont œuvré pendant des années dans ce domaine. Il y a quelques années une OPCA a même carrément refusé aux salariés toutes nos formations en arguant que notre référence à la psychanalyse faisait de nous une secte ! Il a fallu taper fort pour faire tomber cette ignominie. Les récents outils obligatoires de référencement tels Datadock, les référentiels d'évaluation des centres formation et autres joyeusetés nous mettraient en demeure de passer la moitié de notre temps à remplir des dossiers ineptes. Bref si l'on voulait couler les centres de formation continue, c'est réussi[2].

Du côté des salariés, le montage du CPF puis, au 1er janvier 2017, la mise en place du CPA se présentent comme une usine à gaz. Peu de salariés peuvent de fait en bénéficier : ils ont été spoliés de ce droit à se former tout au long de la vie. Question alors : à qui profite le crime ? Faire un tour du côté du RNCP permet de comprendre les dessous de cette stratégie de spoliation. Les lobbys, les Universités et les gros centres de formation, tels les IRTS, sont gagnants. Ainsi, toutes professions confondues, l'organisme qui a inscrit le plus de certifications est... Microsoft ! À quand les formations assurées par Vivendi, Apple ou Google qui n'auront plus qu'à embaucher les petites mains de formateurs que nous sommes ? Assisterions-nous là aussi à une véritable ubérisation de la formation, en attendant de l'étendre à l'ensemble des professions sociales ? Ce que l'on voit poindre avec la création d'entreprises d'intervention sociale en libéral. Le rapt a réussi, il s'agissait bien de détourner l'argent et le droit des salariés. Pourtant il n'y a pas de réaction, ni du côté syndical, ni du côté des salariés. Électroencéphalogramme plat ! Il semble qu'on se laisse plumer sans rien dire.

Pour Psychasoc, nous poursuivons vaille que vaille, mais déterminés, avec les moyens du bord. Nous avons dû licencier notre dernière salariée, qui a créé depuis l'antenne de Psychasoc Intra[3]. Nous maintenons des stages qui nous paraissent essentiels, sur

---

1. Un courrier que m'a adressé le ministre du Travail de l'époque, François Rebsamen, précisait que cette décision visait à renforcer les moyens en formation des chômeurs.

2. Cependant nous avons obtenu Qualiopi pour 4 ans à partir de décembre 2020.

3. Julie Martin, Psychasoc Intra, secretariat2@psychasoc.com.

les psychoses, le transfert, l'animation de groupes de parole, les pratiques d'entretien, la formation de superviseurs... Là où nous accueillions plus de 400 stagiaires par an, nous en recevons à peine une cinquantaine. Tous les jours des salariés désespérés nous appellent pour dire que nos formations n'entrent pas dans le cadre et précisent que ce qu'on leur propose par ailleurs est totalement inadapté.

Alors que faire si ce n'est résister ? Mais nous n'y arriverons pas tout seuls. Et comme aimait à le dire Stéphane Hessel : résister, c'est créer...

Au moment où j'écris, les derniers accords en date du 22 février 2018 entre syndicats et patronat ne font qu'accentuer les prémices de cette spoliation du droit des travailleurs, qui marquent la fin d'un acquis conquis de haute lutte : le droit à la formation tout au long de la vie, désormais soumis à la marchandisation généralisée. En voici les grandes lignes (il convient de lire entre les lignes de cette novlangue pour y voir clair !) telles que synthétisées dans une dépêche de l'AFP le 5 mars 2018. Gageons que les années qui suivent apporteront encore un peu plus de dérégulation. À moins que...

- *Compte personnel de formation* (CPF) en euros et non plus en heures : tous les salariés verront leur CPF crédités de 500 euros par an, plafonnés à 5 000 euros. Les personnes sans qualification auront 800 euros, avec un plafonnement à 8 000. Le taux de reconversion heures/euros n'a toutefois pas encore été arrêté pour les personnes disposant déjà d'un CPF (cinq millions en 2018). Les salariés à temps partiel auront les mêmes droits que ceux à temps plein, une mesure qui va surtout "bénéficier aux femmes", fait valoir le ministère, "puisque 80 % des salariés à temps partiel sont des femmes et 30 % des femmes sont à temps partiel".

- *Formations accessibles via une application :* Elle permettra de s'inscrire et payer directement une formation, sans passer par un intermédiaire ; de connaître ses droits acquis ; les formations certifiantes dans son bassin d'emploi ; le taux de satisfaction des stagiaires ou celui d'insertion dans l'emploi. L'application sera disponible progressivement à partir de 2019.

- *Financement :* Les entreprises s'acquitteront d'une seule cotisation, au lieu de deux actuellement (1 % formation et taxe d'apprentissage). Mais la contribution totale restera inchangée, à 1,68 % pour les entreprises de plus de 11 salariés et 1,23 % pour celles de moins de 10.

- *Collecte des fonds* : Les sommes destinées à la formation seront désormais collectées par les Urssaf – organismes collecteurs des cotisations sociales –, qui les transféreront à la Caisse des dépôts. Actuellement, la collecte de la formation professionnelle continue est réalisée par les organismes paritaires collecteurs agréés (Opca). Mais ce changement, "lourd", n'interviendra que fin 2020 ou en 2021, selon le cabinet.

- *Fin des Opca* : Gérés paritairement, ils seront remplacés par des "Opérateurs de compétences", également gérés paritairement. Ces structures vont notamment financer les centres de formation d'apprentis (CFA), le plan formation des TPE-PME et pourront "co-construire" les diplômes avec les branches "qui le souhaitent". Il y a actuellement 18 Opca de branches et deux Opca interprofessionnels.

- *Création de l'agence "France compétences" :* Elle remplacera les trois instances nationales actuelles (Copanef, Cnefop et FPSPP) et sera gérée par l'État, les organisations patronales et syndicales, et les Régions. Parmi ses missions, la régulation des prix des formations, afin que les coûts "ne dérivent pas", selon le ministère. Il souligne qu'actuellement, le coût d'une formation en CFA peut varier de un à six (entre 2 500 et 14 500 euros pour un

CAP cuisine par exemple). Cette agence régulera aussi la qualité des formations, en définissant un cahier des charges que devront remplir les organismes de formation pour être certifiés, et donc bénéficier d'un financement. Elle aura deux missions de "péréquation" : en direction des "Opérateurs de compétences" qui n'ont pas suffisamment d'argent pour financer tous les contrats d'alternance et en direction des TPE-PME.

- *Modification du Conseil en évolution professionnelle (CEP) :* Un financement spécifique sera dédié à cette structure, actuellement censée accompagner, gratuitement, toute personne qui le souhaite dans son parcours professionnel pour faire le point ou un projet. Le montant pourrait tourner entre "200 et 300 millions d'euros", selon le cabinet. Le CEP sera géré par les régions, l'État et les partenaires sociaux. Sa mission sera "redéfinie" selon le ministère et il va y en avoir un par région. Un opérateur sera sélectionné par appel d'offres, selon un cahier des charges établi par l'État, les partenaires sociaux et les régions.
- *Formation dans les entreprises de moins de 50 salariés* : Un système spécial sera mis en place, qualifié par le ministère de "mutualisation asymétrique". Il s'agit d'une cotisation versée par l'ensemble des entreprises, mais réservée uniquement au financement des plans formation des entreprises de moins de 50 salariés[1].

La psycho, terre-à-pies, institue si on aile[2]...

« Conservez le vide, c'est important pour pouvoir jouer. Restez avec ce vide. C'est comme au foot, le terrain doit être vide, s'il est encombré, vous ne pouvez pas jouer. »
François Tosquelles, « Les médiations », Empan n° 4, *février 1991.*
Propos recueillis par Alain Chapelain, Patrick Tite, Joseph Rouzel.

Le mouvement de Psychothérapie Institutionnelle (PI), et de Pédagogie Institutionnelle[3], fut, et est encore en partie, un véritable laboratoire de la vie institutionnelle. Cette idée simple que soigner l'institution et soigner les soignants participe à créer une ambiance où les malades eux-mêmes se sentent accueillis et accompagnés en toute sérénité, a fait son chemin. Mais comme dans tout mouvement instituant, surtout après la disparition de ceux qui en furent les pionniers, en l'occurrence François Tosquelles et Jean Oury, la rigidité fait retour. Les dispositifs inventifs se sclérosent. On dogmatise. On jette l'anathème. On revient à une forme de religion où chacun s'estime dépositaire des vraies reliques, de la vraie croix... On fait de l'entre-soi en excluant ceux pour qui, comme le soulignait justement Oury, « ça ne va pas de soi ». Et le retour au passé

1. « Et à l'automne 2019, assure le ministère du travail, l'envie de se former, de "*s'upgrader*" même, viendra d'une "appli". Cette dernière ne devrait pas être un simple gadget, mais constituer la pierre angulaire de la réforme. Car dans les projets gouvernementaux, tout passera par elle : les organismes de formation devront y faire inscrire leurs formations et en gérer les disponibilités en temps réel ; les salariés passeront par son intermédiaire pour dénicher leur formation et s'y inscrire ; chacun pourra donner son avis sur les programmes suivis, grâce à des commentaires gérés et classés comme sur le site TripAdvisor... » (Mediapart, le 2 août 2018).

2. Texte paru dans la revue *Nord-Sud* de décembre 2015 consacrée à la Psychothérapie Institutionnelle.

3. Fernand Oury et Aïda Vasquez, *Vers une pédagogie institutionnelle*, Maspéro, 1967.

qui alimente la nostalgie n'est pas de mise. Il faut aller de l'avant. Comme dans toute institution, il s'agit alors de relancer la machine à penser, le rêve, de réinventer le collectif... En cela l'aventure de la PI me paraît exemplaire et enseignante.

« Décalé » m'a dit Patrick Faugeras en me demandant un article. Un n° de la revue, décalé. « Je t'enverrai des questions. » Mais j'ai construit avant des réponses, mes réponses. Serions-nous tout entiers réponse à des questions que nous ne connaissons pas ?

C'est vrai qu'il est grand temps de sortir des cales que la fréquentation des malades, des équipes, des lieux et des temps, nous marque aux mains ; sortir des cales où les toujours mêmes rengaines se « freudonnent » : ah ! Ma brave dame, de mon temps... Où est passé le bateau de la PI ? Coulé ? Ça brasse dans les bouées de sauvetage ? Les équipes de soignants à la dérive, des immigrés refoulés aux portes d'Esquirol et Pinel ? Y'a encore du fric à s'faire, clament les fonds de pension. Saint Alban, Laborde, La Chesnaie, Saint Martin de Vignogoul, etc., ça cote combien en Bourse ? La maladie mentale, ça rapporte ?

Certes la nost-algie n'est plus ce qu'elle était, mais c'est quand même une sourde douleur qui prend au corps et au cœur. Une algie, une douleur du retour, du « c'était mieux avant ». Ça fait souffrir. Ça pince. Mais comment avancer à reculons ? Douleur ou doux leurre ? Ce qui en son temps marqua notre enfance de l'art de se faire compagnons de route de dits « psychotiques », n'est plus que ruine de l'âme. Bien sûr les doux noms de Tosq' comme appelait gentiment François Tosquelles, Oury, Gentis, Bonnafé, Torrubia, etc. nous bercent, mais serait-ce d'illusions ? L'au-delà freudien n'a rien de religieux, c'est la pulsion de mort et ses avatars. La nostalgie en est un des fers de lance. Revisiter le passé à pied sec ne peut que poser en ligne de mire de le dépasser, de s'en libérer. Pas de s'y ficeler.

Alors pour le décalé, je vais laisser venir au jour les empreintes, traces, traits, même d'esprit, qui, comme cette fresque estompée de Volterra, dévisagea Patrick Faugeras.

Premier tableau : c'était dans un petit bistrot à la Villette[1]. On y servait un couscous maison avec du vin en bouteilles d'un litre étoilées. On avait travaillé toute la matinée aux CEMEA pour le comité de rédaction de la revue VST. Lucien est arrivé, le chapeau de guingois. Je me suis pensé : voilà Bogart qui débarque. Il a tombé le galurin, s'est assis, a tiré une clope d'un paquet écrasé, s'est versé un verre : il est comment le couscous ? Puis il s'est lancé dans une diatribe détonante contre l'ennemi juré, Alexis Carrel : des fascistes à la petite semaine voulaient donner son nom à une rue, ou un truc dans le genre. Pendant une plombe le père Lucien nous a fait l'article : tout y est passé. Son regard s'est assombri. La guerre, les thèses ignobles de Carrel, la PI, les rencontres avec Tosquelles, Oury, Le Guillant... Là son œil luisait. Je me suis dit : près de 80 berges et pas une ride. L'indignation du jeune homme est là à fleur de peau, toujours neuve : on n'en aura jamais fini avec la bagarre. Pour un peu plus d'humain, un peu plus de justice, un peu plus de camaraderie. Lucien c'est un type qui ne se laisse pas rétamer par la

1. Voir Joseph Rouzel, *La parole éducative*, *op. cit.*

chienne de vie. Il vous l'empoigne à bras-le-corps et il monte à la barricade, quel que soit l'âge. L'âge n'est pas celui des artères, mais celui du cœur. On a évoqué son rôle dans le mouvement de désinstitutionnalisation ; l'aventure du secteur. Lucien, il m'a tutoyé tout de suite. J'avais la moitié de son âge. La discussion a glissé sur le surréalisme à Toulouse au début du siècle, puis Joë Bousquet... Là on a échangé un clin d'œil. Mais Lucien était déjà ailleurs. Parlons-en du secteur. On a foutu les fous à la porte, oui ! Là où dans le temps on pratiquait sans vergogne l'internement abusif, c'est de l'externement abusif qu'on fait. Le secteur ça consiste pas à foutre les gens dehors, tous ces gens qui cherchent asile devant les vacheries de la vie ou de la société. Il faut qu'ils puissent se réfugier quelque part, qu'on les protège des méfaits de la société, cette société de plus en plus intolérante, normosée, fascisante... Il était lancé, le Bonnafé. Une belle première rencontre. On s'est écrit. On s'est perdu de vue. On s'est revu. Il m'a envoyé un rêve pour un premier de l'an. Quel cadeau ! Pensez donc, un vieil homme qui fait cadeau du récit d'un de ses rêves. Avec ces quelques mots : te laisse pas faire, ce n'est qu'un début, continuons...

Deuxième tableau : C'était en 1986[1]. Des collègues éducateurs venaient de créer la revue hebdomadaire qu'ils avaient intitulée : *Lien Social*. L'idée de départ avec le n° 0 était d'ouvrir une plateforme de petites annonces en direction des travailleurs sociaux. Je les ai rejoints dès le n° 1 pour faire valoir que se présentait là une véritable tribune d'expression et j'ai proposé d'approvisionner la revue avec des articles de circonstances. Un comité de rédaction s'est monté.

Quelque temps plus tard je suis allé rencontrer François Tosquelles que je voyais de loin en loin à l'époque. Tosquelles, que l'on appelait familièrement Tosq' m'accueillit amicalement comme d'habitude. J'étais assez fier de lui présenter la revue et à l'occasion de lui demander une interview.

Comment s'appelle cette revue ?

Lien social.

Il eut un petit moment d'hésitation puis susurra, avec son accent à la Dali, d'une voix douce :

Avec le lien social on peut s'unir, se lier, créer des collectifs, mais on peut aussi... s'étrangler.

Tel était Tosq'. Plein de gouaille et d'esprit, mais ne manquant jamais de faire jouer l'équivoque du signifiant. Le lien social : double lien !

Troisième tableau : En 90 avec mes copains Alain Chapelain[2] et Patrick Tite, deux éducs, on est allés rencontrer Tosq' à Granges. Je lui avais demandé un article pour le n° 4 de la revue *Empan*, sur les médiations. « Je préfère que vous veniez. Je n'aime pas écrire. Quand on écrit, c'est une adresse délirante. J'ai besoin de la parole pour me faire comprendre ». On se pointe avec un magnétophone. Il est tombé en panne sans qu'on s'en aperçoive. Lorsque nous avons écouté la bande : *nada*. Il a fallu tout reconstituer de mémoire. Se réunir, discuter, s'engueuler. Aucun des trois n'avait capté la même chose. Ça a donné un article bizarre, fait de bric et de

1. Reprise d'un texte, « Le lien social, y'a qu'ça », paru, traduit en allemand, dans la revue *Riss* (Vienne/Berlin) en 2011.

2. Alain a été à l'initiative d'une institution sise près de Gaillac, C(é)sure qui pratique l'accueil temporaire de personnes handicapées. Quoiqu'en retraite il reste très actif dans le soutien à cette institution qui s'inspire de la PI. J'ai eu des nouvelles récemment de Patrick, exilé de sa Guadeloupe d'origine, que j'ai accompagné comme stagiaire lorsque je travaillais en toxicomanie. Après un passage à la direction d'une institution pour adolescents sur Paris, il a dirigé un établissement lié à la Protection de l'Enfance à Mayotte et dirige aujourd'hui l'association Grand Dijon Médiation.

broc, des bribes, de bris et collages. En partant Tosq' qui avait interdiction de fumer par son toubib, ferma les bords du cendrier de fortune en papier qu'il avait bricolé, me le tendit en disant : je te donne mes cendres.

Les paroles effacées ; les cendres avant sa mort. On en fait quoi ?

Quatrième tableau : Oury pour ce même n° d'Empan, m'a envoyé un bel article « Lois d'agencement d'un collectif psychiatrique »...

Cinquième tableau : Oury au deuxième congrès de Psychasoc à Montpellier, « Travail social et psychanalyse », bordé par ses groupies... Stop. Stop. Stop...

Mais nom de Dieu, ça ne va donc jamais s'arrêter ? J'm'en sors pas. Douleur/doux leurre. Parler de la PI serait-il toujours aliéné à ce mouvement de *nachträglichkeit*, comme dit Papy Freud, de salto arrière, d'après coup, où le coup est toujours le coup d'après, comme dans « demain on rase gratis ». Un coup raté. Un coup qui colle aux basques. Un mauvais coup. Faudrait ex-terrer les ossements de ces vieux totems ; les broyer dans le mortier de nos chagrins, de nos regrets, de nos infidélités, de nos illusions ; les mélanger au pain et les bouffer, avec une bonne rasade de Madiran pour faire passer. « Cérémonie totémique », écrit Freud dans *Totem et tabou*. Totem et tas de boue ! Les vieux sont morts, ou d'aucuns moribonds. Les bouffer. Les bouffer, les boulotter ces cadavres dont chacun trimbale les effigies. Et comment on fait ? Pour sortir d'un lieu qui nous fut berceau, école, lieu de travail et de rencontres, bain de vie et de mots. Maudits mots dits. Aliénés, vous dis-je. Nous avions bien en tête la litanie : aliénation mentale et aliénation sociale, sus aux réifications. Et voilà qu'empégués dans les glus de la douleur du retour, nous nous aliénons nous-mêmes. Ça ne se transmet plus, le flambeau. Seule son ombre fait fantasmagorie sur les murs de la caverne. La PI a de beaux restes pourtant, chantent certains collègues. On les colle encore au fronton de quelques institutions, ça fait emblème et blason, armoiries et vitrine. Ça mange pas de pain. Article 1 du projet d'établissement : « Nous nous référons à la PI ». C'est pas des blagues, j'ai lu ça. Mais quelles conséquences ? On y travaille dans la plus grande régression : dérives managériales, lobbyisation des établissements dans des associations tentaculaires, systèmes de contrôles féroces, (dits « évaluation »), industrialisation des pratiques, retour à des méthodes éducatives et soignantes régressives (contention, dressage...).

On en serait réduits à l'entre-soi ? Bercés par des signifiants-maîtres bienveillants alors que la bagarre fait rage à l'extérieur, que la tempête nous prend de court, que les bruits et la fureur se donnent en scène sur le parvis de la cathédrale, que les chiens de l'enfer hurlent aux portes ? Et nous serions là bien au chaud, à psalmodier les mantras qui nous furent en d'autres temps viatiques et complies de pèlerins : les noms, les concepts, les dispositifs... Répétés jusqu'à plus soif, célébrés dans d'obscurs chapiteaux sanctalbanesques[1]. Avec les toujours mêmes chevaliers à la triste figure, le toujours même Sancho qui pensa, mais ne pense plus guère, les toujours mêmes moulins à vent et à paroles...

« En ce temps-là j'étais en mon adolescence... », c'est ce qu'écrit en 1913, dans le style flamboyant qui fut le sien, Blaise Cendrars, en entamant sa *Prose du Transsibérien*. « Et j'étais déjà si mauvais poète que je ne sais pas aller jusqu'au bout... », poursuit-il. Le poète revient en arrière, mais le train roule à vive allure. Peut-être faudrait-il bricoler dans l'après-coup l'asile poétique, pour déchirer l'étoffe du souvenir ? S'accepter, à l'instar de Cendrars, mauvais poète, au point de laisser tomber l'illusion d'une quelconque complétude. Viser ce « rien n'aura eu lieu que le lieu », que nous refile Mallarmé sur un coup de dés qui jamais n'abolira le hasard. Bouffer jusqu'à la moelle les images, les visages, les paroles, les textes déposés à même nos corps, nos sensations, nos émotions. Nous sommes malades du retour. Retour de flamme et retour d'âge. « Tous les matins du monde sont sans retour », nous avertit pourtant Pascal Quignard[2].

Il existe en forêt de Brocéliande, en Bretagne, un vallon, le Val sans retour, où je me suis souvent baladé étant jeune.

> « Chieus vaus, ce dist li contes tout avant, estoit apielés li Vaus sans Retour et li Vaus as Faus Amans. Li Vaus sans Retor avoit il non pour chou ke nus cevaliers n'en retournoit, et si avoit non li Vaus as Faus Amans pour chou ke tout li chevalier i remanoient ki avoient faussé viers leur amies de quel mesfait ke che fust, neïs de pensé. » (Anonyme)
>
> « Ce val, dit tout d'abord le conte, était appelé à la fois le Val sans Retour et le Val aux Faux Amants : le Val sans Retour parce qu'aucun chevalier n'en revenait, et aussi le Val aux Faux Amants parce qu'y étaient retenus tous les chevaliers qui avaient été infidèles à leurs amies, cette faute n'eût-elle été commise qu'en pensée. »

C'est un épisode du cycle du Roi Arthur. Une légende y est attachée, racontée dans le *Lancelot-Graal* qui date du début du XIIIe siècle, mais elle circulait oralement avant la fin du XIIe. La fée Morgane, demi-sœur d'Arthur, vit une déception amoureuse avec le chevalier Guyomard qui la repousse sur la suggestion de la reine Guenièvre. Comme Morgane étudie la magie avec Merlin, en représailles, elle crée ce Val sans retour dans la forêt de Brocéliande pour y enfermer les « faux amants », des chevaliers infidèles en amour. Après dix-sept ans, Morgane est déjouée par Lancelot du Lac, resté fidèle à Guenièvre, qui libère 253 chevaliers.

Serions-nous, tels ces 253 chevaliers, victimes (consentantes !) d'un maléfice ? Amours déçus, faux amants, chevaliers infidèles. Voilà l'épopée de la PI. Faute d'accepter le sans-retour nous serions envoûtés dans un Val sans Retour, pétrifiés dans les répétitions, mortifiés de tant d'espoirs déçus, sidérés par l'objet d'un désir qui ne cesse de se dérober. Paradoxalement, la douleur du retour nous plombe vers un passé qui ne serait

1. Allusion à l'hôpital de Saint-Alban en Lozère d'où partit, sous l'impulsion de Tosquelles, le mouvement de PI.

2. Pascal Quignard, *Tous les matins du monde*, Folio-Gallimard, 1993.

pas dépassé, alors qu'il nous faut le penser tiré par la flèche de l'à-venir du présent, le sans cesse présenté ? En dresser l'inventaire, en écrire l'épopée. Les mots nus mentent. C'est pourquoi il faut les habiller. Il ne s'agit nullement de déboulonner les statues que nous avons érigées, nullement du passé faire table rase, mais de considérer que l'essence même de la PI ne jaillit qu'en acte. Un acte qui ne peut que nous mettre hors de nous, nous déloger de ces fins de Moi si difficiles. La PI ou le Point d'Insertion du sujet dans le collectif. Car « le collectif n'est rien que le sujet de l'individuel[1] ». Chacun en porte en soi le potentiel et la poussée vive. Alors la PI se dirait désir. Elle ne tient que sur l'aile fragile du désir. La psycho, terre-à-pies, institue si on aile... Loin des pies voleuses et jacassantes, éblouies par les miroitements des bijoux de famille. Loin des dogmes et des singeries où de trop nombreux zélotes continuent à l'embaumer. Mais comment en serait-il autrement ? Tout mouvement d'ouverture dans le monde est tragiquement suivi des verrouillages des corps et des esprits par les armadas des bureaucrates gardiens du temple.

On ne peut pas faire le vide ; mais le vide nous fait et nous refait. Il s'agit bien, comme l'énonce un juriste du Moyen Âge d'« *instituere vitam*[2] ». La PI est morte, vive la PI...

LE PAIN QUOTIDIEN, C'EST PAS DE LA TARTE[3]...

« La théorie est grise, mais l'arbre de la vie reverdit sans cesse »
Faust, Goethe *(expression fréquemment citée par Freud).*

> Ça se passe dans une formation. Tour de table. Chacun se présente. Une AMP. Le formateur : qu'est-ce que vous faites à longueur de journée ? Je m'occupe du quotidien. Qu'est-ce que c'est ? Ben, le quotidien, quoi...

Il n'y aurait donc rien à en dire de ce quotidien si... quotidien, de ce qui rythme nos jours et nos nuits et ceux des usagers ? C'est bien là que le bât blesse : à y être plongé jusqu'au cou, il faut relever un peu le nez du guidon pour se demander : mais au fond qu'est-ce que c'est que ce quotidien ? Une excursion étymologique m'a facilité l'ouverture. Je décompose le mot : quot-(i)-dien. La première partie ne pose pas de problème : *quot*, tous les, chaque. Par exemple : *quot mensibus*, tous les mois. Le (i) a été introduit pour des raisons euphoniques. La langue française n'aime guère le choc des consonnes. Venons-en au *dies* (origine du -dien). Il faut remonter à l'indo-européen

1. Jacques Lacan, *Écrits*, Seuil, 1966.
2. Voir Alain Supiot, *Tisser le lien social*, Paris, Éditions de la Maison des sciences de l'homme, 2004.
3. Texte issu d'un dossier organisé par *Lien Social* sur le quotidien éducatif, n° 1197, 8 décembre 2016. Voir également mon ouvrage *Le quotidien en éducation spécialisée, op. cit.*

pour en saisir les sens. *Diew*, qui se déplie en *theos* en grec et *deus/dies* en latin, signifie à l'origine la lumière du jour lorsque le soleil se lève, lumière divinisée (*deus*) mais aussi le découpage du temps en jour/nuit, *dies*. Traduction au plus près : *quot-dies*, chaque jour ; mais aussi chaque... dieu. Bref cette petite expédition étymologique nous met devant une dialectique. Bien entendu les jours se suivent et ne se ressemblent pas. Deux dimensions structurent le quotidien : la répétition et la surprise. Il faut bien envisager la sécurité apportée par les effets de répétition : l'organisation du temps dans une institution par exemple obéit à un découpage très ritualisé. Et ça vaut mieux. C'est rassurant. Ce d'autant plus que bien souvent l'on a affaire dans les institutions sociales et médico-sociales à des sujets très... déquotidiennisés. Qu'on me pardonne ce néologisme barbare. Cette organisation rituelle des temps et des espaces se présente pour lesdits « usagers » (parfois bien usagés !) comme le praticable d'un théâtre, cette partie fixe du décor sur une scène. Se lever, s'habiller, déjeuner, travailler, participer à une activité ou un atelier, déjeuner, se reposer, courir, chanter, crier, parler, papoter, échanger, sortir, dîner (ou souper selon les régions), regarder la télé, faire un jeu de société, se déshabiller, dormir, ronfler, rêver, etc. Tous ces verbes à l'infinitif constituent les fonds de scène pour les patients, usagers, sujets... ceux qu'on ne sait pas comment nommer autrement qu'en les enfermant dans une pathologie (psychotique, autiste...), une difficulté à vivre (délinquant, asocial...). Dans ce théâtre institutionnel au jour le jour, les « personnes prises en charge » (autre appellation contrôlée), projettent, transfèrent, donnent à lire et à voir ce qui les habite. Encore faut-il subtilement apprendre à lire ce qui se tisse au jour le jour dans la trame du quotidien. On pourrait ici suivre le conseil déjà cité que donna Maria Montessori à un groupe de jeunes enseignants qui lui demandaient ce qu'il fallait lire pour bien comprendre les enfants : apprenez à lire les enfants ! Apprenons à lire les sujets dans ce qu'ils déposent sur la scène quotidienne.

Ainsi cet enfant dit « autiste » qui passe ses journées à ouvrir et fermer les portes dans l'institution[1]. Bien sûr, c'est vite énervant. Or lors d'un week-end chez ses parents, alors que s'y déroulait une fête de famille et qu'il dérangeait tout le monde avec son manège, sa mère qui n'en pouvait plus le tança vertement : tu nous embêtes, etc. Et c'est le grand-père qui prit alors la parole et dit à sa fille, la mère du petit : laisse-le faire son travail ! Parole de reconnaissance s'il en est. On passe de l'embêtement au travail. Dans les semaines qui suivent l'enfant qui n'avait jamais parlé explique son comportement. Lorsqu'il a refermé une porte il est pris d'un doute extraordinaire : est-ce que le monde derrière la porte continue à exister ? Et il vérifie. Rassuré, il referme la porte, mais à nouveau surgit le doute, etc. La parole libératrice du grand-père a ouvert la porte... des mots. L'enfant peut alors le dire à sa façon au lieu de le faire. On aurait pu imaginer que l'équipe de l'institution apprenne à lire, au-delà d'un comportement jugé dérangeant, ce que l'enfant tentait de dire. Théâtre répétitif du quotidien, dans son organisation, mais aussi dans les symptômes qu'y jouent les sujets. À condition d'en faire le livre de lecture

1. On trouvera de plus amples développements dans mon ouvrage, *La folie créatrice*, paru chez Érès en 2015 ; et *La folie douce*, paru chez le même éditeur en 2018. Voir également Henri Rey-Flaud, *L'enfant qui s'est arrêté au seuil du langage*, Champs-Flammarion, 2010.

des professionnels et de ne pas se laisser bercer par les sirènes qui prônent, de façon aveugle, le redressement des comportements.

On voit poindre alors le deuxième sens sous-jacent que l'étymologie nous a révélé. Et Dieu (*deus*) dans tout ça ? Ici intervient, quelles que soient les croyances de chacun, une dimension de surprise. Prenons Dieu, comme ce qui ne se répète pas, ce qui introduit dans la routine du quotidien le toujours nouveau. C'est la fête spontanée que l'on décide de faire un soir avec un groupe d'ados. On met de la musique et on danse et on rit. Ce n'était pas prévu ? Certes, mais c'est le désir jailli dans l'imprévu qui vient briser ce qui sans cela s'avère répétition mortelle. La voilà bien la dialectique annoncée : accueillir dans ce qui ne cesse pas de se répéter ce qui ne cesse pas de ne pas se répéter : l'invention, la création, la surprise[1]. Je suis effaré lorsque, intervenant dans certaines institutions, je tombe sur un emploi du temps au quotidien blindé, verrouillé, où tout est bouché. Il n'y a plus aucune place pour l'imprévu, aucune place pour ce qui fait surprise dans l'expression du désir. Heureusement que la vie qui, quoi qu'on en dise, n'obéit ni à des programmes, ni à des procédures, ni à des protocoles se charge de faire irruption. Les Grecs anciens l'avaient cerné sous les auspices de la déesse *Tuchè* (*Fortuna* chez les Romains) chargée de mettre des grains de sable dans un quotidien trop bien huilé. Déesse des coups du sort, des bons ou mal heurs, la déesse a pour fonction de nous réveiller d'un quotidien aseptisé. Comment alors, en ayant le souci d'élaborer en institution un quotidien rassurant et sécurisant de par sa répétition, se tenir ouvert à toute irruption de la non-répétition ? Héraclite d'Éphèse, un autre Grec, tout aussi ancien, nous en confie les coordonnées sous les termes de *elpis anelpiston*, l'attente de l'inattendu[2], l'espoir de l'inespéré. Peut-être s'agirait-il d'en prendre de la graine pour dégager les institutions sociales et médico-sociales de la gangue sécuritaire d'un quotidien sans surprise qui petit à petit les étouffe et avec elle les équipes éducatives et soignantes et par voie de conséquence les usagers, qui n'en peuvent mais.

> « Le vent se lève !... Il faut tenter de vivre ! »
> Paul Valéry, *Le cimetière marin*

1. Je renvoie ici aux travaux anciens, mais qui n'ont pas pris une ride, du sociologue Henri Lefebvre sur la critique de la vie quotidienne. Lui qui avait été chauffeur de taxi et balayeur chez Renault, avait aussi fréquenté les surréalistes et gardé le sens de la création et de l'invention au cœur du quotidien le plus banal.
2. Bernard Stiegler, *L'attente de l'inattendu*, HEAD, Genève, 2005.

Chapitre 12

Clinique

« La clinique c'est le réel en tant qu'il est impossible à supporter. »
Jacques Lacan, « Ouverture de la section clinique », Ornicar ? *n° 9, 1977*

La bonne distance...

Commençons par éliminer quelques tartes à la crème. Deux expressions héritées de ce bon Dr Winnicott sont à épurer. « La bonne distance » et « La mère suffisamment bonne ». La première dérivant de la seconde au sens où une « bonne mère » serait apte à trouver la « bonne distance ». L'expression a fait florès dans le champ du travail éducatif, avec des dérives regrettables. Faisons-lui un sort : il n'y a pas de bonne mère, pas plus que de mauvaise. Traduisons : pas de bon ou mauvais travailleur social, éducateur, directeur, financeur, usager, etc. Penser qu'il en est de suffisamment bons c'est impliquer qu'il en est de pas suffisamment bons. C'est ainsi qu'on introduit une discrimination imaginaire tout à fait dommageable.

> À la Princesse Bonaparte qui lui demandait que faire pour être une bonne mère et bien s'occuper de ses enfants, Freud, qui ne se départissait jamais d'une bonne dose d'humour, lui fait la remarque : faites ce que vous voulez, mais de toute façon ça ne sera jamais bien ! Dont acte. Et traduisons à nouveau : dans ces métiers de la relation humaine, on bute sur l'impossible du fait qu'on peut y « être sûrs d'un résultat insuffisant ».

Revenons à Winnicott. L'expression qu'il utilise « *a mother good enough* » trouverait une meilleure traduction, il me semble, sous la forme d'« une mère potable » ; bref, qui fait ce qu'elle peut. Avec, je le signale aux latinistes, un petit jeu de mots à la clé sur l'origine étymologique, entre *potere* (pouvoir) et *potare* (boire). Une mère potable c'est donc celle qui trouve la juste distance avec son enfant, du lieu d'une proximité certaine dans un temps premier, rapprochement dont le sein constitue l'objet, ceci dans le but de lui permettre de développer sa « capacité d'être seul ». On voit bien que la question de la distance, de la juste distance, se travaille alors de part et d'autre[1].

Il me semble qu'ainsi posée la question de la bonne distance s'éclaire si on essaie de la penser dans le champ du travail social. Le but se précise : soutenir, accompagner, aider un sujet dans sa capacité à être seul. Et Winnicott de préciser : seul parmi les autres, indépendant dans l'inter-dépendance. Ainsi peut-on penser sérieusement cette autre tarte à la crème, qui la plupart du temps a perdu tous son sens, et que l'on voit conclure maints projets personnalisés : l'autonomie. Quant à la méthode pour trouver la juste (plutôt que bonne) distance qui permet d'atteindre ce but, je soulignerai qu'il n'y a aucun pied à coulisse qui permette d'en prendre la mesure. Elle est à chaque fois à construire en fonction de chaque relation engagée. Freud nous fournit pour le penser un petit apologue tout à fait savoureux :

> « Un jour d'hiver glacial, les porcs-épics d'un troupeau se serrèrent les uns contre les autres afin de se protéger contre le froid par leur chaleur réciproque. Mais douloureusement gênés par les piquants, ils ne tardèrent pas à s'écarter de nouveau les uns des autres. Obligés de se rapprocher de nouveau, en raison du froid persistant, ils éprouvèrent une fois de plus l'action désagréable des piquants, et ces alternatives de rapprochement et d'éloignement durèrent jusqu'à ce qu'ils aient trouvé une distance convenable ou ils se sentent à l'abri des maux[2]. »

La distance peut porter sur divers éléments de la relation tout au long d'un suivi. Prenons ce qui en constitue souvent le préalable : la question de la demande. Je reprendrai ici une histoire déjà ancienne que j'ai vécue lorsque j'exerçais comme éducateur au Centre Psychothérapique de Saint Simon à Toulouse. Nous avions monté un dispositif pour accueillir le dimanche en fin de journée les enfants que leurs parents ramenaient plus tôt que la rentrée du lundi matin. Cela permettait de travailler au plus près avec un ou deux enfants, il n'y en avait guère plus. Ce soir-là Baptiste, un jeune psychotique, était triste et tournait en rond. Alors que j'étais en train de prendre connaissance du cahier de liaison, pendant qu'il était censé ranger ses affaires, il se présenta à la chambre de garde pour demander un bonbon. Une collègue avait en effet laissé une coupelle sur le bureau, emplie de bonbons de diverses couleurs. Ce que plusieurs enfants avaient bien remarqué et qu'ils utilisaient pour entrer en relation.

— Je t'en propose deux. Regarde : un rouge et un vert. Lequel tu choisis ?

— Le rouge.

— Pourquoi le rouge ?

1. C'est toute la question du transfert qui se profile alors. Voir Joseph Rouzel, *Le transfert dans la relation éducative*, *op. cit.*

2. Sigmund Freud, *Essais de psychanalyse*, PBPayot, 2004.

— Ce week-end avec maman et la petite sœur on est allés en Camargue où il y a des taureaux. Et la petite sœur avait un pull rouge. Les taureaux ont peur du rouge et il y en a un qui a commencé à gratter avec sa patte et à courir vers nous. On a eu peur... Ah ! Je prendrais bien le vert...

— Pourquoi le vert ?

— Tu sais pas, depuis que papa est parti on ne sait pas où, maman elle est triste et ce midi en faisant la vaisselle, elle a cassé... un verre.

On entrevoit dans cette saynète toute la richesse du travail éducatif. Une médiation spontanée du quotidien : la demande d'un bonbon, ouvre à la possibilité pour un enfant d'exprimer sa souffrance. Son père est en train de se séparer de sa mère et son cœur s'est brisé comme le verre que la mère a laissé tomber. Le jeu métonymique et homophonique entre le vert du bonbon et le verre brisé ouvre une brèche où se dit à demi-mot, où se mi-dit, ce qui habite cet enfant. Ici s'illustre ce que Jacques Lacan nous a transmis sur la différence entre besoin, demande et désir : « Le désir s'ébauche dans la marge où la demande se déchire du besoin[1]. » Pour la petite histoire, je me souviens que Baptiste est parti se coucher en oubliant... l'objet demandé. Il n'est pas difficile de penser que l'objet demandé (le bonbon) n'est pas l'objet de la demande (être entendu dans son manque, sa souffrance). Modalité s'il en est de cette capacité d'être seul. Cette médiation improvisée, soutenue par la posture attentive et néanmoins à distance de l'éducateur, a produit de fait la juste distance. Elle n'est jamais donnée d'emblée, mais à inventer à chaque fois dans le fil de la situation et à la mesure de la relation engagée, à la mesure du transfert à l'œuvre.

Une jouissance immédiate... Clinique éducative et addictions[2]

La prise en charge des addictions – on disait il y a 20 ans les toxicomanies – est assez emblématique des dérives que subit le champ éducatif. Petit à petit, ce champ d'intervention qui était largement dévolu aux éducateurs et psychologues, la plupart du temps éclairés par l'approche psychanalytique, avec l'épidémie de VIH, la montée au zénith des sciences médicales dures et d'une pharmacologie en pleine expansion, s'est refermé sur le discours dominant de la médecine. Revenir aux invariants en ce domaine, sans mettre de côté bien évidemment le traitement médical, redonnerait leurs lettres de noblesse à une approche socio-éducative vivante et de bon sens. Le concept

1. Jacques Lacan, *Écrits*, Seuil, 1966.

2. Ce chapitre m'a servi d'appui lors d'une intervention au colloque organisé par l'association Fikira de Mayotte, le 9 et 10 novembre 2018, ayant pour titre : « Addictions et dépendances à Mayotte. (Mé)tisser les savoirs, (trans)former les pratiques ».

de jouissance largement développé par Lacan, à partir de la pulsion de mort chez Freud, présente, en ce domaine comme en d'autres, une main courante fiable.

C'est dans l'air du temps : chacun veut jouir le plus possible et le plus vite possible. Cette expression « une jouissance immédiate » nous vient en droite ligne de Freud. C'est ainsi que dans *Malaise dans la civilisation* il définit ce que produit la drogue, l'intoxication chimique, comme il dit. Immédiate, autrement dit, sans médiation. Immédiate parce qu'à la différence d'autres tentatives de jouissance, qui elles fonctionnent nettement moins bien, comme la parole ou toute autre sorte d'échanges, ce type de jouissance repose sur un court-circuit que l'OMS a bien repéré en définissant la drogue comme la rencontre entre un produit et un organisme vivant. Ce qui permet d'introduire dans la série des drogués les fourmis qui élèvent des pucerons dont elles sucent le suc pour se défoncer. Évidemment, vous voyez l'embrouille. La définition laisse de côté l'essentiel : chez l'humain la jouissance en tant que telle est impossible. Pourquoi ? Parce qu'on parle. Et que je sache le toxicomane fait bien partie des êtres parlants. Donc entre le produit et l'organisme il y a un sujet de la parole et du langage. D'où la difficulté. Pour ma part je n'ai jamais vu de fourmi droguée au suc de puceron venir me consulter comme analyste. Visiblement ça ne leur pose pas problème, aux fourmis, ce que nous, êtres parlants, nommons : drogue. Donc rectifions la formule de Freud : la drogue est une tentative vouée à l'échec de jouissance immédiate. C'est pour cela que les toxicomanes, les addicts, comme on dit aujourd'hui viennent consulter : ça semble marcher un petit moment cette « immédiation », puis ça s'effrite. Comme me l'a confié un toxico lors d'une première rencontre : la poudre, c'est plus ce que c'était ! En effet, sa qualité d'être parlant, il avait eu beau tenter de la faire taire pendant des années, se réveillait et le bousculait. Je ne pense pas qu'on lui ait changé la composition de sa cocaïne. Simplement, le sujet en lui s'était déplacé. Voilà pourquoi dans la clinique des addictions la question des produits est secondaire ; seule la question du sujet permet d'aborder la compréhension et le traitement de ce qui lui pose un problème dans sa vie. Autrement dit : la cause est dans le sujet, comme on dit que le ver est dans le fruit.

D'emblée j'indiquerai qu'en matière de toxicomanie – d'addiction comme on dit aujourd'hui, à la mode anglaise – il convient de ne pas se tromper de porte d'entrée. Ainsi entrer dans la question par la porte des produits, à moins d'être chimiste ou chercheur en toxicologie, n'offre aucun intérêt. Pourquoi ? Tout simplement parce que toute la clinique des toxicomanies nous enseigne que ce n'est pas la drogue qui fait le toxico, mais le toxico qui fait la drogue. Autrement dit ce n'est pas dans les molécules qu'il faut chercher les solutions, voire les dissolutions, mais chez le sujet qui s'y adonne. Une des premières questions que j'ai toujours essayé de cerner avec un toxicomane c'est de comprendre à quoi ça lui sert et comment il s'en sert. Un psychotique peut utiliser la drogue pour calmer son angoisse, alors qu'à un bon névrosé ça peut lui servir à lutter contre la timidité, les coups durs de la vie, etc. Ainsi de ce jeune que j'ai rencontré il y a plusieurs années. « Je me suis drogué à cause d'une meuf... ». J'y reviendrai.

Mais allons faire un tour dans la littérature pour illustrer cette position qui fait du sujet la seule cause de son addiction. Dans son second roman *Le Signe des quatre* mettant en scène Sherlock Holmes, Sir Arthur Conan Doyle lui donne la parole. Il explique alors à quoi lui sert la drogue. Mais allons au texte. C'est l'ouverture du roman : chapitre I, « La déduction est une science ». On le sait : c'est Watson, médecin, qui raconte.

> « Sherlock Holmes prit la bouteille au coin de la cheminée puis sortit la seringue hypodermique de son étui de cuir. Ses longs doigts pâles et nerveux préparèrent l'aiguille avant de relever la manche gauche de sa chemise. Un instant son regard pensif s'arrêta sur le réseau veineux de l'avant-bras criblé d'innombrables traces de piqûres. Puis il y enfonça l'aiguille avec précision, injecta le liquide, et se cala dans le fauteuil de velours en poussant un long soupir de satisfaction.
>
> Depuis plusieurs mois j'assistais à cette séance qui se renouvelait trois fois par jour, mais je ne m'y habituais toujours pas. Au contraire, ce spectacle m'irritait chaque jour davantage, et la nuit ma conscience me reprochait de n'avoir pas eu le courage de protester. Combien de fois ne m'étais-je pas juré de délivrer mon âme et de dire ce que j'avais à dire ! Mais l'attitude nonchalante et réservée de mon compagnon faisait de lui le dernier homme avec lequel on peut se permettre une certaine indiscrétion. Je connaissais ses dons exceptionnels et ses qualités peu communes qui m'en imposaient : à le contrarier, je me serais senti timide et maladroit.
>
> Pourtant, cet après-midi-là, je ne pus me contenir. Était-ce la bouteille du Beaune que nous avions bue à déjeuner ? Était-ce sa manière provocante qui accentua mon exaspération ? En tout cas, il me fallut parler.
>
> — Aujourd'hui, lui demandai-je, morphine ou cocaïne ?
>
> Ses yeux quittèrent languissamment le vieux livre imprimé en caractères gothiques qu'il tenait ouvert.
>
> — Cocaïne, dit-il, une solution à sept pour cent. Vous plairait-il de l'essayer ?
>
> — Non, certainement pas ! répondis-je avec brusquerie. Je ne suis pas encore remis de la campagne d'Afghanistan. Je ne peux pas me permettre de dilapider mes forces.
>
> Ma véhémence le fit sourire.
>
> — Peut-être avez-vous raison, Watson, dit-il. Peut-être cette drogue a-t-elle une influence néfaste sur mon corps. Mais je la trouve si stimulante pour la clarification de mon esprit, que les effets secondaires me paraissent d'une importance négligeable.
>
> — Mais considérez la chose dans son ensemble ! m'écriai-je avec chaleur. Votre cerveau peut, en effet, connaître une acuité extraordinaire ; mais à quel prix ! C'est un processus pathologique et morbide qui provoque un renouvellement accéléré des tissus, qui peut donc entraîner un affaiblissement permanent. Vous connaissez aussi la noire dépression qui s'ensuit : le jeu en vaut-il la chandelle ? Pourquoi risquer de perdre pour un simple plaisir passager les grands dons qui sont en vous. Souvenez-vous que ce n'est pas seulement l'ami qui parle en ce moment, mais le médecin en partie responsable de votre santé.
>
> Il ne parut pas offensé. Au contraire, il rassembla les extrémités de ses dix doigts et posa ses coudes sur les bras de son fauteuil comme quelqu'un s'apprêtant à savourer une conversation.
>
> — Mon esprit refuse la stagnation, répondit-il ; donnez-moi des problèmes, du travail ! Donnez-moi le cryptogramme le plus abstrait ou l'analyse la plus complexe, et me voilà dans l'atmosphère qui me convient. Alors je puis me passer de stimulants artificiels. Mais je déteste trop la morne routine et l'existence ! Il me faut une exaltation mentale : c'est d'ailleurs pourquoi j'ai choisi cette singulière profession ; ou plutôt, pourquoi je l'ai créée, puisque je suis le seul au monde de mon espèce. »

Comme on peut le constater dans ce début du roman nous avons affaire à deux types de discours. Le discours du médecin Watson, prophylactique, technique et culpabilisant. Watson s'inquiète des ravages de la drogue. Et Holmes lui répond en tant que sujet que tout cela il le sait, mais la drogue lui sert à supporter la vie, « la morne routine de l'existence ». En effet on apprend dans d'autres romans que Sherlock Holmes a développé différentes stratégies pour supporter cette chienne de vie : il joue du violon, pas très bien, mais comme le veut l'adage, ça adoucit les mœurs ; il fait des expériences de chimie, ce qui cause de temps à autre certains dégâts dans son appartement ; et surtout il aime résoudre des énigmes policières. Mais lorsque rien de tout cela ne fonctionne, il est catégorique : il a recours à la cocaïne. Nous avons à faire ici à une logique très différente de la logique médicale.

Or il me semble que c'est justement cette logique qui doit primer dans l'approche d'une clinique éducative qui prend au sérieux le sujet et ses dires. Ainsi de ce jeune homme que j'ai accueilli qui énonce d'emblée : « Je me suis drogué à cause d'une meuf. »

La drogue serait ainsi le paravent, l'écran de fumée qui recouvre finalement ce qui affecte tout humain du fait d'être appareillé à la parole et au langage, condition qui impose dans les processus d'humanisation une perte radicale de jouissance. Les toxicomanes ont bien raison de crier haut et fort qu'ils sont en manque, mais dans l'énoncé il faudrait s'arrêter là. Pas en manque de ceci ou de cela, de tel ou tel produit. Mais en manque comme les pipes sont en bois ! La drogue ou l'envers de la castration. C'est ce que met en scène un mythe de création recueilli dans sa Théogonie par Hésiode il y a plus de 2 800 ans. La version la plus intéressante, il me semble, étant celle que Jean-Pierre Vernant rédigea à l'usage de son petit-fils dans *L'univers, les dieux, les hommes*[1].

Dans ce mythe, je m'attacherai à la naissance d'Aphrodite. Au début il y a Chaos, mot que l'on traduit malheureusement par chaos, ce qui n'a rien à voir. Chaos, existe avant tout langage, c'est un innommable. Chaos engendre Gaïa qui deviendra la terre, puis Ouranos. Ouranos est un agité sexuel qui passe son temps à copuler avec Gaïa, dans un corps à corps tel qu'il n'existe aucun espace pour que viennent au monde les fruits de cet accouplement. Un jour Gaïa dit à un de ces rejetons, Chronos, qui est là en train de pourrir dans son ventre : quand Ouranos me pénétrera, prends cette serpe et coupe-lui les couilles. Ce qui fut fait. Ouranos se détacha du corps de Gaïa dans un cri déchirant et alla se loger là où on peut encore le voir. Il forme la voûte céleste. Des gouttes de sang tombèrent sur la terre et donnèrent naissance aux Titans. Le membre tranché d'Ouranos roula dans Pontos, le premier océan. Il se forma une écume, et de cette écume jaillit Aphrodite, d'où son nom « née de l'écume » (*aphros*, écume).

Mais si l'on lit ce mythe à l'envers, Aphrodite, déesse de l'amour, de l'harmonie, de la beauté, est le paravent, le masque de la castration. D'où le terme : « aphrodisiaque ».

1. Jean-Pierre Vernant, *L'univers, les dieux, les hommes*, Seuil, Points-Essais, 2006.

Le produit issu d'Aphrodite, la drogue entre autres, ce pour quoi on le désigne comme aphrodisiaque est bien, lorsqu'on lit ce mythe à rebours, ce qui masque la castration.

Un type qui s'est bien intéressé à la question et qui est même un grand inventeur en la matière puisqu'on lui doit la découverte de la cocaïne, c'est Freud. Dès le début de *Malaise dans la civilisation*, Freud pose la question de ce que veut l'homme. Je défie quiconque de dire autre chose, quelle qu'en soit la modalité, que : je veux être heureux. Mais nous dit Freud, trois obstacles majeurs se présentent qui empêchent cette volonté farouche. Le corps, le monde et les autres. Face à ces obstacles les êtres humains ont sans cesse tenté de dépasser les limites qu'ils leur imposent. Face aux lois du monde, la science sur son versant technologique a fait merveille ; les processus de civilisation, ce qu'on nomme en allemand « *Kultur* », ont permis de se supporter un minimum les uns les autres. « Le terme de civilisation (*Kultur*) désigne la totalité des œuvres et des organisations dont l'institution nous éloigne de l'état animal et qui servent à deux fins : la protection de l'homme contre la nature et la réglementation des relations des hommes entre eux », écrit Freud dans ce même ouvrage. Mais maintenant reste la question du corps : en quoi fait-il obstacle à la jouissance ? On a un corps et évidemment chacun entend en tirer le maximum de jouissance, mais là aussi il y a une limite. Pour outrepasser la limite, depuis tout temps, les sociétés et les individus ont inventé des pratiques corporelles qui visent à demander toujours plus au corps. Le yoga, la gymnastique, le sport, les cures d'amaigrissement, etc. font partie de la série. Mais précise Freud, « la plus brutale, mais aussi la plus efficace des méthodes destinées à exercer pareille influence corporelle est la méthode chimique, l'intoxication. [...] On lui doit non seulement une jouissance immédiate, mais aussi un degré d'indépendance ardemment souhaité à l'égard du monde extérieur. On sait bien qu'à l'aide du « briseur de soucis » (*Sorgenbrecher*) l'on peut à chaque instant se soustraire au fardeau de la réalité et se réfugier dans un monde à soi qui réserve de meilleures conditions à la sensibilité. »

Donc la question est claire, en gros, la drogue, l'intoxication chimique, comme dit Freud, ça sert à supporter l'humaine condition, qui comme le rappelle mon camarade le psychanalyste belge Jean-Pierre Lebrun, dans le titre d'un de ses derniers ouvrages, n'est pas sans conditions...

Je reprends le b.a.-ba. À partir de ces prémisses, comment penser le traitement des toxicomanes. On voit que l'approche médicale, que l'on met le plus souvent en avant, n'a de pertinence que pour soigner les effets secondaires de la prise abusive de drogues. La médecine n'en approche pas la ou les causes. D'ailleurs dans l'histoire du traitement des toxicomanies, pendant bien longtemps, c'est la prise en charge psycho-éducative qui a prévalu. Ce n'est qu'à l'apparition de l'épidémie de Sida que le médical est revenu en force sur un mode assez féroce : poussez-vous de là les psys, les éducs, les travailleurs sociaux, maintenant c'est du sérieux. Et c'est à partir de là que l'on lance la mode des drogues de substitution : Methadone, Subutex, etc. Mode déjà inaugurée de façon dramatique par Freud lui-même. Son collègue et ami, Von Fleischl était accro à la morphine. Freud eu le coup de génie de le faire décrocher en lui administrant des doses de cocaïne. Le traitement fut remarquablement efficace : le patient en mourut. On devrait crier en tant que clinicien : à la drogue il n'y a aucune substitution possible. Pas de substitution qui puisse faire faire l'économie de la castration, de la finitude, de l'incomplétude. La seule issue est finalement de proposer au toxicomane, là où il tente de s'intoxiquer avec des produits, de s'intoxiquer au signifiant, c'est-à-dire de parler de ce qui lui arrive. La parole est un mode de traitement de la jouissance en ce qu'elle évoque la Chose en son absence. La parole comme jaculation extraite du corps rebranche le sujet avec ce qui dans son propre corps s'inscrit comme différence, donc limite, pas tout, autrement dit de se coltiner la castration liée à un corps sexué. Comme l'affirme Lacan, l'angoisse se localise « quand le sujet s'aperçoit qu'il est marié avec sa queue. Tout ce qui permet d'échapper à ce mariage est le bienvenu, d'où le succès de la drogue, par exemple. Il n'y a aucune autre définition de la drogue que celle-ci : c'est ce qui permet de rompre le mariage avec le petit-pipi ». (Discours de clôture des journées d'étude de l'École Freudienne de Paris, 9 novembre 1975).

Que faire alors pour recentrer les prises en charge au niveau éducatif ?

Il me semble que le premier acte à envisager, consiste à désintoxiquer le sujet du ou des signifiants qui l'emprisonnent. Si le signifiant représente un sujet pour un autre signifiant, le clinicien dispose alors d'une voie d'accès à l'histoire du sujet et à son aliénation. Un jour je reçois un toxicomane qui remonte ses manches, exhibe ses bras criblés de piqûres et se contente d'un : je suis toxicomane ! Comme s'il n'y avait rien d'autre à dire. Je ne sais pas ce qui m'a pris, mais je lui ai demandé, à brûle-pourpoint : qui est-ce qui vous l'a dit ? Celui-ci a été interloqué. Mais il est revenu et c'est cette phrase qui avait fait ouverture. La clinique, c'est comme les échecs : il ne faut pas rater l'ouverture. À partir de là il a pu m'expliquer qu'à l'âge de 15 ans sa mère avait découvert un paquet de shit sous son matelas et lui avait lancé à la figure qu'on commençait par le shit puis c'était l'escalade. Et elle conclut cette algarade par : tu vas finir toxicomane ! Or la question qui agite tout adolescent c'est bien celle de l'identité : qui suis-je ? Ce jeune a donc saisi au bond les dires de sa mère en faisant jouer la logique suivante : je me demande qui je suis, ma mère dit que je peux être toxicomane, donc je suis toxicomane. C'est cet énoncé resté dans l'ombre, enfoui dans l'inconscient, que la question énigmatique qui m'avait échappée, « qui est-ce qui vous l'a dit ? », avait exhumée.

Impliquer le sujet dans ce qui lui arrive, c'est d'abord sortir de la fascination des produits. Comment ouvrir des espaces du possible, des lieux où un sujet puisse, soutenu par des cliniciens chez qui il trouve à qui parler, frayer son chemin dans sa propre histoire, pour l'apprivoiser, la faire sienne, sortir de l'aliénation. Toute la dimension clinique se résume à répondre à ces questions. La *teknè clinikè*, telle que l'inventa Hippocrate il y a 2 400 ans implique un savoir-faire, un tour de main, qui vise la rencontre de l'autre là où il souffre, là où son histoire, la maladie, les injustices, les vacheries de la vie, l'ont en quelque sorte, allongé. En effet *clinè* d'où est issu le terme de clinique, je l'ai déjà souligné, désigne d'abord un lit. Ce tour de main du clinicien consiste d'abord à s'incliner – ce mot renferme la même racine que clinique – du haut de son savoir, de son pouvoir, pour rencontrer le sujet. Hors de cette rencontre inaugurale, pas de clinique possible. Autrement dit le clinicien, éducateur, psychologue, soignant, etc. n'a pas d'autre issue que de se livrer aux effets immaîtrisables du transfert. C'est le b.a.-ba. Ensuite peut s'ouvrir ce qu'on appelle du doux mot d'accompagnement. En fait c'est une traversée.

Un film déjà ancien mais qui a gardé toute son actualité, *Les enfants du désordre*, de Yannick Bellon, met en scène une jeune fille, Marie, qui va faire l'épreuve de cette traversée. Elle est toxicomane, se défonce autant avec la drogue qu'avec la prostitution. Elle a une petite fille, Juliette, dont s'occupent ses parents. Une rencontre de hasard en prison où une troupe de théâtre vient présenter un spectacle lui donne l'envie de rejoindre cette troupe, qui dépend de la PJJ. On pourrait naïvement penser que les problèmes de Marie se résument à la drogue et la prostitution. C'est d'ailleurs ce qui l'a conduite en prison. Or une scène où elle incarne une jeune mère avec son enfant dans ses bras la met en résonance physiquement avec la question que la défonce était venue masquer : comment être mère ? Et à partir de là elle peut effectuer la traversée sur ce frêle esquif qu'est le théâtre avec sa magie, mais aussi ses exigences et son cadre rigoureux. « C'est un voyage qui en vaut bien d'autres », lui dira un des personnages, éducateur par ailleurs, mais qui lui aussi joue la comédie. L'accrochage à un éducateur qui est le metteur en scène, ancien comédien minable comme le dit lui-même, lui servira de point d'appui dans cette lente traversée vers elle-même. Le point de contact entre eux se produit lorsque celui-ci lui confie que comédien sans cesse sur les routes, il n'a pas su s'occuper de son fils, qui s'est fait péter la caisse. Il n'a pas su être père, comme elle ne sait pas être mère. Voilà ce qui les tient tous les deux : cet échec, cette faillite. Mais cet éducateur, comédien, magiquement interprété par Robert Hossein, alors qu'Emmanuel Béart débutante offre tout son talent au personnage de Marie, ne tombe jamais dans le copain-copain, il n'a nulle pitié, ni commisération. Le théâtre et ses lois font médiation. Comme metteur en scène il ne s'intéresse pas aux difficultés de Marie, la drogue, la prostitution, son immaturité maternelle. Il joue le jeu et fait le pari que c'est sur le plateau, « dans la lumière des projos » comme il dit qu'elle peut trouver son chemin. Chemin qui passe d'abord par être femme, alors qu'une grossesse précoce, lui a fait sacrifier ce temps de découverte. Mère trop tôt il lui reste tout le chemin à reparcourir : de fille à femme et de femme à mère. C'est sur le chemin de la médiation théâtrale qu'elle avancera à petits pas dans ses propres questions. Notons que ce film a pris appui sur une expérience réelle, *Le théâtre du fil*, menée par des éducateurs de la PJJ dans les années 1990 et que le ministère de la Justice a laissé tomber au profit de pratiques de répression et de rééducation discutables. Comme quoi on ne saurait détacher la question clinique de la question politique.

À partir de ce film on peut mettre en perspective tout ce qu'implique une clinique éducative des addictions, une clinique qui s'attache au sujet et à son histoire et pas aux produits ni aux comportements, qui de toute façon peuvent être des plus divers.

Je résume : la rencontre est première. Puis il s'agit de mettre en place des médiations, qu'elles soient artistiques, culturelles, sportives, du quotidien, etc. C'est sur ce théâtre institutionnel qu'un sujet se saisissant au fur et à mesure de ce qui lui convient, en vient à cheminer au point d'apprivoiser sa propre histoire.

Je pense à une expérience que nous avions menée à l'Association Accueil Toxicomanies de Toulouse, à l'origine de laquelle j'étais avec une collègue psychologue. Nous avions ouvert deux types de médiation. L'une thérapeutique et socio-éducative à partir d'entretiens ; et l'autre artistique, avec des ateliers d'expression : théâtre, art plastique, musique, écriture. En effet un certain nombre de jeunes ne viennent pas aux rendez-vous pour des entretiens, il faut alors passer par d'autres modes d'expression. Un jour je reçois en entretien un jeune envoyé par le Procureur. Il a une manie : il attaque les vieilles dames dans la rue, leur arrache leur sac et se précipite dans une pharmacie pour acheter des boîtes de Néocodion, dont il fait une consommation pharamineuse, sous prétexte que le produit contient un pourcentage infime d'opium. D'emblée il me dit qu'il n'a rien à raconter, puis il enchaîne qu'il a vu dans la salle d'attente une affiche pour un atelier théâtre. Est-ce qu'il peut y participer ? Je le branche sur l'animatrice de l'atelier, qui est une élève d'Armand Gatti. Armand Gatti, à partir de son expérience à l'âge de 15 ans dans les camps de la mort nazis, a développé une technique théâtrale particulière avec des publics en grande difficulté. Il passe plusieurs mois à écouter en groupe les histoires de vie, plus ou moins fictives, des participants. Puis avec ce recueil d'histoires il construit une pièce. Ce jeune homme s'est retrouvé à jouer la scène où il attaque une vieille dans la rue. Non seulement il n'a pas été sanctionné par la justice, mais il a été applaudi et félicité.

Mais il lui a fallu des mois d'efforts pour jouer convenablement cette scène. C'est moins jouissif que le passage à l'acte sur les vielles et la défonce, relativement immédiate. Notons que ce jeune homme avait perdu très tôt ses parents dans un accident et qu'il avait été élevé par sa grand-mère, à laquelle il en voulait à mort, comme il disait. D'où sans doute l'attaque systématique des vieilles dans la rue.

Face à la drogue qui tente de produire une jouissance immédiate, la clinique éducative propose un chemin de médiation. Pas de court-circuit, mais une traversée. Le théâtre ici n'est qu'un média parmi d'autres possibles. L'important n'est-il pas que l'éducateur ou le thérapeute partage une passion, un savoir-faire qui tienne lieu d'entre deux. C'est sur cette scène que le sujet va dans ses paroles et ses gestes mettre à ciel ouvert ce qui jusque-là, y compris à ses propres yeux était caché. Il va, selon une belle expression que l'on doit au poète carcassonnais Joë Bousquet : apprendre à « épouser son destin ».

Et le jeune qui s'était drogué à cause d'une meuf, me dira-t-on ? J'ai laissé en suspens cette phrase énigmatique. À l'âge de 16 ans ce jeune homme était tombé amoureux fou d'une fille. Mais – et c'est souvent le drame des adolescents – ce n'est pas parce que vous aimez que l'autre vous aime en retour. Toujours est-il qu'un beau jour cette jeune fille, avec beaucoup de délicatesse, confie au jeune homme qu'elle l'aime bien, qu'ils font des trucs sympas ensemble, mais qu'elle ne l'aime pas d'amour. Celui-ci tombe de haut, effondré. Le soir même il assiste à un concert de Tore Kunda. Il croise un copain à qui il confie ses déboires ? Celui-ci lui dit : t'inquiètes pas, j'ai ce qu'il te faut. Premier shoot d'héroïne. Voici ce que m'a raconté 15 ans plus tard l'homme qui disait qu'il s'était drogué à cause d'une meuf. Les meufs ont bon dos. En y regardant de plus près, comme le dit Lacan, c'est le mariage avec sa queue, donc la différence sexuelle et la rencontre de l'autre sexe, qui s'est présentée comme insupportable pour lui. L'héroïne lui a servi pendant 15 ans à tenter de supporter cet insupportable. 4 ans de travail thérapeutique l'ont remis au pied du mur de la question que la drogue était venue masquer : comment faire avec le corps d'autrui, alors que Lacan le dit sans ambages : il n'y a pas de rapport sexuel. Les addictions, comme on dit en introduisant un anglicisme, s'inscrivent au rang de ce qui dans le sujet fait symptôme. Et le symptôme ne traduit pas un dysfonctionnement dans des comportements, mais fait signe d'un sujet. L'enjeu de l'accompagnement éducatif, et thérapeutique, vise alors la prise en compte d'un sujet dans ses manifestations, qui peuvent bien évidemment s'avérer dérangeantes pour l'environnement familial, scolaire, social... afin de lui permettre de frayer, sans trahir ce qui le constitue au plus intime, des voies d'expression socialement acceptables.

Le symptôme fait signe d'un sujet[1]

« Texte veut dire Tissu [...] nous accentuons maintenant, dans le tissu, l'idée générative que le texte se fait, se travaille à travers un entrelacs perpétuel ; perdu dans ce tissu – cette texture – le sujet s'y défait, telle une araignée qui se dissoudrait elle-même dans les sécrétions constructives de sa toile. »

Roland Barthes, Le plaisir du texte, *Seuil, 1982*

Une histoire

C'est l'histoire d'un gamin d'une douzaine d'années. Antoine. Il est décrit comme sérieusement agité du bocal : il saute partout, agresse sans raison apparente les autres jeunes ou les éducateurs, il casse tout...

Un éducateur, celui qui raconte l'histoire, revient de congés. Lorsqu'il arrive, étonné, il voit le jeune qui s'enfuit. Il le rejoint dans sa chambre où il s'est réfugié.

Le jeune, de but en blanc : tu es mon « préférant »...

L'éducateur : tu me l'apprends. On va essayer de faire du bon boulot ensemble.

1. Ce texte d'un bricolage inachevé m'a servi de support lors d'une conférence à l'IME et au SESSAD du CENRO à Vertou (44) le 17 février 2014. Le titre reprend celui que j'ai proposé pour une session de formation dans le cadre de Psychasoc.

Le jeune a un temps d'avance : il sait ce que l'éducateur absent ne sait pas : qu'il a été désigné comme référent. Ce jeune d'emblée tisse un lien dans le transfert. Lorsque, sans que celui-ci le sache, puisqu'il était en congé, cet éducateur lui a été désigné comme référent, avant même qu'il le rencontre, le transfert était enclenché. Il y a eu un effet d'annonciation. Cette parole des autres éducateurs qui pensent qu'« avec cet éduc ça peut le faire ! » produit un effet d'annonce sur lequel le jeune va greffer son symptôme en supposant à l'éducateur qu'il ne connaît pas un savoir sur ce qui le fait souffrir. C'est un effet de transfert qui agit avant la rencontre.

L'annonciation est un concept fort dans la tradition chrétienne et constitue un des moments clé du geste christique. Il en existe deux versions. L'ange Gabriel visite d'abord Zacharie et lui annonce que sa femme Élisabeth, une parente de Marie, sera enceinte et accouchera d'un fils qu'ils nommeront Jean et qui préparera le chemin pour l'avènement du Christ. Zacharie est plus que surpris et doute « car je suis vieux et ma femme est avancée en âge. » Alors l'ange qui entend les pensées de Zacharie dit à Zacharie :

> « Je suis Gabriel, qui me tiens devant Dieu ; j'ai été envoyé pour te parler et t'annoncer cette heureuse nouvelle. Et voici : tu seras muet et ne pourras parler jusqu'au jour où ces choses arriveront, parce que tu n'as pas cru à mes paroles, qui s'accompliront en leur temps[1]. »

La deuxième annonciation concerne Marie.

> « Au sixième mois, l'ange Gabriel fut envoyé par Dieu dans une ville de Galilée appelée Nazareth, vers une vierge, qui était fiancée à un homme de la maison de David, nommé Joseph ; et le nom de la vierge était Marie.
>
> [...] L'ange salue la Vierge : "Salut, pleine de grâce !" [...] "Le Seigneur est avec vous."
>
> [...] L'ange lui dit : "Ne craignez point, Marie, car vous avez trouvé grâce devant Dieu. Voici que vous concevrez, et vous enfanterez un fils, et vous lui donnerez le nom de Jésus. Il sera grand et sera appelé fils du Très-Haut ; le Seigneur Dieu lui donnera le trône de David son père ; il régnera éternellement sur la maison de Jacob, et son règne n'aura point de fin."
>
> Marie dit à l'ange : "Comment cela sera-t-il, puisque je ne connais point l'homme ?"
>
> L'ange lui répondit : "L'Esprit-Saint viendra sur vous, et la vertu du Très-Haut vous couvrira de son ombre. C'est pourquoi l'être saint qui naîtra sera appelé Fils de Dieu[2]."
>
> Marie répondit : "Me voici : je suis la servante du Seigneur. Qu'il me soit fait selon ta parole." »

Notons qu'il existe dans la Bible un précédent : l'annonciation faite à Sarah, l'épouse d'Abraham, d'une naissance miraculeuse[3].

Que ces annonciations viennent marquer le passage du féminin au maternel, n'est sans doute pas sans intérêt pour qui s'attache à questionner l'essence même de la transmission. Dans le transfert on assiste le plus souvent à la rencontre de ce « messager » (*angellos*, en grec ancien, est la source du mot « ange ») qui par sa parole va

1. *Évangile selon Saint Luc*, Chap. I, 5-7, 12-22.
2. *Évangile selon Saint Luc*, Chap. I, 26-38.
3. *Genèse*, 18, 9-15.

produire « l'enfantement » du transfert et de ses linéaments logiques. Il y a sans doute dans le transfert une reprise de ce qui fut déterminant au moment de la naissance, à savoir qu'avant même qu'il puisse parler, l'enfant fut d'abord parlé, et même bien avant d'être né. « Oui, souligne Lacan, l'enfant à naître est déjà, de bout en bout, cerné dans ce hamac de langage qui le reçoit et en même temps l'emprisonne[1]. » Les deux annonciations de l'Évangile, mettent en scène deux attitudes face à cette énigme. Le doute et la perte de la parole, chez Zacharie ; l'incompréhension, mais l'acceptation, chez Marie : « qu'il me soit fait selon ta parole ». La Vulgate, version latine de la Bible traduite par Saint Jérôme, met en perspective le terme d'« *humilitas* » pour caractériser l'attitude de Marie. Il y a en effet une certaine humilité à savoir ne pas savoir, ce qui n'est pas un laisser-aller, mais une position subjective active, où le désir inconscient, annoncé par l'ange, prend son envol, en dehors de toute maîtrise. La position du sujet face à cette annonciation est déterminante : soit il enclenche cette supposition de savoir pour laquelle il recherche alors une incarnation en chair et en os, en lui supposant aussi un sujet ; soit il barre le chemin et reste sur place, sans parole.

On doit l'introduction du concept d'annonciation en psychanalyse à deux auteurs. Jeanne Favret-Saada, ethnologue en fait usage dans le cadre d'une enquête sur la sorcellerie dans le Boccage de l'ouest de la France ; ce concept est repris ensuite plus spécifiquement par Jacques Nassif[2]. Ce que ce jeune présente comme comportement excessif, dans la violence et l'agitation, ce que les Grecs anciens nommaient ubris, excès, que nous désignons comme symptôme, trouve son point d'arrimage dans le transfert. Le nouage opère autour de ce point : l'éducateur annoncé devient partie prenante du symptôme, qu'il le veuille ou non. Le jeune n'y est plus tout seul dans ses embrouilles. Il trouve à qui parler, un autre qui offre du répondant. À l'excès du tout (tout tout de suite, tout pour moi...) fait pendant un pas tout, disons-le un... trou, le seul « trou qui vaille ». En s'adressant à l'éducateur, en en mettant un autre dans l'affaire et incarnant son désir (mon préférant), il a convoqué l'éducateur à s'engager. Un trou s'est creusé dans cette position que les éducateurs pointent du côté de la toute-puissance, et qu'avec Lacan nous nommons jouissance. Tous les processus éducatifs, pédagogiques et thérapeutiques visent le traitement de ces excès de jouissance, l'*ubris* des Grecs anciens « Toute formation, humaine, affirme ainsi Jacques Lacan, a pour fonction, par essence et non par accident de refréner la jouissance » (*Autres Ecrits)* Nous verrons un peu plus avant comment dans les institutions sociales et médico-sociales le symptôme se déploie dans ces trois espaces, comment le sujet trouve ses lieux d'adresse et comment s'en déduit un traitement, à la fois global et réparti dans ces différents lieux. Lieux de traitement séparés, différenciés, mais comme le dit Freud qui « convergent vers la même intention ». On peut dire que dans cette scène inaugurale, qui scelle la relation

1. Jacques Lacan, « Les clefs de la psychanalyse », www.psychasoc.com/Textes/Les-clefs-de-la-psychanalyse.

2. Jeanne Favret-Saada, *Les mots, la mort, les sorts*, Folio/Gallimard, 1985 ; Jacques Nassif, *Le bon mariage. L'appareil de la psychanalyse*, Aubier, 1992.

le transfert s'engage du côté du jeune : en vidant la place de sa toute-puissance il suppose à l'éducateur auquel il déclare sa préférence, la clé de ses emmerdements, de ce qui le pousse à s'agiter en permanence et à violenter autrui. On verra comment se distribue cette supposition de savoir dans les trois espaces éducatif, pédagogique et thérapeutique. Je laisse en blanc cette distribution dans les schémas du nœud borroméen qui suivent...

Qu'est-ce en effet qu'un référent ? Le référent c'est un peu le chef d'orchestre, qui se préoccupe de l'harmonie entre les diverses parties : éducatif, pédagogique, thérapeutique, mais aussi tous les partenaires institutionnels, scolaires, parentaux, etc. Il veille à ce que le sujet pour lequel il fait référence ne soit pas écrasé par les bonnes intentions de ceux qui l'entourent. Il maintient la distance et assure les espaces de médiation. Le référent est nécessaire pour garantir la cohérence d'un placement et des prises en charge. On peut distinguer un référent institutionnel et un référent dans le transfert, ce n'est pas toujours le même. Dans l'histoire par laquelle j'ai démarré cette intervention, l'éducateur endosse les deux fonctions.

Lors d'une réunion avec le psychologue, les éducateurs font part de leur désarroi devant ce gamin infernal, qui n'accroche à aucun dispositif institutionnel. « Ce jeune, propose le psychologue, exprime un mal-être ». Bref plutôt que de l'interpréter sur le versant du dérangement qu'il produit, le psychologue restitue au symptôme sa vocation d'adresse : ça signifie quelque chose. Quant à l'adresse, ce n'est sans doute pas un hasard si ce jeune se débrouille pour mettre en scène ses comportements agressifs, ses sauvageries (comme disent les éducateurs) en présence de son « préférant », comme il dit. Il réalise ainsi le sens d'origine du mot agressivité : marcher vers l'autre en en espérant une réponse. Le théâtre institutionnel se fait lieu de scènes à lire, voire à dé... lire ! Souvenons-nous ici une fois encore, tant elle est remarquable, de cette anecdote déjà citée : un groupe de jeunes instituteurs vient trouver Maria Montessori et lui demande :

- Que faut-il lire comme ouvrages pour bien comprendre les enfants ?
- Apprenez à lire les enfants[1] !

Dans sa fonction de référent l'éducateur rencontre la famille : dans celle de ce jeune homme, comme il dit, c'est la mère qui porte la culotte et le père est effacé. Petit à petit dans cet espace de médiation entre parents et enfant, le père reprend du poil de la bête et peut dire à quel point ça lui manque de ne pas voir son fils placé à l'ITEP. La mère reprend sa place. Et le jeune commence à s'exprimer autrement que dans des passages à l'acte : je suis un bon à rien, ma tête est pleine comme une poubelle, y'a pas de trous... ça lui prend la tête... Puis

1. Le lecteur peut être froissé de ces répétitions fréquentes des mêmes citations, des mêmes idées, mais la pensée telle que je la déploie dans cet ouvrage procède ainsi, par insistance, par boucle, en méandres. À la façon des musiciens de jazz. Je pense au *Köln Concert* de Keith Jarret en 1975 qui m'accompagne souvent. Je piétine parfois sur place, je reviens sur les mêmes traces, puis tout à coup un élément nouveau fait une percée.

il demande à participer à un club de boxe dans lequel il s'affronte à la règle, qu'il accepte. Aux dernières nouvelles il a démarré un apprentissage en maçonnerie, métier du père.

Notons que ce cheminement exemplaire fut déjà exploré par Freud lui-même lorsqu'il accompagna Max Graf le père du petit Hans à retrouver confiance dans sa fonction, ce qui rétablit un peu d'ordre dans la famille et permit à l'enfant de dépasser sa phobie de la morsure des chevaux. Phobie par laquelle il avait opéré, si l'on peut dire, une délocalisation de la castration, là où elle aurait dû mordre et organiser sa position sexuée. En effet à Hans qui demandait à sa mère si elle avait un « fait-pipi » comme lui, comme celle-ci répondait que « oui », il ne pouvait inscrire dans le symbolique la différence flagrante qui lui sautait pourtant aux yeux[1]. D'où le symptôme phobique. De la même façon dans les agressions de ce jeune transparaissait qu'il était lui-même envahi par la toute-puissance maternelle, à laquelle le père ne faisait pas barrage.

Retenons du symptôme ce premier point : ça veut dire quelque chose, ça cherche à se dire. C'est sa partie symbolique. C'est un peu comme les « paroles gelées », souvent citées dans cet ouvrage, et dont je donne ici la teneur et la saveur, dont François Rabelais nous entretient dans son *Quart Livre*[2]. Mais une autre part du symptôme, nous l'allons voir, emporte un point de réel, ce point sur lequel tout sujet vient s'échouer, et dont on ne peut le délivrer, sauf à ce qu'il apprenne à faire avec.

François Rabelais : Les paroles gelées (extrait), *Le Quart Livre*, chap. 15 et 16.

> « En pleine mer nous banquetant, grignotant, devisant et faisant beaux et courts discours, Pantagruel se leva et tint en pieds pour découvrir l'environ.
> Puis nous dit :
> "Compagnons, oyez-vous rien ?
> Me semble que j'ouïs quelques gens parlant en l'air,
> je n'y vois toutefois personne.
> Écoutez."
> À son commandement nous fûmes tous attentifs, et à pleines oreilles humions l'air, comme belles huîtres en écaille, pour entendre si voix ou son aucun y serait épars.
> [...]
> "Seigneur, de rien ne vous effrayez !"dit le pilote.
> "Ici est le confin de la mer Glaciale, sur laquelle fut, au commencement de l'hiver dernier passé,
> grosse et félonne bataille entre les Arismapiens et les Nephelibares.
> Lors gelèrent en l'air les paroles et cris des hommes et femmes, les chaplis des masses, les hurrys des harnais, des bardes,
> des hennissements des chevaux et tout autre effroi de combat.
> À cette heure, la rigueur de l'hiver passée, advenant la sérénité et temperie du bon temps, elles fondent et sont ouïes."
> "Par Dieu, dit Panurge, je l'en crois.

1. Sigmund Freud, « Analyse d'une phobie chez un petit garçon de 5 ans (Le petit Hans) », in *Cinq psychanalyses*, PUF, 1989.
2. François Rabelais, *Le Quart Livre*, Points, 1997.

> Mais en pourrions-nous voir quelqu'une ?
> Me souvient avoir lu que, l'orée de la montagne en laquelle Moïse reçut la loi des Juifs,
> le peuple voyait les voix sensiblement."
> "Tenez, tenez, dit Pantagruel, voyez-en ci qui encore ne sont dégelées"
> Lors nous jeta sus le tillac pleines mains de paroles gelées,
> et semblaient dragées perlées de diverses couleurs.
> Nous y vîmes des mots d'azur, des mots de sable, des mots dorés.
> Lesquels, être quelque peu échauffés entre nos mains fondaient comme neige,
> et les oyons réellement,
> mais ne les entendions car c'était langage barbare. »

Pour développer ce qu'il en est du symptôme – ces mots gelés ! – je partirai du titre que j'ai proposé. Le symptôme fait signe d'un sujet. Je vais développer chaque membre de cette proposition (*tableau 12.1*).

Si l'on reprend l'histoire du jeune dont j'ai parlé au début, on comprend peut-être mieux en quoi tout casser, agresser, s'exciter en permanence constitue non pas un défaut de comportement qu'il faudrait redresser, mais donne à voir, je dirai presque à lire, la résistance d'un sujet face à la déferlante de jouissance maternelle. Le symptôme fait donc signe d'un sujet mais de plus un sujet qui appelle à l'aide pour qu'on lui donne un coup de main pour construire des digues face à ce tsunami pulsionnel. L'éducateur, sans doute sans s'en rendre compte – comme quoi il ne faut pas trop gratter dans le pourquoi du comment d'un acte éducatif[1] – a entendu cet appel et il y a répondu en bricolant avec ses collègues un dispositif de médiation où se rencontraient le père et son fils. Ce qui permit au père de reprendre confiance dans sa fonction et d'endiguer les déferlements de la jouissance maternelle. Voici en quels termes Freud félicite son ami Fliess à la naissance de son fils « Salut au père qui a trouvé à endiguer la puissance du sexe féminin, pour qu'il porte sa part d'obéissance à la loi, non plus signalé par la secrète lueur comme la mère, il en appelle aux puissances supérieures : la déduction, la foi et le doute[2]. »

Ceci posé il s'agit d'envisager ce qu'il en est du symptôme dans le monde tel qu'il va, dans une société capitaliste, où tout ce qui vit sur terre est transformé en marchandise avec l'appui du fer de lance du spectacle. Cela implique-t-il de penser qu'il apparaît de nouveaux symptômes, signe d'une « nouvelle économie psychique » comme l'affirment d'aucuns (voir Charles Melman[3]) ou bien, comme le veut l'adage, que c'est dans les vieux pots que l'on fait la soupe du jour ? Pour ma part j'ai opté pour la deuxième version. Le travail éducatif que j'ai mené pendant quelques années, le travail de formateur et de superviseur au plus près des équipes d'intervenants sociaux, le travail d'analyste en cabinet aujourd'hui, m'enseignent une certaine constante de la structure. Le symptôme dans son essence demeure stable : mixte de réel et de symbolique. Il ne saurait donc

1. Voir mon texte sur « L'acte éducatif est une coupure », *Travail éducatif et psychanalyse*, Dunod, 2014.
2. Max Schur, *La mort dans la vie de Freud*, Gallimard, 1975, p. 245-246.
3. Charles Melman, *L'homme sans gravité : jouir à tout prix*, Folio-Gallimard, 2005.

Tableau 12.1. Le symptôme fait signe d'un sujet

1 - Le symptôme	2 - fait signe	3 - d'un sujet
Si j'en crois mon Bailly : *pipto* : faire une chute ; tomber mort ; faire une faute ; tomber au sens de ça tombe bien ou mal... *sun-pipto* : chuter ensemble. Il y a bien 2 morceaux qui tombent ensemble dans le symptôme, un montré et un caché. Ça veut dire, mais ça le dit dans un comportement, une agression (dans l'histoire du jeune). C'est une parole gelée qu'il faut réchauffer dans l'ordre du symbolique pour l'entendre. Cette part de ce que ça veut dire il s'agit bien d'ouvrir des portes au sujet pour qu'il l'exprime.	Le « fait signe » renvoie à cette phrase énigmatique d'Héraclite à propos de l'oracle de Delphes : « *oude legei, oude kruptei, alla semaïnei* », (il ne dit pas, il ne cache pas, mais il fait signe). On retrouve la même racine dans sémantique ou sémaphore. Sémaphore : le porteur de signe. Le sujet se fait bien sémaphore qui à la fois ne cesse pas de dire tout en butant sur ce qui ne peut se dire.	Par sujet il faut entendre ce qui dans l'homme est assujetti, à la fois comme réponse au réel et constitué comme bord dans le symbolique à ce même réel. C'est une margelle autour d'un puits. Ce qui pose problème dans la psychose, c'est qu'on a affaire à un trou sans bord, un puits sans margelle. Évidemment tout n'est pas langage, contrairement à ce qu'affirmait Françoise Dolto.
Par exemple cet enfant autiste déjà cité plus haut que son grand-père reconnaît en demandant à sa fille, la mère du petit : « laisse-le faire son travail ». Qu'il y ait des symptômes implique bien cette capacité du corps à faire écho au signifiant. Ce dont souffre le sujet c'est d'un morceau de discours qu'il refoule dans la névrose, dément dans la perversion et forclot dans la psychose. Cela provient de l'exigence de la pulsion qui ne trouve jamais son content, sa satisfaction. La jouissance n'a jamais son compte. Alors l'inconscient ruse pour en faire passer des bouts. Ce déplacement constitue chez Freud la première définition du transfert, (*übertragung*) comme contournement de la censure qui refuse ce fragment de discours comme inacceptable.	Alors le symptôme fait signe de quoi ? D'un excès de jouissance non traitée par l'appareil symbolique. Nous verrons que dans l'institution chacun prend en charge cet appareillage, sous la forme des différents dispositifs institutionnels. C'est ainsi que Freud dans ses conférences de 1915-1917 en parlant de l'éducation, précise que « c'est le sacrifice de la pulsion » tout en ajoutant un peu plus loin que « tout de la pulsion n'est pas éducable ». Il y a un reste, un réel qui résiste.	En deçà du symbolique subsiste un « infracassable noyau de nuit » (André Breton), un « réel sans loi » (J. Lacan). Le symptôme fait signe que le sujet ne se dilue pas dans l'Autre, ni dans l'Autre maternel, ni dans l'Autre collectif du lien social, ce qui ouvre la voie à deux modes de traitement, lorsque le sujet a du mal à s'en débrouiller : sur le versant psychique et sur le versant social. Le sujet se défend, c'est d'ailleurs cette défense qui prend forme et se greffe dans les trois cercles de l'éducatif, du pédagogique et du thérapeutique.

Tableau 12.1. (suite)

Mais d'autre part tombent ensemble deux autres morceaux, du symbolique, mais aussi du réel. Comme l'écrit Freud à Martha le 25 octobre 1883 : « il y a des véritables trous dans l'univers ». et pas que dans l'univers, j'ajouterai. Mais l'humain, comme sujet est construit sur un trou, ce que Lacan désigne comme réel. Il faut donc aussi entendre le symptôme comme réponse du sujet à ce trou (voir colonne 3).	Valère Novarina, dans *Le théâtre des paroles* parle de ceux qui portent leur néant à l'intérieur, leur trou dedans. Et c'est bien ce qui définit l'espèce dite humaine, l'animal parlant. « Nous sommes venus d'une scène où nous n'étions pas. L'homme est celui à qui une image manque » (Pascal Quignard, *Le sexe et l'effroi*) D'où vient ce trou que l'homme porte à l'intérieur ? Il vient de l'Autre, de l'Autre parlant qui a accueilli le petit d'homme à la naissance. Le premier Autre, la mère, premier passeur de la figure de l'altérité, qui s'incarnera par la suite dans la rencontre des petits autres. D'où le possible nouage du transfert. Le premier traumatisme, est cette voix venue de l'Autre, et d'abord de façon primordiale de l'Autre maternel, qui est entrée par effraction dans le corps du petit d'homme. C'est le premier et seul « troumatisme » que cette perforation par la langue. « Les pulsions [dit Lacan], c'est l'écho dans le corps qu'il y a un dire » (Le *Sinthome*, p. 17). La réaction à ce dire qui vient d'ailleurs et déchire le continuum sensible du petit d'homme, c'est un effet-sujet. Le sujet est ce point de résistance à cette pénétration, c'est en s'opposant à ce point d'effraction qu'il se constitue comme sujet-symptôme, là où ça tombe en lui, réel et symbolique à la fois, trou et langage.	Puis cette brutalité trouve chez le sujet ses façons de s'apprivoiser. Le sujet apprend à y faire avec son symptôme selon des voies socialement acceptables, mais sans trop lâcher de sa singularité. C'est pour désigner ce mouvement d'apprivoisement du symptôme que Lacan mobilise un vieux mot de la langue française, « sinthome ». Cela lui sert en partant du travail d'écriture de James Joyce, d'abord à désigner les bricolages du psychotique, mais je pense que l'on peut l'étendre à ce savoir-faire particulier de tout sujet pour vivre parmi les autres. De fait il faut alors entendre le symptôme comme la signature, la marque, le logo, l'emblème, le blason, les armoiries d'un sujet.

être épuisé par l'interprétation : demeure au cœur du symptôme un non-sens qui fait énigme. Évidemment le sujet compose avec les pressions actuelles qui conduisent à la réification des sujets, la déresponsabilisation généralisée, etc. mais le tranchant « révolutionnaire du symptôme » (*cf.* Marie-Jean Sauret[1]) où un sujet s'oppose farouchement à ce qu'on le prenne pour une chose, une image, un objet, reste vif. On peut d'ailleurs en voir des formes en retour du côté des jeunes : le slam, le rap, une certaine forme de création dans la poésie ou l'art, en tout cas dans leurs versions artisanales, témoignent d'une bonne santé pour « réaliser » le symptôme.

Voyons maintenant comment se distribuent les modes de résistance des sujets selon les trois brins ou ronds de ficelle du nœud Borroméen[2]. Ensuite nous envisagerons les modes de traitement institutionnels du symptôme, autrement dit : comment se nouent ces trois brins qui serrent en leur point d'assemblage @, autrement dit un trou[3] ?

Plutôt que de verser dans ce qui basculerait dans des généralités, je laisse ci-après, en blanc, comme dans certains livres d'enfants, ces accrochages possibles à reporter sur chaque rond. Cela permettra aux professionnels de les construire au plus près de leur expérience clinique (*figure 12.1*).

Le symptôme va venir se déposer dans chacun de ces cercles, sous l'aspect de comportements que l'on désigne alors comme troubles de la conduite : agressivité ou repli sur soi, passages à l'acte, délinquance, consommation de toxiques, etc. (E) ; mais aussi comme opposition et résistance à l'acquisition du savoir scolaire, de désordres dans les apprentissages que la série des dys- tente de caractériser : dys-orthographie, dys-lexie, etc. au point parfois d'apparaître comme forme de débilité mentale, (P) ; mais encore dans des manifestations de désordres psychiques qui se donnent à lire dans des conduites déviantes, des troubles de l'alimentation (anorexie, boulimie) et du sommeil, des désordres langagiers (néologismes, inversion de mots...) et un certain nombre de productions inconscientes que la psychopathologie a cerné de près.

1. Marie-Jean Sauret, *L'effet révolutionnaire du symptôme*, Érès, 2008.

2. En mathématiques et plus précisément dans la théorie des nœuds, les anneaux borroméens constituent un entrelacs de trois cercles qui ne peuvent être détachés les uns des autres même en les déformant, mais tels que la suppression de n'importe quel cercle libère les deux cercles restants. En psychanalyse c'est ainsi que Jacques Lacan choisit de représenter la structure du sujet, à quoi a trait son inconscient, en nommant ainsi chaque anneau : le Réel, le Symbolique et l'Imaginaire, RSI (Wikipédia). Sur l'usage du nœud borroméen, issu de l'enseignement de Lacan, dans le champ éducatif, voir : Jeanne Granon Lafont, *Les « pratiques sociales » en dette de la psychanalyse*, Point Hors Ligne, 1994, épuisé. Réédité par mes soins aux éditions Érès en 2019 sous le titre de *Traité de la parole dans les situations d'aide*.

3. Je désigne ainsi l'objet *a* de Lacan, dans la foulée des travaux de Jeanne Lafont. Voir sur le site de l'association l'@psychanalyse mon texte d'introduction : www.apsychanalyse.org.

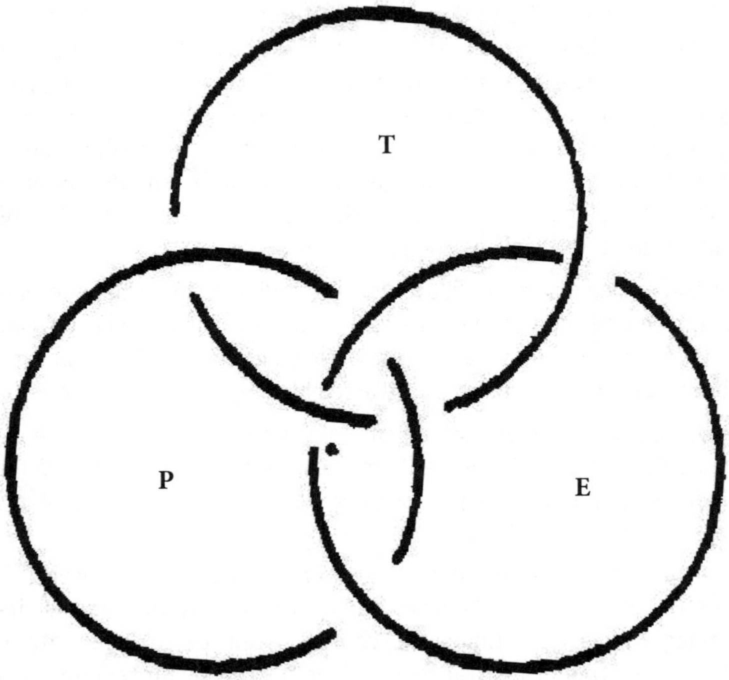

Figure 12.1. Répartition du symptôme selon les cercles éducatif (E), pédagogique (P), thérapeutique (T).

J'illustrerai ma position par le cas d'une jeune fille de 13 ans présentée comme anorexique. Sur le plan éducatif du savoir-être elle se cloître dans sa chambre, refuse de parler à ses parents, n'a pas d'amis, et passe son temps prostrée ; sur le plan pédagogique, en cinquième, alors qu'elle était brillante jusque-là elle refuse toute acquisition, se cantonne au fond de la classe et dessine de façon compulsive des rosaces avec un compas ; l'anorexie, le refus de manger, sur le plan thérapeutique est d'abord à entendre comme refus généralisé, signe qui marque l'ensemble de sa position subjective : refus du lien, de l'apprentissage, de la nourriture[1].

Notons tout d'abord qu'en matière de traitement du symptôme, il ne s'agit en rien de l'éradiquer, mais d'en faire tout d'abord une lecture, afin d'en atténuer les désagréments causés dans l'environnement familial, scolaire et relationnel. La lecture et l'interprétation sur le versant symbolique du symptôme n'épuisent pas le symptôme, mais permettent au sujet d'apprendre à faire avec le réel qui le constitue. Le symptôme

1. Joseph Rouzel, « L'heureux fuse... », intervention au colloque « Le refus. Formes et stratégies », organisé par le CIRCLES à l'université de Nice-Antiplolis, du 27 au 29 janvier 2011 (Inédit). Texte repris dans Joseph Rouzel, *Ailleurs. Pratique de la psychanalyse*, Le Retrait, 2019.

en effet dans son ancrage dans le réel du corps, constitue le mode de résistance princeps dégagé par le sujet pour résister à la jouissance de l'Autre, et de façon première, de l'Autre maternel. La voix de la mère effracte et perfore la chair du petit d'homme ; il s'y oppose et cette résistance qui le constitue comme sujet, dégage une marque : le symptôme telle une signature première du sujet. Signature au pied de la lettre, matrice des constructions secondaires dans le langage où le sujet doit en passer par les sons et les mots de l'Autre pour se les approprier. Le sujet parle du lieu où il a d'abord été parlé. Le traitement dans ses trois cercles EPT prend en compte ces deux dimensions sur l'aspect symbolique et réel.

Dans le cercle éducatif (E), champ d'intervention des éducateurs, au sens large, le sujet va être accompagné dans une série de médiations, ludiques, sportives, culturelles, etc. afin qu'il puisse apprivoiser un certain savoir-être apaisé qui règle le vivre-ensemble. Dans le cercle pédagogique (P), champ d'intervention des enseignants scolaires, techniques, d'apprentissage... les acquisitions de savoir dans tous les domaines (littéraire, scientifique, culturel...) vont fournir au sujet des outils d'élaboration pour construire son histoire tout en s'inscrivant dans l'histoire des découvertes de l'humanité. Il va ainsi produire à sa mesure des inventions dont certaines peuvent entrer dans une reconnaissance sociale et conduire à l'exercice d'un métier. Dans le cercle thérapeutique (T), champ d'intervention des divers thérapeutes : médecins, psychologues, psychomotriciens, orthophonistes... sont mis au travail les formations inconscientes qui produisent des manifestations intolérables pour le sujet et son environnement. Dans des ateliers spécifiques, des entretiens, des dispositifs tel le psychodrame... On peut donc concevoir le traitement du symptôme, non comme une lutte contre, mais comme un combat avec, à l'instar de cette lutte avec l'ange que Delacroix peint dans une fresque éblouissante pour la chapelle des Saints Anges de l'église Saint Sulpice. On y voit que le combat et un combat avec soi-même. Les armes sont à terre. Le texte biblique qui inspire Delacroix précise qu'il dure toute la nuit et qu'au petit matin l'ange blesse à la cuisse Jacob, le marquant du signe de l'humain, l'incomplétude, le manque, la perte de jouissance. L'humain boite, mais boiter n'est pas pécher[1]. Telle est l'humaine condition. Ainsi ira le sujet ayant franchi le Yabok, mot inversé de son nom Yakob, qu'il abandonnera sur ordre de l'ange, pour se désigner comme Israël. Cette incomplétude radicale qui produit un changement ou une appropriation ou une invention chez un sujet donné, se tient au centre du nouage borroméen, comme un trou, un trou dans le savoir-faire (E), un trou dans le savoir (P), un trou dans le savoir-être (T). Ce n'est qu'à partir de ce trou qu'un sujet en inventant sa solution à partir des solutions qu'on lui propose, y compris dans le refus, comme on peut le voir dans le cas présenté ci-dessus, investit sa propre vie, ses projets et projections.

1. Lucien Israël, *Boiter n'est pas pécher*, Denoël, 1990.

Reprenons le cas évoqué. Le travail avec la psychologue a mis en exergue que cette jeune fille venait d'avoir ses règles. Elle se présente alors comme rebelle : je refuse les règles et la féminité ! Autant dans le vivre-ensemble, dans les règles de l'institution scolaire, mais aussi de la grammaire, etc. ; et elle refuse son corps qui lui échappe...

Le traitement, suite à un travail de nouage commun des trois ronds dans ce dispositif particulier désigné comme synthèse, aboutit à une hypothèse centrale : l'aider à faire avec ce refus entendu paradoxalement comme parole (muette, gelée) d'affirmation d'un sujet : non je ne suis pas un sujet qu'on soumet à la règle. Il apparaît que sa mère est obsédée depuis qu'elle est petite par la nourriture. Elle s'inquiète sans cesse de savoir si sa fille non seulement a bien mangé, mais mesure sans cesse les doses de calories, de glucides, protides et autres composants qu'elle absorbe. Sur le plan scolaire elle est en permanence sur son dos et vérifie ses leçons et devoirs. Elle fait obstacle à toute forme de fréquentation de camarades, estimant que, quelle que soit la relation engagée par sa fille : il (elle) n'est pas pour toi. Ainsi au moment où se déclenche dans son corps la marque de sa féminité, ce jeune sujet ouvre une stratégie de résistance sur tous les fronts. Elle mange... rien, apprend... rien, fait... rien... Ce rien c'est ce que l'équipe pluridisciplinaire a entendu, comme n'étant pas... rien, mais la part la plus active et la plus subjective du symptôme. L'équipe a décidé non pas de laisser faire, mais de laisser venir. Petit à petit le désir d'entrer en lien, d'apprendre et de manger est revenu sous des formes qui appartenaient en propre à cette jeune fille. Elle s'est d'abord inscrite à une médiation sportive, le basket (sa mère l'avait en horreur !) ; s'est mise à écrire de la poésie, ce qui a constitué pour l'instituteur spécialisé de l'établissement une porte d'entrée ; quant à la nourriture c'est dans la rencontre avec une maîtresse de maison passionnée de cuisine espagnole, qu'elle a renoué avec les goûts et les saveurs. Le psychologue ne lui parlait jamais de nourriture, mais avait ouvert un espace dans un atelier de psychodrame où elle put mettre en scène la haine que lui inspirait sa mère et ses injonctions incessantes. Petit à petit sont venus se substituer à cette figure terrible, les bons côtés, qu'elle ne voyait plus dans son aveuglement, d'une mère par ailleurs aimante, croyant bien faire... Elle put aussi, pour la première fois, évoquer la tristesse d'un père trop tôt disparu dans un accident de la route. Ingénieur en électricité, pratiquant... le basket, passionné de poésie... Elle retrouva aussi les fils qui l'attachaient à lui et qui avaient, sans qu'elle s'en rende compte, constitué le socle de son refus. C'est par cette voie d'une figure maternelle restaurée, d'une figure paternelle revécue, ce qui lui ouvrait la porte à une position de fille et de femme enfin acceptable, qu'elle renoua avec une certaine joie de vivre et un désir d'apprendre de trouver sa place dans la société. Évidemment les raccourcis du récit de ce cas pourraient laisser croire à quelque magie heureuse. Ce travail est de fait l'aboutissement de plusieurs années d'élaboration, d'efforts, d'hypothèses, de passes et d'impasses collectives où ne pas savoir, ne pas comprendre trop vite, laisser toute sa place à l'expression du sujet constituent les opérateurs de ce que l'on désigne comme prise en charge. Il serait plus juste de parler de prise en compte. Les professionnels sont tenus d'inventer, de savoir ne pas savoir pour soutenir un sujet qui a aussi à faire avec le non-savoir et l'invention nécessaire à sa propre inscription dans le monde.

Dans quels dispositifs institutionnels peut-on produire ce nouage à trois brins (EPT) ? Évidemment chacun dans une institution y participe de sa place et selon son style propre. C'est ce que François Tosquelles, le père de la psychothérapie institutionnelle, m'a enseigné. On pourrait parcourir l'ensemble des dispositifs institutionnels à la lumière de cette évidence : de la cuisine au cabinet du médecin en passant par les ateliers de médiation des éducateurs, le bureau du directeur ou le bus de l'établissement. Chaque espace obéit à des lois de composition internes, lesquelles se trouvent articulées à la « direction », que se donne l'ensemble des acteurs institutionnels, mise en acte dans les déplacements des usagers et des professionnels entre les espaces qui contiennent les dispositifs. Ces points fondateurs de la PI seraient à creuser plus avant. Cependant j'en évoquerai ici principalement trois types : l'espace de supervision ou analyse de la pratique, la réunion de synthèse, et les médiations éducatives.

Partons d'abord de la *supervision* dont j'ai déjà parlé plus haut. C'est un espace clinique dans lequel un intervenant en position d'extériorité par rapport à l'institution, accompagne, soutient, aiguille, voire aiguillonne, un groupe de professionnels en l'absence des instances de direction, pour qu'ils puissent se « désempéguer[1] » (décoller), comme on dit à Montpellier, des effets transférentiels. En effet le transfert qui est la modalité de mise en relation d'un professionnel et d'un usager, autrement dit « *la mise en acte de l'inconscient* » (J. Lacan) se présente comme une embrouille, un méli-mélo. Quand on écoute un peu finement le récit d'une situation dans cet espace, assez rapidement on se rend compte qu'on ne sait plus ce qui dans sa parole relève du professionnel ou de l'usager. La mise en perspective de cette illusion qu'un autre saurait à la place du sujet ; cette supposition d'un autre disposant d'un savoir-vivre (éducatif), d'un savoir ou d'un savoir-faire (pédagogique), d'un savoir-être (thérapeutique) loge le professionnel dans une position d'embrouille dont il s'agit bien de se déloger pour tenir la place. Le transfert c'est comme les moteurs de mobylette : ça calamine ! Il faut donc régulièrement... décalaminer. C'est à ce prix, au prix de ce pas de côté, au prix de la désillusion de ce qui place le professionnel dans une forme de toute puissance, que l'on peut extraire du transfert un savoir, non pas un savoir savant, intellectuel, mais un savoir issu du transfert, partagé par les membres d'une équipe et non un savoir sur le transfert. Et d'autre part c'est ce travail particulier qui permet au professionnel d'inventer dans chaque cas ce qu'une certaine ritournelle mal comprise tente de cerner sous l'expression « trouver la bonne distance », comme si l'on disposait d'un pied à coulisse pour la mesurer ! Il faut bien sortir de cette illusion qu'un usager (ici les plus jeunes) suppose à un adulte d'avoir la clé de ses emmerdements, pour opérer et mener à bien la mission pour laquelle le professionnel est payé, à savoir soutenir un sujet dans sa capacité à être seul, comme dit Winnicott, en ajoutant : parmi les autres. On parle de projet d'autonomie. Mais je ne sais pas si le terme est très heureux.

La réunion de *synthèse* vient dans la foulée de ce travail une fois fait un peu de ménage dans ce qui affecte les professionnels. Le savoir que dégage la supervision pour chacun s'avère utile à la communauté d'une part et d'autre part il permet de dégager la singularité du sujet dont on tente la... synthèse. Le terme grec de *sun-thésis* (verbe *sun-titénaï*) implique que chacun dépose ce que le sujet lui a enseigné dans le transfert. C'est cette palette d'effets divers et parfois contradictoires, qui se sont transférés à

1. Terme issu de l'occitan *pegar*, coller, passé dans la langue locale du sud de la France comme : empéguer...

même le corps des professionnels qui constitue le « trésor de guerre » de la clinique institutionnelle. La synthèse est le lieu où sont convoqués les représentants des trois brins, des trois cercles, en présence de la direction. Et ce afin de produire un nouage à trois brins. La direction ayant à garantir la validité du nœud, ce qu'on peut alors désigner sous le terme de « projet ».

Une petite histoire déjà évoquée en début d'ouvrage va nous permettre de formaliser l'enjeu de la synthèse. C'est l'histoire de 3 aveugles qui avancent à tâtons dans le désert et butent tous les 3 sur quelque chose. L'un prétend qu'il s'agit d'un serpent car il le sent gigoter sous ses mains ; le second affirme qu'il s'agit d'un tronc d'arbre dont il sent la texture ; et le troisième que, pas du tout, c'est un énorme rocher qu'il rencontre partout où il appose ses mains... Cette « chose » c'est un éléphant. Le premier a touché la trompe, le second la patte, et le troisième le ventre. Mais quelle est la condition pour faire advenir l'éléphant ? Qu'aucun ne lâche sur sa propre perception et en même temps qu'aucun ne lâche sur l'écoute de la perception d'autrui. Ainsi en va-t-il de la réunion de synthèse comme lieu d'avènement, non pas d'un éléphant, mais de l'énigme du sujet dont on parle.

Le but de l'opération est bien d'en arriver à formuler un projet au plus près de ce que ce travail de confrontation à fait émerger du sujet, qui quoi qu'on en dise ne saurait être pris dans les effets de transparence, mais dont toute l'opacité, toute l'énigme présentée par le symptôme doit demeurer vivante. Cette énigme il s'agit dans la réunion de synthèse de la faire vibrer, de l'évoquer, de lui donner des entours langagiers, et non de l'écraser sous des classifications nosographiques, sociologiques ou sous le béton des savoirs savants.

« Toute théorie est grise et l'arbre resplendissant de la vie reverdit sans cesse. » (S. Freud, reprenant une phrase du *Faust* de Goethe). Non qu'il s'agisse de jeter aux orties les modes de théorisation, mais d'en faire bon usage, de les faire jouer au bon endroit, sur le mode de la création et de l'invention. En effet le sujet n'est jamais réductible aux signifiants que l'Autre familial, social, éducatif, psychologique, scolaire, médical... a forgé pour l'épingler. Le sujet n'est pas... ceci ou cela. Une des premières tâches, que l'on soit éducateur, enseignant ou thérapeute consiste bien à ouvrir l'espace du dire du sujet : on a dit que tu étais ceci ou cela, c'est ce qui préside à ton placement, etc. et toi qui dis-tu que tu es ? Il s'agit d'une position, déclinée selon les axes éducatifs, pédagogiques et thérapeutiques, d'invitation faite au sujet d'inscrire sa place dans le monde dans les mots de la tribu, les faisant siens. C'est cette question qui trouvera ses prolongements dans ces espaces d'expression que constituent les médiations.

Pour penser la dynamique de la synthèse je prends ici mes marques d'un texte de Lacan qui date de 1945, « Le temps logique et l'assertion de certitude anticipée. Un nouveau sophisme[1]. » C'est dans ce texte qu'il énonce, dans une note que : « Le collectif n'est

1. In *Écrits*, Seuil, 1966.

rien, que le sujet de l'individuel », ce qui peut nous servir de guide, notamment auprès des jeunes dans ces tentatives que l'on serre sous le terme bien galvaudé d'insertion.

Dans ce texte très difficile Lacan déplie une logique du temps en trois étapes, qui constituent une matrice sur laquelle on peut caler la synthèse. Évidemment la rigueur exige que l'on ne court-circuite pas ces trois temps.

J'insisterai ici à titre d'exemple sur les médiations éducatives, ce que les professionnels écrasent trop souvent sous le terme fade d'activité. Là où il s'agit de travailler sur le savoir-vivre parmi les autres, autrement dit développer des capacités de socialisation et d'insertion. On peut dans le même sens développer ce qu'il en est de cet « intermédiaire » dans l'espace pédagogique (savoir et savoir-faire) et dans l'espace thérapeutique (savoir-être, ou plutôt faire avec le manque à être). Je ne saurai trop insister dans les trois ronds sur la nécessité vitale d'inventer, créer, bref... délirer.

> « Tout le monde est fou, tout le monde délire. »
> Jacques Lacan

L'instant de voir	Le temps pour comprendre	Le moment de conclure
Les observations, impressions, recueillis du lieu du transfert par les différents corps de métier (EPT). Différents items pour ranger ces données brutes : - familial, - relationnel, - scolaire, - social, - santé (physique, psychique), etc.	Mobilisation d'une théorie pour éclairer le cas et se donner ensemble une direction dans la prise en charge. Repérage institutionnel partagé. Hypothèse de lecture du symptôme. **On pourrait inscrire à ce titre une certaine culture institutionnelle partagée.**	Mise en place d'un traitement. Projet global et déclinaison dans les trois cercles. Propositions de médiations dans les trois cercles : - éducatif, - pédagogique, - thérapeutique. Prévision d'un processus d'évaluation, intermédiaire et finale, qui permet de mesurer et d'ajuster les écarts.

LA RELATION D'AIDE EN TRAVAIL SOCIAL[1]

« ... sympathie absolue envers la vie »,
Martin Heidegger

Dans cette approche éducative, la relation dite « d'aide » est centrale. Mais cela ne va pas de soi, si la relation engagée, a une visée, s'agit-il toujours d'aide ?

Commençons, pour nous repérer, par faire appel, selon ma bonne habitude, à l'étymologie.

1. Reprise d'une conférence à l'initiative de Forma Santé, centre de formation à Orléans, le 20 juin 2017. Cette thématique est développée plus largement dans mon ouvrage *La relation d'aide en éducation spécialisée*, Dunod, 2019.

« Relation » est issu du participe passé *latum*, du verbe *ferre*, porter. Relation consiste avant tout à re-later, raconter, échanger des propos, rapporter. C'est donc l'échange de paroles qui produit la relation, le lien social.

Que signifie maintenant le mot : « aide » ? On trouve à l'origine un verbe latin : *juvare*, se réjouir, faire plaisir. *Ad-juvare*, emporte le sens d'aider ; un *ad-jutor*, c'est un aidant. Le terme d'aide apparaît dans la langue française au XIIIe siècle ; puis ad-judant, au XVIIe. La Joconde, fait irruption en Italie au XVIe, sous l'appellation de *Gioconda*, du latin *Jucunda*, féminin de *jucundus*, la réjouie ! Le célèbre portrait de femme Leonard de Vinci au Louvre se nomme ainsi à cause du sourire qui nous met en joie. On entrevoit ici combien la création artistique produit une sublimation. Le plaisir procuré passe par les chicanes de l'artiste.

Si je fais ce détour c'est pour deux raisons. D'abord parce que le terme de « relation d'aide » me questionne. Ensuite pour lui restituer tout son tranchant historique. L'aide est toujours teintée d'une certaine forme de jouissance qu'il s'agit de contrecarrer. Faute de quoi on tombe rapidement dans une exploitation narcissique de la misère et des malheurs d'autrui.

Le petit d'homme nous avertit Freud est frappé dès sa naissance d'une dés-aide radicale. L'être humain naît/n'est pas aidé. Ça se dit en allemand *Hilflosigkeit* et en anglais *helpless*, sans aide Le biologiste Louis Bolk insistait sur l'immaturité de l'espèce humaine, qui naît/n'est pas finie. Ce pour quoi il mobilisa le terme de néoténie, du grec *neotenein :* étendre le nouveau. L'être humain frappé d'incomplétude est condamné au toujours nouveau. Il n'est pas programmé comme les animaux par l'instinct, mais mû par le désir. À cette tragédie qui affecte profondément l'espèce humaine, il n'est pas de remède, car c'est la maladie... de la vie. Par contre certains de nos contemporains appellent à l'aide car ils n'arrivent plus à supporter cette déréliction, ce désarroi qui est le prix à payer comme humain. Cette souffrance qui touche chacun d'entre nous, on ne saurait ni s'en débarrasser, ni en débarrasser qui que ce soit. Il faut bien se la coltiner dans toutes ses ramifications : devant les difficultés conjugales, familiales, sociales, professionnels. Bref les emmerdements de la vie certains n'arrivent plus à faire face et crient à l'aide. Bien entendu il ne s'agit nullement de refuser l'aide sur le plan social, d'autant plus qu'elle est balisée par des acquis sociaux de solidarité, mais sans s'illusionner que l'on puisse débarrasser qui que ce soit de la tragédie qui fait de l'humain une espèce fondée sur le manque, le ratage. Le positionnement d'un professionnel dans l'accueil, l'écoute et l'accompagnement de cette demande est déterminant. « Qu'est-ce que je lui veux à cet enfant, cet adolescent, cet adulte qui crie : à l'aide ? » C'est ce point particulier que je souhaite questionner.

J'aimerais avancer sur deux pieds : d'une part faire la critique de ce terme souvent galvaudé de « relation d'aide », devenu une sorte de tarte à la crème en travail social. Il a à ce point envahi et débordé le champ du travail social qu'on en vient à désigner certains bénévoles, notamment dans la sphère familiale, comme « aidants ». Il s'agit d'en repérer les impasses et les voies sans issue, mais aussi en quoi un tel terme peut conduire au pire. D'autre part j'aimerais dégager les garde-fous de la relation d'aide, autrement dit les conditions pour l'exercer de façon professionnelle.

▶ Les dérives de la relation d'aide

Un peu d'histoire avant tout. Le terme de « relation d'aide » a d'abord été introduit aux États-Unis dans la formation des pasteurs. En 1925 le docteur Richard Cabot publie un article dans le *Survey Graphic* où il suggère que les futurs pasteurs reçoivent une formation similaire à celle des étudiants en médecine, en appuyant sur la relation d'aide, non plus au chevet du malade, mais du fidèle. En 1930 Anton Boisen développe un véritable programme de formation dans ce sens. En 1963 est fondée l'*American Association of Pastoral Councelors* afin de fournir aux pasteurs une formation certifiée d'aidants.

Ce n'est qu'à l'issue de ce long parcours et lourdement chargé de son poids religieux et caritatif qu'il arrive à Carl Rogers qui formalise ce concept et le met en marche dans le champ du travail social. L'idée est de soutenir une personne en difficulté dans l'élaboration de ses propres solutions. « Les personnes ont en elles de vastes ressources pour se comprendre et changer de manière constructive leur façon d'être et de se comporter. Ces ressources deviennent disponibles et se réalisent au mieux dans une relation définissable par certaines qualités », précise Carl Rogers. On désigne cette approche comme : ACP, approche centrée sur la personne. Carl Rogers énonce 4 caractéristiques de la relation d'aide, donc quatre qualités requises : l'empathie, l'écoute active, la congruence (l'authenticité du professionnel) et le non-jugement.

Tout cela est fort bien. Alors qu'est ce qui me gêne ? D'abord l'empreinte religieuse de la relation d'aide ne peut que me conduire à interroger un glissement possible du côté de la volonté de faire le bien d'autrui, y compris parfois contre son gré. La solidarité n'est pas la charité chrétienne. Le travail social a dû s'extraire de cette empreinte du religieux – et parois aux forceps ! – pour aller vers plus de justice républicaine. Souvenons-nous de cette mise en garde d'Emmanuel Kant : « Vouloir le bien d'autrui, c'est la pire des tyrannies ! » Ensuite la dérive qu'a subie ce terme ces dernières années où on le voit alimenter l'idéologie *New Age* prônant le développement personnel ne peut que me conforter dans cette appréhension. Jacques Salomé par exemple, une des gourous de cette nouvelle église en a fait le fer de lance de mises en scène digne des grands *preachers* américains. Bien sûr l'intention semble bonne puisqu'il définit la relation d'aide comme « une situation dans laquelle l'un des participants cherche à favoriser l'éclosion et la mise en œuvre, chez l'une ou l'autre partie, des ressources latentes internes ainsi qu'une plus grande possibilité d'expression et un meilleur usage de ces ressources[1]. » On voit ainsi comment dans ce mouvement le thérapeute, mais aussi le gourou, peut prendre la place du pasteur.

1. Jacques Salomé, *Relation d'aide et formation à l'entretien*, Presses Universitaires du Septentrion, 2003.

Je ne mets pas en cause qu'il y ait des pasteurs, des gourous, des maîtres à penser, voire à danser... même si ça n'est pas ma paroisse. Mais j'insisterai pour que celui ou celle qui se met en situation de relation d'aide puisse s'interroger sur ses motivations les plus intimes. S'agit-il vraiment d'aide au sens de soutenir un autre humain, comme le dit Rogers à trouver ses propres solutions, ou bien d'imposer subrepticement une vision du monde, de fourguer des conseils, fussent-ils judicieux, de gagner à une idéologie, ou bien encore plus tragiquement de jouir de la faiblesse et du malheur d'autrui. Il y a donc lieu avant tout de sonder les cœurs et les reins de ce désir loin d'être pur qui mène à aider ses semblables. Même si la Bible nous prévient que *Sonder les cœurs et les reins, c'est l'apanage de Dieu, qui seul connaît les pensées secrètes, les sentiments profonds de l'homme* (Psaume 7-10[1], Jérémie 11-20[2]).

Une anecdote tragique va nous permettre d'éclairer cette réflexion. Une jeune éducatrice en dernière année forme le projet pour son stage à responsabilité d'aider les habitants très démunis d'un village camerounais. Sa sœur qui vit dans le pays en facilite grandement la réalisation. Pourquoi pas, la voie humanitaire a aussi ses lettres de noblesse. Or aucune question n'est posée par les formateurs avant son départ. On fait comme si ça allait de soi. Or il y va de la responsabilité des formateurs que de soulever *a minima* la question que François Tosquelles aimait nous lancer : et toi qu'est-ce que tu fous là ? On se réjouit béatement (souvenons-nous de l'origine du mot : *ad-juvare*) de ce beau projet associant processus éducatif et aide. Cette jeune femme avec les meilleures intentions du monde va commettre impair sur impair. Je ne détaillerai pas l'ensemble, qui s'avère dramatique. Par exemple, elle décide d'offrir des colliers aux enfants du village. Intention touchante s'il en est. Or les enfants non seulement lui ramènent ces colliers pour les lui rendre, mais ils ne lui accordent plus aucune attention. Elle entre dans une grande tristesse, la relation avec les enfants et les adultes du village est rompue et, la mort dans l'âme, elle doit interrompre le stage et rentrer en France, déçue et sans comprendre ce qui s'était passé, ce qui a poussé le village à la rejeter. Toute à la jouissance malsaine de l'aide, obnubilée par le désir inconscient d'en tirer une belle image, elle n'a tenu aucun compte de la réalité sociale de la société qu'elle allait rencontrer. La circulation des dons y obéit, comme dans toute société, à des règles strictes. Notamment on n'offre jamais de cadeaux aux enfants, on les offre au chef du village qui ensuite les répartit. Les formateurs auraient été bien venus d'abord de la questionner sur ses intentions, apparemment louables, mais où en ne pensant qu'à elle sous couvert d'une oblativité charitable qui lui fournissait à peu de frais une belle image, elle s'est rendue sourde et aveugle à la différence. Les séances de supervisions ou d'analyse de la pratique que la plupart des centres de formation mettent à leur programme n'auraient pas été du luxe en la circonstance avant son départ. Ensuite ses formateurs accompagnants auraient pu l'aiguiller sur la lecture éclairante de *L'Essai sur le don* de l'anthropologue Marcel Mauss qui montre bien que la circulation des dons met en jeu un réseau relationnel et social complexe. Pour faire simple : A donne à B, mais B ne doit pas rendre à B, il donne à C qui ensuite peut donner à A ou D, etc. Sans avoir lu Mauss bien évidemment, c'est à cette organisation des échanges qu'obéit ce village camerounais. On donne au chef qui donne aux parents qui donnent aux enfants... Ce système symbolique, qui régule les échanges dans toute société,

1. « Mon bouclier est en Dieu, Qui sauve ceux dont le cœur est droit. »
2. « Mais l'Éternel des armées est un juste juge, Qui sonde les reins et les cœurs. »

détermine des différences, clé de toute organisation sociale. C'est un peu le principe de la répartition de la Sécurité Sociale ! Se pose en travail social la question de la dette et de sa mise en circulation qui tisse le lien social : l'usager ne doit rien au travailleur social qui est rémunéré pour effectuer son travail, cependant il a une dette : celle de faire quelque chose dans sa vie de ce qu'il a reçu.

▶ La pulsion d'emprise[1]

Ainsi, bien souvent la relation d'aide, si l'aidant n'est pas interrogé dans ses intentions, est empoisonnée par ce que Freud désigne comme une « pulsion d'emprise ». Soumettre, posséder, jouir d'autrui présentent alors autant d'impasses. Et on ne devrait pas s'étonner alors que dans de telles situations les patients, les usagers se rebellent, résistent et finissent par rompre la relation ou au contraire, envers de la même médaille, s'accrochent au professionnel de façon pathologique. Je pense à cette équipe d'éducateurs qui s'était mis en quatre pour trouver un logement à un SDF qui vivait depuis plus de 15 ans sous un pont de Paris. Celui-ci pour leur faire plaisir alla dormir une nuit dans le studio et dès le lendemain retourna... sous son pont.

Freud en situant cette dérive pulsionnelle dans son origine la plus infantile nous met en garde contre cette pente glissante et cruelle, qui peut parasiter toute relation d'aide : « Le caractère infantile est en général facilement porté à la cruauté, car c'est relativement tard que se forme l'obstacle qui arrête la pulsion d'emprise devant la douleur par la capacité à consentir, c'est-à-dire par la sublimation[2] » La pulsion d'emprise associée à une certaine cruauté, voire un certain sadisme, si elle n'est pas désintoxiquée, consiste bien en une pulsion d'emprise, d'agression d'autrui, qui conduit à jouir de sa faiblesse ou de son malheur. Dans ses *Essais de psychanalyse* au chapitre II, alors qu'il expose sa théorie du Fort/Da, à partir d'un petit jeu où il observe son petit-fils Ernst, qui lance une bobine de fil dans son berceau et joue à la faire disparaître et réapparaître, Freud rapproche la pulsion d'emprise de la tentative de destruction de l'objet où une pulsion clastique, emporte un mouvement de rage et d'impuissance contre la mère qui disparaît selon son bon vouloir (Fort = disparu, au loin) ; puis l'enfant reconstruit l'objet détruit (Da = là). En restaurant l'objet détruit l'enfant aboutit à une maîtrise de soi qui se substitue à la destruction. Il gagne, comme le soutient D. Winnicott, la capacité à être seul... parmi les autres.

Le terme utilisé par Freud *Der Bemächtigungstrieb*, que l'on traduit par pulsion d'emprise provient d'un verbe, *Bemästigen* qui signifie : s'emparer de quelqu'un. Cela peut mener la relation d'aide, si elle n'est pas purifiée de la pulsion d'emprise, à une véritable aliénation.

1. Patricia Vallet, *Désir d'emprise et éthique de la formation*, L'Harmattan, 2003.
2. Sigmund Freud, *Trois essais sur la théorie sexuelle*, Folio Gallimard, 1989.

Alors comment mettre au travail cette question de la relation d'aide, cette pente à jouir du malheur d'autrui dans le travail social ? Notons que la pulsion se déploie dans un certain nombre de dérives possibles, dites formations de l'inconscient (actes manqués, rêves, symptômes, etc.), parmi lesquelles le détournement opéré par la sublimation (travailler et aimer, préciser Freud) constitue sans doute la part la plus intéressante en termes de socialisation. Prenons en compte que la pulsion première – et ce fut un véritable scandale lorsque Freud osa l'énoncer en 1925 – relève avant tout de la pulsion de mort, ce que pour sa part Jacques Lacan cernera sous l'aspect de la jouissance. D'où un travail permanent de dérivation, de shunt, pour produire la pulsion de vie. J'insiste en citant une fois de plus cette phrase étonnante de lucidité sans concession de Freud :

> « L'homme n'est point cet être débonnaire, au cœur assoiffé d'amour, dont on dit qu'il se défend quand on l'attaque, mais un être au contraire qui doit porter au compte de ses données instinctives une bonne somme d'agressivité. Pour lui, par conséquent, le prochain n'est pas seulement un auxiliaire et un objet sexuel possibles, mais aussi un objet de tentation. L'homme est en effet tenté de satisfaire son besoin d'agression aux dépens de son prochain, d'exploiter son travail sans dédommagements, de l'utiliser sexuellement sans son consentement, de s'approprier ses biens, de l'humilier, de lui infliger des souffrances, de le martyriser et de le tuer. Homo homini lupus : qui aurait le courage, en face de tous les enseignements de la vie et de l'histoire, de s'inscrire en faux contre cet adage ? Cette tendance à l'agression, que nous pouvons déceler en nous-mêmes et dont nous supposons à bon droit l'existence chez autrui, constitue le facteur principal de perturbation dans nos rapports avec notre prochain ; c'est elle qui impose à la civilisation tant d'efforts. Par suite de cette hostilité primaire qui dresse les hommes les uns contre les autres, la société civilisée est constamment menacée de ruine[1]. »

Pourquoi le travailleur social serait-il exempt de cette tendance agressive ? Nous ne sommes pas des anges, que je sache !

▶ Les garde-fous de la relation d'aide

Si l'homme est un loup pour l'homme, il s'agit de lui limer les dents pour qu'il puisse vivre en société. De quels moyens dispose-t-on dans le travail social pour opérer ce travail de prévention ?

Tout d'abord les travailleurs sociaux n'opèrent pas de leur propre chef : ils sont au service d'une mission confiée à un établissement, ils peuvent se référer à une fiche de poste qui détermine leur champ d'intervention limité et articulé à d'autres professionnels. Ainsi il est indispensable dans une équipe pluridisciplinaire de bien repérer à la fois ce qui fait la différence des places, mais aussi ce qui unit les efforts de tout un chacun en vue d'un objectif commun. Projet institutionnel et projet par corps de métier (éducateur, assistant de service social, psychologue, etc.) vont de pair. De fait toute action est limitée, mise au service de l'usager, et donne lieu à un contrôle, au sens strict : il s'agit de rendre des comptes, mais aussi de rendre compte de l'action. La

---

1. Sigmund Freud, *Malaise dans la civilisation*, PUF, 1971.

fonction de direction dans toutes ses composantes (Directeur, chef de service...) exerce légitimement ce travail de contrôle et d'évaluation, au regard de la mission confiée par la puissance publique à l'établissement. La lecture attentive des textes législatifs qui bornent et bordent le champ d'intervention produit une limite aux seules bonnes intentions des professionnels. L'adéquation permanente de l'action de chacun au projet collectif évite certaines dérives qui viendraient entacher la relation d'aide. Cela exige de penser l'établissent social et médico-social selon un mode d'institutionnalisation permanente, dans une dialectique de la hiérarchie de subordination (chacun sa place) croisée à une hiérarchie de coordination (la parole de chacun prise en compte).

Mais ça ne suffit pas : Il y a lieu, énonçais-je d'emblée, de sonder les cœurs et les reins. Pour cela les réunions de concertation où les professionnels font le point sur leur engagement auprès des usagers, réunions cliniques, réunions de cas, synthèses, etc. apportent un outil de vérification qu'ils sont bien, comme on dit, « dans les clous ».

Cependant au-delà se pose une question plus intime : l'engagement de chaque professionnel dans la relation d'aide, implique une relation profonde, authentique mais aussi qui bouleverse bien souvent le professionnel dans ses repères, qui vient percuter sa propre histoire et faire écho à ses propres sentiments. Bref la relation ne laisse pas indifférent. Elle peut convoquer le meilleur et le pire de chacun et entraîner, comme je l'ai précisé plus haut, l'acteur social vers les dérives les plus regrettables, lorsqu'il y met en jeu trop de personnel. Il faut donc un outil pour produire ce que les Grecs anciens désignaient sous le terme de *catharsis*, purification des passions. Il me souvient d'un travail de plusieurs années de supervision auprès d'une équipe de braves dames d'un certain âge, un peu dames patronnesses, du Secours Catholique. Le travail, la mise à la question de chacune dans ce dispositif, a fait apparaître assez rapidement, que leurs bonnes intentions de venir en aide aux plus démunis, étaient en grande partie gouvernées en sous-main par la pulsion d'emprise et donnait lieu à des actes inacceptables. Comme par exemple de donner une aide mais en faisant peser sur les personnes certaines formes subtiles de chantage où les conseils le plus éculés à mener une vie saine se mêlaient à des injonctions à la croyance religieuse, à laquelle les usagers de ce service étaient bien loin d'adhérer, sauf dans un semblant rusé, pour obtenir quelques miettes, sous forme de vêtements, repas ou argent. Bref chacun le sait, l'enfer est pavé de bonnes intentions ! Loin de faire la charité, peut-être faudrait-il prendre au pied de la lettre cette invitation que Jacques Lacan envoie au psychanalyste, en l'étendant au champ du travail social, à dé-chariter...

Dans le travail dit « social » la prise en compte et la mise au travail des intentions et désirs, le plus souvent inconscients, des professionnels, me paraît une voie indispensable. Supervision, analyse de la pratique, pourvu qu'elles soient conduites par des intervenants qui connaissent bien ce métier, visent justement cette « purification » de affects engagés dans ce que la psychanalyse nous a appris à déterminer comme les effets du transfert. La relation d'aide, de par l'intimité certaine qu'elle requiert, ce que Rogers nomme empathie, autrement dit la façon dont le professionnel se laisse toucher et affecter par la souffrance, les difficultés multiples de l'usager, plonge ceux qui s'y livrent dans une zone de confusion, où l'on ne sait plus ce qui est de l'un ou de l'autre. Il y a donc nécessité d'opérer un tri entre ce qui, dans la relation, fait écho à sa propre vie. Travail sur le transfert et son maniement nous dit Freud[1]. Il revient au professionnel de s'en dégager, afin de se mettre au service de ce qu'apporte l'usager dans sa parole. Le travail de supervision vise à séparer ce que noue le transfert, dans une sorte d'embrouille. Le transfert, comme on dit à Montpellier, ça empègue, ça colle. Il faut donc dés-empéguer ! Éclaircir et dénouer la relation d'aide des affects qui ne manquent pas de gagner les professionnels. Dans cette relation, lorsque le professionnel s'en trouve affecté sans pouvoir le repérer et l'analyser (c'est-à-dire, comme nous l'indique l'origine du mot, le dissoudre) bien souvent les réactions négatives prennent le pas et la pulsion d'emprise mène la danse. La part de jouissance qui est convoquée dans toute relation d'aide peut rapidement empoisonner la relation et conduire à la rupture ou au collage. Si l'étymologie du mot « aide » nous amène à considérer la jouissance qui y est convoquée, elle nous met aussi en garde sur la dérive des sentiments qui consisterait à s'y faire plaisir, à en jouir. Non que le professionnel puisse éprouver un certain plaisir, une certaine fierté au travail bien fait, mais ce plaisir-là n'intervient que dans l'après-coup, à la mesure du chemin parcouru et des embûches subjectives et relationnelles qui ont été évitées. Le praticien de la relation d'aide doit donc éviter deux obstacles de taille : faire plaisir et se faire plaisir.

Je ne parlerai pas ici de la technique de la relation d'aide en entretien, notamment telle que Carl Rogers a pu la formaliser, ni des différentes formes d'aide explorées[2]. La prise en compte du contexte social et institutionnel, le repérage précis de ce qui est visé, l'écoute attentive de la demande d'aide formulée par l'usager, les mises en perspectives de solutions souhaitables... déterminent le type de relation et le style personnel que chaque professionnel peut y déployer. Trop souvent la demande des professionnels, telle qu'elle m'est adressée en formation concerne des recettes, des trucs, des techniques. Mais la technique ainsi conçue aboutit trop souvent à une sclérose de l'action. L'un ne démord pas de l'entretien semi-directif, l'autre ne jure que par l'entretien dirigé, un troisième est un fétichiste de la reformulation, etc. Tout ceci est une vaste blague et procède d'une illusion. En fait la technique adoptée, le cadre déterminé, les objectifs visés sont issus de la nature réelle de la relation engagée et non engoncés dans une technique passe-partout. Il s'agirait sans doute ici de se souvenir de l'origine – grecque encore ! – du mot technique. La *teknè* c'est le savoir-faire de l'artisan, le tour de main, le style, ce qui contrecarre radicalement la vision mécaniste et industrielle dont on l'affuble et met en jeu souplesse et invention. Le père de la médecine moderne, il y a 2 500 ans, Hippocrate, parle de *teknè clinikè*. Cette technique, singulière, ce tour de main du médecin antique consiste à s'incliner (même racine que clinique)

1. Joseph Rouzel, *Le transfert dans la relation éducative*, *op. cit.*
2. Joëlle Garbarini, *Relation d'aide et travail social*, ESF, 1997.

sur le lit (*klinè* en grec) où la maladie a cloué le malade, pour le rencontrer dans sa souffrance, si j'ose dire, à hauteur d'homme. Cette rencontre humaine avec l'autre, là où il est en souffrance, mouvement que Rogers cerne sous le terme d'empathie (du grec : *en-pathein*, souffrir avec), auquel je préfère celui de transfert, constitue le cœur de tous les métiers de la relation humaine, que l'on soit médecin, enseignant, éducateur, assistant sociale, AMP, etc. C'est aussi ce que l'on a tendance à faire disparaître en l'enfouissant sous des procédures, des évaluations tatillonnes où le chiffre est roi, des démarches-qualité et autres normes iso. Bref la marchandisation et l'industrialisation du travail social...

Du coup la relation d'aide débarrassée de ses scories, mise au travail en supervision, représente un môle de résistance à cette industrialisation déshumanisée qui gagne petit à petit le travail éducatif. Souvenons-nous alors avec le regretté Stéphane Hessel que résister, c'est créer. Et pour créer il faut un minimum de liberté de penser et d'agir, y compris en dehors des sentiers battus.

La supervision d'équipes[1]

« Qui suis-je pour l'autre ? Qui est l'autre pour moi ? »
Jean Cartry, Paul Fustier, L'éduc et le psy, Dunod, 2010.

Est parue il y a quelques mois une seconde édition de votre livre La supervision d'équipes en travail social[2]. Il n'existe pas beaucoup d'ouvrages portant sur le sujet de la supervision, celui-ci a je le suppose obtenu un certain succès puisqu'il est réédité. Il me semble en tout cas avoir une visibilité qui pourrait le placer comme « référence » sur la question de la fonction de superviseur. Mais est-il à la hauteur de cette assignation ? Étant moi-même superviseur, je l'ai scrupuleusement lu avant de formuler plusieurs questions que je vous adresse aujourd'hui. J'ai apprécié les pages 49 et 50, où vous dites que vous avez formalisé votre outil ; l'"instance clinique", à votre main, et dites que les autres ne peuvent que se l'approprier en le modifiant, ou rien... Je vais bien sûr vous prendre au mot de ces pages que j'ai aimées. Vous vous êtes bien expliqué sur vos choix, sur votre manière d'envisager cette instance clinique. Mais certains points restent pour moi flous ou certains choix non justifiés. Je vous donne l'occasion d'y revenir. Le syntagme « psy » suffit-il pour être superviseur ? Vous indiquez page 18 de la préface de 2015 que certains superviseurs pratiquent la supervision en s'appuyant sur le syntagme « psy » parce qu'ils sont psychiatres, psychanalystes, psychosociologues, alors qu'ils n'ont reçu aucune formation spécifique sur la supervision. Vous dénoncez chez eux certains « dérapages » voire « dérives ». Pour pallier ce problème, vous avez justement créé un organisme de formation pour superviseurs. Mais pouvez-vous nommer ces dérapages ?

1. Entretien avec Elen Le Mée pour la revue en ligne *Nonfiction*, www.nonfiction.fr/home.htm.
2. Joseph Rouzel, *La supervision d'équipes en travail social, op. cit.*

Car si, effectivement, les superviseurs découvrent un peu les outils dont ils se serviront « sur le tas », c'est-à-dire en pratiquant, ceci est général chez les psys : on sait très bien que 6 ou 7 mois de stage ne suffisent pas pour être au fait de ce qui doit être fait sur le lieu où l'on travaillera ensuite. Pourtant, l'Université me semble donner, en tout cas aux psychologues dont je fais partie, toutes les billes qui sont nécessaires pour s'orienter dans la jungle des productions théoriques et y trouver de quoi réfléchir à l'élaboration de leur pratique. Quant aux psychanalystes, il leur est désormais également demandé d'avoir passé quatre ans à l'université, pour obtenir un master de psychologie avant de pouvoir exercer (appuyés sur le titre de psychothérapeute), le fait qu'ils aient fait une analyse, un contrôle ou une formation dans une école d'analystes ne faisant qu'ajouter des outils de compréhension supplémentaires à leur formation universitaire, qui est censée leur permettre de prendre conscience des réalités concrètes des milieux professionnels dans lesquels ils pourront travailler, notamment comme superviseurs. Les dérapages ou dérives dont vous parlez ne sont-ils pas simplement le fait de personnes dont les compétences ou le professionnalisme sont à mettre en cause, chose qui n'est pas forcément « soignable » par encore plus de formation ? Je crains que ces gens-là ne soient de toute façon enclins à passer au travers des mailles du filet de la formation, et que dans votre organisme de formation ou dans les associations belges de superviseurs qui travaillent avec l'« Intervision », on ne les trouve justement pas ! Ces formations complémentaires étant briguées seulement par ceux qui étaient déjà enclins à aller vers plus de savoir, plus d'élaboration, plus de travail sur soi et avec les autres, plus de professionnalisation...

J. Rouzel. Les diverses formations de psy (psychiatre, psychologue, psychothérapeute, etc.) ne prédisposent pas à l'exercice de la supervision, de la régulation d'équipes ou encore de l'analyse institutionnelle. J'en sais quelque chose pour intervenir en master 2 de psychologie clinique sur cette question de la supervision, à la fois pour en cerner les grandes lignes théoriques, mais aussi pour indiquer que c'est du lieu d'en faire l'épreuve que l'on peut se laisser enseigner. Au passage ce que vous énoncez d'une obligation (ce que je n'ai pas lu comme tel dans le texte de loi, qui ne concerne que les psychothérapeutes) pour les psychanalystes d'une quelconque formation universitaire ne permet pas d'occuper cette place. Lacan n'avait pas tort d'affirmer qu'il n'y a pas de formation du psychanalyste, mais seulement des formations... de l'inconscient. Autrement dit un psychanalyste se forme sur le divan. Il y a aussi dans la fonction de superviseur une place spécifique qui ne se découvre qu'en en faisant l'épreuve. C'est un métier à part entière. C'est la raison pour laquelle j'ai monté une formation de superviseur dans laquelle s'inscrivent des directeurs d'institution, des médecins, de psychologues, des éducateurs, des assistants de service social, des formateurs... Dans cette formation le fil rouge est constitué par l'Instance Clinique à laquelle chacun se coltine dans l'exposé d'une situation vécue. Nous avons ainsi formé plus de 150 professionnels. Et certains se retrouvent régionalement dans des groupes d'intervision pour continuer à travailler sur le mode de l'instance clinique ce qu'ils rencontrent comme difficultés dans leurs interventions. Bref comme l'écrivait le poète Antonio Machado :

> « Caminante no hay camino,
> se hace camino al andar... »
> (« Toi qui marches, il n'y a pas de chemin, le chemin se fait en marchant. »)

Quelques éléments de « dérive » que j'ai pu constater ? La position de « sphinx » (critique d'un groupe d'éducateurs) où un superviseur campe, d'une façon sadique, dans un silence de mort. Une autre position tout aussi dommageable : le superviseur qui se répand en déversant des savoirs universitaires, il fait des cours. Ou encore la dérive vers le groupe de parole sans règle, qui détourne la séance vers le café du commerce. Et encore le superviseur qui ne respecte pas la confidentialité imposée au groupe et va se répandre chez le directeur, etc. Aucune de ces positions n'engage un repérage clair de la fonction de superviseur. Aucune ne permet l'élaboration des professionnels de leur position subjective dans la relation aux usagers. Ce qui me paraît la pierre de touche de tout travail de supervision, autrement dit un travail d'éclaircissement sur les embrouilles du transfert. Avec les usagers (supervision) ; entre professionnels (régulation d'équipe). La première question qu'il y a lieu de se poser c'est donc : la supervision à quoi ça sert, qu'est-ce qui est visé[1] ? Le dispositif mobilisé est la conséquence logique de ce questionnement.

La question du conseil en supervision

En conformité avec les options des psychanalystes traditionnels, vous mentionnez que les conseils ne font pas partie de la supervision. Dans de nombreux Lieux d'Accueil Enfants Parents, suivant ces mêmes constats du caractère déplacé du conseil, un interdit sur celui-ci a été apposé. Quand on questionne les instances « décisionnaires » sur ce sujet (pour un peu qu'il y en ait, car les cadres définis pour cet exercice professionnel le sont par un formateur en CAE, un administratif chargé du service petite enfance... n'importe qui tant la question de savoir qui décide de quoi et à quel titre est floue), on a affaire à des visages fermés de gens fâchés qu'on leur pose la question du conseil... comme une question alors qu'ils estiment que l'ayant déjà résolue (par un interdit), il est « décadré » d'y revenir, et vous n'avez rien compris. Résultat, les accueillantes s'abstiennent parfois de tout conseil. Mais n'ayant pas toujours reçu une formation appropriée, elles ne savent parfois pas « poser des actes de parole » comme le font notamment les analystes. Partant, il arrive que certains LAEP soient désertés par les participantes, faute de parole, faute d'échanges. Deux gros yeux de chouette qui vous regardent sans piper mot tendent à susciter trop d'angoisse. Quand on ne met pas en place des activités en LAEP, celles-ci

1. Voir l'excellent ouvrage de Jeannine Duval-Héraudet, *L'analyse des pratiques, à quoi ça sert ?*, Érès, 2015.

devant « toujours être à la demande des bénéficiaires », il faut quand même qu'un élément tiers, média, vienne entre les accueillis et les accueillants. Cet élément tiers et facilement accessible était justement parfois le conseil, en tant qu'il relève de la culture. Parce qu'il véhicule des « savoir-faire », des manières de faire et la question de savoir si elles sont socialement partagées, ce qui permet d'engager fructueusement le débat, en groupe, sur le comment y faire avec les enfants. D'où émergent, enfin, de nombreux éléments subjectifs qui trouvent enfin leur place dans le discours : « Ah moi ça, je ne peux pas ! » (Subjectivité de la maman qui répond à la demande de l'enfant d'une manière rigide) « Quand je sors le jeu de transvasement que j'ai construit avec mon mari, quelle paix ! » (Subjectivité de l'enfant et de l'adulte qui trouvent un terrain d'entente, un espace partagé de jeu et de créativité)... Le conseil qui aura à l'origine produit ce discours ne doit pas nécessairement venir des accueillis, ni être dissimulé par l'accueillante sous des formulations défensives qui masqueraient sa nature de conseil. Je pense qu'il n'y a pas de raison d'exclure radicalement la possibilité du conseil parce que cette décision a autant d'impact positif possible (laisser la parole à l'autre) que d'impact négatif possible (ne pas permettre la parole). Voulez-vous ajouter quelque chose sur cette notion du conseil ?

J.R. Plus que de fournir des conseils – chacun sait que les conseilleurs ne sont pas les payeurs ! – il me paraît plus intéressant de soutenir l'élaboration des professionnels, de la relancer, de la susciter jusqu'au point où ils découvrent eux-mêmes les réponses à leurs questions. Maurice Blanchot a eu cette affirmation très forte « la réponse fait le malheur de la question ». Donc autant garder vivantes les questions qui aiguillonnent la recherche de chacun. La posture du superviseur doit alors se caler sur les méandres de cette recherche. Il ne saurait y avoir de recette prêt-à-penser. Parfois c'est un certain silence – il est des silences qui travaillent et d'autres qui participent de la jouissance – qui permet l'élaboration, d'autrefois la sollicitation, le questionnement, voire parfois l'étonnement. C'est un peu comme le travail du menuisier : il faut savoir prendre le bois dans le sens du fil.

▶ Répartir la parole entre les participants du groupe supervisé

Je pense donc qu'il n'y a pas lieu, face au conseil, d'adopter une posture de refus défensif. C'est du reste un peu ce que je reproche à votre démarche globale dans le livre : de fonctionner beaucoup en termes d'interdit, de défense, de préventions. Ainsi, les participants du groupe supervisé doivent-ils impérativement se taire pendant l'exposé de l'un d'entre eux, qui lui-même devra impérativement se taire quand ses collègues prendront eux-mêmes la parole pour lui renvoyer ce qui leur est venu pendant son exposé. Il n'est pas question de polémiquer, dites-vous. Naturellement, un groupe de parole, pour fonctionner, demande que chacun se taise et écoute quand quelqu'un parle. Pourtant, à faire trop radicalement taire la parole qui émerge (comme un symptôme) en dehors du temps prévu à cet effet, peut-être risque-t-on d'étouffer le feu qui demandait à naître. Je remarque ainsi que certaines personnes qui osent une phrase au milieu du propos d'un collègue bénéficient à cet instant de leur seul moment de parole : quand on la leur passera parce que c'est à leur tour, ils ne pourront la prendre. Que pouvez-vous me renvoyer à ce sujet ?

J.R. Si vous observez attentivement ce que j'écris de l'Instance Clinique et ses règles afférentes, vous verrez alors que le dispositif est construit pour faciliter l'émergence d'une parole chez chaque participant. Mais le prix à payer pour que cette parole puisse être entendue, c'est qu'une certaine frustration freine l'emballement à déverser tout de suite émotions, sensations, affects, questions, raisonnements... Paradoxalement, l'expérience que j'en ai – et ceux qui s'y sont coltiné en témoignent – c'est que c'est cet empêchement (qui n'a rien d'un interdit, mais impose une règle du jeu) favorise et la prise de parole et l'écoute de la parole d'autrui. La parole de chacun est prise en compte, un par un, sans être noyée dans des effets de groupe. La parole se libère dans la contrainte. C'est la fonction du cadre, effectivement rigoureux, mais pas rigide, que de garantir ce travail de parole subjectif dans un collectif. C'est la condition pour ne pas transformer les séances de supervision, comme je le disais plus haut en café du commerce, ou encore en déversoir de plaintes sempiternelles. En ce domaine je suis très « Balintien », puisque je rappelle que la séance et le groupe sont au service d'un exposant, qui transfère dans l'espace de la séance ce qu'il vit, et en grande partie sans le savoir, en lien au quotidien avec un usager. Ce transfert du transfert met en mouvement des affects et les déplace. Il s'agit donc bien d'un mode de traitement du transfert, inhérent à toute relation humaine. De même la régulation d'équipe, en présence de représentants de la direction, vise au « traitement » du transfert entre professionnels. Une institution, sociale, médico-social, hospitalière, scolaire... c'est transfert à tous les étages !

▶ Troisième temps de la supervision : conversation libre

Page 41 de la préface de votre ouvrage, décrivant les trois temps de l'instance clinique que vous proposez pour mettre les professionnels au travail, vous mentionnez qu'au troisième temps, qui est un temps de « conversation ouverte », « Le superviseur [...] se retire discrètement de la conversation. » Je suis frappée par ce troisième temps que vous avez formalisé. Car sans avoir jamais entendu parler de cette formalisation, j'ai constaté que dans les groupes avec lesquels j'ai travaillé (formation-analyse des pratiques), il survenait souvent spontanément un peu avant la fin du temps imparti au travail. Et j'ai effectivement été amenée à me retirer des conversations, qui prenaient diverses directions. Votre formalisation de ce temps me paraît donc importante, pour le soutenir malgré qu'il puisse paraître incongru, et ce en particulier à nos commanditaires qui, à mon sens, ne sont pas sans avoir un droit de regard, pas sur ce qui nous est dit, mais sur la manière dont nous travaillons. Je m'amuse de la réflexion d'une participante quand, à l'approche de l'arrivée prévue d'un responsable qui venait à juste titre « voir comment ça s'est passé », je disais : « On va peut-être se remettre au travail ? », à quoi cette participante répondait : « Comment ? Ce n'est pas du travail ? » Au temps pour moi... (le temps de comprendre...) Cependant, ces temps de conversation me semblent aussi pouvoir survenir après qu'un lourd travail ait été accompli, même si tout le monde ne s'est pas exprimé...

J.R. Soyons clair. Et vous avez raison de le souligner. Les commanditaires n'ont aucun droit de regard sur ce qui est dit, sur les contenus des séances. C'est la conséquence de la règle de confidentialité qui s'impose autant aux participants qu'au superviseur. Par contre, c'est vrai, si on veut les associer à la nécessité de ce travail, si l'on veut que cela prenne sens aussi pour eux, qu'il faut envisager une forme de compte-rendu sur la dynamique du travail. En général je propose une rencontre annuelle avec la direction au moment du renouvellement ou de l'arrêt de la convention.

Quant à ce troisième temps que je nomme « conversation », il me paraît indispensable. On ne le trouve pas à ma connaissance dans les groupes Balint. C'est effectivement « le moment de conclure », dernier temps du « Temps logique », dont parle Lacan et sur lequel je me suis appuyé pour penser les trois temps de l'Instance Clinique[1]. Si le superviseur se met en retrait – il l'est déjà pendant les deux premiers temps – ça ne signifie pas qu'il n'y participe pas. On peut constater que dans ce temps la fonction de superviseur peut se faire tournante. La fonction peut se détacher de celle ou celui qui l'occupe. La fonction est... retraitée. Au regard de l'objectif que je poursuis, le désempéguage du transfert[2], ce qui va faire coupure et ouvrir l'espace de la pensée et de l'action chez l'exposant, peut intervenir d'un des participants, qui fait jouer alors la fonction de superviseur. Voilà ce que je désigne comme mise en retrait du superviseur, qui consiste avant tout à ne pas se prendre pour la fonction, à y être sans... y être.

▶ Laisser parler les gens en supervision sans se préoccuper de déboucher sur des actes ? Le problème de l'évaluation...

Dans votre préface page 44, un participant de votre conférence vous demande comment ça se passe quand on tourne en rond dans la supervision, quand on est encore plus confus qu'avant, « On jette le superviseur ? », questionne-t-il. Vous répondez qu'il ne faut pas « instrumentaliser » la supervision pour « produire des hypothèses, des compréhensions, des solutions, des projets, etc. » Ne pas produire cela, n'est-ce pas

1. Soit « l'instant de voir », « le temps pour comprendre » et « le moment de conclure ». Jacques Lacan, « Le temps logique et l'assertion de certitude anticipée » in *Écrits*, Seuil, 1966.

2. Voir mon texte « Trans-faire de la musique » in *Psychanalyse et écriture. Rencontre avec Pascal Quignard*, L'Harmattan, 2015.

exactement ce qu'on reproche aux superviseurs, si je vous suis bien quand vous dites qu'on a voulu supprimer ses crédits à votre organisme de formation de superviseurs d'orientation psychanalytique ? Du reste, je ne sais pas de quoi vous parlez au juste : je remarque que bien sûr, au cours de l'analyse des pratiques, il y a des moments de flottement, il faut savoir attendre que quelque chose émerge sans se précipiter sur une recherche compulsive de solutions ou d'explications (ce qui s'approcherait peut-être en effet de ce que vous appelez « instrumentalisation »). Mais le résultat final de l'opération demeure la production d'hypothèses, de nouvelles manières de comprendre et de faire. Par exemple, dans le bref récit qui précède, vous parlez d'une aide-soignante qui, grâce à l'analyse des pratiques, est parvenue à discerner ce qu'un psychotique montrait avec son corps en tournant sur lui-même, en entrant en fureur quand on l'excluait lors des repas vers une table ronde : fœtus, le cordon ombilical s'était enroulé autour de son cou. Elle dira que l'analyse des pratiques lui a permis d'entrer différemment en lien avec cet usager. Mais comme le mentionne Louis-Georges Papon, la « vérité » est quelque chose sur quoi il est assez facile de s'asseoir[1]*... Pour éviter qu'elle ne soit intégrée dans le ronron institutionnel au titre d'un simple petit plus qui rend moins idiot, je crois nécessaire de penser un autre temps de l'analyse des pratiques, où il s'agit d'ouvrir le débat vers ce qu'il va être possible de mettre en place au regard de ce qui a émergé, ici pour que cet homme trouve sa place, par exemple au moment des repas. Et je crois que cette démarche, même si elle peut paraître contrainte (et elle l'est, mais « Ne me parlez pas de liberté ! » écrivez-vous...), est peut-être préférable au fait de laisser la saisissante découverte intersubjective se noyer dans la jouissance du contentement de soi de celui qui vient de comprendre quelque chose de plus. Car la découverte de l'« insu » donne parfois lieu à l'appesantissement plutôt qu'à l'acte. Cela se manifeste parfois quand les participants, bien au chaud, nous font part, à l'issue d'une séance, de ce qu'on se serait cru à prendre le thé... Des actes de coupure sont je crois nécessaires pour permettre aux professionnels de sortir de la pure jouissance de la découverte subjective. Il faut rompre l'inertie à laquelle la plupart d'entre nous tendent à se laisser aller quand ils ne subissent justement aucune contrainte extérieure. Ces actes de coupure sont nécessaires dans la cure analytique, et peut-être a fortiori dans l'analyse des pratiques d'un milieu professionnel, le but n'étant pas seulement de permettre à ces professionnels de voir les choses autrement, mais aussi de poser des actes en tant que professionnels, du côté d'une créativité qui tente de prendre en compte ce qui se dérobe à la compréhension, afin de générer des pratiques qui soient plus en accord avec le vécu subjectif des patients ou des bénéficiaires... et le leur. En d'autres termes, il ne s'agit pas de comprendre qu'on tourne en rond. Mais de chercher le moyen de ne plus tourner en rond. Et ce second temps demande une impulsion. « On n'est pas là pour jouir », pourrait-on dire. D'ailleurs, je vous cite p. 36 : « épurer les affects ne constitue pas l'objet premier de la supervision, il s'agit plutôt de dégager des possibilités d'action. » Comment résolvez-vous cette tension entre*

1. Louis-Georges Papon, *Psychanalyse et travail social, un certain cousinage*, Érès, 2015.

ces deux nécessités que vous énoncez clairement : laisser parler les gens et déboucher sur l'action, ce qui est tout particulièrement exigé de nous ces derniers temps, en rapport avec l'évaluation des pratiques et le risque même d'être évincés si nous ne pouvons faire part de résultats pour ainsi dire concrets.

J.R. Il me semble qu'en posant la question vous y répondez dans le même temps. J'ajouterai pour ma part, que ce que vous désignez comme compréhension, hypothèses, etc. vient, comme Lacan le disait de la guérison dans l'analyse, de surcroît et apparaît parfois bien plus tard que la séance elle-même. Il se produit un cheminement, une mise en mouvement de la pensée, qui ne s'arrête pas au temps de la séance. Beaucoup de participants en témoignent. Ainsi de cette éducatrice qui avait exposé une situation très difficile avec un jeune qui lui faisait les pires vacheries : rayer sa voiture avec une pierre, lui tirer les cheveux et les vêtements... Son exposé de la situation était largement tinté d'une forme de haine : elle ne pouvait plus l'encadrer, plus le sentir, etc. Elle était au bout du rouleau. Lors d'une séance ultérieure, dans le temps de conversation, elle prit la parole : vous savez j'en pouvais plus de ce jeune ; j'ai lâché le morceau l'autre fois. Quand je suis sortie de la séance il était là, comme s'il savait que j'avais parlé de lui, eh ! bien, c'était plus le même !

▶ Supervision ou analyse des pratiques ?

Page 44 toujours vous contestez le passage, dans les années 1970, du terme de « supervision » au terme d'« analyse des pratiques » (avant d'ailleurs son effacement du paysage). Vous contestez la dimension de « contrôle » (terme que vous reconnaissez dans un autre contexte, celui de la supervision individuelle des analystes débutants, qu'on appelle en effet « contrôle ») associée à l'analyse des pratiques. Il se peut que l'expression « analyse des pratiques » ait historiquement été associée à un contrôle excessif des pratiques. Pourtant, quand on prend juste en considération la connotation de surplomb et de directivité du terme « supervision », on peut largement préférer l'expression « analyse des pratiques », qui me semble désigner très exactement ce que les superviseurs font... Pourquoi insister pour maintenir le terme de « supervision » ? Pour maintenir le « métier », comme vous dites, de superviseur ? Serait-il trop arrogant de se dire « Analystes des pratiques » ?

J.R. Comme je l'écris dans mon ouvrage, le terme de « superviseur » s'est imposé historiquement après-guerre. Puis il a été détrôné dans les années 1980, au moment où les intervenants sociaux se sont auto-désignés comme « techniciens de la relation », au profit de celui d'« analyse des pratiques ». Ce terme me paraît équivoque. D'abord parce que c'est devenu un fourre-tout, ensuite parce que, pris dans un contexte où la question du contrôle généralisé envahit l'espace social, comme le souligne Foucault, ce terme se trouve assimilé souvent à la vérification des « bonnes pratiques ». « Supervision », peut être interprété naïvement comme une position de surplomb ; mais on peut le penser aussi comme un espace où les professionnels acquièrent une certaine élévation pour penser leur pratique quotidienne, un espace qui permet de... prendre de la hauteur. Une anecdote : une participante à un groupe de formation de superviseur, juste avant de démarrer le temps de travail, lance une mandarine à une autre participante et la loupe. « Tu n'es pas une super-viseuse », s'exclame l'autre visée. Partons alors du point de vue qu'il y a dans la pratique de superviseur, comme dans toute activité humaine, du ratage, de la foirade, pour le dire à la manière de Beckett. Il s'agit bien là aussi d'un métier frappé d'impossible au sens où Freud précise que, comme diriger et éduquer, analyser relève d'un impossible parce qu'« on peut y être sûr d'un résultat insuffisant[1] ».

La fonction de superviseur[2]

En France depuis quelque temps la question de la supervision dans les secteurs social, médico-social, hospitalier, voire scolaire, a été soulevée à nouveaux frais après une période d'éclipse. Ce dispositif est même exigé par les textes dans certains établissements (ITEP, EHPAD...). Mais cette question revient non sans une certaine confusion. On ressent bien la nécessité, dans les équipes, de lieux d'élaboration de ce que les professionnels engagent dans la relation aux usagers, comme de ce qui se joue au sein de l'équipe et de l'institution. On a vu fleurir face à cette demande mi-dite, des cabinets de coaching, de consulting, d'audit, etc. D'aucuns, médecins psychiatres, psychologues, psychosociologues, voire psychanalystes se sont adjugé ces espaces sans aucune formation, ni réflexion, s'appuyant sur le syntagme « psy », comme si par magie il préparait à occuper une telle fonction. D'où certains dérapages, foirades et autres dérives.

Si Lacan a pu parler de psychanalyse en extension, par rapport à la cure, ce n'est certes pas dans ce sens hégémonique et totalitaire. Ce qui a cours dans la rue, disait Freud, n'est pas équivalent à ce qui se passe sur le divan. Ceci implique un repérage rigoureux des places de psychanalyste et de superviseur. Sur cette distinction radicale, autrement dit, la détermination de deux champs d'intervention, la réalité psychique d'un côté et la réalité sociale de l'autre, je renvoie au texte méconnu de Freud, qui constitue la préface à l'ouvrage d'un éducateur, August Aichhorn[3]. Il se trouve que des professionnels, dans l'éducation, la santé, la justice, etc., ayant eux-mêmes parcouru un chemin dans l'analyse, s'appuient sur cette expérience pour soutenir leur position. En aucun cas ils ne font de l'éducation, de la santé, de la justice, etc. psychanalytique.

1. Sigmund Freud, *L'analyse finie et l'analyse infinie*, PUF, 2012.

2. Cet article remanié est paru dans le n° 178 de la revue *Santé Mentale*, de mai 2013.

3. August Aichhorn, *Jeunes en souffrance*, Champ Social, 2000. J'ai republié ce texte passé aux oubliettes et produit un commentaire que l'on trouvera dans mon ouvrage *La supervision d'équipes de travailleurs sociaux*, Dunod, 2005.

On a fait comme si la fonction de superviseur allait de soi. Et trop souvent le résultat produit est un dégoût et de cette pratique singulière de parole à partir de l'exercice professionnel, et au-delà, de la psychanalyse, d'où peu ou prou, toutes les pratiques de supervision, d'analyse de la pratique, de régulation d'équipe, etc. sont issues. Les prémisses en étaient posées, bien avant Balint, dans les fameuses « séances du mercredi soir » que Freud réunissait à Vienne dans son cabinet dès 1902[1].

▶ Raconter des histoires

Dans le dispositif de supervision que nous avons « bricolé » à Psychasoc en référence à la psychanalyse, les séances de supervision que j'anime auprès de travailleurs sociaux, de psychologues, de médecins, d'enseignants... démarrent toujours par une question : qui veut raconter une histoire ? Évidemment la première fois, ça n'a pas l'air sérieux. Et pourtant... Gisent dans tout récit, pourvu qu'on se donne la peine de l'écouter dans un cadre accueillant et rigoureux, de véritables perles. Raconter une histoire, faire le récit d'un événement issu de la pratique est en soi unique. Un professionnel nous parle d'un évènement qui s'est produit, ailleurs, il y a plus ou moins longtemps. Il le déplace, le transporte, le transfère jusqu'au cercle de la supervision. Mise en scène d'un événement étrange, dérangeant, joyeux, plein de surprise, tragique, comique... Toute la palette des émotions et des expressions peut être explorée. Évidemment le seul événement auquel nous assistons, c'est au récit : l'un d'entre nous raconte... Et le récit éclate en miroitements, sensations, éprouvés, impressions, presque au sens de l'imprimerie. Le récit s'imprime. Ce partage du récit libère l'exposant de son poids d'affect et diffuse parmi les participants les mille et un détours qu'emprunte la parole. Parole parlante, dit Martin Heidegger[2].

> « L'art de conter est en train de se perdre. Il est de plus en plus rare de rencontrer des gens qui sachent raconter une histoire. Et s'il advient qu'en société quelqu'un réclame une histoire, une gêne de plus en plus manifeste se fait sentir dans l'assistance. C'est comme si nous avions été privés d'une faculté qui nous semblait inaliénable, la plus assurée entre toutes : la faculté d'échanger des expériences. L'une des raisons de ce phénomène saute aux yeux : le cours de l'expérience a chuté. Et il semble bien qu'il continue à sombrer indéfiniment[3]. »

Si « conter » et « compter » partagent la même origine, force est de constater que l'impérialisme envahissant du « compter » a complètement colonisé tous les processus d'évaluation, au profit d'opérations comptables. Retrouver le sens du récit et de la « racontouze », comme le disait Georges Perec, participe alors d'un acte subversif. Le

1. Les minutes de ces séances, établies à la demande de Freud par Otto Rank, couvrent la période de 1906 à 1918. Elles ont été publiées en quatre volumes aux éditions Gallimard sous le titre *Les premiers psychanalystes. Minutes de la Société psychanalytique de Vienne*, Gallimard, 1976.
2. *Acheminement vers la parole*, Gallimard, 1981.
3. Walter Benjamin, *Œuvres III*, Gallimard, 2000.

sens du travail, qui détermine le goût du travail bien fait, tire son origine de cet art du récit.

▶ Ce que parler veut dire

Mais au fond qu'est-ce que parler veut dire ? Et qu'est-ce qu'écouter ? Évoquons le cadre des supervisions. J'expose ici succinctement le dispositif en trois temps, nommé « instance clinique » que nous avons « bricolé » à Psychasoc et qui constitue également la colonne vertébrale de nos formations[1]. Cette tripartition m'a été inspirée à la fois par la fréquentation des « groupes Balint » et au point de vue de l'étayage théorique par l'article de Jacques Lacan sur le temps logique[2]. Trois temps donc : l'instant de voir, le temps pour comprendre, le moment de conclure. Et dans l'instance clinique : récit, retours et conversation. Dans le premier temps l'un raconte une histoire tirée de sa pratique, les autres écoutent et ne peuvent intervenir ; dans le second temps chaque participant fait retour à l'exposant de ce que l'écoute de sa parole lui a fait et l'exposant écoute et ne peut intervenir ; un troisième temps, que je désigne comme « conversation » s'ouvre à l'échange, à bâtons rompus, comme on dit. Le superviseur n'intervient pas durant les deux premiers temps, sauf pour rappeler le cadre, si nécessaire ; mais il participe, à sa façon, selon son style, à la conversation. Trois temps qui constituent l'armature autant des séances de supervision dans les institutions, que de la formation de superviseurs. Le dispositif est exigeant, frustrant : on voudrait rétorquer, ajouter, préciser, questionner. Or c'est la mise en suspens de la parole, l'obligation d'écoute, autant des énoncés que de l'énonciation du parleur, qui constitue la scène où, au fil de ces trois temps, naît de temps à autre une question, une étrangeté, une énigme. L'énigme, mot qui puise son origine dans le grec *aïnigma*, désigne bien : ce qu'on laisse entendre, un récit, une fable, une parole équivoque, un oracle... Cette énigme à partir de laquelle on peut revisiter la situation évoquée modifie la perspective et la position de celui qui l'a amenée dans le groupe de supervision. Ainsi de cette professionnelle de santé qui avait déposé douloureusement toute la haine qu'elle éprouvait pour un jeune homme qui lui en faisait voir de toutes les couleurs et qui dans une autre séance raconta qu'elle l'avait croisé à la sortie de cette séance et que « c'était plus le même ! ». Son regard avait changé.

---

1. J'en ai donné un long développement dans mon ouvrage *La supervision d'équipes en travail social*, Dunod, 2007 et ce travail constitue le fond de la formation de superviseur que nous menons depuis plus de 10 ans avec Psychasoc. Nous avons ainsi pu former à cette pratique singulière plus de 200 professionnels, éducateurs, assistants sociaux, psychologues, psychanalystes, chef de service, directeurs, médecins, etc. Pour plus de détails confer les sites psychasoc.com et asies.org, que nous animons. ASIES signifie : association des superviseurs indépendants européens. On y trouve des textes de réflexion et surtout un listing de plus de 200 superviseurs, répartis par région.
2. Jacques Lacan, « Le temps logique et l'assertion de certitude anticipée » in *Écrits*, Seuil, 1966.

▶ Parler, ça fait de l'effet

La parole, transportée par le parleur d'un site professionnel à l'espace théâtralisé de la supervision, charrie son poids d'affects, d'émotions, de sensations, de réel saisissant au corps le professionnel qui s'est engagé dans une relation avec un usager (parfois bien usagé !) ou un malade, sans trop y comprendre grand-chose. Cette parole qui déplace les affects, en même temps les détache de leur gangue corporelle. Mise en mots, elle évite la mise en maux. Combien d'événements de corps qui envahissent les professionnels, parfois tragiques, proviennent de ce que la parole n'a pu trouver son chemin, son havre de paix : alors elle prolifère dans les chairs, les taraude et les pétrifie. La parole qui n'est pas advenue au langage tente de parler en parasitant des morceaux de corps.

Ainsi de cette patiente de Freud qui présente un tableau clinique inquiétant : elle tombe dans la rue, dans les magasins, sans qu'aucun médecin à l'examen n'ait pu déterminer une cause somatique. Freud l'écoute et assez rapidement il repère que la patiente prononce fréquemment le mot « *kreuz* » (croix). Dame patronnesse, bonne catholique, elle parle de porter sa croix, de faire le bien auprès des pauvres... « Et comment se nomme cet endroit du corps d'où part la paralysie ? » questionne Freud. Cette parole fait interprétation et libère l'hystérique qui traduisait avec son corps ce que l'inconscient tentait de lui faire entendre. « Kreuz » en effet désigne également les vertèbres « sacrées ». Du coup cette femme s'occupa un peu plus d'elle-même et de ses proches et un peu moins des pauvres, dont finalement elle ne cherchait qu'à tirer une certaine jouissance.

Voilà aussi ce qu'on est en droit d'attendre de la supervision : des effets d'apaisement de ce qu'un professionnel ne manque pas d'engager dans le transfert et qui d'une façon ou d'une autre le travaille au corps.

▶ La fonction du superviseur

Précisons ce qu'il en est de la place de superviseur dans un tel dispositif de parole. La fonction, que pour ma part je soutiens à partir de mon expérience personnelle de la cure et de mon travail d'analyste, vise avant tout un désencombrement, un démêlage, un « désempéguage » (comme on dit dans le Midi) du transfert qui se noue entre un usager et un professionnel. L'essence même du travail, qu'il soit social ou psychique, pour mener à bien les missions qui lui incombent, on le sait, réside dans ce que Freud désigne sous le chef de « maniement du transfert ». Autrement dit il s'agit de faire le clair sur la relation engagée entre un professionnel et un usager. Or le transfert et son maniement sont déterminés par le champ dans lequel opère la rencontre humaine. Que ce soit dans l'espace éducatif, pédagogique, thérapeutique... le transfert ne pourra être mis au travail que dans ce cadre et avec les outils afférents, théoriques et pratiques. Il n'y a pas de psychanalyse sauvage possible qui proviendrait d'une application barbare du champ de la cure sur un autre champ. Les « groupes Balint » par exemple, du nom de son inventeur, furent impulsés d'abord dans le domaine médical, auprès de médecins et d'infirmiers, que Michael Balint, animateur de la célèbre Tavistoc Clinic, trouva à son arrivée dans un état psychique déplorable, livrés à leurs émotions, affects et ressentis, sans aucune possibilité de les élaborer, de les métaboliser[1].

À chaque fois les conditions d'exercice, même si le noyau dur, à savoir le dénouement du transfert reste constant, obéissent à l'inscription dans un contexte qu'il s'agit de repérer d'emblée et de prendre en compte. Des questions comme : dans quel type d'établissement ? Qui demande (équipes ou direction) ? Qui paie ? Séances obligatoires ou à option ? Dans les locaux de l'établissement ou en dehors ? Selon quelle périodicité ? etc. n'ont rien de négligeable et doivent être travaillées en amont. Elles déterminent l'ouverture ou la fermeture de l'espace de supervision.

La fonction de superviseur, si l'on admet l'hypothèse que je soutiens, d'un travail opérant sur le transfert, s'ouvre à partir d'un paradoxe : y être sans y être, occuper la fonction sans se prendre pour la fonction, y être sans s'y croire. C'est énigmatique ? Pour l'illustrer je propose à nouveau une petite histoire qui nous vient d'Asie. Un nomade avait 17 chameaux et 3 fils. Il vint à mourir en laissant le testament suivant. « Je demande que l'on distribue ainsi mes 17 chameaux : la moitié à l'aîné, un tiers au second et un neuvième au petit dernier. » Évidemment le partage est impossible : 17 n'est divisible ni par 2, ni par 3 ni par 9. Comment faire ? Ils s'en ouvrent à leur oncle qui leur répond que lui il en a des stocks, des chameaux, et pas d'enfant. Il propose de leur en donner un de son troupeau : un de plus ou de moins ! Effectivement à partir de ce chameau en plus l'opération s'avère faisable : le premier reçoit 9 chameaux, le second 6 et le dernier 2. Mais lorsqu'on fait l'addition : 9 + 6 + 2 = 17 ! Le chameau en plus peut être rendu à l'oncle malin et fin logicien. Il n'a servi que d'opérateur de division. Ainsi en va-t-il de la fonction de superviseur. Il garantit la division que produit la parole de chacun.

L'exercice de la parole non seulement produit une division pour chaque sujet, mais aussi entre les sujets. La parole nous unit et nous sépare. L'exposé, dans cet espace, d'une situation clinique, à partir d'un dispositif de parole rigoureux tel que je l'ai exposé – ce n'est pas le café du commerce, ni la foire d'empoigne – permet au professionnel non seulement de se détacher de la situation transférentielle, de trouver, comme l'énonce Winnicott, la « bonne distance », mais de plus évite les amalgames que l'on connaît bien dans les équipes, soit de fusion, soit de rejet. Le superviseur en garantissant que la parole de chacun soit non seulement accueillie sans détournement possible, mais entendue dans toutes ses résonances dans ses énoncés, comme dans son énonciation, soutient sur la ligne d'horizon l'objectif de ce travail : le dénouement du transfert engagé entre un professionnel et un dit usager. Ce travail s'il est suffisamment élaboré

1. Michael Balint, *Le médecin, son malade et la maladie*, PUF, 1996 ; Michèle Moreau Ricaud, *Michael Balint. Le renouveau de l'école de Budapest*, Érès, 2007.

permet de produire un véritable savoir issu du transfert et de dégager la structure psychique de l'usager ou du patient dont on parle. Autant d'éléments indispensables aux membres d'une équipe pour œuvrer au quotidien avec ce sujet singulier. À Psychasoc nous avons également « bricolé » un second dispositif, nommé « régulation d'équipe » qui vise le transfert entre professionnels. En effet une institution, c'est transfert à tous les étages ! Mais il s'agit de ne pas mélanger les espaces d'élaboration. Comme le disait récemment Jean Oury : quand on arrive dans une institution, mieux vaut se munir d'un compteur Geiger, qui consiste en une question : est-ce que dans cette institution on prend au sérieux le travail sur le transfert ? Si ce n'est pas le cas, ajoutait-il, fuyez à toutes jambes ! En effet combien de passages à l'acte dommageables sur les usagers ou les collègues, voire sur soi-même, tiennent à ce défaut d'élaboration.

▶ La supervision en santé mentale

Contrairement à ce que racontent certains pour s'en débarrasser, le transfert dans la psychose est massif, prenant, facteur de confusions et d'embrouilles[1]. Là où dans la névrose et la perversion le Sujet Supposé Savoir (SSS) n'est jamais que supposé, dans la psychose c'est plutôt un Autre qui sait de manière absolue, sans aucun doute, un Sujet Sachant[2] (SS !). Le rapport à l'Autre, que le professionnel peut incarner à son corps défendant dans la relation au psychotique, est alors marqué d'une certitude absolue qui peut revêtir toutes les nuances d'une trop grande proximité dans la paranoïa, d'un trop grand éloignement dans la schizophrénie, etc. Le sujet dans le transfert se trouve alors en position de déchet, d'objet, persécuté, laissé tomber, etc., dans son rapport à cet Autre tout-jouisseur. D'où un maniement délicat du transfert pour les cliniciens. Il commence par le repérage dans un travail de supervision de la place qu'occupe le professionnel en tant qu'Autre pour le psychotique. Seul ce travail produit la bonne distance et permet d'avoir accès à un savoir sur la façon dont un sujet est structuré dans son rapport à l'Autre, au monde et à soi-même. Autrement dit, le travail avec les psychotiques commence par le travail des professionnels pour se dégager d'un transfert engluant et pour en dégager un enseignement que seul le psychotique peut transmettre. Comme le disait souvent François Tosquelles : il faut commencer par soigner l'institution[3] !

Je pense à cet enfant que j'ai rencontré près de Paris. Très petit, il avait accompagné sa mère à Roissy d'où son père d'origine congolaise s'était envolé pour toujours. Rupture brutale. Logé

1. Sur les psychoses et leur traitement voir Joseph Rouzel, *La prise en compte des psychoses dans le travail éducatif*, Érès, 2013.

2. Sur le concept de Sujet Supposé Savoir (SSS), que l'on doit à Jacques Lacan, voir Joseph Rouzel, *Le Transfert dans la relation éducative*, *op. cit.*

3. François Tosquelles, *L'enseignement de la folie*, Dunod, 2014 ; François Tosquelles, *Soigner les institutions*, Paris, L'Arachnéen, 2021.

dans les bras de sa mère, il avait ressenti l'effondrement émotionnel de celle-ci devant cet abandon. En grandissant, il avait construit, ce qu'avec un certain mépris d'aucuns balaient comme délire, une activité étonnante. Il connaissait par cœur tous les mouvements d'avions sur Roissy et se promenait avec un petit avion en carton qu'il avait confectionné avec l'aide des éducateurs. Il parcourait ainsi, selon un rituel immuable, les différents lieux du quartier où siégeait l'institution. Les commerçants du quartier s'étaient habitués, forts des explications des éducateurs, et accueillaient volontiers l'enfant. : « Tiens voilà le 15h40 pour Bamako qui décolle. » Ce branchement, véritable « greffe de symbolique », comme le dit Jean Oury, lui permettait de construire un semblant d'ordre dans le monde et de s'en soutenir. Responsable de la sécurité dans le ciel de tous les avions de Roissy, pensez donc ! Les éducateurs soutenus par toute l'équipe thérapeutique des psychologues et des psychiatres n'avaient pas cherché à corriger, ou pire, éradiquer ce délire, ils l'avaient soutenu, percevant bien que c'était cette construction délirante qui permettait à l'enfant, comme le souligne Freud à propos de Schreber, de « *rebâtir l'univers, non pas à la vérité plus splendide, mais du moins tel qu'il puisse de nouveau y vivre. Il le rebâtit au moyen de son travail délirant* ». Les éducateurs non seulement ne l'avaient pas empêché de faire ce qu'il avait à faire, mais de plus ils l'avaient accompagné. C'est ainsi qu'un éducateur l'avait aidé à dessiner une carte colorée des mouvements des avions et un autre un diagramme très complexe pour inscrire les heures de décollage et d'atterrissage, heures que l'enfant vérifiait régulièrement sur Internet. Moyennant quoi, sans en avoir l'air, cet enfant avait fait quelques acquisitions scolaires très précieuses. On peut penser que prenant appui sur le savoir-faire de cet enfant psychotique le travail d'accompagnement thérapeutique et éducatif puisse le conduire à trouver dans le monde, parmi les autres, une façon d'être de plus en plus acceptable socialement. Mais la condition princeps était de reconnaître la validité de ses constructions et de son savoir-faire étrange.

On voit combien il est important dans le travail avec le psychotique de créer des lieux d'adresse où il puisse déposer ses bricolages, et être reconnu et valorisé dans son savoir-faire. Il s'agit, au sens large, pour reprendre une belle expression de Lacan, de « se faire le secrétaire de l'aliéné ». Évidemment l'accompagnement constant de cette équipe dans une supervision où tous les effets transférentiels furent travaillés les uns après les autres, avait constitué un filet de sécurité et une référence pour la pratique quotidienne.

La supervision : un espace d'émancipation des équipes

*« Toute émancipation est reconduction (*Zurückführung, *retour, rapatriement) du monde humain, des rapports, à l'homme lui-même. »*
Karl Marx, « À propos de la question juive », Œuvres III.

▶ Émancipation

En droit, l'émancipation est l'acte par lequel un mineur est juridiquement assimilé à un majeur et peut normalement accomplir seul les actes nécessitant la majorité légale. L'émancipation d'un mineur a lieu essentiellement sur décision du juge des tutelles à la demande de son ou ses parents, ou en cas de tutelle du mineur, du conseil de famille. Le mineur doit avoir 16 ans révolus. La demande d'émancipation doit être fondée sur de justes motifs et être dans l'intérêt de l'enfant.

En droit, on ne peut donc pas s'auto-émanciper.

C'est aussi ce que pose Marx : l'émancipation de tous par tous. Émancipation : un maître mot de Marx. On ne s'émancipe pas tout seul. S'émanciper de l'aliénation sociale et de l'aliénation mentale. Là se joignent le combat politique et les soins psychiques. L'émancipation humaine est la suppression pratique de l'aliénation, non de telle ou telle aliénation, mais de toutes les aliénations.

Ainsi posée l'émancipation anime tout espace démocratique et, pour ce qui me concerne, les espaces de formation et d'exercice professionnel. J'ai toujours eu l'idée que le travail social mettait en série ces espaces. Selon un cercle vertueux : formation → professionnels → usagers → formations... Et pour cause : Jacques Lacan, dans son fameux texte « Le temps logique et l'assertion de certitude anticipée[1] », nous instruit *via* la fable des 3 prisonniers, que la solution pour un sujet est en même temps collective et subjective : « Ce collectif-là fait droit à une vérité qui ne saurait s'énoncer que singulière. Mais ce que Lacan articule dans le même temps, c'est que cette vérité du sujet n'est pas isolable du processus par lequel l'autre s'exerce aussi à en trouver l'issue. En d'autres termes, mon accès à cette issue est fonction de la capacité de l'autre à y accéder également de son côté. Il y a là une solidarité logique qui implique chaque sujet pour lui-même et aussi dans son rapport au social[2]. »

▶ Confinement et ouvertures

> « La question du sort de l'espèce humaine me semble se poser ainsi : le progrès de la civilisation saura-t-il, et dans quelle mesure, dominer les perturbations apportées à la vie en commun par les pulsions humaines d'agression et d'autodestruction ? À ce point de vue, l'époque actuelle mérite peut-être une attention toute particulière. Les hommes d'aujourd'hui ont poussé si loin la maîtrise des forces de la nature qu'avec leur aide il leur est devenu facile de s'exterminer mutuellement jusqu'au dernier. Ils le savent bien, et c'est ce qui explique une bonne part de leur agitation présente, de leur malheur et de leur angoisse. Et maintenant, il y a lieu d'attendre que l'autre des deux « puissances célestes », l'Éros éternel, tente un effort afin de s'affirmer dans la lutte qu'il mène contre son adversaire non moins immortel. »
> Sigmund Freud, *Malaise dans la civilisation*

1. Jacques Lacan, *Écrits*, Seuil, 1966.
2. Stéphane Thibierge, *Clinique de l'identité. Psychoses, identité sexuelle et lien social*, PUF, 2007.

Nous en sommes là dans beaucoup d'institutions sociales et médico-sociales. Une dérive gestionnaire, un management débridé, une organisation du travail taylorienne... auraient-ils eu la peau de ce qui fonde le cœur de la pratique en travail social : à savoir une clinique de la rencontre humaine, hors de laquelle tout acte technique s'avère porter à faux ? Mais la clinique elle-même ne se soutient que de son appui institutionnel, politique, éthique. Ledit « confinement », mettant en suspens ces pratiques de direction d'un autre âge, a vu dans maints établissements des merveilles d'invention et de création. Saurons-nous faire perdurer cet état de fait ?

« Allez tout de suite chez le cardio », m'a ordonné mon toubib. Ça m'a sauvé la peau. Deux opérations du cœur suivies d'hémorragies et de nouvelles opérations. J'ai passé le confinement à me reposer... À réfléchir sur le sens de la vie. Quand on frôle la mort on mesure la fragilité de la vie, mais aussi sa préciosité. Tel Saint Paul sur le chemin de Damas, ça vous dessille les yeux.

Et j'ai beaucoup pensé à mes collègues travailleurs sociaux. Certains m'ont donné des nouvelles, j'ai appelé pour en prendre. Avec mes copains de l'association l' @psychanalyse nous avons skypé toutes les semaines ; il y a eu un beau colloque international de psychanalyse organisé à partir du Brésil autour du texte de Lacan « La troisième », où je suis intervenu ; nous avons réalisé une séance du séminaire mensuel en ligne avec une trentaine de personnes... Bref s'il y a distanciation physique, il ne saurait y avoir distanciation sociale, contrairement à ce qu'a voulu imposer le gouvernement dans un vocabulaire de plomb. Le lien social continue à se tisser, c'est ce qui nous tient vivants, sujets immergés dans des collectifs. On ne saurait penser l'un sans l'autre. L'homme est un animal politique dit Platon. *Zoon politicon.*

Deux écrits m'ont mis en marche pour penser l'après, mais il n'y a pas d'après, ça commence tout de suite. « Que les choses continuent comme avant, voilà la catastrophe » (Walter Benjamin). Un bouquin fracassant d'Emmanuel Todd : *La lutte des classes en France au XXIe siècle*[1]. Et un article remarquable de Pierre Dardot et Christian Laval, paru dans le *Monde* du samedi 9 mai : « Aucune souveraineté d'État au monde ne permettra de prévenir les pandémies. » Il y en aurait bien d'autres, tant le confinement m'a laissé du loisir pour lire et écrire, mais ces deux-là m'ont marqué. Leur conclusion est la même : nous ne sortirons de cette crise qui ne date pas d'hier – la pandémie n'est que la pointe émergée de l'iceberg – qu'en réinventant la façon de vivre ensemble. L'état du monde catastrophique, ravagé par le capitalisme, a réduit tout ce qu'il y a sur Terre à l'état de marchandise, prônant la libre circulation des biens et des pulsions. Les modes de gouvernement n'étant plus que le bras armé de cet impératif socio-économique. Il s'agit de faire du fric avec tout. De passer toute activité humaine à la moulinette de la rentabilité : et notamment les services publics. Hôpitaux, écoles, et bien évidemment les établissements sociaux et médico-sociaux. Les modes de direction imposés par cette idéologie féroce ont gravement atteint le secteur du travail social. En maints

1. Emmanuel Todd, *La lutte des classes en France au XXIe siècle*, Seuil, 2020.

endroits, un management débridé, froid et aveugle, a produit une profonde désaffection des professionnels pour leur travail. Leur engagement auprès desdits « usagers » s'en est ressenti. Déresponsabilisés, infantilisés, bombardés de protocoles plus absurdes les uns que les autres, soumis aux ukases et contrôles de technocrates complètement débranchés de la réalité (ARS, HAS...), mais aussi désorganisés dans leurs structures de représentation collective, les travailleurs sociaux ont fait le dos rond. D'aucuns ont quitté le métier, d'autres sont tombés en maladie. Ces métiers du social en effet ne tiennent que parce qu'on y croit, qu'on y réalise un idéal, qu'on y met en œuvre des valeurs, éthiques et politiques. Lorsque la seule valeur qui demeure, celle qu'impose le capitalisme, c'est la valeur marchande, comment soutenir le sens de son travail au quotidien ?

Et le petit virus couronné est apparu[1]. Ce virus, c'est un pur réel. Il vient faire effraction dans nos corps, nos pensées, nos relations, notre façon d'être au monde. Il a aussi bouleversé nos modes de prise en charge et d'organisation institutionnels. Les hiérarchies ont pris du plomb dans l'aile. Devant l'urgence les professionnels de base ont su se mobiliser. Les petits chefs ou grands manitous soit se sont mis en télétravail, soit n'ont eu d'autre choix que de suivre ceux qui combattaient au front en première ligne. Nous en sommes là. J'ai reçu moult témoignages de collègues qui ont fait preuve d'inventions géniales au quotidien ; les enfants, les jeunes et les adultes confinés avec les travailleurs de base (ES, ME, AMP...) ont montré une ingéniosité inédite et participé à la création de collectifs humains de vie et de survie. Retrouvant ainsi ce qui constitue l'essentiel du travail dit social. En maints endroits, l'organisation du quotidien autogérée par les collectifs professionnels-usagers s'est révélée d'une efficacité redoutable. C'est une grande leçon qui nous pousse à repenser l'institution avant tout comme un tissage relationnel. La clinique, que Michel Chauvière dans un article ancien de *Lien Social* décrivait comme le môle de résistance du travail social, une clinique avant tout de la rencontre humaine, a donné tous ses fruits, rassurant les uns et les autres et ouvrant à la dimension du partage.

Les travailleurs sociaux retrouvent ainsi ce qui fait le fer de lance de leur métier : à savoir qu'on y fait des choses ensemble. Le partage de ces activités est le théâtre dans lequels lesdits usagers donnent à lire ce qui leur fait souffrance et envisagent des possibilités pour en sortir. Atelier de poterie, marionnettes, jeux d'eau, activités de groupe, soutien scolaire, démarches administratives, etc. Et pendant ce temps de confinement on s'est beaucoup parlé dans les institutions. Le travail social se caractérise d'un « faire ensemble ». Tissu de relations, vivier institutionnel interdisciplinaire, aire de jeu, lieu de mise en scène des difficultés psychiques ou sociales, espace de trans-faire, aire de transition, partage du quotidien... Les médiations, cœur des métiers de la relation humaine, favorisent les passages, les entre-deux, les intermédiaires qui structurent la vie d'un sujet, enfant, adolescent ou adulte. L'acte en travail social relève

1. Joseph Rouzel, *Corona, psychanalyse. Petit manuel de survie*, Le Retrait, 2020.

d'une forme de création, c'est un art. Encore faut-il que le contexte institutionnel et politique en favorise l'émergence. « Dans la vie de tout être humain il existe une troisième partie que nous ne pouvons ignorer, c'est l'aire transitionnelle d'expérience à laquelle contribuent simultanément la réalité intérieure et la vie extérieure... Cette aire intermédiaire d'expérience, qui n'est pas mise en question quant à son appartenance à la réalité intérieure ou extérieure (partagée), constitue la plus grande partie du vécu du petit enfant. Elle subsistera tout au long de la vie, dans le mode d'expérimentation interne qui caractérise les arts, la religion, la vie imaginaire et le travail scientifique créatif », précise Winnicott.

Le confinement a produit des effets. La dimension clinique avec des relations plus simples, plus vraies ; la dimension institutionnelle, avec la mise en veilleuse des petits chefs ; la dimension politique avec le retrait des injonctions de bureaucrates totalement inadaptées... ont laissé place à une forme de communisme improvisé et vivant, une authentique démocratie directe inventée de toutes pièces par ses acteurs. Si dans les années 1980, Pierre Bourdieu déclarait que le capitalisme est une machine à briser les collectifs, c'est bien par le biais de collectifs retrouvés que s'ébauche l'émancipation permanente des professionnels, comme des usagers.

Les deux écrits que je citais plus haut, ouvrent à cette dimension : nous n'en sortirons que par une mise en acte à nouveaux frais de la démocratie. Et la démocratie, avant de poser les fondations du lien social, exige la mise en récit des pratiques de chacun. Seuls ces récits issus du quotidien produisent les arcanes subtils d'une société bien vivante. Il y a urgence dans ledit « après-confinement » à collecter ces récits d'une pratique inventive. Plutôt qu'une formalisation du travail social par le haut, c'est à une véritable élaboration *in vivo* que l'on a assisté. Bien sûr, je suis loin d'être naïf, tout ne fut pas rose. Il ne s'agit pas d'idéaliser, mais de dire et d'écrire ce qui est. De s'essayer à ce que Georges Perec désignait comme... « la racontouse ».

▶ Double condition de l'émancipation : collective/subjective

La supervision comme usage collectif de la parole en cela est subversive. L'espace de supervision, dans cet après-coup du confinement s'est avéré une reprise en main nécessaire des collectifs institutionnels par eux-mêmes. Les demandes sont multiples : « Il s'agit de mettre des mots sur ce que nous avons vécu », me dit un chef de service. D'aucuns ont « morflé » ; d'autres ont fait preuve d'invention.

Pour que les équipes de soignants ou de travailleurs sociaux puissent « porter » (soutenir, contenir et maintenir) les personnes qu'elles rencontrent dans leur pratique, il faut qu'elles soient elles-mêmes entendues, soutenues, dans leurs difficultés à se départir des situations transférentielles rencontrées.

Ce que Winnicott appelle le *holding* du *holding*, c'est le fait d'être porté pour pouvoir à son tour porter et être certain qu'on ne sera pas lâché. « C'est dire comme le mentionne l'épigraphe empruntée à Freud, que pour soutenir, il faut aussi – et peut-être d'abord –

être soutenu ; pour contenir, il faut que le dispositif offre un contenant (physique, mais surtout psychique) à celui qui prétend apporter du contenant ; et pour maintenir, il faut essentiellement que le groupe qui l'offre c'est-à-dire l'institution, ne soit pas lui-même dans un éparpillement pathologique[1]. »

La supervision est un dispositif de parole animé par un tiers extérieur à l'institution, qui réunit un groupe de professionnels du soin, de l'éducation et a pour objet de permettre à chacun d'exprimer ce qu'il met en jeu dans sa relation clinique aux enfants, jeunes ou adultes pris en charge. La direction, dans ses instances hiérarchiques est absente de cet espace. Il s'agit d'un espace et d'un temps régis par une règle de confidentialité, où le fonctionnement institutionnel est suspendu. C'est une enclave, une vacuole creusée dans l'institution.

En France depuis quelque temps la question de la supervision dans les secteurs social, médico-social, hospitalier, voire scolaire, a été soulevée à nouveaux frais après une période d'éclipse. Ce dispositif est même exigé par les textes dans certains établissements (ITEP, EHPAD...). Mais cette question revient non sans une certaine confusion. Il ne s'agit ni d'adaptation à la tâche, ni de mise en conformité avec un catalogue de « bonnes pratiques ». On ressent bien la nécessité, dans les équipes, de lieux de questionnement de ce que les professionnels engagent dans la relation aux usagers, comme de ce qui se joue au sein de l'équipe et de l'institution. L'espace de la supervision en favorisant la mise à distance des affects, l'élaboration d'une clinique institutionnelle, l'invention de nouveaux projets et dispositifs... n'est pas sans retombées dans l'accompagnement des usagers. Émancipation des professionnels et émancipation des usagers vont de pair. Cet espace peut se doubler d'une régulation d'équipe, où cette fois c'est le transfert au sein de l'équipe qui fait l'objet du travail. Dans cet espace, à la différence de la supervision, un membre de la direction est présent. Travail de *catharsis*, disaient les Grecs anciens : purification des passions !

▶ Entends-tu le silence ?

Il me souvient d'une séance de supervision particulièrement épuisante, il y a quelques années. Une équipe de pédopsychiatrie qui accueille des enfants autistes, est venue me trouver pour les aider : entre adultes, ils ne se parlent plus. Ils sont épuisés. La dialectique s'inverse, c'est le silence qui les pousse à bout. Évidemment un dispositif qui appelle à la parole et à son sursaut, comme le déploie la supervision, semblait venir à point nommé[2]. La première séance vit éclater une surprise énorme : pas un mot ne filtra durant 1h30. Silence, silence, silence. Total. Le superviseur, dont j'avais endossé

1. Claude Allione, *Vocabulaire raisonné de la supervision d'équipe*, Érès, 2018.

2. Joseph Rouzel, *La supervision d'équipes en travail social*, Dunod, 2015 (2e édition) ; Joseph Rouzel (dir.), *La posture du superviseur*, Érès, 2017 ; Jeannine Duval-Héraudet (dir.), *L'analyse de la pratique : à quoi ça sert ?* Érès, 2015 ; Claude Allione, *Vocabulaire résonné de la supervision d'équipe*, Érès, 2018.

l'habit, orienté par la boussole de la psychanalyse, sentait qu'il se passait quelque chose. Et il le sentait passer !

En effet, le silence, ce « monde bruissant de paroles », comme aime à le dire Maurice Merleau-Ponty, constitue la matière première du travail de parole. Posé ainsi c'est un paradoxe : le clinicien apparemment s'attache plus aux paroles prononcées. Or le silence, entre deux mots, entre deux phrases, prolongé, insistant, tenace ou fluide, silence de jouissance et silence de mort, silence de haine et de résistance, silence d'amour et de fusion, silence qui travaille au corps... constitue l'armature secrète de la parole. Le silence est parlant. Il épouse les vides et les trous de la parole, s'insinue selon une rythmique et une mosaïque dont le clinicien finit par percevoir les entours et miroitements. Freud, lorsqu'il demande aux patients de dire ce qu'ils savent, mais surtout ce qu'ils ne savent pas, subodore cette sève silencieuse qui alimente l'arbre à paroles. Quant à Lacan il nous invite à « une appréhension suffisante de la portée d'un dire silencieux[1] ». L'analyste, en cabinet ou en institution, se fait ainsi le gardien du silence, afin de conserver ouvert ce lieu où le parlant... s'y lance ! Et le superviseur qui tire sa substance du travail sur le divan, itou ! Je peux dire que dans cette séance muette je n'avais jamais autant travaillé ; et les participants également. Alors que le silence s'installait, lourd, pesant, mortel, je cherchais à retrouver, dans les méandres de ma mémoire bien souvent défaillante, les traces d'un texte que j'avais lu à l'âge de 15 ans, signé de Villiers de L'Isle-Adam, « Le secret de l'ancienne musique[2] ».

J'en restitue ici l'essentiel dans un copier-coller assez hasardeux et contracté à ma sauce. Puissent les mânes de Villiers ne pas m'en vouloir ! Le lecteur pourra se rendre au texte pour en goûter toute la saveur.

> « C'était jour d'audition à l'Académie nationale de Musique... Or, dans les parties d'orchestre spécifiées par l'auteur, figure un instrument militaire aujourd'hui tombé en désuétude et qui n'a plus de représentant. Il fit les délices des musiciens anciens et avait nom jadis : le Chapeau-chinois. Les « cymbales » en connaissent un. On se rend séance tenante chez le vieillard, seul capable d'apporter sa contribution à la partition en jeu.
>
> Un homme d'aspect vénérable, au visage entouré de cheveux argentés qui tombaient en longues boucles sur ses épaules, une tête à la Béranger, un personnage de romance, se tenait debout sur le seuil et paraissait convier les visiteurs à pénétrer dans son sanctuaire. Ah ! dit avec amertume le vieux maître, on se souvient de moi maintenant ? Messieurs, j'irai.
>
> Le lendemain, dans les couloirs, dans les galeries, dans le trou du souffleur inquiet, ce fut un émoi terrible : la nouvelle s'était répandue. Tous les musiciens, assis devant leurs pupitres, attendaient, l'arme au poing. Mais, aux premières mesures et dès le premier coup d'œil jeté sur sa partie, la sérénité du vieux virtuose parut s'assombrir ; une sueur d'angoisse perla bientôt sur son front. Il se pencha, comme pour mieux lire et, les sourcils contractés, les yeux rivés au manuscrit qu'il feuilleta fiévreusement, à peine respirait-il ! En effet le maître allemand, auteur de la partition, par une jalousie tudesque, s'était complu, avec une âpreté germaine, une malignité rancunière, à hérisser la partie du

1. Jacques Lacan, *Le séminaire Livre XXII, R.S.I.*, inédit.
2. Auguste Villiers de L'Isle-Adam, *Contes cruels*, Folio-Gallimard, 1983.

> Chapeau-chinois de difficultés presque insurmontables ! Elles s'y succédaient, pressées, ingénieuses, soudaines. C'était un défi ! Qu'on juge : cette partie ne se composait, exclusivement, que de silences. Or, même pour les personnes qui ne sont pas du métier, qu'y a-t-il de plus difficile à exécuter que le silence pour le Chapeau-chinois ? Et c'était un crescendo de silences que devait exécuter le vieil artiste ! Cependant il joua. Sans broncher ! Avec une maîtrise, une sûreté, un brio, qui frappèrent d'admiration tout l'orchestre. Son exécution, toujours sobre, mais pleine de nuances, était d'un style si châtié, d'un rendu si pur, que, chose étrange, il semblait, par moments, qu'on l'entendait !
>
> Les bravos allaient éclater de toutes parts quand une fureur inspirée s'alluma dans l'âme classique du vieux virtuose. Messieurs, vociféra le digne professeur, j'y renonce ! Je n'y comprends rien. On n'écrit pas une ouverture pour un solo ! Je ne puis pas jouer ! c'est trop difficile. Je proteste ! Il n'y a pas de mélodie là-dedans. C'est du charivari ! L'Art est perdu ! Nous tombons dans le vide.
>
> Et, foudroyé par son propre transport, il trébucha. Dans sa chute, il creva la grosse caisse et y disparut comme s'évanouit une vision ! Hélas ! il emportait, en s'engouffrant ainsi dans les flancs profonds du monstre, le secret des charmes de l'ancienne-musique.

Voici donc comment travaille le superviseur inspiré par la psychanalyse : une dérive. Il se laisse aller dans un mouvement que Freud désigne comme *gleichschwebende Aufmerksamkeit*. Une mauvaise traduction donne : attention flottante. Or le *gleich* indique une continuité (l'attention de l'écoute) ; mais le *schwebend*, renvoie à une discontinuité, une rupture (la mise en suspens). C'est donc un terme totalement contradictoire dans son mouvement, ce qui engendre une dialectique visant à écouter... sans écouter. C'est, précise Erik Porge, une règle... d'inattention[1]. Pour sa part Théodor Reik conclut que « ce processus de relâchement momentané de l'attention ... prépare la surprise[2] ».

Ainsi ce silence il s'agissait de l'entendre, de s'en laisser envelopper, saisir au vif. Le puits de parole était à sec. Nous étions tous lors de cette séance inaugurale... séchés, épuisés. Mais le silence parlait. En sourdine. Il murmurait. Surprise...

Le médecin responsable du service, à l'issue de cette séance mémorable, me courut après pour m'engueuler vertement : c'est scandaleux, vous nous laissez dans la panade, il fallait intervenir... Et dans la foulée il mit sérieusement en doute mes compétences de superviseur. Moi, très zen, même si je n'en menais pas large, de lui rétorquer, en guise d'adieu : il faut juger l'arbre à ses fruits !

La séance suivante, un mois plus tard, je dois dire que l'atmosphère était tendue. J'avais su par des collègues que certains membres de l'équipe voulaient ma peau et projetaient de se débarrasser de moi. Le médecin du service prit d'emblée la parole. Le ton était radouci : je ne sais pas ce qui s'est passé, mais on s'est remis à se parler ! Et nous avons pu ensemble parcourir le chemin ardu où les ressources de la parole ont rejailli d'un puits tari et silencieux.

Les enfants autistes mettent en scène dans l'institution ce qui les habite et ce qui les hante, ce qui fait de l'institution et de chaque professionnel dans l'institution

1. Erik Porge, *Des fondements de la clinique psychanalytique*, Érès, 2008.
2. Theodor Reik, *Le psychologue surpris*, Denoël, 1976.

un théâtre vivant. Ces enfants qui se sont arrêtés au seuil du langage, selon Henri Rey-Flaud[1] projettent sur leur environnement un silence de mort. Ce silence mortel (le vieux musicien en tombe raide) dont les bribes me revenaient par vagues lors de ma tentative de reconstituer le puzzle de la nouvelle de Villiers de L'Isle-Adam, il fallait à ces professionnels, soignants et éducateurs, le traverser. Ce silence mortel, les enfants y baignaient et eux-mêmes, professionnels qui les accompagnaient, s'y trouvaient plongés jusqu'au cou, jusqu'à en perdre la parole et le sens du lien social. Il leur fallait éprouver dans leur corps cette déréliction profonde, en ressentir tout le poids de désarroi. Affronter l'*Hilflosigkeit* fondamental que Freud situe à l'orée de la venue au monde du petit d'homme. *Helplessness* en anglais, sans aide. On traduit par : désaide, déréliction, désarroi... Martin Luther utilise ce terme en précisant que nous ne sommes que des étrons tombés de l'anus du diable. Des laissé-tombés. Ce point originel qui fait retour, Catherine Millot dans *Abîmes ordinaires* le décrit ainsi[2] : « Avoir été un jour au monde sans défense et sans réserve, tout abri renoncé, aussi vide que le vide où se tiennent toutes choses, libre et sans frontières, est une expérience inoubliable. C'est aussi une expérience humaine fondamentale qui enseigne à trouver son sol dans l'absence de sol, à prendre appui dans le défaut de tout appui, à ressaisir son être à la pointe de l'annihilation. »

Trouver son sol dans l'absence de sol, trouver sa parole dans l'absence de parole... Il fallait à cette équipe traverser les mirages d'un désert aride et silencieux, d'un puits tari, pour retrouver le chemin de l'oasis du « bruissement de la langue », pour embrayer sur une magnifique trouvaille de Roland Barthes : « C'est le frisson du sens que j'interroge en écoutant le bruissement du langage – de ce langage qui est ma Nature à moi, homme moderne[3]. »

Traverser l'épuisement silencieux que leur font subir les enfants autistes et laisser rejaillir les ressources du langage, tel est le chemin parcouru. Tel un plongeur qui va au plus profond et frappe du pied pour rejaillir à la surface. Pour revenir vers les enfants et à nouveau les accueillir, et peut-être parfois, dans le plus vif de la rencontre humaine, le vif du sujet, comme on dit, opérer ce que le regretté Jean Oury désignait comme « des greffes symboliques », qui permettent à ces enfants-là, de revenir doucement, avec beaucoup de ménagement, vers le rivage des parlants. Dans ce cheminement on est en droit d'exiger que les professionnels du soin et de l'éducation aient un petit temps d'avance.

L'étymologie nous met sur la piste. L'émancipation consiste à échapper à la mainmise. C'est ainsi que dans l'Antiquité les esclaves étaient pris par la main de leur acheteur

1. Henri Rey-Flaud, *L'enfant qui s'est arrêté au seuil du langage. Comprendre l'autisme*, Champs-Flammarion, 2010.

2. Catherine Millot, *Abîmes ordinaires*, Gallimard, 2001.

3. Roland Barthes, *Le bruissement de la langue. Essais critiques IV*, Points-Seuil, 2015.

(*manucapare*, dit le verbe latin). Parfois l'esclave était affranchi de cet état de marchandise (*émancipatus*). L'émancipation, l'affranchissement que vise la supervision des engluements transférentiels dans lesquels la clinique du quotidien ne manque pas de plonger les professionnels, ne peut que se soutenir d'une émancipation institutionnelle, et au-delà politique. Il faut donc penser les cercles d'aliénation/émancipation comme les fractales en mathématiques, des espaces homogigognes s'emboîtant les uns dans les autres. En effectuant un zoom arrière comme au cinéma : clinique, institutionnel, politique, éthique[1].

MOMMY, L'IMPASSE[2]

> *« Bref, L'enfant dans le rapport duel à la mère lui donne, immédiatement accessible, ce qui manque au sujet masculin : l'objet même de son existence, apparaissant dans le réel. Il en résulte qu'à mesure de ce qu'il présente de réel, il est offert à un plus grand subornement dans le fantasme. » Jacques Lacan, « Note sur l'enfant », Autres Écrits.*

Toute la question de la transmission intergénérationnelle repose sur les capacités d'une génération « sortante » à faire la passe des fondements de la condition humaine, dont le psychanalyste belge Jean-Pierre Lebrun, rappelle à juste titre, dans un ouvrage récent, qu'elle n'est pas sans conditions[3]. Ceci me parait un socle invariant qui fonde tout travail éducatif, puisque les éducateurs bien souvent prennent le relais, notamment chez les plus jeunes, des ratages de cette transmission. L'hominisation d'abord et par conséquent l'humanisation de l'espèce et de chaque nouvel arrivant dans l'espèce, tient sur la fragilité de ces conditions.

L'homme n'entre dans l'espèce, qui ainsi se distingue radicalement des autres espèces animales, que par la voie de la parole et du langage dans lesquels, bien avant la naissance, il est baigné. Définir l'humain sous le chef d'un animal parlant, me parait une base élémentaire et indépassable. Un organisme d'origine animale se trouve ainsi appareillé à un *spracheapparat* (appareil-à-parler), comme le souligne Freud[4]. Un appareil symbolique greffé sur du vivant biologique. C'est cet appareillage – cet apparolage ! – qui donne à l'être dit "humain" un corps, un corps de chair tressé de langage. Mais les conditions pour introduire le petit d'homme à cet ordre, dans tous ses prolongements, subjectifs, familiaux, sociaux, sont étroitement déterminées par un principe : celui d'un « non » radical imposé comme perte de jouissance. Un "non" qui est la condition d'un

1. Sébastien Fournier et Joseph Rouzel (dir.), *L'éducation spécialisée : enjeux cliniques, politiques, éthiques*, L'Harmattan, 2020.
2. Reprise d'un texte paru, légèrement remanié, dans *Le Journal des Psychologues* n° 332, nov. 2015.
3. Jean-Pierre Lebrun, *La condition humaine n'est pas sans conditions, op. cit.*
4. Sigmund Freud, *Contribution à la conception des aphasies*, PUF, 2009.

« oui ». C'est cette limite imposée à la « jouissance de la vie[1] » qui détermine un sujet comme être de désir. Les déclinaisons de ce principe essaiment sur le plan social comme loi(s), coutumes, manières de vivre, sur le plan familial comme interdit de l'inceste, et dans sa facture subjective comme castration. Extraction de jouissance, soustraction de jouissance se présentent comme des opérations indépassables pour fabriquer de l'humain. Il s'agit bien, précise Jacques Lacan de « faire couiner la jouissance[2] » pour se plier aux lois du vivre-ensemble. Avec deux écueils à prévenir : soit la disparition du sujet noyé dans le collectif ; soit l'éclatement du collectif sous les caprices d'un sujet individué qui fait la loi[3]. Lorsque ces opérations, que les psychanalystes désignent sous le terme de castration, n'ont pas lieu, soit le sujet bascule dans le champ des psychoses, ce qui exige de lui d'opérer par lui-même des effets de séparation, alors qu'il ne dispose pas de l'outil pour le faire ; soit il reste aux franges de l'humain, mettant en scène le ratage de la transmission. C'est dans ce ratage qu'opèrent les éducateurs.

Ainsi en va-t-il dans un film féroce, mais pourtant magnifique, de Xavier Dolan, *Mommy*. Le film sorti au Québec le 19 septembre 2014 a obtenu le Grand prix du jury au Festival de Cannes. Il a fait couler beaucoup d'encre dans les mois qui ont suivi. J'ai attendu que la vague d'affects se calme un peu pour écrire ce texte et en tirer quelques leçons utiles.

▶ L'auteur

Deux mots tout d'abord sur l'auteur, dont les critiques et lui-même s'accordent sur la proximité entre l'œuvre et l'homme. Xavier Dolan a 26 ans. C'est très tôt, selon l'appellation consacrée, un « décrocheur scolaire ». Mais paradoxalement il se rattrape ailleurs. Boulimique de culture, il fait aussi les 400 coups. Il dit de lui qu'il est hyperactif, comme le personnage du jeune Steve dans *Mommy*. Son père lui disait étant plus jeune : « Dans la vie on n'a pas le temps. » Son père, Manuel Tadros, dont il ne porte pas le nom, d'origine égyptienne, est auteur-compositeur-interprète et comédien. Ce qui vaudra à Xavier Dolan, grâce aux réseaux paternels, de tourner dès l'âge de quatre ans dans des films publicitaires. Les parents divorcent, c'est la dure vie d'internat pour Xavier Dolan, le règne d'une violence brutale à fleur de peau, non médiatisée. À la même époque il fait la découverte de son homosexualité.

Il tourne son premier film, *J'ai tué ma mère*, à 19 ans. « C'était comme une session chez le psy », dira-t-il. Dès ce coup d'essai qui fut aussi un coup de maître, se dessinent les reliefs de ses autres films à venir : l'urgence à dire, la rage de vivre, nimbées d'une jouissance débridée. Heureusement pourrait-on dire, en tant qu'auteur il trouve là, dans

1. Expression de Jacques Lacan dans « La troisième », *Lettre de l'École freudienne*, n° 16, 1975.
2. Jacques Lacan, *Encore, Séminaire XX*, Seuil, 1975.
3. Voir Marie-Jean Sauret, *L'effet révolutionnaire du symptôme*, Érès, 200 ; Roland Gori, *L'individu ingouvernable*, Les Liens qui libèrent, 2015.

la création, une voie de métabolisation, de métaphorisation, bref d'humanisation de sa propre brutalité pulsionnelle. Ce qui lui permet de pousser à bout, de chauffer à blanc chez ses personnages cette dimension d'excès et de débordement.

▶ Le film

C'est un trio qui est mis en scène.

Diane que l'on appelle familièrement « Die » (mourir en anglais !) ou que son fils réduit à l'état de Mommy (momie !). Elle élève seule son fils de 15 ans. Le père, inventeur de gadgets qui ont fait leur fortune, mais dont ils tout dilapidé, est mort.

Steve le fils a mis le feu à l'hôpital qui l'accueille. Il est renvoyé avec un traitement médicamenteux et retourne vivre chez sa mère.

Kyla, la voisine d'en face, a perdu un enfant et nage en pleine dépression.

Les protagonistes parlent le « joual », mixte d'anglais, de vieux français et d'argot. Le débit de paroles est très rapide, les échanges intenses, le volume sonore élevé. De plus tout au long du film la musique envahit l'espace. Les injures, toujours à fleur de lèvres, fusent. Le moulin à paroles logorrhéique tourne à gros bouillons. Les ordres, dérivant dans le caprice, au gré de l'humeur de la mère, sortent contradictoires. L'insulte qui, quoi qu'il en soit, vise un traitement symbolique de la jouissance, est omniprésente, mais ne parvient jamais à une véritable parole d'échange qui fasse lien social. Tendresse et explosions de violence alternant sans raison.

▶ Préalable

Le contexte qui va orienter la dimension sociétale et politique du film prend effet d'une fiction. Une loi canadienne entrerait en vigueur en 2015 qui donne la possibilité aux parents d'enfants « invivables » dans l'espace familial, de les abandonner à une institution de soins. Ici le diagnostic de TDAH (Trouble de l'attention avec hyperactivité) va fournir le prétexte du placement.

▶ Action

Chaque personnage évolue dans son monde.

Steve est obsédé par une compilation de musiques que son père lui a laissée à sa mort. Il l'écoute en boucle, lancé à vive allure sur son skate. Une chanson de Céline Dion notamment semble le plonger dans une certaine excitation. Cette chanson fournira la toile de fond d'une des rares scènes joyeuses du film où l'on voit la mère, le fils et la voisine danser ensemble.

« Le père crève ; le fils m'achève », crie Die (Diane), coincée entre l'abandon de son mari dans la mort et la relation fermée qu'elle vit avec son fils. Elle défie la société :

« les sceptiques seront confondus » lance-t-elle. Elle n'est à aucun moment entamée par la jouissance débordante de son fils. Dans cette mère-version Steve se trouve tout à la fois fétichisé comme enfant-roi ; mais aussi à d'autres moments, qui peuvent basculer brusquement, ravalé au rang d'objet dérageant, à exclure. On trouve bien ici l'indication que Jacques Lacan envoie à Jenny Aubry d'un enfant objet de jouissance maternelle pour qui le traitement s'avère d'autant plus délicat et semé d'embûches[1]. Cet aspect « morternel » ne permet guère à un plus jeune de s'élever dans la « domestication de ses passions », pour reprendre un terme de Platon. Nous sommes là devant une situation, si ce n'est incestueuse, tout au moins incestuelle, où la coupure imposée par la génération qui précède, s'estompe. Pas totalement cependant. Steve n'a rien d'un psychotique. Il s'agit d'un jeune comme on en voit tant, qui se débat tant bien que mal avec les affres d'une jouissance sans entrave, sans limite. Sans que le caprice maternel s'efface devant la Loi d'humanisation. Il cherche à qui parler, en mettant en scène la jouissance qui l'agit.

Kyla, la voisine a perdu un enfant dont elle n'a pu faire le deuil. Cette perte non symbolisée marque profondément sa parole dans un bégaiement quasi permanent et une forme de dépression qui la plonge dans un retrait de ses semblables, y compris de sa propre famille, de son mari et de sa fille. Il y a dans son discours des blancs, des failles, des abîmes entre chaque mot, voire chaque son. Cependant elle cherche à redonner vie à sa parole. À Die dont la fréquentation la ramène à un certain goût de vivre, elle lance, lucide, avec la plus grande assurance que « ce n'est pas parce qu'on aime quelqu'un que l'on peut le sauver ». Diane ne capte rien de ce qui aurait pu la mettre sur la piste d'une issue possible dans sa relation à Steve. Kyla s'entrepose entre Mommy et Steve. Elle tente de faire tiers On peut même dire qu'elle y parvient dans un premier temps puisque Steve, sous sa bienveillance, accepte d'entamer des rudiments d'apprentissages scolaires. Il fait même le projet de s'inscrire dans une grande école d'art aux États-Unis. Kyla se fait passeur de culture ouvrant ainsi la voie d'une possible insertion sociale. Mais l'impossible deuil qui la hante lui serre le cou sous la forme d'un collier qu'elle porte sur elle. Le jour où Steve, dans un jeu méchant, le lui arrache, elle se révèle d'une violence extrême en le plaquant au sol et en lui lançant, sans aucune pointe de bégaiement : « Est-ce que je te fais chier moi avec ton père qui est mort ? » Steve se recroqueville en position fœtale et urine sur le pantalon de Kyla, comme un petit enfant. Mais Kyla débordée révèle ainsi qu'elle ne peut tenir la position d'un tiers, elle ne peut agir en lieu et place d'une fonction paternelle discriminante, remettant chacun à sa place.

1. Jacques Lacan, « Note sur l'enfant », *Autres écrits*, Seuil, 2001.

▶ Les deux colliers

Étrangement dans ce film, il y a deux colliers qui agissent en véritables emblèmes. Celui de Kyla, mère castrée, mais restée collée à la mort non symbolisée de son enfant. Mort qui lui colle à la langue. Ce collier se présente comme le signe d'un deuil non opéré, non métabolisé. Une marque du réel qui l'étouffe et la prend au cou.

Le collier de Mommy qui porte son nom, ou plutôt son surnom, son petit nom de mère, la réduit à l'état de sa jouissance « morternelle ». Elle jouit de son fils comme bouchon au manque laissé béant par la disparition de son mari. Les hommes qu'elle peut fréquenter, uniquement animée par la volonté de faire échapper son fils à la Justice, ne la divisent pas entre mère et femme. Elle ne se laisse pas prendre. « Tout à moué », dit-elle à l'endroit de Steve. L'enfant ferme la porte que son désir de femme ouvre. Elle se diffame en se maternalisant.

Steve croise dans la rencontre de Kyla le principe même de la castration. Mais celle-ci est trop envahie elle-même par la jouissance insondable de la perte pour soutenir une position de passeur. Steve répond sur le mode infantile : il urine. Il laisse... pisser. Objet dans le fantasme maternel il est quand même introduit à un manque humanisant. C'est peu après cette scène qu'il demande à sa mère s'il se pourrait, quand elle est en colère, qu'elle ne l'aime plus. Donc sa mère aussi pourrait être manquante, pas toute pour lui. Elle lui répond qu'en grandissant, comme tous les enfants, il l'aimera moins. Mais ces paroles frappées du coin du bon sens ne font pas chemin d'ouverture pour Steve. Sans doute les entend-il aussi sur le mode du caprice. Un peu plus tard, en plein supermarché, Steve se tranche les veines. Veut-il vérifier et mettre à l'épreuve le dire de la mère ?

> — Toi et moi, on s'aime encore ? murmure-t-il aux oreilles de sa mère, penchée sur lui, alors que son sang s'écoule.
> — Nous deux, reprend la mère, c'est ce qu'on fait de mieux, mon homme.

Ce qui s'était entrouvert d'une certaine régulation de jouissance, à savoir qu'entre mère et enfant, en grandissant s'installe une distance séparatrice, se referme alors brutalement. La tentative de Steve de percer un trou dans le réel d'un corps livré à une jouissance sans loi, s'effondre. *Acting out* répondant à une impossible transmission du symbolique. Il y a bien de structure un trou à opérer dans le corps qui jouit, mais pas dans la chair, dans les mots. Il s'agissait d'indiquer la nécessité de faire du manque, du vide, tel dans le jeu de pousse-pousse (ou taquin), afin de mettre en mouvement l'appareil-à-parler. Mais la position de perversion de la mère (mère-version !) obture toute réalisation des possibles. Ce que Steve cherche à trouer dans son corps, il y aurait lieu de l'apprivoiser dans la parole. La parole, jaillissement du corps, tournant, comme dans une parabole (même origine), autour d'un objet manquant, ne trouve à se déployer qu'à partir du moment où ce qui est transmis d'une génération à l'autre c'est... le manque lui-même. Le « nous deux... mon homme » vient abolir le tranchant de cette transmission. C'est une malé-diction.

Pensons à cette définition de l'amour chez Lacan, tout à fait pertinente : « L'amour, c'est donner ce qu'on n'a pas à quelqu'un qui n'en veut pas ». Impossible, et pour Mommy et pour Kyla. La transmission n'opère pas. Que Steve n'en veuille pas, c'est certain, mais ni Diane, ni Kyla ne peuvent transmettre leur propre castration. Objet du fantasme de la mère ; objet de substitution de l'enfant mort pour la voisine, il ne lui reste que la voie du passage à l'acte pour affirmer, haut et fort, qu'il est malgré tout sujet.

Mais il y a bien un point d'arrêt. Tragique, brutal. Fort de la loi (fictive, mais si proche d'une certaine réalité de certaines prises en charge actuelles) Mommy et Kyla montent un gros mensonge. Elles font croire à Steve qu'il est admis dans l'école d'art qu'il convoitait, mais en réalité l'accompagnent jusqu'à un hôpital où la mère l'abandonne.

Dans la dernière scène du film, les soignants discutent de leurs petites affaires et n'ont aucune attention pour les malades. L'un d'eux machinalement, sans s'occuper de lui, libère Steve de la camisole de force qui l'enserre – substitut de la camisole maternelle. Steve se précipite vers la grande porte vitrée de l'hôpital. Fin. Il va sûrement traverser de l'autre côté du miroir et passer sa vie enfermé. À moins que...

ÉCRIRE, ÉCRIRE ENCORE LA PRATIQUE : ÉCRITURES ORDINAIRES

« C'est ça l'écriture. C'est le train de l'écrit qui passe par votre corps. Le traverse. C'est de là qu'on part pour parler de ces émotions difficiles à dire, si étrangères, et qui, néanmoins tout à coup, s'emparent de vous. »
Marguerite Duras, Écrire.

Ça se passe en 1650, en Brie, dans la petite ville de Provins. Tout le monde en a marre des écrivains. C'est une véritable invasion, ils pullulent, surtout dans les vignes. Ils passent leur temps à faire des trous dans les feuilles dans lesquels ils impriment de drôles de caractères. Pour réagir à cette invasion les responsables de la ville et de l'Église se concertent et décident un exorcisme général. Au jour dit, un dimanche, tout le chapitre de Provins se réunit, l'évêque en tête, suivi des édiles et de la population. On lance force formules en latin, on chante des psaumes, on apostrophe les écrivains en les enjoignant de partir, on déambule en procession par les chemins et les ravines, on arrose largement d'eau bénite. La cérémonie se termine par une action de grâce à la cathédrale.

On l'aura compris : L'Écrivain ou Gribouri est un insecte petit, long de 5,5 mm, large de 3 à 3,5 mm, de couleur rouge tirant sur le brun à reflet brillant. Il possède une grosse tête brun clair, un corps recourbé portant des soies souples. Sur les feuilles des vignes, dès le mois de mai, le limbe est perforé par des incisions ressemblant à des caractères d'écriture. Si ces incisions sont importantes, les feuilles se dessèchent et tombent.

Qu'on ait désigné du nom équivoque d'écrivain cet insecte qui ravage la vigne en dit long sur notre rapport à l'écriture encore largement imprégné de la crainte mais aussi de la fascination des écritures dites sacrées.

Chez les éducateurs la relation à ce qui s'écrit participe à la fois des deux. On s'y réfère et on s'en méfie. Pourtant la question de donner forme à la pratique, de formaliser, d'en produire, comme disent les Allemands, une *gestaltung* (mise en forme) est centrale. En soi l'action, l'activité, les projets menés, les suivis et accompagnements en tout genre n'ont pas de sens en tant que tels. La fabrique du sens exige une mise en œuvre à fois permanente et décalée. Lorsqu'un chef de service interroge un éducateur d'AEMO en réunion d'équipe : « tu en es où avec telle famille ? », la question n'ouvre pas uniquement à un exercice de contrôle, mais invite avant tout l'éducateur à bricoler le sens de ce qu'il fait. Cela se dit dans la tradition classique qui court d'Aristote à Hannah Arendt : *praxis*.

Le terme de *praxis* est présent dès l'Antiquité grecque chez Aristote notamment dans son *Éthique à Nicomaque*. Aristote y distingue ce qui relève de l'action (*praxis*) : « Le but de bien agir est la finalité de l'action » (*Éthique* VI, 5), du faire qui vise une production (*poïesis*). Chez Marx la *praxis* vise non seulement à penser le monde mais à le transformer. « En réalité, pour le matérialiste pratique, c'est-à-dire pour le communiste, il s'agit de révolutionner le monde existant, d'attaquer et de transformer pratiquement l'état des choses qu'il a trouvé » (*L'Idéologie allemande*). Les situationnistes, embrayant sur les thèses de Gramsci, posent la *praxis* comme pratique qui découle de la théorisation permanente de l'action. Hannah Arendt pour sa part, dans la foulée d'Heidegger, prend soin de différencier la *praxis* de la production (*poïesis*) comme de la contemplation (*theoria*), considérant avant tout l'homme comme un être pratique. « La principale caractéristique de cette vie spécifiquement humaine, dont l'apparition et la disparition constituent des événements de ce monde, c'est d'être elle-même toujours emplie d'événements qui à la fin peuvent être racontés, peuvent fonder une biographie ; c'est de cette vie, *bios* par opposition à la simple *zôê*, qu'Aristote disait qu'elle « est en quelque manière une sorte de *praxis* ». Lorsque Jacques Lacan reprend le flambeau de ce signifiant déjà lourdement chargé, dans les années 1960, c'est pour le cerner comme « ... le terme le plus large pour désigner une action concertée par l'homme, quelle qu'elle soit, qui le met en mesure de traiter le réel par le symbolique » (*Les quatre concepts fondamentaux de la psychanalyse*).

Qu'en est-il de ce savoir-y-faire de l'éducateur qui ne se voit pas ? Comment le transforme-t-il en un faire savoir ? Cela ne relève-t-il pas d'un *Word in progress*, pour le dire à la façon de James Joyce, qui exige de remettre sans cesse sur le métier la question que François Tosquelles nous a laissée en héritage : « Et toi qu'est-ce que tu fous là ? ». Pour soutenir la question, pour donner à voir et à lire non seulement la pratique sociale, mais encore ce que chaque éducateur y engage de son propre désir, pas d'autre issue que d'en passer par des productions de formes. Dans un numéro récent du *Sociographe* les organisateurs avaient bien raison de sérier l'éventail des écritures possibles : « romans, mangas, poèmes, aphorismes[1] », etc. C'est une particularité des métiers de la relation et de la transmission de l'humaine condition que de produire un corpus extrêmement hétéroclite, digne des manteaux d'Arlequin. Élaborés de bric et de broc, les savoirs et les savoir-faire de ces corps de métier éducatifs relèvent le plus souvent du bricolage, du tricotage, du ready-made exhaussé à hauteur d'art. Tel le bricoleur du dimanche, l'éducateur ne saurait s'astreindre à une forme d'exécution qui relèverait de l'industrie. Il a mis en réserve, dans les soutes de son esquif, des morceaux choisis dans la littérature, y compris savante, le cinéma mais aussi la peinture, les arts populaires ou modestes... avec cette idée, qui soutient tout bricoleur, que ça servira sûrement un jour. D'où la difficulté lorsqu'en formation on tente de marier cet exercice singulier du travail sur le terrain avec les exigences de la recherche universitaire. On bute en quelque sorte sur l'accouplement de la carpe et du lapin. L'enseignement de la pratique présente des nécessités que la voie universitaire ne peut remplir. Ça n'est pas de son ressort. Enseigner des concepts et des méthodologies de recherche est une chose, transmettre une pratique en est une autre. Ce pourquoi on désigne sous le nom de « formateurs » et non de « professeurs » ceux qui s'y consacrent. On aura beau enseigner à un futur plombier la résistance des matériaux, la mécanique des fluides, etc., il ne saura pas pour autant faire une soudure !

Rémy Puyuelo, qui me fit l'amitié de préfacer mon ouvrage *Parole d'éduc*, y voit se développer une forme d'argot, « la langue des malfaiteurs. Mais aussi un langage conventionnel particulier à un groupe, à une profession. L'éducateur est un faiseur de mots ». Et pour faire les mots il fait flèche de tout bois : poésie, philosophie, littérature, cinéma, psychanalyse... Ainsi se dessine ce que Rémy Puyuelo désigne comme un travail de « cartographe du social ». Le travailleur du social dresse les cartes qui déterminent les points d'insertion des sujets dans l'espace du social. Il en relève autant les impasses que les passes. Il vise les espaces du possible.

Un jeune homme d'une quinzaine d'années, Antoine, délinquant, cas social, instable, hyperactif, illettré, etc., arrive dans une MECS lourdement chargé de ces signifiants de l'infamie. Il se vit comme mis au ban. La rencontre opère avec un éducateur stagiaire. Celui-ci dans une vie antérieure exerçait comme potier. Fort de ce savoir-faire précieux il propose donc aux jeunes de la MECS que cela intéresse de s'initier au travail de la terre. Antoine lui, n'en a « rien à carrer », comme il dit, de la terre et de ses arcanes. Mais comme l'éducateur l'a à la bonne – miracle du transfert ! –, il le suit dans ses activités et s'inscrit donc à l'atelier poterie. Au début il roule des mécaniques : vous allez voir ce que vous allez voir ! Mais la terre ne réagit pas à ses rodomontades. Il lui faut donc – disons-le, par amour pour l'éducateur ou ce qu'il représente pour lui d'une figure de grand frère – en passer par les lois de la matière, l'apprentissage de gestes techniques, le respect des collègues d'atelier, du matériel, du cadre... Bref du

1. « Bricolages bibliographiques du travailleur social. Entre conformisme et braconnage », *Le Sociographe*, n° 77, mars 2022.

lieu de cette rencontre humaine affective. Il s'y soumet, non sans maugréer. L'éducateur soutient le mouvement, en évitant de rejeter cette manifestation désirante, mais sans l'accaparer pour soi. Il en soutient l'expression dans les formes qu'impose l'atelier. Ce que les psys décrivent comme « maniement » (Freud) ou « manœuvre » (Lacan) du transfert. Autrement dit : un transfert... du transfert. À la fin du stage l'éducateur en formation propose aux jeunes de l'atelier d'exposer leurs productions dans les locaux de l'institution. On organise une soirée cacahuètes-coca ; on invite des parents, des collègues... La dernière scène que relate cet éducateur dans une séance de supervision en regroupement paraît tout à fait emblématique. Antoine se tient à ses côtés devant un pot que, bon an mal an, et pas sans mal, il a fini par extraire de sa pratique assidue d'atelier terre. « Tu vois, dit-il en se tournant vers l'éducateur, ma vie c'est comme ce pot : du vide avec de la terre autour. » Bien sûr chacun dans l'institution a pu noter les effets d'apaisement procurés par cette expérience. Mais là sans doute, pour l'éducateur, ne réside pas le plus important. Il se souvient alors, dans la foulée de son récit, d'un cours en classe de philo. Le professeur avait exposé les grandes lignes d'un texte de Martin Heidegger intitulé : *Qu'est-ce qu'une chose ?* Et l'exemple qu'y prend Heidegger est justement celui du potier. Le potier enserre le vide avec la terre et il convient que le pot soit vide pour, en y versant le vin et en le partageant, célébrer l'œuvre des hommes qui ont travaillé la vigne, les dieux qui ont fait la pluie et le beau temps et l'immense plaisir du vivre-ensemble. *Praxis*, précise Aristote, puisque ce qui compte c'est le lien social que produit la *poïesis* du faire ensemble. Au-delà de la fabrication de l'objet, ce qui est visé c'est bien le resserrement des liens sociaux.

On voit dans cette anecdote issue d'une pratique inventive, comment l'appel, le rappel à la philosophie, permet à cet éducateur de hisser le sens de son acte à la hauteur d'une valeur universelle. De la même façon que le jeune ne se considère pas comme potier, l'éducateur ne se prend pas non plus pour philosophe. L'un comme l'autre en passe par une médiation pour donner sens à ce qu'ils vivent. Le terme de bricolage au sens où Claude Lévi-Strauss nous en dévoile les linéaments dans *La pensée sauvage*, s'insère ici de bon aloi. Cette « science du concret » que célèbre l'inventeur de l'anthropologie structurale, fondée sur l'expérience empirique de l'action, relève d'une pensée tout aussi complexe que celle du savant procédant par expérimentation hypothético-déductive. « Il n'y a rien au monde que les Sauvages, les paysans et les gens de province pour étudier à fond leurs affaires dans tous les sens ; aussi quand ils arrivent de la Pensée au Fait, trouvez-vous les choses complètes » (Honoré de Balzac, *Le Cabinet des Antiques*).

Comme l'énonce le poète Antonio Machado : « Caminante, son tus huellas el camino, y nada más ; caminante, no hay camino, se hace camino al andar. Al andar se hace camino, y al volver la vista atrás se ve la senda que nunca se ha de volver a pisar. Caminante no hay camino, sino estelas en la mar. » (« Voyageur ce sont tes traces qui forment le chemin, et rien d'autre. Voyageur, il n'y a pas de chemin, le chemin, on le trace en marchant. En marchant on trace des chemins, et lorsque l'on regarde en arrière, on aperçoit un sentier sur lequel jamais plus on n'aura l'occasion de marcher. Voyageur, il n'y a pas de chemin, juste des sillages sur la mer. »)

La *praxis* se veut donc cheminement entre acte et prendre acte, effet de *Nachträglichkeit* (après-coup) comme le nomme Freud, aller-retour permanent entre la pratique et ce que le professionnel en élabore, en parole et en écriture, dans toutes leurs arborescences. Seul ce déplacement incessant permet de laisser vacant un espace d'où jaillit parfois l'inédit de l'acte. La *praxis* fait échancrure ; la pratique entame la théorisation ; la théorie creuse l'espace de la pratique. Dans les trois ronds du nœud borroméen on pourrait loger chacun de ces trois espaces : pratique, *praxis*, théorie ; soit encore selon les catégories d'Aristote : *poïesis*, *praxis*, *theoria*. En retenant qu'aucun de ces trois ronds n'est complet ; que ces trois ronds sont solidaires : si l'on en coupe un, les deux autres se détachent ; qu'enfin ils enserrent en leur centre un lieu vide, le lieu de l'impossible (*figure 12.3*).

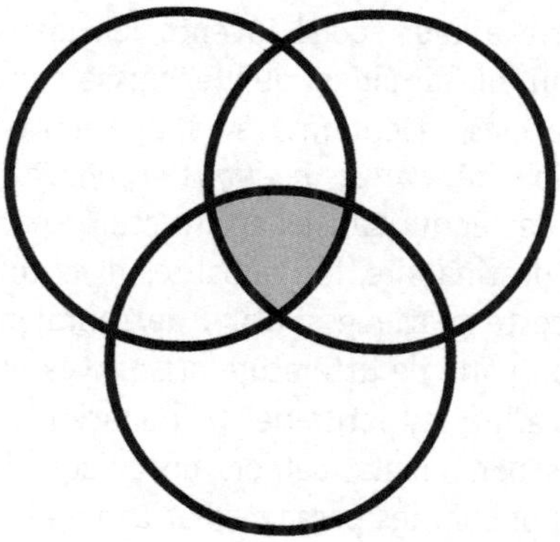

Figure 12.2. Praxis, pratique, théorie.

C'est en ce centre du serrage que Lacan place l'objet @, lieu d'accueil de ce qui ne rentre pas dans les mots et subsiste comme non-sens, en place de réel. Dans tout acte demeure une vacuité. *Wu wei*, disaient les sages taoïstes. Non pas « non-agir » comme on le traduit souvent, mais : action du rien. Ceci au contraire des pratiques actuelles blindées et totalitaires *via* les procédures, guide de bonnes pratiques, évaluations et autres mesures de l'écart type à la norme de l'homme bio-psycho-social, homme machine, organique et/ou numérique. L'homme machine tel que le rêva Julien Offray de la Mettrie en 1748.

Or l'humanité, c'est l'impossible. Et l'impossible c'est le réel tel que Freud, en 1925 dans sa préface à l'ouvrage de l'éducateur August Aichhorn, le fait figurer dans ces trois métiers ou *praxis* impossibles du soigner, de l'éduquer et du diriger. Lorsqu'il reprend l'expression en 1937, c'est pour ajouter que s'il y a de l'impossible dans ces métiers de la relation humaine, c'est « parce qu'on peut être sûrs d'un résultat insuffisant ». Cela devrait sérieusement calmer cette folie de l'évaluation par le chiffre telle qu'elle a saisi le travail social il y a une décennie et laisser la voie ouverte à d'autres formes tout aussi pertinentes. Je pense à une collègue assistante de service social qui, en marge de ses comptes rendus, se livre à l'écriture de poèmes. Ou encore à cette AMP qui traduisait les réunions d'équipe en arabesques multicolores. J'ai toujours pensé que cette écriture se tenait au plus près du vif de la pratique. Écritures ordinaires. Il me souvient d'une maîtrise d'anthropologie passée sous la houlette du regretté Daniel Fabre à qui l'on doit cette appellation. « Lignes griffonnées sur un calepin, carnets de voyage, livres de naissance, cahiers d'adolescentes, supplications adressées au Ciel, correspondances intimes ou protocolaires, autant de traces discrètes ou volubiles qui montrent que notre vie est à tout moment soulignée par un foisonnement d'écritures ordinaires. » Deux ans dédiés à l'écriture pratiquée par les bergers sur le corps des brebis (tatouages, incises, scarifications, peintures, marquages...) m'en a plus appris sur cette science concrète de l'écriture qu'un lourd manuel de littérature comparée. L'écriture relève avant tout de la trace.

De la même manière le travailleur social invente, en marge de sa pratique dont il ne cesse de prélever ce qui lui fait signe, qu'il encaisse comme émotions, sensations, affects, mais aussi imaginations, inventions, rêves, une écriture seconde dont les formes se déploient dans la multiplicité. *Paroles poétique échappées du texte*, comme l'énonce Pierre Legendre. Au-delà des écrits balisés et structurés par le lien de subordination imposé entre scripteur et destinataire, les modalités d'écriture des travailleurs sociaux pour rendre compte de cette pratique subtile, ne sauraient être cantonnées à des écritures grises (comme on parle de littérature grise). Les ressources sont généreuses qui parsèment et donnent à lire les petits riens du quotidien, dans une sorte d'écriture seconde, à côté : carnets personnels, cahiers de liaison d'équipe, mots griffonnés, post-it qui circulent, sans oublier les passages par Intranet... Il existe tout un pan de pratiques d'écriture dont on pense qu'elles sont marginales, écritures de l'ombre, qu'on passe vite aux oubliettes, mais qui pourtant donnent à voir au plus près, pourvu qu'on s'y penche, la réalité complexe du quotidien en travail social et forment en amont le terreau d'écrits plus visibles, plus « lisibles », mais plus... imposés.

On pourrait ainsi souligner l'usage d'écritures périphériques (poèmes, récits, fictions, films, mises en scène théâtrales...) qui ponctuent le quotidien et enchâssent ces petits riens qui en font toute la richesse. Cette constellation d'écritures diverses constitue l'humus à partir duquel des écrits plus institutionnalisés (comptes rendus de réunion, notes de synthèse, rapports de comportement, projets individualisés, dossiers des usagers, évaluations, cahiers de liaison, notes d'information, courriers divers, écrits collectifs, protocoles de travail, rapports semestriels, bilans...) peuvent prendre racine. Un ouvrage récent prend en compte la présence de cette toile de fond institutionnelle tissée d'échanges de paroles et d'écrits et qui constitue la trame d'un certain « gai savoir », pour reprendre une belle expression de François Rabelais.

> « Les réformes récentes qui touchent le secteur mettent à mal l'articulation entre le singulier et le collectif qui constitue la pierre angulaire du travail social. Les professionnels sont en souffrance, les "usagers" partagent la maltraitance avec eux, le moment est venu

> de revisiter les fondamentaux et les enjeux humains de l'action sociale. Si "Mal nommer les choses c'est ajouter au malheur du monde" (Albert Camus), l'élaboration à plusieurs vise des ouvertures à partir d'une éthique de la rencontre et du partage. »
> Fournier et Rouzel, 2020

Marguerite Duras, dans un récit posthume, en décrivant la mort d'une... mouche, « une mouche ordinaire », montre comment, à partir d'un fait banal (regarder une mouche mourir !), c'est toute l'histoire de l'humanité qui s'y trouve condensée. « On écrit sans le savoir. On écrit à regarder une mouche mourir. On a le droit de le faire... Autour de nous tout écrit, c'est ça qu'il faut arriver à percevoir, tout écrit... »

Du coup, seul compte le traitement de cet impossible réel. Il se manifeste dans les trous noirs qu'ouvre la vie sous nos pas (accidents, morts, maladies, handicaps...) et échappe à toute tentative de représentation. L'impossible n'étant pas à ravaler au rang d'impuissance, comme cela se fait trop souvent. Contrairement à ce que veut l'adage : à l'impossible chacun y est tenu ! Il y a donc à penser le traitement de l'impossible sur un plan personnel sinon intime, comme institutionnel et collectif, au sein de nos divers dispositifs institutionnels. Ce sont eux qui permettent l'invention de la doctrine, précise Jean Oury dans *Psychiatrie et psychothérapie institutionnelle*. Doctrine qui se soutient d'une pensée, soit d'une réflexion élaboratrice de chacun et de tous sur ce qui nous arrive, sur nos expériences. Dialectique incessante entre le réel du terrain et le symbolique qui le pense. « Il est évident que cela n'a de sens que si cette expérience accumulée au fil des jours est constamment translaborée à travers une doctrine. Mais cette doctrine reste à faire », ajoute-t-il. Bref, revoilà le cheminement sur le chemin sans fin : il n'y a rien au bout du chemin, écrit le poète, le chemin se fait en marchant. Martin Heidegger, quoi qu'il en soit de ses dérives, en eut la vision : ces chemins ne mènent nulle part. « Chemins qui ne mènent nulle part » est aussi un poème de Rainer Maria Rilke : « Entre deux prés, que l'on dirait avec art de leur but détournés, chemins qui souvent n'ont devant eux rien d'autre en face que le pur espace et la saison. »

Affaire de méthode. Le « *Methodos* » grec n'est autre que « la poursuite du chemin » : *met(a)-hodos*, le chemin du milieu. Le chemin du milieu qu'empruntent les travailleurs sociaux, « trouvailleurs soucieux », comme j'ai pu l'exprimer parfois, chemin de traverse, chemin buissonnier, zigzag entre la rencontre avec des sujets en souffrance et les impératifs desdites politiques sociales, de plus en plus déshumanisées. Alors pour en rendre compte (et pas seulement rendre des comptes) on peut... compter (même origine que conter) sur une production en camaïeu, multiforme, vibrante. À mi-chemin des savoirs savants et des vécus indicibles. Et pour détourner l'aphorisme de Wittgenstein dans son *Tractatus logico-philosophicus* : « Ce dont on ne peut parler, il faut... le dire. »

Bibliographie

AICHHORN A. (2000), *Jeunes en souffrance*, Nîmes, Champ Social. Préface de Sigmund Freud.

ARENDT H. (2012), *L'humaine condition*, Paris, Gallimard.

ARISTOTE (2010), *Éthique à Nicomaque*, Paris, Le Livre de Poche.

BALZAC H. de (2000), *Le cabinet des Antiques*, Paris, Folio-Gallimard.

DURAS M. (1993), *Écrire*, Paris, Gallimard.

FABRE D. (dir.) (1993), *Écritures ordinaires*, Paris, POL.

FOURNIER S., ROUZEL J. (2020), *L'éducation spécialisée : enjeux cliniques, politiques, éthiques*, Paris, L'Harmattan.

HEIDEGGER M. (2006), *Qu'est-ce qu'une chose ?* Paris, Tel-Gallimard.

LACAN J. (2006), *D'un discours qui ne serait pas du semblant*, Paris, Seuil.

LACAN J. (1973), *Les quatre concepts fondamentaux de la psychanalyse*, Paris, Seuil.

LEGENDRE P. (1982), *Paroles poétiques échappées du texte*, Paris, Seuil.

LÉVI-STRAUSS C. (1985), *La pensée sauvage*, Paris, Plon.

MACHADO A. (1981), *Champs de Castille, Solitudes, Galeries et autres poèmes* et *Poésies de la guerre*, Paris, Poésie-Gallimard.

OFFRAY DE LA METTRIE J. (2000), *L'homme machine*, Paris, Fayard.

OURY J. (2003), *Psychiatrie et psychothérapie institutionnelle*, Nîmes, Champ Social.

QUÉTIER J., FONDU G. (2014), *L'Idéologie allemande : premier et deuxième chapitres, édition bilingue*, Paris, Les Éditions Sociales.

RILKE R. M. (1986), *Chemins qui ne mènent nulle part*, Paris, Tel-Gallimard.

ROUZEL J. (2011), *Parole d'éduc. Éducateur spécialisé au quotidien*, Toulouse, Érès. Préface de Rémy Puyuelo.

SUPIOT A. (2015), *La gouvernance par les nombres*, Paris, Fayard.

WITTGENSTEIN L. (2001), *Tractatus logico-philosophicus*, Paris, Gallimard.

INSTITUTION DE L'ÉCRITURE ; ÉCRITURE DE L'INSTITUTION

« Écrire. Je ne peux pas. Personne ne peut. Il faut le dire, on ne peut pas. Et on écrit. C'est l'inconnu qu'on porte en soi. Écrire, c'est ça qui est atteint. C'est ça ou rien.
On peut parler d'une maladie de l'écrit.
Ce n'est pas simple ce que j'essaie de dire là, mais je crois qu'on peut s'y retrouver, camarades de tous les pays. »

Marguerite Duras, Écrire.

▶ Écrire sous contrainte

« Écriture professionnelle ». Quel drôle de terme. Le scribe du pharaon produit-il une écriture professionnelle ? Le clerc de notaire ? Le berger qui marque ses brebis ? Il semble que l'on ait détaché de l'ensemble des écritures une forme dédiée à l'exercice de certaines professions. Or que je sache, l'écriture repose toujours sur une simplicité invariante des matériaux mis en œuvre : les outils de l'écritoire (crayons, plumes, stylos, ordinateur, papier, encre…) ; les lois de composition (syntaxe, grammaire) à partir des

26 lettres de l'alphabet ; les règles d'intersription[1] (places distinctes du scripteur et du destinataire) ; la logique des assemblages de signifiants représentant la singularité d'un sujet... C'est ce qu'évoque le poète Jean Tardieu dans un de ses « Poèmes pour la main droite[2] ».

> *Outils posés sur une table*
> Mes outils d'artisan
> sont vieux comme le monde
> vous les connaissez
> je les prends devant vous :
> verbes adverbes participes
> pronoms substantifs adjectifs.

Y aurait-il une différence de taille entre les « outils d'artisan » dont dispose un poète et ceux que met en œuvre un éducateur, par exemple ? À la base, ils partagent la même boîte à outils. Où se situe alors la différence, la matière première étant commune ? Dégageons d'emblée que le point d'origine d'une écriture dite professionnelle procède d'un impératif, une ordonnance, une prescription. Il s'agit d'une écriture obligée. À la demande d'un juge, d'un inspecteur de l'Aide sociale à l'enfance, d'un directeur d'établissement... Une écriture qui scelle des liens de subordination, qu'il s'agit de repérer finement. Ce repérage détermine ce qu'il convient ou non d'écrire. Comme a pu l'étudier avec la plus grande attention Pierre Bourdieu, cet état de fait assigne des places et instaure une forme de violence symbolique. Cette violence fondée sur la capacité à perpétuer des rapports de domination en les faisant méconnaître comme tels par ceux qui les subissent, y joue un rôle central[3]. D'où la difficulté.

Par exemple celle d'éducateur d'un établissement X, dont la mission est référée à un projet institutionnel, une déclinaison des politiques sociales, mais aussi des convictions subjectives, une éthique... Et à l'endroit de l'adresse, siège du destinataire, un juge d'enfant. Qu'est en droit d'attendre un juge des écrits d'un éducateur pour exercer sa fonction, prendre les décisions qui s'imposent à propos de tel ou tel enfant placé, etc. ? Voici donc un éducateur, membre d'une communauté humaine, instituée et instituante, chargé de rendre compte et de rendre des comptes sur la mission qu'au nom d'une ordonnance de justice la direction de son établissement lui a confié. Il est pris dans un espace d'entre-deux. Il opère avant tout dans un espace de médiation, de partage d'activités au quotidien. L'espace médian de la rencontre humaine au jour le jour constitue ainsi son lieu d'observation d'où il tire une connaissance intime de ce qu'il arrive à tel ou tel gamin, de ses difficultés, mais aussi de ses potentialités. Et il s'en fait le passeur. Le matériau d'observation clinique issu de la relation est d'abord élaboré en équipe, fait l'objet de différents types d'écrits : ça va du cahier de liaison à la synthèse,

1. Le mot n'existe pas. Je l'invente pour les besoins de la cause. C'est le pendant de l'interlocution pour les échanges de paroles.
2. Jean Tardieu, *Formeries*, Gallimard, 1976.
3. Pierre Bourdieu, *Ce que parler veut dire : l'économie des échanges linguistiques*, Fayard, 1982.

en passant par des notes personnelles, des post-it adressés aux collègues (« n'oublie pas le RV de Jacques chez le dentiste, jeudi 11h » !)... De cet ensemble hétéroclite d'écrits, l'éducateur va extraire les éléments qu'il est en devoir de communiquer au juge. L'exercice le place sur une corde raide, tel un funambule. Comment rendre compte sur ordre, à partir d'une relation intime engagée avec un gamin, du vécu de cette relation sans en trahir la confidentialité, tout en répondant aux impératifs de la Justice ? Évidemment comme le dit l'adage : entre l'écorce et l'arbre il ne fait pas bon mettre les doigts ! D'où l'inconfort.

En élargissant le champ aux diverses inscriptions institutionnelles possibles, cet « entre-deux feux » exige un double travail d'éclaircissement : mettre à jour ce qui affecte le professionnel dans la relation d'aide qu'il engage avec un dit « usager » ; éclairer la relation d'obligation, qui là aussi n'est pas sans affect, qui le lie au destinataire de ses écrits. La demande d'écrit d'un juge, d'un directeur, d'un inspecteur... est déterminée par la place qu'il occupe, le champ de son intervention et ses attributions. Une partie de préparation à ce type d'écrit passe donc par une connaissance fine du destinataire et des exigences liées à sa fonction. Très souvent on constate une forme d'inhibition liée à une méconnaissance de la place occupée par le lieu d'adresse qui engendre des projections sur le versant de la toute-puissance et de la persécution. Ainsi de cette éducatrice particulièrement empêchée dans l'écriture à un juge d'enfants, qui s'écrie dans un espace de supervision que j'animais : « je n'y arrive pas, il va me... juger ! » Visiblement il y avait erreur sur la personne, déplacement transférentiel et prolifération d'un imaginaire mal placé. En effet la fonction du juge ne consistait à juger ni la personne, ni le travail de l'éducatrice – cela relève éventuellement, s'il y a lieu, de son supérieur hiérarchique dans l'institution. Le juge, en s'adossant aux lois de la protection de l'enfance, prend appui sur les écrits des éducateurs, mais aussi des autres corps de métiers (psychologue, psychiatre, instituteur...) y compris les professionnels chargés d'expertises, pour organiser un débat contradictoire entre les parties (l'audience) et décider au plus juste de l'aide à apporter à un enfant. Et l'éducatrice ne compte pas au nombre des parties. Il me souvient qu'au Centre psychothérapique de Toulouse nous avions organisé des rencontres régulières entre l'équipe éducative et le juge des enfants. Ceci a permis d'ajuster au plus près les écrits qui lui étaient destinés. Quant au juge il a reconnu que jusque-là il n'avait qu'une connaissance très vague du travail concret des éducateurs. Ainsi fait-on tomber les représentations imaginaires qui parasitent les relations de parole et d'écriture entre des partenaires.

Pour explorer cette question, je m'en tiendrai au domaine que je connais le mieux, pour y avoir œuvré plusieurs années : le travail éducatif. En effet le travail quotidien des éducateurs, ça affecte, ça touche, ça calamine, ça empègue, comme on dit dans le Midi[1]. Autrement dit, ça ne laisse pas indifférent. C'est lié à ce que les « psys » nomment : le transfert. Et c'est un peu comme pour les mobylettes de ma jeunesse :

1. De l'occitan *pegar*, coller.

il faut décalaminer ! Il y a donc lieu de mettre au travail ce qui travaille, et parfois au corps ! Si la pratique éducative « calamine », c'est du fait de la rencontre intime, directe, profonde, engagée par tout professionnel avec lesdits usagers (parfois bien usagés !). Combien d'éducateurs rentrent chez eux éreintés, troublés, embarrassés, encombrés ? La sphère professionnelle en vient à déborder sur la sphère personnelle. Dans ces métiers de transmission de l'humaine condition[1], on ne peut faire l'économie d'analyser cette pratique singulière d'accueil, d'accompagnement, de soutien, d'aide apportés aux plus démunis de nos contemporains, par des professionnels de l'ombre dont l'action est si peu reconnue par le corps social. Cette « fraternité discrète à la mesure de laquelle nous sommes toujours trop inégaux[2] » ne va pas sans mettre à mal les éducateurs.

Par voie de conséquence, il faut ana-lyser[3], c'est-à-dire dissoudre, délier les affres du transfert, les affects qui ne manquent pas de plonger les professionnels de l'éducation spéciale[4] dans la plus grande perplexité. Il me prend pour qui, pour quoi, ce gamin ? Mais que me veulent ces parents ? Pourquoi ce toxico pense-t-il que je détiens la solution à son mal de vivre ? Pourquoi reproduisons-nous au sein de l'institution la tragédie qui a bouleversé cette famille ? Etc. Les effets de transfert se mettent en scène de la même façon au sein des équipes et des institutions. C'est humain ! D'où là aussi un travail nécessaire et constant de « décalaminage » dans des dispositifs d'analyse institutionnelle. Faute de quoi on laisse se développer de véritables bombes à retardement chez chaque professionnel comme dans les équipes.

« Quand vous arrivez dans une institution, disait Jean Oury, il faut vous munir d'un compteur Geiger : est-ce qu'on prend au sérieux le transfert ? Sinon, fuyez à toutes jambes. » Ce travail, car c'en est un, et on voit à quels dérives et ravages peuvent être livrés ceux qui en sont privés, relève d'une lecture de ce qui s'écrit, à leur corps défendant, à même la chair des professionnels. Les impressions... s'impriment à même le corps ! Dans ces métiers de la relation humaine, on peut y laisser sa peau ! On y est un peu comme des éponges où l'on absorbe les bouleversements des personnes accompagnées. Combien de collègues je reçois dans mon cabinet de psychanalyse, qui viennent témoigner de ces ravages ! Certains sont proprement au bout du rouleau, à

1. Jean-Pierre Lebrun, *La condition humaine n'est pas sans conditions*, Denoël, 2010.

2. Jacques Lacan, « L'agressivité en psychanalyse », *Écrits*, Seuil, 1966.

3. *Ana-luein*, en grec ancien : délier, désagréger, dissoudre. *Analusis*, est un terme qu'emploie Aristote dans le sens de : « résolution d'un tout en ses parties », en opposition avec *sunthesis*, réunion des parties en un tout.

4. On doit cette expression, origine de l'éducation dite « spécialisée », au médecin Jean-Marc Itard qui, recevant en 1797 Victor, un enfant « idiot » (autiste aujourd'hui), vraisemblablement âgé de 12 ans, demande au ministre de la Santé de l'époque de lui attribuer une subvention, afin que cet enfant « sauvage », découvert dans une forêt de l'Aveyron par des chasseurs, puisse bénéficier d'une « éducation spéciale ». Jean-Marc-Gaspard Itard, *Victor de l'Aveyron*, Allia, 1994 ; Lucien Malson, *Les enfants sauvages : mythe et réalité*, 2007, 10/18.

bout de souffle. Dans maintes institutions du secteur social on ne peut que constater une non-assistance à professionnels en danger.

Réunions d'équipe, de synthèses, de projet, ateliers cliniques, travail en supervision, groupes de parole... autant de prolongements de ce que l'on nomme « transfert ». Encore faut-il que ces lieux soient orientés à la fois du côté de ce qui s'écrit chez les usagers comme chez les professionnels. Encore faut-il que ces lieux soient dédiés à une approche clinique effective, et non pas à des passages d'informations ou des discussions oiseuses, comme on le voit trop souvent. Cette écriture primitive et primaire gravée à même le corps du fait de la relation engagée avec un usager, exige un travail de lecture, une lecture qui s'effectue à voix haute, une lecture d'un texte bien souvent effacé sur un palimpseste où se sont déposés des échos de la vie du professionnel, réveillés par la relation éducative. Une lecture... en paroles ! Il s'agit dans des déplacements successifs, entre écriture et lecture, de métaphoriser, métamorphoser, métaboliser, trans-former (passer d'une forme à une autre) ce que la relation éducative engage de plus intime chez l'éducateur, quoi qu'il en dise. Bref de transférer le transfert ! La relation transférentielle met en branle des représentations et affects inconscients qui échappent à l'éducateur, déchirent la trame de sa propre histoire, ravivent des souvenirs enfouis, l'embarquent dans des mouvements émotionnels parfois intenses, font jaillir des maudits mots dits, des ombres et des lumières... Comme tous les métiers où la relation humaine est au cœur de l'exercice, les éducateurs travaillent à partir de ce qu'ils sont, de leur histoire, de leurs émotions, de leurs sensations, de leurs éprouvés. Dans la relation le transfert agit comme tiers.

À cette série ouverte de dispositifs institutionnels de parole, que je souligne comme relevant d'un certain mode de lecture par la parole, permettant ce que Sigmund Freud désigne comme « maniement du transfert » et Jacques Lacan « manœuvre du transfert », on pourrait ajouter le travail d'écriture en tant que tel : autre scène, autre matière et forme qui, en favorisant le passage du phonique au graphique[1], déplace le vécu des situations en relation d'aide et ouvre des perspectives nouvelles. Travail d'après coup. Travail d'écriture de ce qui s'est écrit ailleurs. Je pense à cette remarque de Marguerite Duras lançant à Poivre d'Arvor qui l'interrogeait sur son roman *La pluie d'été*[2], et s'étonnait que, sortant du coma, elle ait pu achever la rédaction du texte en à peine une semaine : « Mais d'Arvor, ça s'est écrit ailleurs ! » Travail de reprise... Terme qu'utilisait ma grand-mère bretonne reprisant les chaussettes trouées, tout en faisant cuire la galette dans le foyer. Et elle ajoutait : ça se verra, mais ça va encore faire de l'usage ! Ainsi en va-t-il de la pratique éducative : ça fait des trous dans le savoir, le savoir-faire, le savoir-être et il faut faire des reprises dans l'après-coup ! Des blancs trouent le texte du quotidien. Deux modalités de reprises : parler et écrire. J'associe ces deux modes d'expression, en posant comme axiome que la parole fait aussi écriture.

1. Jack Goody, *La raison graphique*, Minuit, 1986.
2. Marguerite Duras, *La pluie d'été*, Gallimard, 1994.

Verba volant, scripta manent (les paroles s'envolent, les écrits restent) est un adage que je fais mentir. Les paroles aussi, certaines en tout cas, s'inscrivent et demeurent vives, parfois longtemps après avoir été prononcées.

Cette réflexion est à resituer dans un contexte où, tous les éducateurs d'aujourd'hui le diront, ils sont saturés de demandes d'écrits en tous genres. *A priori* la demande est légitime : qu'avez-vous fait concrètement de l'argent public, en quoi cela a-t-il servi aux usagers que l'on vous a confiés ? Quels sont les résultats de l'action ? Etc. Cependant c'est une exigence qui peut s'avérer une chance à saisir pour les éducateurs (« trouvailleurs soucieux », comme j'aime à le dire[1] !) pour faire valoir leur action, qui la plupart du temps n'est pas visible, la donner à lire, mettre au jour un métier complexe auprès desdits « usagers ». Cette variation sur l'écriture, cette palette ouverte, structure les différents champs où se déploie l'écriture, telles des poupées gigognes, ou, pour emprunter aux mathématiques, des fractales, figures qui présentent une structure similaire à toutes les échelles. Les processus d'écriture ainsi traversent l'ensemble des dispositifs institutionnels.

▶ Rendre compte ou rendre des comptes...

Une première difficulté surgit en matière d'évaluation des actes éducatifs et de leurs conséquences. Une bonne partie des écrits portent sur ce point. Comment rendre compte de l'efficacité d'une relation d'aide éducative[2] ? Sous cette question se profile ce que les financeurs et décideurs stigmatisent sous le terme d'évaluation. On sait que dans notre monde post-moderne lesdites évaluations prennent la plupart du temps forme de chiffres, statistiques, démarche-qualité, normes ISO, etc. Comment malgré tout rendre compte de ce travail subtil ? On doit une des premières tentatives d'évaluation à l'éducateur August Aichhorn[3]. Il le fait à travers un travail très précis d'écriture. Chargé dans les années 1920 par la municipalité de Vienne en Autriche de la direction d'un établissement pour jeunes asociaux, il donne et publie en 1925 une série de dix conférences, préfacées par Freud, où il expose dans les détails son travail et celui des équipes éducatives. Ces exposés au plus près de la clinique du quotidien s'adressent aux citoyens viennois qui ont contribué à la mise en place de cet établissement et l'ont soutenu, notamment sur le plan financier. Modèle d'évaluation s'il en est, bien loin des chiffres et autres statistiques débilitants que l'on voit polluer la plupart des rapports d'activité, modèle dont feraient bien de s'inspirer les actuelles directions d'établissement si elles ne veulent pas vendre leur âme au diable (capitaliste !) et

1. Joseph Rouzel, *Le travail d'éducateur spécialisé. Éthique et pratique*, Dunod, 2018 (4e édition).
2. Joseph Rouzel, *La relation d'aide en éducation spécialisée*, Dunod, 2020.
3. August Aichhorn, *Jeunes en souffrance*, Champ Social, 2000.

perdre ainsi le sens de ce que représente une institution vivante, dédiée à la relation d'aide[1].

Il ne s'agit donc pas de se dérober à la demande sociale d'évaluer l'efficacité de la relation d'aide en position éducative. Mais là encore de faire preuve de ruse. J'utilise ce terme à dessein, en l'éloignant des connotations de tromperie. La ruse dont je parle ici est associée à la *mètis* des anciens Grecs, ce savoir-naviguer en eaux troubles[2]. « La mètis des Grecs – ou intelligence de la ruse – s'exerçait sur des plans très divers mais toujours à des fins pratiques : savoir-faire de l'artisan, habileté du sophiste, prudence du politique ou art du pilote dirigeant son navire. La mètis impliquait ainsi une série d'attitudes mentales combinant le flair, la sagacité, la débrouillardise… Multiple et polymorphe, elle s'appliquait à des réalités mouvantes qui ne se prêtent ni à la mesure précise ni au raisonnement rigoureux. Engagé dans le devenir et l'action, cette forme d'intelligence a été, à partir du ve siècle, refoulée dans l'ombre des philosophes. Au nom d'une métaphysique de l'être et de l'immuable, le savoir conjectural et la connaissance oblique des habiles et des prudents furent rejetés du côté du non-savoir. »

Il suffit de se souvenir de l'origine du mot « évaluation » pour orienter des possibilités riches, inventives de rendre compte et pas uniquement de rendre… des comptes et mettre en œuvre ce savoir-faire rusé. *Ex-valuere* signifie bien en latin : extraire la valeur, ici, de l'action. L'exigence posée dès la loi de 2002 s'énonce ainsi : il s'agit d'évaluer la qualité des prestations fournies par l'établissement auprès des usagers. Chacun de ces signifiants – car telle est la structure équivoque et polyphonique du langage – est ouvert : évaluer, qualité, prestations s'interprètent. Récemment un directeur me soutenait qu'en matière d'évaluation seule comptait la démarche-qualité[3]. Je lui demande : mais tu as lu ça où ? Dans les textes. Et nous sommes allés ensemble au texte : évaluer la qualité des prestations ! Pourquoi la plupart des établissements sociaux et médico-sociaux ont-ils plongé, corps et biens, dans cette méthodologie, peut-être utile lorsqu'on fabrique des voitures ou des boîtes de petits pois, mais totalement inadaptée lorsque, comme le lançait Fernand Deligny, « on fabrique de l'humain[4] » ? Subvertir la valeur marchande comme seule valeur dominante, sortir d'un modèle industriel d'évaluation, se désengluer de la jungle des chiffres, ouvre à un retour aux valeurs qui fondent tout travail en relation d'aide. L'éthique qui sous-tend la relation éducative

1. Jacques Cabassut, « Mourir vivant : de l'institution du désir », *VST* n° 143, 2019.

2. Marcel Detienne et Jean-Pierre Vernant, *Les ruses de l'intelligence : la mètis des grecs*, Champs-Flammarion, 2009.

3. « Une "démarche qualité" est un projet d'entreprise mis en œuvre pour maîtriser la qualité, assurer la qualité, planifier la qualité et/ou améliorer les produits et services, les processus, les procédés de production, la satisfaction client et plus largement améliorer la performance d'un organisme et la satisfaction de toutes les parties intéressées (fournisseurs, personnels, actionnaires…) » (Wikipédia).

4. Un journaliste de *L'Humanité* venu faire un reportage dans les Cévennes sur le travail de Fernand Deligny avec des enfants autistes, s'étonnait de n'y rien comprendre : mais qu'est-ce que vous fabriquez ici ? Ici, répond Fernand, on fabrique de l'humain. Et d'ajouter : vous savez c'est beaucoup plus difficile que d'organiser une expédition au Pôle Nord en chiens de traîneaux !

n'entre ni dans des chiffres, ni dans des diagrammes, ni dans des statistiques, ni dans des histogrammes et autres fariboles inventées par une société aliénée au mesurable. « Une société qui aurait éliminé tout ce qui est vague ou irrationnel pour s'en remettre au mesurable et au vérifiable, pourrait-elle subsister ? », questionne à juste titre Paul Valéry[1].

Je me trouvais un jour dans une réunion de directeurs aux côtés de François Tosquelles[2]. C'était le début des logiciels tels PowerPoint qui font aujourd'hui florès et derrière lesquels s'abritent la plupart des personnels de direction. L'on se rengorgeait de présenter sur des tableaux multicolores : la file active des populations, la courbe des âges, des pathologies... Les histogrammes succédaient aux statistiques. Du chiffre, du chiffre, encore du chiffre... Tosquelles assis auprès de moi commençait à s'agiter sur sa chaise. Je pressentais l'éruption volcanique. Et ça n'a pas manqué. Il s'est levé et d'une voix doucereuse de plus en plus forte, il a lancé à la cantonade : oui, oui, ça commence par les chiffres, puis on vous les tatoue sur la peau, et vous savez comment ça finit ? À l'abattoir ! Le silence qui a suivi en disait long...

La tâche est d'autant plus difficile que les retombées de l'action éducative sont rarement constatables dans l'immédiat. Parfois le travail portera ses fruits pour un sujet des années plus tard. L'équation-évaluation reportée dans l'écriture doit prendre en compte cet x, cette inconnue sur le devenir de l'action éducative. Celle-ci implique que l'éducateur ne travaille pas tout seul, mais que ledit usager fait aussi flèche de tout bois : paroles, actes, situations... Ce qu'il en fait dans sa vie lorsque la relation s'arrête, bien souvent on n'en sait rien. C'est un pari sur l'avenir... Cette nature incertaine de l'action éducative grève largement la possibilité d'en rendre compte de façon exhaustive dans un écrit. Tout au plus l'éducateur peut-il faire cas des projets et actions mis en œuvre, mais rarement des retombées directes de son action. L'action éducative sème des graines, mais l'éducateur n'est pas maître du temps qu'il fait qui permet que ça pousse !

▶ Se faire (re)connaître

Tout cela serait fort bien si la pression ne pesait lourdement d'impératifs d'écrits de plus en plus standardisés, protocolisés, réduits à la portion congrue de chiffres, statistiques et grilles. Avec ces grilles, les éducateurs sont... grillés. D'une part cette pression constante qui émerge de la puissance publique aliène et prolétarise[3] profondément les

1. Paul Valéry, « Préface aux *Lettres persanes* », *Œuvres, Poésies, Mélanges, Variétés*, La Pléiade, 1957.

2. François Tosquelles (né Francesc Tosquelles Llauradó le 22 août 1912 à Reus, en Catalogne espagnole, et mort le 25 septembre 1994 à Granges-sur-Lot), est un psychiatre et psychanalyste naturalisé français en 1948. Il est l'un des inventeurs de la psychothérapie institutionnelle.

3. Au-delà de l'approche de Marx du prolétaire qui ne peut vendre pour survivre que sa force de travail, on peut considérer les effets de prolétarisation dans la dépossession des travailleurs de leur capacité à penser, organiser, diriger la conception et la mise en œuvre de leurs projets.

travailleurs de l'éducation spéciale en les amputant de la valorisation de leur travail, en les dépossédant de ce sentiment fondamental du travail bien fait, de la « belle ouvrage » et au bout du compte en les coupant de leurs capacités à produire le sens de leur action[1]. Un auteur, praticien de la psychologie du travail comme Christophe Dejours, psychiatre, psychanalyste, professeur au Conservatoire national des arts et métiers et directeur de l'équipe de recherche « Psychodynamique du travail et de l'action[2] », a pu montrer que cette dévalorisation constituait un des ressorts de la souffrance au travail. D'autre part, notons que cet état de fait produit au sein des institutions sociales et médico-sociales et des équipes qui y œuvrent, une ambiance soupçonneuse délétère. Nous sommes bien entrés, pour reprendre un titre de Nathalie Sarraute, dans l'ère du soupçon[3]. La « société de contrôle » annoncée en son temps par Michel Foucault, nous y sommes plongés jusqu'au cou[4]. Cette prolifération des regards dignes de « *Big Brother his watching you*[5] » intervient dans un contexte d'*œil absolu*[6].

> « Voir est une arme du pouvoir. Depuis la vidéosurveillance jusqu'à l'imagerie médicale en passant par les satellites qui balayent la planète, d'innombrables dispositifs s'acharnent à nous rendre intégralement visibles. On cherche à tout voir, jusqu'à la transparence. On surveillait jadis les criminels, aujourd'hui on surveille surtout les innocents. Mais au-delà de la surveillance, ce regard global infiltre tous les domaines de nos vies, de la naissance à la mort. L'idéologie de la transparence menace nos existences, l'espace privé de nos maisons et l'intérieur de nos corps, dissolvant un peu plus chaque jour notre part d'intime et de secret. La science et la technique ont bricolé un dieu omnivoyant électronique, un nouvel Argos doté de millions d'yeux qui ne dorment jamais. Plus que dans une civilisation de l'image, nous sommes entrés désormais dans une civilisation du regard. »

On peut interroger du sein des pratiques d'écriture en quoi chaque professionnel se soumet ou résiste à cette idéologie de la transparence, en quoi est préservée ou non l'intimité des usagers, autant que des professionnels.

▶ Que faire ?

Ce constat étant posé, alors que faire ? C'est là qu'un petit ouvrage récemment paru, que l'on doit à Christian Gauffer, prend toute sa force. L'auteur, psychologue, psychanalyste, formateur et superviseur, reprend à nouveaux frais la problématique des écrits professionnels, principalement chez les éducateurs, par le biais du sens et de

1. Roland Gori, Bernard Lubat *et al.*, *Manifeste des œuvriers*, Actes Sud, 2017.
2. Christophe Dejours, *Souffrance en France. La banalisation de l'injustice*, Points-Seuil, 2014.
3. Nathalie Sarraute, *L'ère du soupçon*, Folio-Gallimard, 1987.
4. Michel Foucault, *Surveiller et punir*, Tel-Gallimard, 1993.
5. Big Brother (Grand Frère) : personnage de fiction inventé par George Orwell pour son roman *1984*. L'expression « Big Brother » est utilisée pour qualifier toutes les institutions ou pratiques portant atteinte aux libertés fondamentales et à la vie privée des sociétés et des individus. George Orwell, *1984*, Folio-Gallimard, 2018.
6. Gérard Wajcman, *L'œil absolu*, Denoël, 2010.

la pratique, et non celui de ces demandes administratives et bureaucratiques de plus en plus pressantes et éclatées, voire contradictoires[1]. L'ouvrage, dont ce n'est pas peu dire que j'en partage l'analyse, s'ouvre dans deux directions : stratégique et tactique. Stratégique : il s'agit, au-delà du contrôle, de ne pas lâcher sur un enjeu de taille, celui de faire reconnaître et valoriser la nature du travail fourni par les professionnels. La question est cruciale dans le moment socio-historique que nous vivons où nous assistons à une véritable déqualification des professions sociales et éducatives. La construction d'une culture professionnelle au sein des métiers et des établissements, la mise en exergue de valeurs communes déclinant les grands principes de la République et de la laïcité, la défense de nos concitoyens les plus démunis, frappés par le handicap, l'injustice, la maltraitance... tel est l'enjeu.

Mais cette visée qui constitue la toile de fond de toute action éducative prend aussi des formes tactiques plus quotidiennes, parmi lesquelles l'écriture s'avère indispensable. Les écrits professionnels, c'est le plus souvent ce qui sort de l'institution et s'ouvre au regard et au jugement extérieurs. C'est un peu la « vitrine » disent certains. Il s'agit donc de repérer finement, non seulement la place à partir de laquelle l'écrit est produit, mais aussi l'adresse à laquelle il est destiné (Juge des enfants, inspecteur de l'Aide sociale à l'enfance, Maison départementale des personnes handicapées, Agence régionale de santé, etc.).

Sur le plan stratégique, l'ouvrage de Christian Gauffer dont l'approche, comme la mienne, s'éclaire de la psychanalyse en plaçant au cœur des métiers éducatifs avant tout la rencontre et la relation humaines (« humus humain », disait Lacan), prend appui sur les savoirs et savoir-faire spécifiques croisés en formation, mais trop souvent noyés dans les brumes du quotidien, où l'expression « avoir le nez dans le guidon » pèse de tout son poids. Donc le premier apport de cet ouvrage me paraît tout à fait central : (re)prenons confiance dans les fondamentaux éthiques, politiques, institutionnels, cliniques qui forment le socle de la pratique.

Sur le plan tactique, l'approche méthodologique des écrits professionnels promue par cet ouvrage émaillé de situations vécues d'écriture, ouvre une perspective de réappropriation et d'invention. L'ensemble est marqué au coin du bon sens. Il s'agit bien pour chaque typologie d'écriture d'en repérer l'adresse, la finalité, la construction idoine, la mise au collectif... Les difficultés d'écriture, comme j'ai pu le démontrer dans mes divers ouvrages, ne relèvent pas d'une méconnaissance des processus d'écriture[2]. Les éducateurs ont suivi des études en centre de formation, parfois après un passage conséquent à l'Université, qui exigent un certain niveau de savoir-faire avec la chose écrite. Le plus souvent, et j'ai pu le constater fréquemment lors de formations que j'anime en institution, les obstacles à l'écriture dite professionnelle viennent d'un

---

1. Christian Gauffer, *Approche psychanalytique du travail d'écriture. Enjeux, sens et techniques des écrits professionnels dans le champ social et éducatif*, L'Harmattan, 2017.
2. Joseph Rouzel, *La pratique des écrits professionnels en éducation spécialisée*, Dunod, 2018 (2e édition).

mauvais repérage des places des « scripteurs » et « destinataires ». Il s'agit bien dans un premier temps de poser clairement le lieu d'où l'éducateur va tenir la plume (ou le clavier) : quelle est sa fonction, dans quelle équipe, à partir de quel projet, au service de quelle mission ? Dans quelles obligations se trouve-t-il par rapport au destinataire de l'écriture (parent, partenaire, juge, inspecteur, administratif...) ? Etc. Le repérage des places détermine le niveau d'exigence, la mise en forme, voire le style de l'écrit à produire. Bien souvent cette relation d'écriture entre l'éducateur-scripteur et le destinataire auquel il s'adresse, est faussée par la dimension imaginaire : qu'est-ce qu'il va penser de moi ? Évidemment, comme je l'ai déjà souligné, l'écriture ne peut aboutir qu'en allégeant le professionnel de ce poids imaginaire.

L'autre obstacle, compte tenu de ce que j'ai pu énoncer au début sur la nature du transfert, tient au fait que le transfert, comme j'aime à le dire, c'est de « l'embrouille ». Or dans toute écriture de ce genre, il s'agit de traduire en mots ce qu'il y a de plus vivant dans la rencontre avec des sujets en grande souffrance. C'est avant tout du lieu de cette rencontre, condition nécessaire de la relation éducative, à ne jamais perdre de vue, que les écrits des professionnels peuvent s'animer, s'illustrer d'émotions, de ressentis, et faire valoir, dans un véritable travail de passeur, le plus singulier du sujet accompagné et soutenu. La « régulation » du transfert comme le dit Freud, notamment dans des espaces de supervision, s'avère indispensable pour ne pas se laisser abuser par l'excès de ses propres émotions. Untel que l'éducateur a à la bonne peut amener à un écrit édulcoré ; alors qu'un autre, parce que la relation s'est engagée sur le versant négatif, se fera, comme on dit, cartonner. Il s'agit donc d'établir une juste distance autant envers le destinataire de l'écrit que dans la relation avec l'usager.

▶ Un môle de résistance

« Le respect de la dignité de la personne accueillie n'est pas négociable... » précise Christian Gauffer. Ceci fait écho avec cette assertion forte d'Emmanuel Kant : ce qui échappe à la marchandisation, c'est la dignité humaine. Roland Gori, dans son ouvrage *La dignité de penser*, proclame l'urgence de retrouver le sens du récit, c'est-à-dire notre capacité à penser et imaginer, hors de la soumission à l'ordre dominant de la technique et de la marchandise[1].

Il est de bon ton de le rappeler en un moment socio-historique où ce qu'il faut bien désigner par son nom, le capitalisme, tend à réduire tout ce qu'il y a sur Terre à l'état de marchandise. Et le travail dit « éducatif » n'y échappe pas. Du coup l'écriture des professionnels, pensée, argumentée, structurée, apparaît comme un mode de résistance (un « môle de résistance », précise Michel Chauvière[2]) à l'idéologie dominante, qui restitue à la clinique tout son tranchant subversif. Évidemment ce travail ne prend effet

1. Roland Gori, *La dignité de penser*, Actes Sud, 2013.
2. Michel Chauvière, *Trop de gestion tue le social*, La Découverte, 2010.

que de deux points d'appui. D'abord celui du transfert, j'insiste, où il s'agit d'éviter de se noyer dans la relation au risque de produire des écrits frappés au sceau de la résistance, soit trop près, soit trop loin, trop affectés ou trop désaffectés. Là le travail de supervision clinique, qui peut s'accompagner lui-même d'un travail d'écriture à usage personnel de l'éducateur, s'avère précieux pour écrire à la bonne distance[1]. Ensuite sur le plan institutionnel, une telle écriture créative et enracinée dans la clinique exige une liberté et une confiance accordées au savoir et au savoir-faire des éducateurs. En effet « il importe d'inscrire l'écrit en tant que liberté fondamentale du travailleur social dans la pratique institutionnelle, pour que celui-ci se hisse au niveau des exigences du métier ». Cette conclusion de Christian Gauffer, qui ponctue l'ouvrage, ferait bon profit d'être méditée par les cadres et les personnels de direction des établissements, qui sont nombreux à se laisser bercer par les sirènes d'un management industriel débridé, où la pratique d'écriture serait réduite au chiffrage et à quelques bribes de novlangue[2].

▶ Écrire à côté

Dans son séminaire *D'un discours qui ne serait pas du semblant*[3], Jacques Lacan rend hommage à ce qui relève sans doute de la légende, celle de l'invention de l'écriture par les devins chinois. Il précise d'ailleurs que c'était « des gens comme nous ». Les devins chinois lisaient des signes sur des carapaces de tortues passées au feu. Ils faisaient donc l'hypothèse qu'ils avaient affaire à une forme d'écriture. Ces signes sont sans doute les ancêtres des signifiants graphiques qui aboutirent aux idéogrammes. Ces signifiants graphiques avaient pour vocation d'interpréter, de révéler, de rendre manifeste une écriture oraculaire, la langue des esprits et des divinités. Dans sa pratique de divination, le devin chinois portait au feu une carapace de tortue. Celle-ci offre la particularité d'inscrire sur sa surface des craquelures, que le devin faisait écriture et qu'il interprétait comme telle. Mais pour interpréter ces signes oraculaires, il produisait une écriture seconde. Le devin écrivait, à côté de l'écriture oraculaire, son interprétation...

Au-delà des écrits balisés et structurés par le lien imposé scripteur-destinataire, les modalités d'écriture des éducateurs pour rendre compte de cette pratique subtile et la donner à lire, ne sauraient être cantonnées à des écritures grises (comme on parle de littérature grise). Les ressources sont généreuses qui parsèment les petits riens du quotidien éducatif, dans une sorte d'écriture seconde, à côté : carnets personnels, cahiers de liaison d'équipe, mots griffonnés, post-its qui circulent, sans oublier les

1. Voir le beau travail d'accompagnement à l'écriture réalisé avec une équipe d'un SAVS-SAMSAH dans les Ardennes, par mon amie Claire Lecœur, *Pratiques d'accompagnement de personnes handicapées. Le temps qu'il faut*, L'Harmattan, 2016. Site : https://ateliers-clairelecoeur.com. Ma collègue psychanalyste et superviseuse d'équipes a également fait le récit d'un dispositif d'analyse de la pratique par le biais de l'écriture : Agnès Benedetti (dir.), *Écrire la clinique*, L'Harmattan, 2020.

2. Voir Charlotte Herfray, www.psychasoc.com/Textes/Ces-novlangues-qui-colonisent-nos-esprits.

3. Jacques Lacan, *Séminaire Livre XVIII, D'un discours qui ne serait pas du semblant*, Seuil, 2007.

passages par Intranet... Il existe tout un pan de pratiques d'écriture dont on pense qu'elles sont marginales, écritures de l'ombre, qu'on passe vite aux oubliettes, mais qui pourtant donnent à voir au plus près, pourvu qu'on s'y penche, la réalité complexe du quotidien éducatif et forment en amont le terreau d'écrits plus visibles, tels que j'ai pu en évoquer ci-dessus.

Ainsi Jean-Christophe Contini, éducateur spécialisé et Docteur ès lettres de l'université de Fribourg (Chaire de Travail social et politiques sociales) en Suisse, a réalisé une étude passionnante sur les cahiers de bord (dits parfois cahiers de liaison) en institution. « Contrairement aux idées reçues les concernant à propos de l'écriture, les professionnels de l'éducation spécialisée écrivent en réalité quotidiennement dans l'exercice de leur pratique professionnelle. Afin de garantir l'organisation, la conduite et la régulation de la vie institutionnelle, la profession fait effectivement usage de nombreux outils graphiques et techniques qui soutiennent les relations et la rencontre des sujets accueillis. Le cahier de bord est une figure emblématique de cette écriture de l'agir et constitue de fait une authentique matérialité discursive qui dévoile le savoir-faire singulier dont font concrètement œuvre les équipes éducatives sur le terrain[1]. »

On pourrait également souligner l'usage d'écritures périphériques (poèmes, récits, fictions, films, mises en scène théâtrales...) qui ponctuent le quotidien et enchâssent ces petits riens qui en font toute la richesse. Cette constellation d'écritures diverses constituent l'humus à partir duquel des écrits plus institutionnalisés peuvent prendre racine. Un ouvrage récent prend en compte la présence de cette toile de fond institutionnelle tissée d'échanges de paroles et d'écrits et qui constitue la trame d'un certain « gai savoir » pour reprendre une belle expression de François Rabelais. « Les réformes récentes qui touchent le secteur mettent à mal l'articulation entre le singulier et le collectif qui constitue la pierre angulaire du travail éducatif. Les professionnels sont en souffrance, les "usagers" partagent la maltraitance avec eux, le moment est venu de revisiter les fondamentaux et les enjeux humains de l'action éducative.

ART ET THÉRAPIE[2]

Je terminerai cette deuxième partie en faisant une large place à la création, fer de lance de tout acte éducatif. La création artistique, emblématique en ce sens, ouvre un large champ dans les médiations éducatives. Il s'agit là d'un invariant solide du travail éducatif qui consiste avant tout à faire des choses ensemble, à partager une activité et à favoriser, à travers cette médiation, l'élaboration de la pensée, l'ouverture au désir et à l'imagination. Cela prend parfois la forme, dans certaines institutions, d'un

1. Jean-Christophe Contini, *La fabrication du quotidien. L'écriture de l'agir en éducation spécialisée*, L'Harmattan, 2020.

2. Réponses aux questions par téléphone de Virginie Guéné pour la revue *Sans Transition*, mars 2017.

atelier d'art-thérapie. L'art participe ainsi d'un traitement de la violence. Posons tout d'abord deux hypothèses pour comprendre. Si l'on admet que la violence procède d'un déficit de symbolisation et ensuite que certains enfants ou adultes, par suite d'une immaturité, d'un handicap, mais aussi de certaines maltraitances, souffrent eux-mêmes d'une difficulté à mettre en mots leur vécu, leurs ressentis, souvent éprouvés très précocement, on peut légitimement penser que l'art-thérapie (AT), comme toute forme de création, ne peut s'avérer que bénéfique. Amener au langage par les « chemins de traverse » de l'AT, accompagner et soutenir un enfant, un adolescent ou un adulte en mal de dire ce qui lui arrive, quoi de plus noble !

Il me semble que l'AT, mais plus largement toute médiation visant l'expression du sujet, prend sa place là où les thérapies verbales (entretiens, groupes de parole...) ne conviennent pas. Ainsi je me souviens d'un enfant très inhibé en CMPP qui ne parlait pas. En trois mois de fréquentation de l'atelier contes que j'animais, sous couvert de personnages des contes de Grimm, il s'est mis à exprimer vertement tout ce qu'il reprochait à un père écrasant, aux yeux duquel il n'existait pas. Je mettrai cependant un bémol sur cette tendance dominante qui en vient à penser toute forme de médiation éducative sous le label de « thérapie ». On ne peut plus faire de cheval tranquillement dans un manège avec un groupe d'enfants, il faut que ça soit estampillé : équithérapie, etc. C'est pourquoi avec Geneviève Dindart[1], une collègue qui anime une formation d'art-thérapeute, nous avons détaché dans l'écriture du mot, art et thérapie, sans trait d'union. Ce qui est premier à mon sens, c'est de penser l'activité de médiation sur le versant créatif, sous toutes ses formes, là où le clinicien est le plus à l'aise et le plus compétent (danse, arts plastiques, écriture, musique, etc.). C'est dans cet espace de création qu'une relation va se nouer, que le vécu enfoui et parfois traumatisant d'un sujet va trouver à se « transférer » et devenir lisible. Les effets thérapeutiques viennent de surcroît.

Cet aspect des médiations éducatives, dont dérivent les ateliers fondés sur l'expression, est peu abordé dans les textes. Par exemple sur la loi de mars 2016 relative à la protection de l'enfant, beaucoup de choses ont été dites, à juste titre, sur le positif de cette loi qui tente de prendre en compte le mineur au plus près de sa réalité. Mais rien sur le développement de ses capacités d'expression comme issue et traitement des violences et maltraitances subies. N'oublions pas que ce que nous nommons « placement » est d'abord vécu par l'enfant comme un déplacement, un arrachement à son quotidien. Pour que ce déplacement, nécessaire uniquement lorsqu'il y a danger, porte ses fruits, il convient que l'enfant soit partie prenante, ainsi que ses parents, si possible, que les raisons du placement, les limites, le projet, les places de chacun soient déterminés et parlés au grand jour.

1. Geneviève Dindart : www.genevievedindart.com.

Art et psychanalyse

Entretien avec Joseph Rouzel – « Quelques questions autour des liens entre l'art et la Psychanalyse »

Geneviève Dindart : *Joseph Rouzel, enfant, adolescent, quels étaient tes liens avec l'art en général ? Quels sont-ils aujourd'hui ? Peux-tu nous en parler ?*

J.R. Mes premiers liens je les inscrirai sous les couleurs de l'effroi et de l'apaisement. Je me souviens ainsi, dans le camp de nomade où je suis né, d'une frayeur devant un drôle d'insecte au fond d'un tonneau que l'on nommait « diable ». Est-ce le mot ou l'insecte qui produisait en moi cette frayeur ? L'apaisement venait par exemple des chants du monastère où j'ai vécu entre 9 et 14 ans. J'ai encore en tête certains échos du « *veni creator spiritus* ». Donc les premiers rapports à l'art, si l'on veut, me viennent de la voix, des sons, des mots. D'où ma passion pour l'art poétique.

G.D. *Les psychanalystes ont toujours été liés étroitement aux artistes, sans doute aussi liés à leur processus de création, tout au moins aux étapes qui mènent à l'œuvre. Comment te situes-tu, en tant donc que psychanalyste, face aux artistes et face à leurs créations ?*

J-R. Comme j'ai un pied dans chaque champ – la poésie et la psychanalyse[1] –, je peux dire, comme Freud le soutenait, que l'artiste a un temps d'avance sur le psy, mais qu'il ne le sait pas. Lacan pour sa part à propos du *Lol V. Stein* de Marguerite Duras disait qu'elle frayait les mêmes chemins que lui, mais sans le savoir. Ce point est important parce qu'il exige du psychanalyste de se tenir en éveil par rapport aux formes de création contemporaine, autant qu'aux inventions de chaque patient.

G.D. *Si je m'avance un peu sur le versant de la psychanalyse, c'est que je remarque que, de plus en plus, de nombreux psychanalystes s'emparent de la création d'un artiste ou de plusieurs, l'observant de très près jusqu'à l'étudier sous la forme de biographies, par exemple. Beaucoup de textes, très beaux, tentent de faire le pont entre l'art et la psychanalyse, ou l'inverse cela dépend. Que penses-tu de cette manière intimiste de rencontrer l'œuvre d'un artiste en la dépliant de cette manière ?*

1. Joseph Rouzel, *À bâtons rompus : poèmes 1965-2005*, Lucie Éditions, 2007.

J-R. Je ne pense pas que l'on puisse faire une psychanalyse des œuvres. Lorsque Freud s'y risque, à propos de Leonard ou de Jensen, c'est pour éclairer un point de sa recherche. Il n'y a de psychanalyse, au sens propre, que sur le divan.

G.D. *La psychanalyse, dans sa pratique rigoureuse, appelle l'interprétation. Dans un très beau texte, complexe et mystérieux tout de même, que tu as écrit je crois en avril 2012 : « La peau, elle scie : ça serre à rien » (inédit), tu sembles à un moment évoquer les liens qui peuvent se nouer entre la poésie et l'interprétation, peux-tu nous en dire plus ? Ce serait donc cela l'art de l'interprétation ? Les psychanalystes seraient-ils comme les artistes musiciens qui, ponctuant une composition mélodique, en viendraient à constituer une sorte de point final appelé par ce joli nom de « fermata » ?*

J-R. Ce rapprochement entre poésie et interprétation dans la cure m'a été suggéré par Lacan, qui vers la fin de sa vie regrettait de ne pas être « poètassez ! ». Le poète travaille à un niveau de langage non conceptuel, hors sens. Il s'intéresse plus à produire ou favoriser la rencontre hasardeuse entre des sons, entre des vibrations sonores. « Les mots font l'amour », disait André Breton. Le poète brise le trop-plein de sens qui sature les rencontres formatées entre signifiants, pour ouvrir, dans l'entre-deux de cette brisure, des courants d'air. « La terre est bleue comme une orange », qui fait chaine entre terre, bleu et orange, n'a pas de sens, en tout cas pas de sens unique pour Éluard. C'est ouvert. De la même façon l'interprétation du psy ouvre des espaces là où la fixité du symptôme maintient fermé le sujet dans la répétition. Passer par exemple de « des tresses » (récit d'une patiente coiffeuse), à « détresse ? » que souligne l'analyste, suffit à produire cette ouverture à l'endroit de l'équivoque. Partant du fait que de toute façon on ne sait pas ce qu'on dit et qu'on en dit plus qu'on ne croit. Lacan en 1966 démarrant une conférence à l'université Johns-Hopkins par « *The best image to sum up the unconscious is Baltimore in the early morning* » (« La meilleure image que l'on puisse donner de l'inconscient c'est celle de Baltimore au petit matin ») se situe dans le droit fil de cela. Il ne cesse pas pour autant d'être psychanalyste. Le psy joue des richesses poétiques du langage, mais on ne peut pas dire qu'il est un artiste en tant que tel. Même si certains, comme moi, essaient de marcher sur ces deux pieds.

G-D. *Tout à côté de ton travail d'écoute et de déchiffrage s'est peu à peu aménagé, depuis plusieurs années, un autre espace parallèle de plus en plus présent : l'écriture. Si je nomme sans peur le mot d'œuvre, c'est que je pense qu'il est là pour toi, agissant, dans ton quotidien, dans ta langue intime et solitaire, disons au plus près d'un temps d'écriture qui ne cesse de s'ouvrir à toi, peux-tu en dire quelques mots ?*

J-R. L'écriture, je l'ai dit souvent, m'a sauvé la peau, à un moment de ma vie, où fort jeune, à deux ans, j'y ai trouvé une ressource pour dire ce qui autrement était innommable. Ma mère était partie accoucher à la clinique et mon père m'avait pris pour la nuit dans le bureau de la Préfecture où il travaillait comme standardiste. Rien n'était dit. Mon père devant mon désarroi m'a tendu, avec un crayon, un de ses carnets sur lesquels il notait les coups de fil et il m'a dit : gribouille ! C'est cette fois-là que j'ai inventé l'écriture, avec des lettres qui pour la plupart n'existent dans aucune langue. J'ai pu donner forme à ce qui se propageait dans mon corps comme informe. Je crois sérieusement que ça m'a sauvé la peau.

G-D. *En somme l'acte de créer, quel est-il ? Duchamp en a une très belle formule, il dit : « l'artiste qui produit ne sait rien de ce qu'il produit, il ne comprend rien à ce qu'il produit et c'est comme ça que ça peut être intéressant, c'est quand il ne sait pas ce qu'il fait, il est le dernier à pouvoir juger de ce qu'il fait ! Et si vous acceptez justement cette forme de renoncement à comprendre ce que vous faites, vous irez beaucoup plus profondément dans ce que vous ferez. » Belle formule, n'est-ce pas ?*

J-R. Je signe des quatre mains. Et j'ajoute qu'il vaut mieux que l'artiste, peintre, poète, sculpteur, danseur... n'aille pas trop gratter pour comprendre ce qui lui arrive. Comme l'écrit Rimbaud à Paul Demény : « Car Je est un autre. Si le cuivre s'éveille clairon, il n'y a rien de sa faute. Cela m'est évident : j'assiste à l'éclosion de ma pensée : je la regarde, je l'écoute : je lance un coup d'archet : la symphonie fait son remuement dans les profondeurs, ou vient d'un bond sur la scène. »

G-D. *Je souhaite te poser à présent quelques questions sur les liens qui sembleraient exister entre une analyse et une création. Il y a quelques années, je m'étais aventurée en te disant qu'une analyse était une création et rappelle-toi, tu ne semblais guère d'accord. Que pourrais-tu en dire ?*

J-R. J'essaie de séparer les deux, parce que l'analyse est d'abord une dissolution. C'est le sens premier d'*ana-lusis*. C'est une dé-construction. Je l'ai dit un jour à mon analyste : votre truc, c'est une entreprise de démolition ! Que de cette épreuve de dissolution/démolition d'aucuns prennent leur essor pour créer, au sens artistique, c'est vrai, mais pas toujours. Ou alors on étend le concept de création à un cercle très large : créer sa vie ! Mais ça ne prend pas toujours les formes d'une création artistique en tant que telle.

G-D. *Posons donc à présent un regard sur tous ces mots, proposant deux univers à part entière, pour deux mondes qui ne s'opposent pas mais qui peuvent s'assembler, s'agencer même de manière subtile et sans aucun doute pour une très grande actualité : génie et démence, art et psychiatrie, art et psychanalyse, art et thérapie... De nombreuses formations, qui poussent çà et là comme des champignons, mêlent avec aisance le mot* *art avec celui de la thérapie. Les mots paraissent s'assembler aisément, hélas rien que les mots, car justement dans la réalité, c'est tout autre chose... L'art-thérapie, ça marche ensemble d'après toi ?*

J-R. Art et thérapie ne marchent pas de concert, quoi qu'on en dise. Ce sont des mots tellement usés en plus. Et pourtant il faut partir de cet impossible rejointement entre les deux pour les faire travailler. Autrement dit subvertir le discours dominant qui les unit d'un trait (art-thérapie) pour les disjoindre et dans ce hiatus, dans cette béance (ar(t)hérapie ?) ouvrir un espace où la question thérapeutique, comme dans l'analyse, ne se pose que de surcroît, sans garantie aucune.

G-D. *Kandinsky dit à la fin de sa vie que chaque artiste a sa propre définition de l'art, je pense qu'il a complètement raison, quelle serait donc la tienne ?*

J-R. Je ne saurai le définir qu'en acte. J'ai bien peur que tenter de capter dans les filets d'une définition générale ce mouvement impalpable, inconnu, inédit, inouï, voire inavouable, n'en ternisse le flamboiement et l'étrangeté.

G-D. *Je te remercie d'avoir répondu présent à toutes ces questions, qui introduiront, j'espère, d'autres champs de recherches communes, à venir.*

Novembre 2012. Geneviève Dindart, entretien avec Joseph Rouzel. Geneviève Dindart est artiste plasticienne, peintre, formatrice d'art-thérapeute, psychanalyste.

Chapitre 13

Envoi

Je présente ici, pour border cet ouvrage, en guise de conclusion, l'expérience passionnante d'une institution – il s'agit d'un ESAT – qui illustre ce que l'on peut faire de mieux en termes d'accompagnement éducatif et thérapeutique[1]. Une expérience qui montre que l'invention et la création mises aux commandes produisent des effets de résistance au laminage des sujets et des collectifs par le système néolibéral. Ce sont ces micro-révolutions, à bas bruit, qui peuvent faire boule de neige et renouveler le sens d'un lien social fondé sur la fraternité et la solidarité, où chacun a sa place !

Quand le théâtre sort le handicapé[2] de la bulle...

> *« Tu sais que le mot poésie représente bien des choses. En général on appelle poésie la cause qui fait passer quelque chose du non-être à l'existence, de sorte que les créations dans tous les arts sont des poésies, et que les artisans qui les font sont tous des poètes. »*
>
> *Platon,* Le Banquet

C'est un haut lieu de Montpellier, le Mas Prunet. Un haut lieu dédié au soin, à l'éducation, à la création. Lorsqu'en 1963 la fondation Joseph Kennedy décerne un prix au Professeur Robert Lafon[3] pour récompenser « son action et son dynamisme dans la lutte

1. J'ai présenté cette expérience dans le n° 136 de la revue *VST* (revue des CEMEA, du champ social et de la santé mentale), consacré à « Création(s) ».
2. On dit aujourd'hui, dans le droit fil de la novlangue : personne en situation de handicap...
3. Le professeur Robert Lafon est l'auteur du *Vocabulaire de la psychopédagogie et de la psychiatrie de l'enfant*, PUF, 2001, republié en 2010.

contre l'arriération mentale », celui-ci se sert de l'argent pour rénover d'anciens locaux afin d'y installer les « Ateliers Kennedy ». Sur le même espace on verra fleurir l'IRTS de Montpellier et diverses institutions. La petite dernière-née sur le site en 2012, la Bulle Bleue, ouvre un espace original en direction des personnes souffrant de handicap psychique ou physique[1]. Delphine Maurel, son actuelle directrice, après une carrière déjà bien remplie dans les services de la Protection de l'Enfance du Gard, a pris les rênes de cet établissement, original à plus d'un titre. Inscrit sous le statut d'ESAT[2] il ouvre un espace d'aide par le travail... théâtral. Sur plus de mille établissements de ce genre en France, on n'en compte guère qu'une dizaine à explorer ainsi les ressources du soin et de l'insertion qu'offre la création artistique. Dont l'Oiseau-Mouche à Roubaix qui accueille 23 comédiens handicapés mentaux.

À la Bulle Bleue 46 travailleurs handicapés, encadrés par 11 professionnels (éducateurs, psychologue, psychiatre...) se répartissent dans divers ateliers de production : comédiens, techniciens de régie, chargés d'accueil et de communication. Auxquels il convient d'ajouter : cuisiniers et serveurs, paysagistes et jardiniers. Car ici la cuisine et le jardinage (projet d'un jardin participatif) participent aussi de la création. Évidemment tout ceci ne serait pas possible sans l'implication de l'association (l'ADPEP34), non seulement sur le plan gestionnaire, mais aussi en termes de soutien actif du projet, tout en respectant la démarche artistique.

L'orientation du projet a poussé les professionnels vers deux grands axes et principes : le parcours de formation et de professionnalisation des travailleurs handicapés se fait à travers l'accueil en résidence de compagnies théâtrales sur trois ans. De 2012 à 2015 c'est Marion Coutarel, comédienne et metteur en scène, qui a été accueillie avec le Théâtre de la Remise. Elle a clos les 3 ans d'association artistique avec la Bulle Bleue en organisant pour la première fois en France des rencontres Magdelena Project. Une quinzaine d'artistes femmes venues du monde entier ont partagé avec le public pendant une semaine rencontres, spectacles, échanges d'expériences, ateliers.

Bruno Geslin, metteur en scène de la compagnie La Grande Mélée, prend la suite sur une convention de trois ans également, jusqu'en 2018. « Fasciné par les figures fortes, incandescentes, vertigineuses, du poète Joë Bousquet à Pierre Molinier, des écrivains J.G. Ballard, Georges Perec à Unika Zürn, du réalisateur Rainer Werner Fassbinder à Derek Jarman, Bruno Geslin donne à voir et à entendre ces personnalités exigeantes

1. La Bulle Bleue, ESAT, Artistique et culturel/Solidaire et singulier. 285 rue du Mas Prunet, 34070 Montpelier. Tel : 04 67 42 18 61, www.labullebleue.fr. Texte paru dans VST n° 136, consacré à « Création(s) » de décembre 2017.

2. Les Établissements et Services d'Aide par le Travail (ESAT) sont des établissements médico-sociaux qui ont pour objectif l'insertion sociale et professionnelle des adultes handicapés. Ils accueillent des personnes dont les capacités de travail ne leur permettent pas de travailler dans une entreprise ordinaire ou adaptée ou d'exercer une activité professionnelle indépendante. La circulaire NDGAS/3B n° 2008-259 du 1er août 2008 précise que les personnes orientées vers un ESAT sont des personnes handicapées dont la capacité de travail est inférieure à un tiers de la capacité d'une personne valide.

que l'on ne peut aborder du bout des doigts. » Trois ans où les comédiens en situation de handicap, comme on dit, vont se coltiner à une œuvre difficile, celle de Fassbinder (« Prenez garde à Fassbinder », présenté en juin 2017), donnant lieu à trois spectacles originaux. Cette irruption du dehors dans la Bulle Bleue, outre ses aspects formateurs pour les personnes handicapées, participe surtout de la fonction d'« artiste tiers ». Ici on ne reste pas dans sa bulle ! Définie comme un « lieu de fabrique artistique et culturelle », la Bulle Bleue, investira en septembre 2017 un ancien chai, le Chai du Mas Prunet, pour donner toute son ampleur à la création artistique et solidariser toutes les activités de création (compagnie, traiteur, paysagiste). Les travailleurs handicapés y sont impliqués à tous les niveaux de la gestion et de l'animation du lieu et participent aux diverses prestations.

Évidemment les questions ne manquent pas. Comment concilier l'impératif économique (les ESAT relèvent à la fois d'un budget médico-social et d'un financement propre) et le jeu de la création ? Cela implique une rigueur gestionnaire sans faille, mais qui laisse aussi la part belle à la création et se met à son service. Comment concilier le travail du comédien et les difficultés physiques, psychiques et sociales des personnes accueillies au titre de leur handicap ? Comment associer création artistique et soins ? Un des ressorts est le suivant : les metteurs en scène en résidence font travailler sur le plateau lesdits « handicapés » comme tout comédien, éventuellement soutenus, pour certains, par la présence discrète d'une éducatrice pendant les répétitions. Ce déplacement d'une représentation du handicap que les personnes se « trimbalent » à longueur d'années (c'est à ce titre qu'ils sont reconnus et accueillis) vers celle de comédien produit des effets de soin et de pacification certains. Ainsi bat-on également en brèche cette idée encore trop répondue qu'il puisse y avoir un art spécifique du handicap.

Depuis sa création en 2015, donc sur 5 années d'existence, les constats et les retombées pour chaque travailleur, que l'on peut tirer de cette expérience à la Bulle Bleue, sont prometteurs et multiples. Delphine Maurel n'est pas sans remarquer les effets secondaires de ce travail acharné : les mises en scène théâtrales se doublent d'une souplesse dans l'expression des sentiments ; l'estime de soi et le masque du handicap qui colle à la peau tombent ou atténuent sa charge d'aliénation sociale ; le choix d'un théâtre d'écriture contemporaine actée comme écriture de plateau, telle qu'a pu l'explorer Armand Gatti avec des jeunes délinquants, pris sur le vif de la création, favorise largement la justesse des expressions. « En cinq ans, précise Mme Maurel, ils ont acquis non seulement une technique, mais une justesse de jeu ». L'évolution de chacun se prolonge dans leur parcours de vie, dans des choix assumés. La mise en collectif à travers la création d'une troupe, non seulement valorise la réassurance de chaque sujet, mais permet de lutter contre les processus de dévalorisation associée au handicap, à l'œuvre dans l'espace social. La confiance en soi retrouvée conduit à une certaine forme d'apaisement et de bonheur simple d'où naissent maints projets. Ainsi de cette jeune femme qui ne savait ni lire ni écrire, et qui se lance dans des acquisitions scolaires ; ou encore de ce jeune homme mutique, qui trouve le chemin des mots...

Deux critères président cependant à l'entrée des personnes handicapées à la Bulle Bleue. La capacité à se couler dans les rythmes et les espaces changeants qu'impose le théâtre. Il ne faut pas avoir peur de travailler parfois tard le soir ; ni de se déplacer et de se retrouver parfois dans un hôtel de province inconnu. Les personnes trop ritualisées, frappées de ce que Fernand Deligny désignait comme « immuable », auraient beaucoup de mal à adopter ces changements incessants, qui demandent une bonne dose d'adaptation.

L'équipe d'encadrement évidemment est au travail de son côté. Se pose une question : que faire du matériau clinique apparu à l'occasion des mises en scène où ils parlent d'eux sous couvert du théâtre. « Que fait-on de ce qui émerge ? » se demande Mme Maurel. Si l'équipe éducative et thérapeutique manque de temps pour cette élaboration clinique, en même temps on peut noter une réticence légitime à trop « gratter » ce qui se passe sur le plateau. Il s'agit de laisser la part belle au surgissement de la surprise. Ainsi il n'y a pas de réunion clinique spécifique. L'équipe de la Bulle Bleue tient une réunion avec les autres équipes de l'ESAT Kennedy tous les 15 jours, tout en menant une réunion clinique spécifique à la Bulle Bleue qui a lieu tous les 15 jours. Elle est animée par le responsable médico-social et réunit les chefs de production et éducateurs référents concernés par les situations, la psychologue et la psychiatre. Des réunions avec les partenaires, autour de situations, sont également organisées dès que cela s'avère nécessaire. Enfin, tous les travailleurs élaborent avec leur référent un projet personnalisé dont un bilan a lieu annuellement. L'équipe bénéficie également d'une supervision clinique qui permet aux professionnels de mettre au travail les effets de transfert.

L'association avec un laboratoire de recherche universitaire dirigé par Maud Verdier a produit une ouverture et une forme de reconnaissance. Maud Verdier est anthropologue et linguiste, maître de conférences à l'université Paul Valéry de Montpellier. Ses activités de recherche concernent l'utilisation des nouvelles technologies dans les contextes professionnels et non-professionnels, en France et à Madagascar. Elle étudie les interactions dans les domaines juridiques et médicaux. Elle poursuit par ailleurs des recherches sur la langue malgache avec un intérêt tout particulier porté aux idéologies linguistiques qu'elle étudie à partir de l'étude de l'usage de la langue en contexte. C'est dans ce cadre qu'elle a lancé un travail avec la Bulle Bleue sur « La façon de parler du handicap ». L'équipe de recherche filme, visionne et restitue à l'équipe : on en parle. Encore un espace d'élaboration.

L'enthousiasme et la dynamique institutionnels se nourrissent de ces rencontres et de ces espaces différenciés. L'immersion du travail de création dans un complexe où s'articulent lieu d'enseignement (IRTS), de soin et d'éducation (ITEP Bourneville), de production et d'aide par le travail (Ateliers Kennedy), etc. tisse une véritable constellation de rencontres possibles qui permet aux travailleurs handicapés de cheminer, de se laisser surprendre, mais aussi d'apporter leur pierre à la construction permanente d'un lien social vivant et créatif.

Propos recueillis par Joseph Rouzel

Conclusion

DANS cet ouvrage – *work in progress* – que je remets ici sur le métier pour la cinquième fois, j'ai parcouru un long chemin, parfois tortueux, parfois compliqué. Je ne pense pas que l'on puisse dire simplement ce qui n'est pas simple, sous peine de vulgarisation... vulgaire. La pente pragmatique actuelle qui vise à mettre à disposition des professionnels des catalogues de problèmes/solutions, non seulement n'est pas ma tasse de thé, mais de plus induit une illusion dans le travail éducatif, dont les retours de manivelle s'avèrent terribles. Faire l'économie de penser l'acte éducatif dans la relation engagée, conduit à considérer l'usager comme un objet, de soin, d'attention, d'éducation... Et le sujet s'en défend, parfois de façon extrême, dans des passages à l'acte, contre lui-même ou contre autrui, qui sont avant tout à interroger du côté du praticien social et de ses velléités de maîtrise. La relation d'aide peut s'avérer féroce.

Je sais pertinemment que ce que j'énonce ici n'est pas partagé par tous mes collègues. J'ai tenu à exposer publiquement les idées qui ont soutenu la position d'éducateur que j'ai exercée pendant des années sur le terrain, idées et principes qui, il y a une trentaine d'années, m'ont poussé à m'engager – outre mon travail de psychanalyste en cabinet – dans une fonction de formateur, où la transmission du métier et du discours éducatifs trouve leur lieu d'exercice. Ce qui est une autre façon d'être, comme on dit, sur le terrain. Le seul terrain d'ailleurs des pratiques sociales : celui des relations humaines.

Si j'ai longuement insisté sur la nécessité de ne pas perdre de vue la dimension clinique qui est au cœur de la pratique, cette position n'entache en rien, bien au contraire, d'autres approches, notamment ce que l'on appelle l'« approche communautaire du travail éducatif », dont on trouve un pendant au niveau des institutions sociales et médico-sociales dans la psychothérapie et la pédagogie institutionnelles. L'enjeu étant de prendre en considération la relation entre sujet et collectif, individu et société. Ces approches sont complémentaires et j'y souscris. Je pense l'avoir montré suffisamment clairement, contrairement à ceux qui tentent de s'opposer sur ce point, il n'y a pas d'un côté des sujets et de l'autre le social. Les éducateurs interviennent au point d'articulation, au point d'insertion, douloureux, frappé d'un impossible rejointement, de chaque sujet dans le tissu social.

Il est évident qu'un sujet humain vit dans divers espaces groupaux et se situe comme sujet à partir de différentes institutions : la famille en premier, l'école, le travail ou l'activité, le groupe d'amis, la bande, l'espace de citoyenneté... C'est pourquoi, si j'ai surtout insisté sur la dimension de rencontre clinique entre l'éducateur et les personnes qu'il accompagne, il ne faut pas oublier cette dimension groupale qui permet à chaque sujet de trouver place dans des espaces sociaux. Autrement dit, le travail clinique ne va pas sans une prise en compte permanente de l'espace social et des possibilités d'inscription qui s'y offrent pour le sujet accompagné. Ce point nécessiterait, pour être développé dans toutes ses conséquences, un ouvrage à lui tout seul. La question du travail d'équipe bien évidemment est tout aussi cruciale et tend à se déliter dans beaucoup d'institutions. Je n'ai pas repris ici ce que j'ai pu développer dans d'autres ouvrages et que d'autres auteurs ont largement exploré[1].

Par ailleurs, il faut être bien conscient que le travail éducatif s'exerce dans un moment difficile de notre société, un moment de crise qui touche, au-delà des contingences socio-économiques, l'ensemble de notre civilisation, et atteint les fondements mêmes de notre socioculture. Sommes-nous à la veille d'une mutation ? Allons-nous assister au retour de la barbarie ? La démocratie sera-t-elle assez solide pour faire face aux pressions régressives et aux forces de mort ? La deuxième partie de cet ouvrage ouvre largement ces questions et en envisage les conséquences dans la pratique.

> « Le sort de l'espèce humaine me semble se poser ainsi : le progrès de la civilisation saura-t-il, et dans quelle mesure, dominer les perturbations apportées à la vie en commun par les pulsions humaines d'agression et d'autodestruction... Les hommes d'aujourd'hui ont poussé si loin la maîtrise de la nature qu'avec leur aide il leur est devenu facile de s'exterminer mutuellement jusqu'au dernier. »

Ces affirmations terribles, mais prophétiques, Sigmund Freud les écrivait dès 1929 dans son grand ouvrage de réflexion sur le social, *Malaise dans la civilisation*.

Homo homini lupus, affirmait l'adage latin : l'homme est un loup pour l'homme. Si l'on prend cet énoncé radical au sérieux, on peut affirmer sans crainte (ou avec) qu'une bonne partie du travail éducatif consiste à... lui limer les dents à ce loup féroce. Mais évidemment comme pour tout, charité bien ordonnée commence par soi-même ! Rien de nouveau sous le soleil. Malgré les avancées de la science et de la technologie, les adoucissements apportés par les morales sociales et religieuses, les questionnements des sciences dites « humaines » sur la vie en société, les découvertes de la psychanalyse et de la psychologie clinique, la situation se dégrade.

1. Par exemple Paul Fustier, *Le travail d'équipe en institution*, Dunod, 1999.

Une enquête du *Monde* parue il y a quelques années – les chiffres seraient à rectifier – laisse apparaître que sur vingt-cinq millions de personnes actives, près de la moitié, soit douze millions, sont sans emploi. Les jeunes de moins de 25 ans sont les plus touchés. Les sociétés occidentales ont poussé jusqu'au bout, jusqu'à son point de rupture, la logique capitaliste qui vise à concentrer pouvoir et richesse dans les mains de quelques-uns. En France, 40 % de la richesse est détenue par 5 % des citoyens. Si la volonté de pouvoir est inextinguible, si l'appétit de domination est indéracinable, l'invention de la démocratie à Athènes il y a 2 500 ans, avait permis de limiter les forces de destruction présentes chez tout être humain. L'avènement de l'action sociale, des services sociaux, d'abord sous l'impulsion de mouvements religieux ou laïques, relayés ensuite par la puissance publique, avaient rétabli un peu de justice sociale, garantissant aux plus pauvres, aux plus démunis, le droit à un minimum vital. Les Droits de l'homme et du citoyen, énoncés en 1789, balisaient le chemin et traçaient une ère nouvelle d'avancée vers une plus grande équité, une meilleure répartition des richesses, qui favorisaient le développement de chaque citoyen, quelle que soit son origine sociale.

Aujourd'hui, 230 ans plus tard, où en sommes-nous ? L'idéologie et les pratiques socio-économiques féroces du capitalisme postmoderne ont gagné du terrain. Deux mots déferlent sur l'ensemble de la planète, deux mots organisent les échanges entre humains : marchandise et spectacle. Tout s'achète et tout se vend. On peut arracher sans honte les yeux d'un jeune enfant de Bogota pour les transplanter sur un richissime Européen ; on peut négocier des corps d'enfants comme de la chair fraîche ; on peut employer les services d'une femme pour fabriquer un enfant pour une autre femme en mal d'enfant, etc.

La représentation du monde qui s'organise, jusque-là faite de mots écrits ou parlés, se met en scène sous forme d'images. La télévision est devenue la machine à organiser le sens du monde. On assiste en direct, à l'heure de l'apéritif, à la mort d'un million de personnes au Zaïre ; on verse une larme, entre deux cacahuètes, sur les visions terrifiantes de la guerre en Syrie ; les hommes politiques qui nous gouvernent ne sont plus donnés en pâture qu'à travers une petite phrase, un cliché, une caricature... Comme l'annonçaient les situationnistes Guy Debord et Raoul Vaneigem, dès 1966, tout dans l'espace social qui est le nôtre, est devenu spectaculaire et marchand.

Comme nous le montre de façon éblouissante l'ouvrage de Viviane Forrester, *L'Horreur économique* [1996], ceux qui tiennent les richesses et les moyens de production n'ont même plus besoin, depuis quelque temps, d'employer de la main-d'œuvre. Les circuits boursiers mondialisés et les paradis fiscaux permettent la spéculation effrénée, et des gains jusqu'ici inatteignables. L'explosion de cryptomonnaies ouvre un champ de spéculation qui échappe complètement à la régulation des États. Les sociétés occidentales s'appauvrissent paradoxalement, alors qu'elles comptent parmi les plus riches de la planète. Et pourtant, force est de constater que, dans ce contexte désorganisé, ce que j'ai nommé ailleurs l'« idéologie du bonheur », prônant la libre circulation des biens et des pulsions, poursuit sa marche triomphante.

Cette idéologie du sans-limite, qui prétend faire advenir sur terre des lendemains qui chantent et ferait naître l'harmonie universelle, a la peau dure. C'est une négation pure et simple, ou plutôt une dénégation, car personne n'est dupe de la vraie nature de l'homme. Freud, toujours dans ce grand texte de 1929, avait raison de rappeler que « l'homme n'est point cet être débonnaire, au cœur assoiffé d'amour, dont on dit qu'il se défend quand on l'attaque, mais un être, au contraire, qui doit porter au compte de ses données instinctives une bonne somme d'agressivité. Pour lui, par conséquent, le prochain n'est pas seulement un auxiliaire et un objet sexuel possible, mais aussi un objet de tentation. L'homme est, en effet, tenté de satisfaire son besoin d'agression aux dépens de son prochain, d'exploiter son travail sans dédommagement, de l'utiliser sexuellement sans son consentement, de s'approprier ses biens, de lui infliger des souffrances, de le martyriser et de le tuer ». Malheureusement, quelques années plus tard, l'histoire qui vit déferler sur l'Europe la barbarie à visage humain (avant qu'elle ne dévoile sa face la plus féroce), sous les auspices du régime et de l'idéologie nazis, lui donna raison.

Ce mythe tenace du bonheur, qui continue à organiser les échanges sociaux, fait des ravages. Notamment parce qu'il fait peser sur les épaules des travailleurs sociaux, parmi lesquels le corps de métier qui nous préoccupe est le plus représenté (plus de 60 000 éducateurs spécialisés en France), la tâche impossible de réparer ce qui n'arrête pas de se déliter dans un espace social à bout de souffle. Les éducateurs seraient chargés, et lourdement chargés, d'endiguer le chômage, de mettre un point d'arrêt aux vagues de suicides chez les jeunes (on n'en parle pas d'ailleurs !), de toxicomanies, de conduites alimentaires déréglées (anorexie, boulimie), de faire vivre au quotidien des malades mentaux de plus en plus laissés pour compte, de rattraper scolairement les échecs de l'Éducation soi-disant nationale, etc.

Les éducateurs sont assignés à occuper une place impossible. Et malheureusement, ils acceptent trop souvent naïvement de se mettre à cette place : celle du sauveur, et donc celle du martyr. Beaucoup d'éducateurs tiennent de grands discours sur le social, analysent et dissèquent les questions, se blindent derrière des formations nouvelles où le droit et l'économie font florès, mais ils ne savent plus entrer en contact avec un enfant psychotique, ou trouver les mots pour communiquer avec un adolescent en rupture. Nous risquons, à poursuivre ainsi la formation des éducateurs, de déboucher sur une génération d'éducateurs aux gants blancs, qui ne voudront plus se salir dans des relations éducatives risquées, cantonnés dans des fonctions de coordinateurs (chefs de service au rabais)... Alors, ils laisseront à d'autres le soin de faire « la sale besogne » : aide médico-psychologique (AES), moniteurs éducateurs ou... CES. S'il en était ainsi, nous aurions produit une vague d'éducateurs stériles, des éducateurs de salon.

La plupart du temps, les éducateurs se laissent piéger par cette idéologie réifiante. Ils croient qu'ils vont rétablir enfin un bonheur social défaillant. Le rôle des éducateurs est d'accompagner chaque personne prise en charge dans un développement maximal. Chaque être humain est doté de potentialités, quels que soient ses handicaps de départ, que les éducateurs ont pour charge d'aider à développer. Ce n'est que par cette voie de la clinique dans la prise en compte au cas par cas de chaque personne, qu'ils peuvent indirectement participer au changement social. En accompagnant des sujets en souffrance dans leur appropriation de l'espace psychique, physique et social, les éducateurs les soutiennent pour devenir citoyens à part entière (et non entièrement à part comme le stigmatise le terme d'« exclus » !). Ils favorisent leur prise de position dans un débat qui dépasse largement le corps des travailleurs sociaux.

Les éducateurs ne sauraient être les pompiers d'un système social qui n'arrête pas d'allumer des foyers d'incendie. Ils ne sauraient transformer leur action dans la mise en spectacle de gadgets médiatiquement payants : téléthons, Restos du cœur, Sidaction, etc. Les éducateurs ont à dire non là où chaque homme, chaque femme, chaque enfant, n'est plus pris en compte dans sa singularité de sujet.

Ils ont à dire non devant deux approches des questions sociales, qui toutes deux produisent la réification des personnes : la massification et le morcellement, sous les oripeaux de communautarisme et d'individualisme. La massification vise à fondre des groupes entiers de citoyens et de populations en souffrance sous des appellations globalisantes, mais ségrégatives. Ce marquage sémantique produit de fait une stigmatisation sociale très grave, origine de l'exclusion. D'autre part, le morcellement des questions les fait éclater en problèmes nouveaux qui ne cessent de surgir : le sida, les femmes battues, les enfants maltraités, les drogués, les enfants tueurs, les immigrés clandestins, les squatters, les radicalisés... jusqu'à pousser le bouchon vers un individualisme forcené : chacune devient pour lui-même gestionnaire de sa petite entreprise...

Sans nier la gravité de ces questions, ce n'est pas dans un éclatement des réponses que le travail éducatif pourra être opérant. Combien de services sociaux et médico-sociaux s'engagent dans une course effrénée aux subventions qu'il faut renouveler en permanence ? Dans cette course aux subsides, ils en passent par des montages de projets en phase avec « la mode ». Il vaut mieux aujourd'hui présenter un projet d'accueil pour autistes que pour des bénéficiaires du RSA. Il vaut mieux ouvrir un bus d'échanges de seringues, qu'un hôpital de jour pour des jeunes trisomiques. C'est ainsi, les grandes causes sont orchestrées par les médias. L'éclatement et la concurrence entre les problèmes qui se posent et les services sociaux chargés de les prendre en charge conduisent à des impasses.

Seule une prise en compte globale des personnes, au-delà de leur étiquetage social (les exclus, les autistes...) ou nosographique (malades mentaux, trisomiques...), a des chances de conduire à des changements, non seulement chez ces personnes, mais dans leur mode de participation à la dynamique sociale. Dans ce type d'approche, à l'articulation du sujet et du social, les éducateurs ont accumulé un immense savoir-faire. Là où le bât blesse, nous l'avons dit, c'est qu'ils ne savent pas le faire savoir. Les éducateurs, à partir d'une pratique quotidienne auprès des personnes en souffrance, ont acquis un savoir sur l'être humain en société qu'il est grand temps de partager avec l'ensemble de la communauté. Ils ont à faire savoir ce qu'il doit en être du respect des personnes, et de leur prise en considération comme êtres de parole, comme « parlêtres », pour reprendre un terme de Jacques Lacan. À eux de passer d'un savoir-faire à un faire-savoir, dans des articles de revues, des colloques, des journées de réflexion, des films...

Les éducateurs ont aujourd'hui le devoir civique, mais aussi, nous l'avons souligné, éthique, de faire savoir ce qu'ils font. Je ne crois pas, contrairement à ce qu'affirment certains penseurs, qui comme par hasard n'exercent pas sur le terrain, et n'ont qu'une approche très extérieure du travail éducatif, qu'il s'agisse de « passer d'une pratique sociale de réparation à un combat de justice sociale et économique, incitatif et mobilisateur ». Cette affirmation du sociologue Jacques Donzelot, parue dans *Lien social* le 18 juin 1992, montre bien une fois de plus quel poids idéologique on veut faire peser sur les épaules des travailleurs sociaux. Lutter concrètement contre l'exclusion sociale passe d'abord par ce que nous avons défini ici comme approche clinique des personnes, et ensuite par l'exposé au grand jour de ce travail obscur. La dénonciation des conditions de vie, de précarité ou d'exploitation des personnes prises en charge, font partie de ces mises à jour. Mais là s'arrête le rôle des éducateurs où commence le rôle du citoyen et de la politique. Ainsi faisant, ils pourront ramener l'accent en permanence, à partir de leur expérience pratique, sur le respect du sujet et de ses choix singuliers.

Il n'appartient pas aux éducateurs, comme veulent les y inciter certains, de « faire la révolution », mais de viser des changements concrets chez des sujets qui, à long terme bien évidemment, peuvent à leur façon participer aux changements sociaux. Ensuite, libre aux éducateurs, qui sont comme tout un chacun des citoyens, de s'engager dans des voies militantes et d'œuvrer à des changements sociaux et politiques. Mais cela est une autre affaire et appartient à la conscience politique et à l'engagement de chacun.

Il est grand temps de renvoyer à chacun ses responsabilités. Les éducateurs ne sont pas responsables de l'état de délabrement de notre société pourtant dite « civilisée ». Par contre, à ne rien dire de leur combat au quotidien, ils se rendraient complices. Les choix pour aller vers des changements sont politiques et engagent l'ensemble des citoyens. Chacun sent confusément que la situation sociale qui se dégrade de jour en jour ne peut plus durer. Nous sommes à l'aube d'une mutation de civilisation. Pendant la mue, dit l'adage, le serpent est aveugle. D'où notre difficulté à mesurer l'ampleur des bouleversements en cours.

Le discours de la science qui a peu à peu envahi les sociétés occidentales a des conséquences catastrophiques sur le lien social. À partir du moment où la vérité ne jaillit plus de la parole des sujets, mais des avis des experts dans tous les domaines, qu'en est-il du fondement de la parole qui scelle le vivre-ensemble ? Dans l'espace social les conséquences sont patentes : désaffiliation de franges entières de populations, parmi lesquelles les plus jeunes, perte de repères, puisque les transmetteurs de la loi que sont les parents sont largement disqualifiés par les savoirs savants que répercutent à gros bouillons les médias. Les répercussions sur la construction psychique des sujets et leur mode d'insertion parmi les autres sont de trois ordres : perte de la valeur de la parole de chacun comme fondement du lien social ; illusion d'un monde sans limite ; incapacité des sujets à faire des choix et à les assumer.

C'est sur ces trois fronts que se battent les éducateurs, s'ils se laissent guider par ce que je nomme une éthique et une clinique du sujet. Soutenir chaque sujet dans ces trois axes fondateurs, la parole, la transmission des limites et la capacité de choisir sa vie, devient alors un combat qui vise à subvertir le discours scientiste dominant. À chaque fois que l'on accompagne une personne dans l'affirmation de sa position de sujet, dans la réappropriation de son espace de vie, on fait le pari que ce qu'elle en fera dans sa vie influera un peu sur les rapports sociaux. Mais évidemment, cela ne nous appartient pas. Si militer c'est avant tout se battre pour une cause, je soutiendrai que le travail éducatif en institution est un des lieux de ce combat qui soutient la cause du sujet, autrement dit « la cause freudienne » dans son essence.

L'autre plan d'intervention à investir par les éducateurs – j'insiste –, du lieu et au nom de leur exercice, est de faire savoir ce qu'ils font et de dénoncer ce qui dans l'espace social produit trop souvent la misère et l'injustice. Rabattre la question sous forme d'une prétendue commande sociale à laquelle ils seraient pieds et poings liés, c'est leur dénier une position de subversion qui fait des éducateurs, s'ils ne veulent pas être transformés en gardes-chiourmes, des êtres rusés.

La revendication d'un changement politique ne suffit pas à fonder une position militante dans le travail éducatif. Les revendications corporatistes encore moins. Il faut les associer à une clinique du sujet pour qu'elle soit autre chose qu'une noble idée, pour qu'elle devienne une pratique sociale[1]. Pris sous cet angle d'une micropolitique, une politique du quotidien, les éducateurs mènent bien une lutte pour qu'il advienne de l'humain et que s'inventent des façons de vivre ensemble un peu plus viables. Dieu sait si dans ces temps troublés la tâche est difficile puisqu'elle exige de ramer à contre-courant et de s'y mettre à plusieurs.

Quand verrons-nous le « soleil de la justice » poindre à l'horizon ? *Sol justitiae*... Cet hymne est traditionnellement utilisé à laudes pendant le temps du Carême depuis le Xe siècle. Certains estiment que cet hymne est ambrosien. Il remonterait donc au VIe siècle. La révision de 1632 par le Pape Urbain VIII l'a modifié sous le titre de *O Sol salutis, initimis*.

Pour la première version : *Iam, Christe, sol justitiae, mentis diescant tenebrae, virtutum ut lux redeat, terris diem cum reparas.* (« Il est temps, ô Christ, soleil de justice, que les ténèbres de nos cœurs fassent place au jour, que des vertus renaisse la lumière, à l'heure où vous rendez le jour à la Terre. ») Certes je suis athée – Dieu merci ! – mais

1. Je renvoie aux travaux de Saül Karsz dans ses ouvrages et sur le site : pratiques-sociales.org.

j'ai toujours éprouvé le plus grand respect pour tous les textes dit « sacrés ». Celui-ci, débarrassé de sa gangue religieuse, chante l'espoir, un espoir qui renoue avec l'avancée des Lumières, où autant la raison que le désir trouvent leur place...

Retenons cependant, malgré toutes les difficultés de notre monde actuel, la leçon d'Anne Frank extraite de son *Journal* :

> « Il m'est absolument impossible de tout construire sur une base de mort, de misère et de confusion, je vois comment le monde se transforme lentement en un désert, j'entends plus fort, toujours plus fort, le grondement du tonnerre qui approche et nous tuera nous aussi, je ressens la souffrance de millions de personnes et pourtant quand je regarde le ciel, je pense que tout finira par s'arranger, que cette brutalité aura une fin, que le calme et la paix reviendront régner dans le monde. »

Bibliographie

Aïchhorn A. (2000), *Jeunes en souffrance*, Nîmes, Champ Social.

Alberti Ch., Sauret M.-J. (1996), *La psychanalyse*, Toulouse, Milan.

Allione C. (2011), *La part du rêve dans les institutions : régulation, supervision, analyse des pratiques*, Paris, Encre marine.

Allione C. (2013), *La haine de la parole*, Paris, Les Liens qui libèrent.

André S. (2015), *Le sens de l'holocauste : jouissance et sacrifice*, Lormont, Le Bord de l'eau.

Andrien L. (dir.) (2008), *Passeurs d'humanité*, Toulouse, Érès.

Ansermet F., Magistretti P. (2010), *Les énigmes du plaisir*, Paris, Odile Jacob.

Ardon P., Ardon M.-F. (2018), *La Chabraque : l'effet cheval pour aider à grandir*, Toulouse, Érès.

Arentd H. (1994), *Condition de l'homme moderne*, Paris, Calmann-Lévy (Agora).

Arentd H. (1997), *Eichmann à Jérusalem*, Paris, Gallimard.

Arnaud G., Fugier P., Vidaillet B. (2018), *Psychanalyse des institutions*, Toulouse, Érès.

Attigui P. (1993), *De l'illusion théâtrale à l'espace thérapeutique*, Paris, Denoël.

Autes M. (1999), *Les paradoxes du travail social*, Malakoff, Dunod.

Badiou A. (1993), *L'éthique. Essai sur la conscience du mal*, Paris, Hatier.

Balint M. (1996), *Le médecin, son malade et la maladie*, Paris, PUF.

Barreyre J.-Y. et Bouquet B., Chantreau A., Lassus P. (1995), *Dictionnaire critique d'action sociale*, Paris, Bayard.

Beckett S. (1953), *L'innommable*, Paris, Minuit.

Beckett S. (2012), *Cap au pire*, Paris, Minuit.

Beddock F. (1990), *Comment t'appelles-tu ? Psychanalyse et nomination*, Nice, Z'Éditions.

Benjamin W. (2000), *Œuvres III*, Paris, Gallimard.

Bergeret J. (2014), *La violence fondamentale. L'inépuisable Œdipe*, Malakoff, Dunod.

Bernard-Desoria O. (1992), *Autisme et psychoses d'enfants ou travaux et résultats de l'unité. « Du point de capiton »*, Tours, Soleil Carré.

Bernhard J.-J. (1994), *Jouer le jeu. Pour une nouvelle dimension éducative et sociale*, Paris, Nathan.

Bion W.R. (1991), *Recherches sur les petits groupes*, Paris, PUF.

BION W.R. (2008), *Séminaires cliniques*, Paris, Ithaque.

BORDALO I. (1993), *Pour une pédagogie du projet*, Vanves, Hachette.

BOURDIEU P. (2007), *La misère du monde*, Paris, Points.

BOUTINET J.-P. (1990), *Anthropologie du projet*, Paris, PUF.

BRACONNIER A., GOLSE B. (dir.) (2012), *Winnicott et la création humaine*, Toulouse, Érès.

BROUDIC J.-Y. (2018), *Les « bonnes pratiques » à l'épreuve des faits. Du désir dans le soin et le travail social*, Toulouse, Érès.

BROUSTRA J. (1987), *Expression et psychose : ateliers thérapeutiques d'expression*, Paris, ESF éditeur.

CABASSUT J. (2013), *Le déficient mental et la psychanalyse*, Nîmes, Champ Social.

CABASSUT J. (2013), *Petite grammaire lacanienne du collectif institutionnel*, Nîmes, Champ Social.

CAMUS A. (2016), *Le premier homme*, Paris, Gallimard.

CAPUL M. (1993), *Les groupes rééducatifs*, Toulouse, Privat.

CAPUL M., LEMAY M. (2017), *De l'éducation spécialisée*, Toulouse, Érès (1996).

CARTRY J. (1996), *Petite chronique d'une famille d'accueil*, Malakoff, Dunod.

CARTRY J. (1998), *Les parents symboliques*, Malakoff, Dunod (rééd.).

CASTELLAN Y. (1988), *L'enfant entre mythe et projet. Destin de l'anticipation familiale*, Paris, Le Centurion.

CASTORIADIS C. (1975), *L'institution imaginaire de la société*, Paris, Seuil.

CENDRARS B. (2010), *La vie dangereuse*, Paris, Grasset.

CERTEAU M. de (1990), *L'invention du quotidien*, Paris, Gallimard.

CHAMOISEAU P. (1994), *Texaco*, Paris, Gallimard.

CHARTIER J.-P. (1991), *Les adolescents difficiles. Psychanalyse et éducation spécialisée*, Toulouse, Privat.

CHENG F. (2009), *Le livre du vide médian*, Paris, Albin Michel.

CHESNIAUX J. (1996), *Habiter le temps*, Paris, Bayard.

CLAPARÈDE (1964), *L'éducation fonctionnelle*, Paris, Delachaux.

CLAUDEL P. (2005), *Tête d'or*, Paris, Gallimard.

CLÉMENT C., KAHAR S. (1993), *La folle et le saint*, Paris, Seuil.

CLOT Y. (2015), *Le travail à cœur*, Paris, La Découverte.

COHEN D. (2012), *Homo economicus : prophète (égaré) des temps nouveaux*, Paris, Albin Michel.

COLLECTIF (1995), *Dictionnaire de l'action sociale*, Paris, Le Centurion.

COLLECTIF Pas de zéro de conduite (2012), *Pas de zéro de conduite pour les enfants de 3 ans*, Toulouse, Érès.

CONTINI J.C (2020) *Education spécialisée : l'écriture de l'agir*, Paris, L'Harmatan.

CORCOS M. (2013), *La terreur d'exister. Fonctionnements limites à l'adolescence*, Malakoff, Dunod.

CORDIÉ A. (1993), *Les cancres n'existent pas. Psychanalyse d'enfants en échec scolaire*, Paris, Seuil.

CORDIÉ A. (1998), *Malaise chez l'enseignant. L'éducation confrontée à la psychanalyse*, Paris, Seuil.

DEBORD G. (1996), *La société du spectacle*, Paris, Gallimard.

DEBRAY R. (2012), *Jeunesse du sacré*, Paris, Gallimard.

DECORPELIADA M. (2010), *Schizomètre. Petit manuel de survie en milieu psychiatrique*, Paris, Epel.

DEJOURS C. (2012), *Psychopathologie du travail*, Paris, Elsevier Masson.

DELIGNY F. (1979), *Les détours de l'agir ou le moindre geste*, Vanves, Hachette.

DELIGNY F. (1998), *Graine de crapule* suivie de *Les vagabonds efficaces*, Malakoff, Dunod.

DELIGNY F. (1999), *A comme asile*, suivi de *Nous et l'innocent*, Malakoff, Dunod.

DELOURME A., *La supervision en psychanalyse et en psychothérapie*, Dunod, 2007.

DÉTIENNE M., HAMONIC G. (dir.), (1995), *La déesse parole. Quatre figures de la langue des dieux*, Paris, Flammarion.

DETIENNE M., VERNANT J.-P. (2009), *Les ruses de l'intelligence : la mètis des Grecs*, Paris, Flammarion.

DEVEUREUX G. (1980), *De l'angoisse à la méthode dans les sciences du comportement*, Paris, Aubier.

DOLTO F. (1994), *Les chemins de l'éducation*, Paris, Gallimard.

DOSTALER G., MARIS B. (2009), *Capitalisme et pulsion de mort*, Paris, Albin Michel.

DUBET F. (1987), *La galère : jeunes en survie*, Paris, Fayard.

DUFOUR D.-R. (2005), *On achève bien les hommes*, Paris, Denoël.

DUFOUR D.-R. (2011), *L'individu qui vient... après le libéralisme*, Paris, Denoël.

DUFOUR D.-R. (2012), *Il était une fois le dernier homme*, Paris, Denoël.

DUFOUR D.-R. (2012), *Le Divin Marché*, Paris, Gallimard.

DUFOURMANTELLE A. (2011), *Éloge du risque*, Paris, Payot.

DUPORTAIL G.-F. (2008), *Les institutions du monde de la vie*, Grenoble, Jérôme Millon.

DUREY B. (1995), *Autismes et humanité*, Saint-Maximin, Théétète.

DUVAL-HÉRAUDET J. (2015), *L'analyse des pratiques, à quoi ça sert ?*, Toulouse, Érès.

EISENBERG J., ABECASSIS A. (1978), *À Bible ouverte*, Paris, Albin Michel.

ELIAS N. (1973), *La civilisation des mœurs*, Paris, Calmann-Lévy.

ENRIQUEZ E. (1983), *De la horde à l'État, essai de psychanalyse du lien social*, Paris, Gallimard.

FAVARD A.-M. (1991), *L'évaluation clinique en pratique sociale*, Toulouse, Érès.

FAVRET-SAADA J. (1985), *Les mots, la mort, les sorts*, Paris, Gallimard.

FEHER M. (2017), *Le temps des investis. Essai sur la nouvelle question sociale*, Paris, La Découverte.

FORRESTER V. (1980), *La violence du calme*, Paris, Seuil.

FORRESTER V. (1996), *L'horreur économique*, Paris, Fayard.

FOUCAULT M. (1976), *La volonté de savoir*, Paris, Gallimard

FOUCAULT M. (1993), *Surveiller et punir*, Paris, Gallimard.

FOUCAULT M. (1999), *Les anormaux*, Paris, Gallimard/Seuil.

FOURRÉ M. (1991), *Les lieux d'accueil. Espace social et éthique psychanalytique*, Nice, Z'Éditions.

FRANÇOIS Y. et DOLTO F. (1990), *De l'éthique à la pratique de la psychanalyse d'enfants*, Paris, Le Centurion.

FREUD S. (1895), *Études sur l'hystérie*, tr. fr. Paris, PUF, 1994.

FREUD S. (1899), *L'interprétation des rêves*, tr. fr. Paris, PUF, 1992.

FREUD S. (1916), *Introduction à la psychanalyse*, tr. fr. Paris, Payot, 1989.

FREUD S. (1927), *Essais de psychanalyse*, tr. fr. Paris, Payot, 1989.

FREUD S. (1930), *Malaise dans la civilisation*, tr. fr. Paris, PUF, 1971.

FREUD S. (1970), *La technique psychanalytique*, Paris, Seuil.

FREUD S. (1973), *Psychopathologie de la vie quotidienne*, Paris, Payot.

FREUD S. (1983), *Introduction à la psychanalyse*, Paris, Payot.

FREUD S. (1989), *Trois essais sur la théorie sexuelle*, Paris, Gallimard.

FREUD S. (2004), *Essais de psychanalyse*, Paris, Payot.

FREUD S. (2009), *Contribution à la conception des aphasies*, Paris, PUF.

FREUD S. (2010), *Conférences d'introduction à la psychanalyse*, Paris, Gallimard.

FREUD S. (2012), *L'analyse finie et l'analyse infinie*, Paris, PUF.

FUSTIER P. (1993), *Les corridors du quotidien. La Relation d'accompagnement dans les établissements spécialisés pour enfants*, Lyon, Presses universitaires de Lyon.

FUSTIER P. (1999), *Le travail d'équipe en institution*, Malakoff, Dunod.

GARBARINI J. (1997), *Relation d'aide et travail social*, Montrouge, ESF éditeur.

GATTI A. (1999), *La parole errante*, Paris, Verdier.

GAUFFER C. (2017), *Approche psychanalytique du travail d'écriture. Enjeux, sens et techniques des écrits professionnels dans le champ social et éducatif*, Paris, L'Harmattan.

GAUFFER C. (2019), *Dire non par amour. Travail de parents. Approche psychanalytique de l'Éducation à la portée de tous*, Lyon, Chronique Sociale.

GAUFEY G. LE (1994), *L'éviction de l'origine*, Paris, Epel.

GENG J.-M. (1980), *Mauvaises pensées d'un travailleur social*, Paris, Seuil.

GIRARD R. (1982), *Le bouc émissaire*, Paris, Grasset.

GODET M. (1991), *L'avenir autrement*, Malakoff, Armand Colin.

GOFFMAN E. (1973), *La mise en scène de la vie quotidienne*, Paris, Minuit.

GOFFMAN E. (1976), *Stigmates*, Paris, Minuit.

GOMEZ J.-F. (1992), *Rééduquer. Parcours d'épreuves et trajet de vie*, Toulouse, Érès.

GOMEZ J.-F. (1996), *D'ailleurs. L'institution dans tous ses états*, Toulouse, Érès.

GOMEZ J.-F. (1999), *Le temps des rites. Handicaps et handicapés*, Paris, Desclée de Brouwer.

GOMEZ J.-F., GOGUEL D'ALLONDANS T. (2014), *Le travail social comme initiation : anthropologies buissonnières*, Toulouse, Érès.

GORI R. (2013), *La dignité de penser*, Paris, Babel-Actes Sud.

GORI R. (2013), *La fabrique des imposteurs*, Paris, Les Liens qui libèrent.

GORI R. (2015), *L'individu ingouvernable*, Paris, Les Liens qui libèrent.

GORI R. et coll. (2009), *L'appel des appels. Pour une insurrection des consciences*, Paris, Mille et une nuits.

GORI R., LUBAT B., SILVESTRE C. (2017), *Manifeste des œuvriers*, Arles, Actes Sud/LLL.

GRANON-LAFONT J. (1994), *Les pratiques sociales... en dette de la psychanalyse*, Paris, Point Hors Ligne ; *Traité sur la parole dans les situations d'aide*, Toulouse, Érès, 2019 (réédition).

GRIMAUD L. (1997), *Éducation thérapeutique. Pratiques institutionnelles*, Toulouse, Érès.

HATZFELD J. (2005), *Une saison de machettes*, Paris, Points.

HEGEL (1807), *La phénoménologie de l'esprit*, tr. fr., Paris, Gallimard, 1993.

HEIDEGGER M. (1976), *Acheminement vers la parole*, Paris, Gallimard.

HERFRAY C. (1993), *La psychanalyse hors les murs*, Paris, Desclée de Brouwer.

HERFRAY C. (2005), *Les figures d'autorité*, Toulouse, Érès.

HÉSIODE (2008), *Théogonie*, Paris, Les Belles Lettres.

HESSEL S. (2010), *Indignez-vous !*, Montpellier, Indigènes éditions.

HOCHMAN J. (1984), *Pour soigner l'enfant psychotique. Des contes à rêver debout*, Toulouse, Privat.

HODJA N.-E., MAUNOURY J.-L. (2009), *La soupe au piment et autres sublimes idioties*, Paris, Flammarion.

HOMÈRE (1995), *L'Odyssée*, Paris, Gallimard.

HOUSSAYE J. (1998), *Deligny, éducateur de l'extrême*, Toulouse, Érès.

IMBERT F. (1993), *La question de l'éthique dans le champ éducatif. Pour une praxis pédagogique*, Vigneux, Matrice.

IMBERT F. (1996), *L'inconscient dans la classe*, Paris, ESF éditeur.

ION et TRICART (1992), *Les travailleurs sociaux*, Paris, La Découverte.

ION J. (1990), *Le travail social à l'épreuve du territoire*, Malakoff, Dunod.

ISRAËL L. (1990), *Boiter n'est pas pécher*, Paris, Denoël.

JANKÉLÉVITCH V. (1983), *Le sérieux et l'intention*, Paris, Flammarion.

JAVEAU Cl. (1991), *La société au jour le jour. Écrits sur la vie quotidienne*, Paris, De Boeck.

JAVEAU Cl. (1998), *Prendre le futile au sérieux*, Paris, Cerf.

JUAN S. (1995), *Les formes élémentaires de la vie quotidienne*, Paris, PUF.

JUAN S. (1997), *Les sentiers du quotidien. Rigidité, fluidité et espaces sociaux et trajets routiniers en ville*, Paris, L'Harmattan.

JULLIEN F. (2002), *Traité de l'efficacité*, Paris, Le Livre de poche.

Kaës R. (1987), *L'institution et les institutions. Études psychanalytiques*, Malakoff, Dunod.

Klein É., Perry-Salkow J. (2011), *Anagrammes renversantes : ou le sens caché du monde*, Paris, Flammarion.

Klemperer V. (1996), *LTI, la langue du IIIe Reich*, Paris, Albin Michel.

Lacan J. (1966), *Écrits*, Paris, Seuil.

Lacan J. (1974), *Télévision*, Paris, Seuil.

Lacan J. (1986), *L'éthique de la psychanalyse*, 1959-1960, Paris, Seuil.

Lacan J. (1986), *Séminaire VII, l'éthique de la psychanalyse*, Paris, Seuil.

Lacan J. (1991), *Le séminaire. Livre VIII : le transfert*, Paris, Seuil.

Lapeyre M. (1996), *Clinique freudienne*, Paris, Anthropos.

Laplanche J., Pontalis J.-B. (1992), *Vocabulaire de la psychanalyse*, Paris, PUF.

Laurent É. (2012), *La bataille de l'autisme. De la clinique à la politique*, Paris, Navarin.

Le Breton D. (2002), *Conduites à risque*, Paris, PUF.

Le Breton D. (2002), *Signes d'identité. Tatouages, piercings et autres marques corporelles*, Paris, Métailié.

Lebrun J.-P. (1997), *Un monde sans limite. Essai pour une clinique psychanalytique du social*, Toulouse, Érès.

Lebrun, J.-P. (2008), *Clinique de l'institution*, Toulouse, Érès.

Lebrun J.-P. (dir.) (2005), *Avons-nous encore besoin d'un tiers ?*, Toulouse, Érès.

Lebrun J.-P. (2010), *La condition humaine n'est pas sans conditions*, Paris, Denoël.

Lebrun J.-P. (2011), *Fonction maternelle, fonction paternelle*, Paris, Fabert.

Lebrun J.-P., Crommelink M. (2017), *Un cerveau pensant : entre plasticité et stabilité. Psychanalyse et neurosciences*, Toulouse, Érès.

Leclaire S. (1975), *On tue un enfant*, Paris, Seuil.

Lefebvre H. (1958 et 1962), *Critique de la vie quotidienne*, L'Arche, 2 t.

Lefort C. (1981), *L'invention démocratique*, Paris, Fayard.

Lefort C. (2007), *Le temps présent. Écrits 1945-2005*, Paris, Belin.

Legendre P. (1983), *Leçons II. L'empire de la vérité : introduction aux espaces dogmatiques industriels*, Paris, Fayard.

Legendre P. (1986), *L'inestimable objet de la transmission. Étude du principe généalogique en Occident*, Paris, Fayard.

Legendre P. (1996), *La fabrique de l'homme occidental*, Paris, Mille et une nuits.

Legendre P. (2007), *Dominium mundi : l'empire du management*, Paris, Mille et une nuits.

Legrand L. (1986), *La pédagogie du projet*, Paris, MAFPEN.

Lemay M. (1993), *J'ai mal à ma mère : approche thérapeutique du carencé relationnel*, Paris, Fleurus (rééd.).

Lemoine Luccioni E. (1992), *L'Histoire à l'envers. Pour une politique de la psychanalyse*, Paris, Des Femmes.

Lescourret M.-A. (1994), *Emmanuel Levinas*, Paris, Flammarion.

Lévinas E. (1982), *Éthique et infini*, Paris, Fayard.

Lévi-Strauss C. (1958), *Anthropologie structurale*, Paris, Plon, rééd. 1996.

Lin J. (1996), *La vie de radeau en compagnie de gamins autistes*, Saint-Maximin, Théétète.

Lipovetski G. (1983), *L'ère du vide. Essai sur l'individualisme contemporain*, Paris, Gallimard.

Loysel A. (2012), *Institutes coutumières, ou Manuel de plusieurs et diverses règles : sentences et proverbes*, Paris, Ulan Press.

Maffesoli M. (1979), *La conquête du présent. Pour une sociologie de la vie quotidienne*, Paris, Desclée de Brouwer (rééd. 1998).

Mandeville B. de (2017), *La fable des abeilles*, Paris, Pocket.

Mannoni M. (1973), *Éducation impossible*, Paris, Seuil.

Mannoni M. (1999), *La théorie comme fiction*, Paris, Points.

Mannoni O. (1969), *Clefs pour l'imaginaire ou l'autre scène*, Paris, Seuil.

Marrou H.-I. (1981), *Histoire de l'éducation dans l'Antiquité*, Paris, Seuil.

MARTY E. M.O. (1996), *Les enfants de l'oubli*, Malakoff, Dunod.

MASSAT G., RIVAS A. (2016), *Dao Dé Jing*, Paris, Paris, L'Harmattan.

MAUSS M. (1980), « Essai sur le don », *Sociologie et anthropologique*, Paris, PUF.

MEIRIEU P. (1991), *Le choix d'éduquer*, Paris, ESF éditeur.

MELMAN C. (2005), *L'homme sans gravité : jouir à tout prix*, Paris, Gallimard.

MERLEAU-PONTY M. (1945), *Phénoménologie de la perception*, Paris, Gallimard, rééd. 1976.

MILLOT C. (1979), *Freud anti-pédagogue*, Paris, Seuil/Ornicar.

MILNER J.-C. (2011), *La politique des choses*, Paris, Verdier.

MISSENARD A. *et al.* (1982), *L'expérience Balint : histoire et actualité*, Malakoff, Dunod.

MONTACLAIR B. (1998), *Moments thérapeutiques ou de la difficulté d'aider et d'être aidé*, Toulouse, Érès.

MONTACLAIR B., RICCO P. (2013), *Former des éducateurs. Une pédagogie citoyenne : l'école de la Haute-Folie*, Toulouse, Érès.

MOREAU-RICAUD M. (2007), *Le renouveau de l'école de Budapest*, Toulouse Érès.

NASSIF J. (1992), *Le bon mariage. L'appareil de la psychanalyse*, Paris, Aubier.

NATANSON M. (1994), *Des lieux pour se plaindre*, Vigneux, Matrices.

OBIN J.-P. et CROS F. (1991), *Le projet d'établissement*, Vanves, Hachette.

ORWELL G. (1972), *1984*, Paris, Gallimard.

OURY F. et VASQUEZ A. (1967), *Vers une pédagogie institutionnelle*, Paris, Maspéro.

OURY F. et VASQUEZ A. (1971), *De la classe coopérative à la pédagogie institutionnelle*, Paris, Maspéro.

OURY J. (1989), *Création et schizophrénie*, (séminaire 1986-1988), Paris, Galilée.

OURY J., *Il, donc. Conversation avec Pierre Babin et Jean-Pierre Lebrun*, Paris, 10/18, n°1222.

OURY J., FAUGERAS P. (2013), *Préalable à toute clinique des psychoses*, Toulouse, Érès.

PANH R. (2011), *L'élimination*, Paris, Le Livre de poche.

PAPON L.-G. (2015), *Psychanalyse et travail social, un certain cousinage*, Toulouse, Érès.

PASCAL B. (2004), *Pensées*, Paris, Gallimard.

PATOCKA J. (2007), *Essais hérétiques : sur la philosophie de l'histoire*, Paris, Verdier.

PATURET J.-B. (1997), *De magistro. Le discours du maître en question*, Toulouse, Érès.

PATURET J.-B. (2003), *De la responsabilité en éducation*, Toulouse, Érès.

PEMARTIN D. et LEGRES J. (1988), *Le projet chez les jeunes. La psychopédagogie des projets personnels*, Paris, EAP.

PEREC G. (1989), *L'infra-ordinaire*, Paris, Seuil.

PEREC G. (2003), *Entretiens et conférences*, Nantes, Joseph K.

PEREC G. (2011), *« Ce qui stimule ma racontouze... »*, Le Gua, Le Fond du Tiroir.

PEREC G. (2015), *Penser/Classer*, Paris, Points.

PICOCHE J. (1971), *Nouveau dictionnaire étymologique du français*, Vanves, Hachette/Tchou.

PLATON (1969), *Protagoras et Gorgias*, Paris, Flammarion.

POCHET C., OURY F., OURY J. (1986), *« L'année dernière, j'étais mort... » : signé Miloud*, Vigneux, Matrice.

POMMIER G. (1993), *Naissance et renaissance de l'écriture*, Paris, PUF.

POMMIER G. (1995), *L'amour à l'envers. Essai sur le transfert en psychanalyse*, Paris, PUF.

POMMIER G. (2007), *Comment les neurosciences démontrent la psychanalyse*, Paris, Champs-Flammarion.

PONNOU S. (2014), *Lacan et l'éducation. Manifeste pour une clinique lacanienne de l'éducation*, Paris, L'Harmattan.

QUIGNARD P. (1993), *Tous les matins du monde*, Paris, Gallimard.

QUIGNARD P. (1994), *Le sexe et l'effroi*, Paris, Gallimard.

RABELAIS F. (1997), *Le Quart Livre*, Paris, Points.

RACINE J. (2001), *Athalie*, Paris, Gallimard.

RAZAC O. et BROSSAT (2008), *Avec Foucault, après Foucault : disséquer la société de contrôle*, Paris, L'Harmattan.

REVAULT D'ALLONES M. (2006), *Le pouvoir des commencements. Essai sur l'autorité*, Paris, Seuil.

REY A. DEL (2013), *La tyrannie de l'évaluation*, Paris, La Découverte.

REY-FLAUD H. (2010), *L'enfant qui s'est arrêté au seuil du langage*, Paris, Flammarion.

RICŒUR P. (1995), *De l'interprétation*, Paris, Seuil.

RODRIGUEZ-TOME H. et BARIAUD F. (1987), *Les perspectives temporelles à l'adolescence*, Paris, PUF.

ROPS (Laboratoire de recherche opératoire en psychologie et sciences sociales) (1992), *Le projet*, Paris, L'Harmattan.

ROQUEFORT D. (1995), *Le rôle de l'éducateur. Éducation et psychanalyse*, Paris, L'Harmattan.

ROUANET M. (1992), *Les enfants du bagne*, Paris, Payot.

ROULOT D. (1999), *Paysages de l'impossible. Clinique des psychoses*, Nîmes, Champ Social.

ROUSSEAU J.-J. (1959), *Les confessions*, Œuvres complètes, Paris, Gallimard, Pléiade, t. I.

ROUZEL E. (2009), *Chemins d'initiation aux confins de l'Amazonie*, Paris, Téraèdre.

ROUZEL J., « Les deux éthiques ou les deux faces de Janus », www.youtube.com/watch?v=eu-VZkuiMD4.

ROUZEL J. (2015), *La prise en compte des psychoses dans le travail éducatif*, Toulouse, Érès.

ROUZEL J. (2016), *La folie créatrice. Alexandre Grothendieck et quelques autres*, Toulouse, Érès.

ROUZEL J. (2018), *La folie douce. Psychose et création*, Toulouse, Érès.

ROUZEL J. (2019), *Ailleurs. Pratique de la psychanalyse*, Orange, Le Retrait.

ROUZEL J. (2022), *La folie littéraire. Psychose et écriture*, Orange, Le Retrait.

RUSZNIEWSKI M. (1999), *Le groupe de parole à l'hôpital*, Malakoff, Dunod.

SAFOUAN M. (1988), *Le transfert et le désir de l'analyste*, Paris, Seuil.

SALOMÉ J. (2003), *Relation d'aide et formation à l'entretien*, Villeneuve d'Ascq, Presses Universitaires du Septentrion.

SAMI-ALI (1986), *De la projection*, Paris, Bordas.

SAMI-ALI (1998), *Le corps, l'espace et le temps*, Malakoff, Dunod, 1998.

SANSOT P. (1998), *Du bon usage de la lenteur*, Paris, Payot.

SARTRE J.-P. (1946), *L'existentialisme est un humanisme*, Paris, Gallimard, rééd. 1996.

SAURET M.-J. (1993), *La psychologie clinique. Histoire et discours de l'intérêt de la psychanalyse*, Toulouse, Presses universitaires du Mirail.

SAURET M.-J. (2008), *L'effet révolutionnaire du symptôme*, Toulouse, Érès.

SAURET M.-J. (2009), *Malaise dans le capitalisme*, Toulouse, Presses universitaires du Mirail.

SAUSSURE F. de (1916), *Cours de linguistique générale*, Paris, Payot, rééd. 1995.

SCHELLING F. (1809), *Recherches philosophiques sur l'essence de la liberté humaine et les objets qui s'y rattachent*, tr. fr. Paris, Payot, 1977.

SCHUR M. (1975), *La mort dans la vie de Freud*, Paris, Gallimard.

SEARLES H. (1981), *Le contre-transfert*, Paris, Gallimard.

SERRES M. (1969), *Hermès I. La communication*, Paris, Seuil, rééd. 1984.

SIBONY D. (1985), *La jouissance du dire*, Paris, Grasset.

SIBONY D. (1989), *Entre dire et faire. Penser la technique*, Paris, Grasset.

SIBONY D. (1995), *Événements I et II. Psychopathologie du quotidien*, Paris, Points.

SIGNORET S. (1978), *La nostalgie n'est plus ce qu'elle était*, Paris, Seuil.

SLOTERDIJK P. (2010), *Règles pour le parc humain*, Paris, Fayard/Mille et une nuits.

SOPHOCLE (1973), *Tragédies complètes*, Paris, Gallimard.

STERN A. (1973), *L'Expression*, Neuchâtel, Delachaux et Niestlé.

STIEGLER B. (2005), *L'attente de l'inattendu*, Genève, HEAD.

SUARES C. (1968), *Le Sepher Yetsira*, Genève, Mont-Blanc.

SUPIOT A. (2004), *Tisser le lien social*, Paris, Éditions de la Maison des sciences de l'homme.

SUTTER J. (1983), *L'anticipation*, Paris, PUF.

TERRAL D. (1996), *Traces d'erre et sentiers d'écriture. Entre folie et vie quotidienne*, Toulouse, Érès.

TISSERON-PAPETTI Y. (1986), *Du deuil à la réparation*, Paris, Des Femmes.

TOSQUELLES F. (1991), *La rééducation des débiles mentaux : introduction à l'aide maternelle et à l'éducation thérapeutique*, Malakoff, Dunod (nouv. éd.).

TOSQUELLES F. (2003), *De la personne au groupe. À propos des équipes de soin*, Toulouse, Érès.

TOSQUELLES F. (2004), *Cours aux éducateurs*, Nîmes, Champ Social.

TOSQUELLES F. (2014), *L'enseignement de la folie*, Malakoff, Dunod.

VALLET P. (2003), *Désir d'emprise et éthique de la formation*, Paris, L'Harmattan.

VANDER BORGHT C., MEYNCKENS-FOUREZ M. (dir.) (2007), *Qu'est-ce qui fait autorité dans les institutions médico-sociales ? Autorités, pouvoirs, décisions, responsabilités*, Toulouse, Érès.

VANEIGEIM R. (1974), *Traité de savoir-vivre à l'usage des jeunes générations*, Paris, Gallimard.

VASSILEFF J. (1988), *La pédagogie du projet en formation*, Lyon, Chronique sociale.

VERCAUTEREN R., M.-C., CHAPELEAU J. (1996), *Construire le projet de vie en maison de retraite*, Toulouse, Érès.

VERDIER P. (1995), *Lexicode de l'aide sociale*, Paris, Bayard.

VERDIER Y. (1979), *Façons de dire, façons de faire*, Paris, Gallimard.

VERNANT J.-P. (2006), *L'univers, les dieux, les hommes*, Paris, Points.

WEBER M. (1995), *Le savant et le politique*, Paris, Plon.

WEDEKIND F. (2011), *L'éveil du printemps*, Paris, L'avant-scène théâtre.

WINNICOTT D. W. (1969), *De la pédiatrie à la psychanalyse*, Paris, Payot.

WINNICOTT D. W. (1975), *Jeu et réalité*, Paris, Gallimard.

WINNICOTT D.W. (2012), *La capacité d'être seul*, Paris, Payot.

Outre les ouvrages classiquement mentionnés en bibliographie, on peut citer également une brève filmographie.

Cinéma Paradiso, Giuseppe Tornatore, 1988.

Tous les matins du monde, Alain Corneau, 1991.

Les Enfants du désordre, Yannick Bellon, 1988.

Miracle en Alabama, Arthur Penn, 1962.

La Belle Équipe, Julien Duvivier, 1936.

Zorba le grec, Michael Cacoyanis, 1964.

Solstices. Les enfants de la parole, Bernard Richard, 2010.

Joseph Rouzel a créé et anime trois sites internet :

- L'un consacré à la formation au travail éducatif et à la rencontre entre psychanalyse et travail social : psychasoc.com ;
- Le second consacré aux questions de supervision, analyse de la pratique, régulation d'équipe... : asies.org.
- Le troisième dédié à la psychanalyse, site de l'association l'@psychanalyse : apsychanalyse.org.

Table des matières

Remerciements III

Sommaire V

Préambule à la cinquième édition VII

Préambule à la quatrième édition XVII

Préambule à la troisième édition XIX

Un ordre dur XX

Résistance XXI

Parler et SE parler XXIII

Préambule à la deuxième édition XXVII

Préambule à la première édition XXXIII

Première partie

Éducation spécialisée : les fondamentaux

1. La relation éducative 3

L'expérience est une lanterne que l'on porte dans le dos 3

Questions d'épistémologie : l'épistémê, 3 • Penser l'acte éducatif, 5

Psychanalyse et éducation 9

Éducateurs ou travailleurs sociaux ?, 10 • La pratique éducative, 10 • La psychanalyse, une référence, 13

Retour à la clinique 14

Le cadre éducatif, 15 • Le transfert dans la clinique éducative, 16

La théorie du transfert 16

L'invention du transfert, 17 • Le transfert en pratique, 19 • La manœuvre du transfert, 21

Un cas clinique 23

L'histoire de Jean, 23 • L'implication dans la rencontre, 27 • La différenciation entre cure analytique et accompagnement éducatif, 29

L'acte éducatif 30

2. Le projet éducatif 33

Aperçus anthropologiques sur la notion de projet 33

Historique du projet, 34 • La notion de projet au XXe siècle, 37

Le projet dans l'évolution du secteur médico-social 39

Les Annexes XXIV et leurs conséquences, 39

La méthodologie du projet éducatif 42

Qui ? Le (ou les) porteur(s) du projet, 42 • Quoi ? Titre du projet, 42 • Quels constats ? Analyse de situation, 42 • Pour qui ? Bénéficiaires, 43 • Pourquoi ? Finalités, 43 • Pour quoi ? Objectifs, 44 • Avec qui ? Partenariat, 44 • Comment ? Moyens, 45 • Quand ? Délais et échéances, 46 • Où ? L'environnement, 46 • Que s'est-il passé ? L'évaluation, 47 • Que se passera-t-il ensuite ? Suivi du projet, 49

Le projet : repère ou dérapage ? 51

Questionner les intentions, 51 • Le projet : une réponse globale, 54

3. Les médiations éducatives 57

Repérage théorique 57

Activité et sujet, 57 • Activité et institution, 59 • L'antithèse hégélienne, 60 • L'espace de médiation, 61 • La fonction éducative dans une société en crise, 66

Fonction de la parole et du langage dans le travail éducatif 67

Les apports de la linguistique et de la psychanalyse, 68 • Ce que parler veut dire, 71 • L'éducateur et la fonction d'opérateur, 73 • L'éducateur comme médiateur, 75

Médiations et institution 77

Médiations et lien social, 78 • Notion de réalité, 80

Réseaux 81

Le quotidien dans les pratiques éducatives 83

4. La fonction de l'écoute 91

Au début il y a la parole 92

Parole et écoute 93

Naissance du sujet à la parole 94

Une pratique de l'écoute 95

Poser le cadre 97

Deux exemples 99

L'ouvert, la présence 101

5. Les garde-fous de la relation éducative 103

Parler et écrire la pratique 103

Éducateurs et écriture, 105 • Reconnaissance par l'écrit, 106

Des lieux d'expression 108

Régulation, supervision, contrôle 109

La supervision en équipe d'éducateurs, 110 • La régulation d'équipe, 112 • Le contrôle individuel, 113 • Le désir de l'éducateur, 114 • Les groupes de réflexion, 116

Passage à l'écriture 116

S'investir dans l'écriture, 117 • Écrire pour penser l'acte éducatif, 118

L'éthique du travail éducatif 121

Travail éducatif et déontologie, 122 • Les éducateurs face à la justice, 124 • Questions d'éthique, 125

Les innommables 127

Quelques dénominations, 127 • Appellations et stigmatisation, 129 • Retour à la clinique, encore..., 131

6. Prise de risque et responsabilité dans le travail éducatif 135

Une anecdote 135

Un petit détour par l'étymologie 136

Cerner la notion de risque 137

Définition scientifique, 138 • Prise de risque et travail éducatif, 139

Représentations du risque 140

Une prise de risque délibérée, 140 • Dans le secteur éducatif, 141 • Deux éthiques, 142

7. Re-connaissance 145

Re-connaissance par l'évaluation 146

L'art de conter, 147 • Une histoire, 148

Fausse reconnaissance 148

Re-co-naissance, 149 • Re-naissance, 150

8. Éducateur aujourd'hui : un métier impossible 153

Transmettre l'impossible 154

La fonction paternelle 157

Le déclin du père : ses conséquences 158

Que faire ? 161

Une clinique de l'éducation spéciale 164

Instituer la vie 165

DEUXIÈME PARTIE

ÉDUCATION SPÉCIALISÉE : CHANGEMENTS ET CONTINUITÉ...

INTRODUCTION. CE QUI DEMEURE ET CE QUI CHANGE DANS LES MÉTIERS DE L'ÉDUCATION SPÉCIALISÉE 171

9. Éthique 177

De quoi l'éducation spéciale est-elle le nom ? 177

Quels sont les enjeux de l'éducation spécialisée aujourd'hui ?, 177 • Comment y répond-on ?, 179 • Que devrait-on améliorer ?, 179 • Faut-il modifier la formation des éducateurs spécialisés ?, 180

Les trouvailleurs soucieux... 182

Quelques pistes pour répondre à l'angoisse du *que faire ?* 188

Demandez le programme... 191

La mise en forme d'une pratique, 192 • Ce qui se transfère..., 192 • Une méthode active..., 193 • On ne forme plus, on formate, 194 • Sanction/scansion, 196 • Réfréner la jouissance, 197

Qui c'est/sait l'chef ? 198

Autorité et subjectivité, 200 • La fabrique du sujet, 202 • Les deux pôles de l'autorité, 204 • Une histoire, 208

La folie douce 209

10. Politique 215

Les évolutions législatives et leurs impacts sur les pratiques au quotidien 215

Quelles conséquences dans l'exercice quotidien ?, 217

Ménagement contre management... 220

Protection de l'enfance et de l'adolescence : prendre soin 224

Une politique du symptôme, 225

Protéger, assister, surveiller, éduquer des mineurs : de quel droit ? 229

De la contrainte de la loi à la loi de la contrainte 240

Deux histoires, 240 • Passage à l'acte ; acte de passage, 242 • Violence contre violence, 243 • Ados terroristes, (h)éros tristes, 246

11. Institutionnel 253

Le rapt de la formation continue 253

La psycho, terre-à-pies, institue si on aile... 257

Le pain quotidien, c'est pas de la tarte... 262

12. Clinique 265

La bonne distance... 265

Une jouissance immédiate... Clinique éducative et addictions 267

Le symptôme fait signe d'un sujet 275

La relation d'aide en travail social 289

Les dérives de la relation d'aide, 291 • La pulsion d'emprise, 293 • Les garde-fous de la relation d'aide, 294

La supervision d'équipes 297

La question du conseil en supervision, 299 • Répartir la parole entre les participants du groupe supervisé, 300 • Troisième temps de la supervision : conversation libre, 301 • Laisser parler les gens en supervision sans se préoccuper de déboucher sur des actes ? Le problème de l'évaluation..., 302 • Supervision ou analyse des pratiques ?, 304

La fonction de superviseur 305

Raconter des histoires, 306 • Ce que parler veut dire, 307 • Parler, ça fait de l'effet, 308 • La fonction du superviseur, 308 • La supervision en santé mentale, 310

La supervision : un espace d'émancipation des équipes 311

Émancipation, 312 • Confinement et ouvertures, 312 • Double condition de l'émancipation : collective/subjective, 315 • Entends-tu le silence ?, 316

Mommy, l'impasse 320

L'auteur, 321 • Le film, 322 • Préalable, 322 • Action, 322 • Les deux colliers, 324

Écrire, écrire encore la pratique : écritures ordinaires 325

Institution de l'écriture ; écriture de l'institution 332

Écrire sous contrainte, 332 • Rendre compte ou rendre des comptes..., 337 • Se faire (re)connaître, 339 • Que faire ?, 340 • Un môle de résistance, 342 • Écrire à côté, 343

Art et thérapie 344

Art et psychanalyse 346

13. Envoi 351

Quand le théâtre sort le handicapé de la bulle... 351

CONCLUSION 357

BIBLIOGRAPHIE 365

86926 - (I) - OSB 70° - CPW - BTT
Imprimerie CHIRAT - 42540 Saint-Just-la-Pendue
Dépôt légal : août 2024 - N° 202407.0027
Imprimé en France